现代世界体系

现代世界体系
The Modern World-System II

重商主义与欧洲世界经济体的巩固：1600~1750
Mercantilism and the Consolidation
of the European World-Economy, 1600–1750

第二卷

［美］伊曼纽尔·沃勒斯坦／著
Immanuel Wallerstein

郭　方　吴必康　钟伟云／译
郭　方／校

社会科学文献出版社
SOCIAL SCIENCES ACADEMIC PRESS (CHINA)

Immanuel Wallerstein

The Modern World-System Ⅱ

Mercantilism and the Consolidation of the European World-Economy, 1600−1750

With A New Prologue

This edition is an authorized translation from the original English language edition by 2011 © Immanuel Wallerstein published by University of California Press.

All rights reserved.

本书根据加州大学出版社 2011 年版译出。

伊曼纽尔·沃勒斯坦（Immanuel Wallerstein，1930~ ），美国著名社会学家，"世界体系"理论的思想领袖和主要代表人物。

1930年生于纽约。1954年和1959年在哥伦比亚大学先后获得社会学硕士、博士学位。1958~1971年，在哥伦比亚大学社会系任教。1971~1976年任加拿大麦吉尔大学社会学教授。从1976年起，任纽约宾厄姆顿大学社会学教授和"费尔南·布罗代尔经济、历史体系和文明研究中心"主任。1977年起主编《评论》（Review）期刊。1993~1995年任古本根重建社会科学委员会主席。1994~1998年任国际社会学学会主席。2000年起任耶鲁大学高级研究员。

沃勒斯坦著述颇丰，影响最大的著作是耗费30多年心血的《现代世界体系》（The Modern World-System）。《现代世界体系》英文版第一卷出版于1974年，2011年加州大学出版社出版4卷本。其他著作有：《历史资本主义》（Historical Capitalism，1983）；《世界经济的政治学》（The Politics of World Economy，1984）；《所知世界的终结：二十一世纪的社会科学》（The End of The World As We Know It：Social Science For The Twenty-First Century，1999）；《知识的不确定性》（The Uncertainties of Knowledge，2004）等。近期的有《世界体系分析导论》（World-System Analysis：An Introduction，2004）；《欧洲的普适价值：权力的话语》（European Universalism：The Rhetoric of Power，2006）。

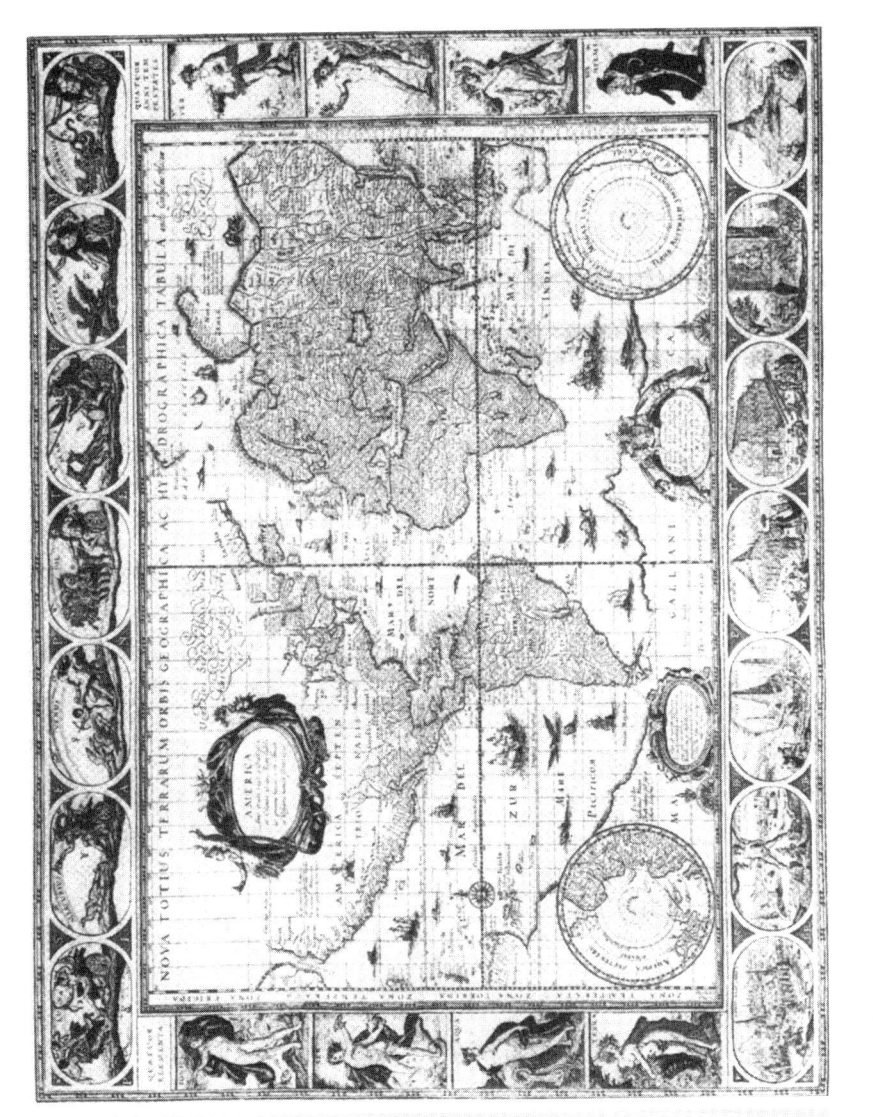

卷首插图 "世界地图"

布拉约(Joan Blaeu)。(1638)

芝加哥(Chicago):艾耶尔(Edward E. Ayer)收藏品,纽伯里(Newberry)图书馆。

"世界地图",布拉约(Joan Blaeu)制,1638年,选自《大地图册》(Atlas Major)。布拉约和他的父亲威廉(Willam)是他们那个时候最著名的制图家。他们的地图为所有与印度群岛(Indies)从事贸易的荷兰船只所需要。地图册在17世纪已取代单张地图成为主要的制图形式。在1670年,布拉约被任命为荷兰东印度公司(VOC)的权威制图者。

2011年英文版第二卷序言

本卷探讨的问题首先是怎样描述17世纪欧洲发生的现象。在20世纪50和60年代，有关17世纪"危机"的大讨论过于强调这一时期的封建性质。大多数学者将这一时期解释为欧洲的"重新封建化"。本卷试图辩驳对17世纪特征的这些总结，再次重申，欧洲的世界经济在延长的16世纪就已经确定为资本主义的性质。在许多方面，这第二卷是整套书至关重要的一卷。因为，它论证了对作为一种历史体系的资本主义的一种观点和界定的合理性。

许多读者认为这方面的研究是最难理解的部分。因此，更多地从理论方面来重新阐释这种论点，以揭示我为什么相信我们所称的中世纪晚期欧洲的封建制度本质上不同于现代早期所谓的再版封建制度，也许是有益的。

本卷提出的第二个新的和重要的论题是霸权问题。这里，同样有许多人甚至那些对世界体系分析所做的总体研究持同情态度的人，也错误理解了我们有关霸权概念的论点。因此，更准确地重新阐释霸权概念到底意指什么，以及为什么我认为它在理解现代世界体系如何运转上是一个至关重要的概念，或许同样是有益的。

欧洲在1450~1750年时期是一种世界经济吗？

我们提出的学术问题是，人们能否论证在1450~1750年时期存在一种欧洲的世界经济，一种资本主义的世界经济。实际上，这又是由两个问题而不是一个问题构成的：欧洲（或它的某些部分）在这一时期是否构成一种单一的经济体，它拥有单一的"中心－外围间的劳动分工"（axial

---

* 2011年英文版序言等由吴英翻译。吴英，中国社会科学院世界历史研究所副研究员。

division of labor）；这个经济体能否被描述为是资本主义的。

我们的论证是从一个前提开始，它既是概念性的又是经验性的。这个前提是指存在着被称为"趋势"〔logistics，这是龙多·卡梅伦（Rondo Cameron）所使用的术语〕的现象，它在法语文献中经常被称为"长期趋势"（trends séculaiires）。它们可能是时间非常长的周期，由通胀的 A 阶段和通缩的 B 阶段构成。在欧洲经济史学家有关中世纪晚期和现代早期欧洲的文献中，这些趋势的存在似乎被广泛——但不是普遍——认为是想当然的。从经验方面看，文献中被最经常提到的阶段划分如下：①

	中世纪晚期	现代早期
A 阶段	1000（1100）-1250	1250（1300）-1450
B 阶段	1450-1600（1650）	1600（1650）-1700（1750）

我将这些趋势和它们的阶段划分视为前提性的知识。

从本质上看，我们论点的逻辑如下：在中世纪的趋势和现代早期的趋势之间存在某些基本相似的地方，这使我们能够将它们视为可以划分成 A 和 B 两个阶段的趋势。不过，对这两个时期做仔细比较能够揭示它们之间存在某些重要的本质区别。以致人们能够从这些区别中推断出，欧洲在后一时期存在着中心-外围间的劳动分工，而在前一时期不存在这种分工。

从最低标准看，一种趋势的基本模式将包括人口、经济活动和价格三个方面的扩张和收缩。我们假设它们将表现出长期稳定的上升和下降，并且这三项指标的变化是一致的。在确定这种趋势时，我们不考虑短期的波动。但就这三种现象中哪一种是决定扩张和收缩的首要因素，存在巨大争论。我认为，这种争论大体是徒劳无益的。

当然，这些现象依次又是由各种变量组成的复合体。价格并不构成一种简单的总体系列。在农业仍然占主导地位的欧洲，最重要的价格系列被认为是小麦的价格。不过，它并不仅仅是小麦价格在绝对量上的升降，而

---

① 此表疑有误，似需改为

	A 阶段	B 阶段
中世纪晚期	1000（1100）-1250	1250（1300）-1450
现代早期	1450-1600（1650）	1600（1650）-1700（1750）

且包括相对于其他谷物价格的升降,以及作为一个整体的谷物价格相对于畜牧产品价格和工业产品价格的升降。还有我们称之为租金和工资的价格。其中工资——即实际工资——价格同其他价格系列成反比关系。

经济活动概念也是由许多变量组成,诸如商业交易量、总产量、实际使用的土地面积、收益率和货币存量。这些变量同社会结构的各种变量存在着紧密的相关联系,后者诸如农业经营模式、土地占有模式、城市化的程度和行会的影响力等。

有关这些趋势的最基本观点认为,在这些变量的周期性运动中存在一种非常系统的相关关系,它们中的大多数彼此之间存在正相关关系,但也有一些变量同大多数变量存在负相关关系。

一般而言,在由经济史学家提出的大多数分析中,并不存在对"政治"和"文化"变量是如何同这种分析框架建立联系的总体思考,即对它们是否存在某种系统的相关关系的总体思考。我相信,这种忽略是错误的。因为我认为,如果不考察在社会行为各领域之间存在的相互关系的话,我们不可能理解整个体系是如何运转的。

中世纪晚期的欧洲:1000/1100～1450 年

我们提及要用"封建体系"来描述这一时期的特征。但我对"体系"一词持怀疑态度,因为封建时期的欧洲既不是一种世界经济,也不是一种世界帝国。作为一种"体系",它至多能被描述为短命的加洛林(Carolingian)世界帝国解体后的残余。也许最好称它为一种"文明",意思是指它是一系列小的体系(或劳动分工),由于一种共同的宗教组织以及在较小程度上由于共同使用拉丁语而联系在一起。

封建时期欧洲的地理格局是由无数个庄园组织构成,每个庄园都是同周围地区形成的某种小的劳动分工的中心,这些庄园分别被嵌入多样的、松散的和更大的政治组织之中。许多这些地方性区域同时也被卷入长距离的贸易网络之中。但难道能够说这些地方性区域就是某种更大的经济体、某种单一性的劳动分工的组成部分吗?很少有人会如此主张。

然而,这些独立存在的区域似乎能够以同样的节奏做出反应,以致我们能够提及一种趋势的存在。几乎是在欧洲各地,人口在11和12世纪开始增加。欧洲的农业生产也开始扩张,这既是因为有更多的人从事生产、也是因为对农产品有了更多的需求。每个地方性区域/乡村都在开垦它周边的荒地（森林、湿地、沼泽），我们能够推断出，这些地块整体上看肯定要比他们以前耕作的土地更贫瘠。这种扩张不仅发生在每个地方性区域的周边地区，而且发生在作为一个整体的"信奉基督教的欧洲"的边界地区：十字军东征，在伊比利亚半岛开始的收复失地运动，从穆斯林统治者手里收复地中海西部的岛屿，"德意志人"向"东方"的殖民，斯堪的纳维亚人向北的扩张，英格兰人向西和向北占领凯尔特人的土地。

因为对谷物的需求高涨，所以种植谷物变得有利可图，由此不仅"荒地"被开垦，而且牧场也转为耕地，低产谷物的种植转为高产谷物的种植（主要是小麦，其次是黑麦）。投资土壤改良与改进技术变得有利可图，因此产出增加（尽管新开垦土地的质量在下降）。

在总体扩张和价格上涨的背景下，那些向地主支付货币地租的土地占有制度越加令地主感到不满。固定地租的提高滞后于价格的上涨。因此，地主试图缩短租期，甚至最好是将货币地租转为劳役地租（农奴制），以此来保证劳动力的供应，满足不断扩张的市场需求。劳动力总是能够被有利可图地加以利用。另一方面，极小的生产单位也能够获得盈余，所以越来越多的人作为谷物生产者"进入"市场。这大大增加了经济行为者的数量，并使生产"分散化"的趋势愈加明显。的确，实行农奴制的一个根由正是这种生产的分散化。

经济的一般性扩张也包括——而且是相关关系——工业部门（主要是纺织品和金属器皿制造）的扩张和它的生产集中于城市地区（减少了交易成本）。工业生产集中于城市，使势力强大的行会组织的出现成为可能。总体而言，经济活动越来越专业化，地方性劳动分工也发展起来。

尽管地方性劳动分工能够为某种长距离的"奢侈品"贸易创造条件，但似乎并不存在更多的中距离范围内的劳动分工。高运输成本阻碍了它的形成。总之，地方性区域一般而言并不依赖或依靠这种"地区性"（即中距离）的供应来源。

封建文明的政治从本质上看是一种地方性政治，其中地主/领主试图用政治统治来加强他对地方的经济统治，甚至当地主是教徒时也是如此，恰如许多人的所为那样。国王、公爵和伯爵是掌握主要权力的地主/领主，他们直接拥有土地所有权，从中获取收入；其次是军事首领，他们领导着来自其效忠的贵族/其他地主提供的军队。在经济扩张时期，所有地主都会强化他们对农民的政治控制，首先是通过实施和扩大农奴制，并且通过扩大他们家臣的数量。在地主于地方上增加对直接生产者权力的同时，更高级别的统治者（国王、公爵、伯爵）的权力要比地方贵族增加的更大一些。统治者"家庭"的规模在扩大，小的官僚机构开始出现。欧洲的"对外"扩张是这些统治者的行为，这使他们依次又变得更加强大。不过，也不应夸大其辞。并不存在真正的强国，因为贵族抵制国家的控制（例如通过1215年在英格兰制定的大宪章）。但这一时期也确实存在一些"国家"。

从文化方面看，这是一个全盛时期。文化发展的物质基础已经具备，同时也具有文化上的自信。欧洲的"对外"扩张导致新的文化思潮被吸纳进来，不过它们已经很好地被主流世界观同化了。阿奎那（Aquinas）的《神学大全》（the Summa Theoligica）正是这样一部集大成的著作。

人口的全面增加、工业的城市化以及政治和文化领域的扩张，意味着城市的数量和面积增加。这使得一个小规模的知识分子阶层出现，第一批大学也被创建起来。

大约在1250~1300年，扩张结束，一个长时期的萧条开始。从根本上看，现在一直在增长的各个方面都开始下降。"向外开拓"的边疆被别的国家收复。对外征服的十字军战士被驱逐，拜占庭重新占领君士坦丁堡，摩尔人收复格拉纳达（至少是暂时地），蒙古人从亚洲大草原入侵欧洲。

人口下降，最明显的是由于黑死病的流行。不是将新的土地投入耕作，而是将已经耕作的一些土地抛荒，同样是这些土地在两个世纪之前还在使用。耕地面积之所以减少，部分原因是由于人口减少（疫病、饥荒、地方性战争），部分是出于安全的考虑，还有则是因为地主对土地的圈占和集中经营。

价格上涨的趋势被逆转。租金下降。小麦价格下降。土地利用从谷物生产转向了畜牧生产或葡萄种植（取决于当地的气候），这既是因为谷物需求量下降，也是因为谷物生产需要较多的劳动力。"高贵"的谷物生产让位于"比较低贱"的作物的生产；后者对技术和土壤肥力的投资相应地减少，因此产出也低。

领主租金减少的压力由于人口的减少进一步复杂化，后者增加了直接生产者的讨价还价能力。作为结果，农奴制走向衰落，最终完全消亡。另一方面，地主试图通过占用和圈占更多的土地来补偿他们收入的下降。这导致了生产在某种程度上的重新集中。这些因素结合在一起致使地主的经济地位受到削弱,他们拥有的劳动力规模太小。但富裕农场主阶层的力量却得到加强,他们家族的成员众多,并且已经连续几代占有他们耕种的土地。资本也从投资于土地转移到其他领域。

当然,市场对工业品的需求也在下降。实际工资增加。在寻求减少生产成本的过程中,工业生产倾向于转移到农村地区,主要是为减少劳动力的成本(尤其是因为交易数量在不断下降,所以将交易成本保持在低水平被置于优先地位)。

从政治方面看,结果是地主/领主在地方上对直接生产者的权威在下降。统治者的权威也同样地在下降。"国家"开始分裂,统治者失去了对地主/贵族的控制。作为"领主收入危机"的结果,同此前向边界以外地区的暴力入侵相反,"欧洲"内部的暴力斗争大大增加。爆发了许多农民的反抗斗争,他们利用了政治权威下降的机会。为了寻求增加收入,统治者和贵族之间彼此进行着更广泛和更激烈的斗争。上层阶级这种彼此之间的流血斗争进一步削弱了他们在同直接生产者斗争时的力量。

从文化上看,这是一个质疑权威、反抗传统、动荡混乱的时代。教皇的中央权威被削弱。许多新的基督教运动——强调平等主义和准异端的运动——传播开来。居"中心"地位的文化无法维持其地位。知识分子正在变得越来越独立。

通过对这种总体趋势的概括,我们应该记住的是它的对称性。各种经济变量先是上升,然后下降。社会结构首先沿着一个方向发生变化,而后沿着相反的方向变化。政治的等级结构(地主高于直接生产者,统治者高于一般贵族)先是变得越来越强,而后变得越来越弱。居中心地位的文化先是巩固了自身的地位,而后受到广泛质疑。此外,这种对称性不仅适用于作为一个整体的欧洲封建文明,而且适用于各个地方性区域。从整体上看,"欧洲"的不同地区在这些方面并没有太大的不同,就好像每个地方性区域都在复制一种普遍模式似的。封建时代的欧洲似乎成为了涂尔干所描述的机械团结的典型。

现代早期的欧洲:1450~1750年

现代早期的欧洲在演进趋势上发生的根本变化在于,其变化模式失去了很多对称性,既包括在 A 阶段和 B 阶段之间的对称性、也包括在不同地理区域上的对称性。尽管同样是在扩张之后伴随着收缩，但每个阶段的变化模式变得更为复杂。在政治和文化发展之间同样存在着相关关系，但这里的模式也更为复杂。说模式更为复杂不是说不可能予以分辨，而是说要理解它，就必须引入空间模式分析或中心区-边缘区这对矛盾。

进一步而言，在B阶段的性质上存在着某种差别。在中世纪的变化趋势中，B阶段的标志性特征是人口、经济活动和价格的下降；而在现代早期，正如从整个欧洲来衡量一样，B阶段并不是一种下降，而是一种停滞或在增长率上的放缓。这在人口数量的变化上能够看得非常清楚。1450～1600年，人口变化曲线是大幅度上升，而到了1600～1750年，曲线变得平坦起来。并不存在类似黑死病的疫病爆发。再进一步讲，存在地理区域上的多样性变化。在西北欧，人口增长并不存在显著的下降，但在中欧有下降的趋势（主要是30年战争的结果），在东欧和南欧则是一种平坦的曲线。

在土地的利用上同样存在拓展趋势，这不仅表现在欧洲的内部，而且在对外部边疆的开拓上也是如此。A阶段是大探险的时期，在这个阶段美洲的部分地区被纳入到欧洲的生产版图。作为对照，B阶段标志着将更多的地区纳入欧洲版图的进程放缓，但不是丧失已占的领土。

如果我们考察土地利用模式的话，确实在A阶段同样有土地向耕地的转化，在B阶段则是耕地转为其他用途。但从细节看，在现代早期所发生的非常不同于在中世纪晚期的情况。在土地利用模式的转变上，西北欧转向一种农耕/畜牧生产相互补充的模式（在A阶段，是农耕和畜牧的轮作，在B阶段，甚至是更集约地实施轮作）。从整个欧洲看，中心区这种由轮作带来的产品缺口可以由在边缘区维持农耕生产或畜牧养殖的专业化，并由它们将相关产品广泛出口到西北欧的中心城市来补偿。因此，这包括在各个地区创立较大的生产单位——在西北欧是通过更广泛地圈地和/或重新确立"封建"权力来重建大的生产单位，在边缘区则是建立庄园和种植园。

一方面，欧洲各地商品价格的差别在大幅度减小。在中世纪晚期，至少有三个价格存在明显差异的地区；在1500～1800年之间，它们之间的价格差别从6∶1降到了2∶1。但另一方面，在欧洲的不同地区之间存在着更多的商业交往，这些交往是由在劳动力价格上存在的显著差异造成的。因此，尽管商品价格差别在缩小，但财富上的差异开始增加。正如在中世纪那样，A阶段是一个专业化程度不断增长的时期，而B阶段则是专业化程度下降的时期，但能够对这种变化程度做出衡量的单位已经发生变化。在中世纪晚期，我们谈论的是在一个相对较小的地理区域内实现的专业化；而在现代早期的欧洲，我们谈论的则是在一个非常大的地理区域内实现的专业化。

类似的情况也在工业中发生。A阶段是工业生产集中在城市中进行的时期，而B阶段则是工业生产更多地在农村中进行的时期〔即被描述为"原工业化时期"（proto-industrialization）〕。在中世纪晚期，工业确实存在某种程度向原来的中心地区集中的趋势，但相比现代早期欧洲工业集中于西北欧的程度要小得多。进一步而言，在现代早期的B阶段，由于在边缘区重新出现了工业生产在农村进行的趋势，专业化程度有所下降，但这主要是在附加值最低的纺织品的生产上。而那些利润较高、附加值较高的纺织品生产，却仍然主要在中心区进行。

这种地理区域发展不平衡的模式同样也在对劳动力控制的模式中出现。中世纪晚期的发展趋势是几乎在各处，A阶段基本都是实行农奴制，B阶段则是这种制度的瓦解；而现代早期的发展趋势，我们能够非常清楚地看到地理区域上的多样性。在拥有更专业化农业生产的中心区，并没有向农奴制的倒退，而是转向一种由地主、租佃农场主和作为转租租户的直接生产者"三者组合"的模式。随着自耕农的"消失"，这种情况在B阶段甚至变得更为突出。绝大多数农业生产都是为了在市场上销售。

在边缘区，拥有大量被迫种植商品作物的劳动力的大规模生产单位出现——在东欧是在庄园中劳动的农奴；在泛加勒比海地区是在种植园劳动的奴隶、一度曾是契约劳工；在美国的矿场一直是强迫土著人劳动的模式。这种生产很大部分是为市场进行的——在A阶段是销售到中心区；在B阶段，当中心区市场对它们"关闭"时，是销售到"本地"市场。这些生产同时也是为了满足自身的需要。

当边缘区大庄园的赢利率在B阶段下降时，庄园所有者通过增加对劳动力的剥削来补偿损失。应该注意的是，随着资本主义世界经济的形成，对劳动力的压力是在不断增加的，劳动时间从中世纪的"日出到正午"模式转变为现代早期的"全日制"模式，而在边缘区的B阶段劳动时间事实上是被进一步延长的。

进一步而言，当专业化从地区内部层面转向欧洲层面时，就有可能产生两类以上的地区。事实上，第三类地区——半边缘区——已经出现，它有自身独特的模式——盛行分成制，在世界经济的贸易模式中发挥一种中间区的作用，将中心区和边缘区的经济活动联系在一起，（从长期看）国家结构和工资水平都处于中心区和边缘区模式的中间位置。

在经济格局上，现代早期的发展趋势同中世纪相比还有最后一个重大区别。布罗代尔所说的、由国家支持的、在多个部门实施垄断的企业——活动范围跨越了政治边界——作为主要的经济运行组织在现代早期出现，成为进行资本积累的主要机构。

资本主义世界经济的政治非常不同于封建文明的政治。国家成为政治组织的主要单位，而不是由一个庄园作为它的中心的地方单位。国家开始采取其现代形式。首要的问题是创建有效的官僚机构，既包括民事的，也包括军事的，以使统治者不再主要依赖其个人持有的土地获得收入，而是代之以依赖税收。作为从一种统治者的家庭实施统治的封建制度向那种韦伯所描述的充分发展的官僚制度转变的组成部分，现代早期欧洲的各个国家发明一种中间人制度。其中，官僚部分独立于企业家，"分享"国家的收入。这些就是官员的贪污和包税制度。作为过渡机制，它们被证明适应能力是非常强的，也是非常成功的。

这些国家被置于一种新的制度——国家间体系——之中，而且受它的制约。国家间体系是从16世纪开始悄然存在的，只是随着威斯特伐利亚条约（the Treaty of Westphalia）的签订而在1648年被正式承认。在理论上，所有在体系内的国家都是拥有主权的、独立的和平等的。但事实上，存在一种国家权力的等级制，它往往同一个国家在世界经济中的地位有着相关关系。国家发挥更重要的作用与一种国家间体系的形成相结合，大大改变了在发展趋势中每个阶段对权力分配的影响。

在中世纪的发展趋势中，在A阶段，领主对直接生产者的权力和统治者对贵族的权力是增加的，而在B阶段则是下降的。在现代早期的发展趋势中，在中心区（实行绝对君主制）统治者对贵族的权力是增加的，但在边缘区这种权力是在不断下降的（例如波兰议会的权力获得了巨大增加），而在半边缘区国家的情势则处于一种中间的地位。就领主和依附农的关系而言，情况稍微有些不同。尽管在边缘区领主的权力明显是增加的，尤其是在B阶段；但在中心区，权力差别不是那么大，统治者试图获得对臣民的直接政治控制权，以及获得他们所缴纳款项的更大部分。为了实现这一目标，他们必须努力削弱领主对直接生产者的政治权力。在 A 阶段这是一个稳定推进的过程，但在 B 阶段它的推进速度放缓。尽管如此，人们也许可以论证，就一般而言，领主/依附农的关系是在沿着领主权力不断减少的方向演进的，这个过程直到 19 世纪才最终完成，那时全体公民都被置于国家的直接控制之下，而不再有任何重要的地方权贵居间控制。不过，这并不适用于边缘区，甚至直到今天也不适用。

另一种政治差别也应该予以关注。很明显，资本主义制度的发展带来的是资产阶级人数的不断增加。同样的，这在整个欧洲的世界经济中绝非是均衡分布的。资产阶级绝大多数集中于中心区，在边缘区则实际上几乎被清除殆尽（至少是对本地产生的资产阶级而言）。进一步而言，作为结果，每个地区的国家政治也相应地发生了变化。

最后，简单地说，在文化领域，同样的空间差别应该予以关注。尽管封建时代的欧洲在某种程度上已经实现了文化的同质性（至少从占主导地位的文化实体——教会——来看是如此）；但在现代早期的欧洲却产生了主要宗教教派的对立，在这个时期它同基本的经济对立存在高度的——尽管不是完全的——相关关系。这种相关关系似乎并非偶然。

现代早期的发展趋势确实是重复着同样过程。当然，存在着体系的某种发展过程——空间上的扩展和将新的地区纳入到世界经济当中，反复发生的去垄断化过程和发现新技术并以此作为确立新垄断的基础，城市化、无产阶级化和政治上吸纳新的统治阶级成员的稳定推进，这些似乎改变了它们的形态，但事实上并未改变基本的、在空间上的非对称性，即未改变世界体系的不平等结构。

因此，在两种发展趋势之间存在着根本的差别：匀称和不匀称；本地多样性的劳动分工和整个世界经济的一体化劳动分工；上升到下降的 A/B 阶段和断断续续增长的（或齿轮似推进的）A/B 阶段。这就是涂尔干所讲的机械式团结和有机团结之间的区别。的确，主要的争论涉及从延长的 16 世纪开始时欧洲内部（接着是在地理范围不断扩大的资本主义世界经济中）相对较小的差别到 20 世纪形成非常悬殊的差别，其变化程度到底有多大。一些人论证，这只是部分地真实，量上的差别并没有那么大。这种观点似乎很难被坚持。不过，另一些人论证，它只是在 19 世纪，或甚至只是在 20 世纪才是真实的。当然，有可能提出这样的论断，因为极化程度一直是在稳定地增加。但将某种结构存在的时间只确定为从它最完全成熟的阶段开始似乎是不合理的，因为从此它将开始走下坡路。在存在的初期，它就有权要求人们承认其存在。

世界经济中的霸权概念

世界体系分析的一个重要观念是，认为在迄今为止已知的世界中存在两种不同类型的世界体系——世界经济和世界帝国。世界帝国被界定为一种结构，它有一种单一的整体性的政治结构和单一的整体性的劳动分工。汉朝时期的中国和罗马帝国是世界帝国的两个好例子。霸权概念则是指一个国家在世界经济的国家间体系中所具有的某种特征。

一个霸权国家非常不同于一个世界帝国。一种世界经济的政治上层建筑并不是一个拥有官僚机构的帝国，而是一个由所谓主权国家组成的国家间体系。一个霸权国家并不简单地是一个强国，甚至并不简单地是国家间体系中最强大的那个国家，而是那个明显比其他强国（这里是强，而不是弱）更强的国家。这描述了一种反复出现的，但绝非是连续发生的情势。也就是说，有这样一些时期，此时在世界经济的国家间体系中存在一个霸权国家；同时也存在另外一些时期，那时并不存在霸权国家，而是多个强国处于一种"力量平衡"状态。

说存在一个霸权国家，意思是指什么呢？它意指，一个国家能够将它的一揽子规则强加给国家间体系，并由此以它认为的明智方式创建一种世界政治秩序。在这种情势下，霸权国家会给予属于它的或受它保护的企业以某种特殊的优势，这种优势不是由"市场"赋予的，而是通过政治压力获得的。

我认为，将霸权不是视为一种结构，而是视为一种时间上的过程是有益的。进一步讲，我认为它并非是只有两个发展阶段（兴起和衰落）的过程，而是类似于熊彼特所描述的康德拉基耶夫周期，有四个发展阶段。如果人们从存在一个无可争议的霸权国家开始描述，那么，第一阶段发生于刚起步的时期。这是已有的霸权国家缓慢走向衰落的阶段，这段时间会出现两个强国竞争霸权地位。在此之后的阶段，是前霸权国家走向衰落的最终时段。我将这第二个阶段视为在世界体系中存在某种"力量平衡"的阶段。在这个阶段，两个竞争霸权的国家展开斗争，以攫取在地缘政治和世界经济中的优势地位。第三个阶段，争霸斗争变得如此激烈，以致现有的秩序被破坏，在霸权竞争者之间展开一场"三十年战争"。第四个阶段是最终一个竞争者赢得胜利，由此能够确立它的一种真正霸权，自然将延续到这个处于霸权地位的国家开始缓慢衰落。

迄今为止，在现代世界体系的发展史中已存在过三个霸权国家。联省共和国是17世纪中期——短暂地从1648年到17世纪60年代——的霸权国家。英国是在19世纪的一个稍微比较长的时间——从1815年~1848年，也许时间更长一些——的霸权国家。美国是在20世纪中期——从1945年到1967/1973年——的霸权国家。

在荷兰的霸权衰落后，两个竞争霸权的国家是英格兰和法国。在英国的霸权衰落后，两个竞争霸权的强国是美国和德国。在美国的霸权衰落后，两个竞争霸权的强国是新兴的东北亚国家组织（日本-韩国-中国）和仍只是部分得到稳定发展的欧盟。

霸权国家缓慢但必然的衰落

霸权国家之所以会衰落是因为它们不可能永远维持其对世界地缘政治权力的准垄断地位。它们在追求自身经济利益的过程中，最终会破坏它们的经济优势。同时，在追求维持其政治-军事权力时，最终也会破坏它们的政治-军事权力。

霸权国家在与其盟国关系上的模糊性在经济领域表现得最为明显。一方面，霸权国家试图限制其盟国的经济实力，以维持自身的"特殊"优势。另一方面，霸权国家需要市场，它也需要盟国足够强大，以帮助它迫使经济"敌人"别无选择。所有这些要求都必然导致盟国经济实力的增强。与其他强国相比，霸权国家在生产率上的优势地位将消失或至少是大大减弱。

因此，霸权必然会损害自身的地位，首先是在经济方面——这种衰落直接是由盟国经济实力增强引致的。在这个时期，正在衰落的霸权国家必须利用它在政治-意识形态上的策略来维持其在经济上的特殊优势。它最初能够这样做，但随着时间的流逝会变得越来越困难，尤其是当"敌人"似乎变得越来越不具威胁的时候。特殊优势地位的合法性开始受到质疑。霸权国家必须强调它的意识形态是正确的。这种强调一种意识形态的正确性的做法不仅是它衰落的证据，而且会对它的吸引力产生负面的影响。

进一步讲，作为维持它确立的世界秩序的努力，霸权国家开始更多地投资于军事。它发现，它不时地需要实际利用其军事力量。使用军队是代价高昂的，会使资金从经济投资领域转移出去。

确实，在这一时期，霸权国家仍然拥有巨大的军事力量。但在真正的霸权时期，它很少需要利用军事力量，因为所有人都认为它具有军事优势，而且是压倒性的。在衰落时期，它开始需要利用它。然而即使它赢得了军事斗争，但利用军事力量本身就损害了它的长期有效性，意味着其他国家敢于从军事上挑战霸权国家。一个国家敢于这样做，就会导致另一个国家也敢于这样做。

均势状态

当两个竞争霸权的国家越来越强大和越来越自信时所发生的一切似乎存在某些模式。在迄今为止的所有例子中，一个竞争国家主要是以陆地为基础，而另一个国家主要以海洋为基础（或在今天以海/空为基础）。在头两个霸权周期中，以陆地为基础的强国试图通过将世界经济变为世界帝国来获得统治地位。拿破仑试图征服整个欧洲，希特勒试图征服全世界。而作为回应，以海洋为基础的强国并不试图变为一个帝国，而是要成为一个霸权国家。

为此，以海洋为基础的强国要建立大的联盟，首先是同以前的霸权国家结盟——英格兰同联省共和国，美国同英国。依此类推，我们也许期望，假定的东北亚国家组织也许会寻求同美国结盟。在过去的两个例子中，失去霸权地位的国家都变成新崛起的海洋（或海/空）强国的地位较低的合作伙伴。

新崛起的以海洋为基础的强国开始往往并不拥有强大的陆军，只是在稍后的阶段才建设。在早期阶段，不拥有这样的陆军有一个明显的好处：它节省大量资金，这些资金被投资于国家的经济基础设施建设，使它能够赢得关键的竞争，而成为在为世界市场生产中最具竞争力的国家。

在以前的两个例子中，生产上的优势导致商业上的优势，后者又顺次导致在金融上的优势。正是在新崛起的强国拥有所有这三方面优势的时间段上，同真正的霸权阶段相对应。荷兰霸权的这种发展序列将在本卷予以讨论。正如对荷兰的描述同样也适用于英国的情况那样，同样真实的是衰落也在重复同样的变化过程——处于衰落中的霸权国家首先丧失在生产方面的优势，接着丧失在商业方面的优势，但能最长时间地保持在金融方面的优势。

衰落的过程对霸权国家而言并不是灾难性的。它在一个相当长的时间中仍然是最强的国家，能够获得作为霸权国家所能获得的所有声望。一般而言，它仍然是非常富裕的国家，即使相比从前已不那么富裕。在其国民财富中仍然有很多盈余，这使它的居民能够过上非常舒适的生活。衰落最初是一个缓慢的过程，其间有试图对其他国家，也对自己否认其衰落的各种努力。但衰落终究会到来。

这个衰落的时期并不是以前霸权国家的实力被大大削弱的时期。恰恰相反，在一个相当长的时期中，它仍然是世界上最强大的国家，从政治上和军事上看均是如此（但在经济方面不再如此），但它已不再是霸权国家。即它开始从霸权的"特殊"优势中获得的利益越来越少。这个缓慢但稳定的衰落时期可以被视为一种世界秩序——以前的秩序——缓慢但稳定地瓦解的时期。

正是在这个"均势"时期，衰落中的霸权国家开始投资于新崛起的强国的经济活动，而后者是作为一个次要的盟友同它结盟的。由此，它在一段时间内保持着在金融领域中的优势，并为它的剩余资本找到一个收益好的投资渠道。

世界体系中的无序状态往往会变得越来越严重。以前的霸权国家已经表现出无力维系已有的秩序。两个竞争霸权的强国变得越来越活跃，他们试图通过建立适当的地缘政治联盟，以及通过创建新的领先产品的生产基地（在此基础上他们能够创建强大的具有垄断地位的生产部门），以确保其优势地位。对两个竞争者而言，"均势"似乎开始变得无法接受。由此，秩序最终被瓦解。

"三十年战争"

最终就是秩序完全丧失的阶段、"世界大战"阶段，或如我愿意称之为的"三十年战争"阶段。最初的三十年战争是从1618年到1648年，从中产生了作为霸权国家的联省共和国。第二次是1782年到1815年的革命/

拿破仑战争时期，从中产生了作为霸权国家的英国。第三次是1914年到1945年时期，从中产生了作为霸权国家的美国。

在这三场"三十年战争"中存在一种相当普遍的模式。每场战争都将那时世界经济相对发展好的地区卷入战争状态，都对这些地区的物质基础设施和生命造成巨大破坏。不过，这些"世界大战"不是连续发生的，它们是间歇地进行的。

每场"三十年战争"在意识形态方面都是模糊的。荷兰同天主教国家结成联盟。英国同欧洲的大多数专制国家结成联盟。美国同苏联结成联盟。在每场"三十年战争"期间，所看重的并不是意识形态的纯洁性，而是为击败其他竞争者。在每个史例中，最终的霸权国家都会在世界大战期间发展一支强大的陆军，到战争结束时，这支战胜竞争对手的陆军已经变成赢得军事胜利的一个重要原因。同样，在每个例子中，以前的竞争者最终被打败，失去了它的竞争力（至少暂时地），在军事方面和经济方面、当然也在政治方面都是如此。

最后，在每个例子中，赢得霸权地位的胜利者大体能够在战争期间免遭物质上的破坏。免遭战争破坏和在战时发展经济基础设施，这就意味着在世界大战结束时，霸权国家已经拥有相对于所有其他主要国家在经济上的巨大优势。它能够比所有其他国家的生产者——不仅包括边缘区的生产者，而且包括以前的或未来的中心区的生产者——最有效地生产出那个时代最能赢利的产品。

真正的霸权

世界大战的结束标志着真正霸权的开始，这是周期的最后一个阶段或第一个阶段。对战争的厌倦、对秩序解体的厌倦、对政治动荡的厌倦，世界欢迎或似乎欢迎当前霸权国家的"领导"。霸权国家提供一种对世界的设计。荷兰提供的是宗教宽容〔在谁的领地信谁的宗教（cuius region, eius religio）〕、尊重国家主权（威斯特伐利亚条约）和开放海洋（mare liberum）。英国提供的设计包括在欧洲建立以立宪议会制度为基础的自由主义国家、赋予"危险阶级"以政治权利、金本位制度和结束奴隶制。美国提供的是多党选举制度、人权、（温和的）非殖民化和资本的自由流动。

这些设计都是意识形态性的，并不必然付诸实施。正如1663年乔治·唐宁爵士（Sir George Downing）在谈及荷兰的设计时所指出的："英国的海是开放之海，而非洲和东印度的海岸（即荷兰占有优势的地方）则是封闭之海"。① 霸权国家从来就不允许意识形态干预他们对利益的追求。尽管如此，但这些设计构成了霸权国家宣称它的霸权地位具有合法性的基础，这种设计无疑在它能够维持世界秩序方面发挥了重要作用。

在真正的霸权时期，霸权国家既建构了一个反对它对世界设计的"敌人"，又建构了一个同盟网络，对它而言，这具有根本重要性。与其说建构一个同盟网络是为了同敌人做斗争，不如说建构一个敌人是为了控制盟国。霸权国家试图确保盟国的直接经济利益屈从于霸权国家的经济利益，由此创造出一些"额外"的好处，那也是霸权国家追求的目标和回报。

荷兰同英格兰建立了新教联盟以反对法国。英国在1815年以后时期同法国达成友好谅解，以反对俄国、奥地利和普鲁士三个专制国家。美国创建北约（与《日美安保条约》）以反对苏联和共产主义阵营。在每个例子中，盟国在经济上都受到联盟的制约，至少是直到霸权国家的衰落时期（甚至在某种程度上到那时仍受到制约）。

霸权国家提供的领导不仅是在政治-经济方面的，也是在文化方面的，不仅是在艺术方面的，而且更重要的是在知识结构方面的。这适用于荷兰，它在很长时期中为那些被自己国家驱逐的知识分子提供了聚集地。英国，接着是美国，是如何塑造某种知识结构的，将在第四卷中用更多的篇幅去讨论。这种对文化领域的控制，以及对金融领域的控制，是霸权优势的最后一道防线。但它最终也会失去这种控制。

在现代世界体系的运转中，霸权是一种至关重要的机制。霸权周期是资本主义世界经济周期的决定性标志。在某种意义上，正是霸权国家的兴起和衰落阻止了世界经济转变为世界帝国——后者在现代世界体系形成之前是定期出现的。霸权机制使现代世界体系成为人类历史上的第一个世界经济，它产生、繁荣和扩张，并将整个地球包括在内。没有这种机制，作为一种历史体系的资本主义就不可能存在，并由此改造着整个世界。

---

① Cited in Pieter Geyl, *The Netherlands in the Seventeenth Century*, vol. 2, 1648–1715 (London: Ernest Benn, 1964), 85.

目　录

插图目录 ………………………………………………………… 1
谢辞 ……………………………………………………………… 1

导言　有17世纪危机吗？ ……………………………………… 3
第一章　B阶段 ………………………………………………… 15
第二章　荷兰在世界经济中的霸权 …………………………… 45
第三章　中心地区中的斗争——第一阶段：1651~1689年 … 91
第四章　缓慢增长时代中的边缘地带 ………………………… 157
第五章　十字路口上的半边缘地区 …………………………… 217
第六章　中心地区中的斗争——第二阶段：1689~1763年 … 303

参考文献 ………………………………………………………… 361
索引 ……………………………………………………………… 421

插图目录

导言　"阿姆斯特丹的老交易所" ································ 1

第一章　"村民" ·· 13

第二章　"乌坦波盖尔特（Jan Uytenbogaert）总收款人" ········ 43

第三章　"路易十四（Louis XIV）访问高布林（Gobleins）

　　　　工厂" ·· 89

第四章　"摩根（Morgan）入侵普林西比港

　　　　（Puerto det Principe）" ································ 155

第五章　"一幅瑞典炼铁工人的画" ································ 215

第六章　"南海计划" ··· 301

插图由斯培克特（Sally Spector）协助挑选和注解。

谢 辞

下列人读了草稿的一章或几章,并给予我有益的详细评论和(或者)异议。安德森(Perry Anderson),阿斯特罗姆(Sven-Erik Åström),布斯奎特(Nicole Bousquet),布鲁奇(Stuart Bruchey),马达莱那(Aldo de Maddalena),皮涅多(Fernández de Pinedo),弗兰克(André Gunder Frank),戈德弗兰克(Walter Goldfrank),霍普金斯(Terence K. Hopkins),凯伦本茨(Hermann Kellenbenz),科斯曼(E. H. Kossmann),库拉(Witold Kula)(和同事),梅迪克(Hans Medick),奥登(Birgitta Odén)和威尔逊(C. H. Wilson)。我感谢他们所做的一切。

下列几章的先前文稿曾在其他地方发表:序言和第一章,以法语发表在《经济、社会和文化年鉴》(*Annales E.S.C.*)(1979);第二章,在艾马尔(Maunce Aymard)编辑的《荷兰资本主义和世界资本主义》(*Capitalisme hollandais et capitalisme mondiale*)(1980);第四章部分,在《加勒比地区国际关系年鉴》(*Caribbean Yearbook of International Relations*)(1978)。

导言插图 "阿姆斯特丹的老交易所"

约布博克海德（Adriaensz Job Berckheyde）。（17世纪晚期）
法兰克福(Frankfurt)：艺术研究院大厅（Stadelsches Kanstinstitut）。

"阿姆斯特丹（Amsterdam）的老交易所，"博克海德（Adriaensz Job Berckheyde）作，他是一位来自哈莱姆（Haarlem）的艺术家。这种情景在1747年由波尔尼茨（Charles Louis Pollnitz）描绘说：

我在看这个广场，在那里商人为他们的贸易事务从中午聚集到一点半。这个广场比它的宽度要长，被一个大的敞开的回廊或走廊围绕着，由石柱加以支撑，它在有雨时可作为遮蔽。这个地方被称为"交易所"，在那里可以看到各个民族的商人，他们的服饰和语言的多样如这个地方的美丽那样使人欢娱。总而言之，没有比目睹那些被称为经纪人的那些人忙忙碌碌更有趣了。他们是被大商人雇佣来买卖交易汇票或是整理他们的其他事务，看到他们在这个广场从一头到另一头来回奔跑，人们会认为他们是疯子。

导言　有17世纪危机吗？

在两次世界大战之间历史学家们有关欧洲价格的著作，[①]其倾向与当时流行的经济循环理论（倾向于认为大约经250年有一个起落）相一致，这种循环理论由西米安（François Simiand）详述其分为两个阶段（A和B），[②]这流传给我们对早期现代欧洲史一个总括，至今看来仍为多数人所接受：即在16世纪有一个扩张（阶段A），而17世纪有一个收缩、萧条或"危机"（阶段B），划定这些阶段的年代，所发生的这些变化（即使我们只将讨论限于经济事务）的性质，各地区的不同，尤其重要的是这种涨落的后果与原因，是众多辩论的论题；但这个总括一直未变。

在1953年，莫斯尼尔（Roland Mousnier）写了一大部有关这两个世纪的著作（此后有了四次修订版），他在论17世纪这一部分（将其范围定为1598到1715年这个时期）时，以一种戏剧性的颤抖语调开头：

> 17世纪是一个危机的时代，它影响到一个人的全部、他所有的活动——经济的、社会的、政治的、宗教的、科学的、艺术的——还有所有有关他生存的一切，在他的生命力、感觉和意志的最深层次上。这场危机可以说是持续性的，但是有着剧烈的上升与下降。[③]

在写了这些一年之后，霍布斯鲍姆（F. J. Hobsbawm）在《过去与现在》（*Past and Present*）上发表了一篇文章，发动了一场重要的学术辩论。论题是"欧洲经济在17世纪经历了一场'总危机'，这是从封建经济向资本主义经济总过渡的最后阶段。"[④]

同样的论题在艾贝尔（Wilhelm Abel）和范巴特（B. H. Slicher van Bath）论欧洲农业的主要调查研究中看到，艾贝尔说："欧洲价格的主导趋势，在17世纪后半期和18世纪前半期是下降。"[⑤]确实，范·巴特在使用**危机**（crisis）这个词时是迟疑的，他确认 1650 年到 1750 年间这个时期"更确切地是一场非常漫长的萧条"；⑥但这么说有很大差别吗？无论如何，他没有不同意艾贝尔的断言，即这个时期代表一种"总趋势的逆转"。⑦如果我们使用更为谨慎的语言，还能进一步扩大这种学术上的一致。维拉尔（Pierre M. Vilar）谈到"17 世纪相对的倒退（recul）",⑧而肖努（Pierre Chaunu）断言阶段 A 和 B 之间的不同不是"增长〔相对于〕衰退（décroissance）"而是"增长〔相对于〕较少的增长"。⑨博利尔（René Baehrel）是最不愿意不管为什么就将其看作危机的，但甚至他也接受了在 1690 年到 1730 年这段非常有限的时期危机的概念。⑩由于用语变得越来越淡薄和时期定得越来越短，我们可能想看看到底还留下多少余地。舍费尔（Ivo Schöffer）在他论这个时期的文章中，是以一种怀疑的语调开头的。

> 有时看来 17 世纪似乎是插在 16 世纪和 18 世纪之间，没有它自己的特色。一边是文艺复兴（Renascence）和宗教改革，另一边是启蒙运动和大革命（Revolution），而对于这个夹在中间的世纪，我们只留下诸如"过渡"和"变化"这类模糊的术语。⑪

可能这只是因为，如穆夫里（Jean Meuvret）在 1944 年论述的，对于价格明显上升的两个高潮之间的这个时期，"我们了解得要少得多。"⑫那么我们就应当拒绝找出这个时期的特征，让它沉没在模糊有时是混乱的资料的错综复杂之中吗？或者我们应当如舍费尔（Schöffer）说的那样："可能是囿于传统而不是由于我们更好的判断，但我们只不过是必须给予 17 世纪一个它自己的地位。我们的想象力需要它。"⑬

如果在专有名词的小题大做的后面没有重要的理论问题的话，我们可以将这种决定看作文字风格上的奇想。首先有一个问题，是否有像经济的"长期趋势"这样东西存在，⑭而如果有，它们与政治和文化是如何相关联的。如果存在长期趋向，是否如英贝尔特（Gaston Imbert）论证的那样，每一对相连的阶段（从中世纪到现在）反映着一种不同的经济？⑮或是否如巴特（Slicher van Bath）所论证的，它们都属于从约 1150 年直到 1850 年这一个"间接农业消费"长时期的一部分？⑯或者是在其中某个地方有关键性的断裂？如果有关键性的断裂，我们就面对又一个问题，即它是在什么时候发生的。

对于这最后一个问题有几种熟悉的见解。一个是根本的突变，重要的断裂是随18世纪末工业革命发生的。对奇波拉（Carlo Cipolla）而言，这个"事件"和公元前八千年代的农业革命都代表了"历史进程连续性中深刻的断裂"。[17]科尔曼（D. C. Coleman）以不同方式表达了同样的观点，并说在欧洲从1500到1750年的经济发展中，更多的是连续性而不是变化："透彻地观察一下，1500~1750年的技术整体上显示出的更多是停滞而不是进步。"[18]类似地，马克思主义思想的整个学派得出了同样的结论，来看待任何断裂的分期，如巴利巴尔（Balibar）所坚信的，1500年到1750年这段时期是"向资本主义过渡"时期，1750年之后是真正的资本主义时期。[19]以与巴利巴尔相同的精神，克拉克（G. N. Clark）将晚期中世纪的"早期资本主义"与19世纪"充分发展的资本主义"区分开来，这第一个阶段的界限被清楚地标明为"从马基雅维利（Machiavelli）到柏克（Sir Edmund Burke），从哥伦布（Columbus）到哈斯丁斯（Warren Hastings），从福格家族（Fuggers）到阿姆斯特丹（Amsterdam）的衰落，从乔托（Giotto）到泰波罗（Tiepolo）。它止于离亚当·斯密（Adam Smith），瓦特（James Watt），罗斯柴尔德家族（Rothschilds），拿破仑（Napoleon），欧文（Robert Owen）不远的地方。"[20]

对于另一个思想流派，这种断裂不涉及工业革命，而涉及欧洲的扩张，世界市场的创建和资本主义的出现——或多或少发生在漫长的16世纪。例如西米安（Simiand）将16世纪看做是长期浪潮时期的开端。[21]斯威奇（Paul Sweezy）抨击以巴利巴尔（Balibar）所代表的马克思主义传统，认为对于马克思而言，"真正的制造业时期"（从约1500到1750年）和"现代工业时期"不是"两个不同的社会体系而是资本主义的两个阶段。"[22]因此这个断裂来自16世纪。布罗代尔（Fernand Braudel）实质上持有同样观点，虽然他将这个时期扩展得更广：

  事实上很清楚，从经济观点看，13世纪到17世纪或多或少构成欧洲和世界历史的一个时期，它对一种经济上的旧制度（ancien régime）进行了有力的挑战〔Meten cause〕。[23]

第三个群体提供的断裂点，在以工业革命和法国大革命为标志的一方，和以漫长的16世纪为标志的另一方的时期之间。他们建议以17世纪中作为现代的转折点。霍布斯鲍姆（Hobsbawn）看来属于这个阵营，而肖努（Pierre Chaunu）在其称为"古典欧洲"的综合论题中实质上也持有这种观点。在他这本书的引言中，他特别反对一些学者的观点，认为他们没能看到"法国大革命的知识分子起源"可以在斯宾诺莎（Spinoza）那里发现，并忘记了 16 世纪的"数量和空间上的扩张"不是真正深刻的变化，而只是"12 世纪开始的一场革命的最终结果"。肖努认为"最重要的质的变化发生在 17 世纪。"它们之中首先是"世界的数学化"。㉔ 作为人们可以发现马克思主义者在每个问题上都有站在每一方者的证据，这第三种可能的断裂点的一个提倡者是苏联科学院院士祖科夫（E. M. Zhukov），他在 1960 年斯德哥尔摩（Stockholm）的世界历史学家大会上断言：

> 中世纪时代的传统上和时间上的界限，苏联历史科学的观点是在 17 世纪中期。这是因为封建主义在那时开始在经济上失去活力，已经成为生产力发展的障碍。㉕

于是这一个断裂有了三个年代：1500 年、1650 年和 1800 年左右；三个（或者更多）历史理论：1800 年强调工业化是关键的变化；1650 年强调的或者是第一个"资本主义"国家（不列颠和尼德兰）出现的时间，或者是认为关键的"现代"思想，即笛卡尔（Descartes）、莱布尼茨（Leibnitz）、斯宾诺莎、牛顿（Newton）和洛克（Locke）的出现；1500 年强调的是区别于其他形成经济的资本主义世界体系的创建。随之就是要回答人们提出的疑问，"有 17 世纪危机吗？"，这是个人们对于现代世界有关前提密切相关的问题。危机这个名词不应当贬值为循环变化（cyclical shift）的简单同义语。它应当保留给有着戏剧性压力的时代，它不只是一个连接点，而应当是表示出长时段（*Longue durée*）结构中的一个转折点。

因而危机应当表现的是那些非常的历史时刻，在其中一个社会体系内的补偿机制，在如此众多重要的社会行为者的观点看来是确实过于无效，重大的经济重构就开始出现了（而不只是在这个体系内利益的重新分配），这从后来的角度来看是不可避免的。当然，一个公认的危机不是确实不可避免的，但另一种选择是旧体系的崩溃，以致使得许多（大多数？）社会行为者认为这要比发生的一场结构革命造成更大的伤害和无法接受。如果这是我们所认为的危机含义，那么"有 17 世纪危机吗？"就成为一个重大的知识问题。从这个角度看它实际意味着：世界历史"从封建主义到资本主义的过渡"是什么时候和怎样发生的？这个回答需要将资本主义定义为一种社会体系、一种生产模式，并确实也是一种文明。当我们选择我们所定的年代时，我们就要选择我所评判类似与不同的标准。

这种工作的论证是现代世界体系采取了资本主义世界经济的形式，它起源于漫长的16世纪的欧洲，包括一种特有的再分配或纳贡式生产形式的**转变**，就是从封建的欧洲［布罗代尔（Braudel）的"经济旧政体"（ancien régime）］转变为在本质上不同的社会体系。从那个时候起，资本主义世界经济有着（a）在地理上扩张到覆盖全球；（b）表现出一种扩张和收缩的循环模式［西米安（Simiand）的阶段A和B］，还有经济角色的地理位置的转换（霸权的兴起和衰落，特定中心地区、边缘和半边缘地带的起落变动），和（c）经历了一个长期的转变过程，包括技术进步、工业化、无产阶级化，和对这个体系本身有组织的政治抵抗——一个今天仍在进行的转变。

从这样一个角度来看，17世纪可以看作从大约1600年到1750年这一个时期，首先是扩张和收缩循环模式的一个例证。从世界体系的整个地理范围而言，大约在1500年创立的疆界直到1750年后没有重大的改变。对于正在进行的长期变化过程，在从1600年到1750年这个时期观察不到显著的质的飞跃。因此我们要论证，对于漫长的16世纪和17世纪之间本质上的**连续性**而言，有着一个大的不同，即扩张（A）和收缩（B），增长和较少的增长。对于这种总括实际情况的方式，我们应当如何提供证据呢？以一个标准而言这个回答是十分简单的。我们会试图表明扩张和收缩在经验资料上的不同，证明这种循环模式为什么发生，以阶级形式、政治斗争和文化感知在经济好转时勾画出其后果。从这种经验资料式的描述，我们会更清楚地力图阐明，资本主义发展理论是一个更大的社会历史变革理论的一部分。

我们要论证的是，虽然世界经济的疆界在从1500年到1750年这个时期基本上保留着相同的状况，有关资源的配置、经济角色、工资雇佣和工业企业的财富、贫穷及其场所，在1450年（或1500年）到1650年与1600年到1750年（年代上的重叠是有其考虑的）这两个时期之间有着不同。证明这种主张是不容易的；一个有说服力的证据需要建构几个全新系列的经济指数，这在本质上是困难的，从客观条件讲也许是不可能的。我们也许需要一系列间隔为 25 年连续性的断代图表，以显示出奢侈品和必需品贸易的规模、价值和方向，还有 1500～1650 年间和 1600～1750 年间的"累积"图表。也许如果我们的猜测是正确的，这类地图将会显示出欧洲贸易在其一边是东欧，另一边是俄罗斯和土耳其属巴尔干的疆界内，在其基督教地中海沿岸与伊斯兰教地中海沿岸间的疆界内，包括的主要是必需品而不是奢侈品贸易。而这些疆域应当包括南北美洲，而非洲和亚洲则排除在外。

首先，这些图表显示出，正如我们会看到的，除了包括了加勒比海（Caribbean）地区外，就外部疆界而言，1500 到 1650 年间和 1600 到 1750 年间的模式没有重要的不同。在另一方面，在这两个时期的欧洲世界经济疆界**之内**，就经济、政治和文化的模式而言，我们确实发现某些重要的变化。工业的场所和集中地不同了（或至少是在变化的过程中），还有工业和农业之间的贸易方式上，不同地带工资雇佣者的百分比上，挣工资者的实际工资上的不同。不同的国家机器变得更强和更弱，农业、工业生产和人口的增加率也变化了。中心、半边缘和边缘地区也有些改变，而最重要的是，每个地区对世界剩余价值占有的相对程度变化了。

甚至在指明预期的变化方向之前，说明我们的资本主义发展理论，对于读者而言就会明白这种理论所需要的统计资料是很缺乏的，往好里讲也是局部的和零星的。特别缺乏的是有关世界经济的**全面**资料，而这种资料才能够对**有关**的论述进行检验。如果要梦想对社会结构的可变性作出固定的论述，情况甚至要更糟。我们要找出阶级形成的变化模式，和在民族国家疆界的确定方面，在 1500 到 1650 年和 1600 到 1750 年这两个时期之间有什么改变，特别是将世界经济作为一个整体而不是局限于特定国家的疆域内来对待，这方面资料甚至就更稀少了。从这点出发，我们所能做的就是分析分散的资料，勾画出看来或多或少是可靠的、总括性的解释模式，以包容这些资料，表明一种理论观点，并对我们经验资料上的空白和理论上的未解之谜获得某些见解。我们正是以这种精神来考察意味着 17 世纪的"危机"、"相对倒退"或"较少增长"的历史文献的。

注释：

① 见布罗代尔（Braudel）和斯普纳（Spooner）的文章所附的书目。（1967，605～615）

② 见西米安（Simiand）（1932，6）。

③ 莫斯尼尔（Mousnier）(1967, 161)。

④ 霍布斯鲍姆（Hobsbawm）(1965, 5)。

⑤ 艾贝尔（Abel），(1973, 221)。艾贝尔的调查研究的德文第一版发表于1935年，修正与扩充的第二版发表于1966年。艾贝尔说明"总的框架是保持着"，但是"14～15世纪和16～17世纪的萧条被解释为滞缓，并尽可能多地再细划分"(1973, 6)。也许，艾贝尔相信在两个萧条之间有一个好转。

⑥ 巴特（Slicher van Bath）(1963 a, 206)。两种更近的调查研究［奇波拉（Cipolla），1974, 12；戴维斯（Davis）1973 b, 108］同样勉强地使用危机这个词，虽然奇波拉又说："任何一种简单化说到底总有一点真理。"

⑦ 这个用语出现在第二部分第五章（Part II ChV）的标题上。（Abel, 1973, 206）。肖努（Pierre Chaunu）使用了类似的用语"价格和活动主要趋势的逆转"，在论17世纪一篇文章的标题上。

⑧ 维拉尔（Vliar, 1974, 46）他确定的时期开始于1598到1630年之间，结束于1680到1725年之间。

⑨ 肖努（Chaunu, 1962b, 224）。这趋于接近西米安（Simiand）对阶段B的原始描述。"不是阶段A所发生的情况的逆转，而是……一个缓慢的增长或停滞，和不再有上升的连续性"(1932 b, 649)。

⑩ 博利尔（Baehrel, 1961, 29）如同肖努（Chaunu），特别提到阶段B不一定必然是衰退，可以只是一种低速增长(1961, 51)。其他人同意说这个时期是特别严厉的。拉杜里（Le Roy Ladurie）将其确定为："这个（17）世纪最后的20或30年"(1973, 431)。雅卡尔（Jacquart）将其定为1680到1710年(1978a, 385)。莫莱诺（Morineau）却发现"大量确实的迹象（de bon allant）"是在1660到1700年之间(1978f, 523)。

⑪ 舍费尔（Schöffer, 1966, 82）。模糊的用语总可以当做历史学家戏剧性的华丽辞藻而被换掉。"这是一种历史学家对于变化的情感的叙述性评论，几乎每一个历史时期在这时或那时都会被归类为'转折时代'"萨普勒（Supple），1959, 135)。

⑫ 穆夫里（Meuvret, 1944, 110）。见麦克劳德（Murdo MacLeod）论西班牙属中美洲的书显出的类似抱怨："17世纪在某些时候以前的特征是'拉丁美洲被遗忘的世纪'"(1973, xi)——辛普森（Leslie Boyd Simpson）一篇文章题为"墨西哥的被遗忘的世纪"(1953) 可供参考。波利森斯基（J. V. Polišenský）以相同的语气，观察到"社会的、经济的和马克思主义学派的历史学家们首先关心的是'更有革命性的'16世纪和18世纪，对17世纪所给予的注意很少"(1971, 2)。鲍斯马（William Bouwsma）将17世纪称之为"在历史编纂学的意义上，是一个在两个过分开发地区之间的未开发边疆地带"(1970, 1)。

⑬ 舍费尔（Schöffer, 1966, 83）。

⑭ 克鲁泽（Francois Crouzet）在 1971 年谈到"像西米安的 A 和 B 阶段那样的僵化概念"（1971，147），一个类似的抨击这次是来自左派，是波斯代尔维内（Gilles Postel Vinay）所作的："A 和 B 阶段⋯被证明是不考虑由分析地租所引起的真正问题的一个保险办法"（1974，78）。

⑮ 英贝尔特（G. Imbert）。在他论长期波动的书中（1959），指明了四个长期趋势，每个与一种经济形式相对应：

1250 年——中世纪经济

1507/1510 年——重商主义经济

1733/1743 年——资本主义经济

1896 年——计划经济

⑯ 巴特（Slicher van Bath）（1963a，Pt. Ⅲ）

⑰ 奇波拉（Cipolla，1964，31）。

⑱ 科尔曼（Coleman，1959，506）。这是一篇评述《技术史》（*History of Technology*）第三卷的文章。在其中科尔曼为他的见解提供了一个证据。也参见拉杜里（Le Roy Ladurie，1977）对 1300～1320 年和 1720～1730 年之间"静止的历史"的论述。

⑲ 许多马克思主义者采用了这种分期法。但是巴利巴尔（Etienne Balibar）自觉地在一个"过渡时期"和一个某种生产方式占优势或"统治地位"的时期之间作了理论上的区分（1968，217～226）。

一场马克思主义内部讨论这个分期问题的辩论在 1940～1941 年的《劳动月刊》（*Labour Monthly*）清晰地表现出来。这场辩论是围绕着希（Christopher Hill）一篇论述英国革命的早期著作展开的。菲尔德（Peter Field）批评希尔将 1640 年之前的英格兰估计为"仍然本质上是封建的"。菲尔德认为马克思讲得很清楚，16 世纪的英格兰是"明确资产阶级化的，也就是资本主义的"，并且，"马克思是正确的；16 世纪的社会是一个资产阶级社会。"确实伊丽莎白女王（Queen Elizabeth）"是资本主义资产阶级社会中最突出的资本家——可以与比利时的利奥波德（Leopold）相比"[菲尔德（Field），1940 a，558]。道格拉斯·加曼（Douglas Garman）答辩说菲尔德"误把蛋当作了鸡"；而且如果资产阶级革命在 1640 年之前已经发生了，"人们就要问是在什么时候？"[加曼（Garman，1940，652）]。菲尔德回答说加曼先生"忘记了这个概念和诞生不是同一事物"并且它"始于玫瑰战争（War of Roses）——封建主义者的大规模自杀行为，资产阶级利用其牢固地扎下了根——（而且）经过农民起义、没收教会土地、求恩迎礼（Pilgrimge of Grace），（和）北方伯爵们的起事，资产阶级社会逐步形成了"[菲尔德（Field），1940b，654～655]。

因此，托尔（Dona Torr）为权力为一种十分明确的阶段理论辩护。她说菲尔德的错误是断定社会是直接由封建主义走向资本主义的，因而"忽略了对资本主义发展至为重要的小商品生产的中间阶段。"她说"资本主义社会的最终形式"只存在于工业革命之时，在英国庄园经济于14世纪"崩溃"的四百年之后［托尔（Torr），1941，90］。

多布（Maurice Dobb）在写到与托尔同样的论题时，采取了一条中间路线。在一方面，他不同意托尔将资本主义时期定于工业革命。如果人们这样做，他认为"那怎么能将17世纪的斗争看作一场资产阶级民主革命，而都来自资本主义生产兴起的一个半世纪之前？"进一步，他说要论证"都铎（Tudor）和斯图亚特（Stuart）时代的英国是一个与后来的'工业资本主义'相对的'商业资本主义'时代，是在回避这个论题。"多布的解决办法是论证在那时，"生产关系可以说已经改变，即使生产力仍保留其中世纪的形式。"因此将16世纪的英国描述为"其生产方式已经在向资本主义转变的过程中"是正确的。［多布（Dobb，1941，92）］。虽然多布的公式避免了托尔的公式易于导致落入的粗陋陷阱，但追根究底与她的思想没有真正的差别，如多布自己后来的著作所显示的那样。

希尔（C. Hill）在几年后发表了一篇论马克思和恩格斯对英国革命的观点的文章；他认为"马克思主义对于资产阶级革命的概念"是个包括有"封建国家被在其内部成长的中产阶级所推翻，和一个新国家作为资产阶级统治的工具创立起来。"希尔列举的例子有成功的和不成功的，德国宗教改革（"资产阶级精神对旧秩序的第一次猛攻"）；尼德兰起义（"第一次国家规模成功的资产阶级革命"）；英国1640年革命；法国1789年革命；失败的1848年德国革命；1905年和1917年2月的俄国革命；（1948，135）这篇文章集中在政治活动和政权上，绕过了对经济的直接描述，因而没能认真对待菲尔德（Field）提出的观点。

⑳ 克拉克（G. N. Clark，1960，10~11）
㉑ 西米安（Simiand，1932a，3）
㉒ 斯威奇（Sweezy，1972 a，129）
㉓ 布罗代尔（Braudel，1974，6）
㉔ 肖努（Chaunu，1960 a，20~21）
㉕ 祖科夫（Zhukov，1960，85）。祖科夫特别提到一些马克思主义者将法国大革命定为转折点，并说俄国人不同意这个观点。

第一章插图　"村民"

吉拉尔（Nicolas Gué rard）作。（17世纪晚期）
巴黎：国家图书馆（Bibliothé que National）。

"村民"（L'homme du Village），吉拉尔（Nicolas Guérard）（1648~1719）作，一位在巴黎有声望的印刷业主，他将村民看作"生来是为受苦的"。

第一章 B阶段

就巴特（Slicher van Bath）而言，从加洛林王朝（Carolingian）时代起，欧洲农业扩张和收缩时期的基本辨别特征是谷物价格相对于其他商品和工资是上升还是下降。这是一个谷物贸易的条件是有利还是不利的问题。他认为在1600年（或1650）年到1750年这个时期是收缩的，这意味着谷物贸易处于不利条件。[①] 它对于强调收缩的这个定义是重要的，因为巴特相信，小麦价格的相对下跌比其绝对下跌要重要得多。[②] 与贸易条件的改变一道发生的（这时要避免一切因果关系的暗示）是格拉曼（K. Glamann）称之为在1650年左右"东西方粮食大贸易"的转折点，明显的发生原因是"南欧和西欧（似乎）已经变得在粮食上更为自足"。[③] 这种自足是由于"17世纪下半期西欧食品生产的增加，与人口总的停滞在时间上一致"。[④] 这或许造成了过剩。然而格拉曼（Glamann）也注意到，在这同时"欧洲的胡椒供应过多了。"[⑤]

但是当时代的问题或许是食物太少时，又怎样能说明供应过多的现象呢？舍费尔（Schöffer）谈到在欧洲存在着"长期的、有时是潜伏着的结构性现象"，"从14世纪的灾祸一直延续到18世纪"，主要是"一方面是食物生产和食物供售之间持续的紧张状态，另一方面是人口对食物的需求"。其结果是"一种营养不良是地方病，饥荒经常流行的形势"。[⑥] 塞拉（Domenico Sella）发现，早期现代时期的安于幸福是依靠"食物供给是否能与人口增长并进"。[⑦] 其他人谈到生产增长快于人口增长。很清楚地，我们面对的反常情况只能以对事物发生顺序更清楚的概念来解答。但我们首先看看其他事件中发生了什么。

17世纪据记载农业上有了一些变化：土地开垦的进度至少是放慢，或许停止了，也可能是倒退了。不像16和18世纪"创造了土地"[用肖努（Chaunu）恰当的想象]，17世纪特别是1650年之后是一个"巩固"的时代，但这是一种"没有成就"的巩固。⑧加上土地面积扩张的停止，谷物的平均出产率在整个欧洲于1600年到1699年期间下降了。大麦和燕麦下降的程度要比小麦和裸麦大，在中欧、北欧和东欧比在西欧下降得更厉害。⑨马德莱纳（De Maddalena）称这种出产率的下降为"一个显著的现象"。⑩另一个主要的农艺变化是所种庄稼的选择：首先，将种谷物的土地改作在较寒冷的地区用来放牧，在较温暖的地区用来造酒；⑪第二，将种谷物改为增加种植需要集约劳动的饲料庄稼和蔬菜的生产，以及经济作物（亚麻、大麻、蛇麻草、油菜、草、大青）；⑫第三，从高价格的谷物（裸麦和小麦）改种低价格的谷物（大麦、燕麦和荞麦），⑬并减少购买生产谷物所需的肥料（腐殖土和石灰泥）。⑭

与纯粹农艺上的改变一道，农业生产社会组织上的许多变化也发生了。马德莱纳（De Maddalena）论及17世纪普遍的"农民阶级地位的恶化"，⑮在此期间"土地所有者借口'紧急和迫切的需要'（urgens etvimprovisa necessitas）一直在没收以前属于农民的农地"。⑯他也提到"没收——最好称之为霸占——1/3的公社财产［因而被称为'挑选'（triage）］"，这影响到农民减少了他所有权利放牧和拾柴的土地的面积。⑰巴特（Slicher van Bath）同意农村人口大部分人遭受到比城镇人口更多的苦难，但是在以小农和茅舍农为一方，劳工和家仆为另一方之间作了区别；前两类要比这两类挣工资者"相对更糟一些"。⑱穆夫里（Meuvret）对此作出了一个很明白的解释：

> 对于每一个抱怨因为小麦价格获利甚少的耕地所有者/佃农（农夫 laboureur）而言，有多少工人（manoeuvriers）或手工艺人却高兴为他们有很少机会必须购买东西时，付出的价钱较低。⑲

总的来说，巴特（Slicher van Bath）认为，随着租佃（Fermages）和特别是小佃农（Petits fermiers）数量的减少，农民地产主和佃农（fermierpropriétaires）处于不利的财务状况。⑳与这两种减少平行发展的事实是总的来说农业经营单位（exploitation agricole）的面积变大了。㉑然而尽管经营单位更大，劳动力更贵，农业设备的改进在17世纪比16世纪要少，虽然在乳酪生产的工具上有更多的发明，如搅乳器的改进。㉒

工业像农业一样，看来在17世纪也丧失了它的"加速力量"，虽然发生得晚一些。[23]不清楚从总的欧洲生产力的角度看这意味着什么。塞拉（Sella）认为这种波动相对较小，因为当人口在16世纪扩张时，实际工资下降了，因而事情"根本上没有变化"；当每人平均收入在1650年后上升时，增长的个人需求却"可能一直抵消了部分下降的人口数量"。[24]霍布斯鲍姆（Hobsbawm）坦率地谈到这样一类分析的不确定性："生产中发生了什么事情？我们根本不知道。"[25]

我们似乎知道的是工业的位置有变化。巴特（Slicher van Bath）认为，这是"众所周知的，在农业收缩时期——中世纪末和17世纪——乡村工业出现在这种背景下，特别是纺织工业"。[26]这种情况的发生被认为是因为是失业的乡村劳动力对工业而言是便宜和有吸引力的。因为这类工业至少在18世纪中叶之前，是建立在低比例的固定资本之上的，罗曼诺（Romano）认为，"因此，清偿营业成本，收回投资是非常容易的"，[27]这在纺织工业也许是确实的，但是这种论证难于应用到那时两到三类其他主要工业（根据罗曼诺自己所列举的）——矿业开采和造船。[28]纺织生产向乡村地区的转移与独有的重要新工业——酿酒，烧酒和制麦粉的工业结合在一起，而这些都是从事谷物加工的行业。[29]

明显地，下降的谷物价格相应提高了实际工资。"在17世纪下半期，……当食物价格趋于下降……工资等级保持原状或没有以同样幅度下降。"[30]这当然是与在漫长的16世纪发生的情况相反。[31]如果造成这种结果部分是由于工资的相对"黏着"，但更多是因为"整个欧洲从1625~1750年都有明显的劳动力短缺"。[32]倘若是这样，我们又怎样与这样一个事实调和起来，即17世纪一直被认为是一个相对高的就业不足的失业率？如格拉曼（Glamann）所说的：

> 挣工资劳动者可能对实际工资的某些增加感到高兴。然而前提是他被雇用，而这在以混乱的经济状况为特征的如此一个时代是不能肯定的。17世纪的许多经济问题作家，不管怎样都是将自己的立论建立在社会上流行着大规模的就业不足的基础上。[33]

任何价格的讨论（不管是谷物还是工资劳动力）在这个时期都特别为票面价格与以金银衡量的价格的关系所困惑。[34]普通的看法如莫斯尼尔（Mousnier）所说的，"在许多国家衰落要比表面看来得严重，如果不只是根据以货币账目计算的票面价格，而是以相应的贵金属重量来计称的价格来衡量的话。"㉟因此，如果我们根据贵金属价格，如维拉尔（Vilar）所说的，有"一个确定的事实：在国际上以银来衡量，价格在1600年左右下跌，在1680年达到第一个最低点。"㊱贵金属价格的下跌相对于贵金属流通量的下跌是稳定的。

帕克（Geoffrey Parker）总结了这整体的形势：

> 持平而论似乎确实可以认为，欧洲贵金属的净储存在1500年到1580年间缓慢增长，在1580年到1620年间迅速增加，可能从1620年代起下降，当时欧洲的银矿枯竭了，由美洲运来的银急剧下降，这种情况直到1700年之后巴西的黄金运到为止。
>
> 欧洲所使用的货币数量的增长的极端重要性是无疑的。欧洲在1700年的贸易很清楚不能够以1500年那种小规模的货币来源进行。然而仍有一个关键的问题：它够用吗？欧洲货币储存的净增长是否充裕到足以相抵对支付手段迅速增长的需求？有几种指标说明其不能，特别是在1600年之后。㊲

不只有着货币储存的短缺，还有相应的信贷短缺，这至少从1630年到1680年延续了半个世纪，正如斯普纳（Spooner）指出的，可用总数量的"银、铜、金、信贷（算在一起）几乎不敷用，造成了一种艰难而低水准的货币经济生活，这是世界物质生活总停滞的反应和结果。"㊳这解释了伪造货币"这种17世纪普遍性瘟疫"㊴的浪潮。价格的这种变化对于全球贸易的规模意味着什么呢？对于欧洲工业生产的情况完全没有全面的资料可以适用。

摩洛（Frédéric Mauro）称之为跨大陆贸易关系的概念，将世界分为五个大陆：欧洲、非洲、温带（temperate）美洲、热带（tropical）美洲和亚洲。以我们的观点来看，这不完全适用于地理上的类型，因为非洲和亚洲处于世界经济的外部竞争场，而南北美洲是其边缘，还因为摩洛将欧洲的中心和边缘地区置于同一类别中，因而丧失了关键性的资料根据。㊵尽管如此，考察一下他在表1（table 1）中的估计是有用的；我为了清楚起见改动了它的排列。假若表中的这种比较是正确的话，我们注意到由欧洲进出的贸易和世界范围的贸易是沿平行方向移动的，而在17世纪，两者都显示出相对于较早和较晚的时期有一个停滞的中间期。

表1-1 五个地区和世界范围的跨大陆往来贸易的程度与上一世纪关系的比较*

地区	世纪		
	16	17	18
欧洲	上升	不变	上升
非洲	不变	上升	上升
温带美洲	（近于零）	上升	上升
热带美洲	上升	不变	不变
亚洲	上升	下降	下降
世界范围	上升	不变	上升

注：采自摩洛（Mauro）1961a。

转而考察另一个重要的变量人口，我们发现人口学家们的估计倾向于在一个狭窄的局限中变化。莱因哈特（Reinhard）和阿曼高特（Armengaud）认为17世纪的特点是"停滞……如果不是……略有下降（recul）"，但不是一场'灾祸〔危机〕'，就如14世纪发生的那一类"；[41]而罗杰·莫尔斯神父（Fr. Roger Mols）说："尽管可怕的危机造成了破坏，17世纪似乎也在人口上经历了稍许的增长。"[42]少许下降，少许增长——简而言之，是一种持平。

从这种对欧洲经济总模式的考察，即对1600年到1750年（B时期）和1450年或1500年到1650年这个时期（A时期）的比较，并确实再与1750年之后时期来比较，就显现出一幅经济停滞的图景，一个暂停、忧虑和转变的时代；但它是一场具有从1300年到1450年那场"封建主义危机"那种意义的"危机"吗？[43]看来不是，因为虽然"它的主要征兆是相同的"，1650年至1750年的"萧条比起中世纪晚期严重的经济衰落来属于远为缓和的一类"。[44]如果这是确实的，这就必须加以解释，而我们提供的解释是1600年至1750年间的收缩不像1300年到1450年间那样，不是一场危机，因为困难关头已经过去，危险时期已经渡过，封建主义危机本质上已解决了。17世纪的收缩是一件发生在正形成发展的资本主义世界经济之内的事。正是这个体系将会经历的许多世界范围的收缩和萧条的第一次，但是这个体系在世界经济之内已经对政治上的统治阶层的利益足以进行保护，这些阶层的精力大致上（grosso modo）和共同转而不去破坏这个体系，而是改为去寻找使其能为他们的利益服务的手段，也许特别在一个经济收缩的时期更是如此。

资本主义阶层在17世纪是个混合体，还说不上有一致的阶级构成，肯定还没有形成一个完全有自我意识的阶级，确定它的统治权利，像他们获利那样获得政权；但是他们完全有能力面对大的机遇谋取利益，如同詹宁（Jeannin）谈到的但泽（Danzig）商人，在解释了他们在1600年前后必须做出的一些很复杂的盘算后，他们的"计算方式显示出，这些商人懂得获利的技巧。他们以这样一种方式进行贸易，可以使人们确实将它们描述为在其最具体的意义上对'贸易费用'的一种理解。"[45]由变换的贸易费用所产生的获利考虑导致我们对这个时期的经济行为的主要解释。如维拉尔（Vilar）所认为的，我们所应更多注意的不是价格的上升和下降，而是价格"运动的不一致性"。[46]

这些不一致性包括时间顺序和地理位置，它们的重要性不只在于所能产生的利润，还在于它们对作为一个整体的体系所产生的影响。托波尔斯基（Topolski）说这种收缩不是"一种停滞意义上的或间歇性的总经济危机，或是经济活动减弱所引起的萧条"；它是一个以在作为一个整体的体系内"增长着的不平衡"[47]为标志的时期。增长着的不平衡不是相对于收缩的某种东西；在一个收缩的时期不平衡事实上是资本主义的关键机制之一，一个使得资本集中和增加积累的因素。维拉尔（Vilar）的解释是好的："在每一个总危机中，不同的国家反应是不同的，因而发展也是不平等的，最终造就了历史。"[48]

让我们转论塞拉（Sella）称之为"经济活动在地理分布上的戏剧性转变"，[49]但不是用学究气失望的传统模式来使我们要"避免概括化"，[50]而是让我们牢记住布罗代尔（Fernand Braudel）对于精确性的警语："因为没有单一的结合点；我们必须想到一系列重合的历史在同时发展着。"[51]主要的地理区分是一件普遍接受的事情，虽然对于细节有着许多学术上的烦琐争论。霍布斯鲍姆（Hobsbawm）关于"总危机"的讨论提到"经历了'资产阶级革命'的国家的相对免疫性"；[52]这里他指的是联合省（United Provinces）和英格兰。然而在另一场讨论中，他将"欧洲经济"划分为四个地带，其中三个据说在某种意义上在经济上衰落了。（没有试图将它们彼此作相对排列）。这些地带是"中世纪在经济上'旧有发展'地带——

'地中海和西南德意志'、'海外殖民地'、'波罗的海地区内地'",和"新的'发展'地区。"在这第四个地带有着"更复杂的"经济情况,我们看到不只有荷兰和英格兰,还有法国。[53]

罗曼诺(Romano)的地理学的分层更清楚:

  在英格兰和低地国家危机基本上已经施放出了影响;在法国它没有释放出能量,但是它确实播下了以后会结出果实的种子;在欧洲其余地区,它只不过意味着退化。意大利无疑包括在欧洲这最后一部分之内,贴上了退化的标签。[54]

奇波拉(Cipolla)对罗曼诺的地理学加上了一些细微差异:"17世纪对西班牙、意大利和德意志是个黑色世纪,对法国至少是灰色的。但是对于荷兰是个黄金时代,对于英格兰如果不是金色的,也至少算得上是银色的。"[55]托波尔斯基以一种略有不同的方式画出这幅分层地图,区分开存有巨大活力的地带(英格兰和联合省),较不迅速发展的地带〔法国、斯堪的纳维亚、德意志,以及波希米亚(Bohemia)和其他东欧和中欧国家,除去波兰〕,还有停滞或萧条地带(西班牙、葡萄牙、意大利和波兰)。[56]作为一个群体,地理的分级看来是一致的,虽然在细节上是有变化的。

让我们现在考察一下时间上的分类,这里混乱更大了;收缩的时期在各国间是不同的,在票面和和银价格上也有着不同;甚至在特定国家和特定货品的价格上,分析家们看来也不一致。在布罗代尔(Braudel)和斯普纳(Spooner)对价格资料的述评中,他们的论题是简单的:"16世纪末如同在16世纪初一样难于探索。"[57]对于金银价格,他们发现上升的长期趋势"在南欧在1590年到1600年之间,在北欧在1620年到1630年之间,也许甚至到1650年"有一个逆转。但是对于票面价格他们在三个连续的波动中发现了一个十分不同的模式;一个在1620年代左右在德意志;一个在世纪中叶左右在锡耶那(Siena)、埃克塞特(Exeter)、拉古萨(Ragusa)、那不勒斯(Naples)、阿姆斯特丹(Amsterdam)、但泽(Danzig)和巴黎这些不同的城市中,一个在1678年在卡斯提尔(Castile),它"非常不同一般。"他们说:"票面价格只是在英格兰的情况中精确地遵循银价,在荷兰的情况中紧密相关。"注意我们这一对国家怎样又出现了。在所有其他国家中都有一个差距,从十年到卡斯提尔(Castile)高达四分之三世纪。"连

续的通货膨胀……是在这各个国家中一直接续的票面价格上升。"㊳

这里我们有着一条精确的线索可以追寻。当世界经济中有着收缩时，通货膨胀能够作为相对衰退的模式之一吗？人们能够说票面价格通货膨胀的程度，特别是与金银价格相比来衡量，是相对衰落的尺度吗？当我们评述各种分期时（对此定下的标准通常是不明确的）；这个问题是应当记住的。根据范·巴特（Slichervan Bath）所说，萧条于1600年左右在西班牙开始，在意大利和中欧部分地区是在1619年，在法国和德意志部分地区是在1630年，在英格兰和联合省是在1650年。在中欧于1640年到1680年间，联合省于1720年到1740年间情况最坏。在英国和法国它于1730年结束，在德意志是1750年，在联合省是1755年。"经济上更高度发达的地方如英国和荷兰能够抵抗得更长久。农产品生产者——在17世纪这些人是在波罗的海地带的谷物生产地区——几乎毫无抵抗能力。"㊴

维拉尔（Vilar）利用白银价格发现了两个主要模式——一个在西班牙和葡萄牙，它们的衰退开始得较早（在1600年到1610年之间），也结束得较早（在1680年到1690之间），另一个在北欧，它开始在1650年到1660年之间，持续到1730年到1735年之间。法国在这种分类中以一个分裂国家出现，其中法国南部（Midi）"以马赛（Marseilles）与地中海相连接，离西班牙比博韦（Beauvaisis）还近。"㊵肖努（Chaunu）发现了同样的两个类型。一个"地中海地区和西班牙属美洲的早熟趋向，和一个迟缓的属于北方和波罗的海的，它相当奇怪地与巴西和印度洋联系在一起。"㊶

然而艾贝尔（Abel）选取了一种有些不同的集合，以谷物25年的平均折银价格为基点，对此他总结为总的来看，"在17世纪下半期和18世纪上半期"是一种下降趋势。㊷他说这对于英国、西班牙属尼德兰、法国、北部意大利、联合省、丹麦和波兰是真实的，但德意志和奥地利不是这样，它们的"价格曲线从17世纪最后25年起是上升的。"㊸事实上，仔细观察艾贝尔的图表，就会显示出一幅远为复杂的图像，其中突出的有两个事实。首先，最大的价格差距可以看出发生在1650年，当时波兰显著地高而德意志显著地低。第二，波兰显示出在这段时期内最大幅的价格变化，从1650年比起任何地方价格为最高到1725年比起任何地方价格为最低。德意志价格偏差在这个范围中要小得多。波兰这种显著的摆动在寻求一种解释的总框架中不应当被忽视；但是现在让我们先讨论德意志，因为在三十年战争对德意志的"衰退"所起的作用这个问题上有大量论著涌现。

拉布（Theodore Rabb）在评述1962年的有关论著时，描述了两个思想学派，"灾难性战争"学派和"较早衰退"学派（他们将三十年战争看作只是最后一击）。[64]吕特格（Friedrich Lütge）是前一个学派的一个好例子。对他来说，德意志的经济在1560年和1620年之间是繁荣的。他参与了海外贸易，制造业是大规模和有利可图的。在1620年后便不再是如此了。因此他得出结论，三十年战争是关键的可变性干预。[65]对此巴特（Slicher van Bath）的答辩是典型的"三十年战争不能对此负责，因为德意志的衰退在16世纪下半期就已经开始了。"[66]许多人企图解决这场争辩。例如卡尔斯坦（Carsten）对战前衰退的论点投以怀疑的目光：

> 甚至如果德意志城镇的大多数在1618年之前已经衰落的说法能成立，这也不一定必然引起普遍衰落，因为经济活动可能已从城镇转向乡村。确实在东北德意志是这种情况，在那里16世纪是一个和平和繁荣的时期，是谷物出口增长和谷物价格迅速上升的时期。[67]

因而城镇的衰落不一定要看作负面的经济征兆。当然不是！它是边缘化的一个征兆。[68]卡尔斯坦（Carsten）发现，除此之外，1608年之前这个时期在上巴伐利亚（Upper Bavaria），一个他密切考察的地区，是"一个缓慢地发展繁荣的时期。"因此他谨慎地劝告说，要有"更详细的调查和研究才行。"[69]当卡尔斯坦（Carsten）靠坚持我们共同的无知来调和时，拉布（Rabb）靠坚持我们共同的知识来调和，它"显示出在德意志内部〔在三十年战争之前〕绝对的繁荣和衰落经常是并存的。"他也以一个谨慎的语调得出结论：

> 衰落地区的事实是属于一个无疑的少数………这不可能得出结论，1618年之前的斗争比差异更糟。……从最好的方面说，三十年战争开始了以前不曾存在的总体衰落；往最坏方面说，它以灾难取代了繁荣。[70]

第三种不同的论点是卡曼（Kamen）的。他承认"毕竟无疑的事实是，战争对于大多数讲德语的地方是一场灾难"，但是他认为"这场争论在某种程度上是虚假的"，因为没有"一个称作德意志的单一经济或政治单位",并且"区分战前和战时的衰落通常是不现实的。"⑪

所有这些民族"经济的"衡量标准都没有直接考虑到三十年战争本身的政治后果和在整个欧洲普遍经济收缩的征兆的程度。一个将这场战争放在整个欧洲错综关系中观察的主要尝试是由波里森斯基（J. V. Polišensky）作出的,他说这场战争是可以被

> 看作两种文明之意识形态冲突的一个榜样。从人文主义（Humanism）遗产源出的一个概念的冲击,一个染上了新教主义（Protestantism）的色彩,以联合省尼德兰为其模式,另一个是天主教人文主义者,遵循西班牙的榜样,于是就成为政治战线和权力联盟各有发展的分离点。⑫

这场全欧洲战争就可以认为是资本主义世界经济的第一次世界大战。波里森斯基（Polišensky）持有这种观点,虽然带有某种谨慎的语调：

> 这场斗争普遍化的一个前提条件是17世纪早期欧洲的现状,如果不是属于一个经济统一体,至少属于一个交易框架和一个世界市场的第一批参与者,它的重心是在波罗的海、大西洋和地中海之间的整个地区。⑬

对于他的核心论证"无可争论的"是瓦因什泰因（Vajnshtejn）的论点,即"三十年战争属于密切与荷兰人的革命和从西班牙那里获得解放的故事联系一起的",波里森斯基又说："我们需要确切地知道一个国内资产阶级领导的革命怎么能够变为它在整个欧洲仇敌的一个可怕妖怪。"⑭对他而言,不只是"荷兰因素"对这场斗争的普遍化起到了关键作用,而且最重要的结果是荷兰人在整个欧洲取得了胜利。他注意到当荷兰人占了优势时战争就正好结束了：

> 在1645年荷兰的舰队第一次控制了桑德海峡（the Sound）和波罗的海的贸易通道。荷兰省的商人贵族和阿姆斯特丹市就能看出没有理由继续一场与西班牙的战争,使法国成为唯一的胜利者……
>
> 分别缔结的和平［联合省与西班牙在1648年1月］立刻成为共

和国对西班牙和荷兰对奥兰治亲王（Prince of Orange）和尼德兰其余部分的一场胜利。它同样可以看作阿姆斯特丹对所有其他荷兰伙伴的完全胜利，而战争的结束确保了同样的城市寡头制的特权，这是奥兰治的莫里斯（Maurice of Orange）在三十年之前予以贬低了的。[75]

一个有关的关键问题是我们如何解释荷兰独立战争。尼德兰革命早在1566年就开始了，直到1621年为止并没有蔓延为整个欧洲的大火——这是波里森斯基称为"战争的荷兰时期"（从1621年到1625年）的开始。[76]它对罗曼诺（Romano）所说的1619年到1622年危机有什么作用呢？[77]它比看起来所引起的作用要更大。因为遍及欧洲的经济收缩是以这些年的尖锐危机为征兆的，[78]这意味着政治控制的赌注增高了；对于参战者而言军事破坏的代价似乎要低于在一个收缩时期衰弱的商业地位的潜在损失。在这个意义上，联合省下赌注并且赢了。特别是因为许多战争的代价，从破坏这方面来说事实上是德意志要记住还有波希米亚（Bohemia）所付出的。[79]因而卡门（Kamen）认为有关德意志的争论是"虚假的"是正确的。这个问题不是德意志如果不受到三十年战争的干扰会不会衰落的问题——这是一个大体上没有意义的假设式考虑。它的干扰是世界经济中趋势逆转的一个反应。因此这场战争就成为经济角色重新配置和经济差异强化产生的形成程式之一。

总结这各种研究与综述，我们就得到如下的图景。在1600年到1650年左右的年代（如在1300年到1350年左右的年代那样），一个经济扩张的时期似乎结束了。主要用价格为出发点描述这种扩张，这种在两次世界大战之间价格史学家的研讨是不错的，但是他们被完全误导了，因为价格确切而言是相对的。一种价格只有在一个既定市场的所有同期价格体系的关系之中才具重要性。价格从来不会普遍上升或下降；一些价格上升了，因而就意味着其他的下降了。扩张的结束不只关系到票面价格难于把握的度量标准；它们关系到实在的物质产品。首先的并或许是核心的扩张是在谷物的生产上，包括每亩产出量和用于谷物生产的总亩数。后一种扩张靠土地开垦（bonification），也靠将用做牧场和造酒的土地改用种植谷物来达到。发生这些种扩张，当然是因为贸易条件对于谷物要比起其他产品更有利可图。

此外，至少还有四个其他真正领域的扩张：（a）人口，其升降在这个时代不可能与食物供应情况长期脱节；(b)城镇"工业"，它的进步和落后相对与货币化相关联，创造了高比例的工资雇佣，因而从不会大大脱离于相对低或至少是下降着的实际工资；(c)多种形式（金银、纸币、信贷）的货币供应；(d)乡村和城镇能有赚头的企业家的数量。所有这些有关将经济作为一个整体来衡量扩张的标准，而它们在这个经济的许多剖面中全都是不一致的。在一个政治单位的疆界中衡量它们，比起在全球性经济市场的各疆界中来衡量，由此只能得出一幅片面的图景，其中的经济意义就不可理解了；而政治后果于是也变得模糊不清，除非从更大的整体来考虑。

在大约1300年到1350年和1600年到1650年这些扩张因为大部分类似的原因终止了。然而不同之处是巨大的，这就是对于扩张终止的系统反应。从数量方面，我们能十分容易地看出这种差别。从1300年到1450年这个时期，与前面的上升大概比较起来，从各方面衡量都是一个衰落，而从1600年到1750年这个时期衡量起来呈现一种稳定化。从1450年到1750年的曲线看起来像一个台阶，而不像1150年到1450年的曲线如一个山峰。但这只是结构上不同的外壳。从1300年到1450年的萧条导致了社会结构的危机，这是欧洲封建制度的危机，而1600年到1750年的危机，用舍费尔（Schöffer）的用语说，导致了"一个凝结化和有机化的时期"；[80]它以肖努（Chaunu）称为"容易的增长之终结和滋生的困难之开始"[81]为标志。凝结化和滋生的困难与什么有关呢？资本主义世界经济作为一个体系是唯一看来真正的回答。

让我们注意一下在1600年到1750年之间收缩的某些系统的结构性特点。首先，过分强调这个事实是困难的，这个时期经历了国家机构的强化。至少是在中心国家和兴起的半边缘国家，以作为抗衡这种收缩的一种方法，与1300年到1450年之间的收缩相比较，在这另一方面，却恰恰导致了土地贵族中间残酷的互相残杀战争，一个封建欧洲真正的众神末日(Götterdammerung)。17世纪并非没有经历战争和破坏，而是完全相反，但是它们没有统治阶层大规模流血的同样特征。战争的模式改变了，广泛使用了佣兵，而最重要的，17世纪的斗争是在国家之间而不是贵族之间，这样就能为某些人经济力量的增长起作用。正如艾略特（Elliott）在他所谓的危机的讨论中所说的："16和17世纪确实在欧洲生活的结构上经历了重大变化，但是这些变化发生在这个贵族君主制国家的弹性结构之内。"[82]弹性确切地说就是在形成的危机中保持收缩。

第二，在一些地方有着持续的经济活动，从停止生意到活动看来是繁荣的信号。我略过最明显的例子：荷兰的黄金时代，德意志从17世纪后期的好转，英国农艺学的持续进步，简而言之，"在整个阴暗和困难的17世纪，微小进步无限性的积累。"[83]这种较不经常观察到的现象包括土地开垦从未真正减少这个事实，如罗曼诺（Romano）提醒我们的：

> 土地开垦（bonifiche）？在17世纪仍在继续，它只是没有用货币来支付，而是用法定劳务（corvées）、劳役、滥行征税（Soprusi）等等手段。正是在这个意义上能够说："农业生产不像其他行业，在17世纪几乎没有缩减。"[84]

不使我们惊奇的是，对17世纪的许多企业家而言，看来"对于投资缺乏安全感和生产的销路"；[85]这毕竟是收缩的意义之一。当肖努（Chaunu）将17世纪描述为一个"获利减少但……胜利的地租凯旋"的时期，[86]这样他就误导了我们。他事实上描述的是在资本主义世界经济的中心国家中趋向农业投资的转变。

霍布斯鲍姆（Hobsbawm）发现了资本主义史上的一个自相矛盾之处：

> 因此我们面对着一个自相矛盾之处，即资本主义只能在一个已经在本质上是资产主义的经济中发展，因为对任何不是这样的情况，资本主义力量将倾向于使自身适应于占优势地位的经济与社会，因此就不是具有充分革命性的。[87]

但是占统治地位的工业资本主义世界经济只能够从一个已经存在的资本主义世界经济——确切地说是发生了什么？——中产生吗？这确实是一个自相矛盾之处吗？资本主义世界经济在1600年到1750年这个时期延续和巩固的方式是不能在1300年到1450年间做到的（确切说是因为1150年到1300年间的扩张还没有打破欧洲封建结构的桎梏）；由于这个原因，17世纪能够准备好在经济上、政治上、知识上和社会方面给予所谓工业革命以激励的途径。[88]

我们必定不要忽略社会习俗的革命，例如，在晚期中世纪没有相应的从 16 到 18 世纪制欲主义的性道德的持续发展，所有这些强加给家庭结构的道德习俗是为了使其适应一个资本主义世界。肖努（Chaunu）像通常那样，有些以他的理想主义想象来驾驭自己；但是他并没有真正偏离他的论证标准：

> 17 世纪从社会习俗方面而言，是一个伟大的，也许是唯一革命的世纪，以对传统文明的态度而言，这全然是个破坏传统的世纪；自相矛盾的是，它为马尔萨斯主义（Malthusian）的革命造成了一个先决条件。[89]

我们还要问，这个自相矛盾之处在哪里？确实我们能够提出这个问题，工业革命是否在 17 世纪已经进行了。威尔逊（Charles Wilson）敢于以足够的勇气论证这点：

> 在后来所谓的工业革命和 17 世纪的荷兰的经济发展之间，有没有绝对的区别？大多数历史学家可能会说有。但是我们能如此确信吗？……荷兰的造船业本身以当时的条件而言是一个基础工业，作为运输工程学的水平属于 19 世纪。[90]

28　　让我们不要忘记，从 1600 年到 1750 年这个时期继续并进一步是世界经济的一个关键过程；如布罗代尔（Braudel）和斯普纳（Spooner）所展示的，在三个欧洲的基本价格地带价格差别的持续分化。

> ［最高和最低价格］之间的差距从 18 世纪早期明显地接近，显示出整个欧洲的价格在多大程度上开始趋同……通过过度的剥削……价格差别，商业资本主义对价格拉平做出了贡献，创建了交流的渠道，并必然造成利益的转化，到其他地方去寻找更有利可图的条件。[91]

这就是要点。有一个从 16 世纪到 18 世纪进行的资本主义过程，使得工业的促进动力成为可能，其中价格的拉平是一个根本因素。

一个关键的差别保留下来了，对我而言似乎是，在从 1450 年到 1750 年这个资本主义世界经济被创造出来，其他的历史可能性逐步被消除的时期，与从 1150 年到 1450 年这个可能说是做出了类似努力但终归失败，因为封建经济的政治凝聚力还没有因为内部矛盾而崩解的时期之间的差别。这种关键的区别也可以在整体经济内部的收入分配类型上发现。

艾贝尔（Wilhelm Abel）在他论述前工业化德意志的民众贫穷的书中，其主要观点是恩格斯（Friedrich Engels）在《1844 年英国工人阶级状况》（Conditions of the Working Class in England in 1844）中所论证的工人的状况随着工业化而恶化是完全错误的。据艾贝尔所引用的希尔德布兰德（Bruno Hildebrand）的著作，"（在德意志）贫穷最严重的恰好是在那些没有工业的地区。"[62] 艾贝尔说，事实上，民众贫穷要早于工业化，要回溯到 16 世纪：

> 在实际工资上最严重的下降是发生在 16 世纪。后来，实际工资在德意志在 30 年战争之后不久上升，在其他地方是在 18 世纪初。尽管如此，这些工资……并不比 16 世纪后半期高多少（并比 15 世纪的工资低得很多）。贫困时代（The Age of Pauperism）（1791~1850）以一个重新下降结束了这一系列过程，但是在早期工业化的英国下降是最少的。[63]

艾贝尔（Abel）书中的观点是要论证工业革命意味着工人阶级生活标准的上升。这个问题不在我们现在论及的范围之内，虽然他自己对 1791 年到 1850 年这个时期的讨论表示出，这对于作为一个整体的世界经济可能不是这样。对我们现在的讨论切题的是他在从 1450 年到 1800 年这个时期较低阶层的收入有一个全面下降的论证。这论证在其他著作中得到了确认。明钦顿（Minchinton）冒着一点把欧洲的"需求结构"概括化的危险，将 1500 年到 1750 年这个时期看作"在 1750 年要比 1500 年更受益于变富。"他又说："贫富之间的差距变大了。"[64] 布罗代尔（Braudel）和斯普纳（Spooner）通过考察价格资料得出类似的结论：

> 从 15 世纪后期一直到 18 世纪初，欧洲的生活水准逐步下降。做一个缜密的分析会是有趣的，如果对这个时期之前的 14 和 15 世纪的状况这样做有可能的话。一般而言那个时期的状况要好一些。这个时期构成了劳动者的一个黄金时代，正如许多优秀的历史学家所认为的

那样,处于我们提到的一连串发生的暴烈动乱之前吗?

在一个我从巴特(Slicher van Bath)的资料构建的图表中,英国木匠从1251年到1850年的实际工资,从1251年到1450年显示出持续的上升,在这个时期上升了一倍,在此之后或多或少持续下降,到最后回到了最初的起始点(除了在1601年到1650年这个时期格外的低)。要解释这个情况,我们必须再考察所谓的封建主义危机。安德森(Perry Anderson)已经正确地论及对封建生产方式的活力的充分理解是近十年来中世纪历史编纂学的最重要收获之一。"这个危机不是建立在失败而是成功之上。是建立在(封建制度)所表现的显著的全面经济和社会进步之上。"而到13世纪,在经过三个到四个世纪的持续扩张后,这个制度本身处于危机之中。

我在前面已解释了为什么我相信这是由于周期性的经济萧条、气候上的变化和封建结构基本矛盾长期恶化相结合造成的结果。安德森(Anderson)随后相当详细地对这种历史结合的分析,将着重点放在这个事实上,即"农村垦殖的基本动力带动了整个封建经济向前发展了三个世纪,最终在地域和社会结构上超越了其目标的限度。"在强调可以被称为这个体系的社会——经济衰竭时,安德森批评了多布(Dobb)和柯斯明斯基(Kosminsky)所进行的解释是"在经验上有问题和在理论上过于简化的",他们认为危机是由"贵族剥削的直线增加"造成的,因为它"似乎不适应这个时代地租关系的总趋势。"

这里的混乱值得花一些时间去解决。一些经验上的证据以支持这个直线增加剥削的假说事实上在安德森(Anderson)自己的书中就可以找到,其中他提到,例如,在中世纪欧洲农民持有土地的平均面积"从大约9世纪的100英亩左右下降到13世纪的20或30英亩。"他也提到小贵族和职业的中间人的地位在大贵族和农民之间,"(在社会和经济重要性上)在整个中世纪时期趋向于稳步上升。"也许,这必然意味着经济盈余增长的百分比落到非生产性工人的手中,因而存在着贵族剥削的直线增加。在这种情况下,持续的社会经济衰竭和增长着的剥削的结合(前者不是部分地导致了后者,作为一种平衡上层阶层成员个人收入的方式吗?),这促成了(正如我提到的,由于其他因素也增强了)领地收入的著名危机,这是由"城镇和农业价格关系扩大的剪刀差"所造成的。

这个"剪刀差"的后果之一是正好在经济下降时期发生的地租关系的

普遍改变。安德森（Anderson）说：

> 远非封建生产模式的总危机使在农村的直接生产者的状况恶化，它由于其状况改善和对他们的解放而告结束。它在事实上被证明是西方农奴制瓦解的转折点。[104]

这里关于经济"剪刀差"的印象，接着就是领主制的反动，接着是相对成功的农民抵抗，以农奴制的瓦解告结束。"靠劳役耕种的领主自劳地在法、英格兰、西部德意志、北部意大利和西班牙大部分地区在1450年已经不合时宜了。"[105] 我对这个次序的看法有些不同。社会经济危机削弱了贵族，以致使农民在1250年到1450年或1500年间稳步地增加了他们在剩余产品中的份额。这在整个欧洲西部和东部都是确实的。[106] 这是较低阶层向着收入相对平均的趋向发展的生活水准的提高，而不是由于上层阶层呈现出真正危机和被迫面对的困境。

没有剧烈的社会变化是没有摆脱危机的出路的。这条出路正如我前面所论证的，就是创建一个资本主义的世界体系，一个占据剩余产品的新形式。[107] 用资本主义模式取代封建模式是领主制的反动构成的结果之一，它是统治阶层保存他们的集体特权的一个巨大政治社会努力，即使他们必须接受经济的根本性重组和所有对熟悉的社会阶层构成形式造成的威胁。很清楚，有一些家庭会由于这种改变而失败；但是许多家庭并没有。[108] 此外和最重要的是，社会形成阶层的原则不只是保存下来了；它还得到了加强。

不是发现了欧洲较低阶层的生活水准从1500年到至早1800年在下降，尽管事实上这个时期既包括扩张（阶段A）和收缩（阶段B）吗？不是证明了这种战略是多么成功，如果这可以称之为经济转变吗？应当注意的是，收入下降的经验性论证不是由资本主义的一个批判者，而是由一位创造恩格斯（Engels）的艾贝尔（Abel）做出的。艾贝尔错误地相信，这种下降在1800年之后停止，只说明他不管因为什么原因，没能够将他在1800年以后的计算放到正确的分析单位之内，这是因为资本主义世界经济作为一个整体，它的外部疆界正好在那时已经扩张了。

我们现在转回到我们对1600年到1750年之间收缩的解释上。将1450年到1750年作为从封建主义到资本主义的一个长期"过渡"来分析，因为我们这样就会越来越减少"纯粹"的封建主义时期和"纯粹"的资本主义时期，早晚要达到根本没有，只剩下了过渡。足够公平的——所有的只是过渡，但是无论何时我们把一部分扩张为一个普遍的属性，我们就只是在专门术语上掉换论题。我们仍然要知道，是什么时候、如何，和为什么社会结构的主要改变发生了。意识形态上的描述给这些体系赋予它们的总是不真实的。常常易于发现"非资本主义的"行为在一个资本主义世界——所有欧洲在1650年到1750年，也在1850年到1950年有着特定的种种例证。这类"非资本主义的"商号公司和国家与"资本主义的"行为，"资本主义的"商号公司，或（所有这些中最不适当的用法）"资本主义的"国家混合在一个资本主义世界经济之中，这既不是反常的也不是过渡性的。这种混合是资本主义体系作为一种生产方式的实质，它说明了资本主义世界经济如何历史性地影响了已共存于社会空间的各个文明。

我已讲过，资本主义表现着封建主义危机的一种解决方式；但解决方式是选择的结果，即靠克服了因任何既定解决方式都处于损失地位的个人或群体的抵抗而形成了多数人集团，因为受损失者是为数众多并多种多样的，就结成了奇怪的同盟，并且这个过程是冗长和不清晰。其他"解决方式"可能尝试过。查理五世（Charles V）企图重建一个统一的君主国，但他没有成功。[109] 较低的阶层可能想趁1600年到1750年周期性衰退之机对这个体系进行破坏，借此获得对当时多得多的绝对剩余产品的大规模再分配，但是这并没有发生，因为资本主义世界经济的中心国家现在的国家机制有了力量。靠着以复杂的方式与反对力量调和，它们只是在为世界经济作为一个整体中占统治地位的经济阶层增进利益的范围内，终于生存和繁荣下来。对于安德森（Anderson）而言，"绝对君主制本质上是……封建统治的一种重新部署和重新进攻的机构，是用来钳制农民群众回到他们传统的社会地位中去的——不愿并且对抗农民从普遍的劳役折算中获得的好处。"[110]

如果去掉封建的这个形容词，我可以接受安德森的整个观点。对我而言，这重新部署确切地与以资本主义统治代替封建统治相关。不管其公开的专门术语是什么。甚至安德森本人也承认，有一个"绝对君主制明显的自我矛盾"；他提到当绝对君主制是保护"贵族的财产和特权的"，它"能够同时确保新兴的商人和手工业家阶级的根本利益。"为解释这种自相矛盾，安德森求助于这个事实，即在"机器工业"时期之前（也就是在约1800年之前），"商人和机制业资本"不需要"大众"市场，因而能够避免"与封建农业秩序激进的决裂。"⑪这是确实的;然而,将资本主义经济作为一个整体的范围内,这在20世纪仍是确实的。也就是说,大众市场的"需求"仍然没有包含整个世界人口。

由上述可见,我们能够理解为什么不是所有绝对君主制国家都是强国,而不是所有的强国都实行绝对君主制。关键因素是国家是如何强大的,而不是政府的形式是多么绝对君主制的。当然我们必须解释这种形式,我们将提到,在17世纪最强的国家中,谁在经济上占统治地位:联合省(United Provinces)居第一位,英国居第二位,法国居第三位。英国革命使英国国家强大,而路易十四(Louis XIV)的主张"朕即国家",(L'Etat C'est moi),是国家相对衰弱的一个征兆。

17世纪的收缩不是这个体系的危机,恰好相反,这是它的一个巩固时期。舍费尔(Schöffer)在论及在16世纪晚期西班牙属美洲白银进口衰落的一面时,抓住了这个要旨。他论证说,结果是在17世纪,"普遍而言平均价格保持在同一水准",而这是"经济的一个稳定因素,而经济一直被一切太过高的通货膨胀所破坏。"⑫

漫长的16世纪不只是一个通货膨胀的时代。它是一个结构上革命的时代,并非不重要的是,这是大规模的人群愿意接受新的和激进的思想的时代。人文主义和宗教改革的思想有着一种令人陶醉的性质,使他们冒着失去控制的危险。17世纪呈现为一个平静和冷静下来的时期。古典主义(Classicism)像绝对君主制那样,不是一种对现实的描述,而是一种计划——一种恢复上层阶层政治和文化上的优势地位的计划,较好的一面是吸收了由资本主义世界经济的产生所表现的根本社会变化。鲍斯马(William Bouwsma)将17世纪实质上文化冲击的特征总结为

> 系统化的心理状态在所有地方的恢复,它建立在对人的知识的一种正面估计之上的,它与以脱离宗教的世俗化运动为基础的观点非常不同,它坚持人类经验的所有方面与宇宙普遍原则的一个中央核心,由此也就与抽象的真理相关联。⑬

在政治上和文化上,17世纪表现出对形式和结构的稳定性的一种追求,这是与世界经济发展速度放慢的时刻相伴随的。没有这样一个时期,下一个质的改进就是不可能的。这使得17世纪不是一个"危机",而是前

进步伐所需的变化，不是一场灾难，而是从资本主义制度中获得最大利益人们进一步增加利润的一个基本因素。⑲ 因为从 1600 年到 1750 年这个时期对欧洲的世界经济的巩固是如此重要，因而值得对为什么如此作一个仔细的分析。我们就能够了解，资本主义阶层运用什么样的重商主义来应付世界经济中周期性发生的收缩时期。

注释：

① 巴特（Slicher van Bath）（1965a，38）在他后来的著作中说："这决不意味着排除经济生活中其他方面的繁荣，如酿酒业、蒸馏酒业、纺织和烟草工业在这个时期的兴旺"（1977，53）。

② "最重要的是谷物和畜产品之间价格比的变化，如黄油、奶酪和羊毛在一个长时期的情况。具有重大意义的还有小麦价格和经济作物如亚麻、油菜籽、烟草等之间的关系，还有小麦和油之间，小麦和工业材料如纺织物和砖之间，最近还有小麦价格和地租之间的关系"［巴特（Slicher van Bath），1965b，144］。关于这种联系，见安德森（Anderson）对杜比（Duby）不愿意指出中世纪晚期的经济是处于危机之中的驳斥。杜比（Duby）在一些地区看到经济发展某种连续性的迹象，而安德森（Anderson）评论说："这就混淆了危机和衰退的概念"（1974b，197）。

③ 格拉曼（Glamann）（1974，464）。

④ 格拉曼（Glamann）（1974，465）。也见巴特（Slicher van Bath）（1963a，208）。关于随后谷物生产的全面衰落，见雅卡尔（Jacquart）（1978a，352，360），雅卡尔指出（P378）一个生产的全面衰落只能有三种可能的原因——生产费用的改变，收获水平的改变，和产品市场价值的改变。他排除了第一个原因，认为在这个时期是难以置信的，这就剩下两种其他解释。他认为较低的产出是首要的解释。然而，巴特（Slicher van Bath）的论证反对将气候作为产出下降的有根据解释。"如果所有其他因素保持不变，其他方面都差不多（*ceteris peribus*），在这个时期的粮食价格应当显示出上升趋势。事实上在大多数国家却显示出下降趋势。这暗示着必然发生了影响需求的巨大变化"（1977，63）。

⑤ 格拉曼（Glamann）（1974，485）。

⑥ 舍费尔（Schöffer）（1966，90）。

⑦ 塞拉（Sella）（1974，366）。

⑧ 肖努（Chaunu）。也见巴特（Slicher van Bath）（1963b，18）。被遗弃的村庄在 17 世纪不只在战争破坏的地区如波希米亚（Bohemia）、德意志诸邦、波兰和勃艮第（Burgundy）可以发现，也在主要战场之外的意大利的坎帕尼亚（Campagna）和托斯坎尼（Tuscany）和西班牙的萨拉曼卡（Salamanca）发现。

见巴特（Slicher van Bath）（1977，68）。

⑨ 见巴特（Slicher van Bath）（1963b，17）；也见雅卡尔（Jacquart）（1978a，363~368）。

⑩ 马德莱那（De Maddalena）（1974a，343），巴特（Slicher van Bath）认为在产出率和谷物价格之间有着必然的联系，"增长的施肥需要购买肥料，导致更高的产量。但这只有在谷物生产有利可图时才能做到。"（1962a，32）。很明显他不相信有利可图，因为他也认为"施肥数量或质量的下降可能造成了 1600 年到 1750 年间谷物产出率的轻微下降，这在欧洲大多数国家我们都有证据。"（1977，95）。

⑪ 见罗曼诺（1962，512~513）。也见巴特（Slicher van Bath）（1962a，33~34），他提供了这个在 1650 年到 1750 年之间从耕作土地转作牧场的地区的名单：卡斯提尔（Castille）、什未林（Schwerin）、福拉尔堡（Vorarlberg）、阿尔高（Allgau）、布雷根茨瓦尔德（Bregenzerwald）、贝当豪（Pays d'Enhaut）、埃蒙塔尔（Emmenthal）、萨瓦（Savoie）、汝拉（Jura）、格吕叶埃（Gruyères）、贝德尔维（Pays d'Hervè）、布尔戈涅（Bourgogne）、蒂埃阿什（Thiérarche）、贝道日（Pays d'Augè）、贝辛（Bessin）、科唐坦（Cotentin）、密德兰（Midlands）、爱尔兰（Ireland）。在 1630 年到 1771 年之间新的葡萄园地区是朗德（Les Landes）、佩里高尔（Pèrigord）、塞特（Sete）、蒙彼利埃（Montpellèr）、阿尔萨斯（Alsace）、加泰隆尼亚（Catalonia）、沃州（Vaud）、豪尔维尔（Hallwil）、苏黎世州（Canton of Zurich）。

⑫ 巴特（Slicher van Bath）（1965a，33，39）。他引证了摩泽尔（Moselle）、哈尔茨（Harz）、爱尔福特（Erfurt）和低地国家（Low Countries）。

⑬ 巴特（Slicher van Bath）（1965a，39）

⑭ 巴特（Slicher van Bath）（1965a，15，39）

⑮ 马德莱那（De Maddalena）（1974a，288）；参见雅卡尔（J. Jacquart）（1978a，346，1978b，427~428，1978c，462）。

⑯ 马德莱那（De Maddaleua）（1974a，292）；参见雅卡尔（Jacquart）（1978b，391~392）。

⑰ 马德莱那（De Maddaleua）（1974a，294）。

⑱ 巴特（Slicher van Bath），这些名词在德语中是"小农"（*klein bauerb*）、"小屋农"（*käther*）和"无地农"（*häus ler*）。相对于"雇工"（*knechte*）和"女仆"（*magde*）。雅卡尔（Jacquart）也类似地强调"中层农民"的相对衰落。他将其定义为那些"拥有或利用一小块家庭地产的人们"，他认为他们在危机中"无产阶级化"了（1978c，466）。

⑲ 穆夫里（Meuvret）（1944，116）。

⑳ 巴特（Slicher van Bath）（1965a，38）。

㉑ 巴特（Slicher van Bath）（1965a, 37~38）。

㉒ 巴特（Slicher van Bath）（1965a, 15, 34, 39）。

㉓ 罗曼诺（Romano）（1962, 520）。后来在重述这篇文章的要点时，罗曼诺说："首要和最重要的是，（在农业上）决定性的崩溃在16世纪末到来，商业和工业的崩溃到来得较晚，在那些年短暂的危机之后这个意义上说，它开始于1619~1622年。商业和'工业'的危机进入了一个较长的危机。"（1974, 196）。

㉔ 塞拉（Sella）（1974, 366~367）。

㉕ 霍布斯鲍姆（Hobsbawm）（1965, 9）。

㉖ 巴特（Slicher van Bath）（1965a, 37），他列举了下列地区：爱尔兰、苏格兰、曼恩（Maine）（法国）、佛兰德尔（Flanders）、特文特（Twente）、威斯特伐利亚（Westphalia）、蒙斯特（Münster）周围地区、萨克森（Saxong）和西里西亚（Silesia）。

㉗ 罗曼诺（Romano）（1962, 520）。

㉘ 罗曼诺（Romano）（1962, 500）。

㉙ 巴特（Slicher van Bath）（1965a, 39）。

㉚ 塞拉（Sella）（1974, 366）。也见维戈（Vigo）（1974, 390）。

㉛ 见我在沃勒斯坦（Wallerstein）（1974, 77~84）中的讨论。

㉜ 艾贝尔（Abel）（1973, 225）。

㉝ 格拉曼（Glamann）（1974, 431）见莱昂（Léon）类似的观察："对于17世纪，实际工资的上升被农业危机所阻碍，它发动了对谷物价格突然性的和猛烈的冲击。决定性地增加了生活费用，还有剧烈的工业萧条，它造成了长期和严重的失业。因而对于工人阶级的更大部分而言，是一场非常的灾难"（1970c, 674）。

㉞ 见我的简要讨论，沃勒斯坦（Wallerstein）（1974, 271）。

㉟ 莫斯尼尔（Mousnier）（1967, 167）。对使用金银作为度量的论证是由拉杜里（Le Roy Ladurie）有说服力地做出的。他引用了博利尔（René Baehrel）（1961）提出的尖锐问题："不可能存在一个单一正确的货币价值度量标准，为什么我们认为它应当是一克（gram）银呢？"对此拉杜里回答说："这是正确的。但更有理由（*a fortiori*）说，为什么我们认为它应当是都尔锂（*Livre touvnois*）呢？它添加补充金属的相对量使钱的价值不稳定……我批评以银作为米（meter）的标准，由于宇宙的某种相对性，我难道就要以橡皮作为米的标准，同样是相对的，却加上令人烦恼的弹性吗？"（1964, 83）。

㊱ 维拉尔（Vilar）（1974, 246）；但是维拉尔又说："除了在法国外，对1683年到1689年和1701年到1710年之间曲线的上升是不可忽视的。"

㊲ 帕克（Parker）（1974a, 529~530）斜体字是后加的。

㊳ 斯普纳（Spooner）（1956，8）。

㊴ 斯普纳（Spooner）（1956，35~36）。

㊵ 见摩洛（Mauro）（1961a，特别是 16~17），对他将欧洲作为一个单一类别对待的批评，可以在马塔（Mata）和瓦莱里奥（Valerio）的文中找到（1987，特别是 118~120）。

㊶ 莱因哈特（Reinhard）和阿曼高特（Armengaud）（1961，114）。

㊷ 莫尔斯（Mols）（1974，39）；沃莱斯（J·de Vries）以 1600 年为 100，计算出 1700 年的指数为 106（而 1750 年为 123）。但是他的计算去掉了东部欧洲，这部分必然会进一步降低这个指数（1976，5，图表 I）。

㊸ 见我的讨论，沃勒斯坦（Wallerstein）（1974，第 I 章）。

㊹ 巴特（Slicher van Bath）（1963a，206）。

㊺ 詹宁（Jeannin），（1974，495）。

㊻ 维拉尔（Vilar）（1961，114）。

㊼ 托波尔斯基（Topolski）（1974a，140）。戴维斯（Ralph Davis）讲的完全是同一件事："比普遍的经济衰退要引人注目得多的是发展途径出现歧义的方式。"（1973b，108）。比较托波尔斯基对罗曼诺（Ruggiero Romano）所用的"停滞"这个词予以驳斥："17 世纪是什么？……在众多的定义之中，他们能够轻而易举地减少为单一的一个：它是一个'经济停滞'的世纪。这只是一种印象，但是我坚定地确信，在这种轻易地论证后面只有一个支持论据：价格史……但这是一个好的标准吗？我不相信。"（1962，481~482）。

㊽ 维拉尔（Vilar）（1974，52）。这就是为什么我不能接受莫里诺（Morineau）驳斥对于 17 世纪有一个阶段 B 这整个概念的企图。他说："增长的停顿？这是这册（集体）作品选用的标题。它充满了假定和许多模糊的概念。它假想定会严守罗斯托式（Rostowian）的增长，无论对 16 世纪的乐观景象还是 17 世纪统一的悲观景象……如果一个人是荷兰人或英国人，而不是西班牙人或葡萄牙人，欧洲在 1598 年之后在地理上的兴起似乎是十分清楚的。这是一个重新分牌的问题。"（1978g，575）。然而，如果一个人在他的想象中不是始终悲观的，如果他认为一个 B 阶段包含的恰恰是重新分牌，如果他持有与罗斯托式（Rostowian）增长理论相反的观点，他就会较少受到这种反对势力的影响。

㊾ 塞拉（Sella）（1974，390）。

㊿ 马德莱那（De Maddalena）（1974a，274）。

㉛ 布罗代尔（Braudel）（1973，II，892）。这些过程的重叠在我看来似乎解释了肖努（Pierre Chaunu）的确信："这种衰落通常不是发生在一个运动，而是两个、三个、四个阶段中。阶段是那些周期性危机……这些危机的年代在欧洲各地或多或少是相同的，前后相差两三年。但是相对的重要性和这些危机的意义在这个和那个地方各不相同。"（1962b，231）

㊷ 霍布斯鲍姆（Hobsbawm）（1965，13）。
㊷ 霍布斯鲍姆（Hobsbawm）（1958，63）。
㊸ 罗曼诺（Romano）（1974，194）。
㊹ 奇波拉（Cipolla）（1974，12）。舍费尔（Schöffer）谈到荷兰历史学家不愿意为欧洲普遍危机的概念的讨论做出贡献。"这个总危机怎么能使它适合于荷兰的黄金时代呢？"（1966，86）。
㊺ 如格雷梅克（Geremek）所报告的（1963）。
㊻ 布罗代尔（Braudel）和斯普纳（Spooner）（1967，404）。
㊼ 布罗代尔（Braudel）和斯普纳（Spooner）（1967，405）。
㊽ 巴特（Slicher van Bath）（1965b，136）。在波罗的海地带一个类似的萧条的时期由马查克（Maczak）和萨姆索诺维茨（Samsonowicz）发现（1962，82）。他们将时间定为1620年代到1760年代。
㊾ 维拉尔（Vilar）（1974，303）。于是维拉尔企图使博利尔（Baehrel）（1961）其他不和谐一致的论证适应于与法国人有关的总理论。
㊿ 肖努（Chaunu）（1962b，251~252）。
62 艾贝尔（Abel）（1973，221）。
63 艾贝尔（Abel）（1973，222，223，表No.37）。
64 拉布（Rabb）（1962b，40）。
65 见吕特格（Lütge）（1958，26~28）。
66 巴特（Slicher van Bath）（1963b，18）；见艾贝尔（Abel）（1967，261）的同样论证。
67 卡尔斯坦（Carsten）（1956，241）。
68 对卡尔斯坦（Carsten）自己而言这是熟知的，虽然他没有用这种语言。他谈到"土地贵族的兴起和他们与外国商人的直接贸易，扼杀了许多较小的城镇。"（1956，241）。
69 卡尔斯坦（Carsten）（1956，241）。
70 拉布（Rabb）（1962b，51）。
71 卡曼（Kamen）（1968，44，45，48）。
72 波里森斯基（Polišenský）（1971，9）。帕克（Parker）类似地建议类推到第一次世界大战（1976a，72）；但是要注意，波里森斯基正好在下一句话警告不要误解："如果过于简单化地相信，这场战争是以资本主义和资产阶级的斗士为一方，'旧政体'和封建贵族的代表为另一方的忠实，那就是愚蠢的。"
73 波里森斯基（Polišenský）（1971，258）。接下去讲的就是"战争起到了加速某些社会经济变化的催化剂的作用，这些变化在战争爆发之前已在进行了。"（259页）它不是一个转折点。"三十年战争强化了已经存在的经济发展的不平等。它没有改变商业路线的基本方向或商业收缩的强度。"罗施（Hroch）也分析了三十年战争作为"生产力的发展和生产关系的停滞"之间的矛盾的结果。这必然是商品生产为一个"欧洲范围的市场"发展的结果（1965，542）。然而，他将这场斗争看作是"在封建阶级内部的。"（541页）。

⑭ 波里森斯基（Polišenský）（1971，264）。
⑮ 波里森斯基（Polišenský）（1971，236~237）。
⑯ 这是波里森斯基（Polišenský）著作第五章的标题（1971）。
⑰ 见罗曼诺（Romano）（1962）。
⑱ 见我的讨论，沃勒斯坦（Wallerstein）（1974，269~273）。
⑲ "波希米亚（Bohemia）的〔经济〕悲剧的程度是清楚的。"波里森斯基（Polišenský）（1971，294）。这对于瑞士也是确实的；见卡曼（Kamen）的讨论（1968，60）。
⑳ 舍费尔（Schöffer）（1966，106）。
㉑ 肖努（Chaunu）（1967，263）。
㉒ 艾略特（Elliott）（1969，55）。
㉓ 肖努（Chaunu）（1967，265）。
㉔ 罗曼诺（Romano）（1962，512）。里面的引语见布费尔蒂（Bulferetti）（1953，44，777）。
㉕ 明钦顿（Minchinton）（1974，100）。
㉖ 肖努（Chaunu）（1967，264）。斯普纳（Spooner）指出，土地只是那时商业财富的出路之一。他还列出三十年战争、国家、大公司和新技术（1970，100~103）。
㉗ 霍布斯鲍姆（Hobsbawm）（1960，104）。
㉘ 这个时期相对于较早时期的成就被肖努（Chaunu）抓住了："用从13世纪起进行了最大改良的一系列工具，16世纪的欧洲人撒出了第一张全球经济图。自相矛盾之处不在这里。不如说是从1550年到1750年，古典的欧洲做出了维持这个奇迹。这是在18世纪中叶的交通运输革命之前。"（1966a，277~278）。
㉙ 肖努（Chaunu）（1966a，209）。
㉚ 威尔逊（Wilson）（1973，331）。
㉛ 布罗代尔（Braudel）和斯普纳（Spooner）（1967，395）。阿基利斯（Achilles）谈到阿姆斯特丹的小麦价格成为"全欧洲的标准。"（1950，52）。
㉜ 艾贝尔（Abel）（1972，7）。
㉝ 艾贝尔（Abel）（1972，63）。他用（用来做面包）小麦公斤（Kilogram）来制表，显示在英国、斯特拉斯堡（Strasbourg）、维也纳和莱比锡（Leipzig）一个石匠的实际工资。
㉞ 明钦顿（Minchinton）（1974，168）。
㉟ 布罗代尔（Braudel）和斯普纳（Spooner）（1967，429）。也见托特堡

(Teuteberg）所讲的"素食化"，即欧洲在中世纪末期到1800年之间这个时期（无关饮食增加了）（1975，64~65）。

⑯ 见沃勒斯坦（Wallerstein）（1974，80，表 I）。拉杜里（Le Roy Ladurie）报告说鲍拉尔（M. Baulart）揭示出，巴黎工人的薪金在15到18世纪中的最高点是从1440年到1498年（1973，434）。范范尼（Fanfani）相信，意大利的实际工资在16世纪下降350%（1959，345）。

⑰ 安德森（Anderson）（1974b，182）。

⑱ 见沃勒斯坦（Wallerstein）（1974，21~37）。

⑲ 安德森（Anderson）（1974b，197）。对于他这场危机不完全是农业上的："在同时，城镇经济现在碰到了它发展上的某种关键障碍⋯⋯一个普遍的货币短缺不可避免地影响到银行业和商业。"安德森将这种短缺解释为是由于采矿的"技术障碍"（1974b，199）。

⑳ 安德森（Anderson）（1974b，198）。我冒着将自己落入这个阵营的危险，在我将自己与希尔顿（Hilton）关于这个假设的说法联系在一起的范围内。见沃勒斯坦（Wallerstein）（1974，23~24）。

㉑ 安德森（Anderson）（1974b，185）。他认为在私人交往中这可能是由于遗产的分割而不是剥削的加强。

㉒ 安德森（Anderson）（1974b，185）。他认为这应当是全球生产量增加的结果，又不是由于剥削的加强。但是见赫利希（Herlihy）对13世纪皮斯托亚（Pistoia）农村仔细的经验研究。在反驳马尔萨斯主义者（Malehusian）对14世纪人口下降的解释时，他指出在13世纪，农民"支撑着巨额水平的地租"；他们出售他们土地的永久租佃权给投资者以募集资本，而在1250年之后，"由于货币的贬值和小麦价格的迅速上升，永久地租的价值也突然飞涨，在1280年代达到高峰。"此外，"皮斯托亚的农村支付着相当于城市六倍高的赋税"（1965，238，240，242）。

㉓ 安德森（Anderson）（1974b，200~209）。他对这个后果的经验性描述显得简明扼要和可佩服的清晰。

㉔ 安德森（Anderson）（1974b，204）。

㉕ 安德森（Anderson）（1974b，209）。

㉖ 虽然安德森（Anderson）两本书的主要论题之一是东欧和西欧方向不同的道路，甚至他也承认，"（封建主义的危机）的相对影响，在某些方向也许'在东欧比在西欧'甚至更大。"当然，他对这两个地区危机的原因所进行的论证是不同的（1974b，246~248）。但是它的真实性是相同的，对农民阶层有利的后果也是相同的。

㉗ 见沃勒斯坦（Wallerstein）（1974，37~38）。

㉘ 安德森（Anderson）本人指出，减少危险或减慢精英转换速度的方法之一，是

他称之为"法律制度"（vincolismo），即在 17 世纪晚期引入的各种司法伎俩，在 18 世纪将大规模地产保持在家庭中，以"对抗分割的压力和资本主义市场的不可捉摸情形。"（1974a，56）

⑩ 见沃勒斯坦（Wallerstein）（1974，165~181）也见耶茨（Yates）（1975）。

⑩ 安德森（Anderson），他提供了相同论证的另一个公式："绝对主义国家的统治是向资本主义过渡时代封建贵族的统治"（1974a，42）。

⑪ 安德森（Anderson）（1974a，40）。

⑫ 舍费尔（Schöffer）（1966，97）。

⑬ 鲍斯马（Bouwsma）（1970，10）。鲍斯马解释了这种对"宇宙系统理性化"的关心，是由于"这个时代的物质状况；是由于这个世纪长期的萧条，它的社会纷乱、战争和革命"（94 页）。

⑭ 拉布（Rabb）谈到在 1610 年到 1660 年间所建立的知识体系的"巨大范围和巨大的图景"［培根（Bacon）、笛卡尔（Descartes）、斯宾诺莎（Spinoza）、霍布斯（Hobbes）］，他认为这正好是对危机的一个反应。"当这种渴望在欧洲文化中表示它的中心地位时，如 1660 年代起那样，人们就可以再度说，这种不确定性也就是这场'危机'已经被抛诸脑后了"（1975，58~59）。

第二章插图 "乌坦波盖尔特（Jan Uytenbogaert）总收款人"

伦勃朗（Rembrandt van Rijn）。（1639）作
阿姆斯特丹（Amsterdam）里克斯博物馆（Rjiksmuseum）。

"乌坦波盖尔特（Jan Uytenbogaert）总收款人"，伦勃朗（Rembrandt van Rijn）作。这幅1637年的蚀刻画，以"秤量黄金者"的名称更为通行。其风格是一种富裕者的庄严几乎是神圣。可以和16世纪艺术家的钱币交易者的肖像相比较，他们将其描绘成有着尖鼻子和冷峻的脸的人。

第二章 荷兰在世界经济中的霸权

"在北方有一个现象，像卢本斯（Rubens）……是不可想象的。"
——盖尔（Pieter Geyl）[①]

欧洲世界经济的中心在1600年左右牢固地位于欧洲西北部，也就是在荷兰（Holland）和泽兰（Zeeland）；在伦敦、在伦敦周围各郡（the Home Counties）、东盎格利亚（East Anglia），还有法国的北部和西部。[②]这些中心地区的所在处政治单位，在面积、形式和政体上是相当不同的，它们在随后一个半世纪经历了重大变化，但是在经济上这些地带的相似之处要多于不同。正如前一章所考察的，1600年到1750年是一个巩固时期，在其间世界经济的发展速度放慢了。这在整体上是确实的，但是资本主义经济体系的特定标志是，整体中心趋势是其组成部分鲜明的不同倾向的合成物。随着速度放慢和巩固化，强行推行了困难的经济决策，由此政治的（和文化的）缠结也被培育出来。这在任何地方也没有比在17世纪的中心国家中更确实的了。在其中这些国家的企业家阶层在这种形势下为了生存有着尖锐的竞争，一些人必然被淘汰，以留下足够的利润给其他人。

历史书将1600年到1750年这个时期称为重商主义时代。我不打算考察赋予这个名词的多重意义或是组成它"实质"的各个定义。[③]有关重商主义的辩论大部分是有关论证的真值被17世纪的理论家提出的。明显地，他们的论题在某些方面反映了实际，而在某些方面是依据实际而设计行动的。这对所有理论家都是确实的。但是现在我们感兴趣的论题是这个时代的国家的实际活动，不管在意识形态上的理由如何。这些活动在那个时代不是唯一的，但是在资本主义世界经济史的几乎每个时刻，某些国家都曾加以利用，虽然在意识形态的理由上有所变化。在对17世纪重商主义的解释的巨大混乱中，这个概念的两个方面完全为每一个人同意。重商主义包括经济民族主义的国家政策，和围绕着对商品周转，不管是以金银运动为形式，还是对创立贸易平衡（双边或多边的）的关心为考虑重心。有关"利润和权力"的真正关系的事实是什么，是那个时代的人们中和今天的分析家中所争论的问题。

认为经济民族主义是弱者反对强者，和竞争者相互对抗的国家政策，只不过是接受一种正统观念。在这本书中可能有些不同的是，认为重商主义竞争的成功，首先是由于生产率的作用，和所有重商主义国家政策的中期目标是在生产领域的整体效率。这个故事必须从联合省（United Provinces）开始，因为在17世纪至少部分时期，这个"从冰川时代留下的沙子和泥堆"④上草率建成和看来缺乏效率的国家机器，是资本主义世界经济的霸主。联合省（或者我们应称之为荷兰）是在查理五世（Charles V）这一方企图将世界经济纳入世界帝国失败后，第一个这样的霸权。霸权是一种少有的情况，至今只有荷兰，大不列颠和美国在资本主义世界经济中曾经拥有霸权，每一个只在相对短的时期内享有这种地位。荷兰是最难置信的，因为在它的时代，它是所有军事巨人中最弱的一个。

霸权包含比中心地位更多的东西。它可以定义为一种形势，在其中某个中心国家产品的生产如此有效率，以致在整体上在其他中心国家也是有竞争力的，因而这个中心国家就是一个最大限度自由的世界市场的主要受惠者。明显地，要取得生产质量高的优势，这样一个国家必须足够强大，以阻止或尽量缩小为生产因素自由流动设立的内部和外部政治壁垒，并且为保持其优势，曾经受庇护的占统治地位的经济力量发现，鼓励某些知识和文化冲击，运动和意识形态是有好处的。与霸权随之而来的问题，正如我们将会看到的，就是它是短暂的。当一个国家一成为真正的霸权，它就开始衰落了；因为一个国家不再是霸权的，不是因为它失去了力量（至少不是在长时间光阴逝去之前），而是因为其他国家得到了力量。位于顶峰就必然意味着未来不是你的，不管现在有多少，但无论如何它是甜美的。这种霸权的类型看来是不可思议的简单。在农业—工业生产效率上的显著优势导致世界贸易中商业供销领域的统治地位，加上由作为大部分世界贸易集散中心和由对"无形物"——运输、交通和保险业的控制而增加的相关利润。商业领先地位导致了必然会对银行业财政份额的控制（兑换、储蓄和信贷）和投资（直接的和有价证券）。

这些优越性是具有连续性的，但是它所在时间上是重叠的。同样的，优越性的丧失看来也是以同样的顺序发生的（从生产到商业再到金融），也基本上是连续性的。接着可能终有只是一个短时期，一个特定的中心强权能够同时表现出在生产、商业和金融上对所有其他强权居于优势。这个瞬间的高峰我们称之为霸权。对于荷兰或联合省而言，这个瞬间可能是在1625年到1675年之间。荷兰人的生产效率首先是在历史上食品生产最古老的形式上达到的，这就是渠集业，这里指的是鱼类集散，特别是（但不只是）腌鲱鱼，这个"荷兰人的金矿"。⑤这种效率的起源可以在1400年左右鲱鱼横帆船（haring buis 或 buss）的发明中找到，⑥这是一种长宽比很高的渔船，它提供了"更大的机动性，更耐风浪和更大速度，而对载货空间没有大的损失。"⑦这种鲱鱼横帆船两个大的优点是它的设计使得用大拖网捕鲱鱼成为可能，这是于1516年在西弗里斯兰（West Friestland）的霍恩（Hoorn）首先提到的，⑧并且它宽阔的甲板使得在船上进行腌晒成为可能。腌晒并即去除内脏和加盐腌鱼的新技术也就确保了储存，这种技术在13世纪就发展起来了。⑨这种"工厂船"⑩的创造使得船能够远离荷兰海岸待上6到8个星期，鲱鱼横帆船把它们的载货转给抱买者（ventjagers），快船则带着产品回到海岸。⑪

荷兰人不只控制着北海的捕鲱鱼业，即所谓的"大渔业"（Grand Fishery），⑫他们还控制着冰岛（Iceland）的捕鳕鱼业，还有斯匹茨卑尔根（Spitzbergen）群岛的捕鲸业。⑬鲸在事实上不是用作食品，而是一种工业产品。鲸提供"鲸油"，用于肥皂和灯油，而鲸骨用于服装。⑭捕鱼加工业不但对这类进一步程序是重要的，而且对这之前的程序如制网，造成了一种"在欧洲唯一的'情况，在人口相当的比例上'都卷入了渔业或至少有关。"⑮在17世纪，对于英国人"令人恼恨"⑯的是荷兰人能够在英国海岸外捕鱼，并在英国港口有竞争力地出售鱼，并且因为这种优越性，在波罗的海建立了他们的"本国贸易"。英国人在那时非常了解这一点。唐宁爵士（Sir George Downing）在1661年7月8日写信给克拉伦登（Clarendon）说："（荷兰人的）鲱鱼贸易是盐贸易的缘由，而鲱鱼和盐的贸易是这个国家在某种程度上整个垄断波罗的海贸易的缘由，因为他们有这些庞大的货物装上他们的船去那里。"⑰对波罗的海贸易的控制确实是对荷兰造船业的效率有益的因素之一。荷兰人有时发现他们自己处于螺旋性效果的幸福环境之中：循环地增强着优势。

尽管唐宁爵士（Sir George Downing）如此说，鳕鱼业不能解释这一切。荷兰人在农业，这个当时最基本的生产企业中显示了同样的优越性；这是一个惊人的成就，不论就其后果的广度，[18]还是其效果的深度而言都是如此，因为尼德兰（Netherlands）在地质上一点也不适于谷物生长[19]或是大多数其他形式的农业。然而这个弱点通过两种方式转化为力量。首先，这个国家抽水创造土地的工程（填海造低地），导致了风车的发明和工程科学的繁荣，因此在许多方面荷兰成为"木制机械时代的中心。"[20]填海造地可追溯到1250年，但是最盛期是1600到1625年间，那时有一个突然的数量上的飞跃；这种高水平大部分从1625年到1675年维持了下来。[21]因而马维尔（Andrew Marvell）在"荷兰的特点"（Character of Holland）中谬误地嘲笑道："因而在被淹的人中的规则是他应当排水。"困难的自然环境的第二个后果可能是更为重要的。必要性推动荷兰人进行集约农业，首先是在1300年左右，那时较早的艰苦时代和低的价格导致了富于创造力，后来在1620年到1750年，集约农业一个更大的扩展发生了。[22]

因为土壤对于耕作农业特别地不利，[23]增加产量能够最易于通过改种如亚麻、大麻、蛇麻草、园艺、果树栽培，和很重要的染料产品等工业原料作物来达到，由此在16和17世纪，荷兰人是"世界上最先进的种植者，几乎无人可与之竞争。"[24]与园艺和农耕一起有着可观增加的是畜养业。[25]使得工业原料作物如此集中成为可能的部分原因是大量进口粮食，这不是一件小事。德弗里斯（De Vries）估计在17世纪中期，荷兰、乌得勒支（Utrecht）、弗里斯兰（Friesland）和格罗宁根（Groningen）等省半数的居民靠粮食进口供养。[26]有益的因素是农业技术的改进——休耕地的消失，[27]与之相关的饲料作物耕作、苗畦和成行种植，简单而便宜的工具的使用，通过大量施肥和仔细的多的劳动投入小面积而获得高产量。[28]牧草种植和系统化的施肥也使更多的牲畜和更高的奶产量成为可能。[29]所有这类集约化农业即使增长的城市化和工业化成为可能，也为其所促进。"到17世纪中期，大多数城市有特准的人收集（工业）垃圾（例如灰烬）并出售远送给农民。"[30]无怪乎罗曼诺（Romano）称约从1590年到1670年这段时期为"荷兰农业世纪"，以与欧洲农业的16世纪做比较。[31]当荷兰人变得更为有效率时，欧洲其余地区大部分在农业技术上相对停滞时，这个差距变得更大了。

联合省不只是这个时代领先的农业生产者，它在同时也是工业产品领先的生产者。有如此之多的笔墨花费在解释荷兰为什么没有工业化上，以致我们易于忽略它已这样做了这个事实。威尔森（Charles Wilson）由于其相信这点，在他大部头论尼德兰的著作中一直坚持这个观点。[32]工业进步首先在纺织业上显示出来，即传统上领先的部门。尼德兰北部在1560年代开始从向北涌来的逃亡者获得好处，这是由尼德兰革命导致的结果。纺织品生产集中在莱登（Leiden），[33]那里"新布商"［贝斯呢（bays）、塞斯呢（says）、骆驼绒（camelot）、绒面斜纹呢（fustians）］开始了他们使英格兰变得著名的事业。在一百多年的时期内，工业生产一直汹涌前进，在1660年代达到高峰。（一种以1584年为100的指数，相比之下1664年为545，1795年为108）。[34]生产不只是在数量上扩展了，并且直到1660年代，莱登（Leiden）的主要工业纺织品竞争者，东盎格利亚（East Anglia）的"新布商"，"不得不进行一场艰难的战斗。"[35]阿斯特罗姆（Åström）认为荷兰的力量来源于17世纪波罗的海贸易，将纺织业生产的效率作为他的第一个解释，将他们英国呢布（和欧洲南部的盐）的中间商作为第二个解释[36]——第一个是生产的优势，第二个是商业的优势，它跟随着第一个优势并为其所促进。

这种优势明显地在科克因计划（Alolerman Cockayne's Project）的历史中表现出来。英国希望借此转变英国未经染色梳理的呢布送到荷兰加工完成的情况。在1614年詹姆斯一世（James I）禁止出口"原白色的"呢布，而荷兰人以禁止进口成品货物作为报复，对此詹姆斯一世以再次禁止出口羊毛作为反击。这正如萨普勒（Supple）所说是一场"巨人的赌博"，[37]一方会堕入无底深渊。在三年多时间中，英国的出口下降到原先的1/3，这个计划在1617年完蛋了。这个赌注一直是很高的。威尔森（Wilson）计算在染色程序中增值了47％，而这是在荷兰完成的。[38]英国不能赢得这场赌博的原因很清楚，因为我们已经提到荷兰在那时在染料生产因而在染料价格上享有的巨大优势。因而在17世纪前半期，英国与联合省在呢布贸易上的竞争，如同在渔业上一样，反映了"徒劳无功的重商主义愿望。"[39]

现代早期的第二个大工业是造船业，这方面联合省的领先地位是众所周知的。[40]这个事业不那么广为人知，但清楚的分析对它很重要，荷兰的造船工业是"属于现代规模的，有着标准化、重复性方式的强烈趋向。"[41]它是高度机械化的，并且使用许多省力的技术——风力锯木厂、供锯、木堆和滑车的动力送料机，搬适重木材的大起重机，——所有这些都增加了产量。[42]这个工业—商业复合体的联系是明显的。在阿姆斯特丹有一系列附属工业——制造场、烘饼干作坊、船蜡烛业、航海用具、航海图制造业，㊻造船业本身需要大量木材。据估计一艘战舰需要 200 棵生长一个世纪的橡树，因而这种木材不是很容易劈开的；200 棵橡树在当时需要 50 英亩（acres）树林。㊹这种木材的一个主要来源是波罗的海地区，荷兰人垄断这个贸易的一个主要原因是纺织业生产的效率，后来当然主因变成是造船业上的效率。而这正如我们将看到的，在很大程度上是荷兰人能够控制世界贸易的原因。此外，因为造船之外的其他荷兰工业是"完全依赖"由水路运来的供应，船只"必然应视为生产的一个真正因素。"㊺因而，造船业是生产手段的生产。

纺织业和造船业不是仅有的重要工业。荷兰是至少在 1660 年之前煤矿业的一个主要中心。㊻蒸馏酒业在 1600 年后不久开始有一个"强有力的繁荣"，并延续了一个世纪。其他工业是造纸工业、锯木厂、书籍业、制砖业和石灰业，约在 1500 年扩展，到 18 世纪依然"相当地繁荣"；陶器业、烟草业和烟斗制造业；出口导向的很大规模的制革业在 17 世纪特别突出；酿酒业在 17 世纪到来时达到高峰；油脂和肥皂生产，它们最繁荣是在 17 世纪中期；当然还有化学工业，它的首要作用是提供染料；㊼并且人们必然不能忽略军火工业。受到八十年战争（Eighty Year's War）和三十年战争的促进，政府鼓励进口战争物资，这类工业就稳步扩张了。在 16 世纪末存在着大规模的出口贸易，在 1600 年，生产结构从手工业行会向制造业和外放加工制转变。㊽

不是在 1575 年到 1675 年这一百年间，联合省在每个工业领域都具有优先地位或没有有力的竞争者，但是如果可以确信诺思（North）和托马斯（Thomas）所说的，尼德兰是"第一个达到自立型增长的国家。"㊾这首先是因为没有其他国家显示出有这样一种连贯的、有凝聚力和整体性的农业—工业生产结合，而这是在尽管进行了 80 年的独立战争的经济困难中形成的。㊿没有比英国人更为仔细地观察 17 世纪荷兰的情景了。在 1673 年，英国大使坦普勒爵士（Sir William Temple），出版了他的《联合省考察》（*Observations upon the United Provinces*），其中他说道：

> 我相信，贸易的真正起源和基础是大量人群聚集在小范围的土地内，那里所有生活必需品就都是稀缺的；所有有财产的人都趋于极度节俭；但是那些一无所有的人被迫勤勉劳动。大多数人精力充沛地投

入劳动；那些不能供应的东西由某种发明和创造力来弥补。这些习惯首先是由需要养成的，而及时成长为一个国家的常规。[51]

威廉爵士希望英国人能尽可能像所说的这样就好了。

对这种活力的确证可以在人口流动和城市化的数字中找到。众所周知有一批主要的移民，特别是手工艺人和市民，在16世纪晚期从南部来到北部尼德兰，首先是从安特卫普（Antwerp）[52]来到阿姆斯特丹和莱登（Leiden）。[53]在1622年，联合省60%的人口是城镇居民，其中有3/4是在一万人口以上的城镇中。[54]阿姆斯特丹的人口增长到4倍——从1600年的5万人增加到1650年的20万人，[55]它作为一个真正的"熔炉"，将佛兰德人（Flemings）、瓦隆人（Walloons）、德意志人（Germans）、葡萄牙人和德意志犹太人（Jews）、法国的胡格诺教徒（Huguenots）变为"真正的荷兰人"。[56]大多数作家集中于移民的商人和手工业者阶层，至少同样重要的是考察特别但不只是在莱登（Leiden），大量生活在贫民窟中的城市无产阶级的增长，许多被雇用的工人是妇女和儿童。正如詹宁（Jeanin）恰如其分地说的："这种压力和斗争含有一种现代的回响。"[57]当然是如此，因为我们面对的是工业资本主义，总而言之，可以说在16世纪晚期，北部尼德兰坚定地走上了发展生产效率的道路，使得联合省在1600年左右发展为欧洲世界经济主要的（虽然当然不是唯一的）生产中心。在农业方面，它将需要高技艺的产品专业化，产生了高额利润，[58]在工业方面，荷兰在纺织业和造船业处于权威的领先地位，这是那个时代两项主要工业，在其他工业方面荷兰也起到了一个主要的，有时是占统治地位的作用。在这种生产效率的基础之上，联合省能够建立它的商业网，并树立它作为"世界货栈"[59]的地位。对此我们要转论到某些更为熟知的话题上。

荷兰人的船只在17世纪控制了世界的运输贸易。它从1500年到1700年增长了10倍，在1670年，荷兰人拥有的船只吨位是英国人的3倍，比英国、法国、葡萄牙、西班牙和德意志诸地的吨位的总和还多。荷兰人建造的船只的百分比甚至更大。荷兰的船运业事实上只是在17世纪后半期才达到鼎盛期，荷兰人利用英国内战的时机建立了"在世界运输贸易中无可争议的霸权。"当荷兰人船只运输所有的荷兰纺织品时，英国船只除了垄断专卖商和特许公司外，不得不与荷兰船只分运英国纺织品，确实只有较少的份额。[60]晚至1728年，笛福（Daniel Defoe）仍把荷兰人说成是："世界的运输者、贸易的中间商、欧洲的经纪人和代理人。"[61] 在 17 世纪荷兰人给人如此深刻印象的是他们"分布在每个地方"[62]——到了东印度群岛（East Indies）、地中海、非洲，和加勒比海地区，还依然掌握着波罗的海地区（Eastland）的贸易，他们扩大他们在欧洲西北部的贸易的份额，并掌握了到这个大陆内陆的河流贸易。

东印度贸易的经历当然就是东印度贸易公司（Vereenigde Oost-Endisehe Compagnic VOC）的经历。它是一个资本主义贸易公司的榜样，部分是投机性企业，部分是长期投资，部分是殖民地开拓者。[63] 它在阿姆斯特丹有着审慎的指导者"十七位绅士"（De Heeren Zeventien），在巴达维亚（Batavia）有牢固实行控制的殖民地总督，其中第一个人是柯恩（Jan Pietszoon Coen）。[64] 用某些方法荷兰人偶然获得了东印度群岛的贸易。当安特卫普在 1585 年落到西班牙人手中，欧洲的香料市场转到了阿姆斯特丹。但是因为西班牙在 1580 年合并了葡萄牙，而里斯本（Lisbon）是欧洲香料的输入港，荷兰人要设法绕开西班牙人。[65] 于是豪特曼（Corneliusde Houtman）在 1592 年被派到东印度群岛执行使命，在 1598 年第一支贸易船队航入，到 1602 年国务会议（States-General）给予东印度贸易公司（VOC）特许状，部分是为控制荷兰人中的毁灭性竞争，部分是为较少的投资者提供一个稳定的市场，部分是为了创造一个反对西班牙的经济和政治武器，部分只是为了得到比欧洲那时所有的更多香料。[66]

事实上这是个控制海运香料贸易的好机会；经过地中海东部地区（Levant）陆路贸易最重要的封锁，不是像通常说的发生在 1450 年到 1500 年；而是发生在 1590 年到 1630 年。[67] 因而机会是很大的，荷兰人抓住了它。印度洋上主要的航运通道从北半部（红海和波斯湾）转到了南半部［好望角（Cape）路线］。荷兰人能够利用这个机会是因为他们有这样做的技术。像帕里（Parry）指出的，"横帆战胜了大三角帆，贸易风战胜了季风;"[68] 但是一旦荷兰人一进入这场贸易，他们就遇到有着一个外部竞争场的贸易这个基本问题。因为这是一种奢侈品贸易，利润很高并且竞争激烈；但因为它是一种奢侈品而不是必需品贸易，市场本来就是小的，充满这个市场的是一个严重的可能性——腹背受敌（Scylla and Charybdis）。[69] 只有两个途径来摆脱这个困境。或者以将东印度群岛作为资本主义世界经济的一个边缘地带并入来转变贸易的性质，或者求助于在世界性帝国之间传统方式的长途贸易实行"行政性"贸易。走哪一条途径事实上是柯恩

(Coen)和"十七绅士"(De Heeren Zeventien)之间进行争论的主题。柯恩这位"在亚洲一种强硬方针的斗士",[70]推行第一种选择方案,他在阿姆斯特丹的上司们则主张第二种。

柯恩(Coen)说将东印度群岛边缘化需要在两重意义上的边缘化:建立政治控制以压服相对强大的亚洲国家并重新组织生产体系;并出口一个白人定居者阶级,这两者都有助于管理经济作物的生产,并为欧洲出口除金银外的其他商品提供了一个确定的初始市场。他说这样一种政策与行政性贸易是相矛盾的,需要以市场法则来运作。这里讨论的术语经常在某种程度上被错误认为是自由贸易与垄断之争;[71]但是事实上柯恩不反对东印度贸易公司(VOC)在市场中实行垄断,(确实对野蛮的力量时常给予深思熟虑的帮助),而"十七位绅士"(De Heeren Zeventien)也不是不了解在如此大的距离上限制使用他们的行政性贸易权利的能力局限。[72]这是一个对于资本主义企业家什么在短期内最合算的问题——是剥削的利润还是投机的利润。在短期内,那些主张投机的人占了上风;[73]但是长期看来,正如我们在前面所讨论的,[74]生产剥削的利润是在资本主义世界经济中领先的唯一巩固的基础。那些中心国家(不只是尼德兰,还有不列颠和法国)在18世纪开始将印度洋竞争场边缘化,在1750年之后确实站稳了脚跟。[75]

东印度贸易公司(VOC)在17世纪的政策,是否如马塞尔曼(Masselman)所认为的"目光短浅"?[76]我不这样认为,因为必须考察其他选择。有没有在其他地方得到更多的剥削利润,特别是在一个世界经济相对全面停滞的时代?回答是确实有——在波罗的海沿岸(Eastland)的贸易,在欧洲西北部本地、在南北美洲,所有这些都更就近方便。为什么还要为东印度群岛所困扰呢?人们会奇怪东印度贸易公司(VOC)整体上长达一个世纪的收支亏损是否掩饰了其收入内部转移的巨额程序,并把资本从小投资者集中到联合省内部的大投资者手中。[77]如果是这样,东印度贸易公司可以说起到了某种股票交易所的作用,对于那些如"十七位绅士"(De Heeren Zevention)自身的有着获得消息优越性的人是很有用的,但是关于它的历史,至少直至18世纪来临,更恰当地说是属于这段历程的财政而不是其商业和供销方面。然而,东印度贸易公司的历程很好地说明了在一个地区的统治如何与在另一个地区的统治联系起来。

东印度群岛贸易可能是17世纪荷兰商业扩张中最富戏剧性甚至特殊的一支,但它不是最重要的,也不能以其解释荷兰人的霸权。当荷兰贸易者出现在印度洋时,他们首先经常在地中海往来。转折点看来是在荷兰——西班牙1609年的休战协定后不久。[79]然而,应当将贸易的两个地区区分开来。首先是在总体上与基督教地中海地区,特别是与意大利北部的贸易,在那里是一个供应长期需要的粮食的问题,但是这时由于意大利的坏收成、流行病和在政治上与地中海东部地区(Levant)切断了关系而变得更为短缺,而同时,意大利北部工业被呢布出口到这个以前纺织品出口的地区所削弱,威尼斯的船运被取代了。[79]在16世纪晚期和17世纪早期,英国人、法国人和汉萨同盟人(Hanseates)都与荷兰人一道为地中海贸易竞争;但是荷兰人带着最大的份额前来,首先是因为他们在"船只设计和商业组织的技术问题"上有优势。[80]这给了他们以双重优势,既能运粮食(和其他产品)从欧洲北部到地中海,又能确保粮食在波罗的海沿岸(Eastland)贸易中的首要地位。

在取得与北部意大利贸易的较大部分之后,"荷兰人在那里获取了大部分(商业的第二个领域,也就是)'富人贸易',并且伴随他们商业的是像他们的效率一样无情的暴力行动。"[81]一个接着另一个,因为在地中海"富人贸易"的商业并不是新东西。本质上,荷兰人在夺取威尼斯与地中海东部地区(Levant)贸易的传统角色。在这个时代,地中海东邻地区打算从欧洲西北部比从东印度群岛进口更多的真正货物(像有别于金银的奢侈品),但是他们也许比印度洋地区在1600至1750年期间出口更多的奢侈品,印度洋地区那里随着时间推移,增长出口茶叶、咖啡、印花布和其他最终成为原料而不是奢侈品的货物。地中海东部地区还仍然是外部竞争场的一部分吗?这很难说;向边缘地位的转变正在开始,虽然可能要等到18世纪晚期才能完全变为现实。

大西洋贸易——对于西半球和西非洲两个附加补充地区——使我们转向荷兰人商业网的中心地区。许多方面使得两个荷兰的大公司,即东印度贸易公司(VOC)和"晚得多并且不那么成功"的西印度公司(West India Company)有着不同。[82]首先,支持他们的社会基础是不同的。东印度贸易公司(VOC)被阿姆斯特丹的商人们所控制——他们是阿米尼斯派教徒(Remonstrants)和和平党人。[83]但是西印度公司基本上是他们的对手努力的成果——如奥兰治党人(Orangists)、加尔文教徒(Calvinists)、泽兰人(Zeelanders),南部尼德兰移民再定居在北方者这些"党派"——他们是蛾摩拉人(Gomarian),进行殖民和好战者。[84]当它在1621年6月3日建立时，休战协定（Truce）结束刚几个星期，阿姆斯特丹的资本也进入了这个公司，一个"传教—殖民公司"的想法变成了一个"私掠船机构"，[65]不同利益之间的斗争在西印度公司内部发生了。大部分是在经济上较薄弱的泽兰人（Zeelanders）（他们依靠公司在私掠上的垄断）和阿姆斯特丹的商人（他们希望切断私掠与任何荷兰企业家的关系）之间。[66]

西印度公司就是这样一个"贸易和宗教上争斗的混合体"，我们所知的后果是"一个乱成一团近乎破产的凄凉故事"。[67]无疑是这样的；但是有理由认为这种政治努力事实上奠定了 17 和 18 世纪资本主义贸易一根中心支柱的基础，即所谓三角贸易，它给欧洲提供棉花、糖和烟草，所有这些当然是使用非洲人奴隶劳动种植的，还有欧洲用于获得东印度群岛的香料和茶叶的白银。[68]荷兰人是这种结构的先行者，如果利益大部分归于英国人和法国人，这首先是因为起始的"社会投资"是沉重的和耗费时间的，从账目观点看，由荷兰人花费了负担，而利润却正好在荷兰人的霸权在 1670 年代结束后才能获得，落到了后来生产上更为有效率的英国人（和某种程度上法国人）的手中了。

在西印度公司于 1621 年建立后所发生的事，简而言之，就是荷兰人寻求在下一个 1/4 世纪在大西洋扩张。他们建立了新阿姆斯特丹（New Amsterdam），征服了巴西东部，将其从葡萄牙人（西班牙人）手中夺去，并第二次试图夺取西非洲的艾米纳（Elmina），其后是安哥拉（Angola）的卢安达（Luanda）。然而在第一次英荷战争（Anglo-Dutch War）（1652 至 1654 年）中，葡萄牙人（当时从西班牙人统治下再次解放出来）再度夺回巴西；而在第二次英荷战争中，荷兰人失去了新阿姆斯特丹和一些西非洲的堡垒。在相当于荷兰世界性霸权的这个短时期究竟实现了什么呢？首先，荷兰人将西班牙人在南北美洲逼入困境，提供了"海上屏幕"，[69]在其后英国人（加上苏格兰人）和法国人建立了移民殖民地。其次，在南北美洲开始的在巴西的糖业种植，在荷兰人被驱逐后，转移到巴巴多斯（Barbados），第一个大的英国加勒比地区种植业殖民地。第三，荷兰人从事第一次重要的奴隶贸易，以替糖类种植业提供人力，当他们丧失种植园时，就企图保持奴隶贸易者的领域，但是到 1675 年，荷兰的首要地位终结了，将这个地位让给了英国人新建立的皇家非洲公司（Royal African Company）。[70]

荷兰人的大西洋时代无疑对欧洲的世界经济的增长做出了巨大贡献；

但是它对荷兰人有多大贡献呢？确实不像波罗的海贸易那么多，它在16世纪就已经成为"母贸易"，当时荷兰的船只运输了其总量的60%。在17世纪至少到1660年，荷兰人继续维持着同样的统治地位。[91]尽管英国人做出重大努力来打进他们的市场。这里是荷兰人商业霸权的证明。在一个关键的竞争场，那里英国人、荷兰人、确实甚至还有法国人（不用说还有北方的国家）都以为控制船运是重要和有利可图的，荷兰人单独夺到了最大的一份。[92]仔细观察一下正在出现的世界经济的停滞对英国—荷兰在波罗的海竞争的影响，萨普勒（Supple）和欣顿（Hinton）都以两个相同的因素解释荷兰的优势：便宜的船运和控制了为出口用的白银的充分供应。[93]莫莱诺（Morineau）将他们的优势归于还有他们愿意比"东地公司"（Eastland Company）买更多的粮食。[94]可能他们以完全构成倾销的如此之低的价格出售鱼类的能力也起到了作用。[95]

53　　拥有供出口的白银是一个优越性，它是通过造船业和纺织业的生产效率获得的，这使得有可能从西班牙人和其他人那里得到白银。为什么拥有白银在波罗的海贸易中是一种优势？这是因为经济紧缩加上三十年战争造成了英国人称为"钱币过滥"〔德意志人称为"货币伪造时代"（Kipper und Wipperzeit）〕，它影响到小钱币对白银的贬值。瑞克斯元（rixdollar）——一种可流通银币，它的银含量保持稳定，在1600年值37个格罗辛（groschen，德意志币），到1630年就值90格罗辛。它最大的上扬从四五到七五发生在1618年到1621年之间。这些变化是由于格罗辛银含量的降低，而根据它对于瑞克斯元的价值来显示这种变化。[96]问题是为什么这对荷兰人的影响与对英国人的影响不同。假若是两者那时都能用白银衡量以较低价格得到波罗的海地区的产品，但是要做到这点就必须有"现钱"供出口，但荷兰人有英国人却没有。还有，当在贸易上普遍存在萧条时，进口较便宜要比出口较便宜受的影响较小。

对于英国人而言根本的问题是荷兰商人能够在英国比英国商人更便宜地出售波罗的海的货物，[97]在英国的波罗的海地区（Eastland）商人认为解决办法最好是得到许可将波罗的海谷物再出口到地中海地区，如像荷兰人做得那样；但是他们遇到了英国小麦商人强烈反对的麻烦，这些英国商人成功地维持了出口禁令，只要谷物价格高于一个相当低的数字。因为害怕英国谷物不能充分在国际上竞争。[98]结果，英国人不能在地中海地区赚到白银，以用来在波罗的海的便宜价格上取得优势，这就转而使他们不能得到赚到更多白银的产品等好处。在波罗的海的货币贬值因而对荷兰人比对英国人更为有利,从他们对波罗的海贸易的控制和由此掌握地中海贸易的方面说都是如此;而它也使得荷兰人开始"在英国本土侵占英国商人的贸易。"[99]

这幅图景的最后一个因素是内陆河流贸易,它在尼德兰起义前是属于安特卫普(Antwerp)。当荷兰人关闭了斯凯尔特河(River Scheldt)时,这种贸易转到阿姆斯特丹,在此之后有两种方法使它可以再度转回到安特卫普:将联合省扩张到包括安特卫普,或是通过和平和自由的贸易,第一种情况从未发生过。斯密特(Smit)怀疑,尽管联合省宣称的目标〔和奥兰治党人(Orangists)和喀尔文教徒(Calvinists)的真实计划〕是如此,失败的原因是由于缺乏努力:"荷兰不要收复南方的省份,这样随之而来的是贸易流回解放的安特卫普的危险。"[100]当和平终于在1648年来到时,将禁止性关税实施于经过斯凯尔特河口到安特卫普的任何贸易就写进了条约。[101]如此之多的政治成果在总体上而言是市场贸易重要性的成就,可以认为到1648年阿姆斯特丹在反对安特卫普的复兴方面已感到安全了,但是有一种对生产而言是关键性的货物还没有机会能拿到:泥煤。原来为安特卫普和布拉邦(Brabant)市场开掘的泥煤,在1570年代之后再度转向荷兰本地的艾(Ij)与马斯(Maas)河之间地区。使用泥煤是荷兰城市工业有效率的一个关键所在,并且它"对经济的影响可以与煤炭对19世纪欧洲的影响相比较。"[102]还有,河流贸易将城市的肥料运到其他方向,有助于实现"荷兰谷物农业独有的高产量。"[103]

从1580年代起,在改进的运河系统上经常性的交通服务网络将荷兰的各城市,以及其他省份和布拉邦(Brabant)的内地联系起来——所有这些都以荷兰为中心。从1632年开始,更进一步的技术进步随着第一条拖船河(trekvaart)的建造发生了,这是一种有着为客船备有纤道的直运河,它需要大量资本。[104]荷兰的造船者发明了能够用大快艇在河流和湖上分发和收集货物的船。[105]这形成了欧洲最有效率的国内运输网络,它在1660年代达到了交通高峰。如果我们将这些事件联系在一起,我们就能得出结论,较远的贸易路线——东印度群岛、地中海东部(Levant),甚至基督教地中海和大西洋贸易——确实是重要的,但它们是第二位的。对于荷兰人在欧洲世界经济中于1620年代(也许在1590年代已经如此)到1660年代的商业霸权的关键,"仍然是北欧和西欧之间的古老贸易";[106]而荷兰人能够取得商业霸主地位的原因与他们农业——工业的效率有关。这主要通过船运费、保险费和一般性经常开支转化为商业效率。

为什么荷兰的船运费如此便宜？最大的因素是船只建造费的低廉，帕里（Parry）列举了六条价格优势：荷兰造船者的技艺，使用材料较经济，节省劳力的设备，大规模标准化的生产，大规模购买材料，用荷兰船只便宜地运输建造材料。其结果是生产的总价格晚至17世纪中期，比他们最接近的竞争者英国要便宜40%—50%。[107]在这些优势中，前三个可以看作是荷兰人的技术优势，后三个则是在前三个基础之上的累积性优势。除了在建造上更为经济外，荷兰的船只是按需要船员较少的方式建造的——通常是18个人，而不是其他国家船所需的26至30个人。[108]这使荷兰人能较好地供给船员食物，可能比其他国家的运货者更好；[109]他们由此自然因为较低的工资总开销得到较高的生产率。这种较高的生产率在港口和在海上一样可见。荷兰船只"较优的坚固性和速度"，是与其设计有同样作用的"经常性维修"有关的。[110]进一步说，荷兰的船只"更清洁、更便宜与更安全"[111]这个事实有着螺旋上升式的效果；便宜的船运导致对波罗的海贸易的控制，由此又带来便宜的木材，再带来便宜的造船费用，又使得船运更为便宜。更清洁、更便宜、更安全的船只也意味着总船运量的增加，它使得保险费用更低成为可能——部分是与其比例相关，部分是一种更有效的财政结构的结果，[112]对此我们将做简短的讨论。较低的保险费用也是累积的；它们导致更低的船运费，它又导致在规模和在交易技术上的发展，这又反过来导致更低的保险费用。

如果"（荷兰）贸易的基础是船运。"[113]那么最大的利润是通过市场和大宗产品在阿姆斯特丹的大贸易中心取得的。[114]这个成功是由于荷兰形式的商业组织的优越性。哈克谢尔（Heckscher）说17世纪尼德兰的"最大独特之处"是比起其他国家来，具有"以更少和更简单的商业组织谋生……的能力"。[115]但这意味着什么呢？首先，它意味着在合股制度中储金的联营，[116]这当然不是荷兰人首创的；但是他们将其扩展到包括了一个人数不多的商业贵族阶层，还有大量较小的商人。[117]第二，它意味着创造了一种保护股制度，它大量减少了商人的风险，特别因为它是有组织的垄断，并且它减少了贸易中心市场不稳定的供给（和价格）的依赖，而使商人在出售时能够得到投机性的利润。[118]第三，它意味着一个委托代理人网络，它为生产者寻找顾客，通过寄卖得到货物，接受购买者给生产者付汇票的委托。[119]这样荷兰人的中心市场贸易随着荷兰的船运发展起来，它本身是荷兰工业效率的自然结果。我们再一次看到这种螺旋形的效果：荷兰中心市场贸易的力量"趋于毁灭"英国的船运。当然，作为一个贸易中心创造了大量稳定的就业机会同，这特别在17世纪维持了荷兰产品的国内需求。

我们已论证了在世界经济中荷兰优势的过程次序是生产性、销售性和金融性的。如果这个结果的第一部分是有争议的，第二部分则是公认的明智之举；但是它通常表现得有些可耻的味道，高贵的、苦行的（商业）企业家转变成为卑鄙的、爱好奢侈的、靠吃利息为生者，本身就背叛了天国（Zion）的新教伦理（Protestant Ethic），足以解释荷兰为什么被逐出伊甸园（Garden of Eden）。近年来一直有着健全的反应反对这种谬论，但我希望能更进一步论述。转向金融不是衰落，更不是崩溃的迹象；它事实上是资本主义力量的象征，阿姆斯特丹的股票交易所可以看作是"17世纪的华尔街（Wall Street）。"这种力量的来源是什么呢？这是一个过程中三个步骤的结果：第一步，世界经济中生产和商业的实力创造了充足的公共财政基础。第二步，充足公共财政与世界范围的商业网结合，使阿姆斯特丹成为国际支付体系和货币市场的中心，特别是在世界经济滞缓因而货币不稳定的情形下。第三步，生产和商业的实力与对国际货币市场的控制相结合，使得荷兰资本通过汇款输出，能让荷兰人靠着比他们自己创造得多得多的生产剩余价值生活，一直到他们自己主要做出生产贡献的时代之后很久。

在一个世界经济的扩张已经放慢时，事实是联合省"总是有解决办法"，并且在17世纪"短缺的阴暗的延续"中是主要的例外。这是普遍的经济霸权的原因也是其结果。在海上船运和保险上的商业优势中所产生的结果本身就足以创造使收支平衡的剩余价值；而这也是其原因，因为财政充裕的声誉使荷兰政府能够更便宜地借贷，因为荷兰国家信用的优良说明其在"军事成功上所起的重要作用。"并因为由此可能吸引充足的金融流向这个安全的储蓄地点，使得联合省能够有高价值的通货。这最后一个优越性意味着联合省能够用流入的金融来平衡现金收支中的赤字。然而充足的财政只是资本主义总信用水平的一个前提，它需要金融交易的有效率流通。充足的财政使得大规模低利率的信贷交易可以进行，并使得由每笔金融交易的低收入组成的总的高收入中获利成为可能。

在1609年这个休战年（The Year of the Truce），阿姆斯特丹维塞尔银行（De Wisselbank van Amsterdam）建立了；它很快变为欧洲储蓄和交易的大中心，因为它"提供了在17世纪银行业历史纪录上少有的安全和方便。"在这个世纪中，存款从不到100万弗罗林（florin）上升到超过1600万弗罗林。[131]它成为资本拥有者担心他们财富的安全者的一个隐蔽之处。[132]一旦储蓄了足够的金银和货币，阿姆斯特丹就掌握了"可以说是欧洲的国际支付体系的钥匙。"[132]有着大量通货在它的钱柜中，阿姆斯特丹因而发展了一种汇票制度，使多边的结算得以扩展。这当然需要时间来发展信用和流通；但是到1660年，阿姆斯特丹终于作为多边支付体系的中心扮演了无可争议的角色，并至少一直保持到1710年。[133]关于对金银出口的限制，联合省在重商主义时代的国家中是一个重大的例外：金银流出联合省完全能像其流入一样容易，这正是为什么如此多的金银流入的原因，[134]而当然这种政策只是在金银确实流入时才是可能的。这种现象正如许多其他现象那样，在形式上是螺旋形的，每个行动都有助于使下一个行动更为可行，直到最终达到一个高峰。

59　　储蓄与交易方面的殷实可靠使信贷关系成为可行，这在1683年维塞尔银行（Wisselbank）就开始进行了。首先对存款者有"预支"，后来，"承兑贷款"交易不再与阿姆斯特丹的贸易中心的货栈相联系，而主要与遥远的中心进行信贷交易。[135]荷兰人发展信贷是以"非常稳定"的特别储备为基础的，因为"用船运贵金属偿还汇票的费用，用任何所需货币来衡量都大为减少"，[136]因为维塞尔银行（Wisselbank）正是这种贵金属的贮藏所。最后，荷兰通货的稳定性使它的贸易货币（negotiepenningen），包括银币和金币，是那种因"品质保险"而成为世界贸易中乐于接受的钱币，甚至在西班牙的八王宫（Reales de ocho）中。[137]金融流入必然造成和维持了低利率，它又吸引进一步的金融流入。荷兰的利率在17世纪过程中下降了一半还多，迫使英国、法国甚至瑞典的利率也下降，但是这些国家从未下降到足够有效竞争的低水平。[138]低利率使我们转向投资这个另一个金融利润来源的话题。作为欧洲主要的货币市场和主要的商业贸易中心，阿姆斯特丹能够大规模地降低寻求、商谈和实施借贷资本的费用，因而总的而言鼓励了投资。[139]作为当时技术上最先进的社会，联合省也能够出口它的各种技术，这是确保金融流入的又一个方面。[140]

60　　在国内外投资的扩展对荷兰资本家有利可图，并有助于国家的收支平衡；但是它是否有助于国家的整体经济呢？这是近年来带有重商主义味道的一场奇特辩论，认为荷兰人的"衰落"在某种程度上是将投资置于联合省之外，特别是在英国。这忽视了这个事实，投资者关心的是得到最大的利润而不是支持国家。[141]我们将在讨论英国金融业的兴起时再谈。目前让我们满足于凡·迪伦（Van Dillen）提请注意的，资本的创造"对于共和国（the Republic）的政治和经济地位……具有很大的重要性。只需要想一下通过津贴手段获得的联盟就行了"，[142]这是一种国家投资加强私人党派的形式。确实，不直接考察国家的作用，我们就不能了解荷兰霸权的完整情况。联合省在17世纪似乎在重商主义意识形态支配下是重大的例外。从这个事实许多人得出奇怪的推论，荷兰的国家是软弱的。在我看来恰恰相反的一面是真实的：在17世纪，荷兰人的国家是欧洲唯一有足够的内部和外部力量，能使它对重商主义政策的需要减到最低程度。

让我们简单回顾一下意识形态和实践的本质，再考察一下联合省那些内部和外部的力量。在历史的较早时期阿姆斯特丹当然一直遵循强有力的保护主义路线，[143]在这方面的实行程度在城镇中甚至在17世纪也没有完全消失。[144]并且，有许多人对联邦范围内缺乏保护主义表示反对。在这个世纪进程中，农业—工业领域丧失了它们的优势并求助于关税，但只取得有限的成功。[145]也没有在与英国人和法国人的斗争中由等级会议（Estates-General）设置关税壁垒。[146]国家的作用在保护之外的其他事情上是清楚的：它为私人企业的成功创造了条件。一旦在尼德兰有了一个自治政府，"渔业就成为政府最迫切关心之事。"[147]为了控制其品质，奥兰治的威廉（William of Orange）在1575年将5个渔业港口的代表召集到一起，通过一系列法令在1580年到1582年创建了一个社团性组织控制鲱鱼加工业。[148]更重要的是荷兰东印度公司（Dutch East India Company）的创建，这在很重要的程度上是对殖民地货物的自由世界市场的无政府状况和随之而来发生的倾销的一种反应。斯托尔斯（Stols）认为它们的关键重要性是"国家在贸易和经济方面的干预"和这两个公司的创建"几乎可以称之为国家化的'先声'（avantle lettre）"，一种寻求将以前的国际贸易联合在一个国家的垄断之下的方式。[149]

荷兰国家保卫它的企业家的利益，并且在这样做时几乎不担心意识形态上的一致性。荷兰人霸权的意识形态是海上自由（mare liberum），在格劳秀斯（Grotius）于1609年那个休战年出版的书中最强有力地表达出来。然而，如唐宁爵士（Sir George Downing）在1663年11月20日怨恨地写给克拉伦登爵爷（Lord Clarendon）的信中说的："这就是在不列颠治海是公海（mare liberum），而在非洲沿岸和东印度群岛是领海（mare clausum）。"[⑱] 所有这些没有什么可惊奇的。[⑲] 联合省是统治者，而"自由主义很适合统治者的经济"；[⑳] 但无论什么时候自由主义若与保持统治地位的可能性相矛盾，总有办法不让其延续下去。这就是为什么荷兰国家的"自由"分权结构可以被看作一个强有力而不是软弱的表征。分权的结构并不总是强有力的征兆。在像波兰这样的边缘地带，地方议会和骑士的兴起是边缘化的标志。然而在霸权国家，这样一种结构是相对于其他中心国家更强有力的征兆，其他国家正是需要增加它们政府的中央集权化，以企图战胜这个霸权国家的经济优势。

联合省的结构究竟是什么？详情从1579年的乌得勒支同盟（Union of Utrecht）时代到1795年巴达维亚共和国（Batavian Republic）的创立使非集权化国家崩溃的时代在变化；但每个动荡变化的实质没有很大变化。在1576年，七个州（或省）——格尔德兰（Gelderland）、荷兰（Holland）、泽兰（Zeeland）、乌得勒支（Utrecht）、弗里斯兰（Friesland）、上艾塞尔（Overijssel）和格罗宁根（Groningen）——已经同意派出代表组成一个等级会议（Estates General），每个州在其中有一票投票权，决定必须是全体一致的。还有一个称为国务委员会（Council of State）的相当缺乏权力的执行机关。关键的军事组织舰队处于五个分别的海军军团（Admiralty Colleges）的日常指挥之下。最重要的州荷兰，本身有着一个累赘的政府结构，它的中央立法机关——荷兰议会（States of Holland），由各城镇的十八个代表和整个贵族的一个代表组成。在联合省没有君主。最接近其地位的是省行政长官（Stadholder）——一个省的官员。奥兰治（Orange）各亲王通常同时是各省（但不是全部）的行政长官，当然两个所谓"无行政长官时期"除外。很难去努力发明这么一个看来不像能有效工作，或确实能够工作的机构。

事实上它确实工作得很好，虽然不是没有冲突和动乱。[在个人程度上，这个时代几乎没有什么事件可以与1672年在海牙（Hague）私刑处死约翰·德·维特（Johan de Witt）相比，这一年在荷兰历史上被称为"灾难之年"。]而且，如果我们将联合省的内部纷争与英国和法国相比较，任何明理的分析家都能看到，尼德兰比其他两个国家的动乱要少；统治阶层的内部决定使社会造成分裂要少得多；下等阶层也不那么具有反叛性。要对此作出解释，我们首先要注意，政府的正式结构掩饰着（只是略微地）

另一个真正的结构。在财政上，荷兰支付几乎占60%的政府开支，而阿姆斯特丹占其中一半。荷兰州的首席省行政长官是国家辩护者（Land's Advocate），这个官职后来改名为国务会议长（Council Pensionary），被外国人称为大议长（Grand Pensionary），这个官员就成为联合省整体真正的国务总理，在"无行政长官时期"如总统一样行使职权。[152]

这个官员的权力是源于这种事实，包括等级会议（Estates-General）和荷兰议会都在海牙（Hague）的同一座建筑[63]中开会，从这种非常规的惯例即大议长（Grand Pensionary）年复一年地留在等级会议中，从荷兰是所有荷兰人经济文化活动的中心，从阿姆斯特丹对粮食进口的控制而以其养活将近一半的人口而得到的。[154]如果在17世纪初对阿姆斯特丹的突出地位还有什么怀疑，那1650至1672年的第一个"无行政长官时期"就完全消失了，那时荷兰的权势成为"将这个国家黏合在一起的水泥"，而外交政策"是以从属于贸易利益制定的"[155]适应于一个霸权国家。阿姆斯特丹担负了花费，特别是在这个时期，她"感到有权发号施令。"[156]为什么人们还要操心将国家中央集权化，如果没有它也能得到所要的东西呢？被雷尼尔（Renier）还有威尔逊（Wilson）称为"上层中产阶级的社会独裁"[157]无疑偶尔会受到它内部对手的竞争——反阿米尼斯教派（Contra-Remonstrants）与阿米尼斯教派（Remonstrants），奥兰治派（Orangists）与劳维斯坦（Loevesteiners）派，还有它可能被"贵族化"的缓慢过程逐渐腐蚀，[158]虽然统治阶层的利益从来没有受到社会上更为保守的贵族的真正威胁。正如考斯曼（Kossmann）正确地发现的："奥兰治（Orange）亲王们很少愿意并从未能取代荷兰的富豪政治。"[159]

这个阶层也从未受到向下层的真正威胁；它的成员为社会和平付出了代价。荷兰的社会福利，特别是阿姆斯特丹的社会福利，引起了外国访问者的"无条件的羡慕"，他们也许不知道这些钱相当大一部分来自没收的罗马天主教会的财产。[160]不管怎样，尽管其他国家在17和18世纪也没收了教会的财产，却"为穷人提供如此充足的东西。"[161]我们应当揭去面纱来看看荷兰福利国家的社会现实。荷兰资本主义的全部利润"很少造福于人民中的大多数。"实际工资最多在开始时有少许上升，在整个世纪一直下降，[162]国家的繁荣与"许多工人群体更为贫穷"携手并进，阿姆斯特丹的约一半人口生活在"肮脏的旧房屋、地窖和地下室中。"[163]

然而这怎么可能会有相对的社会和平呢？一个主要因素是对一些人而

言，下降的实际收入为社会福利支出所平衡，它比中心国家的其他地方要高。[104]第二个因素是阿姆斯特丹因其救济金的声誉，使其成为"邻近国家失业者和就业不足者的北极星。"这个秘密在后来的时代被纽约（New York）再度发现。一旦"阿姆斯特丹的街道是用金子铺成的"这种信念得其发展，[105]工人们就从各地移居——恰足以使这个光明之城的工人阶级居民的劳动状况恶化，使那些人用一些多余的面包屑养活他们，使每个移民专注于发扬个人可能的长处上。所有这些需要权力、繁荣和少量的慷慨施与，和一点（souppgon）社会流动性——简而言之即一个霸权国家的典型社会政策。

国内的力量与国外力量是平行发展的。在17世纪前半期荷兰的舰队统治着海洋，到了使一支舰队统治海洋成为可能的程度。[106]西班牙当然曾经是先前的居统治地位的海上强国。荷兰人帮助英国人在1588年结束了西班牙人的"无敌地位"，而到1600年，西班牙的海军力量仍然还比荷兰的和英国的合起来要强。[107]一连串的海军胜利改变了这点。在前面提到的在加勒比海的"海上屏幕"，在1634年拉起来了，当时荷兰人夺取了库拉索（CuraCao）。在1645年荷兰的舰队第一次控制了桑德（The Sound）海峡。[108]这正如海权大理论家马汉上将（Admiral Mahan）所写的，"联合省靠他们的财富和舰队赢得了尊重和权力。"[109]这种权力确实在1651年到1678年间这个时期，在荷兰霸权的高峰受到挑战，到18世纪来临时的战争时期，荷兰比起法国和英国成为一个二等军事强国。但这正是荷兰经济霸权的后果。在17世纪中期到达这样一个转折点，当积累的经济优势看来到了无法削减的程度，以致英国和法国决定"荷兰必须将其用武力逐出竞争场。"[170]当然在事实上，甚至用纯粹的经济手段，霸权也不能在一个资本主义体系中延续下来；但是不能因为对这种羁绊激怒而责怪英国人和法国人。我们认为，国家是荷兰资产阶级用以巩固其经济霸权的重要工具，这种霸权他们最初是在生产领域赢得的，再扩展到商业和金融中去。竞争的中心国家和半边缘势力的国家，在以后破坏这个霸权的过程中同样是重要工具。

文化领域中又是什么样呢？难道没有思想、价值观、科学、艺术、宗教、语言、爱好和特色的地位吗？当然有，因为文化是人们将他们的政治经济利益和追求披上外衣以表达它们，隐蔽它们，在时间和空间上延伸它们，并将其保存在记忆中的方式。我们的文化是我们的生活，我们最内部的自我和我们最外部的自我，我们的个人和集体个性。怎么会没有霸权的文化表现呢？这种表现不一定是在所有方面的文化控制。中心国家通常控制着边缘地区，灌输给人们以一种认为他们自己的文化低劣的意识；但是一个霸权国家不能够与其他中心国家所做的相同。至多在后者而言，一个霸权国家的文化能够起一种榜样的作用，[111]特别是技术上的榜样；但是各种文化正是抵抗霸权出现的竞争场，在那里人们求助于已有"文明"的历史价值来对抗市场上的一时优越性。这在今天是确实的，在17世纪也同样确实。

在另一方面，霸权国家确实在文化上处于卓越地位，对它们的批评通常由酸葡萄心理产生的。首先，他们有着物质需求和物质手段进行科学化的生产，这种生产能力被引入了艺术。第二，自由主义的政治培育了文化爆炸，所有这些更有甚之，因为产生的开放政策经常导致从其他地方来的文化个性。第三，财富养成了奢侈，它寄生在文化外来品上，以至它损坏了财富本身的物质基础。明显地，应用科学是荷兰关心的重点。以前几世纪的技术优势正是荷兰农业工业效率的关键因素之一。确实在17世纪，荷兰人忙于出口这种技术，我们已经提到这种转化是金融流入的一个来源。它当然也是文化影响的一个信号。在整个欧洲人世界，在英国、法国、意大利、丹麦、普鲁士、波兰都有"荷兰村"（Hollandries），即住着进行筑堤和排水工作的荷兰移民的村庄。[112]当他们出口其农业技艺时，——寻求降低造价，特别是改进航海技术。[113]

在描述英国君主们如何在1669年到1750年之间鼓励有技术的工匠移民英国时，克拉克（Clark）说了一个理由，荷兰人到来是因为他们面对国内贵族的严重竞争，比起到像英国这样"一个落后国家较容易的机会"更为不利。因为在17世纪的情况是"不管雇佣的行业如何微贱，如果它需要技艺，……我们发现有荷兰人在其中就不会惊奇。"[114]我们要想到这点，就不会惊奇在苏格兰有"特别帮派"。[115]商业联系为宗教上的密切关系所加强，还有几代苏格兰人（Scotsmen）到尼德兰受大学教育的结果。这是18世纪晚期苏格兰启蒙运动（Scottish Enlightenment）关系上的另一个联系，它本身是不列颠工业浪潮的一个关键因素。科学进步不是知识自由的附属物；但这确实是培育它的一个模式，而这是一个适合于霸权国家的模式。然而一个有疑问的矛盾是，知识上的自由主义总有它危险的一面，大多数特别是在国内方面。它的逻辑可能并不尊重统治阶层中派别间的政治妥协；它的口号可能鼓励低下阶层的反叛。因而霸权国家的方式是鼓励自由文化又加以控制，用竖立一块在意识形态上不可能动的石屏来指出其界限（特别是在国内），以便为占优势的统治者的利益保持政治经济优势，不被旋风所卷走。

让我们考察一下这对联合省意味着什么。在一方面，荷兰是"哲学家的天堂"[176]——包括笛卡尔（Descartes）、斯宾诺莎（Spinoza）和洛克（Locke），17世纪思想的三位大师。笛卡尔发现在荷兰有一种宁静和安定，这是他在法国记不起有的。斯宾诺莎被犹太移民教会（Jodenbreestraat）开除教籍驱逐出西班牙籍犹太人居住区，到了较为友好的荷兰市民居住区。洛克由于惹怒了詹姆斯二世（James II）而来寻求避难，直到一位荷兰人坐上英国王位的较为愉快的时代。当然，有许多受到更多迫害的知识分子，如夸美纽斯（Comenius）、儒里奥（Jurieu）和拜尔（Bayle），他们感谢阿姆斯特丹和鹿特丹（Rotterdam）的存在。[177]它是一块法国胡格诺教徒（Huguenots）确信可以逃亡的土地；但是荷兰人是自由地欢迎胡格诺教徒和詹森教徒（Jansenists）、清教徒（Puritans），英国保王党人（Royalists）和辉格党人（Whigs）；甚至波兰的索兹尼教徒（Socinians）。所有这些人都是荷兰的商业公理的受益者："禁止得尽可能少，接受任何地方输入的东西。"[178]这种态度不只是表现了高等文化的荷兰人无缘无故的鉴赏；它是个好生意，对包括其中的每个人都如此。一方面，荷兰用它的"高薪水和良好的工作条件吸引知识分子"[179]——人才外流不是新近的发明。[180]另一方面，欧洲世界经济中多个国家对立，自由地在荷兰印刷任何他们想要的东西，[181]意味着执政们（Regents）"懂得经济优势是来自出售书籍和小册子"；[182]于是一些人"天赐的表达选择媒介"[183]成为另一些人的商业利润。

然而这种事还有另一面。在1592年，正当联合省转变为世界强国地位开始时，第一次阿米尼斯（Arminian）争论爆发了。在新教主义神学盛行的日子里，当一切都是恩典和一切都是拯救时，阿米尼斯（Jacobus Arminius）要抓住加尔文主义（Calvinism）神学中最棘手的一支即预定论的推理谬误[184]和心理学，确定堕落的信条。阿米尼斯驳斥恩典就是拯救的观点，即他的主要对手戈马尔（Francois Gomar）信奉的观点。他提出了另一种观点，即恩典是拯救必不可少的前提，是拯救的必须手段。这在20世纪人们的偏见中似乎是微不足道的区别，但它导致了17世纪荷兰的一场最大神学辩论，在基督教欧洲可能也是这样。[185]尽管阿米尼斯教派看来首先在荷兰的政治和经济圈子中有强有力的支持，但在短期内他们在这场辩论中失败,当多德雷赫特宗教会议(Synod of Dordrecht)在1619年举行时,反阿米尼斯派(戈马尔派)(Contra-Remonstrants, Gomarians)赢得了反对阿米尼斯派(Remonstrants, Arminions)的胜利,将后者驱逐出这个国家。当然,从长期看阿米尼斯派没有真正失败。这就是整个事件。

争论到底是什么呢?据荷兰历史学家雷尼埃(G. J. Renier)说,阿米尼斯派的公式意味着个人能够抵受或失去恩典,因而"人类自由和尊严的一部分为阿米尼斯派(Remonstrants)保存下来了。他们是人文主义的真正儿女。"也许如此,但是谁支持人文主义呢?阿米尼斯派明显是社会上的少数,但却是有力的,因为他们的政治基础是商人—贵族社会联系的产物。在另一边是正统的清教派传道者(Predikants)吸引着朴素的家庭,在宗教宗议上得到小资产阶级的支持,鼓动着城镇中的群众,并得到摩里斯亲王(Prince Maurice)和奥兰治派(Orangists)阵营的支持。戈马尔派(Gomarians)指控阿米尼斯派对天主教教义(Catholicism)持温和态度,这也许带给阿米尼斯派某些天主教徒心照不宣的支持;但是天主教徒是被镇压者,处于"社会的最底层",在政治力量方面提供不了什么。

这种社会群体在两个阵营中的位置是粗略的但非不正确的。它对于这场辩论的意义能告诉我们什么呢?首先我们必须看看为什么这场辩论转向反对阿米尼斯派。第二次阿米尼斯派辩论开始于1602年,在1608年达到高峰。第二次辩论比第一次要小题大做得多。虽然主要人物和神学题目都是一样的。改变了的是政治形势。1609年的休战(Truce)成为当时继续战争派和休战派讨论的题目。头一派包括奥兰治党人(Orangists),他们希望进一步加强英雄的行政长官的权力并取得光荣;新教的改宗者也仍希望合并南部尼德兰和根除天主教;一些商人他们从海上私掠中抽取利润;民众阶层中一部分人为机会和对外国人的仇视所吸引,休战派由荷兰的国家辩护者(Land's Advocate)奥尔登巴恩威尔特(Johan van Oldenbarnevelt)领导,他为所有看到霸权的可能性的人讲话。他们的观点在这个世纪晚些时候由巴瑞尔(William Bareel)所总结,他在1654年12月18日写给奥尔登巴恩威尔特(Oldenbarnevelt)的精神继承人维特(Jacob de witt)说:"对我而言,对主权共和国最好不过的箴言和希望是我们时代的和平和一切地方的和平,因为我们的贸易伸展到一切地方。"

在1608年10月30日,当关于休战的政治辩论达到其"激烈的顶峰"时,阿米尼斯(Arminius)发表了他的"观点宣言"(Declaration of

Sentiments)。这两种辩论不可分解地纠缠在一起。奥尔登巴恩威尔特（Oldenbarnevelt）得到了他要的休战，但戈马尔（Gomars）在多德雷赫特宗教会议（Synod of Dordrecht）上得手。前者是为后者付出的代价吗？如博克塞（Boxer）所认为，这的确是如此，摄政阶级能够将加尔文教派的狂热者控制住，而不要"为虔诚而牺牲利益。"因为他们对宗教容忍的态度是"在本质上功利主义和利己主义的"，[102]把一些阿米尼斯教徒及时扔给狼群看来并非不合理的代价。——如果不是奥尔登巴恩威尔特（他在1619年多德雷赫特宗教会议的同一年被处死），至少对他的阶级的其他人是如此。[103]这种特别戏剧化的情节是现代世界体系的熟知的戏剧脚本。文化容忍有它的界限，特别是在国内的界限。它不能允许播下颠覆的种子。它甚至不能允许造成统治阶层中根本的分裂。笛卡尔（Descartes）和洛克（Locke）受到欢迎，但是格劳秀斯（Grotius）被终身监禁。对斯宾诺莎（Spinoza）的主要著作下了禁令，他是位国内流亡者，虽然允许他居住和写作。当他去世时，他的葬礼伴随着"六辆马车和大量富裕的人。"[104]不只是自由主义还要有自由。

在1618年一个威尼斯人（Venetian）将阿姆斯特丹看作是"威尼斯早期的翻版。"[105]到1672年这个时代过去了。霸权地位的果实"衰败了"，但是这个过程不是如人们想象的那么痛苦，因为直到顶峰过去很长时间之前很少被觉察。在后来的几个世纪，我们还可以争论衰落是从什么时候开始的。但在那时，英国人和法国人像荷兰人一样将荷兰看作主要角色，至少到1763年，如果不是到法国大革命的话，做一个荷兰市民在物质上是非常满足的，无疑在精神上也是如此。衰落只能分析为上升，利润效率框架内其他人的上升。进一步继续我们关于霸权局限性的讨论，就必须从迄今以荷兰为中心的介绍，转到对联合省、英国和法国之间的对应发展和相互关系进行系统讨论。

这种形势开始在世纪中改变。三十年战争结束了；八十年战争也结束了。联合省最终开始感受到经济收缩的压力，这在其他国家已感受了30到50年了。英国内战结束了——还没有清算，但是结束了。在法国长达一世纪之久的激烈国内斗争正趋于结束。改革教派和反改革教派之间，"清教徒"和"初始自由派"（或"容忍派"）观点之间的基督教徒的战斗，被公开容忍和大部分私人化了。各个国家又喘了一口气，公共行政能够开始成为统治者集中关心的事情。[106]

在某种意义上，我们从卡托-坎布雷（Cateau-Cambrésis）条约之后一个分裂主要是在国家之内的时代转向欧洲的战争和政治，到了一个分裂再度主要在国家之间的时代。这后一个时期从1651年开始，即第一次英国—荷兰战争开始的时候，到1763年七年战争的结束。在某种意义上，国家之内和国家之间分裂的区分是武断和模糊的；但无论如何，它可能对强调一个时代的主调是有用的。在一个资本主义世界经济中的阶级斗争是复杂的事情，并在许多的伪装之下曲折地出现。这个时期若导致直到一个霸权国家实现统治，似乎有利于国内形成一种模式，让那些在市场上追求阶级优势的人企图消灭从较早时代遗留下的国内政治束缚。而在霸权衰落的时期似乎有利于形成一种国家间模式，让那些在市场上追求阶级优势的人企图消灭从较早时代遗留下的国家之间的政治束缚。[27]

在17世纪中，很明显英国和法国都有兴趣用武力消除荷兰的一些经济优势并自己取而代之。因为市场的优势从一方转到另一方不是那么轮廓分明，而荷兰人仍是相当强有力的，并且因为如普鲁士（Prussia）、瑞典（Sweden）和奥地利（Austria）这些半边缘国家的兴起，它们从一个缺乏军事优势的国家寻求利润，用了一百多年局势才得以明朗化。到1763年英国排挤了法国（及荷兰）的情况明朗了，不列颠能够向成为下一个霸权国家推进。到1763年普鲁士在半边缘竞争中成功地向排头前进也变清楚了，它决定了将来中欧的政治进程，边缘地带重新改组的收缩也完成了，世界经济准备好开始进一步的地理和经济扩张。

注释：

① 盖尔（Geyl）（1961, 37~38）。
② 琼斯（J. R. Jones）指出了这些在不列颠和联合省之间的特别地带以供比较（见1966, 40）。
③ 对这场辩论的一个很好的概览见科尔曼（Coleman）（1969）。然而，我不能同意科尔曼的观点，即虽然重商主义是"历史编纂学中"作为一个政策标签"难以界定的东西"；它作为对经济理论的一种描述是有用的（1957, 24）。我想正好相反的是真实的，即理论是模糊多变的，因为它们是辩护性的，而处于一定地位的国家倾向采取的政策，我们称之为重商主义的。
④ 维恩（Van Veen）（1950, 11）。对尼德兰的地质状况在它为人类干预的结果而改变前简明的描述，见舍费尔（Schöffer）（1973, 9~13）。
⑤ 见威尔逊（Wilson）（1941, 3）。安德鲁斯（Andrews）将这种说法追溯到等级

会议在 1624 年 7 月 19 日的一个公告（1915，541）。塞默因斯（Meynert Semeyns）在 1639 年写道："荷兰人捕到了更多的鲱鱼，并将其预制得比其他国家想要的都好；上帝通过鲱鱼这个工具，使荷兰成为整个欧洲的交易与产品市场。鲱鱼业使荷兰的贸易运转，荷兰的贸易又使世界在运动。"（Corte beschryvinge over de Haring vischerye in Hollanat）。引自博让（Beaujon），（1884，60~61）。法国分析家卢阿札克（Luzac）在 1778 年写道，捕鱼业是"（荷兰）商业的摇篮"（I，19）。

⑥ 见詹森（P. H. H. Jansen）（1978，13）。昂格尔（R. W. Unger）更为精确地指出了这种船首次出现的时间，是于 1415 年在霍恩（Hoorn）（1978，30）。

⑦ 昂格尔（Unger）（1918，30）。在开始这个比例是 2.5∶1，到 1570 年是 4.5∶1。"显著地比甚至最先进的帆船还大。"但是这种比例有技术上的局限："拉网不能太大。"

⑧ 见昂格尔（Unger）（1978，29~30）。

⑨ 见舍费尔（Schöffer）（1973，72~73）。腐坏发生在 24 到 48 小时之内。见米歇尔（Michell）（1977，142）。

⑩ 米歇尔（Michell）（1977，148）。他注意到这种船是"一种只在最近才重新进入捕鱼业的。"在船上有三种工人：清理工（去除内脏），腌制工（加盐）和打鱼工。

⑪ 见帕里（Parry）（1967，172）。

⑫ 他们就能够利用三个捕鲱鱼季节：一个在 6 月和 7 月，在奥克尼群岛（Orkneys）周围、设得兰群岛（Shetlands），和苏格兰（Scotland）北部；一个在 8 月，从苏格兰的邓巴（Dunbar）到约克那（Yorkshire）；一个在 9 月到 11 月，在亚茅斯（Yarmouth）岸处。见米歇尔（Michell），（1977，139）。鲱鱼以"穷人的牛排"而闻名。在荷兰和西弗里斯兰（West Friesland）"季节中的第一批鲱鱼用马车奔运入内地，彼此竞赛争取首先达到市场。"（Michell，1977，180）。

⑬ 见帕里（Parry）（1967，167~173）。

⑭ 米歇尔（Michell）指出这一点并说："捕鲸业的过程因而更多反映着欧洲的工业史而不是人口史。英国人在其重商主义霸权的高峰时设想达到鲸产品的自给自足（更不用说剩余了），而荷兰人尽管经济总的衰落了，还维持着他们的地位，这是有趣的。"（1977，171）。

⑮ 米歇尔（Michell）（1977，180）。

⑯ 威尔逊（Wilson）（1968，64）。对此的反应，如坎宁安（Cunningham）在 1887 年提到的，是"有意识地效仿荷兰人"这些话被作为他的《英国工业和商业的成长》（The Growth of English Industry and Commerce）第一版第五卷（Book V）第二章的标题。（Clark，1960，15）。

⑰ 引自威尔逊（Wilson）（1957a，3）。
⑱ "我们怎么能忽视荷兰农业的显著发展和低地国家在 17 世纪经济图景中的突出地位之间的关系呢？"［马德莱那（De Moddalena），（1974a，313）。确实怎么能呢？］
⑲ 见琼斯（E. L. Jones）（1967，147）。
⑳ 维恩（Van Veen）（1950，145）。
㉑ 见维恩（Van Veen）的图表（1950，65）。巴特（Slicher Van Bath）考察了农业价格和填造低地之间的正相关联系。"很明显突出的，是 1664 年之后填造低地的伟大时期结束了，就在这同时谷物的价格就开始下降，总的经济形势恶化了。"（1977，69；也见 70，图表 4）。
㉒ 见戴维斯（Davis）（1973b，112～113），巴特（Slicher van Bath），和威尔逊（Wilson）（1977a，23～24）。对巴特，这种集约强化"对于在相对低粮价的时期对于增长着和稠密的人口，谋生是必需的。"但是为什么其他人不能做这么多呢？戴维斯提出的论证是，英国和法国比不上荷兰先进，是因为荷兰在 13 与 14 世纪的改进到 15 和 16 世纪才传播给他们，欧洲在其扩张主义阶段，因而不那么愿意接受集约强化技术，特别是因为在 1450 年到 1650 年之间农民们在控制已耕土地和良好牧场的最高点，并且是最不打算革新的阶级。他认为英国人和法国人在 17 世纪不和荷兰人站在同一起跑线上。
㉓ 土地是不适合的，除了"一些有利的地区，那里土地位置相对高并且干燥，如荷兰的沙丘海岸，马斯河（Maas）以南岛屿的一部分，弗里斯兰（Friesland）的海岸黏土"［德弗里斯（J. de Vries），（1974，71）］。
㉔ 吉布斯（Gibbs）（1957，693）。
㉕ 德弗里斯（1974，136～144）。
㉖ 德弗里斯（1974，172）。最重要的，这是一个最大限度利润的问题。"一个试探性的结论可以提出来，即贸易的增长使粮食价格便宜，而粮食在北部尼德兰只能以高代价生产。如果是这样，这个地区的经济以相对低的粮食价格的方式节省了大量的钱，这就给予粮食以当时在任何经济中具有的重要性，将资金可以用于其他目的。"（182 页）。也见德维（Van der Wee），他认为在 1500 年到 1670 年间尼德兰北部生产力的上升倾向"主要是明显专门化的结果；粮食全部（en masse）从波罗的海进口，这样海岸地区就能集中生产奶产品、园艺和经济作物，供给增长的城镇中迅速增加的富裕人口"（1978，15）。

一个对波罗的海粮食贸易的重要性持怀疑态度的观点是由格拉曼（Glamann）提出的，他反驳的根据是内地贸易，并以莱茵河（Rhine）、佛兰德（Flanders）、法国北部和英国加以说明。（原文如此！1977，231～232）。
㉗ 巴特（Slicher van Bath）（1955，181）。
㉘ 巴特（1960，132，147～148，1955，176～178）。

㉙ 德弗里斯（1974，142~144）。
㉚ 德弗里斯（1974，150）。
㉛ 罗曼诺（Romano）（1962，519）。
㉜ 见例如威尔逊（Wilson）的总结性论述："有时（荷兰共和国）被认为是一个纯粹的商业经济，没能设法转轨到工业社会阶段。……就 17 世纪的情况而言是夸张其词……大量技术……合理地集中在经济上高度有利可图的加工业，即原料或半制成品的完工或精制，这刺激了货物在货栈和市场的流通。"（1968，30）。

当代人清楚地看到这一点。比彻（J. J. Becher），利奥波德一世皇帝（Emperor Leopold I）在维也纳（Vienna）的经济顾问，提倡鼓励制造业，他在 1673 年写道："荷兰人生产丝，它却不在这个国家出产；他们从外国人那里买亚麻和大麻，生产花边和美丽的细麻布再出口；他们生产皮革的原料来自外国，再供出口"，*Politischer Discours*，第二版，法兰克福（Frankfurt），1673，173 页，引自克里马（Klima），（1965，97）。

㉝ 莱登（Leiden）在 1350 年后是供出口的纺织品的一个重要生产地。见詹森（Jansen）（1978，11）。詹森认为荷兰的工业在 1350 年到 1400 年这个时期有一个关键的增长；由于较少受到黑死病的冲击，受人口减少的影响较小，荷兰"能够更好地与其人口被大批毁灭和时常有敌意的行会组织的周围地区竞争"（第 7 页）。

㉞ 费伯（Faber）及其他地方（1974，7）。

㉟ 威尔逊（Wilson）（1965，55）。格拉曼（Glamann）更多地从劳动分工的角度看待这种形势："对 1620 年至 1700 年这个时期略一观察，显示出当毛纺业在英国衰落而毛织业在繁荣，而莱登（Leiden）确实正好相反。莱登的毛纺业以拉肯斯呢（Lakens）闻名，在与英国产品的竞争中处于良好地位，而英国人在毛织业中领先"（1974，505），然而要注意，威尔逊说的大约是 1570 年到 1670 年。

当休战（Truce）在 1621 年结束，切断了作为纺织品出口市场的西班牙控制领土，伊斯雷尔（Israel）将这看作荷兰便宜、轻薄的呢绒业的一个明显挫折。"莱登（Leiden）设法用扩大旧式呢绒业的生产来补偿它的损失，著名的拉肯斯呢（Lakens）更为适合于欧洲北部市场，但虽然在莱登生产的纺织品的总价值在 1621 年到 1648 年间无疑增加了，（旧式呢绒比新式呢绒昂贵），从生产呢绒的数量和所需劳动力的角度看，莱登事实上衰落了"（1977，61）。据戴雍（Deyon）说，这种他将时期定为 1650 年之后的变化，是蒂尔堡（Tillburg）、韦尔维埃（Verviers）和布瓦勒迪克（Bois-le-Duc）竞争的结果，与莱登因生活高消费和工资的高水准而处于劣势有关。莱登……放弃了最劳动密集型的制造业……（并）再度投入奢侈品生产，粗呢布、混合山羊和骆驼毛的驼绒

(Camelots)(1978d, 267)。

㊱ 阿斯特罗姆(Åström)(1963, 61)。列举的第三个因素是"殖民地产品"。

㊲ 萨普勒(Supple)(1959, 34)。

㊳ 威尔逊(Wilson)(1965, 71)。威尔逊说总的看来,"最大的利润盈余"来自"染色和梳理呢布的精致技术,(必然)提供了控制市场的关键"(1968, 29)。

㊴ 威尔逊(Wilson)(1957a, 40)。

㊵ 见克伦本茨(Kellenbenz)(1957a, 40)。

㊶ 威尔逊(Wilson)(1973, 329),也见米歇尔(Michell):"荷兰人真正的成就不是建造大船,而是在他们的产品中达到相适应的质量"(1977, 152)。

㊷ 见昂格尔(Unger)和金德尔伯格(Kindleberger)(1975, 618)。

㊸ 见克莱弗恩(Van Klaveren),(1969a, 183)。

㊹ 见奈什(Naish),(1957, 493);也见塞拉(Sella),(1974, 392~394);巴伯(Barbour)将荷兰造船比英国的造价低归因于这个事实,即英国人不能更便宜地进口木材和其他材料——在造船业中原料的价格是劳动力价格的8倍。荷兰人的优势是"便宜的购买,低价的船运费,和低关税"(1954, 238)。

㊺ 威尔逊(Wilson)(1977a, 39)。

㊻ 阿姆斯特丹在1661年有60个炼矿厂。大多数法国和英国殖民地的矿在这里提炼,直到1660年英国的航海法案,和柯尔伯(Colbert)实行类似的限制时为止。见梅斯菲尔德(Masefields),(1967, 293)。

㊼ 见费伯(Faber)及其他地方(1974, 4~10)。戴雍(Deyon)(1978d, 289);萨普勒(Supple)(1977, 429)。关于书籍生产,见哈扎尔(Hazard)(1964, 112),他指出晚至1699年,10个主要的书籍印刷中心有5个在荷兰,只在阿姆斯特丹就有400个印书商。

㊽ 见克莱因(Klein)(1966, 195~197),和巴伯(Barbour)(1963, 35~41)。

㊾ 诺思(North)和托马斯(Thomas)(1973, 145)。谈到20世纪的环境,海默(Stephen Hymer)和雷斯尼克(Stephen Resnick)说:"我们的观点在发展过程中发生的主要转换不是闲暇和懒惰被工作取代,而是家庭生产的落后方式向以专门化和交换为基础的先进方式的转换"(1969, 503)。这难道不是对那时在联合省发生的事的很好总结吗?

㊿ 帕克(Parker)试图评估荷兰起义的正面和负面经济影响,结论是从整体上,它带来的损失大于收获,虽然不是很多(1974b, 11~15)。威尔逊(Wilson)站在另一方面说:"在四十年战争之后,尼德兰北部基本的经济力量从来没有比在1609年休战时更大"(1968, 22)。这两种估价不一定必然矛盾,如果将威尔逊的论述作为对荷兰在世界经济中相对地位估价的话。

(51) 伦敦,1673年。178页。引自弗尼斯(Furniss)(1957, 102)。

(52) 见霍特(Van Houtte)对安特卫普(Antwerp)衰落阶段的分析(1962, 707~

712）。

(53) 见莫尔斯（Mols）准备的引人注目的地图（1974，63），也见詹宁（Jeannin）（1969，71）。

(54) 见赫雷那（Helleiner）（1967，46）。

(55) 考斯曼（Kossmann）（1970，366）。

(56) 弗林登（Verlinden）（1964，329）。在荷兰在对威斯特伐里亚（Westphalia）低阶层寻求他们的运气的人们的吸引力方面，见比尤廷（Beutin），（1939，131～132），关于整个德意志西北部，见库斯克（Kuske）（1956，255）。

(57) 詹宁（Jeannin）（1969，75）。我们甚至看到作为这种斗争的反应的类似于20世纪的城市规划。在1585年到1622年之间，建设了阿姆斯特丹的三条大运河——赫伦格拉希特（Heerengracht）、凯瑟格拉希特（Keisergracht）和普林森格拉希特（Prinsengracht）。随后，有污染的工业——酿酒业、金属制造业、染料业、玻璃制造业、炼矿业，——在城市中心被禁止。“它们被限制在城市外的一个工人区，在西部的约尔达安（Jordaan），投机家为移民建造了低矮的小屋，在那里执政们（Regents）的社会安全机构（Prévoyance，储金互济会）设置了几个慈善机构。这是系统地划分地区的第一个例子，带有强烈的种族主义和资产阶级色彩。”戴雍（Deyon）（1978e，299）。

(58) 甚至在粮食这种相对次要的农业产品中，在17世纪有着从大麦向小麦的转换，“一种有更严格的生产要求的庄稼”德弗里斯（J. de Vries）（1974，148）。

(59) 这个时代的这种说法见于克拉克（Clark）（1960，14）。

(60) 这引语出自利普森（Lipson）（1956，III iii）。也见利普森（1956，III，10～11）。帕里（Parry）（1967，176，210）。格拉曼（Glamann）（1974，452）和明钦顿（Minchinton）（1974，164）。鲍曼（Bowman），说在1650年，在世界运货贸易的2000只船中，荷兰船只数量在1500—1600只（1936，338）。

(61) 引自《英国商业中的一人》（*A Man of the English Commerce*），第192页。引自威尔逊（Wilson），（1941，4）。

(62) 库尔纳尔特（Coornaert）（1967，244）。

(63) 对于东印度公司（VOC）的法律结构的描述，见拉布（Rabe）（1962，351～366）。

(64) 尽管桑巴特（Werner Sombart）声称如此；并且名字、外表类似，库恩（Coen）不是科恩（Cohen），他不是犹太人。对于考察为什么库恩（Coen）的父亲把其家族的姓氏由退斯特（Van Twisk）改为库恩（Coen），见马塞尔曼（Masselman）（1963，229～230）。

(65) 他们不只要绕过西班牙人——葡萄牙人，跨过里斯本（Lisbon）也跨过印度，以到达印度尼西亚（Indonesia）的贸易来源地。见帕里（Parry）（1967，195）。

(66) 见马塞尔曼（Masselman）（1963各处，特别是62～66和141～179）。莫里诺

（Morineau）强调这个事实，即在欧洲由于香料缺乏而造成高价格（1978c，133）。

⑥⑦ 见邓肯（Duncan）（1975，512）；也见格拉曼（Glamann）（1974，477），他提到："如此有说服力的是'大西洋'胡椒对'地中海'胡椒的胜利，以至它再出口到地中海东部（Levant）。"关于更早时期，见沃勒斯坦（Wallerstein），（1974，215~216，325）的讨论。

⑥⑧ 帕里（Parry）（1967，199）。

⑥⑨ 格拉曼（Glamann）（1974，483）使用了这个暗喻，他强调欧洲对香料的有限需求。里奇（Rich）注意到这个并行问题中两相关联的另一方面："香料贸易要以这个事实为条件，香料群岛（Spice Islands）除了火器枪炮外，对欧洲产品需求甚少，……荷兰人在这里遇到的是他们的皮毛商人在北美洲遇到的同样问题。一旦他们直接的需要得到满足，岛民们对贸易就毫无兴趣"（1967，368）。梅林克—勒罗夫兹（Meilink-Roelofsz）的说法类似："在亚洲对欧洲产品几乎没有什么需要"（1968，66）。

⑦⓪ 莫里诺（Morineau）（1978e，170）。

⑦① 见马塞尔曼（Masselman）（1963，433~442）决非不典型的讨论。

⑦② 库恩（Coen）在写给"十七位绅士"（De Heeren Zeventin）的一封信中说："在世界上没有什么能比势力给予人以更好的权力，并在将武力加诸权力上。"引自博克塞（Boxer），（1965，98~99）。确实，根据盖尔（Geyl）的评价，东印度公司（VOC）是"在印度洋世界中用刀剑的权力"（1961，188）。关于说到"十七位绅士"（De Heeren Zeventin），博克塞说他们"明确地认识到"有三类贸易：他们有着领土控制权的地区（数量很少）；他们有垄断性契约的地区；"自由贸易"地区。这最后一类如博克塞所评论的，"常常是近于最重要的"（1965，94）。帕里（Parry）说除了"长距离贸易"外，荷兰人面对着中国人、马来人、阿拉伯人，和非荷兰的欧洲贸易商的积极竞争（1967，197）。

　　英国人能够与荷兰人在东印度（Indies）贸易中竞争而不能在波罗的海贸易中竞争的一个理由之一，正是必须利用"富人"贸易与"大宗"贸易的对立。造船的费用与大宗贸易关系更大，因为这个原因，英国人在那时作为"丧失的贸易"而勾销了它们。在东印度群岛（和在地中海），货物运载倾向于按价值比例而言体积和重量较小，并且武装船只要比速度和效率更重要。荷兰在这个领域的相对优势较小。[巴伯（Barbour），1954，230~231]。确实，昂格尔（R. W. Unger）谈到英国人"在危险的贸易中有着相对优势"——并不只是在远东——因为他们使用"强固并有良好武装的商船"（1978，110）。在地中海，私掠的获利之道是如此之多，以致它在17世纪早期是一个"巨大的……工业，部分是大规模并由富商井然有序地组织起来的。"戴维斯（Davis）（1964，127）。当1618年，海盗船队比所有地中海国家的舰队合起来还要强大。

㊵ 如格拉曼（Glamann）提到的，"胡椒的可分性与它的耐久性结合起来……使它成为投机的极好物品。它能够保存很长时间；有例子得知胡椒放在仓库中30年以上，这当然会影响到质量，但是这能够用混入新鲜胡椒改进"（1974，475）。然而，克莱因（Klein）论证说更为普通地是，"荷兰人实际贸易在17世纪的成功部分是由于富商熟练的投机，用他们贮藏的货物操纵市场"（1970，33）。

㊶ 见沃勒斯坦（Wallerstein）（1974）。

㊷ 库尔纳尔特（Coornaert）提到欧洲人在17世记不愿意创建"大陆体制"。只是在这个时期到末尾和在18世纪中"荷兰、英国和法国的帝国才开始形成"（1967，265）。类似地，舍费尔（Schöffer）谈到这个事实，"本地人口最初几乎没有为这个公司的影响所触及。"舍费尔说，直到19世纪，荷兰人的存在对海岸人民首先意味着他们的商人和行政官员取代了阿拉伯人和中国的商人（1975，75）。这当然基本上类似于沃勒斯坦（Wallerstein）所描述的葡萄牙人在16世纪亚洲的角色（1974，第6章）。见帕赫（Pach），他得出同样的观点。（1973，60~61）。确实，在1680年之后有限地使用荷兰的"咖啡卫士"负责管理外国地区的本地人种植者，但类目使用是有限的。见里奇（Rich）（1967，370）。

加阿斯特拉（Gaastra）注意到随着金银流出的增加，在18世纪贸易类型的转换，但作为进口的纺织品、茶和殖民地产品也有转换（1976，18~19）。看来矛盾的是，是荷兰在亚洲内部贸易中作用的衰落解释了金银外流的增加。这事实上是边缘化的一个信号，正如金银流出的增加是需要将其用作货币而不是奢侈装饰品的结果。

㊸ 马塞尔曼（Masselmann）（1963，460）。这论证了垄断包括某种扼杀贸易的掠夺："两种以前繁荣的主要来源，香料的种植和自由船运被剥夺了，这些中世纪的著名公国，德那地（Ternate）、蒂多雷（Tidore）、马特詹（Matjan），和巴詹（Batjan），降低到勉强维持生存的水准。这就是欧洲企业家中有决心的集团有着有价值产品者引诱的贪欲而带来的惩罚。……到17世纪末，本地人变得如此穷困，以致他们不再买得起（印花布）而自己来织。"（461页）。

㊹ 马塞尔曼（Masselman）注意到香料以两倍半到三倍于它们的原价值出售，平均每年付出的股息在17世纪是18.7%。尽管这样，九十年之后，公司负债为400万基尔德（guilder）。马塞尔曼说这"揭示了这个事实，即维持垄断的费用吸收了全部而不是一部分毛利。"（1963，466）。从公司的共同观点看这是确实的，但这对于公司的大投资者确实如此吗？在莫里诺（Morineau）（1975）一篇关于所谓与遥远国家收支平衡不利的贸易的吸引人的文章中，他提出了"一等于二"，即商人们只是在回程中将价格加倍，因而金银流出的数量不像看来得

那样。它事实上表现得是欧洲收入的内部交换。

⑦ 帕里（Parry）（1967，189），和伊斯雷尔（Israel）（1977，37）。罗曼诺（Romano）将这个转折点的时期定为1611至1612年，他注意到为相关的事务，叙利亚（Syria）、巴勒斯坦（Palestine）和埃及（Egypt）于1611年首次设立了一个领事馆（Consul）（1962，489~491）。帕里（Parry）将1612年看作荷兰贸易由于荷兰人确保了他们与土耳其人（Turks）的协定的结果，而"充分合法化"的时机。罗曼诺（Romano）注意到到1612年船运吨数要比东印度公司（VOC）的多。

⑨ 见拉普（Rapp）（1975）。也见帕里（Parry）（1967，188）。他提到在1593年到达里窝那（来亨，Leghorn）的219只船中有73只运载粮食。如果要问意大利北部用什么交换它的进口货，答案是前一时期所积累的资本。因而粮食进口在那时对于威尼斯比阿姆斯特丹有着根本不同的重要意义。对于阿姆斯特丹它意味着不要浪费精力生产粮食，当时生产纺织品、船只和其他形式的农业更为有利可图，因而可获得不平等交易的好处。对于威尼斯它意味着为经常性消费大量吃掉资本，一个很好的可以应用的"衰落"定义。

⑧ 帕里（Parry）（1967，189）和戴维斯（Davis）（1967，188）。拉普（Rapp）在讨论荷兰（和英国）在地中海取代威尼斯的成功时，指出北方强国在商业活动中没有引进什么可以解释其成功的新东西。他们必须提供的是在工业生产上的竞争优势，用它可以将"衰落"强加给威尼斯（见1975，499~501）。

⑧ 帕里（Parry）（1967，189）。

⑧ 威尔逊（Wilson）（1968，206）。他讨论了东印度公司（VOC）和西印度公司之间的不同（第十二章，206~229）。

⑧ 人们但是应记得，虽然阿姆斯特丹的政策是"在传统上热爱和平的……但当生意利益受到威胁时，如在1645年、1657年和1668年，或是当共和国的存在（和其贸易）濒于危险时，如在1672年，这个强有力的城市不再处于被动，而是倡导一种强有力带侵略性的政策"[弗兰肯（Franken），1968，6~7]。

⑧ 见肖努（Chaunu），（1959，1200~1202）。戈斯林加（Goslinga）说它"被看作加尔文教派（Calvinism）和反阿米尼斯教派（Contra Remonstrantism）的坚强堡垒"，在1629年阿姆斯特丹市政会（City Council）抱怨北方人为布拉邦人（Brabanders）的利益做出了牺牲，也就是指南方来的逃亡者（1971，287）。

⑧ 戈斯林加（Goslinga）（1971，39）。

⑧ 见旺辛克（Wansink）（1971，146）和戈斯林加（Goslinga）（1971，109）。

⑧ 威尔逊（Wilson）（1968，210）。琼斯（J. R. Jones）将荷兰西印度公司称为"一个侵略性的半海盗式团体"，并认为它的态度对三次英荷战争负有很大责任（1968，44~45）。荷兰历史学家也强调它的政治性质。霍博金（Van Hoboken）说："最终（荷兰西印度）公司的命运，它的兴起和衰落在很大程度上由政治

因素所决定（1960，42）。戈斯林加（Goslinga）强调这只是两个公司在寻求利润的方法上的差别。在东方收获由贸易来寻求，必要时辅以武力，而在西方利润来自私掠”（1971，91）。

(88) 斯普纳（Spooner）得出的观点是荷兰人在东印度胜过英国人的优势之一，是他们控制了白银（它更为需要这个事实，而英国人只能提供黄金）（1956，68）。

(89) 帕里（Parry）（1967，204）。斯吕特（Sluiter）（1948）实质上得出同样的论点。见沃勒斯坦（Wallerstein）（1974，342，n. 197）对其背景的讨论。

(90) 见埃默（Emmer）和里奇（Rich）（1967，333）。

(91) 见昂格尔（Unger）（1959，206）。确实相对的控制从1600年到1660年增加了。而利润相应地从100%增长到200~300%。见博古卡（Bogucka）（1973，439）。

(92) 当英国船只运载英国货时，荷兰船只装载着从西班牙往北到波罗的海之间所有西方国家的货物。见东斯多夫斯（Dunsdorfs）（1947，20）。

(93) 萨普勒（Supple）（1959，83）和欣顿（Hinton）（1959，19）。欣顿加上第三个因素，荷兰人“精明的活动”这可能起了某些作用，但也不过给我们留下了一个印象，英国人利用荷兰人的成功使自己的经营合理化。

(94) 莫里诺（Morineau）（1978d，144~145）。“粮食在数量上显然表现出是荷兰人与波罗的海贸易唯一最重要的商品”［费伯（Faber），1966，115］。

(95) 见米歇尔（Michell）（1977，177）。

(96) 见欣顿（Hinton）（1959，14~16）。

(97) 见萨普勒（Supple）（1959，86）。威尔逊（Wilson）说，货币伪造时代（Kipper und Wipperzeit）给英国商人带来的只是一个“短期可以解决的问题”；“更大的”问题是由荷兰人竞争引起的（1965，55）。

(98) 见欣顿（Hinton）（1959，29~30）。

(99) 欣顿（Hinton）（1959，9~10）。

(100) 史密特（Smit）（1968，21）。

(101) 见舍费尔（Schöffer）（1973，89）。他观察到“这将留给佛兰德人（Flanders）对北方无尽的怨恨。”也见博克塞（Boxer）（1965，92）。斯凯尔特河（Scheldt）在整个17世纪和18世纪一直关闭。对于许多关于它的谈判，见休伯特（Hubert）（1909，641~646）。这种限制最终在1795年5月16日由海牙条约（Treaty of the Hague）所取消。

(102) 德弗里斯（De Vries）（1974，204）和库斯克（Kuske）（1956，232~233）。策乌（de Zeeuw）指出，泥煤的利用是一个地质上的巧合，在这里泥煤是“在非常接近，部分甚至正好在整个地下水水位之下”，这是由“在全新世升起的海平面”所造成的（1978，5）。泥煤给了荷兰人“便宜的燃料”，用它来“经营以热加工为基础的工业”，他们因而“能够生产易于在国际市场上竞争的货物”（23页）。荷兰人世界竞争力的衰落直接与后来的事件有关。首先，竞争场由于易于进入的地带用完的结果变得更为昂贵，被迫用更深的疏浚获得更远的地区，或是靠延伸可以到达的运河。第二，运输因为港口和河流变窄而更为困难。（见25页）。

⑩③ 威尔逊（Wilson）（1977a，24）。

⑩④ 见德弗里斯（De Vries）（1974，202~209）和（1978）。

⑩⑤ 昂格尔（Unger）（1978，52）。

⑩⑥ 威尔逊（Wilson）（1957a，2）。

⑩⑦ 见帕里（Parry）（1967，211）。

⑩⑧ 威尔逊（Wilson）（1941，6）。

⑩⑨ 莫里诺（Morineau）对此表示怀疑，认为法国南部的船上的水手吃得同样好（1970b，118），关于在17世纪荷兰船运上提供的高卡路里（caloric）消费的讨论，见莫里诺（1970a，114）。尽管如此，博克塞（Boxer）得出了荷兰船员的低工资是解释低船费的一个因素的观点（1965，66~67）。

⑩⑩ 昂格尔（Unger）（1978，4，也见 p.183，n.7）。

⑪⑪ 威尔逊（Wilson）（1957a，42）。

⑪⑫ 至少可以说，在17世纪的阿姆斯特丹，"保险业比其他地方处理得不那么非专业性"。[巴伯（Barbour），1929，580]。巴伯报告说英国船只在17世纪在荷兰通常得到了它们的保险费。"尽管保险费率通常比在伦敦应用的要高。"（p.581）。它在表面上是令人困惑的。如果巴伯在经验上说是正确的，必然名义上的费率和实际费率是不同的，这可以用荷兰商业组织较高的效率来解释，它在总体上是一个重要的可变量，如我们就会看到的那样。无论如何，巴伯后来写到荷兰海上保险业对一般欧洲人的吸引力（见1963，33~35）。

⑪⑬ 威尔逊（Wilson）（1967，518）。

⑪⑭ 威尔逊（Wilson）（1941，10）。诺思（North）和托马斯（Thomas）宣称是如此，因为"市场或是交易这领域……在那时是生产率能够发现有大的收获的领域"（1973，135）。

⑪⑮ 哈克谢尔（Heckscher）（1935，I，352）。

⑪⑯ 对塞拉（Sella）而言，是这些合股船运公司（reederij），"使得荷兰的商业船队在1500年到1700年间壮观的十倍增长成为可能。"（1974，411）。

⑪⑰ 格拉曼（Glamann）说到"普通商人""大规模"参与了"17世纪荷兰的商业扩张"；特别列举了他们在谷物、盐、鲱鱼、木材，和砖贸易中的作用（1974，519）。尤其是造船工业特别在一个土地短缺的国家里适合于小投资者。斯卡梅尔（Scammell）谈到英国时说："在16世纪和17世纪早期随着土地竞争的激化，与在荷兰发生的类似，一只船，或者不过是一只小艇，可能是下层低微的人拥有的那种资本的唯一出路"（1972，404）。

⑪⑱ 克莱因（Klein）相信这种制度于17世纪"实际上为荷兰经济的增长做出了贡

献"。他认为这种垄断活动的推行——"同业的或各制造环节业的价格协定，国内或国外垄断的特许权"——这使得创建本质上是保险股的"冒险企业"成为可能；因为否则"成功的商人（将会是）掠取利润的竞争者的公开打击对象"（1966，188~189）。这些垄断是有效的。格拉曼（Glamann）注意到粮食"确实不夸张地说，在 17 和 18 世纪，荷兰大城市著名的谷物交易（确定着）欧洲的粮食价格"（1974，457）。对于列日（Liège）的价格在 1630 年到 1738 年间如何依赖阿姆斯特丹的价格的证据，见卢维特（Ruwet）（1957，101）。

⑲ 在 18 世纪，委托制变为一种由代理人（agent）支付相似价格（低估价）的 3/4，但为其预先支付收取中等的利息，直至货物售出。威尔逊（Wilson）认为这是一个"滑坡"。当代理人从完全的委托生意转向船运和搬运业，提供承兑信贷，他们就从银行业转向投机和冒险。"当委托贸易变得越来越间接，不可靠和欺诈的因素就变强了。"（1941，12）。

⑳ 当戴维斯（Davis）提到 17 和 18 世纪的尼德兰时说："确实，区分商业和工业资本是困难的。"（1973b，232），但是如萨普勒（Supple）注意到的，"对于商业企业家而言，投资或经营制造业完全是一种正常和预期的活动。"（1977，424）。

㉑ 这个说法来自欣顿（Hinton），他将荷兰的货物中心贸易看作"形成 17 世纪英国经济政策最重要的单一因素"（1959，10~11）。

㉒ 格拉曼（Glamann）谈到粮食贸易的传布像"一个池塘中的波纹"。不仅是粮食的装载和卸货，而且保护股制度导致仓库的建立，它们中有约 3/4 专门用于粮食贮存。由此需要经常翻动粮食"以防止生芽和自燃"，创造了更多的就业机会（1974，461）。布里格斯（Briggs）指出在船运和仓储需要之间，阿姆斯特丹在 1610 年开始了一个"引人注目和野心勃勃的中心扩张规划，……将居住区扩大 4 倍"（1957，294）。

㉓ 库伯特（Coubert）（1970c，27）。

㉔ 卡尔斯坦（Carsten）（1961，13）。将这与法国的预算相比较，在 1610 年到法国大革命之间只在 1662 年到 1671 年这 10 年有盈余。见帕克（Parker）（1974a，575）。

㉕ 霍默（Homer）（1963，98）。

㉖ 见维拉尔（Vilar）（1974，249）。

㉗ 见帕克（Parker）（1974a，573）。有一个国家"在一般时期"仍过得更好，这里指的是热那亚（Genoa）。

㉘ 霍默（Homer）（1963，124）。在其他事情中，如霍默所指出的"靠好的信用，可以雇用德意志佣兵来保卫国土。"（125 页）。

㉙ 这是格兰瑟姆（Grantham）试验性的论证（1975，65）。凡·德维（Van der Wee）提供了另一个动机："荷兰共和国（有意高估）银的价值，以便在 17 世

纪供给阿姆斯特丹加上白合金的贵金属，以应付出口到波罗的海和远东的迫切需要"（1977，297）。

⑬⓪ 巴伯（Barbour）（1963，44~45）。

⑬① 巴伯（Barbour）（1963，46），他注意到在这个世纪两次英国政治危机中，个人把资金转移到尼德兰。卡斯提罗（Castillo）类似地注意到1649年四只船到达阿姆斯特丹的"奇怪事件"，带着未铸造的多于300万杜卡特（Ducat）的原料。[条状或圆状的金银（en barrasy piñas）]。他说这些可能是西班牙犹太人（Marranos）遣还的货币财产，因为西班牙在1648年破产了。"资本主义当重要的利益受到威胁时，是知道怎样不必顾及意识形态和国界的"（1964，314）。德·鲁弗（De Roover）说，"在16世纪后半期，阿姆斯特丹取代热那亚（Genoa）成为世界贵金属市场"（1974b，227）。

⑬② 格拉曼（Glamann）（1974，540）。

⑬③ 帕克（1974a，550~551）。他的图表显示出在1700年前后阿姆斯特丹作为这样一个交易中心对伦敦的明显优势。维拉尔认为（Vilar）这种情况保持到1763年（1974，257）。也见霍默（Homer）（1963，174）和格拉曼（Glamann）（1977，261）。

这种信任和潮流的普遍性可以由这个事实说明，阿姆斯特丹直到1763年是唯一的金融中心，在那里商人们能开出和接受从俄罗斯来的支票。见诺珀斯（Knoppers）（1977a，13~14）。

⑬④ 见戴雍（Deyon）（1963，38）。也见维拉尔（Vilar）："对于荷兰人，贵金属像其他任何东西一样是商品，它们的'出口一进口'是有利可图的"（1974，251）。莫里诺（Morineau）指出，然而一旦这种制度建立起来，实际上需要出口的金银很少，至少对世界经济的边缘地区是如此。例如波罗的海，作为与东印度群岛和地中海东部地区（Levant）这样的外部竞争场的区别。"分析到底，这确实是联合省经济的经济上的（相对于金融上的）功能，在国内和国外都如此，这是我们必须回头想到的"（1972，4）。

⑬⑤ 见迪伦（Van Dillen）（1974b，179~185）。和克莱因（Klein）（1970，39~40）。也见巴伯（Barbour）（1963，53），他说："自由出口造币金属，这在17世纪其他地方是少见的，有助于稳定阿姆斯特丹的兑换率，鼓励汇票作为信贷的流通票据周转，它们的贴现和出售成为这个城市活跃的生意。"阿姆斯特丹的集中性汇票交易不只总的便利了贸易；它对于银行业操作也证明是高度有利可图的。博古卡（Bogucka）指出，由荷兰银行家用汇票大量转移给革但斯克（Gdańsk）商人的"不只是转移资金的一种手段，还引起了投机的独立操作，被称为套汇，这……在17世纪前半期，在几个星期赚得6.5%到8%的利润，有时是10%到12%的资本投资。在这时，荷兰本身的利息率只不过3%~4%。"

⑬⑥ 德维（Van der Wee）（1977，342）。

⑬⑦ 德维（Van der Wee）（1977，340）。

⑬⑧ 见克莱因（Klein）（1970，38）和霍默（Homer）（1963，137，179，）。霍默比较了17世纪前半期和后半期荷兰、英国和法国三种贷款的利率、人口年金、抵押、其他长期债务、短期商业货款，和短期储蓄。在六种比较之中的五种，所知道荷兰的利率是最低的，有一种英国略微低过荷兰。林格罗斯（Ringrose）认为低利率的根源是来自"流动资本大量集中于低地国家的军事用途"的1566年到1648年这个时期（1973，291）。

⑬⑨ 见诺思（North）和托马斯（Thomas）（1973，139，142）和里德（Reed，1973，182~185）。见克莱因（Klein）（1969，14）论保险股的投资。巴伯（Barbour）（1963，104~129）对荷兰在海外的贷款和投资有一个考察。论18世纪对欧洲国家以增长的债务形式的投资，见威尔逊（Wilson）（1977a，27）。货币流向"首先是到英国，那里荷兰投资者的决定大的足以让每位财政部第一大臣都列入重要考虑之内。"

⑭⓪ 早在1628年，沃尔姆伊登（Cornelius Vermuyden）就与查理一世（Charles I）讨论一项协议，给哈特菲尔德沟渠（Hatfield Chase）排水。见坎宁安（Cunningham）（1897，209~210）。狄更斯（Dickens）谈到17世纪荷兰人在英国的技术殖民化（1976，8）。也见威尔逊（Wilson）论排水、船只建造和农业技术的技术出口（1968，77~91）。对于土地排水和开垦，见哈里斯（I. E. Harris）的文章。只是到17世纪末，"排干（英国）沼泽……再不是尼德兰的特权"（1957，322）。

⑭① 马克思（Marx）在描述作为丧失商业霸权的后果的18世纪荷兰海外投资时说："它的祖国开始处于它付出的资本获得最好利润的地方的地位"（1969，93）。

⑭② 迪伦（Van Dillen）（1974a，207）。

⑭③ 见格拉曼（Glamann）（1974，457）。

⑭④ "城镇保护和资助工业。造船业是一个很好的例子。造船业设备的建设是资助的一种形式。造船木工行会的规程包括了许多其他的形式。"昂格尔（Unger）（1978，114）。

⑭⑤ 无论如何这些势力必须得到安抚。在1681年，一个经济困难的关头，在阿姆斯特丹的粮商和泽兰（Zeeland）的农业生产者之间达成了一项妥协。前者得到了出口（和再出口）关税的取消，而后者得到了进口关税的增加。见詹宁（Jeannin）（1969，74），他告诉我迪伦（Van Dillen）的两篇荷兰文文章（1917年和1923年）包括有这场争论和政治妥协的详情。也注意到"在整个17和18世纪造船业原材料如绳索和桅杆的出口，有时是非法的"昂格尔（Unger，1978，115）。

⑭⑥ 见戴雍（Deyon，1969，38）。

⑭⑦ 博戎（Beaujon）（1884，30）。

⒁ 米歇尔（Michell）（1977，148）。

⒆ 斯托尔斯（Stols）（1976，39）。

⒇ 引自：盖尔（Geyl）（1964，Ⅱ，85）。见梅林克罗克洛夫兹（Meilink-Roclofsz）（1968，71）。也见戈斯林加（Goslinga）对加勒比海地区的论述："荷兰殖民帝国建于17世纪前半期，开始于桅杆上的一把扫帚，也就是海上自由的原则。一旦海上被肃清，无论怎样说———旦西班牙人的海上力量不再是荷兰人的真正威胁——后者就丧失了对由他们最好的哲学家阐明的高度原则的兴趣，甚至并非不情愿地接受了伊比利亚人（Iberian）的领海（mare clausum）理论（相对于英国人而言）"（1971，ⅩⅣ）。

(151) 哈克谢尔（Heckscher）还是感到惊奇。"现在出现了这种矛盾的形势，即尼德兰虽然是所有重商主义者的理想典型，在同时比起大多数其他国家较少受到重商主义倾向的影响。唯一的解释是尼德兰被理想化了"（1935，Ⅰ，359）。如果戴着经济自由主义的意识遮眼罩，拒绝从相互关系而不是属性的特征上去考虑，这当然是人们能想象的唯一解释。比较一下哈克谢尔和施莫勒（Schmoller）的观点："荷兰人在为宗教自由和从西班牙人羁绊下解放进行的英勇斗争中表现了自己，当以一种'公平的眼光'来考察如一个世纪之久的征服东印度殖民地的战争，和同样长时间的劫掠攻击西班牙人和西班牙—美洲贸易的运银船队时，这些为我们这个时代天真的自由贸易者因为他们早期的低关税如此赞美的荷兰人，从一开始就以世界熟知的垄断方式成为最严格、最好战的垄断主义者。"（1897，65）。

(152) 戴雍（Deyon）（1969，40）。格拉曼（Glamann）称自由主义为国家的一种"消极态度"，并说"因为作为政府政策，在某种意义上在经济过程中从来不是中立的"，很清楚"这种消极态度对于和阿姆斯特丹贸易中心的成长相协调而言，确切地说是一种正确的态度"（1977，273~274）。

(153) 见考斯曼（Kossmann）（1975，362~365）。霍博金（Van Hoboken）（1969，46），伯克（Burke）（1974，44）。和万辛克（Wansink）（1971）。"矛盾的是荷兰强烈地支持联邦政府，但它意味着在实际上荷兰能够在很大程度上以一种复杂的半中央集权方式统治这个共和国。"舍弗尔（Schöffer）（1973，92）。

(154) "在这个国家粮食短缺的年代里，阿姆斯特丹的权力是巨大的。"例如在1628年至1630年。凡·迪伦（Van Dillen）（1964，145）。

(155) 弗兰肯（Franken）（1968，24）。也见伯克（Burke）（1974，42~43），卡特（Carter）（1975a，1）和里默斯马（Riemersma）（1950，39）。对于阿姆斯特丹（和荷兰）决定政策能力的局限，见罗恩（Rowen）（1974）。

(156) 博克塞（Boxer）（1965，90）。阿姆斯特丹的调子对她非常有利。阿尔伯（Albers）注意到在1650年之后，"与地中海和波罗的海的贸易越来越集中在阿姆斯特丹，直到最终这个城市垄断了它们"（1977，86）。

㊜ 雷尼埃（Renier）（1944，16~24）。和威尔逊（Wilson）（1968，47）。博克塞（Boxer）特别指出在这点上同意雷尼尔（1965，11）。

㊝ 见鲁尔达（Roorda）（1964，119 和 1967，196~197）中的讨论。迪那克（Van Dijk）和鲁尔达警告不要夸大这种现象。"直到 18 世纪末，没有持续的贵族化阻止了所有社会流动性的问题"（1976，101~102）。

㊞ 考斯曼（Kossman）（1970，365）。哈利（Haley）类似地注意到虽然奥兰治党人（Organist）与"财阀政治"的斗争吸引了从低等阶级城市力量而来的支持，有着"一切造成内战和社会革命的因素。"奥兰治党人最终后退了。"他们自己最终凭借的是贵族和现存社会秩序的捍卫者"（1972，83）。

⑩ 博克塞（Boxer）（1965，55）。

⑪ 威尔逊（Wilson）（1968，53）。

⑫ 克莱因（Klein）（1969，9）；也见德弗里斯（J. de Vries）（1978，303）。

⑬ 博克塞（Boxer）（1965，54~55）。

⑭ 见克莱因（Klein）（1969，9）。

⑮ 博克塞（Boxer）（1965，58）。

⑯ 在一次私下讨论中，已故的罗坎（Stein Rokkan）告诉我欧洲世界经济有能力抵抗向一个世界帝国转变的一个主要因素：它建立在海的周围而不是陆地上，而海洋本来比一个大块陆地更难于征服，对于这个有趣的观点，我这时完全要为它负责。关于这个问题，见安德森（P. Anderson）对英国所做选择的评价："虽然每单位造价较高，舰队的建造和维持的总费用远低于一支常备军……而在下几个世纪中的投资收益却要高得多"（1974a，135）。

⑰ 见库珀（Cooper）（1970，227）。到 1659 年，在大西洋和地中海上，西班牙的舰队比联合省的舰队和英国的舰队都要弱（而不久之后比法国的舰队也要弱）。

⑱ 波里森斯基（Polišenský）（1971，236）。

⑲ 马汉（Mahan）（1889，97）。弗兰肯（Franken）进一步论证这是发展力量的唯一途径："也可以肯定，财政储备没有多到足以为一支军队付款，而从长期看这却是积极的大陆政策所必需的，此外还要一支强大的海军保卫海岸和漫长的贸易航道。"（1968，6）。而且绝不能忘记荷兰军队。在 1609 至 1621 年的休战期间，"增加的财富使荷兰人能够拥有除了世界上最大的海军外，还有欧洲唯一一支在力量上可与西班牙遥相比较的常备军"〔伊斯雷尔（Israel），1977，38〕。这是摩里斯的（Maurician）的改革的结果，包括更好地使用人力，较小的战术单位，围攻战的革新。罗伯茨（Roberts）指出这些改革有两个前提条件："第一个是荷兰的军队要有好的报酬，首先是要准时支付……第二个条件是一种有效的训练和操练制度。"对于当代人来说，荷兰的改革"似乎改变了战争艺术"（1958，185，187）。

⑳ 安德鲁斯（Andrews）（1915，542）。

⑪ "然而谨慎的绅士执政者们也许看到了这个事实,联合省到 1621 年是一个强大的国家,是一个文明的鲜明模式,由于它的真实存在成为整个欧洲千万有思想的人的理想典型。"波里森斯基(Polišenský)(1971, 162)。

⑫ 见凡·维恩(Van Veen)的地图(1956, 56)。

⑬ 威尔逊(Wilson)指出,这个任务需要技术上许多部门同时的成就,将"数学家、雕刻家、印刷者、制地图者、仪器制造者、磨透镜者中的天才"召集到一起(1968, 92)。

⑭ 克拉克(Clark)(1960, 16)。格拉曼(Glamann)注意到像诺里奇(Norwich)和科尔切斯特(Colchester)这样的城镇,居民有 1/3 到 1/2 是以新呢布为专业,是属于"尼德兰血统的"(1977, 253)。这确实是真实的,如威尔逊(Wilson)所认为的,"经济的革新总是短命的,致命之处在于容易仿效"(1968, 30);但问题是由谁做出了革新。

⑮ 威尔逊(Wilson)(1968, 178)。

⑯ 威尔逊(Wilson)(1968, 165~177)。

⑰ 朱里约(Jurieu)和拜尔(Bayle)以不同方式对他们的流亡做出反应。见拉布普斯(Labrousse)(1967)。

⑱ 詹宁(Jeannin)(1969, 103)。

⑲ 詹宁(Jeannin)(1969, 102)。

⑳ "荷兰共和国的半放任主义(Semi-Laissezfaire)(和它的自由移民政策)……带给这个新'国家'在制造业、商业和金融技艺必不可缺的发展,一个个人商务关系网络和资本与船只的大量增加……没有它们荷兰人的进步就会慢得多和小得多"威尔逊(Wilson)(1977a, 18)。

㉑ 比尤廷(Beutin)说它是 18 世纪欧洲唯一有着"相对出版自由"的地方(1939, 110)。

㉒ 哈利(Haley)(1972, 124)。

㉓ 威尔逊(Wilson)(1968, 163)。如维拉尔(Vilar)所说:"自由的精神表现了这个时代荷兰在商业事务上的优越性"(1974, 251)。这会使我们要绕一段长路去论证荷兰艺术的卓越时期,作风上的"中产阶级式"和"中立主义"和流行状况的关系。牢记住这种形势愚蠢的一面就全面了,威尔逊(Wilson)强调说:"保持(艺术)专业前进的是需求的坚实持久性,而不是对高报酬的任何期望"(1968, 124)。

㉔ 这个用语是肖努(Chaunu)发现的。见他对"多德雷赫特(Dordrecht),这个世纪最大的事件"的讨论(1966a, 470~474)。这是就"在荷兰本身发生的所有事件中"(tout vase jouer en Hollande)而言的。

㉕ 就我看来,至少就 17 世纪而言,肖努(Chaunu)所说的是十分正确的,这场辩论要比天主教徒和新教徒之间的更有根本性意义。阿米尼斯派(Arminian)

与戈马尔派（Gomarian）的辩论：如肖努提醒我们的，是与天主教会内部莫利那派（Molinist）和詹森派（Jansenist）的争论是相似的。他将阿米尼斯教派称为"19世纪自由派开端的祖先"也是正确的（1962a，119）。

⑱ 雷尼埃（Renier）（1944，46）。见盖尔（Pieter Geyl）对科斯特（Samuel Coster），一位阿米尼斯派和阿姆斯特丹文学人物的描述："通过一个比喻——这个世界是一匹邪恶的马，由权力骑着，用法律的鞭子和宗教的缰绳驾驭着，将缰绳交到一个世俗骑手的手中，教会和这匹马将会脱缰而逃——科斯特发展了纯粹的阿米尼斯教派（Remonstrant）教会与国家关系的理论。这是一个引起全欧洲有教养的人兴趣的理论。他们害怕无理性的群众和其在到处煽起的过度宗教激情，促使世俗政府官员提出拥有绝对权力的要求，在其他地方即是君主，在这里即是国家"（1961，70）。

⑱ 虽然这里说的是指最初争论时的情况，但这种社会分裂在整个世纪中一直持续下来。詹宁（Jeannin）说："在阿姆斯特丹，在1672年有抱怨说阿米尼斯派（Arminians）——一个成为政治性多于宗教性的名词——在政府官员中占大多数，虽然他们代表的在人口中只占不到5%"（1969，111）。但是这些抱怨有多严重呢？鲁尔达（Roorda）注意到在荷兰霸权时期达成了一种妥协，加上教士在慢慢地"贵族化"。"教会暴露在世界中并为这个世界的权力所同化……执政者们也变得更为教会化……教会与国家之间的最激烈斗争（到1672年）成为过去的事情"（1672，201）。

⑱ 肖努（Chaunu）对社会分裂做了这种描述："一种社会对立：荷兰的执政者（Regents）们在一方，组成阿米尼斯（Arminian）党，东部的土地贵族、中产阶级、新近到达的大资产阶级的一个少数民族，在另一方是戈马尔（Gomarian）党的骨干。戈马尔党人是除荷兰外的六个省，特别是新近征服的农业省份。戈马尔党人也是1590年疆界之外的新近皈依者。阿米尼斯党人是荷兰海岸城市中的资产阶级，阿姆斯特丹是一个明显的例外，荷兰在沙丘后面那部分之外的更新来的新教徒"（1966a，128~129）。

⑲ 鲁尔达（Roorda）（1967，264）。雷尼埃（Renier）认为尽管外表上"漠不关心"，天主教是秘密表示同情的（1944，49）。考斯曼（E. H. Kossmann）在一次私下交往中，说他怀疑天主教徒在17世纪早期是否能说是社会下层，因为许多贵族仍然是天主教徒。

⑲ 引自弗兰肯（Franken）（1968，5）。

⑲ 班斯（Bangs）（1970，481），他的文章是对神学的、经济的和政治的现象之间的相互关系的一个极好的分析。也见盖尔（Geyl）（1961，13~14）。

⑲ 博克塞（Boxer）（1965，131）。

⑲ 哈利（Haley）同意："（执政者们）（Regents）倾向于容忍的观点，极端恶成为只是一个不容忍的教会的世俗武器。但他们主要关心的是为有利于和平和和

谐而平息争论"（1972，104）。相反地如鲁尔达（Roorda）所指出的，奥兰治（Orange）的省行政长官（Stadholder）真正打算为普通人提供保护，以反对"贵族的恶行"的程度是有限的，"省行政长官的行动只有很少能达到奥兰治党人下层中产阶级的期望"（1967，189）。

"休战"党也开始在那时在休战中发现机运较少了。在1621年菲利普三世（Philip Ⅲ）为延长休战提出了三个先决条件：天主教徒的礼拜自由，开放斯凯尔特（Scheldt）河，撤离东印度和西印度群岛（East and West Indies）。奥兰治党人和阿姆斯特丹商人发现他们的利益再度协调一致了。[见盖尔（Geyl），1961，84]。也许西班牙人二十六年多战争赢得的是一个天主教的南部尼德兰，但是荷兰人的经济利益占了优势。[见帕克（Parker）1972，263]。因而从长远看来，荷兰新教牧师（predikants）没有得到他们想要的东西。

[194] 哈利（Haley）（1972，128）。

[195] 维斯康提（Visconti）（1958，301）。

[196] 巴克（Barker）将他的现代行政史开始于1660年"有些武断但也有一些道理"（1966，I）。

[197] 安德森（Anderson）的评论是类似的："因为如果说17世纪是在贵族政治统治总体系中在阶级和国家之间关系上混乱而无秩序的正午，比较之下18世纪就是他们平静和好的金色黄昏"（1974a，55）。

第三章插图 "路易十四（Louis XIV）访问高布林（Goblelins）工厂"

根据勒布伦（Charles Le Brun）。（1660年代）绘画所作的高布林织毯凡尔赛（Versailles）：凡尔赛宫国家博物馆（Museé National du Château de Versailles）。

"路易十四（Louis XIV）访问高布林（Gobelins）工厂"，一幅根据勒布伦（Charles Lebrun），国王的首席画家，绘画总监，高布林织毯工厂的指导，绘画制作的高布林织毯。这幅织毯是为纪念1677年路易十四的一次访问。他由年轻的当甘公爵（Duke d'Enghein）和孔德王子（Prince of Condé）陪同。柯尔伯（Colbert）在他后面。

第三章　中心地区中的斗争——第一阶段：1651～1689年

"贸易处于危急之中就是最后的防线：你要么起而保护，要么就灭亡。"

——皮特（William Pitt the Elder）①

1691年，荷兰的霸权地位首次受到真正的挑战。为何到这时才受到真正挑战？这绝不是因为在此之前英国和法国不想这么做，而是因为它们内部问题成堆，自顾无暇，无法做出"强有力的动作，以打破荷兰的霸权。"②

1650年以后的半个世纪是欧洲人口增长的倒退时期。人口增长的曲线呈下降或持平之势，直到该世纪末，这曲线才再次开始上升。③无疑，导致这种状况的原因是一系列因素共同作用的结果：三十年战争的破坏，生态压力导致一些地方物品短缺（并因此而发生流行病），以及从整个世界经济来看谷物生产过剩导致世界谷物价格下跌。④当然，各地区有所不同，这一点不能忽视。17世纪初期，人口密度最高的地区主要是欧洲的旧脊背地区（从佛兰德到北意大利）以及欧洲世界经济的新中心地区（联合省、英国东部以及法国的西部和东北部）。⑤三十年战争、八十年战争及17世纪初期流行病的主要影响，是旧脊背地区及以前人口密度居中的西班牙北部和中部地区的人口急剧减少了。⑥

相比之下，新中心地区国家的人口就几乎没有下降。1650～1680年联合省的情况不甚清楚，但此后人口大致是稳定的，大约在1750年之后人口增长曲线就呈上升之势了。⑦法国北部"没有发生大的灾难"。⑧英国的情况被认为是"不清楚的"、⑨"迄今所知甚少"，但这一时期该地区人口可能有过"缓慢的"增长。⑩

由于中心地位和对人口下降的抑制这种联击，"乐观的"人口理论在17世纪风靡一时就不难理解了；同样，人丁兴旺意味着国力强盛，人口稀少必然代表"民穷国弱"这种理念也很容易理解。[11]中心国家所主要关注的是如何加强自己的国力，超越他国。激发托马斯·曼（Thomas Mun）爵士撰写《英国从海外贸易中得到的财富》[12]这部重商主义古典著作的，正是1622年大萧条。重商主义在英国却非新鲜事物。格兰普（Grampp）将重商主义追溯至1500年，[13]昂温（Unwin）则描绘了詹姆斯一世统治时期声势浩大的贸易保护主义运动，[14]但当困难时期降临英国和法国的时候，两国就采取了"更强有力的"重商主义政策。[15]不过，正如我们前面讨论过的，事实证明科克因（Alderman Cockayne）方案是不成熟的。17世纪中期究竟发生了什么变化，使重商主义政策有可能取得成功？重商主义政策成功的关键因素究竟是什么？[16]

1651年英国《航海条例》是中心地区尖锐斗争的导火线。是什么因素导致该条例的产生？1648年是三十年战争结束和西班牙最终承认荷兰独立的年份。1649年英吉利共和国宣告成立；1651年联合省开始了最高行政长官位缺时期。在欧洲宗教大斗争方面，改良派和反改良派多少划定了各自势力范围（法国胡格诺教徒被逐事件除外）。欧洲从此有了和平。不过也还有战争——或者是长期的"冷战"，有时也引发零星的战斗，从而加剧了中心国家的"刻毒的贸易对立"。[17]欧洲大陆一系列战争的终结于英国并无益处。相反，英国的海运业本来因英国的中立国地位而受益良多，而"和平的到来意味着又回到荷兰的仓储贸易中"。[18]此外，1632年以后，由于海上航行缺乏安全保障的缘故，西班牙贩奴主义者（asientistas）雇用英国船只将他们的金条、银条运送到佛兰德。这给英国带来了极其重要的边际利益，因为双方协议规定，2/3的金条和银条必须在多佛尔卸下，在伦敦的造币场（mint）铸成货币，再运往佛兰德。这就给国家带来了可观的收入，这笔收入对查理一世（Charles I）以及后来的长期国会都是非常有用的。[19]

在荷兰方面，战争结束后，荷兰和丹麦旋即于1650年签订了"补偿条约"，允许荷兰人在松德（the Sound tolls）海峡以每年固定的数额对自己的船只征收税收，从而节省了金钱和"并非不重要的"时间。[20]1652年4月7日，范里贝克（Jan van Riebeek）在扼守往来东印度群岛航线的好望角建立了第一个荷兰前哨阵地。总体上看，荷兰的繁荣正在攀上新的高峰；相比之下，"英国的形势却每下愈况"。[21]1649年谷物价格达到17世纪的至高点。法国此时禁止英国物品进入法国。商人们不管是在国内（税收）还是在国外（由于缺少外交使团和沿海地区把注意力集中于海军）都在为内战付出代价。在这种情况下，以新教徒为主的共和政权势必要打破历史的、相互交织的新教爱国主义方式。[22]实际上，李希泰姆（Lichthiem）认为克伦威尔在英国海外扩张史上作出了"决定性的突破"。正如他把清教徒"民族化"一样，[23]他将外交政策世俗化，使之不受宗教支配。

由于荷兰实际上仍处于霸主地位，所以要加强英国的商业只有两种方法：用国家的力量帮助本国商人，或者用国家的力量抑制外国商人。1621年的英国由于害怕采取后一种方法会惹怒荷兰，便以规范公司的形式选择前一种方法。[24]这种方法很合公司的心意，但并不符合整个英国资产阶级的利益。1651年，英国采取了直截了当的行动反对荷兰，对其进入英国的物品实施限制。这一行动虽然受到规范公司的反对，[25]但却是符合"整个经济大踏步向前进"这一原则的。[26]1651年"航海条例"规定，进入英国的物品必须用英国船只或生产国船只（称为第一港口国）运送。制定这一条例的真实用意是要"打击荷兰的运输生意和储贸易"。[27]亚当·斯密（Adam Smith）认为，"航海条例"是有关商人游说的结果，而施莫勒（Schmoller）则认为，该法是国家建设的一个方面。[28]我们不必从亚当·斯密和施莫勒两种理解中做出选择，因为在当时符合商人（一些商人）和生产者利益的，是国力强盛不仅能帮助他们垄断波罗的海贸易，而且有助于他们独占即将扩大而且终将更为重要的跨大西洋贸易。[29]

因此英荷双方在战场上比一高低便不可避免。即使英国人认为自己处于防御地位，但还是对荷兰人构成巨大挑衅。1651年初，荷兰一口回绝了英国提出的一项条约，英荷关系迅速恶化。[30]不过战争在1652年爆发后，荷兰很快处于被动地位，主要是因为其海军力量不堪一击，软弱得令人咋舌。[31]一场战争在某种意义上又引发另一场战争。英国的"沙文主义者"在等待着"对荷兰的另一次毁灭性打击"。[32]几年后，他们久待的时机终于到来。这一次是英国公开的侵略。如果说"克伦威尔（Cromwell）想打击荷兰，保卫自己，那么可以说查理二世（Charles II）想把自己变成荷兰人的君主"。[33]然而到查理二世时代，荷兰海军已吸取了往日的教训，装备已大为改善，而英国却士气低落（原因是行政管理上的无能和伦敦的瘟疫）。所以局势处于僵持状态，双方相安无事。

从某种程度上说，1667年的"布列达（Breda）和约"是荷兰人的胜利，或者至少是个妥协。荷兰用它的"沉重包袱"——新阿姆斯特丹换得了苏里南和东印度群岛的普洛兰（Pulo-Run），[34]英国同意将联合省的自然腹地——即其港口所能供应到的地区——的产品（如在荷兰加工或分类的亚麻布）视为荷兰产品。由于这些物品是荷兰向英国出口的大宗物品，因此便抵消了"航海条例"的一些限制。[35]不过，在威尔逊看来，布列达和约是"英荷关系的真正转折点"，卡特（Carter）也认为它是"荷兰共和国的繁荣衰落的开始"。[36]很明显，在表层政治之下，必定发生着某种事情，而且这件事情肯定比英国取得新阿姆斯特丹及由此弥补了在英国重商主义限制区内荷兰走私的一大漏洞所得到的利益要大得多。[37]这就是在英国人对荷兰人的痛恨背后，伴随着"对荷兰的经济本领情不自禁的羡慕"[38]以及"对模仿他们的渴望"[39]，英国农业—工业方面正在发生的重大变革最终将使在布列达的让步变得无足轻重，从而使荷兰变成英国的小伙伴，难道不是这样吗？

无疑，法国加入战争就是以上这一变化的结果，战争反过来又促进了这一转变。1667年法国入侵西班牙所属的荷兰，这是导致匆匆签署布列达和约的"关键事件"，[40]并迅速促使英国、联合省和瑞典（当时是欧洲第四大军事强国）建立三国同盟。路易十四被迫让步，荷兰"自吹是欧洲的仲裁者（1668年确有一点这样的迹象），一下子降服了五位君主"。难怪路易十四成了"荷兰迷"。[41]

1672年事情发展到了高潮。荷兰人发现自己腹背受敌，分别同英国、法国进行战争。第三次英荷（海上）战争，尽管英国在象征性的敬礼问题上遂了意愿，赢得胜利，[42]但相对来说这场战争不甚了了，没有什么结果。相比之下，法国在陆上发动的攻势就大获全胜，至少开始时是这样。在1672年这个"灾难之年"，荷兰国土几乎全部被法国所占。在随后发生的政治混乱中，维特（Johan de Witt）被杀，荷兰共和国寿终正寝。然而，法国功败垂成。（所以其他荷兰人称1672年为"奇迹之年"）法国不仅没有夺占荷兰的贸易网络，而且最终于1678年结束这场漫长且没有结果的战争的"内伊梅根（Nijmegen）条约"还要求法国取消1664年开始实行的关税。[43]

1672年的真正重要意义在于，从1651年到那个时候，英国人和法国人都在把荷兰人视为主要对手，而现在英国人和法国人却互相攻讦，把矛头直指对方,荷兰经济力量尽管依然强大,却突然成了一个次要因素。[44]在某种意义上,战争的代价正在直线上升。虽然整个现代早期制造武器的技术都大同小异,但骑兵[45]的作用及荷兰人擅长的围攻战术的作用已大为降低。[46]17世纪末,勃艮第(Burgundian)公国被瓜分,在人口方面所造成的后果开始波及军队。联合省尽管很富有,但它"太小,无法长期肩负军事和海防的沉重负担"。[47]英国由于"掌握了更多的资源"[48]其海军最后超过了荷兰。理所当然法国也是如此,但法国人主要把他们的资源用于陆上,而不是海上,所以从长远来看他们的军事投资收益就不那么多了。[49]

英国和法国军事力量的增长,其根源在于经济基础的重大变化。在讨论1650年至1750年中心大国农业—工业生产的比较效益,特别是英国(不列颠)和法国的比较效益时,存在的问题之一是,几乎所有研究工作都是在国家范围内做的。这类著作常常也有关于各国比较的论述,但这些论述大多代表某种成见而不是严肃的探索。各国学者包括法国学者,在理解19世纪的差别时,往往把这些差别追溯至更早的时期,因而他们煞费苦心,解释他们仍无法从经验上加以论证的事实。笔者认为,这一时期英国和法国之间农业—工业效率的实际差别比我们所假定的要小得多。出于政治目的,1763年时出现的细微差别被夸大成了一个世纪后的重大差别:一个世纪后,这些差别在经济上已经制度化了。我们在此欲加以论述的,是上述论断的前半部分。

要做比较,一个基本问题是比什么。法兰西这个政治单位在面积和人口上大约是英格兰的4倍(人口密度大致相同)。如果我们加进苏格兰和威尔士,以大不列颠作为一个比较单位,则法国的面积不到大不列颠的两倍,人口的差别比也降低了一些。仅仅代表一个统一关税区的"法兰西五大免税区",其面积就大致相当于大不列颠。我们没有关于这些不同政治单位的清晰可辨的统计资料,即使有,我们也可能因选取资料的角度不同而得出不一样的结论。在评估军事前景和说明政府政策可能影响到经济生活的领域时,外部边界固然是很重要的,但即便如此,在三个中心地区大国中,每一个中央政府均受到其宪法结构的(更不用说其国内政治了)不同形式的抑制。

雅卡尔(J. Jacquart)认为,在17世纪,农业是法国"最重要的财富来源"。[50]难道英国不也是这样吗?在经济停滞时期,英国部分可耕地被用于放牧,而在法国则被用作种植酿酒用的葡萄。这等于又回归到了16世纪经济扩张以前的土地使用方法。两国对土地的不同反应主要是气候和土壤的功能问题。古伯特（Goubert）在比较 17 世纪法国、英国、荷兰以及欧洲其他一些地区农业时，把法国农业描绘成一幅黑暗的图景，但在拉杜里（Le Roy Ladurie）的眼中，法国农业的扩展（至少是北部最宜于耕作的地区）几乎和英国农业的扩展一样，开始于同一时期——1690 年。英伯特（Imbert）则从第三者的角度论证说，法国谷物生产只是略微改善了，但葡萄酒生产则有较大改善。[51]

从 1650 年到 1750 年间，所有三个中心国家都发生了长达一个世纪的谷物价格下跌。其他农产品的价格也下跌了，不过下跌的幅度并不总是一样的。[52]这三个国家对谷物价格下跌所做的反应是转向其他产业，或通过提高效率、进行结构改革降低生产成本，从而保持利润水平。荷兰人在农业多样化方面始终走在了前列。其他国家现在要模仿他们。[53]在福塞尔（Fussell）看来，英国"最重要的新鲜事物"是开始在轮休的耕地上种植芜菁和苜蓿；对琼斯（Jones）来说，"最关键的革新在于饲料的供应"。威尔逊（Wilson）强调开垦（assarting）——"从旧的废地和石南丛生的荒地获得新土地的过程"——的作用；而哈巴库克（Habakkuk）则认为，起作用的倒不在于新技术的使用，更重要的在于"现有的最优良技术的传播"。[54]不管以上四种观点哪一种正确。我们可从中注意到两个主要的事实。一系列"革新"本质上使耕种以前低产或完成荒芜的土地成为可能；[55]这是对谷物市场疲软的一个直接反应，因为为了维持利润水平，农场主必须在相对疲软的市场上占有更大的份额，[56]要么就转产其他产品。

关于这一时期英国农业的改善，已有大量的学术著作加以论述，观点众说纷纭，莫衷一是。德弗里斯（De Vries）提醒我们，至少在 17 世纪，英国农业的改善"主要是帮助了英国农业提高到荷兰和北意大利早已达到的水平，而不是把荷兰和意大利远远抛在后边"。[57]罗尔（Roehl）一反学者们的模棱两可，[58]以大胆的口吻说：

> 其他地方现代农业技术的产生和法国一样早。尤其是巴黎以西直到英吉利海峡和巴黎以北直到佛兰德这两个地区。在农业结构及气候方面和英国最适宜农耕的地区十分相似。所以，"农业革命"虽然并不是在英国和法国同时发生，但却发生在相同类型的农业地区并在很长时间内局限于这些地区，这一点也不奇怪。[59]

关于生产率的提高，我们知道什么？巴特（Slicher van Bath）用他自己的标准把英国、荷兰和法国都列为 C 阶段（谷物的平均产出率在 6.3～7.0 之间）。他把这两个国家这一阶段的起止年代定在 1500 年和 1699 年，法国则定在 1500 年和 1820 年。开始年代是相同的，但结束年代却不同。他认为 1750 年以后，英国和荷兰进入了他自己所称的 D 阶段（平均产出率在 10.0 以上），他究竟认为在 1700 年到 1750 年间发生了什么事，我们无从得知。[60]霍金斯（Hoskins）认为，从 1680 年到 18 世纪末之间英国的农业产出没有明显的提高，里格利（Wrigley）则估计 1650 年到 1750 年间人均产量增长了 10%，而费希尔（Fisher）则说，在查理二世统治的后期，即大约在 1680 年前后，"从土地上源源产出的产品如此之多，以致给人们带来了过剩的恐惧。"[61]至于苏格兰，农业（种植和放牧）的商业化是"17 世纪一个最突出的特点"。[62]如果用产出率和每公顷产量来衡量。[63]15 世纪到 1840 年法国谷物的生产率没有变化，但以工作日和工作年来衡量，则发生了变化，工作日日和工作年都变长了。[64]

如果我们孤立地看待谷物生产，就会只见树木，不见森林，因为"农业改良的关键是畜牧业和农耕业的结合"。[65]这是新的草本植物——干草、紫苜蓿、三叶草——所允许的。这正是英国人从荷兰人那里学到的，[66]也使得劳动力可以代替土地，不用流动放牧就可得到高效率的畜牧业。[67]当这一切正在英国发生的时候，法国的葡萄酒生产也正经历着类似的繁荣。肖努（Chaunu）以某种调侃的口吻评论说：在 17 世纪，西方"在通往人间天堂"的路上开始赶上东方。[68]

如果把 1650 年到 1750 年欧洲的世界经济当作一个整体来看，就可看出谷物生产的地区发生了重大转移，从边缘地区转移到了中心地区。这一点我们将在以后论述东欧边缘地区所发生的变化时再详加讨论，但由于法国南半部实际上属于半边缘地区甚至是边缘地区，因此在那里也出现了同样的现象。

虽然这一时期英国和法国北部作为中心地区都大大增加了它们在世界谷物生产中的比重，但就英国情况而言，其新的剩余出口到了国外；[69]而就法国北部而言，其新的剩余只是"出口"到国内其他地区。[70]或许这就是描述所发生的事的最好方式了。如果就广义而言这一分析是正确的话，那么后来 17 世纪英国和法国的差别就不在于农业生产率水平的不同，而在于农业生产组织的不同。如果我们欲对这一时期英国和法国土地使用的发展情况做一明晰的比较，我们就必须记住，英法两国主要的土地使用方式各有两种。但只有一种是共同的，那就是生产谷物。英国的第二种土地使用方法是畜牧业，和法国的第二种方法——葡萄酒生产——比起来，英国的这种土地使用方法是一种更大程度上的规模经济；而且畜牧业需要更多的资金投入。这一简单的经济事实比用法律、传统、观念、前阶级结构或假设的"封建"继承权更能清楚地说明土地使用方式的发展的差异。

在英国和法国，由于法律哲学、政治学和市场变动等因素的相互交织，使和土地的关系成了名副其实的万花筒。在这些纷繁复杂的关系中，就主要的收入来源而言，我们可以分辨出四种类型：地主（常常是大地主），他们一般是贵族，从生产者那里收取租金收入；殷实的生产者，也就是经常称之为"佃农"（tenants）的人，控制着中等规模或大规模的土地，并雇用劳工、不殷实的生产者，他们有小块土地，有些人是土地的所有者，他们常常需要寻找别的工作以补充收入；还有无地（或几乎无地）的劳工。通常，像小农（peasants）和自耕农（yeomen farmers）这类十分含糊的用词主要指第二类，有时也指第三类。当著作者们提到英国的自耕农（yeomen farmers）的消失和法国小农（peasants）的存在时，所指的看来是第三类。那么，17世纪英国和法国究竟发生了什么？如果我们分门别类地加以分析，就可把这一问题弄得最清楚。

现代资本主义的基本现象之一是大地产的缓慢但持续不断的增长，这是一个日益集中化的过程。[71]一个主要方法是圈占公地，这一时期公地似乎没有大幅度减少。[72]在困难时期，要创造这样的地产需要金钱和精力。通过出卖途径，越来越多的土地被转移到非贵族手中，不过在法国，由于非贵族用来购买土地的金钱可以允许他们购买贵族头衔（法国贵族比英国贵族可得到多得多的便利），因此这一现象不那么引人注目。在这些大地产中，有些是由一小块一小块土地积聚而成的，所以某些所有权的集中只是"细水长流的集中"。[73]从定义上说，这种细水长流的集中可能造成日益增多的地主外在现象。此外，随着谷物价格的下跌，直接经营农场越来越无利可图，而出租土地变得越来越有利可图。[74]这种状况的持续发展把越来越多的地主吸引到大都市去生活。不管他们是去做朝臣还是去金融市场弄潮，他们的身体都越来越远离农业生产，这是事实。[75]

要维持大生产，地产主就必须是精明强干的企业家；对这类天才有发挥其才干的充足空间，但家族必须寻找方法保护自己免受特定继承人平庸无能之害。在英国,由此产生了一个新的司法形式——严格定居。[76]这对于维护大地产是很有用的,降低利率也是如此,它使得举债更加可行,严格定居所包含的对借贷的限制更加强了这种作用。[77]在法国,家庭继承还面临另外一个问题:地产强制性分割。但法国地产主和英国地产主一样狡猾多端,钻法律的空子,利用可以传给继承人的指定年金制(rentes constituées),避开不能传给继承人的地产年金制(rentes fonciéres)。他们乐于接受低利率,而不愿把资本用于创造永久世袭的财产。捐官鬻爵成了这类投资的主要形式。[78]

第二和第三种类型——即殷实的生产者和不殷实的生产者——很难加以分清,这是因为,虽然一些人是地产主,但大部分人是佃农,而且一些合法的佃农事实上就是土地的所有者;[79]地产主—佃农之间的差别与经济力量、社会或政治观念并没有必然的关系。除了大地产主这一阶层外,在经济困难时期,做一个佃农比做一个地产主可能还更好些。[80]这两种类型的发展应该看作是一个两阶段的过程。17世纪前半叶,地租不断上涨,税收也已开始上升,但是种植小麦所得到的利润却日益下降。[81]这就给小的谷物生产者造成了巨大压力。许多独立的生产者不得不放弃其独立地位。[82]小佃农也是如此。[83]

其结果似乎是,在其后的停滞时期,一个种植谷物的殷实佃农阶层踩着不殷实佃农(不管是土地拥有者还是不拥有土地的佃农)的肩膀而发达起来了。英国[84]和法国北部[85]都是这种情形。在某种程度上制奶业——这些地区的其他主要农业生产活动——也是如此。[86]殷实佃农兴起的原因之一,是具有资本主义结构的大地主的增加;这种具有资本主义结构的大地主需要中间人来管理直接生产者(无论直接生产者是劳工还是次佃农)。[87]这类中间人并不容易找到,在谷物价格低落时期,中间人便可要挟地主给予更优惠的条件:可能是减少实际地租,[88]或者可能是地主承担改良的费用。[89]

人们广泛认为,1660年至1750年间,小农、自耕农或"自己耕种的土地所有者"在英国日渐消失了;但这类农民在法国是否生存了下来?我们一直认为在法国北部,就广义上来说答案是否定的(至少和英国一样);但对于法国南部,答案则是肯定的。关于法国有何证据?我们不妨从词的定义开始。与自耕农(yeoman farmer)最相近的法文词汇是laboureur(农夫),它蕴含的意思并不是土地的租佃关系,而是资本物品。古伯特说,

laboureur"习惯上是指（法国东北部和北部）某个拥有著名的北方大 charrue（犁）农具的人"。⑩这个时候，charrue 已经不同于 araire（摆杆步犁）了，不过在英语里，两者都称为犁（plow）。⑪在 17 世纪和 18 世纪的法国，charrue 是一件比 araire 重得多的农具，犁土时能犁得更深，装有更多的铁犁片，因而需要马或牛来牵引。所以，laboureur 是"相当大的土地所有者或控制者（exploitant），他由于他所拥有的生产资料的重要性及他所雇佣的人的数量而高踞村民之上"。

带着 araire 而不是 charrue 往南走，我们就看不见 laboureur 了，相反我们看到的是称为分成制佃农（métayers）和小屋农（closiers）⑫的更弱小的农民。迪帕卡尔（Dupâquier）和雅卡尔估计，1685 年至 1689 年间，法国北部的韦克辛（V'éxin-francais）地区 petits laboureur（称为 haricotier 或 sossons）在人口中的比例为 9.9% 到 3.0% 之间，而比他们更富裕一些的 fermiers laboureur 只占 10.2% 到 8.4%。相比之下，我们发现在生产葡萄酒的地方，"小农经营明显居于支配地位"，其在总人口中所占的比例是北部大规模耕作地区的 5 倍。⑬由于这些 petits laboureurs（小农夫）受到排挤，许多人跨过了界线，沦为 manoeuvriers（劳工）。拉杜里（Le Roy Laduri）认为，即使是针对 16 世纪，我们亦不应夸大这一区别，因为真正的界线在这两种人和 gros fermier（大佃农）之间。⑭我同意这种观点。实际上，英国也是这种情形。不过，在停滞时期，虽然社会上和政治上这一界线在英国变得更突出了，但在不种植谷物的法国农村，这一界线还不那么明显。

那么，应如何看待布伦纳（Brenner）所提出的论点呢？布伦纳认为，"正是由于法国小土地所有者占绝对优势，才导致农业的长期落后"（提出这种观点的并不只他一人）。我们对下面两种假设均已提出了怀疑：小土地所有者的绝对优势地位（法国北部并不是这种情形）和法国农业比英国相对落后（法国北部可能是这种情形，至少是在 1750 年以前）。布伦纳说，在英国由于"地主可以吞并、扩大、圈占土地，形成大农庄，然后把大农庄出租给有能力进行资本投资的资本主义式的佃农"，农业的进步是有可能的。⑮

雅卡尔描述了"第二个"16 世纪老家族开始出卖它们的土地时，法国北部所发生的变化。他说⑯：

要紧的是新土地控制者（maitres de sol）的所作所为。由于出身于资产阶级，他们脑袋仍残留着某些他们的商人祖先的谋利思想，即使想忘也忘不掉。他们明白庄主收入中的储备部的关键作用，集中的大地产的益处和森林地、草地所带来的更大收益。经过几代人的时间，形成一条涉及取得土地、改良土地和开发土地的完整的政策（mise en valeur）。

当此同时，雅卡尔还注意到，15至20公顷的以市场为导向的中等农场也发展起来了。这是典型的温和的资产阶级的投资，"既易于生存又有利有图。"大地产和中等规模地产成长的过程同时也是"农民被剥夺土地所有权的缓慢过程"，它导致了"农村大众的真正贫困化"。难道这和英国的情形有什么不同吗？

布伦纳承认，法国地主或许也有"积聚"和他们的英国同行一样多地产的愿望，只不过他们没有这种能力罢了！如果说英国法律允许地主"把地租提高到令人无法忍受的水平，从而把小佃农驱逐出土地"的话，那么则可以说法国的地主"为了聚敛到完整的大地产，不得不买下无数的小农拥有的土地"。我们由此可以推断出，这对只是初具资本主义雏形的法国地主来说，是一个无法承受的负担。但我们所看到的事实是，一块一块购买地产远非令人难以置信，它是英国和法国土地集中的主要方法。事实上，布伦纳在说下列这句话时也含糊地承认了这一点。他说："在整个现代初期，许多农民实际上被迫陷于债务缠身的境地，最终被迫出卖他们的地产。"如果情况是这样的话，那么谁来购买这些地产呢？布伦纳得出结论说，在17世纪末期，法国"约40%~50%的耕地仍掌握在农民手中"，但在英国，"这一比例不超过25%~30%。"可是，法国北部的比例又是怎样的呢？

我们的观点是，在土地结构和农业生产率方面，英国和法国北部在1650年到1750年这一时期的差别相对来说是微不足道的。从资本主义世界经济整个的角度来看，这两个地方大同小异。为了在停滞时期维持利润水平，两个都正在扩大其在世界谷物生产中的份额。这使它们能够部分地赶上荷兰的天然优势。至于工业部门，17世纪英国和法国政府都十分关心保护工业。利普森（Lipson）认为，英国的保护工业是和航海条例、谷物法并列的英国重商主义三大支柱之一。他说："重商主义时代"就是"创业的时代"。[98]而在法国,虽然早在黎塞留(Richelieu)时期保护主义干预已不可小视,但"柯尔伯主义"(Colbertism)是该世纪的一个主要特征。[99]

工业保护(或许我们应该说工业促进)的努力主要集中于纺织业。我们先看看工业保护的后果,然后再分析其原因。法国纺织业主要集中于靠近北部的地区,法国南部(Midi)也有一些纺织业。[100]17世纪,里昂(Lyon)的传统丝绸工业发生了"令人瞩目的发展"。[101]羊毛纺织和棉纺织则景况不佳,它们在1625年至1635年间达到了顶峰,接着便开始衰落了,再后来在柯尔伯时期,处于"较低水平的徘徊之中",[102]最后又有所回升,1680年至1705年间又恢复了原状 [是不是柯尔伯(Colbert)采取措施的结果?][103]这一恢复原状的过程也是工业"乡村化"的重要过程。[104]英国的纺织业危机开始得更早些,随着新兴的布和服装业的兴起,英国渡过危机也早一些。1660年到1700年间,布匹生产增多了,出口翻了一番,布匹产品的花色也大大增加了。[105]英国的纺织业生产也乡村化了,或许"比欧洲大陆更早、速度更快"。[106]

和英国甚至和法国相比,荷兰纺织业在17世纪后半叶出现了麻烦。原因之一是荷兰的纺织业集中在城镇,劳动力昂贵。[107]所以荷兰在毛纺织业的各个领域都衰落了,只有驼绒(camelots)和羊毛纺织例外。在驼绒(camelots)和羊毛纺织方面,荷兰人仍保持了优先取得所需原料的便利条件:西班牙的羊毛和土耳其的用于驼绒(camelots)的原料;荷兰人还保持了用靛蓝和胭脂进行印染的技术优势。驼绒(camelots)和羊毛织品是高价值、高质量的产品,但它们的市场狭小。这种方向上的转变是"总体脆弱形势"的结果,[108]因此17世纪后半叶荷兰资本从工业投资转移到利润更高的商业领域也就不难理解了。[109]

其他工业部门则变化不大。不过,在荷兰造船业下降的时候,[110]英国造船业却"在1670年前后相当迅速地"发展起来。[111]人们必须首先注意到的是,就世界经济整体而言,需求是最攸关的。即使在需求正在增长的产业部门,需求的增长也赶不上联合省及其重商主义的对手——英国和法国——农业、工业的努力。英国和法国所主要关注的,是为其工人找到就业门路,而联合省所主要关心的则是保持这些就业。[112]佩尔斯(Pares)说,重商主义只要能创造就业,他对"所雇佣的劳工的效率是不太关心的"。[113]

中心大国彼此转嫁失业的斗争是停滞时期资本主义世界经济的一个惯常现象。1660年至1763年间,这一斗争甚至变得更加尖锐,因为英国和法国都面临着"年复一年的贫困问题",这一问题影响所及,达到两国人口的1/4到一半,不仅影响了靠救济为生的人,而且影响了大量(而且越来越多)不能充分就业的工人。威尔逊(Wilson)说,英国有"一支工人大军,他们部分或完全依靠巨大的但不稳定的出口制造业为生"。[114]或许不那么强调出口的法国也是如此。这样,问题就在于有什么方法可以最大限度地增加所希望的就业?在这里,关于工资问题的论争十分激烈,众说纷纭。一方面,有人说荷兰的一个弱处就在于高工资,高工资"在抑制购买力总体滑坡方面具有独特作用,[115]正如其他地方所经历过的一样"。荷兰之所以出现高工资,其原因可能是工业集中在城市,以及工人的工团主义力量强大,导致政府采取社会福利政策。这又是高税收的一个原因。高工资和高税收使荷兰产品缺乏竞争力,因而是荷兰相对衰落的原因。

然而,英国和法国的工资水平实际上也一直在上升。不少人提出了有关法国农业和工业这方面的暗示。[116]另一方面,为了弄清楚实际所发生的事情,我们必须更多地了解劳动生产率和以货币形式支付的工资的比例的情况。希尔(Hill)说,17世纪"英国人的懒惰是挂在外国人嘴边的口头禅"。[117]要比较的话,大概还是和荷兰比。利普森告诉我们,在不那么景气的时期,工匠们常常被迫领取一部分价值被过高估计的实物工资,或者工资以打欠条的形式被拖欠,工人然后打折扣卖掉欠条,换回现金。[118]后一种现象尤其有趣,因为它意味着工资上涨虽然是雇佣者的真正代价,但得益的不是工人,而是一些小银行家。

我们再来看一看衰退时期重商主义的中心大国为争夺中心大国的霸权地位而斗争的相互矛盾的需求。一方面,中心大国要力图使自己产品的成本具有竞争力;另一方面,它们又必须为它们的产品找到市场。成本竞争的压力在劳动纪律方面对工人构成了压力。弗尼斯(Furniss)在有关"劳动责任"(据说和"就业权利"是相互关联的)思想的范畴内描述了劳动纪律这一概念在英国出现的过程。[119]汤普森(Thompson)谈到17世纪广为流行的24小时连续工作的现象,"直到牛顿时期,这一现象……遍布整个世界"。[120]内夫(Nef)注意到,同一时期,早期工业主义使苏格兰煤矿工人和制盐工人"沦落到奴隶一般的地位"。[121]我们习惯于把自由工资劳动者的出现和资本主义的兴起联系起来(特别是在中心国家),以致"奴隶制"这个词听起来已十分刺耳,甚至使人感到惊讶。法国皇家工场的情形亦是如此,那里的工人完全被禁锢在他们的工作场所里,不过他们可以领取相对较高的工资。

下面我们把这种论点和有关高工资的争论做一比较。和大多数资本主义企业家一样，大多数重商主义者赞成以低工资作为加强成本竞争的一种方法；但大多数有头脑的重商主义者却不赞成这种观点。1668年，柴尔德（Josiah Child）在他的新著《论贸易》（Discourseon Trade）一书中论述道，荷兰的优势在于："不管何时，哪国只要工资高，就是那个国家富裕的一个明证；不管哪里，只要工资低，就是那里贫穷的证明。"[122] 由此可看出，柴尔德早在300年前就提出了伊曼纽尔（Arghiri Emmanuel）提出的观点。[123] 虽然柴尔德没有说服任何人，但他的观点是结构压力的一个反应。

在世界经济停滞时期，劳动纪律和工资的增加是相辅相成的。两个因素的结合，增加了就业（不论其真正的单位生产率如何），也就是：劳动纪律（甚至包括接近奴隶地位）作为增加生产的方法（难道这不是苏格兰煤矿和巴黎挂毯编织的真正动机吗？），而增加工资则作为吸引熟练工人（织毯工人也是如此）、扩大国内市场并因此扩大需求的方法。在增加需求方面，把增加的"工资"收入转移到小银行家手中而不是工人手中这种制度与工人真正得到较好收入的制度或许可以收到同样效果。不过，过早、幅度过大地增加劳动力成本（不论得益的是谁）会危及和荷兰的竞争；所以必须达到某种平衡。

现在我们可以评估一下17世纪后半叶英国和法国为促进农业、工业而做出努力所取得的成绩。自由史学派所做的经典比较，是走向私有制未来大工业的辉格党英国和跌入奢侈工业泥潭、官僚主义和柯尔伯的法国之间的比较。在人们看来，其结果是英国走向了自由主义、国会掌权和进步；而法国则加强了贵族统治、"封建主义"和浪费，一句话，旧政体（ancien regime）。关于这一时期，论述十分丰富，观点举不胜举，其中的现代权威性叙述要算是哈克谢尔（Heckscher）所说的：

> 英国不仅没有像法国那样控制在国家手中的奢侈工业设施，而且更重要的是，为数众多、规模庞大、拥有各种特权的私人皇家工厂（manufactures royale）……在英国也是不存在的……
>
> 差别十分重要。这样，如果像从前那样，技术上的变化主要在于手工技术的改善、兴趣的培养和工艺可塑性的话，换句话说，如果变

化是在皇室、宫廷、贵族和富有的生产者用来决定生产的技术领域内发生的话,那么法国很有可能成为阿尔卑斯山以北一个工业上领先的国家。但事情恰恰相反。"工业主义"或"资本主义"所指的是为大规模的消费而进行的大规模生产,而奢侈工业却完全是附属性的。所以领导地位转移到英国手中。[124]

针对哈克谢尔(Heckscher)的解释,我们要提出的第一个问题是:这些事实是否正确?例如,莱昂(Pierre Léon)虽然同意柯尔伯促进了某些奢侈工业这种说法,但他对其准确性提出了怀疑。

> 实际上,主要的推动力是朝向大工业:羊毛和亚麻纺织[埃尔伯夫(Elbeuf)、色当(Sedan)、朗格多克(Languedoc)]、军火工业的基础——钢铁业[范伦西叶尼(Valenciennes)、康布雷(Cambrai)]和造纸业。由于他的努力建立了400项基金,包括300项纺织业基金。无疑(柯尔伯)并没有创造一个"工业基础",因为工业基础几世纪以前就已经存在了,但他确实努力加强了这一基础,并使之集中化……无疑,皇家工场……首先奠定了……未来工厂的"雏形"。[125]

谈到柯尔伯主义对资本主义企业的窒息性影响,我们不应该忘记,像买官鬻爵和雇佣兵一样,柯尔伯主义也是向19世纪迈出前进的一步,而不是后退的一步。柯尔伯主义源自黎塞留,内夫(Nef)认为,柯尔伯主义的两个积极影响必须给予肯定:

> 首先,在这个体制下,经济冒险比黎塞留时期得到更多的自由……第二,商业管理体制……实际上朝着给商人政治承认——地位——迈出了一步。埃昂(Eon)(柯尔伯主义时期著作影响很大的一位传教士)认为,商人极其需要这种地位。[126]

如果说17世纪英国和法国的重商主义行动的差别不像人们经常认为的那样大,那么,为什么古伯特(其他许多人也是这样)会谈到"柯尔伯主义的全盘失败"?[127]为什么有人认为柯尔伯主义的关税政策的主要影响只是

"暂时拖住"英国织布业的上升势头？[129]如果像戴雍（Deyon）所说的那样，是当时的环境不利的话，[129]那么对法国和英国都是同样不利的。威尔逊暗示，法国还不够重商主义，法国人的重商主义不像英国的重商主义，它"相对来说内在不连贯，没有成为一体，即使在柯尔伯主义时期也是如此"。究其原因，是因为法国没有"扩大商业资本和以伦敦的威斯敏斯特—城市轴心为代表的政府影响这两个因素的结合。"[130]这一论断使我们看到了利益集团是怎样在两个重商主义中心国家的框架内追求他们的商业目标的——要牢记住，法国国土是英国的4倍，其国境内还有大部分不属于中心地区的地区。[131]

为了对两者做一适当比较，我们必须从总体评价开始，考察一下商业和金融领域。人们广泛认为，1660年到1700年这段时间是英国的"商业革命"时期，[132]这一时期英国率先成了"世界的仓库"。[133]关于这一时期，人们经常强调的是英国人相对于荷兰人所取得的在世界贸易中的比重，这是《航海条例》成功方面的一个反应。[134]但法国的情形如何？根据克鲁泽（Crouzet）说"法国没有发生17世纪（特别是1660年后）英国所发生的对外贸易快速而且持续的增长"；[135]不过，德鲁莫（Delumeau）在考察1590年到1690年这整个时期时，描绘了一幅完全不同的画面：法国的外贸得到了明显的加强，"进步……是缓慢的、不平衡的，有时甚至倒退，但却是决定性的。"[136]李希特（Richet）赞同这一论点，他认为，发生"绝对增长"地区范围所至，"远及沿海以外的地方"，使得纺织业生产者和其他业主"在1680年到1690年达到即使在上世纪最好的年代他们也无法想象的水平"。[137]

法国公司失败的原因是什么（如果真有其原因的话）？与英国及荷兰资本主义者相比，法国资本主义者更不愿进行投资，原因又是什么？有人认为，这是由于"法国人的性格及其劣根性所致"，[138]或者因为法国商人的后代放弃从商。[139]对这些解释，笔者不敢苟同。如果这些解释比别的可疑的解释更真实的话，那么法国人有什么理由这样做？不管怎样，我们还得对所说的后代的先辈们的投资方式作一说明。或许分门别类地考察一下世界贸易会使我们茅塞顿开。

我们从英国航运的总吨位和价值（按地区分类）开始，其数字见表2（不幸的是，我们无法找到法国相关的数字）。

表 3-1　1700 年英国的海外航运业

分类	吨位	价值（百万英镑）	每千吨价值（镑）
东印度群岛	5 000	0.9	.180
地中海	71 000	1.5	.046
西班牙和葡萄牙		1.7	
西印度群岛	43 000	1.3	.030
北美	33 000	0.7	.021
北欧	218 000	0.9	.004
欧洲附近地区	224 000	5.1	.023
总计	594 000	12.1	

注：此表系根据威尔逊（1965，162）表重编；威尔逊的数字源自戴维斯（Ralph Davis）的数字。

从上表中可以看出三个事实。欧洲近邻地区（大都是其他核心国家）占了总吨位的 1/3 强和几乎一半的价值。波罗的海贸易又占了 1/3，但就价值而言微乎其微，这对船主来说是好事，但对商人就不那么重要了。东印度群岛在总吨位和总价值上都不多，但该地区每吨的单位价值却是最高的（相比之下波罗的海的单位价值是最低的），而每吨的高价值意味着每艘船的高利润率。就亚洲贸易而言，这些事实表明，虽然亚洲贸易对东印度公司来说非常重要，但就世界经济整体来说，还并不十分重要。这或许说明了东印度公司抵制对其实行贸易赤字，违反重商主义原则的攻击的能力。[140]这类贸易造成的损害实际上是有限的。同样，东印度公司希望英国政府"在亚洲为自己筑起一道樊篱"。[141]

进口正在上升：1700 年进口了 86.1 万匹白布（其中 2/3 为重新出口），而 1600 年只有 24 万匹；[142]但欧洲产品对亚洲的出口市场仍十分有限，以至"进货一旦过多，就会造成需求锐减、价格下跌"。[143]那时候，需求是重商主义大国所共同关心的主要问题，而东印度贸易无法提供解决办法。实际上，为了使这一贸易变得"有利可图"，必须把印度加以"边缘化"，但是在 1750 年后贸易上升以前，英国人认为这样做是不值得的，法国人更是如此。实际上，英国开始对印度进行政治征服，使其在经济上边缘化正是在 1750 年之后。[144]地中海贸易在各个方面——贸易数量的重要性、[145]英法对抗的决定性作用[146]——都处于中间地位，地中海地区也是边缘地区而不是外部竞争场。[147]

当我们谈到英荷斗争以及英国在牺牲荷兰的基础上的兴起时，我们想到的主要是两件事：荷兰占有重要地位的英国国内市场及荷兰的"贸易之母"——波罗的海航运业。如果我们强调船只的旗帜，就可能忽视所运输的物品的实质；在17世纪，运输物资的实质发生了很大变化。在漫长的16世纪，波罗的海贸易主要是由西运的谷物（格但斯克在这方面地位至关重要）和东运的纺织品构成。17世纪的停滞造成波罗的海贸易的终结，到该世纪中期，"波罗的海地区完完全全解体了。"[148]谷物出口的衰落是世界谷物价格崩溃及由此造成的波兰和易北河以东（East Elbia）谷物生产地区退出国际市场的结果。反过来，这又造成这些谷物生产地区布匹市场的衰落，因为这些地区硬通货不如从前那样多了〔记住 Kipper-und Wipperzeit（伪币泛滥）〕，也因为东欧的地方手工业生产重新出现了，地主以此来补偿他们的谷物市场崩溃带来的损失。[149]

较之荷兰和当地生产的纺织产品，英国纺织产品的边际效应并没有大到足以在需求已经减少、"大幅度降价又不可能的"波罗的海生存的程度。[150]东地公司（Eastland Company）正是由于其进口印染的布匹和成衣，从而创造了就业，才得到皇家的至关重要的支持。[151]但当该公司把重点从出口转向进口后，特别是在英国日益转向转口贸易和仓储业的时候，其特权地位便丧失了。但进口什么？传统的谷物进口已经崩溃了。由于谷物贸易的原因——世界经济的停滞——导致三个中心大国间尖锐的商业斗争，而且他们的斗争常常演变成战争（特别是海战），因此一种波罗的海所能提供的双重需求便产生了：海军军需品和钢铁。

当然，长期以来海军军需品一直从波罗的海进口，但"在1650年以前供应一直不成问题"。[152]现在，由于造船业的扩大、住房建设的发展（特别是伦敦大火之后）和以前的建设耗尽英国的木材供应（到该世纪末，也耗尽了爱尔兰的木材供应）等三个原因，供应的短缺"已达到……一场全国危机的程度"。[153]这里我们碰到了英国和法国的一个关键性的差别。由于法国国土面积比英国大得多，其木材供应量也大得多，直至柯尔伯时期，看来在这方面法国遥遥领先于英国。[154]确实，法国木材对造船业来说质地不高，因而遭受损失，而北欧产的桅杆却是上乘的；但法国毕竟有自己的木材。法国的问题是，桅杆质量的差别是否到了值得花额外的时间、金钱和政治——军事资源去从别处取得木材的程度。答案大概看来是否定的。[155]英国人本也不想选择这样做，他们从别处弄木材只是出于不得已。所以他们在波罗的海做了巨大努力,在北美的努力亦比法国人大。

法国木材自给程度较大产生了两个影响深远的副作用。它把波罗的海贸易在地理上向东推移了许多,从格但斯克（Gdańsk）到了柯尼斯堡（Königsberg）,再到里加（Riga）,再到纳尔瓦（Narva）,最后开始把俄国和芬兰［通过斯德哥尔摩港和维堡（Viborg）港］也包括在内了。[154]第二个也是更深远的影响是,它推动了英国开发自己的煤炭资源。最近一个保守的估计认为,该世纪煤炭生产总量增加了大约60%,拿1650年的最低点和1680年的最高点比,则上升了370%。[155]用煤炭取代树木作取暖和烹调火源首先是由詹姆斯一世（James I）推广开来的,但由于英荷战争导致的进口中断则是其真正动因。后来,生产者开始寻找使用煤的途径。1738年,一位法国观察家写道,煤是"英国制造业的灵魂"。[156]

从波罗的海地区进口的除海军物资外,另一种新的进口物资便是铁。17世纪中期,铁的进口仅占英国从波罗的海地区进口总额的2%,到该世纪末上升至28%。[157]提起铁,人们便想到瑞典,而且铁是工业产品,是铁矿石冶炼的结晶。为何这时瑞典在冶铁业中占有如此重要的地位？大家肯定记得,在18世纪末以前,木炭是冶炼铁的主要能源。由于铁矿石和燃料的运输费用昂贵,所以最理想的环境是一个地方同时出产这两种原料。（实际上,铁矿石比木材更普遍、更丰富。）瑞典则恰恰两者兼具,且铁矿石质量高,木炭产量大。[158]英国和法国也在进行重大的冶铁活动——法国的规模可能更大些,主要是因为"和英国相比法国不那么缺乏燃料"。其结果,英国为了弥补自己冶铁生产之不足,成了瑞典铁的主要进口者,而法国则"既不进口亦不出口"。[159]也就是说,法国生产的铁可以自给自足,因而不"需要"进行波罗的海贸易。在瑞典作为世界经济中一个半边缘国家的兴起过程中,铁起了主要作用。关于这个问题,我们稍后再加论述。眼下我们要强调的是,英国和法国国土面积、资源的差别究竟对它们的外贸方式造成什么影响。两国的制造业都处在发展过程中,因而对铁的需求日益增加;[160]而对铁的需求的增加,反过来对燃料的需求也相应增加。英国之所以转向以煤作燃料,并比法国更早[161]进口铁,其原因与其说是工业化水平的差异,毋宁说是生态环境的不同。

英国和法国最鲜明、最重要的差别,或许体现在大西洋贸易上。英国的跨大西洋贸易规模远比法国大得多。此外,这一时期英国在西半球开辟了定居殖民地,而法国的定居殖民地的发展却相对缓慢,也不那么成功。

这两个不同现象实质上是相互联系的。到 1700 年，英国是"在大西洋占有最大份额"的国家。其原因何在？前面我们讨论过荷兰人是如何支配欧洲贸易的；对他们来说，顺着优势发展下去比去开辟新的、困难的市场更有意义。然而，法国人为何不与英国人一样，转向大西洋贸易？换句话说，为什么英国人比法国人干得好（特别是在 1660 年到 1700 年）？原因看来是清楚的。在 18 世纪，西半球建立了 28 块殖民地，其中 3 块是荷兰人的，8 块是法国人的，17 块是英国人的；1700 年英国在殖民地有 35～40 万臣民（包括奴隶），而法国只有 7 万；在欣欣向荣的加勒比海诸殖民地中，英国人的数量是法国人的两倍。在人口数量或生产的产品方面，法属加拿大和路易斯安娜都无法与英属北美殖民地相比。1600 至 1700 年间，英国率先在欧洲发展了殖民地产品的转口贸易，这是一项崭新的、规模巨大的、获利甚丰的仓储贸易。实际上，航海条例的一个最重要的结果是，英国运输船只成功地垄断了和其殖民地的贸易；还必须补充一点，英国船只在西属美洲的走私活动也普遍取得成功。

法国人当然也和英国人一样，从事大西洋烟草和蔗糖贸易，只不过数量上较英国少，而且法国国内市场吸收了大部分进口的物资，余下转口的已不多。和英国相比，法国在美洲的生产者——殖民地、契约劳工、奴隶——更少，所以生产出来的东西也就较少。法国的生产者为何较少，这是个不容易回答的问题。我们知道，两国对宗教异端集团向外移民问题上，态度有所不同。实际上英国鼓励此类移民，或者至少不加阻止；而路易十四却禁止胡格诺教徒到美洲定居，称他"还没有把他的天主教王国整治得井井有条，因而不能把殖民地交给异教徒"。

我们似乎又回到了对两国差别的通常解释中——英国为宪政统治，相对自由；而法国则是绝对主义和专制统治。不过，这里出现一个奇怪现象：在 1687 至 1688 年间，即废除南特（Nantes）敕令后不久，法国国王威胁要将"逃出"国界（主要是向其他欧洲国家）时抓到的胡格诺教徒驱逐到密西西比（Mississippi）、加拿大、马提尼克（Martinique）或者南北美洲的其他地方。至少在斯科维尔（Scoville）看来，这是一个很有意思的威胁，因为"与被终生用锁链链起来服苦役的可能性相比，胡格诺教徒和改变信仰者更加害怕跨越大西洋的航行"。从这些事实来看，宗教因素似乎不是阻碍法国人派出更多移民的因素。或许那是因为法国人不像英国人那样热衷于移民到殖民地。

第三章 中心地区中的斗争——第一阶段：1651~1689年

是什么因素导致了移居殖民地的兴趣？我认为这是问题的关键。美洲殖民地有两个用途：第一，殖民地是所谓热带产品——蔗糖、棉花、烟草——的产地。这些物产生长所需的气候条件欧洲大部分地区是不存在的。大加勒比地区（包括巴西和北美南部）生态上正好适宜，英国、法国都为此目的到这个地区开辟殖民地。在这方面，虽然英国或许比法国更成功，但两国差别相对较小。殖民地的第二种并且显著不同的功能是作为制造业产品和转口贸易的市场。热带殖民地由于使用强迫劳工，以便降低产品成本，因而购买力不强。要发挥这一功能需要欧洲移民有相对较高的生活水平，从而带来足够大的集体收入。

英国发展了此类殖民地，而法国却没有。是不是由于法国不那么需要市场，或者它可以在别的地方找到市场？我们又一次碰到了国土面积这个因素。莫非法国不是可以把自己的产品更多地在国内销售吗？[101]英国需要欧洲这个市场（长期以来通过联合省），[102]亦需要在北美开辟殖民地。[103]当然什么事情都是相对而言。英国和法国面临着世界范围的衰退这一同样的问题，因而都做出了重商主义的反应，先是把矛头指向联合省，继而把矛头直指对方；但英国所发生的每件事都推动了对外贸易的集中化。这是一个互相作用的过程：英国人由于需要贸易，结果导致对船只的需求，继而导致对海军物资的需求，接着又造成对用来购买海军物资的产品的需求，最后得有殖民地的购买者来购买日益扩展的制造业的产品。数量甚至也可以解释为什么英国发展了三角贸易，而法国却没有。由于船只较多，因此更加关心单程运输和船只利用不足的问题，三角贸易作为解决办法便应运而生。[104]这又进一步巩固了移民殖民地的效用。其结果，英国大西洋贸易规模越大，其转口贸易规模就越大，而转口贸易规模的扩大导致在英国产生了一个强大的反重商主义的压力集团。[105]这或许就是18世纪有不同的发展的原因。

人们常常认为，英国经济进步的另一个主要推动力是不存在税收关卡和国内运输系统改善（搬走了河堤，加固了堤坝，挖深了河床，建起了水闸，并凿运河缩短了距离）这两者的结合。[106]虽然法国的税收关卡所带来的成本增加是相对有限的，而且我们不要忘记，税收关卡只适用于五大包税区以外的地区。但莱昂（Léon）和柯利尔（Carrière）认为，总的来说法国的运输费用还是昂贵的。他们迷惑不解地说："关于这个十分困难的问题，我们很难再加以深入论述。"[107]

以这种方式看问题难道不也合适吗？英国国内的运输费用和法国北部关税区内部运输费用比较起来，差别也许没有大到哪里去。由于从英国往外运输靠海运，而从法国北部关税区往外运输至少部分（如果不是大部分的话）靠陆运，又由于这时海运比陆运便宜得多，因此，英国国内市场狭小就成了一个优势。[119] 或许关键是法国在经济上比英国好。推动发展"对外"贸易的要求不那么迫切。在漫长的衰退时期，两国外贸的发展也许没有真正的差别，但却使英国在经济上、政治上和军事上为利用18世纪中期新的经济扩张做了更好的准备。[120]

现在我们必须面对这样一个问题：英国和法国是怎样解决给生产和贸易的流动提供资金这一问题的？我们需要探讨一下下列三个互相盘根错节的问题：这一时期造币用的条金条银在贸易中的地位（大概是重商主义者最为关心的问题）；这一时期条金条银是否可以得到及其流动情况；公共资金对整个系统的运作的影响。帕克（Geoffery Parker）认为，1500至1730年间，发生了一场"金融革命"；这场革命是工业革命的重要序曲，它对私人金融来说，意味着两件事情：信贷机构集中于大中心城市，以及"与此相关的多边支付国际体系的形成"。[121] 在"形成"——一个表述过程的名词——这个词含糊的意义背后，存在着激烈的争论。支付多边化究竟到了什么程度？或者更确切地说，在什么时候支付多边化发展到了足够普遍，以致商人、政府都依靠它来结算？

威尔逊（Charles Wilson）和哈克谢尔（Eli Heckscher）那场著名的交锋是这场辩论的一个系统反应。他们的交锋开始于威尔逊对哈克谢尔（Heckscher）斥责重商主义逻辑（实际上他有权这样认为）的不满。威尔逊认为，由于从双边支付体制到多边支付体制这一转变只是发生在18世纪，因此17世纪重商主义者对能否得到金属货币的关注属正常现象。[122] 哈克谢尔（Heckscher）回答说，"多边贸易和套汇早在中世纪就已存在——或许比这更早"，多边贸易所赖以实现的手段是一个"次要问题"。[123] 条金条银的流动只是实现多边结算的一个手段；同时还存在着汇票的流动；如果没有汇票的"广泛使用"，多边贸易就"无法进行"。威尔逊则反诘道：当然存在过一些多边贸易和某种程度汇票的使用，但贸易量所依赖的是条金条银与硬币的"联系"（特别是在波罗的海）；而且，没有条金条银贸易或许早已"回复到双边状态中"。[124]

普莱斯（Jacob Price）对这一争论做了评论，他指责双方的"历史观念含糊不清",把整个重商主义时期看成是静止不动的。他说,汇票源于中世纪,并不单单地出于安全和支付简单化的原因,"而且是用来弥补通货的相对缺乏"。他认为,从16世纪中期到1660年,世界白银供应空前繁荣,使贸易得以扩展,但1660年后,白银供应减少,这导致汇票使用的增加和商品流动的扩展,以"平衡贸易"。[188] 这样,普赖斯对威尔逊和哈克谢尔(Heckscher)各打50大板,认为对于17世纪前半期,威尔逊是正确的;后半期,哈克谢尔(Heckscher)则是正确的。在普赖斯看来,观点的不同可以从条金条银的数量得到解释。斯珀林(Sperling)步普赖斯之后尘,认为1660年是个重要的转折点,此后存在着一个阿姆斯特丹—伦敦国际清算中心,这个中心"职能已经扩大,以满足日益增长着的世界贸易体系",[183] 并因此促进了工业革命的产生。布利兹(Rudolph Blitz)加入了这场辩论,他补充了一个有益的提示,认为条金条银既是货币,也是商品:

> 如果一个国家不产别的,只产黄金,并把黄金出口到其他国家换取消费品和资本物品,那么,把这些黄金出口视为"黄金商品出口"比视之为弥补逆差的一个措施更富有意义。[184]

这一论断完全正确,因此,为什么17世纪金银在某些渠道的流动比其他渠道多这个问题就和在哪里流动这个问题同样重要了。考察一下各个贸易区,我们便可发现,威尔逊——哈克谢尔(Heckscher)原先的争论主要是围绕波罗的海贸易,威尔逊认为,"西班牙为换取荷兰商品而抵押在阿姆斯特丹的美洲白银都消失在波罗的海这个无底洞里了。"[185] 不过,如果我们仔细考察一下,就会看到波罗的海贸易作为一个整体并不需要白银出口。欣顿(Hinton)认为,在1660年前后,英国有三种贸易需要出口白银,即东印度、土耳其和挪威,而"东方贸易并不一定需要出口白银"。[186] 阿斯特罗姆(Åström)在评论威尔逊关于波罗的海的论述时说,银币确实出口到挪威和俄国,但对贸易额大的地区如东方国家和瑞典本身,则根本不出口或数量极少。[187] 此外,斯珀林坚持认为,有"大量证据"证明在波罗的海贸易中使用了汇票;赫洛奇(Hroch)和格拉曼(Glamann)也暗示,波罗的海贸易赤字可以通过陆上东—西方贸易中西方的顺差来弥补。[188] 那么,金银究竟向何处流动?看来是向挪威和俄国流动,或许还有土耳其,但最重要的是东印度和另一个地方——荷兰流动。东印度和荷兰这是令人奇怪的一对！金银的这两个方向的流动其形式和目的都是大相径庭的。

戴尔斯（Dales）认为，威尔逊是正确的，但他指得不是波罗的海贸易；他说威尔逊的论断正确之处主要是关于欧洲和"东方"的贸易。[102] 乔杜里（Chaudhuri）的著作似乎认为1600至1750年间金银源源不断地从英国流向印度。但这意味着什么？关于17世纪初，乔杜里说：

> 由于东印度公司成了亚洲市场的本地商人，因此可以认为财富的出口实质上多半是资本出口，当这些资本投入到公司在亚洲的工厂时，可产生高额利润，这些利润至少可以供欧洲购买部分商品。[103]

不过，其后的进口说明，一些物品（主要是香料）在亚洲可以很便宜地买到，而在欧洲却卖得很贵。就通货而言，乔杜里发现"贵金属流动的根源……在于金银作为商品的价值在两个大陆存在着巨大的差别"。[103] 但为何会有差别？

当乔杜里论述1660至1720年这段时间时，[104] 他暗示东印度贸易"亦正在形成着多边贸易的特征"。不过他引述的数据显示金银的出口没有大幅度减少——实际上恰恰相反。他认为，总体上说财宝依旧占年出口总值的70~90%，这说明"17世纪和18世纪初，欧洲和东印度贸易的基本经济因素没有发生根本变化"。至于荷兰，数字显示从1672至1695年间，它接收了从英国出口的金银和硬币总量的70%~90%；[105] 1699至1719年间它依然接收英国"财宝流动的最大部分"。[106] 另一个必须注意的细节是，条金条银包括金和银，两者的运动显然不是等同的，它们之间存在一定比率；但是否有规律可循？吕提（Herbert Lüthy）暗示了一条非常重要的规律：条金条银都是从欧洲以外的地方流到欧洲的，至少大部分是如此。欧洲然后把这些大都来自美洲的白银重新出口到亚洲，"几乎全都是单本位制白银"。[107] 然而，黄金在欧洲世界经济中扮演着不同角色。它"流入欧洲后便留在那里了，主要是作为欧洲国家大规模商业清算与支付的一种手段"。[108]

现在，让我们回到资本主义世界经济内的贸易与某一特定世界体系和其外部地区之间贸易的差别上来。在这一问题上，世界体系指的是欧洲世界经济，外部地区指得主要是东印度群岛，还有挪威、俄国，或许还有土耳其。为促进体系内的贸易，就需要通货（就欧洲世界经济而言，日常使用的通货是银和铜，辅以黄金）。显然，纸币（汇票）也具有这种用途。

我们可以想象，这类贸易本质上是多边的，而且主要是通过纸币进行，时不时辅之以在国际金融中心（17世纪的金融中心是阿姆斯特丹）的黄金交割来结算。如果是两个经济地区的交易，每一方对另一方来说都是外部竞争场，因而就不使用"通货"。这种交易相对来讲是双边的，使用量小价高的商品来进行——在这方面，欧洲的银起初被用来交换东印度群岛的香料，后来被用来交换印花布。带到亚洲（和俄国）的硬币或条金条银大都被用作"储藏或珠宝"；[⑲]在很长时间里"贸易平衡"（如果绝不把白银看作商品的话）总是不平衡的，而且在很大程度上是双边的。这两个事实恰好证明，东印度群岛对欧洲世界经济来说，依然是外部竞争场。另一方面，西欧和东方（及瑞典）的贸易大都是多边进行的，并使用汇票，这一事实说明这两个地区是同一经济体系的不同部分。

生产金和银这种商品使美洲成了欧洲世界经济的边缘地区，其生产的这种商品对欧洲世界经济十分重要，重要到被用作货币的程度。如果美洲的条金条银全部流到了亚洲，那么美洲或许成了另外一个外部竞争场，而欧洲或许仅仅会成为三个地区——美洲、欧洲和亚洲——的轴心，用运到美洲的物品换得亚洲的奢侈品。但美洲对交换其条金条银并无兴趣，也不去开采它。所以，欧洲人先是攫取了印加帝国的黄金，然后开采波托西（Potosi）和墨西哥的银矿，并到处寻找新矿区（其中巴西的金矿后来变得最为重要）。他们派遣定居居民去从政治上控制美洲这些地区，监督经济活动，还引进了劳工。一句话，他们把美洲合并进他们的世界经济中去了，因为他们需要坚挺的通货基础来为正在扩张的资本主义体系服务，其次还要利用剩余的通货来与亚洲进行贸易。当英国人于1663年废除了对向波罗的海出口条金条银的刑罚时，[⑳]难道这不正是因为波罗的海地区被平平安安地融合进多边支付体系中了吗？

是否有证据可以证明重商主义者对条金条银流动的关心？是的，确实有这样的证据，因为条金条银作为通货的流动是霸权国家确保其特殊优势的机制之一。英国重商主义者在担心条金条银的流动的同时（在较小程度上法国重商主义者也是如此），不也是在担心通货流向荷兰和商品通过荷兰流动吗？[㉑]如果白银向东印度群岛的流动真正成了一个问题的话，那么为何没有采取措施阻止这一流动？欧洲世界经济内部的条金条银流动不仅依赖于金融清算机制，而且依赖于对商品生产和总供给的控制。正是在这方面，17世纪的贵金属缺乏的问题便摆在了我们面前。

有人认为，17世纪世界白银生产下降了，黄金生产停滞不前，而西班牙从美洲进口的条金条银突然大幅度下跌。[202]莫里诺（Morineau）在其对西班牙条金条银流动的重新评论中，对公认的事实表示了怀疑，尤其是对从以下这些事实得到的解释提出了疑问：

>　　无论如何……我们再也不能从总体和普遍化危机的角度来想象17世纪，尤其不能从金银饥荒——不论是美洲原产地还是运到欧洲——的角度想象17世纪。真正的问题与此不同。[203]

　　莫里诺并不想否认运到西班牙的条金条银的数量下降了，虽然他相信平常使用的数字是被夸大了的；但对这是长期趋势的结果这一说法，他表示怀疑。他认为，那是由于一系列偶发因素造成的结果，而且他尤其对欧洲世界经济的经济衰退（他承认存在过这种危机）可以从条金条银供应的变化得到解释这种说法提出了怀疑。

　　两个问题都值得加以探讨。为何条金条银的进口下跌了？显然，这一定是要么供应方、要么需求方的下降的缘故。最通常的解释是供应方的下跌。过去可以轻而易举得到条金条银的渠道由于过度掠夺而枯竭了，现在开采贵金属成本增加，发现新的渠道又需要时间。有一种观点认为，在某一特定技术水平情况下，16世纪的扩张已经用尽了这一关键资源，结果导致资本短缺，进而造成萧条。对于这一点，莫里诺的回答是，大约在1620年，"当运抵的金和银日渐稀少的时候"，是人"和自然因素……的结合造成了这一趋势"。[204]在他看来，这是一个以人为主"伴随着自然因素"的问题，而不是相反。

　　条金条银和其他商品一样也有其价格；总体价格的上涨——16世纪金融史上的主要特征——常常意味着条金条银价格的下跌。但条金条银作为货币只是实际交换的一种媒体。[205]那时条金条银的进口之所以下跌，是由于"德雷克（Drake）效应"——莫里诺称之为"现代达摩克拉斯之剑"。[206]如果武装掠私船拦截护送船的数量相对地少的话，就会产生莫里诺所说的"更加微妙、更加有效、更加有害的"效应：会导致耽搁，并最后导致破产。除了16世纪的"德雷克效应"外，还有17世纪中期消灭了大船队（*Carrera*）的"布莱克（Blake）效应"。[207]

　　然而，这些武装劫掠只会提高条金条银的成本。如果对条金条银的需求还是和以前一样大的话，那么为何没有把这些成本转嫁给消费者？为什么不派更多的船只去运送条金条银？忽视经济萎缩的现实是无法理解这一点的；这主要并不是由条金条银供应下降造成的，而是由于对这些供应的需求减少造成的。在17世纪初期，供应下降对霸权国家很有好处，因为荷兰依靠其生产和商业上的优势，可以大量吸收现有的条金条银。[208]当供应真正变得短缺的时候，条金条银就成了投机性投资机制的基础。到该世纪中期，荷兰商人已经把英国客户支付给他们的条金条银留在伦敦，开始以5%至7%的利率借贷出去，因而创造了"一种到一定时候将以其'稳定'方式减轻资本压力的"机制。[209]

迄今为止我们采取了迂回的方法来接近我们的主题：17世纪后半叶条金条银的供应状况及其对英法斗争的影响。由于条金条银的生产率比其他商品的生产率低，因而随着时间的推移贵金属就越来越缺乏。当短缺开始感觉得出来的时候，便产生了寻找金银的新热潮。[210]吕提（Lüthy）怀疑法国这一时期的短缺是否真正到了和其他国家一样严重的程度，他注意到，在和平的年代，法国有相当大的贸易顺差。他说，考虑到法国既是一个国家，又是一个货币兑换的场所，其对硬币的饥渴不同于荷兰和英国，这种饥渴"不是任何可以使条金条银流动起来的机构和其他流通、储蓄或——并非最不重要的——囤积的财富所能缓解的"。[211]

和平常一样，这种解释只会使我们退后一步。银行体系很早以前就在欧洲旧脊背地区发展起来了。17世纪，荷兰的银行体系也发展起来了，这是它的霸权地位的必然结果。为什么在17世纪末期英国比法国更有能力顺着这条道路发展下去？我无法做出直截了当的回答，但我可以提供两种看法。首先，在欧洲世界经济内部，当时（现在仍然是）三种金属货币的社会用途大致如下：黄金用于国际清算和国家事务（亦用作储藏），白银用于大规模的国内商业，铜用于家庭和小商之需。如前所述，由于法国产品大部分在法国市场销售，而英国（和荷兰）产品则更多地在国外市场销售，因此两个竞争对手走到了"实际上的单本位制"——法国为银而英国则是金。[212]

第一种看法与铜币的作用或者铜币的大量增长——"该世纪的梦魇"[213]——有关。斯普纳（Spooner）认为，金的流通（相对于其储藏）与银的流通及信贷之间存在着一种逆反关系。后两者在世界经济中是携手并进的；[214]但这两者是不是国民方针的两种选择？在整个17世纪，法国政府不惜一切代价，避免 Livre tournois（图尔城铸造的一种钱币）的贬值，[20]但只是在柯尔伯时代才取得有限的成功。[21]我们是否可以举出另一个例子，说明国土面积如何成为世界经济的一个因素？法国由于其经济上内向但政治上外向，因而倾向于白银；除了在它试图改变政治—经济倾向之时（柯尔伯时代），法国无法减轻白银短缺时铜的增多而带来的痛苦。英国则经济上外向（它不得不这样）但政治上内向，因而倾向于黄金；它对国际黄金银行网是开放的，并可以使用纸币而不使用铜。

那么，哪个国家是"强国"？这是个不成其为问题的问题。难道路易十四不是君主制的化身吗？难道法国进退两难的境地不是由于国家和贵族共同窒息资本主义企业所造成的吗？不过，笔者对此有不同看法。在我们论述的这个时代之初，即1651年，联合省属于"强国"。到这个时代结束时，即1689年，英国和法国都比联合省"强大"，而且英法两国不相上下。18世纪，英国超过了法国，比法国更强大了；导致1789年大革命的，是由于法国本身的软弱，而不是由于其强大。不过，这一论点涉及一国强大指得究竟是什么。

在资本主义世界经济里，业主—生产者均希望国家代表他们履行两种重要功能。他们希望国家通过限制或扩大市场的"自由"来帮助他们取得或保持在市场上的优势，不管这是国家积极还是消极的干预，但代价必须低于干预所增加的利润。这是一个业主相对于另一个业主的利益。此外，业主—生产者还希望国家帮助他们取得他们所无法取得的更大比例的剩余，同样亦不管国家的作用是积极的或是消极的，但代价同样亦必须低于国家干预所产生的利润。因此，对业主—生产者来说，强国并不一定意味着要有强大的国家机器，亦不一定需要有最专制的决策程序。事情常常恰恰相反。

毋庸置疑，一国之强大与该国业主—生产者在世界经济中的经济地位是相关的；但为了避免这些论断成为毫无意义的重复之辞，我们就得有衡量所谓强大的独立的政治尺度。这里我们提出五种可能的尺度：国家政策能够直接帮助业主—生产者在世界市场进行竞争的程度（重商主义）；国家可以影响别国的竞争能力的程度（军事力量）；国家可以动用其资源来完成这些竞争性和军事任务（而其代价又不至于完全吞掉利润）的程度（公共财政）；国家可以创造一个能迅速进行战术决策的政府的程度（有效的官僚机构），以及政治规则反应业主—生产者之间利益平衡的程度，以便一个有效的"霸权集团"[借用葛兰西（Gramscian）的术语]构成国家的稳定基础。上述最后一个因素，即阶级斗争政治，是其他因素的关键所在。

所有这些尺度均为政治尺度而非经济尺度，因为它们不是生产效率的尺度。当然，政治及经济尺度最终还是相互联系的，因为生产效率使一国强盛成为可能；反过来，国力强盛又通过超市场手段进一步加强生产效率。生产效率非常高的国家与生产效率一般的国家相比，其国家积极干预世界市场的必要性就较后者小。由于生产效率与国家机器干预世界市场的能力是互为关联的，因此生产效率最低下的国家就谈不上"强大"。国家在世界市场的地位（当然也包括国内市场）与该国内部业主—生产者的经济地位之间呈一种曲线关系。在国力一般的国家里，国家最为"积极"。对强大这个词的修饰（"l'Etat，c'est moi"，朕即国家）常常成了现实的代用语。

根据辉格党人对历史的理解，现代包括弱小国家漫长的历史探索，这一探索被认为是和人类自由的进步同步进行的。许多马克思主义历史学家也是从这种角度看待英国革命的，他们赞成神秘化。[20]相反，我认为，现代国家的历史是创造足够强大结构的漫长探索，以便在世界经济中保护一类业主—生产者的利益，反对另一类业主—生产者的利益。

军事力量是实现这一点的关键。一些荷兰历史学家由于1580至1640年间荷兰缺乏中央集权化的国家机器，因而把这一时期荷兰权力扩张视为"奇迹"。普卢姆（Plum）严厉批判了这些历史学家，他非常正确地指出：

> 奇迹在于这样一个事实：尽管国家和城市之间存在尖锐对立，以及独裁权力及特权的经常阻碍，荷兰人还能组织起一支强大的海军和陆军，并主要用税收支付其费用。这在很大程度上是通过加尔文主义寡头统治集团的贡献实现的，他们对自己作为一个阶级和一个民族国家的命运具有强烈和持久感情。[21]

只有当人们把专制主义视为通向国力强盛的最理想道路而不是最后手段时，这才是奇迹。要是存在一个具有自觉意识和自信心的资产阶级，他们就可能同意进行必要的集体调整；而在其他地方则需要一个强大的君主来强制实施这种调整。由于后一种模式不具有风险，因此强大君主可能受到错误引导，试图在资本主义世界经济里重新创造"世袭君主制"。布克哈特（Burck hardt）之所以指责路易十四和后来的拿破仑，正是由于他们两人的愚蠢行为——模仿查理五世（Charles V）。[21]这是一个由软弱演生的荒唐行为。

我们论述的三个中心国家是如何和为何由于17世纪经济困难而尔虞我诈的，以及一旦英国和法国把它们的精力转到加强其军事机器时，英国是如何在海上、法国是如何在陆上击败联合省的。荷兰人在两个问题上吃了大亏。他们是在卫护一种既得优势而不是寻求一种优势，这至少对执政阶层的大部分人来说，进行军事准备的代价常比不进行军事准备的潜在损失更加可怕。[220]这是既要富裕又要政策保险的无法解决的矛盾；而且在军事上，人们甚至被迫原地跑步。更糟糕的是，这一特定时期是军队单位规模巨大扩大的时期。[221]向这些扩大的军队提供后勤服务，成了一个大问题，因为"军队数量的增长大大超过了生产手段的增长"。[222]在荷兰人的意志正在衰退之际，联合省与英国、法国的竞争变得更迫切。

我们在前面论述了促使法国面向大陆、英国和荷兰面向海洋的一系列因素，除此之外，法国纯粹的地理优势也印证了这一军事倾向，特别是因为整个欧洲军队的绝对数量正在增长。这一纯粹的军事考虑也说明了英荷牺牲法国而握手言和是不可避免的。[223]1672年的震荡似乎使荷兰人认为，法国是其主要敌人；[224]而1688年威廉三世（William III）登上英国王位最终使阿姆斯特丹商人与他们在英国的年轻伙伴重归于好。[225]

尽管法国表面上军事力量强大，塔皮（Tapie）认为，法国在1679年就已达到了极点；[226]布尔德（Bourde）在批判路易十四把目光放在南部的大陆轴心而不关心北方的海洋轴心时，谈到由此产生的"路易十四的失败"。[227]这样，如果我们要解释清楚法国的最终[228]失败的话，就得寻找非军事因素——重商主义问题及由此产生的古怪行为。

莫斯尼尔（Mousnier）说，从亨利四世时代到路易十四时代，柯尔伯主义始终是法国政策的一个特征，该政策的目的"首先是政治性的"。[229]这可能意味着什么？莫斯尼尔大概把巩固国家本身看成是目的了，看成是任何君主都可以追求的。但实际上君主们能否成功？法国国王们显然没有。实际上，王位复辟时期的英国和柯尔伯时代的法国都在自觉地、积极地支持它们的生产阶级，反对外国竞争者；建立它们的商船队；并在国家与业主—生产者对国民生产总值的分配上制订出可行的分配比例。莱昂和柯利尔（Carrière）注意到了柯尔伯时期大船数量的增加，但他们认为我们不应把全部功劳归于柯尔伯，因为这实际上是"战争的重要性"所导致的结果。[20]德鲁莫（Delumeau）注意到了柯尔伯时期经济形势的普遍改善，但他说，这与其归功于柯尔伯，不如归功于击败投石党人（Fronde）所带来的"政治稳定"。[21]总之，以上这些著作者是在向我们暗示，小集团精心设计的政策并非关键因素，我们应透过现象看本质，看到隐藏在背后的压力。笔者对此表示赞同；而且我们亦可把这一分析用于英国；英国的一系列战争促进了其造船业，1660年后也经历过没有政治动乱的平静时期。

威尔逊以隐喻的方式暗示了英国和法国之间的一点差别："在英国'重商主义'与柯尔伯主义及其衍生物之间，所有的差别就是一套特制衣服与一套现成衣服之间的差别。"[22]下面让我们来看看这一隐喻应用于公共财政体制和总体行政时情况如何。17世纪"战争的制度化"[23]意味着中心大国公共支出的大幅度增加。荷兰共和国最终因此而不堪重负。但英国和法国情况如何？增加的支出得有某种来源渠道，而这个来源必定是有产阶级。其原因很简单，到那个时代，资本主义作为一种制度早已对工人生产的产品征收了很高的税收，因此对工人的任何公共税收的增加，实际上就意味着有产阶级利润的减少，这或许是因为他们无法从他们的土地上得到同样的地租，或者是因为他们不得不因此付出更高的工资。[24]

国家的问题是一个双重问题：筹措资金和有效地消费这些资金。有效地消费并不等于实实在在地消费，而是指消费得要有生产效率；用它作为一个尺度，衡量国家资产阶级在世界市场上所得到的增加利润是否超过这类国家支出用于资产阶级的间接消费。英国和法国国家所面临的问题是一样的，在王位复辟时期的英国和柯尔伯时期的法国，它们的应付能力是否有很大差别，还不甚清楚。

筹措资金不仅是必要的，而且速度要快，这就意味着要从某处借贷。举贷仍是联合省的一个优势，它"享有健康的公共信誉……因为政府是主要的投资者"。[25]这一时期英国和法国也在寻求方法应付借贷之需。

费弗尔（Febvre）在谈到柯尔伯时，称他是位"要为国王寻找金子的炼金术士。是位一旦开始寻找，就决不罢休的人"。[26]但柯尔伯觉得，国家早已以税款包收的形式借贷太多。为了增加总收入，他降低了包税商的作用（结果这将农民的大部分税收转到国家手中），同时严格控制国家"非生产性"开支（这减少了重新分配给同一有产阶级的税款），以便把这些钱花在重商主义事业上。[237]

柯尔伯取得了有限的成功。他大概将国王的收入增加了一倍。[238]路易十四的国家可能是那时唯一一个可以支撑重大军事行动而又不招致严重困难的国家。[239]不过，就其清晰度与透明度来说，可以说柯尔伯的衣服是现成的：更直接地征税和平衡预算（即更直接地重新分配），他的方法是不受欢迎的，只适合于费资巨大的大陆军事扩张。这种方法是不能持久的。

英国的衣服则是特制的，创造了长远的公共借贷新机制：税收不那么明显了，但从长远角度看有产阶级的负担并没有减轻。因而这种方法受到的抵制较小，并在18世纪为国家带来更多的收入，这些收入又在更大程度上得到有效消费。与联合省和法国相比，虽然英国迟至王位复辟时期它的公共借贷方式仍"相对落后"，[240]但王位复辟时期为1689年后所谓金融革命打下了基础。1665年唐宁爵士（Sir George Downing）的一系列试验——呼吁私人小投资者直接借钱给政府——虽然只维持到1672年，但这些试验为财政部作为一个财政控制部门支配财政开创了一个重要先例，也为日后提供了手段。[241]

法国的更直截了当的方法（也许可以这样说）扩展到行政管理的各个领域。但有效的行政管理亦不一定意味着专制的行政管理。斯沃特（Swart）认为，荷兰政府缺乏效率，是一个"过时的、带着中世纪味道的混杂物"，是经济进一步发展的障碍。斯密特（Smit）对此持完全反对态度（笔者亦是如此）：[242]"在17世纪，使荷兰政府比别的中央集权化君主政府更有效率的，正是其非中央集权化。"其实，从荷兰市镇市民的"贵族化"倾向就可看出行政管理效率下降的迹象；一些拥护"贵族化"的人因此而为荷兰共和国提出了专制主义的政治理论，同时抱怨执政阶层对海外贸易失去兴趣的声音也出现了。[243]

法国加强国家力量的道路是众所周知的：中央集权和统一性。其实，这条道路被人们认为是一条古典的道路。当然，中央集权化并不仅仅包括设立中央行政机构（这个任务在以前的时代已经完成了），而且包括创立从中央到地方的直接的权力网络，即地方行政长官（intendants）制度。这种新的地方行政管理方式是"真正的专制主义革命"。[244]我们可以称之为一场革命，但柯尔伯只在五大包税区实施了统一关税。哈克谢尔（Heckscher）认为，这"证明柯尔伯从未打算实行全国关税统一"。[245]这一评论过于苛刻。我认为，穆夫里（Meuvret）的说法更公平，他说："这样说大概更好些；柯尔伯只是位兢兢业业、坚忍不拔的行政长官，而不是一位具有远见卓识和独创精神的改革家。当时的形势和人们的观念都不允许进行激进的变革。"[26] 为了进一步认识柯尔伯为使国家官僚化而进行的艰苦战斗，我们只需看一看海员（gens de mer）和海军军官集团抵制柯尔伯设立和平时期可以为商船队服务的海军预备队的打算的情况就够了。[27] 在同一时期，即从17世纪70年代到80年代，"尽管政治生活中发生了激烈冲突，政府的核心既得到了加强，又提高了效率，"[28] 只不过没有那么多喧嚣，因而反对意见也少得多。

英国和法国同时寻求建立强大的国家，为何他们的方式如此明显不同？为何英国所走的道路更富有成果？我们可以从两国阶级结构的细微差别中找到答案。不过，我们必须从英法两国的共同点开始。两国都是该时代欧洲世界经济中欣欣向荣的工业生产和农业中心。两国的封建贵族均大都转化为资本主义式的农场主，并在非农业活动中扮演着重要角色。两国的非贵族资本主义企业家亦在农业、商业、工业中起着重要作用，而且这些非贵族资产阶级由于他们的经济成功，他们迟早会取得更高的社会地位。但由于法国的贵族和平民之间的界线画得比英国低，所以技术上居于中上社会地位的人在法国可以成为贵族的（noblesse de robe，穿袍贵族），在英国则为平民（绅士）；但两者的社会地位和社会角色实际上是相当的。由于法国历来比英国弱小（主要原因不是别的而是因为英国国土面积，还因为由此产生的经济向心力），因此 noblesse de robe（穿袍贵族）被吸收进政治结构中，成了国家官员；而绅士则大部分成了地方官员。不过，在两种情况下，他们的新角色都代表了对政府真正的（虽然有限）政治参与。

此外，从16世纪至18世纪，或许直至19世纪，两国社会的上层均发生了一场根本的政治冲突。这场斗争是在那些封建时代遗留下来的法律结构意义上具有高社会地位的人与那些或多或少成功的资本家之间进行的。这场斗争的关键是，在该时代的任何时候，每一集团的大多数成员都同时既具备传统地位又取得高度的经济成功，因而他们可以按照自己的兴趣，选择认为自己是贵族或是资本家。如果再考虑到通过"贵族化"手段把经济成功转化为社会地位这一漫长的历史过程，就会产生模棱两可。不过，那个时代的人肯定比后来时代回顾这些斗争的学者能更好地驾驭这些模棱两可，理解这些斗争的现实。[29]

笔者再重复一次，综上所述，从1500年到1800年这一整个时期，英国和法国之间不存在重大差别。托尼（Tawney）说了句著名的俏皮话："资产阶级革命，当然这是一场资产阶级革命，问题是两边都有资产阶级。"[29]但这是1688至1689年光荣革命的实情，就像是1640年革命的实情一样；投石党运动也是如此，甚至1789年法国大革命也是如此。这就使这些革命失去了其"革命"特征。因此，我们必须摒弃认为资产阶级和贵族是两个完全不同的集团这一非历史观念，特别是在这一历史时期。资产阶级与贵族是两个在很大程度上互相重叠的社会集团，它们依人们的社会地位或社会阶级角度来定义统治阶级而具有某种不同的面貌。使用不同的定义便会产生不同结果。社会与政治斗争确实存在，但它们是统治阶层内部的事情。[30]

在强调英国和法国的相似性的同时，我们必须注意到两国的具体差别。必须对这些差别加以分析，以便弄清19世纪两国为什么走上不同的道路，因为使得英国在1763年后在经济效率和经济地位上大大领先于其对手的，正是早些时候的细小差别。

在一本论述政治稳定概念的著作里，拉布（Theodore Rabb）把1500年以后现代初期欧洲政治描绘成一幅极不稳定的图画，国王和贵族、中央政府和地方政府之间的"平衡"直到17世纪中期是"不稳定的"，"从那以后的一百年里，一系列问题才不再使社会两极分化"。拉布说，虽然该世纪中期以后还有"余震"，但没有谁"对哪个政治结构……持根本的疑问态度。那是十分重要的变化"。[31]对政治现实的这种描述是否合乎理性？如果合乎理性的话，那么它对英国和法国之间的斗争意味着什么？我们还注意到拉布论述的年代与长期经济趋势大致相关，乍看起来似乎是古典的韦伯式（Weberian）的关联：扩展和政治不稳定，停滞和政治稳定。

假如我们更清楚地界定我们所谈论的是何种稳定及什么时代，我并不认为拉布的观点是谬误。我认为所发生的事情是，16世纪的经济扩张使得资产阶级作为一个清晰的社会阶级出现了，这个阶级和处于支配地位的集团的关系是不清楚的。只要保持高速扩张，这种形势就无需加以进一步澄清。一旦可以看到经济扩张的极限时，决定谁有权控制国家机器的斗争就变得尖锐起来。不过，持续的经济困难迫使两个派别达成事实上的妥协，以免政治斗争失去控制，避免较低阶层（城市的和农村的）不仅仅生机勃勃地，而且独立地和直接地开始表露自己。正如拉布暗示的，这以后是一段相对稳定时期，统治阶层的内部斗争得到控制，或在制度上得到抑制。

在此我无意分析 17 世纪中期英国和法国的复杂的政治斗争，不过想简述一下斗争结束时情况如何。两国的君主均受到挑战，在英国更加激烈。但在最后，法国的投石党（Fronde）运动受到镇压，英国的君主制得以恢复。确实，两国议会的地位存在重大的宪制上的差别，英国议会得以扩大，法国议会却被废除。在英国，"国王的行政专制"被"议会的无限的立法权力"所取代。[28]但社会妥协的内容是什么？关于英国革命的结果我们可以找到完全不同的总结性论述。这里略举两例。斯通（Stone）说："1660 年革命结束时的英国与 1640 年革命开始时的英国几乎没有什么两样。"[29]希尔（Hill）说："1660 年旧国家并没有恢复，恢复的只是其外表。"[30]

依笔者之见，两种总结均失之偏颇。1660 年和 1640 年之间确实有差别，但我认为事情和大多数观点相反，要紧的是社会差别而不是政治差别。公开的社会冲突结束了。资产阶级作为一个社会阶级取得了 *droit de cite*（公民权），但这一阶级的领导权仍旧安安稳稳地掌握在旧家族手中。新形成的经济民族主义政策符合前保皇党人（Cavalier）和圆颅党（Round-head）人之类的利益，因而成了社会妥协的基础。"没有什么比王位复辟时期的政府委员会和贸易商会的追求更具有典型意义的了，在这些委员会与商会里，王公贵族与商人勾肩搭背，密谋策划，指望互相得利"，[54]这是一种妥协，偿还被没收的土地这一问题被掩盖在纷繁复杂的事务中了，因而这是最理想的解决方法。这是查理二世（Charles II）捧给议会的一个烫手山芋，议会又把它捧给了一个委员会，但在最后，这一问题通过私下安排解决了。[55]

斯通（Lawrence Stone）暗示，在前工业时代，大概除了 1540 至 1640 年这一期间外，英国"作为一个不同寻常的流动社会"的声誉"在很大程度上是一种假象"。[56]难道 1660 年的妥协不是止住、稳定住 16 世纪扰人不安的好动症、将事情就地冻结住的一种共识吗？[57]难道 1660 年英国巨大的社会变革不是统治阶层中间下面这样一种共识吗？将来不再不需要内部的社会变革，英国国家（不管是国王还是国会都相差无几）将在牺牲世界经济的其他国家的基础上，集中精力推动经济发展。[58]1680 至 1689 年的光荣革命不是证实了这一点吗？[59]17 世纪 80 年代不是有一些集团出于一系列鸡毛蒜皮的原因而威胁要重新提出王位复辟时期已经解决了的问题吗？这些集团后来被镇压下去。

如果说马克思主义的辉格党人把英国革命看作是对"封建主义"的伟大的胜利，那么可以说光荣革命是自由辉格党人最喜欢的时刻。正如特里维廉（Trevelyan）所说[202]："用革命方式解决问题的基调是法律下个人宗教及政治的自由。历史上所有革命中最保守的也是最自由主义的。"有人认为革命是贵族的革命，特里维廉是否受过这种观点影响？并非如此；他说："革命是由整个国家、由所有阶级联合掀起的。"这是另外一个必须考虑的因素：

> 在一个依然以农业为主的社会里，经济和社会结构决定了地主是乡村地区自然的、为众人所接受的领导者。在这样一个社会中，当必须临时组织力量抵抗政府时，像托利党（Tories）的丹比（Danby）和西摩（Seymour）、辉格党（Whigs）人的德文郡（Devonshire）和什鲁斯伯里伯爵（Shrewsbury）这样的乡绅和贵族们便走在前头。

在所有阶级联盟的言辞的背后，存在着"乡村地区自然的、为众人所接受的领导者"这一现实。确实，"专制"国王被永远消灭了；但正如平卡姆（Pinkham）所说，这一点的根本意义在于：

> 迄今为止国王可随意用来他所乐意的任何一个集团（有时甚至是普通百姓，这一点不要见怪）利益服务的皇家权力，现在已转移到土地贵族手中，他们能够控制议会。[203]

土地贵族的这一胜利实质上是资产阶级的胜利。政治妥协将持续到19世纪中叶，这很符合英国的利益，因为它使贵族和乡绅可以加入商人和金融家的行列，在攫取欧洲世界经济财富的竞争中超过他们的法国对手。

法国在何种方式上与此不同？这又是法国独特的地理的缘故。英国（英格兰）有其边际地区，更有一个大不列颠。这些位于一个中心国家之内的边缘地区害怕两种趋向：英格兰—大不列颠国家的逐渐强大（这对它们形成政治威胁）和资本主义因素的胜利（这在经济上对它们构成威胁）。在大不列颠，上述两种威胁是等同的，因此，边缘地区对英国革命更加敌视就不奇怪了；[204]同样，在革命的十年里英国完成了统一也不足为奇。[205]法国的情形正如我们前面所论述得那样，与此大相径庭。[206]在法国，中央集权化势力和资本主义企业势力没有像英国那样在地理上等同起来,中心的势力面临着来自两方面的抵抗(虽然并不一定协调一致):经济上边缘地区的抵抗和经济上属于核心,但政治上属于边缘的地区的抵抗。这使得统治阶层内部斗争持续的时间长得多(从宗教战争到投石党运动),政治上亦更加不明朗。

由于两派看来正在达成妥协(如果你愿意那样说的话),王位复辟时期紧张关系缓和了,而在同一时期的法国,即路易十四的柯尔伯时代,却有过一段强加的休战时期。休战依赖于君主遏止那些下大赌注的势力(或者说比他们的英国同行更愿意、更有能力玩危险游戏的势力)的政治能力。法国的政治结构反映了这一点:西部、南部及东北部的边境地区在司法上(及经济上)均处于"中心"之外。那时候这些地区不仅没有和其他地区结成关税同盟,因而得不到好处(虽然加入关税同盟也有不利之处),而且它们的税收负担也重得多。[207] 那些不具贵族身份的资产阶级只是单个地[208]而不是集体取得贵族身份,这使得他们常常感到不安,因而骨子里桀骜不驯。[209]

矛盾完全出于胡格诺教徒问题。南特敕令大概是解决统治阶层内部分裂的一个步骤。为什么在1685年敕令被废除?对于这一问题,在卷帙浩繁的学术著作中找不到真正令人满意的答案。胡格诺教徒并不特别反对君主制。[210]为什么国王对他们如此敌视?吕提(Lüthy)认为这是法国针对早年内战遭受的羞辱而为"维护国家形象"而采取的行动。[211]罗伯特(Robert)认为这是国王等待已久的一个行动,这个时机终于在体面的内伊梅根(Nijmegen)和平之后来到了:"这一外交政策的巨大胜利……使国王相信:从此以后他可以为所欲为"。[212]拉杜里(Ladurie)则认为这是把教会拉拢到国王这一边的一种方法。"公平交换(donnant donnant)。教区牧师们在神圣联盟和投石党运动时期是如此好斗,尽管出现詹森主义者(Janseinst)的争吵,他们后来成了新秩序的支柱"。[213]这些解释没有一种足以令人信服。或许这就像在棋盘上无目的地对弈,期望减少了棋子便可改善自己的地位。在棋盘上,如果一次交换棋子吃并不明显有利,那么就离死棋接近了一步。国王想方设法加强国家力量。这在英国更加困难。废除南特敕令虽然于事无补,但也并无害处。

关于我们对17世纪中期英法两国稳定所做的一般解释,还有一条重要证据。英国的稳定比法国更有效,但两国都存在过稳定,这一点毋庸置疑。稳定是统治阶层内部妥协的结果。如果事情真是这样的话，那么我们应该看到低级阶层态度的转变，因为统治阶级的分裂给他们提供了空间，而统治阶级的妥协则加深了他们的政治边缘化。对于后一点，我们可以提出一些证据。农民暴动发生的频率降低了，暴动本身也变得温和了。[24]由于这个时期大概是经济困难时期，因此答案似乎是在于暴动存在政治困难，而不是缺乏暴动的动机。

在以前，农民在暴动中可以依附于统治阶层的某一集团，到17世纪末，这样做已不可能了。[25]这一伟大的妥协对农民和城市工人来说是多么痛苦！1837年一位宪章主义者（Chartist）在回顾英国革命时说："对于数以百万计的人来说，它一点好处也没有。"[26]确实，出现了难以镇压下去的骚乱，特别是在城市，[27]然而一旦资产阶级间达成了妥协，他们便转而镇压这些骚乱。正是在这个时候，工人阶级和危险阶级这两个概念开始联系起来了，"贫穷与犯罪"开始在"统治阶级的头脑中"挂起钩来。[28]

如果愿意，你可以重复关于商业和专制主义水火不相容的旧格言，因为商人会"使Rol Soleil（太阳王）黯然失色"。[29]但熊彼得（Schumpeter）的补充更切中要害："（封建）桎梏一方面阻碍（资产阶级），另一方面又保护（资产阶级）。"[29]这在英法两国都是如此，[30]但由于我们前面勾画的各种原因，英国的政策稍微成功一些。

注释：

① 引自普卢姆（Plumb）（1950，71）。
② 盖尔（Geyl）（1961，161）。他说："黎塞留或许有他烦恼的时候，但他一生都致力于使胡格诺教徒和贵族们温驯听话，团结法国各派力量反对哈布斯堡王朝，……致使他没有什么行动自由。"
③ 参见肖努（Chaunu）的图表，该表列有各地区的曲线（1961a，181）。
④ 宾特兰（Pentland）的说法令人信服。他认为，一般的因果顺序是从经济机会到人口增长而不是相反；但这一因果顺序适用于一个长期的上升曲线的开始。在其他时候，"人口增长本身，并在缺少其他支持的情况下会导致贫困和停顿"（1972，179）。举例来说，在论述18世纪英国人口增长时，他把通常的分析方法完全颠倒了过来，认为人口增长"在18世纪上半叶之所以停滞不前，是因为粮食过于丰富，造成农业萧条；后半个世纪人口开始增长，其原因之一是农产品价格上涨，使农村居民更为繁荣"（1972，180）。亦参见伍德（Van der Woude）（1972），他也提出了类似的假设。
⑤ 肖努关于1620年人口密度的图表使这种情况一目了然（1966a，图23）。

第三章 中心地区中的斗争——第一阶段：1651~1689 年

⑥ 参见莱因哈特（Reinhard）和阿曼高特（Armengaud）(1961，141~142；144-146)，他们讨论了日耳曼的"灾难"（包括捷克）以及 17 世纪南欧"缓慢但持久的衰落"。此外正如肖努所指出的，饥饿造成人口流动增多，从而加速了流行疾病的传播。"每一次食品短缺实际上都再次创造了征服美洲的条件"（1966a，233）。

⑦ 参见伍德（Van de Woude）和门廷克（Mentink）(1966，1189)。

⑧ 拉杜里（Le Roy Ladurie）(1975a，360)。

⑨ 巴特（Slicher van Bath）(1965b，145)。

⑩ 莱因哈特（Reinhard）和阿曼高特（Armengaud）(1961，147)；但伦敦的人口却直线增长，从 1600 年的 20 万人增至 1650 年的 40 万、1700 年的 57.5 万人。而巴黎人口只从 1600 年的 40 万人增至 1700 年的 50 万人。参见里格利（Wrigley）(1967，44)。

⑪ 见哈钦森（Hutchinson），1967，94。他讨论了这些思想及其起源和传播；他还注意到了与此同时兴起的"政治算术"——现代人口学的始祖。关于中心地位和人口密度的联系！有一点常识必须指出［正如哈巴库克（Habakkuk）所指出的］，"在 19 世纪以前，我们关于人口运动的知识部分地是从经济现象——即工资、价格和房租情况——推断出来的，人口的运动都可以从这些因素中得到说明（1965，148~149）。"

⑫ 这本小册子写于何时，一度被认为是无法确定的，因为成书很久之后才公开发行；但现在看来很可能是 16 世纪 20 年代的作品［参见古尔德（Gould），1955a，b；萨普勒（Supple），1954］。

⑬ 格兰普（Grampp）(1952，465)。

⑭ 昂温（Unwin）(1904，172~195)。这一运动遭到广泛的反对。其缘由是围绕 1604 年英国国会关于自由贸易的辩论而在英国展开的一场生动活泼的争论。参见拉布（Rabb）(1964 和 1968)，阿什顿（Ashton）(1967 和 1969) 及克罗夫特（Croft）(1975)。

⑮ 戴雍（Deyon）(1969，31)。欣顿（Hinton）提醒我们，虽然主张重商主义的人"不相信'进步'思想；但他们相反的思想——退化思想——亦同样是强有力的行动刺激"(1955，286)。

⑯ 参见戴雍（Deyon）(1967，43)。他说："在 1650~1750 年的困难时期，需求和价格的疲软加剧了竞争，这时候生产者的繁荣就意味着采取了严厉的关税保护政策，以及政府能够抵制住外国外交和商人的压力。"

⑰ 弗兰肯（Franken）(1968，8) 将这一现代术语用于荷英关系。威尔逊也强调了这种刻毒："英国人乘西班牙霸权威胁的衰落和法国霸权兴起之前的间隙，向荷兰人展开了短暂但刻毒的斗争"(1965，41)

⑱ 泰勒（H. Taylor）(1972，260)。他说："1648 年以后的危机和 1651 年航海条

— 129 —

例公布这两件同时发生的事件看来有紧密的联系,不可能纯粹是偶然性的。"

⑲ 参见开普勒（Kepler）(1972)；亦参见泰勒（H. Taylor）有关论述,他认为英国这种作为向佛兰德的西班牙人的供货者的地位是 17 世纪三十年代英国贸易的"新动力源"(1972, 240)。

⑳ 欣顿（Hinton）(1959, 85)。

㉑ 琼斯（J. R. Jones）(1966, 21)。

㉒ 参见希尔（C. Hill）(1961, 42)。亦参见罗伯茨（Roberts）(1961, 405)。他认为,克伦威尔并没有用新教观点来支配英国的贸易,他对波罗的海的政策"即使受到宗教考虑的影响,也是从严格的世俗观点出发的"。

㉓ 黎塞泰姆（Lichtheim）(1974, 24)

㉔ 参见欣顿（Hinton）(1959, 63)

㉕ 参见欣顿（Hinton）(1959, 165),亦参见阿代利（M. P. Ashley）(1934, 19~20, 163) 关于英国商人集团各种观点的论述。

㉖ 威尔逊（Wilson）(1965, 184)。

㉗ 哈珀（Harper）(1939b, 49)。英国这一新动作的一个边际效果表明了这一意图。1597 年,荷兰等级会议（Dutch Estates-General）通过了新章程,赞成"葡萄牙国民在这些土地上定居"。这里指的是新教徒和（间接地）有专长的犹太人。其动机是要吸引犹太人的资金。巴伦（Baron）认为,"奥兰治亲王（Prince Orange）和他的下属大大地高估了犹太人的资金"(1973, 20; 3~73)。1651 年航海条例通过后不久,克伦威尔就重新准许犹太人进入问题［从 1290 年爱德华一世（Edward I）起英国就一直排斥犹太人］与阿姆斯特丹的西班牙及葡萄牙犹太人进行谈判,并最终取得了成功。从犹太企业家的角度来看,重新准许进入英国意味着"可以绕过航海条例中打击荷兰商业的意图"。而在克伦威尔看来,重新准许犹太人进入是"扩张海外贸易的大政方针中的一个小小的因素:准许犹太人定居伦敦就可以加强英国在和荷兰的商业较量中的地位"［恩德尔曼（Endelman）, 1979, 15, 17］。

㉘ 参见法奈尔（Farnell）(1964, 439~440) 关于这两种理解的论述。

㉙ 戴维斯（Davis）(1962, 297)。

㉚ 参见盖尔（Geyl）(1964, 25, 28)。欣顿（Hinton）指出,荷兰人实际上需要的是经济联盟,因为这对他们有利;而英国人却宁可要对他们有利的政治联盟(1959, 88)。因此人们可以看到有关人士从这两种决然相反的立场出发,从讨论联盟迅速转移到"相互宣泄敌对情绪"［德弗里斯（De Vries）1950, 46］。引发双方进行政治讨论的,是一项要求考虑英荷东印度公司合并的建议。此事发生在 1610 年至 1618 年之间,但是英国人认为荷兰人的要求太过分,因此没有达成任何结果。参见德米尼（Dermigny）(1970b, 453)。

㉛ 马汉（Mahan）海军上将的解释是,"荷兰政府反对支出,不主张扩军备战,沉

缅于很久以前那次对下三流的西班牙海军的轻而易举的胜利,心甘情愿地眼看着自己的舰队沦为一支武装商船队。在克伦威尔时代,情况陷入最糟糕的境地"(1889,126)。最近一些学术观点也印证了这一判断。威尔逊(Wilson)认为,"在三十年战争的长期陆上战争期间,荷兰海军相对受到忽视"(1975a,65)。威尔逊对这次战争有简要的叙述(1968,190~194),他的结论是,"战争无疑暴露了荷兰经济的致命弱点,因为它是在正常的经济效率、和平与商业的背景下发展起来的。"

㉜ 威尔逊(Wilson)(1968,194)。

㉝ 欣顿(Hinton)(1959,145)。哈利(Haley)认为,三次英荷战争"在荷兰人中都是不受欢迎的"。他说,"头两次战争的爆发是因为贪婪的英国商业利益集团在一段很短的时间内成功地迫使英国政府发起武力进攻,以打击荷兰的商业和海军力量"(1972,177)。一系列事实证实了这一观点:"第一次战争于1652年爆发时,布莱克(Blake)海军上将的三道手令之一便是摧毁停泊在苏格兰海面上的荷兰渔船队"[米歇尔(Michell),1977,179]。

㉞ 参见卡特(Carter)(1975a,6)。

㉟ 参见威尔逊(Wilson)(1941,6)。

㊱ 威尔逊(1951a,154);亦参见法尼(Farnie)(1962,206)和卡特(1975a,6)。

㊲ 参见威尔逊(1968,213~214);亦参见威廉森(1929,252)。

㊳ 这就是威尔逊对唐宁(George Downing)爵士——英国商业制度的"设计师"——所持的观点(1965,168)。

㊴ 欣顿(Hinton)(1959,106)。

㊵ 琼斯(J. R. Jones)(1966,75)。

㊶ 古伯特(Goubert)(1970b,112);亦参见琼斯(1966,60~61)。关于荷兰"维持现状的努力",参见弗兰肯(Franken)(1968,7)。

㊷ 有一段时间,英国一直要求在海上其他国家的船只向英国船只敬礼。1672年,英国又一次强有力地重申了这一年复一年的要求。琼斯(J. R. Jones)评论说,对荷兰人、斯堪的纳维亚人、汉萨人和法国人来说,"这等于是一个当代所称的海上君主同盟",有人认为英国的这一要求和法国在陆上的要求是相似的(1968,48)。

㊸ 参见威尔逊(Wilson)(1969,202~204)。

㊹ 在此之前,路易十四一直把英国看成是"一个亲法国的弱小国家"。古伯特(Goubert)认为,这个判断"在1661年是可行的,不幸的是路易十四说此话时是在1670年"(1970a,72~73)。鲁尔(Rule)也有类似的说法。他说,路易十四"低估了英国的力量"。无疑这就是为什么英荷战争最后会"使法国政治家迷惑不解的部分原因"(1969,59)。

至于英国,视野的改变是政治争论的一个话题。希尔(C. Hill)说,在

1674年，只是"辉格党人和资本家把法国视为英国在世界贸易和世界霸权方面的主要竞争对手"（1969，163）。托利党人（Tories）优柔寡断。英国只是在1689年后才心甘情愿地接受自己作为中心大国的地位。霍恩（Horn）认为，在那之前，英国以大国的身份在欧洲大陆的出现"常常是不情愿的、为时不长的和不起作用的"（1967，2）。笔者对"不情愿的"这个形容词不敢苟同，但后两个形容词看来名副其实。霍恩提供了基本的证据，证明英国人只是在1689年后才不再接受补贴，而荷兰和法国人早就不接受补贴了。

㊺ 参见霍尔（A. K. Hall）（1957a，347，349）。虽然武器制造技术没有发生重大变革，但我们不应因此忽视了"军队组织上的巨大改进，以及军队规模的巨大扩大"。关于军队结构的变革（相对于它们的武器），参见芬纳（Finer）（1975，99～102）。关于在多大程度上发生军事革命，有人提出了保留意见，参见帕克（Parker）（1976b）。霍尔认为骑兵作用的下降是在17世纪中期以后。巴尼特（Barnett）指出，在1660年到1714年间，有两项发明——刺刀（bayonet）和燧发枪——使步兵的威力大大增强。

㊻ 从拿骚的摩里斯（Maurice）亲王时代起，荷兰就以其围攻战术而颇负盛名。使用这种战术，荷兰人可以自由施展其工程技术、挖地道和反地道、发射学和爆炸等方面的天才（威尔逊，1968，100）。

㊼ 威尔逊（Wilson）（1970，125）。

㊽ 费歇尔（Fischer）和伦格林（Lundgreen）（1975，541）。

㊾ 在古伯特（Gorbert）看来，1672年是路易十四"统治的重大转折点"，由于法荷战争，卢瓦（Louvois）战胜了柯尔伯，财政上的稳定不复存在。"到1673年，国王的钱财已花费殆尽，柯尔伯构筑的大厦开始土崩瓦解"（1970a，140）。无疑，马汉（Mahan）海军上将也是这样想的："在所有强国中，只有法国才能做出自由选择（陆上和海洋）。1672年，法国确凿无疑地选择了陆上扩张。为何1715年时法国景况悲凉、国力衰竭，而英国却形势喜人、繁荣兴旺？为什么英国强加的和平条件法国乖乖地接受了？其原因显然是两国在财富和声望上的差别。"马汉引述了坎贝尔（Campbell）关于英国在海上战争和贸易上的成功的论述《海军上将传》："这些是我们的海军力量增长以及使用海军力量的方式所带来的果实。"马汉评论说："这就无需再说更多了"（1889，226～227，229）。

㊿ 雅卡尔（Jacquart）（1973，172）。

㉛ 参见古伯特（Goubert）（1970f，150），拉杜里（Le Roy Ladurie）（1975a，416）和英伯特（J. Imbert）（1965，339）。

㉜ 关于联合省，参见伍德（Van der Woude）（1975，240）；关于英国，参见瑟斯克（Thirsk）（1970g，149）。关于法国，参见古伯特（Goubert）（1970g，334，338～340）。

(53)“17世纪初期，英国就开始认识到，在社会组织的许多方面，荷兰人比他们先进得多。当时流传的一些小册子就已开始指出了英国人应该加以模仿的一些荷兰做法，或者英国人应该去较量一番的一些荷兰成果”［克拉克（Clark），1960，14］。

(54)参见福塞尔（Fussell）（1959，613~614），琼斯（E. L. Jones）（1967，7），威尔逊（Wilson）（1965，33）和哈巴库克（Habakkuk）（1965d，328）。“在英国……大约从1630年起，新饲料作物就和农业生产融合在一起了，产生了混合农耕制度”［琼斯（Jones）和沃尔夫（Woolf），1969，7］。

(55)参见钱伯斯（Chambers，1960，21）和达比（Darby）（1973，330~344）。

(56)参见琼斯（Jones）（1965，14），他说的下列一段话（p.1）与他的观点是自相矛盾的。他说，在1660年到1750年间，“（英国农业）技术的变化与其农产品市场相当有限的扩大是极不成比例的。”那么什么是合适的比例？什么时候？当市场扩大时，保持现有技术而不是花钱去进行革新常常是最有利可图的。

(57)德弗里斯（De Vries）（1975，82）。

(58)例如，拉杜里（Le Roy Ladurie）谈到了英国人将佛兰德人（Flemish）用于小农场的技术加以改造，以适应大规模农业。他说，法国在索姆河（Somme）和卢瓦尔河（Loire）之间的旷野所进行的类似努力只是部分地成功了，而且时间相当晚（1975a，416~417）。

(59)罗尔（Roehl）（1976，262）。他进一步论述说：“新的作物品种——尤其是从北美引进的——被纳入农业轮作中，如西红柿、玉米、甜菜、苜蓿和其他绿叶作物。它们同时兼收了‘清洁土地’和土壤休闲的功效，使土地不再需要休耕；还可从中得到喂牛的饲料并扩大可耕地。”罗尔（Roehl）援引了布洛克（Bloch）的论述作为辅证（1966，213~219），但也注意到了莫里诺（Morineau）（1968）提出的与此相反的观点。

(60)巴特（Slicher van Bath）（1963b，16）

(61)霍金斯（Hoskins）（1968，27），里格利（Wrighley）（1967，57）和费希尔（F. J. Fisher）（1961，4）。

(62)斯穆特（Smout）和芬顿（Fenton）（1965，78），但是他们认为，由于“中央政府的软弱统治”和价格下跌造成的收益下降（p.56~87），所以在1650年时革新（用石灰对酸性土壤做碱性处理）和垦殖的步伐放慢了。这与英国所发生的事情不同，不同的原由大致可作如下解释：虽然政治上苏格兰位于中心大国范围之内（实际上1707年之前只是部分地在核心大国之内），但从经济角度而言，它则是边缘的一部分，所以在研究衰退的影响时，我们可以看到，苏格生产者和波兰生产者之间的相似性比苏格兰生产者和英国（英格兰）生产者之间的相似性大得多。

(63)参见莫里诺（Morineau）（1968，326），拉杜里（Le Roy Ladurie）进一步阐述

道,"在小自耕农的世界里",这是确凿无疑的。
㉔ 拉杜里（Le Roy Ladurie）（1966, 83）。不过,他指的仅是朗格多克。
㉕ 威尔逊（Wilson）（1965, 143）。
㉖ 参见福塞尔（Fussell）（1968, 33~34）。
㉗ 参见穆夫里（Meuvret）（1968, 17）。
㉘ 肖努（Chaūnu）（1699a, 310）。
㉙ 谷物出口的大幅度增长开始于 1700 年。巴尔罗克（Bairoch）由此推论出,这个过程或许开始于"1/4 个世纪以前"（1973, 459）。这一年代与政府政策开始改变的年代相吻合。《1673 年法》引进了谷物奖励制度——不仅允许出口,而且也鼓励出口,参见利普森（Lipson）（1956, ixx-ixxi, 451~452）。联合省也很可能增加了其在世界谷物生产中的比重,但由于其起点较低,因此不那么引人瞩目。参见弗兰肯（Franken）对琼斯（Jones）的反诘,后者认为,在价格不景气的情况下增加谷物生产是"英国人所独有的特点"（1967, 159）。詹森（Jansen）认为这是无稽之谈,他说林堡（Limburg）和其他地方的情形也是如此。弗兰肯把这一谷物生产的增长归因于城镇的压力,并认为谷物生产增长导致了地力衰竭（1971, 165）；但问题是,为什么谷物没有从更远的地方输进（特别是考虑到生态因素的时候）所以,必须把利润问题列入解释之中。
㉚ 根据雅卡尔（Jacquart）（1974, 181~182）,"17 世纪法国生产的农产品绝大部分都用于国内消费或就地加工。"虽然也出口其他一些农产品,但"除非丰收之年,谷物贸易一般是禁止的。"例如,正当英国开始实施谷物奖励制度的时候,Conseil de Roi（枢密院）却在一项项地颁布禁止出口的法令——1675 到 1683 年间发布的这类法令多达 30 多项。厄谢尔（Usher）在他对谷物贸易的经典论述中,对这问题有不同的评价（1913, 273, 294）。他说："柯尔伯在处理谷物贸易问题上的一个独创之处"是自由贸易。他还认为柯尔伯遵循了"不足时禁止,充裕时许可"的原则。厄谢尔（Usher）指出,这里涉及两方面的自由：出口和跨省贸易。那么,在 1675 年到 1683 年跨省贸易相对自由的时期究竟发生了什么事？

在这一点上,或许大家应该注意到,直到 1680 年,巴瑟—普罗旺斯（Basse Provence）和朗格多克（Languedoc）两地的谷物生产一直处在扩张阶段。对这一现象有不同的解释,但其后果是：它弥补了其他地区的不足。肖努认为,非中心地区谷物生产持续扩展这一"异常现象"说明了"先前未耕作土地（L'incult）的重要性",它"意味着比其他地区后达到的极限"（1963b, 354）。亦参见古伯特（Goubert）（1970c, 49~54）,拉杜里（Le Roy Ladurie）认为,1655 年到 1675 年间,朗格多克（Languedoc）谷物生产只发生了"短暂的繁荣"（1974a, 149）。

当然,英国也"向国内"出口,特别是向伦敦地区［参见埃弗里特

(Everitt)，1968，64]。关键是把对外贸易的限制看作是促进生产的措施——这一点是莫里诺（Morineau）所强调的。就地域而言，联合省、英国和法国都处于领土扩张的过程中。国家越小，外贸在其贸易中所占的比例就越大。

⑦ 参见汤普森（F. M. L. Thompson）（1966，512），古伯特（Goubert）（1970e，102），拉杜里（Le Roy Ladurie）（1975b，1412）和雅卡尔（Jacquart）（1968，66）。雅卡尔强调指出，法国大地产的增长只发生在卢瓦尔谷地以北的地区。

⑦ 霍金斯（Hoskins）提到，在19世纪，英国的"大量空地不知不觉地被圈占了"（1955，220）。亦参见达比（Darby）（1973，321）。在17世纪的法国，大平原正被封建领主所占用，以致对小农来说拥有一小块草地就是"上帝的恩惠"了［古伯特（Gouber），1970e，102］。布洛赫（Bloch）写道，到1700年，法国西部和中部地区发生了广泛的圈地现象（1930，332）。

⑦ 穆夫里（Meuvret）（1960，346）。塔皮（Tapié）说，在17世纪的法国，许多大封建领主"已变成资本主义性质的企业家，其产业分散，由管家或佃农管理"（1959，138）。

⑦ 罗巴克（Roebuck）（1973，15）。不过，巴特（Slicher van Bath）认为，1665年以后，"出租土地者的境况恶化了"（1977，107）。

⑦ 在法国可广泛看到这一现象，但同样的现象英国也有所发生。参见罗巴克（Roebuck）（1973，11~14）。雇用擅长于地产管理的专职官员更是拉大了地主和农业生产的距离。参见明盖（Mingay）（1963，59）。

⑦ 严格定居是从法律上限制地产继承人出卖或抵押其地产的方式的机制。参见哈巴库克（Habakkuk）（1967b，2~3）。这一制度迫使新富裕起来的家族从较小绅士、自由持有农和公簿持有农那里购买土地，这样有利于土地的进一步集中。参见明盖（Mingay）（1968，28）。

⑦ 参见明盖（Mingay）（1960，376~376）和哈巴库克（Habakkuk）（1960，160~165）。

⑦ 吉赛（Giesey）（1975）详细论述了这一十分复杂的体制。古伯特（Goubert）认为，17世纪法国（指定年金制，rentes constituées）的利率和其他收入来源比起来实际上并不低（参见1970g，343~345）。

⑦ 穆夫里（Meuvret）认为，征收年贡地（censive）——类似英国公簿的一种永久土地使用权——是"名副其实的财产"，其持有者可以"出租、交换、出售或分与他人"，只要他向封建领主缴纳一定贡赋就可以了。这种贡赋"构成了一种税收体制"（1960，343）。不过，古伯特（Goubert）指出，为体现所有权的这种税收可能是非常高的（1970f，130）。凯里奇（Kerridge）在论述英国时也提出了类似的观点。他认为，如果就土地而不是就法律而言，终生公簿持有者就是自由持有农（1969，60）。

⑧ 例如，明盖（Mingay）相当正确地指出，亚当·斯密（Adam Smith）所用的自

耕农（yeoman）这个词"只是一种社会地位的标志"。自耕农是一种农民，其地位高于农夫（husbandmen），低于较大的农场主（larger farmer），但他可能是自由持有农、公簿持有农或是承租人（1963，88）。巴特（Slicher van Bath）认为，一般来说，做一个地产主并不总是优越于他人的标志。"在人口稠密、土壤肥沃的地区，佃农经营起来可能比贫瘠地区的地产主经营起来更有利可图。土地所有权远远不等于财富"（1977，109）。

㉛ 对法国来说，1660年似乎是个转折点。它标志着"停滞和灾难"时期的结束——雅卡尔（Jacquart）在一本论述1560年到1660年法国农村的书中，以此作为其中一章的标题。不过，拉杜里（Le Roy Ladurie）认为，直到1675年，地租一直是呈上升之势的（1973，430）。

㉜ 世纪中以后，"以前一直为自己的小账本、几亩地（arpents）和相对独立的地位而洋洋自得的独立小农，现在也不得不承认失败。在大规模耕作（grande culture）的地区，这种独立小农的土地被合并到某些大型租佃单位（quelque grosse ferme）中去。如果他能租回他原先的土地就算是幸运的了"［雅卡尔（Jacquart），1975，264］。亦参见迪帕卡尔（Dupâquier）（1973，171）和拉布鲁斯（C. E. Labrousse）（1970，703）。

㉝ 劳伦斯（Lawrence）、斯通（Stone）说："17世纪初期，地租增长的速度比价格增长的速度快，利润从佃农那里流回到地主手中"（1972，68）。他主要所指的必定是小佃农，因为他说道，这一事实说明了后来地主、殷实的佃农和无地劳工之间的三角关系。哈巴库克（Habakkuk）也证实了这一点，他认为资本的总规模是解释小农衰落的一个关键因素。在这一特定时期，富裕的地主"总是有足够的（资本）储备，随时可用来购买附近农民出售的物品"（1965a，660）。哈巴库克很恰当地把1660~1740年这一时期同1540~1640年这一时期区分开来，认为1540~1640年这一时期有更多的大地产被变卖。至于17世纪英国由于对资本的需求而造成的小地主衰落，参见瑟斯克（Thirsk）（1970，157）。

雅卡尔（Jacquart）谈到了1675年后小生产者——laboureur（独立的）和农民fermier（佃农）——的纷纷破产。在另一个地方，他提到了1680~1700年间法国北部"为数众多的商人—小生产者（laboureurs）王朝"的消失（1978c，467）。

㉞ 明盖（Mingay）提到了1660~1750年间自己耕种的小土地所有者的"戏剧性的"衰落（1968，14~15，31）。明盖还说，在这一时期，一批殷实的乡绅——介于自己耕种的小土地所有者和大地产主之间的一个中间阶层——"设法支撑了下来"（1960，375）。拉夫洛夫斯基（Lavrovsky）认为自己耕种的小土地所有者的衰落"始于17世纪资产阶级革命之后的18世纪"（1960，354）。

㉟ 迪帕卡尔（Dupâquier）认为，乡村一级的强大社会集团由大佃农（gros

fermiers)、中等的"土地所有者"(grands laboureurs)和商人组成(1973，169)。17世纪初期，苏利(Sully)公爵常常提到，"农耕(labourage)和畜牧业是法国吮吸的两个乳房"[转引自拉瑞兹(Larraz)，1943，201)]。穆夫里(Meuvret)提到了1660年后"生产谷物的富裕农村"发生的一系列生存危机的严重后果(1971b，122)。

86 福塞尔(Fussell)描述了17世纪西欧各地"租让制奶业"的现象。

87 参见穆夫里(Meuvret)关于承租包税人(fermiers generaux)和土地出租人(a modiateurs)地位的论述(1960，347~349)。拉杜里(Le Roy Ladurie)论述道，全法国租让土地中39%(但法国北部有多少?)是"大地产"(1975a，421)。

88 在不景气时期，地主免除拖欠的地租，并重新负担土地税，以争取合适的佃户。参见琼斯(E. L. Jones)(1965，8)。

89 参见明盖(Mingay)(1960，378~379)。改良的原动力在很大程度上来源于佃农和控制着中等规模土地的人。[参见哈巴库克(Habakkuk)，1965d，327和明盖(Mingay)，1963，166];但在这一时期，地主可能被迫承担大部分费用。

90 古伯特(Goubert)(1973，135)。

91 例如，参见康塞兹(Quencez)(1968，118~119)，他在这部技术词典中把charrue(法语)翻译成"犁(plow)"，而把araire译成"扶犁、原始的犁"。其他语言类似的词汇也出现同样的困难，如德语(pflung和hakenpflug)，意大利语(aratro或aratrodi legho)，西班牙语(arado de labor profunda和arado或arado primitivo)及荷兰语(ploeg和primitive ploeg)。

豪泽康特(Haudricourt)和德拉马尔(Delamarre)(1955)，用他们整本书506页的篇幅解释了从东方到西方、从远古到现代charrue和araire的差别，还解释了由于语言的误差和错误译法而造成的误解。

92 古伯特(Goubert)(1973，135~136)。

93 迪帕卡尔(Dupâquier)和雅卡尔(Jacquart)(1973，17)。他们给haricotier(作小宗交易者)下的定义是"拥有一匹劣马的laboureur(自耕农)"，sosson则是"只拥有一群马或牛的农民"。雅卡尔估计，法国农民中有四分之三的人其所拥有的财产不足以满足基本需要，他还认为，在整个17世纪，中等规模的地产的数量有了很大的增加。这里所说的中等规模是在至少30公顷以上(1966，22~26)。

杜兰(G. Durand)认为，南方的葡萄种植园及其拥有者一样，是"工作极其艰辛而贫穷的地方"，利润大都流入商人腰包或通过税收流到国家官僚手中(1977，133)。

94 拉杜里(Le Roy Ladurie)(1975b，1405~1407)。

95 布伦纳(Brenner)(1976，43，63)。克鲁特(Croot)和帕克(Parker)对此提出了怀疑。他们说:"农民远远不是经济发展的绊脚石，实际上，由于他们采

⑯ 雅卡尔（1975，273~275）。

⑰ 布伦纳（1975，72~73）。不论从何种角度说，英国地主一般都是通过购买获取土地。参见阿什顿（Ashton）（1969，36）。克鲁特和帕克说："在布伦纳教授忽略英国农民的贡献、极力否认他们的独立性同时，他也夸大了法国农民的独立性"（1978，41）。雅卡尔（Jacquart）也说，欧洲大陆的大地产主攫取农民土地的方式与英国同出一辙（参见1978b，409）。

⑱ 利普森（Lipson）（1956，II，lxxxix，cxlix）。至于专利保护——17世纪英国政府的中心政策——的重要性，各方意见不一。诺思（North）认为，它"非常重要"（1973，228），起到了鼓励革新的作用。克拉克（Clark）则认为，说它鼓励了许多发明者是"令人怀疑的"，因为许多发明者得不到应得的报酬（1936，152）。

⑲ 自从兰斯（Reims）、亚眠（Amiens）和博韦（Beauvaisis）的布匹生产崩溃以后，1644年6月15日对荷兰和英国进口的布匹的关税增加了一倍［参见戴雍（Deyon），1969，77，1966，54］。

⑳ 参见莱昂（Léon）（1970b，236）书上关于1703~1705年的地图。

㉑ 戴雍（Deyon）（1966，60）。

㉒ 古伯特（Goubert）（1970g，336）。

㉓ "（我们）毫不犹豫地认为，1680至1705年间所取得的巨大进步为18世纪上半叶的迅猛发展铺平了道路，实际上推动了18世纪上半叶的发展"（Deyon，1963，955）。

㉔ 参见戴雍（Deyon）（1963，952）和克伦本茨（Kellenbenz）（1965，389~390）。

㉕ 参见威尔逊（Wilson）（1965，185）。

㉖ 戴雍（Deyon）（1872，31）持这种观点；但克伦本茨（Kellenbenz）的考察（1965）似乎得不出同样的结论。

㉗ 参见格拉曼（Glamann）（1974，506）和威尔逊（Wilson）（1977a，26~27）。

㉘ 威尔逊（1960a，221）。

㉙ 参见斯密特（Smit），1975，62）。

㉚ 欣顿（Hinton）（1959，101）。

㉛ 参见罗曼诺（Romano）（1962，519）。他把荷兰造船业的下降定在1671至1701年。亦参见费伯（Faber）编（1965，108）。昂格尔（Unger）注意到，荷兰在船舶设计方面的主导地位到17世纪30年代就已经下降了，到70年代则已丧失了，到18世纪，荷兰造船厂已大大减少或消失了。安格尔提出了一系列原因：法国的保护主义，战争导致荷兰税收负担和公共债务的加重；国内市场的萎

缩；海盗业的衰落；船舶寿命的延长（参见1978，109~110）。

⑫ 谈到17世纪初期的英国，萨普勒（Supple）说："就政府来说，不稳定的最关键因素是年复一年的失业问题"（1959，234）。谈到18世纪初期，乔治（D. George）说："有人认为失业问题是一种现代病。这是错误的"（1953，53）。

⑬ 佩尔斯（Pares）（1937，120）。弗尼斯（Furniss）说，对贸易联系的评价不仅从其对贸易平衡的贡献的角度看，而且从"该项贸易可以向本地劳工提供的就业"角度看（1957，52）。

⑭ 威尔逊（Wilson）（1969a，125）。

⑮ 德弗里斯（De Vries）（1974，183）。罗梅因（Romein）估计1690年荷兰的工资水平比英国高16%［转引自威商逊（Wilson），1969b，118］。

⑯ 雅卡尔（Jacquart）提到，投石党运动以后的时期，由于缺乏农业工人而导致农村劳工的工资上涨（1973，178）；亦参见古伯特（Goubert）（1970d，64）。至于1665年至1688年间的工业，尽管出现了衰退，但"城市和农村的工资水平（计件和计时）看来是稳定的"（古伯特，1970g，348）。这实际上是相对上升了。还参见拉布鲁斯（Labrousse）（1970，37u）。莱昂（Léon）指出，1660年到1750年间，"各种行会气势迫人"，导致城市工资水平升高和工业越来越多地转移到农村地区，因为农村地区劳动力"十分丰富，而且温驯听话，习惯于低工资"（1970b，251）。

⑰ 希尔（C. Hill）（1969，98）。

⑱ 利普森（Lipson）（1956，III，278）。

⑲ 参见弗尼斯（Furniss）（1957，76~78）。法国也存在同样的压力。参见圣-莱昂（Martin Saint Léon）（1976，13，501~504）。

⑳ 汤普森（E. P. Thompson）（1967，57），他注意到（P.64）同一时期英国钟表制造业的兴起。

㉑ 内夫（Nef）（1968，233）。达克姆（Duckham）在谈到"矿工奴隶制"时说："实际上没有哪部法典允许'奴役'矿工。然而在这一时期苏格兰社会历史上，绝大多数矿主认为他们的矿工是最完全意义上的契约劳工，而且认为所有矿工乐于都接受这种地位"（1970，243）。不过，这无法阻止矿工时不时地举行罢工。罢工是可能的，因为"缺乏熟练的采煤工人"［休斯（Hughes），1952，253］。

鲁舍（Rusche）和克什海默（Kirchheimer）注意到，就在这一时期的荷兰、英国和法国，我们可以看到教养院的兴起。教养院主要是作为"以特别低的成本（由于其廉价劳动力）生产商品的工场"（1939，50：亦参见24~52）。此外，这一时期，苦力犯这种司法惩罚形式也发明了——这是"获得用于自由劳工所无法完成的任务（即使经济条件处在最糟糕的时期）的劳工的最普遍的

⑫ 方法"（P. 56～58）。
⑫ 转引自威尔逊（Wilson）（1969a，122）。亦参见哈克谢尔（Heckscher）（1935，II，169），利普森（Lipson）（1956，III，273～274），科茨（Coats）（1958，35，46）和怀尔斯（Wiles）（1968，115，118）。
⑬ 伊曼纽尔（Immanuel）（1972）。
⑭ 哈克谢尔（Heckscher）（1935，I，22）。
⑮ 莱昂（Léon）（1970a，113）。此外，1660年至1789年间国家对工业的投资每年仅为200万法郎，"实际上这是一个可笑的数字"，因为工业带来的财政收入高达1亿法郎（莱昂，1970b，225）。
⑯ 内夫（Nef）（1969，215）。
⑰ 古伯特（Goubert）（1970g，354～356）。他提醒我们，在"内伊梅根条约"里，柯尔伯在荷兰人和英国人的压力下，被迫在他的高关税政策上做出让步。穆夫里（Meuvret）认为，公司的失败比关税及对外国运输船只征收的每吨50苏的富凯（Fouquet）税［相当于法国的航海条例的失败重要得多（1971a，32）］。亦参见戴雍（Deyon）（1966，55）。
⑱ 普里斯特利（Priestly）（1951，47）。
⑲ 柯尔伯的努力"从一开始就注定是一件困难的事情"［戴雍（Deyon），1963，95，1］。
⑳ 威尔逊（Wilson）（1965，65）。
㉑ 一方面，有人说法国在某种角度上来说太大了，另一方面又有人认为荷兰面临相反的问题。"如果尼德兰的所有领土都统一起来了，英国后来所登上的经济进步新台阶荷兰就会更早登上。比利时的铁和煤、阿登（Ardennes）的至关重要的水力都是工业革命的重要因素，但荷兰两者都缺乏"［普卢姆（Plumb），1965，XXV］。
㉒ 参见戴维斯（Davis）（1954，161，163）。不过他注意到，"贸易顺畅的一段时期是从1677年走出萧条到1688年革命这一时期。"
㉓ 威尔逊（Wilson）（1965，xii）不过，克莱因（Klein）说，"到1670年前后，阿姆斯特丹的谷物市场已无足轻重，不成其为世界中心贸易市场了"（1966，208～209）。
㉔ 哈珀（Harper）认为，此条例"在抑制荷兰作为第三方运输者方面有实际影响"（1939b，300）。阿斯特罗姆（Åström）说，1633年至1685年波罗的海贸易的变化是"巨大的"（1960，7），虽然荷兰的失常就是波罗的海沿岸和英国船主的得。弗兰肯（Franken）引述了1684年阿姆斯特丹城市长老（City Fathers）的话，呼吁人们注意这样一个事实：英国"由于自己有谷物和工业制成品，所以其商业本钱比阿姆斯特丹多，"相比之下，阿姆斯特丹的贸易是"人为的"（1968，10）。

⑬ 克鲁泽（Crouzet）（1972，62）。
⑭ 德鲁莫（Delumeau）（1966，105）。
⑮ 李希特（Richet）（1972，205）。
⑯ 穆夫里（Meuvret）（1971a，33）。
⑰ 库尔舍（Kulischer）（1931，16~17）。
⑱ 参见托马斯（P. J. Thomas）对17世纪东印度贸易的"苛刻的"论述（1963，6）。至于利润，参见格拉曼（Glamann），他说，"荷兰的亚洲贸易所得利润，与其在欧洲通过航运和商业所得利润相比是不算多的"（1958，11）；亦参见莫里诺（Morineau）（1978e，175）。
⑲ 贝塞特（Bassett）（1968，85）。
⑳ 威尔逊（Wilson）（1965，170）。当时亚洲的布匹由于其轻柔、美观和质高而具有很高价值。托马斯（Thomas）提醒我们：1727年的海事地图说："印度和中国可以用其产品为整个世界提供衣着"（1963，31）。
㉑ 乔杜里（Chaudhuri）（1968，486）。他补充说，至于1700年，"欧洲产品的贸易条件似乎恶化了。"
㉒ 穆克吉（Mukherjee）把这一变化的年代定在18世纪40年代，那时由于莫卧儿帝国的解体，英法对立就可以采取"严肃竞争"的形式，"目的在于控制印度，以牺牲他人的代价为一家公司取得绝对'贸易'优先权"（1974，110）。
㉓ 戴维斯（Davis）在他对英国贸易的分析中论述了边缘化这一问题（1961，125，137）。就意大利而言，他说，到1700年，它已成为"用其农产品来交换英国工业制成品的另一个国家。"他描述地中海东部贸易是"用英国工业制成品交换外国原料"的贸易，并说，"实际上该贸易可归结为用布匹交换丝绸的贸易。"我同意关于意大利的评论，但对地中海东部（Levant）的判断持保留态度。伊萨维（Issawi）（1974）也描述了1600年到1914年间奥斯曼（Ottoman）帝国越来越多地参与世界贸易的过程；但至于何时发生决定性的变化尚不清楚。他似乎认为18世纪是个转折点。
㉔ 拉普（Rapp）说，17世纪英国的兴起"靠的是征服了南方市场，更确切地说，靠的是摆脱了地中海地区工业和贸易的对手"（1975，522~523）。笔者认为，尽管17世纪初期与基督教的地中海的贸易的扩大可给英国（和联合省）带来直接好处，拉普的观点在相当大的程度上是夸大其辞。事实是，1660年后，地中海贸易虽在绝对数量上继续扩大，但在总体贸易中的比重却越来越小了。如法国，16世纪后期它和地中海东部（Levant）的贸易占其全部外贸的一半，到18世纪80年代，只占1/20。英国的下降甚至更快：从17世纪中期的顶峰的10%降至18世纪末的1%。而且，作为原棉的产地和纺织品的销售市场，黎凡特的重要性已让位于其他新的原产地和市场。参见伊萨维（Issawi）（1974，114~115）。

⑭⑦ 帕里（Parry）说，18世纪将在后来产生"似是而非的现象：一个英国人的地中海"（1967，191）。莱昂（Léon）和柯利尔（Carriére）说，从1661年到1789年这一期间，地中海贸易占法国贸易总额的30%（1970，194）。伊萨维（Issawi）说，在18世纪80年代，法国占了奥斯曼（Ottoman）帝国贸易的50～60%（1974，114）。法国还在和柏柏尔（Barbané）（大致指的是突尼西亚）（Tunisia）贸易中占支配地位〔莱昂（Léon）和柯利尔，1970，193〕。

⑭⑧ 阿斯特罗姆（Åström）（1963，29）。

⑭⑨ 阿斯特罗姆（Åström）补充了另外一个因素，认为波罗的海地区购买布匹（而不是丝绸和丝绒）的社会集团是小贵族、小绅士、传教士、官员和自治市的市民，他们的需求依旧不变。"所以，造成布匹消费巨大波动的只是一个穿衣集团：军队。战争准备促进了需求，军队遣散则抑制了需求"（1963，71）。三十年战争结束后"北方的平静"是布匹购买量急剧下降的主要原因。

  这一理由能否成立，我表示怀疑。首先，我并不认为非军事需求是固定不变的。阿斯特罗姆（Åström）自己也注意到那时英国的布匹出口危机主要有三方面因素："荷兰的竞争，欧洲东部和北部布匹生产者的增加和波兰市场购买力的下降"（1963，69）。第二和第三个因素恰恰包含了非军事需求的不稳定性。第一个因素涉及三十年战争，但不涉及军事需求，而是涉及这样一个事实：由于战争，1623年到1649年间荷兰船只从波罗的海的"英国贸易中消失了"〔欣顿（Hinton），1959，37〕。

⑮⓪ 欣顿（Hinton）（1959，45）。

⑮① 参见欣顿（Hinton）（1959，59）。

⑮② 欣顿（Hinton）（1959，99）。

⑮③ 威尔逊（Wilson）（1965，80）。达比（Darby）说，到"1660年王位复辟时，森林面积已大大减少了"（1975，328）。造成的一个政策结果是，海军部受到了震惊，和皇家学会进行了协商。1664年，伊夫林（John Evelyn）撰写了一份报告，呼吁土地贵族多植木。他的劝告得到广泛的赞同，并最终收到了效果，国内供应增加了。很清楚"这些年里种植的树木及时成材，在18世纪的战争时期支持了英国的海军"〔达比（Darby），1973，329〕。

⑮④ 参见班福德（Bamford）（1956，206～207）。

⑮⑤ "法国企业家之所以不愿拿他们的资本和船只冒险去经营北方航运（他们常常批评这种航运），其原因是他们现实地认识到他们的能力有限和与可怕的荷兰人竞争十分危险"〔班福德（Bamford），1954，219〕。班福德暗示，除了成本高外，法国人不愿到北方获取桅杆的另一个原因是害怕"在战时依靠它们会造成严重的战略无能"（1956，113）。这一时期法国在波罗的海的贸易只占其总贸易的7%〔参见莱昂（Léon）和柯利尔，1970，194〕。关于法国在北美的行动，班福德说："用于桅杆的树木在加拿大非常丰富而且便宜，但要开发这些

树木需要雇用当地劳工，而当地劳工的工资又出奇的高"（1956，120）。

（和英国人需要相比，）法国人最初不愿到北美去寻找木材资源的原因是要加强国内木材业。看清这一点十分重要。班福德注意到，1731年法国全面停止从北美进口桅杆的一个理由是北美桅杆质量低下。但他又认为，桅杆之所以质量低下，是因为这些桅杆是在圣劳伦斯河（St. Lawrence River）附近而不是在更远地方砍伐的，而且在装船之前在场地上存放了两年左右。"假如法国人不是停止进口，而是扩大他们在加拿大的采伐活动，那么结果肯定会像后来对英国那样，法国人可以从中得到莫大益处"（1956，127~128）。

⑮ 参见阿斯特罗姆（Åström）（1963，41~44）。这不仅对寻求木材来说是真实的，而且对寻求亚麻、大麻、树脂、柏油、钾碱等来说也是如此。

⑯ 兰顿（Langton）（1972，51），他暗示，与内夫（Nef）15倍增加的估计相比，这一数字是保守的。所以他认为"没有发生彻底的'革命'"。要达到他所谓的革命所需数量谈何容易！

⑰ 引自明钦顿（Minchinton）（1974，151）。关于英国木材短缺和采煤的兴起，参见威尔逊（Wilson）（1965，80~85），他补充了一句颇具特色的评论："煤成功地取代树木作为燃料以及煤产量的增长不应看作是用来解释英国纺织业以外所有工业发展的两种前提机制（deux ex machina）。"不过，他又说："这大概是17世纪初最有利于经济扩展的因素。"

⑱ 阿斯特罗姆（Åström）（1963，32）。

⑲ 哈克谢尔（Heckscher）（1932，139）。他说："（瑞典）的优越之处不仅在于其（铁矿石的）质量，更重要的在于其（木炭的）数量。"

⑳ 莱昂（Léon）强调了18世纪法国生铁日益短缺。他宣称，早在1685年，法国就进口850万磅生铁（1787年为4200万磅），主要是从德国、俄国、西班牙特别是从英国和瑞典进口的。他谈到了18世纪"对毁林的威胁和燃料成本日益上升"的越来越多的抱怨，并提到1731年佛朗什孔泰（Franche-Comté）省农民举行的反对冶金者的暴动，因为冶金者毁坏森林（1970b，231~232）。

㉒ 弗林（Flinn）攻击了认为1660至1760年英国冶铁业是停滞工业的陈旧观点。他认为相反，进口的增加反映了国内和殖民地日益增长的需求（1958，145）。巴尔罗克（Bairoch）证明，1660年至1760年不列颠国内钢铁产量没有增减，而进口却增长了130%。他认为主要用途是在农业（1966，8~10）。

㉓ 法国的相应膨胀最近迫使它于1735年前后进入"煤的时代"［莱昂（Léon），1970b，232］。

㉔ 戴维斯（K. G. Davies）（1974，314）。

㉕ 戴维斯（1974，45，80，85）。当然，殖民地的块数取决于如何来界定"块"这个单位。戴维斯列出了一张清单并提供了证明。

㉖ 参见戴维斯（Davies）（1954，131）和威尔逊（1965，161）。

⑯⑦ 帕里（Parry）（1967，206）。

⑯⑧ 英国人"更充分地使用契约劳工"。1700年，有25万英国人移居北美，而法国只有2万［戴维斯（Davies），1974，80，96］。柯廷（Curtin）的估计表明，英国殖民地的奴隶数量较别国殖民地多，尤其是在1700年之前（1969，表3）。

⑯⑨ 德休（Dehio）（1962，89）。胡格诺教徒并不一定渴望移居他处，正如德休所说，他们在大西洋的"另一边，也只能面临同样专制的社会、政治和宗教生活方式"。

⑰⓪ 斯科维尔（Scoville）（1960，103）。

⑰① "无疑就数量而言，（法国）国内贸易大大超过其对外贸易量"［莱昂（Léon）和柯利尔（Carriére），1970，165］。

实际上，我们可以看到17世纪贸易港口把方向转向内地——莫里诺称马赛（Marseille）港"北方化"，"与地中海脱钩"。他解释说，在17世纪初期，马赛经历了一场"真正的扩展"，这次扩展比16世纪的扩展还要辉煌（1970b，163，169）。人们不禁要问这怎么可能，因为马赛刚刚失去了利润丰厚的香料贸易，这一贸易被荷兰人占领，并在随后将之改道了。莫里诺的回答是：马赛成了一个进口皮革特别是生丝的地方，并供应里昂（Lyon）的丝织产品，而里昂当时正在占领以前由北意大利人占据的法国市场。这是些什么市场？是宫廷的奢侈品市场，尽管总体经济衰退，但这个市场长盛不衰。这一市场有三种源泉：现有需求的重新定向，封建领主收入的增加以及税收增加所造成的廷臣收入的增加。

"这样便促进了可与武器贸易和皮革贸易相媲美的奢侈品贸易，因为17世纪是一个穿靴子的世纪，这一点我们不要忘记。马赛把它发展的原动力注入法国的内部资源中去了。这样它便可躲过金融危机的影响"（1970，168~169）。

⑰② 尽管英国"（在17世纪）规模庞大的殖民冒险，贸易（依旧）主要是跨欧洲贸易"［萨普勒（Supple），1959，7］。不过，当和殖民地的贸易上升的时候，和荷兰的贸易却下降了［威尔逊（Wilson），1965，271~272］。

⑰③ 参见费希尔（F. J. Fisher）（1950，156）。詹宁（Jeannin）认为，在1650至1750年这一时期，西欧制造业有两个主要的市场，一是北美殖民地，另一个是西欧各国内部（1964，338~339）。我们可再次看到，由于法国比英国大，有更大的需求，因而不那么需要北美市场。

⑰④ 参见戴维斯（Davies）（1956，71）。

⑰⑤ 参见威尔逊（Wilson）（1967，513）。

⑰⑥ 参见阿什顿（Ashton）（1969，72~74）。

⑰⑦ 参见莱昂（Léon）和卡里埃（Carriére）（1970，178）。

⑰⑧ 参见沃勒斯坦（Wallerstein）以前的论述（1974，264~266）。

⑰⑨ 我们不要忘记，在漫长的衰退时期，即使是英国，外贸也无足轻重。例如，里

德（Reed）认为："不论商人来自哪个国家，有助于降低交易成本的是总贸易量。虽然（英国）的外贸（在17世纪）增加了，但其水平还比国内贸易低，也没有证据显示外贸增长更快。所以国内商业极有可能占据支配地位"（1973，1984）。这一论点得到广泛赞同。不过，法国的贸易总量是否低于英国贸易总量（特别是考虑到法国国土大得多），仍有待考察。

因此，我们也许不想考察全国贸易量，而是考察某一市场的贸易量。当然，巴黎不像伦敦那样集行政和经济职能于一身，这也是由于法国的面积及其所造成地理结构所致。不少学者已对1650至1750年间伦敦作为一个城市和市场的成长过程有广泛的论述［参见里格利（Wrighley），1967，63］；伦敦的贸易成本比巴黎和法国其他大城市的贸易成本低一些，这或许是事实。诺思（North）和托马斯（Thomas）认为，1500至1700年间，技术上的变化微不足道，从生产率提高上的得益不多，因此得益的唯一可信的来源是"利用市场代价的减少"（1973，150）。如果他们的观点正确的话，那么这就解释了英国相对于法国的优势。

⑱⓪ 帕克（Parker）（1974a，532）。

⑱① 威尔逊（Wilson）（1949）。

⑱② 哈克谢尔（Heckscher）（1950，221~222）。

⑱③ 威尔逊（Wilson）（1951，232）。他坚持认为，这一争论具有现实意义："我希望，认为使用贵金属作为国际支付媒体是一种多边结算方式这种共识会缩小争论的领域。不过它没有完全解决这一争论。我总是认为，对于重商主义时代正常的国际贸易与支付方式，存在着一个观念上的差别。在我看来，哈克谢尔（Heckscher）教授似乎暗示条金条银的作用过小，汇票的作用过大。事实是否像他暗示的那样，托马斯·曼时代的世界与马歇尔（Alfred Marshall）时代的世界如此相似？国际贸易的资金问题是否是一个与历史无关的问题？我不这样认为。条金条银流动的规模与19世纪和20世纪初条金条银的'点滴流动'存在着天壤之别"（1951，233）。

⑱④ 普莱斯（Price）（1961a，273~274）。

⑱⑤ 斯珀林（Sperling）（1962，468）。

⑱⑥ 布利兹（Blitz）（1967，41）。

⑱⑦ 威尔逊（Wilson）（1949，154）。在这一点上，萨普勒（Supple）赞成威尔逊，反对哈克谢尔（Heckscher）（1959，86）。他引述了1641年罗伯茨（Lewes Roberts）撰写了一本题为商人商业地图书中一段话："东方的人民素以金银稀少而著称，他们以极低的价格……卖掉他们丰富的商品，特别是用作日常食品的商品。"（1951，176）

⑱⑧ 欣顿（Hinton）（1959，115）。

⑱⑨ 参见阿斯特罗姆（Åström）（1963，82）。说到瑞典，哈克谢尔（Heckscher）也

坚持认为，"退一步讲，找不到白银向（瑞典）流动的蛛丝马迹"（1950，225）。但在谈到和俄罗斯的贸易时，阿特曼（Attman）说："至少直至17世纪中叶，每个国家都不得不用贵金属来支付其贸易逆差"（1973，160）。

⑲ 斯珀林（Sperling）（1962，461）。流到波罗的海地区的白银一部分被地中海东部（Levant）的波兰人用来购买"东方的奢侈品"了（Maczak，1976b，5；亦参见1974，507）。还参见罗赫（Hroch）（1971，26）和格拉曼（Clamann）（1977，262）。

⑲ 戴尔斯（Dales）（1955，142~143）。

⑲ 乔杜里（Chaudhuri）（1963，26）和辛格（Singh）（1977，第7章）。关于从西班牙向菲律宾的流动，参见肖努（Chaunu）（1960b，268~268）；关于从荷兰到东印度群岛的流动，参见舍费佛尔（Schöffer）（1966）和范德维（Van de Wee）（1977，310）。雷乔杜里（Raychaudhuri）总结了荷兰对科罗曼德尔（Coromandel）的进口（原文如此）："主要的进口物品，除了金银和硬币外，其他本质上是奢侈品"（1962，197）。不过，就荷兰而言，由于其有能力经营印度、中国和日本之间的跨亚洲海上贸易，因而"使得（她）可以减少西方允许流到东方以平衡支付的金银硬币数量。所以，直至1668年，日本的白银使荷兰省却了部分西班牙比塞塔（piasters），因此和英国竞争对手相比，荷兰人具有一定优势"戴雍（Deyon）（1978b，229）。

⑲ 乔杜里（Chaudhuri）（1963，27）。

⑲ 乔杜里（Chaudhuri）（1968，484，495）。

⑲ 参见阿斯特罗姆（Åström）（1963，82）。

⑲ 乔杜里（Chaudhuri）（1968，496）。

⑲ 吕提（Lüthy）（1961，34）。他说："**几乎**全部是单一本位的白银并不等于**全部**。"乔杜里（Chaudhuri）注意到，1662至1680年间，东印度贸易吸收了东南部印度所渴望的黄金，那时东南部印度处在贸易的最前线，但"在1676年，由于某些至今仍令人费解的原因，印度金银市场以白银来衡量的金价突然崩溃了"（1698，488）。

吕兹马丁（Ruiz Martin）注意到了"从1609年……直至18世纪"欧洲金融市场上白银较之黄金的"至高无上的地位"。他说，部分原因是东方对白银的需求。"例如，荷兰人和英国人在与阿尔及利亚人（Algeriuas）、波斯人（Persians）的外交接触中，经常听到实施治外法权的唯一条件：用卡斯提尔（Castiliau）的里亚尔（reales）（银币）付钱"（1970，56）。不过，斯珀林（Sperling）在谈到大约从1680至1703年的"白银危机"时说，为何黄金没有取代白银运往东印度群岛？"白银之所以向东流动，并不是在任何终极意义上贸易要依靠它，而是因为它有利可图。第二……本来可以使用黄金，但利润可能要少些，因为欧洲人的贸易条件可能恶化"（1962，466~467）。他注意到那时西班牙所属美洲白银和黄金的比率是 17∶1，欧洲是 15∶1，印度是 12∶1，日本是 9∶1。但如果这些不同比率不是从使用条金条银的不同估价中产生的话，何以产生？

⑱ 吕提（Lüthy）（1961，35）。当然，欧洲内部也使用白银，但只是作为市场交换用，而不是用作清算。吕提（Lüthy）补充了下面这段具有有启发意义的语言注脚："如果在法语中白银（argent）成了用来表达货币的名称的话，那么硬币就被译为金币（point-or）。"［Lüthy 把英语的"硬币"（specie-point）用在法语中了］。

⑲ 斯珀林（Sperling）（1962，450）。

⑳ 参见威尔逊（Wilson）（1967，509）。

㉑ 萨普勒（Supple）认为，政府的真正问题是条金条银流动的变化的迅速重新调整，也就是清算上的困难。"在这方面，'重商主义'像通常所说的那样，更常常以防卫机制的面貌出现，而不是以侵略性的、错误的和自相残杀的面貌出现。出于对丧失的钱财的数量和质量的担心，各国当局都十分希望在金钱外流产生年复一年的经济失调之前，控制金钱外流"（1959，194）。

㉒ 参见维拉尔（Vilar）（1974，237～244）书中总结性的论述。

㉓ 莫里诺（Morineau）（1969a，346～347；亦参见 1978b，80～85）。

㉔ 莫里诺（Morineau）（1969a，311）。例如，在解释 16 世纪最后 20 年运抵西班牙的条金条银的"增长"时，莫里诺提到了这样一个事实：国王从美洲运回更多的条金条银（大概是从什么地方开采的，但本来不会越过大西洋运到西班牙），及他大幅度减少从印第安人和美洲西班牙人那里运来的条金条银（1969a，334）。但是印第安人让出条金条银并没有得到报偿，而定居的西班牙人大概想把这些条金条银用来在西班牙购物，所以不管怎样条金条银总会越过大西洋。戴雍（Deyon）和莫里诺持同样的怀疑态度："没有谁想否认意外发现的作用，但对于欧洲命运会埋葬于美洲矿山深处这样一种理解，我们怎能不表示怀疑呢？"（1967，84）。

㉕ 博利尔（Rene Baehrel）运用这一时期的历史统计资料论述道，条金条银或货币是一个"次要现象"（1953，309）。笔者对此有不同的看法。条金条银是一种像小麦或纺织品一样的商品，我们必须考虑到所有这些商品之间的贸易条件。

㉖ 莫里诺（Morineau）（1969a，331～332）。他补充说，德雷克（Drake）效应是"保险公司的圣饼"。关于德雷克效应，亦参见帕里（Parry）（1961，127）和林奇（Lynch）（1969，190）。

㉗ 莫里诺（Morineau）（1969a，346）。这里指的是英国的布莱克（Blake）海军上将，1656 年他率舰在加的斯（Cádiz）近海袭击了八艘西班牙大帆船，击沉两艘，俘虏两艘。

⑳ 维拉尔（Vilar）说："可以肯定到该世纪中期，荷兰共和国的资本至少已经和欧洲其余国家的资本总和相等了。"

⑳ 威尔逊（Wilson）（1949，160）。斯通（Stone）注意到了1620至1650年间伦敦的利率从10%跌至了5%，并说这一跌幅与除荷兰以外欧洲其他地方是相同的。"这一利率的急剧下跌既是游资增加和利用游资的机构（如联合股份公司、储蓄银行及捐客和金银首饰商）的发展的原因，又是其结果"（1972，69）。如果真是荷兰拥有的条金条银导致了利率的下跌的话，那么全球游资的减少实际上不是更能说明这一点吗（尽管银行信贷、游资还是增加了）？

⑩ 首先，大家必须记住，商品总体价格低廉的时候也就是贵金属购买力高的时候，所以这是寻找贵金属的刺激因素。[维拉尔（Vilar），1974，247]。

⑪ 吕提（Lüthy）（1959，95）。他怀疑条金条银缺乏这个概念是否正确，并暗示可能是缺乏流通。他指出在那时，世界 resserrement（萎缩）既意味着囤积货币，又意味着缺乏货币。

⑫ 吕提（Lüthy）（1959，97）。这产生了持久的影响。维拉尔（Vilar）指出，在18世纪上半期，"英国发现自己和巴西、葡萄牙之间的货币流通是以黄金为基础的；而法国的对外关系则与西班牙及加勒比为中心，而且结算是以白银为基础的。"（1974，324）

⑬ 维拉尔（Vilar）（1974，287）。

⑭ 参见斯普纳（Spooner）（1956，3～4）。

⑮ 参见皮勒盖特（Pillorget）（1966，129）。

⑯ 参见吕提（Lüthy）（1959，98）。

⑰ 阿什顿（Ashton）指责希尔（Christopher Hill）说："在他看来（就像在辉格党人看来一样），17世纪实际上是现代自由主义出现的伟大的英雄时代"（1965，581）。

⑱ 普卢姆（Plumb）（1965，xxii）。琼斯也持类似观点，他认为1640年之间，"和荷兰相比之下"英国的软弱无能"是很关键的"（1968，41）。

⑲ 博克哈德（Burckhardt）（1965，144～145，152～153，180）。他说："对路易十四来说，权力和财富的增长首先是保护权力财富的一种方法。"

⑳ 威尔逊（Wilson）用国防费用来解释荷兰的高税收。在谈到独立以后的时期时，他说："依靠自己的防卫力量而进行战斗常常比效忠于无力相助的封建领主更好。这样做费用还低些"（1968，235）。斯密特（Smit）注意到，17世纪最后20年战争代价的上升"超过了该国税收和人口的承受力。"为了继续进行这种竞争，荷兰人可能被迫"在这个税率已是最高的国家里……大幅度增加税收"（1975，62）。

㉑ 芬纳（Finer）说："不论哪国，急剧增加发生在1648年三十年战争结束后"（1975，101）。

第三章 中心地区中的斗争——第一阶段：1651~1689年

㉒㉒ 佩吉斯（Perjés）（1970，3）。格拉曼（Glamann）指出，在17世纪末，英国海军在海上服役的人数为2万，"这一数字与布里斯托尔（Bristol）及诺里奇（Norwich）等城市当时的人口相当"（1977，200）。

㉒㉓ 卡斯韦尔（Carswell）认为，在1685年，英国和荷兰军队是在力量上"相对来说不相上下"，双方在战时都依靠一种"特别的组织能力"，但法国却拥有"大规模的职业军队"（1969，20）。

㉒㉔ 参见卡特（Carter）（1975a，24）。

㉒㉕ 关于至1683年阿姆斯特丹商人的抵抗及1688年他们观念的变化，参见史密特（Smit）（1968，33）。关于导致英国支配的英荷伙伴关系和两国"敌对共存现象"，参见霍布斯鲍姆（Hobsbawm）（1960，112），关于路易十四花了一些时间才认识到英国已成为其"主要对手"这一事实，参见博尔德（Bourde）（1960，54）。

㉒㉖ 塔皮（Tapie）（1960，12）。

㉒㉗ 博尔德（Bourde）（1960，63）。

㉒㉘ 参见霍布斯鲍姆（Hobsbawm）。他说："17世纪末期法国最突出的事情不是柯尔伯主义，而是其相对的失败；不是君主制的改革，而是与其海上对手经济上竞争的失败，以及**被这些对手所击败（尽管有丰富得多的资源），和最后在军事上的失败**（1960，111）。"

㉒㉙ 莫斯尼尔（Mousnier）（1967，269）。

㉒㉚ 莱昂（Léon）和柯利尔（Carriére）（1970，190）。

㉒㉛ 德鲁莫（Delumeau）（1996，94）。

㉒㉜ 威尔逊（Wilson）（1965，57）。欣顿（Hinton）在谈到英国商业体制的灵活性本质时，是否也是这个意思？参见威尔逊（1959，71~83），并比较哈珀（Harper）（1939b）关于在理解从航海条例中行政决策地位的重要性的论述。

㉒㉝ 这一用语是明钦顿（Minchinton）（1974，111）提出的。亦参见帕克（Parker）（1974a，561）。

㉒㉞ 可以看出公共财政和私人利润之间关系的这一现实具有多方面的影响。例如，马德莱那（De Maddalena）指出，在法国和德国西部，新的资产阶级地主聚敛财产是通过"迂回方式进行的，因为吞并农民的农场意味着承担与之相伴随的税收义务"（1974a，293）。

　　这也是为何雅卡尔（Jacquart）称国家是"17世纪的真正牟利者"的原因（1978b，406）。

㉒㉟ 帕克（Parker）（1974a，572）。

㉒㊱ 费弗尔（Febvre）（1933，270）。

㉒㊲ 关于柯尔伯对traitants（包税商）的敌视，参见马尔森（Marsin）（1970，269）。不过，吕提（Lüthy）注意到，fermiers（包税人）和traitants（包税商）是必不

可少的恶魔，因为他们可以增加国家的岁入（1959，109）。重商主义事业并不仅仅限于工业区域，参见拉杜里（Le Roy Ladurie）（1974b，16）。德瑟尔（Dessert）和朱尔内（Journet）（1975），描述了他们所称的"柯尔伯游说集团"，这个集团由1663至1687年间占据La Ferme générale（大总包税区）的**金融家**组成；他们从土地上掠取税收，用于他们的工业企业和进出口业务。在这个意义上，柯尔伯主义代表了资源从低水平的、非生产性的 **traitants**（包税商）和fermier（包税人）转移到高水平的、生产性的个人中。

㊳ 参见鲁尔（Rule）（1669，32）和古伯特（Goubert）（1970f，123）。

㊴ "柯尔伯的工作干得很出色。虽然法国人是付出了很高的费用，但这大概是因为他们付得起"［古伯特（Goubert），1970f，124］。

㊵ 阿什利（H. P. Ashley）（1934，970）。

㊶ 参见罗斯维尔（Roseveare）（1969，61；1976）。

㊷ 斯马特（Smart）（1975，45）和史密特（Smit）（1975，63）。

㊸ 参见罗尔达（Roorda）（1964，126～127）。关于荷兰共和国的专制主义政治理论，参见考斯曼（Kossmann）（1976，13～17）和鲍斯马（Bouwsma）（1970，9）。

㊹ 巴克（E. Barker）（1966，7）。

㊺ 哈克谢尔（Heckscher）（1935，104）。

㊻ 穆夫里（Meuvret）（1971a，29）。此外，把这与英国进行不对等的比较是荒唐的，英国的统一关税区只比五大包税区略大一些。正如克鲁泽（Crouzet）所说，英国的统一"不应估计过高"（1972，78）。

㊼ 参见阿谢尔（Asher）（1960，48）。至于柯尔伯的海军需求体制——这一体制比新闻出版体制公平得多——为什么会以失败而告终，他的解释是绝对君主制不够强大（参见第91～95）。

㊽ 普卢姆（Plumb）（1967，13）。

㊾ 例如，哈林顿（James Harrington）在《大洋共和国》（*Conmonwealth of Oceana*，1656）一书中说："**贵族**，就其形式……我亦应理解成绅士，就像法国人对Noblesse（贵族）的理解一样"［转引自威尔逊（Wilson），1965，109］。要说后来没有学者认识到这一点是不公平的。例如，哈巴库克（Habakkuk）说英国的贵族加上绅士是一个"单一的、虽然不是非常同一的社会阶级"（1967，2）。亦参见拉布鲁斯（Labrousse）的论述，他宣称，有产阶级［La classe propriétaire，包括贵族中nonannual（无年金）、非农民阶层］、教士和经营良好（bonne）的资产阶级"混淆了三个社会等级。这并没有否认他们的存在。在这里，阶级和等级并不矛盾"（1970，474）。

㊿ 转引自希尔（Hill）（1975a，281）。

㉑ "英国有地阶层的真正划分不在于新老有地家族之间，而在于那些地产和利益

极其有限，感觉不合时宜和自己不满受到忽视的地产主与那些更勤劳或幸福、在经济扩展与社会运动中找到优势的地产主之间。"明盖（Mingay，1963，107）。

㉒ 拉布（Rabb）（1975，71）。

㉓ 巴克（Barker）（1966，31）。1688年又出现这种情况。虽然看来这是国会对君主的胜利，但实际上却意味着18世纪"行政权力的扩大，这……成功地实现了斯图亚特（Stuarts）王朝常常试图实现但从未成功的对立法机构的降服"（普卢姆，1967，65）。

㉔ 斯通（Stone）（1972，49）。与此相似，萨戈林（Zagorin）说："没有发生重大的社会变革"（1959，400）。

㉕ 希尔（Hill）（1969，135）。除了无可否认的政治结构的变革外，希尔提到了封建土地制度的废除和政府放弃控制圈地的努力。他说："就贸易、殖民和外交政策而言，英国中世纪的结束是在1650～1651年，那时共和政府可以自由地把目光向外看"（第155页）。在希尔看来，中世纪就像一个水龙头，旋转程度不同，水流就不一样："就工业和国内贸易而言，……中世纪结束于1640年，那时中央政府丧失了其授予垄断权和控制穷人救济机构的权力"（第169页）。"就财政金融而言，英国的中世纪结束于1643年，那时两种新的税收——营业税和土地税产生了"（第180页）。

㉖ 威尔逊（Wilson）（1975a，153）。

㉗ 参见瑟斯克（Thirsk）（1954）。

㉘ 斯通（Stone）（1966，5）。

㉙ 1660年后，"竖起了反对社会流动性的樊篱，这些樊篱具有反对革命的特征"[瑟斯克（Thirsk），1976，xx]。

㉚ 萨普勒（Supple）说："使英国的地位不同于欧洲其他国家地位的市场环境的基本特征，在很大程度上是国家行动的功能问题。"不过，他补充说，此种国家行动不是直接的。萨普勒列举的一系列行动中首先是17世纪内战以后的政治稳定和社会和谐（1973，314～316）。

㉛ "（1688年）革命表明有产阶级最终是团结一致的"[希尔（Hill），1961a．276]。

㉜ 特里维廉（Trevelyan）（1963，45）。

㉝ 平卡姆（Pinkham）（1963，85）。亦参见琼斯（Jones）（1972，15），他说："不过，詹姆斯（James）用城市中产阶级来代替有地阶级的企图应该使历史学家在把革命彻底描绘成资产阶级革命前犹豫一番。严格地讲，事情恰恰相反。"

㉞ 参见特雷弗—罗珀（Trever-Roper），他说："在爱尔兰和苏格兰，国王已开始呼吁旧保皇阶级、教区僧侣、具有忍耐精神的'官方'贵族和绅士——他父亲的联盟就是依靠这些人的支持……但当情况表明这些集团不够强大时，他便在

㉖ 希尔（Hill）(1969, 137)。

㉖ 参见沃勒斯坦（Wallerstein）(1974, 293~297)。

㉗ 参见皮勒盖特（Pillorget）(1975, 879)。当然这些地区在经济上也常常遭受损失。关于这如何影响了巴斯克（Basque）乡村，参见戈伊亨奈什（Goyhenetche）(1975, 5~32)。

㉘ 从研究路易十四对其官僚人员政策一系列著作中可以非常清楚地看出这一点。不管我们研究的是国务大臣、军官还是司法人员都可清楚地看出，富裕和能干的人大都被招募进官僚机构中，并以个人地位的提升作为报偿。参见布鲁彻（Bluche）(1959, 18~22)，考维西埃（Corvisier）(1959, 45~46) 和古伯特（Goubert）(1959, 73)。

㉙ "尽管如此，资产阶级依旧……不满。他们满怀热情地渴望得到的权力，可以说他们得到了，同时又没有得到。如果说自柯尔伯以来，大部分大臣们的祖先或多或少都出身于资产阶级，但一旦当这些大臣们坐在政府办公楼里，他们便对他们的出身断然否认，而千方百计把自己同贵族联系起来"（莱昂，1970d, 643）。

㉚ 参见亚当斯（Adams）(1974)，的论述。这种观点是如此典型，以至一些现代新教徒认为废除南特敕令是把法国新教主义从保皇主义和遵奉国教中解救出来，迫使其在废除敕令后恢复其"原先特征"〔列奥纳德（Léonard），1940, 11〕。

㉛ 吕提（Lüthy）(1959, 12)。

㉜ 罗伯特（Robert）(1967, 47)。

㉝ 拉杜里（Le Roy Ladurie）(1971, 21)。他把英国同法国作了清晰的比较："英国君主属于新式君主，他于（1688年）和前反对派达成了和平：就像路易十四和以前支持神圣联盟（Ligue）及投石党人（Fronde）的教士达成和平一样"（1975c, 36）

㉞ 参见雅卡尔（Jacquart）(1975, 344~345; 1978c, 492)，拉杜里（Le Roy Ladurie）(1974c, 8~9) 和戴维斯（Davies）(1973, 125~127)。

㉟ 关于1661年后普罗旺斯（Provence）"名门显贵的温驯"，参见皮勒盖特（Pillorget）(1975, 863~866)。亦参见巴斯奎（Basquet）编（1972, 79），他说："（这一温驯）或许是君主政府在团结工作方面取得成功的最好证明。"

㊱ 引自希尔（Hill）(1975b, 204)。希尔赞同地说："人民大众究竟从革命中得到什么？是税收、劫掠、征兵，而不是稳定的公簿持有、废除头衔或保护小工匠免受其雇主之剥削。"琼斯（Jones）也说，小人物以及为革命舍生赴死的战士

"反过来并不是革命的受益者"（1972，16）。1688至1689年英国乡村小绅士的情形便是这样，就像尼德兰起义后加尔文主义战斗分子、靠海为生的穷人、城市贫民和小资产阶级的情形一样。

⑦ 参见莱昂（Léon）（1970e，684）。

⑧ 莱昂（Léon）（1970e，686）。

⑨ 格拉斯比（Grassby）（1960，38）。法国贵族远不是不能相容的。正如萨普勒（Supple）所指出，他们"在某种程度上被迫向17和18世纪的联合股份企业捐献资本和财物"（1977，450）。

⑩ 熊彼得（Schumpeter）（1943，135）。

⑪ 萨普勒（Supple）援引英法两国的例子说："贵族的企业……在矿业和重工业领域最为活跃"（1977，499）。关于法国制造业中贵族的地位，亦参见戴雍（Deyon）（1978d，277）

第四章插图 "摩根（Morgan）入侵普林西比港
（Puerto det Principe）"

埃斯克姆林（John Esquemelin）。（1678）
纽约公共图书馆稀有书籍部分。
阿斯特(Astor)，伦诺克斯（Lenox）和蒂尔登（Tilden）基金会。

"摩根（Morgan）入侵普林西比港（Puerto del Principe）"，埃斯奎姆林（John Esqnemelin）作，于 1678 年在《美洲海盗》（De Americaensche zee-roover's）发表，在 1684 年的《美洲海盗》（Bucaniers of America）再版。不能确定埃斯奎姆林是法国人，佛兰德人（Flemish）或是荷兰人。埃斯奎姆林作为理发师-外科医生为这些海盗服务了六年。他的书一直是关于海盗信息的主要来源，它的描述为那时的国家档案所证实。

第四章　缓慢增长时代中的边缘地带

世界经济的各个扩张时期，可以相对容易地予以概述。生产全面发展，而且在大多数地方都是如此。就业广泛，人口增长。繁荣成为该时期的征象。在名义价格的稳步上涨之中，大多数人们的实际工资收入可能在事实上下降却又不那么明显可见。确有相当大的社会躁动，但是，这是一种由乐观主义，甚至是由大胆鲁莽所滋生促成的社会躁动。个人的流动看起来是蔚然成风之事。进步发展似乎是上帝恩赐的礼物。

衰降时期却是大为复杂。首先，它们的曲折不平更是明显可见得多。有倒退、有停滞、有收缩，还有诸种坏年头——但不是对每一个人都是如此之坏。全面考虑世界经济的总体生产，并对其所有价值或人均数量予以某种计算，这一总体生产可能依然保持着稳定；不过，这可能是下面情况的结果：一些地区的生产量或生产率或是这两者得以增加，然而在其他的地区却是下降，从而相互平衡。就业者们的实际工资收入可能增加，但是，失业者们所占的比例也可能上升。

世界经济的边缘地区中有一种尤为黯淡的情况，这也许是在意料之中的事。这些地区在政治竞争场上处于极为软弱的地位。可想而知，处于中心地区和半边缘地区的统治集团为了维持他们自己的生产和就业水平，将会以牺牲边缘地区为其代价。可是，边缘地区并没有完全退出世界经济，其中有许多原因。首先，边缘地区的资本主义骨干分子们希望保留在世界经济之内，他们为此而进行斗争。其次，中心地区的资本主义骨干们必须关切整个世界经济最终的周期循环上升趋势，他们为此需要边缘地区的人口和土地中所体现的自然地域和能源。第三，处于核心地区的国家甚至在经济下降趋势之时，也不断需要边缘地区的某些产品——部分地是因为这些产品从生态方面来看无法由其他地方提供，部分地也是因为边缘地区的劳动力成本耗费要更加低于中心地区。

所有之中最需要强调指出的是：衰降是活动的减退，而不是停止。这从经济角度来说是表现为一系列不利于追求利润的阻碍，如果你愿意说的话，也就是将资本主义绵羊从山羊群中剔除出去。强壮者不仅幸存下来，而且经常兴旺发达。因此，世界经济中的一次衰降所引发的结果既有退化也有进化；既有经济活动的货币化中表面的衰退，也有新企业的出现；既有废弃也有重建或重新安置，它们在世界经济中的专门作用既有衰退也有深化。我们评估这一显而易见的相反现象必须从头开始。是什么引起世界经济诸趋势的长期性逆动变化？一个资本主义制度必须包括市场机制。由于市场受到政治调节和文化缓滞和偏好的影响，市场不是自由的——远不是自由的。然而，如果没有市场的反应，无论是什么样的反应，就很难于谈论资本主义制度了。

我们都知道：市场对供应与需求的诸种变化做出反应。诚然，这些都不是一些神秘不可思议的力量，以不可预测的诸种方式汇集于市场。供应和需求决定于相互关系并且是惯例性彼此决定；但是，如果彼此差异悬殊太大，时间太长，市场必然会予以注意。扩张时期趋向于超长时间地创造出大于需求的供应，其原因是非常简单的：供应决定于只是单个的企业家们（对于他们来说，在扩张时期增加生产意味着谋取利润的良好前景），然而，需求是集体性地予以决定（通过安排收入分配的政治机器）。或迟或早，在一定的现存世界范围分配情况下，相对于不断扩大的生产将会出现世界范围的需求不足。有两种事情可以消除这种差异悬殊：一是可以使生产的扩张倒退逆转，使之停止，或者最少使它减缓；二是可以重新安排收入的分配以便增加世界需求，最终许可形成一轮新的扩张。

这两种情况在实际中都发生了，而且也是以此次序发生的。先是生产停滞，后来接着就有了一种关于收入的政治再分配。这是衰降时代的社会侧面景象，但是必须立即加以说明。较之其他地方，旧边缘地区中的生产停滞要更多一些，而在中心地区和半边缘地区（或者至少在这些地区的若干地方），其收入的政治再分配却要多于边缘地区。如我们将要看到的，这正好就是17世纪长期衰降时期的情况，介于1600年/1650年至1750年之间这个时期的情况。这一模式还有另外一个基于缺乏有效需求之上的说明之处。我们已经确定这个衰降时期起始于1600年至1650年之间。这种贯穿于本书之中的模棱两可的解释，并不是一种由于缺乏足够知识的模糊解释，而是对从扩张到衰降这一转变的正常方式的表述。正常情况下，有这么一个较长阶段：扩张仍在持续进行，而衰降却已经开始，因而这是两个时代之交发展情况的一个部分。

我们已经讨论过长期趋势中的这种特定的逆反，它看起来是由三个连续的商业冲击波构成：一个是在1590年代，一个是在1620年代，最后一个是在1650年代。[①]这是与欧洲的世界经济相同的时期，当时，欧洲的世界经济受到货币不稳定的影响：在波罗的海地区有货币的兴起，在西班牙有铜币的通货膨胀，在美洲有贵金属生产的突然衰落。这也是发生各种各样的人口灾难的时候，这些灾难由战争、流行病和饥荒所引起。它们的合并并不是偶然而成的。突然面临一个不利的市场之时，边缘地区的出口农作物的生产者会做出什么反应呢？从他的观点来看，有两种反应具有意义。他可以扩大他的出口数量和/或者降低他的生产成本，用以保持他的净收入。这两种办法或其中任何一种办法在短期之内，对个别企业生产者来说都是经常有效的；但是，它们在中期范围内却会恶化一个特定地区中边缘地区生产者的集体状况。在一个其需求已是很紧张的市场上，扩大出口农作物的生产只会更多地增加总体产量。如果降低成本的办法是以加剧对自然资源或人力资源的掠夺开发而实现的话（这在边缘地区极为可能），降低生产成本则会耗尽未来生产的潜力。

我们将要表明这就正是在16世纪世界经济的主要边缘地区所发生的情况。1590年代和1620年代的疲软市场导致了生产量的增大和/或者资源开发速率的增加。如果不是更早的话，到了1650年代，这种最初策略的结果就迫使边缘地区生产者转向唯一的合理反应：部分地退出供给市场的生产——至少是他们于16世纪在世界经济中数占有一席之地的特有部分。[②]让我们先从东欧边缘地区谈起吧。17世纪时，它的出口产品的价格、生产率以及出口总值和数量都下降了，其中最为显著的（并非是唯一的）是波兰的谷物和匈牙利的畜类。价格的变动情况最令人熟悉，因为它正处于农业价格的下跌之时，一次17世纪经济萧条的基本形象就是由此而来。波兰小麦价格于1615至1620年下跌后，有过一次短暂的上升，接踵而来的是17世纪中期"急剧下跌和长期的价格不景气。"[③]匈牙利畜类价格从17世纪开始就逐渐下跌，只是"在1620年代另外一次短暂的景气繁荣后才完全停止下跌。"[④]至17世纪中期，在维也纳的匈牙利畜类价格已是"大幅度"跌落了。[⑤]对于捷克的农业来说也是如此，1650年之后的一百年是"停滞不前的世纪"。[⑥]

不仅出口产品价格绝对下降，而且它们也可能处于相对下降，即贸易条件对边缘地区出口者来说变得"越来越不利了"。[7]同时，却有"奢侈品进口量的迅速增加"，尤其是在17世纪的第二个25年之中[8]——这是边缘地区乡绅地主们的一种最后的放纵。这种出口下降和进口增加的综合情况（至少是在过渡时期）导致了贸易平衡中的一次戏剧性转变。举例来说，波兰的波罗的海贸易盈余从1565年至1585年的52%降到1625年至1646年的8%，然后是在17世纪后期出现贸易逆差。[9]马查克（Maczak）认为波兰的这种消极性贸易平衡产生于"1620年代致命的十年之中。"[10]波兰经济企业所得到的保护是很微弱的，无力抵御价格膨胀所带来的货币不稳定的消极影响，进而恶化了这一贸易平衡的逆变。荷兰商人要求格但斯克（Gdańsk）的商人在接受硬通货杜卡特（ducats）和塔勒（thalers）的同时，也接受劳温塔勒（leowenthaler）这样的软通货作为他们的购物付款。当然，这种软通货币本来是可以为政治权威当局所禁止。但是，格但斯克的商人们自己就大力反对任何保护性措施，他们"担心对外贸易中出现严重紊乱"，[11]也不认为这种保护措施是至关重要的，因为他们可以把荷兰人强加给他们的这一负担"转嫁给中产阶级、贵族和农民。"[12]

关于东欧谷物的产量比率，其测算标准一直很广泛的，一致的看法是认为在17世纪中其产量比率肯定有下降。下降多少则是有所争议之事。较为乐观者认为东欧谷物产量在西北欧谷物产量上升之时只不过是滞步不前而已。不那么乐观者则认为有重大的下降。[13]关于小麦产量下降的普遍解释是："地主们对商品生产的支配控制，这些地主利用强迫劳力至最大程度。"帕赫（Pach）也以相同的解释去说明匈牙利畜类出口的下降。[14]但是，为什么这种支配控制竟会导致产量比率的下降？有两种理由可供解释。一是对强迫劳役有不断增加的迫切需要，"导致许多农民不再保有耕畜而是交给佃农们"；由于农民们的农场生产比率普遍高于贵族们的农场，整个产量也就下降了。[15]二是生产的增加背离土地轮耕轮种的主要原则，[16]过度的如此耕作耗竭尽土地肥力。凭借着对人力和土地的耗竭，维持了50年至60年的总体生产水平，但是，这是一种竭泽而渔的方法。尽管有所有这些增加生产和降低成本的努力，出口总量的下降还是反映出竭泽而渔的后果。16世纪末期，格但斯克每年船运出口小麦10万拉斯特（lasts），而在17世纪只有3万拉斯特，在18世纪开始之初的年份中只剩下1万拉斯特了。[17]艾贝尔（Abel）认为1620年是其下降转折点，[18]但是，詹宁（Jeannin）

第四章 缓慢增长时代中的边缘地带

指出桑德（the Sound）海峡的纪录表明 1649 年或 1650 年是"创纪录之年，超过了 1618 年"，并建议我们考虑将 1650 年视作转折点，而不是 1620 年。[19]

畜类出口的情况与此相同。在匈牙利，1550 年至 1600 年是"黄金时代"，[20]此后就是衰落了。随着"三十年战争"的开始，放牧畜群已成为危险之事，波兰对西里西亚，萨克森和莱因河地区的畜类贸易"失去了其重要意义"。[21]丹麦的畜类出口同样如此，成为在此历史背景之下同一画面的一部分。[22]帕赫（Pach）认为畜类贸易的下降远比小麦贸易的下降更严重，因此，匈牙利所遭受的损失要更甚于波兰，因为小麦是贩卖给"正在兴起的现代国际贸易的大西洋中心地区"，畜类却是贩卖给德国南部城镇，而这些城镇本身都"已成为国际贸易路线发生变更的牺牲品"。[23]16 世纪中，铜曾经是东欧的第三项主要出口产品，也在 1620 年代出现了明显的衰落。[24]在此每一案例中——小麦、畜类和铜——其解释原因都在于世界性的生产过剩。在小麦这一案例中，南欧和西欧的谷类生产曾有过增加，尽管只是一个"不大的增加"，费伯（Faber）也认为这就足以说明解释 17 世纪后半期"荷兰谷物贸易的灾难性衰退"了。[25]至于畜类贸易，正是"需求的下降压低了价格"。[26]在铜的贸易情况中，主要因素是"瑞典铜充斥市场"。[27]

在每一情况中，出口形势都由于战争和国内破坏（但不是由于它们引发）而更趋恶化了，尤其是瑞典入侵波兰（1655 年至 1660 年），匈牙利在百年之中断续不绝的战争，从"十五年战争"（1591 年至 1606 年）开始一直到拉科西（Rokokzi）的独立战争（1703 年至 1711 年），以及丹麦与瑞典之间的战争（1643 年至 1645 年）。[28]但是，战争的破坏包括总供应的削减，都不是对它们本身的解释。如齐曼尼（Vera Zimanyi）向我们提示的："16 世纪的整个欧洲都知道战争的破坏性决不会小，但在那个时代战争却刺激了生产，创造有利的联系局面等等，而结果是价格上升。"[29]那么，从 16 世纪以来是什么发生了变化？欧洲的世界经济从一种总供应少于需求的形势转向了相反的形势。在前一种形势中，破坏趋向于使需求更为急切，而在后一形势中，破坏却提供了一个良好的借口去削减总生产。

这样一种全面削减是如何分配的呢？这是一个关键问题，因为它决定了，或更确切地说是改组了边缘地区的社会关系。我们已经看到在东欧，强迫性的经济作物劳工（即所谓的第二种农奴制）作为不断扩张的资本主义产业的一种控制劳工的机制，已在 16 世纪传播开来。我们现在必须解释的是为什么对农奴的需求在 17 世纪日渐缩减的出口市场中，竟然会有更深入的增长。我们必须首先着手这一事实：16 世纪中，经济作物的生产的效率在庄园主领地和农民的小块土地上是大致处于同一水平上。㉙然而，17 世纪的一个突出之处是在整个东欧都有可观的土地集中，即：总耕地面积和为市场而生产的作物都是更多地集中于庄园主之手，只是较少地集中于农民之手。波兰、㉚捷克㉜和立沃尼亚（Livonia）㉝都有如此情况。的确，就波兰来说，马查克（Maczak）特意将 17、18 世纪与 16 世纪作了对照比较，他指出："为数不多的繁荣一时的自耕农民……作为地主们贪婪之下的直接牺牲品……完全彻底地消失了。"㉞

让我们清楚地了解所发生之事。总耕地面积的扩大曾是 16 世纪中为响应有利的市场而出现的现象，此时却停止了，甚至部分地倒退了；但是，在耕种的土地面积中，庄园主的直接专用地所占的份额却不断增大。这就是说，在 16 世纪东欧已有两个方面迎接了扩大市场生产的挑战：一是占有强迫劳力的巨头阔佬的大领地农耕，二是富裕农民的农耕的某些发展。"然而，至 17 世纪初，战斗结束了，胜利的'庄园主们'依赖于使用强迫的农奴劳力。"㉟

大面积领地具有凌驾于农民的农场，实际上还有凌驾于中等面积领地之上的多种优势。农作物收成的不可预计性有利于大面积单位，因为他们有一种内部保险，能以他们控制下的土地的多样性抗御坏收成。㊱除了有供求平衡中供应一面的优势外，还有需求一面的优势。在此方面，他们直接通往市场，他们能够无需中介就可以自行将货物运往港口这一事实，就是"一种很重大的经济特权"，库拉（Kula）认为这是造成土地集中过程的"部分负责原因"。㊲随着时势更艰难，这些优势也变得更为巨大，表格 3 引人注目，对此予以清晰表示。在此表格中，库拉核算了此时波兰三个不同社会集团的贸易地位（他们卖出和买进产品的购买力）。人们固然不可过分解释这些不可靠的资料数据，㊳但运用两个不同的指标年代，1550 年和 1600 年，使一些尝试性的意见看法成为可能。最大的扩张时期即 1550 年至 1600 年，既对巨头阔佬们有利，也对农民有利，看来，对此两者皆有利却以牺牲贵族为代价。一旦坏年头降临，农民就立即感到它的沉重压力。而贵族和巨头阔佬却顺畅无碍。从 1660 年的指数入手来看，很清楚的是，贵族有一段时间（但只是一段时间内）相对的要比巨头阔佬显得更好一些；同样很清楚的是，用 1550 年的指数来看，在绝对意义方面，巨头阔佬

— 162 —

总是领先于贵族。

表3 波兰三个社会集团贸易地位的变动

	1550	1600	1650	1700	1750
巨头	100	276	385	333	855
贵族	100	80	144	152	145
农民	100	205	169	118	51
巨头		100	139	121	310
贵族		100	180	190	181
农民		100	82	58	25

注：此表经允许从库拉的著作（1970，94）中复印而来。

为什么竟会出现如此情况？但愿我可以提示出一种非常简单的运行机制。在时势艰难之时，生产者为最大程度增加销售可有两种办法：降低成本和消除竞争者。巨头（和贵族）以增加强迫劳工对抗工资收入劳工的办法去寻求成本的降低。[39]此法不仅降低了平均成本还增加了总生产量，是一种产生于压低市场价格之中，用于弥补损失的次要手段；[40]庄园主为了确保其庄园土地上的生产增长有市场出路，便会出资买下农民甚至贵族的产权，[41]农民和贵族中许多人愿意出售因为他们事实上沦于破产。即使庄园主不把这些新土地投入生产，他们至少也会使之不去生产可与自己原有土地进行竞争的产品。这种看来颇有道理的土地投资过程，即使并未企图立刻就从出口作物中赚钱，16世纪初期的金融危机也无疑会鼓动这么做，这一危机将巨头们投入一场"心理学上可以理解的竞争，以囤积货物作为保险去抵御货币市场上的不安全。"[42]货物包括土地，看来其储藏价值要比金钱更为安全，如果他们的"储存"要准备存放一个较长时间的话。

关于那些被要求置于竞争之外的土地，会发生什么事呢？无疑，它们体现了"转向维持生存的生产潮流"，[43]如果你愿意说的话，这是退化，但不是对资本主义生产方式的一种否定。它们正好体现了对市场状况的一种明智调整，是资本主义企业家（巨头和贵族们）在一个疲软市场中求取利润最佳化（或将损失减少至最低程度）的一种方法——全面减少存货和完全缓滞生产。面对世界经济的波动变化，农民可能无法做出扩大或缩减其努力的反应，但是，农民并非资本主义式企业家，而只是半无产阶级，他们的劳力投入很大程度上只是这些企业家对世界经济做出反应的一种机能作用。[44]

倒退并不意味资本主义生产的放弃，相对于向中心国家出口产品的衰落，地区性市场的幸存，甚至兴盛成为其表现。施皮茨（Špiesz）指出：早在16世纪，中欧各地就为各地区市场进行生产，这也解释了它们不同于向西欧出口的东欧地区的各个方面。他将中欧——波希米亚（Bohemia）、摩拉维亚（Moravia）斯洛伐克（Slovakia）、下西里西亚（Silesia）、下卢萨蒂亚（Lusatia）、奥地利［不包括蒂罗尔（Tyrol）］、萨克森（Saxony）、图林吉亚（Thuringia）和西匈牙利——的生产关系称作"领地经济"（Wirtschaftherrschaft）以相对于第二次农奴制。甚至在这些国家，17世纪农民所处的状况也恶化了。[45]然而，应当注意的是在17世纪中，波兰的一些市场中心，它们先前服务于横贯大陆的贸易，如克拉科夫（Cracow）和波兹南（Poznań），却不再发挥这种作用了，其原因是"三十年战争"和"瑞典战争"的综合影响；但是，它们直至17世纪后期依然是作为地区市场中心而繁荣兴旺。[46]土地集中的增多与扩大对强迫劳役时间的榨取是齐头并进的。显然，如果庄园主的专有土地越大，他所需要的强迫劳役也就越多；如果农民的土地越少，他也就会有更多的时间用于强迫劳役——这就是说，他大概依然耕种足以养活他自己，[47]但不再会为经济作物生产而耕种他自己的大部分土地。我们已提到在17世纪的波兰、[48]东易北河（Elbia）地区、[49]匈牙利、[50]波希米亚、[51]罗马尼亚[52]和丹麦、[53]强迫劳役的数量增加了。

最后一个问题是关于生产关系。如果说17世纪中强迫劳役的增加是合理的，为什么在16世纪中就达不到同样的高水平呢？一个可能的答案是这需要时间。另一个答案可能是强迫劳役的高比率在市场衰降之时由于各种各样的原因是合理的，但一种中度比率对于市场扩张之时是更为适当的，因为存在有一种高比率的消极方面。达到某一程度界点之后，强迫劳役就耗竭下去并降低生产效率。鲁辛斯基（Rusiński）问道："是在什么时刻强迫劳役开始表现出经济上的倒退特征的？……最新研究使我们可以极为精确地确定这个时刻。"他说，这一时刻对波兰中部而言是介于1580年至1620年之间，对西里西亚和波希米亚而言是此后稍晚一点。[54]这一看法使我们直接回到我们所说的转变时期（1600年至1650年）。我们大概可以恢复以下情形：16世纪时，强迫劳役在经济上是具有生产效率的。它包括了农民本来在任何情况下由于市场强劲都会投入的相同劳动，但是，庄园主以强迫劳役为手段从农民那里将部分剩余归为己有。随着时日变得艰难，庄园主对农民劳动时间的需求增加了。在此时刻，农民开始付出他本来根本就不会扩大的劳动。在长时期之内，这种过量产出将会耗竭农民的劳动潜力并且是反生产效率的；但是，它在中期时间内会确保由于世界市场疲软所产生的大多数损失由农民承担，而不是由庄园主来承担。

很自然，农民对此情形是不会感到高兴的。"地产越大，专有地和农民的小土地（庄园经济与农民经济）之间的反差也就越大。"[55]其结果是农民的逃亡和故意破坏。我们就此碰上了另外一个表面上的矛盾之处：同时出现了强迫劳役和工资劳动的增加。这一矛盾并不难于解决，如果我们还记得事实上有三种方式使东欧的庄园主与农村劳动力联系起来，这三种方式是：强迫劳役、工资和免役税（quit-rent）14 和 15 世纪东欧的主要准则正是这种对立于强迫劳役和工资的免役税。在 16 世纪，世界经济的扩张导致曾取代免役税的强迫劳役的重建和扩大。实际上，在那些最接近出口港的地区，比如说西普鲁士、北部的"大波兰"和库亚维（Kujawy），农民们能够较好地抵制 16 世纪强迫劳役的建立，并且维持着免役税制为自己保留住更多的市场利润。[56]这大概是因为他们靠近港口，因而能使自己相对容易地以竞争成本处置他们自己的产品。然而，在 17 世纪，在市场更为困难的条件下，东欧残剩的租佃农抵御庄园主压力的能力就瓦解了，免役税已开始消失，甚至更进一步——即现时为强迫劳役和工资劳动所取代。

从农村劳动者的观点来看，工资劳动并不见得就必然比强迫劳役制要更为可取。实际上，在庄园专有地，工资劳动者大多数不是雇佣仆人就是打散工者，而且后者"发现自己处于一种更为依附的地位上"[57]要比负有强迫劳役的农奴还不如。[58]农奴不仅比散工者有更多的安全感（从他们不能被打发走的意义上来说），而且有更多的实际收入和更有身份。看来似乎会令人奇怪的是，他们还有更多的选择。事实是：尽管他们身上有法律约束，由于公共权威当局的虚弱，"那些身受其庄园主强加太多税赋的农奴，总是能够更换他们的庄园主。"[59]庄园主与农民之间的这种冲突，实际上已是资产阶级与无产阶级之间的冲突，在此冲突中，农民并非完全被剥夺了捍卫自己利益的能力，即使这是艰难时代。庄园主—资产阶级因而不得不寻找除依靠法律手段单纯压低实际工资之外的其他方法，以求榨取利润盈余。他在逻辑上必然转向工业生产，以使农民不仅成为他的雇员，也变为他的消费者。

如果 17 世纪中的农民贫困化了，那么，他们能够购买什么东西呢？至 16 世纪终结之时，现存的城市工业正在死去，因为"大多数人口的贫困已是普遍之事了。"[60] 那么，庄园主能够生产什么东西使农民买得起呢？偶尔的简单纺织品、一些玻璃和金属的用品，以及歉收年头中的谷物。无论如何，看来有工匠们由城镇向大地产庄园流动，工匠们在这些大地产庄园的制造业中工作。[61] 最成功的产业无疑就是生产那些越变越穷的穷人们永远宠爱的产品——酒精。我们把杜松子酒与 18 世纪后期英格兰的新兴城市工厂相联系，把威士忌与 19 世纪边疆地区流离失所的穷困人口相联系。波兰的伏特加和啤酒以及匈牙利的葡萄酒对 17 世纪的贫困农民也同样如此。此种极重要的风俗被称之为"Propinatio"，即"请君痛饮"，这意味着庄园主在事实上垄断了酒精饮料的生产和销售。[62] 1650 至 1750 年这个时期中，"请君痛饮"已经常是贵族的主要收入来源。[63]

土地集中的最终结果、免役税制的进一步衰亡，加上"请君痛饮"都意味着：尽管世界市场疲软对他们出口农作物不利，尽管有战争的破坏，东欧的上层阶级仍以合理姿态设法渡过了这个时期。无疑，他们也许不如阿姆斯特丹的统治阶级或法国北部庄园主那样兴盛，但是，东欧边缘地区的岁入所遭受的严重削减损失首先全都落在了下层阶级身上。[64] 城市工匠和较为富裕的农民陷入破产，而贫穷农民则是更加贫穷了。随着社会分化更趋极端化，一些人们的地位上升了。这些人是宫廷的常客，而宫廷与其说是国王的宫廷，如在法国，还不如说是许多庄园权势人物的宫廷。[65] 这被称为"再度封建化"，但是，马卡凯（Makkai）恰当地坚持认为这是一个使用不当的名称，他说，应当称作"贵族的膨胀"。[66]

前一章中，我们描绘了英、法两国新资本家和旧贵族之间达成的社会妥协，这两个阶级的部分一致远多于当时评论或以后各时代的评论所能承认的；不过，他们的部分一致并不是完美的，因而在世界经济的扩张时代有许多摩擦冲突之处。冲突在转变时期变得更为尖锐，这个转折时期是最后的膨胀时期，与世界性扩张的平缓并肩发展；但在 1650 年至 1750 年这一时期，衰降时代的现实和重商主义迫使这两个部分一致的阶层相互妥协，具体表现在 17 世纪末期的新宪法安排（广义上运用这一表述）之中了。在东欧边缘地区，是否有任何类似之事发生呢？在中心地区有两个因素是边缘地区所没有的。第一个是：对于中心地区的那些阶层来说，资本

第四章 缓慢增长时代中的边缘地带

主义利润的前景就总体而言要相对好些,肯定缓解了达成相互让步所产生的苦痛,还是值得这么做的。第二个是:在中心地区,上层阶级如果不是个别地,也是集体地从强化国家机器中获得好处;不过,国家机器反过来也会作为一种制度化控制手段遏止上层阶级的内部冲突。

边缘地区既没有这些经济补偿,也没有强大的国家机器。在波兰,君主制日趋衰微。匈牙利则被分裂为三个部分,其中两部分处于外国统治之下,最后,三个部分将全部沦亡。捷克国土也同样处于外国统治之下。实际上,除了我们随后将要讨论的勃兰登堡—普鲁士这个特例之外,17世纪是本土国家权威进一步崩溃的世纪。波兰国家是唯一对其全部民族领土拥有本土主权的国家,也在实际上被称为"共和国"(*Rzeczpos polita*),该词源于拉丁语"*Respublica*",而它通常是作为"绅士共和国"(Commonwealth of Gentry)而提及的。然而,外国经常干预国王的挑选,因为国王是经选举产生的;因而经常是某个别人而不是土生土长的波兰人被挑选出来当上国王。17世纪匈牙利的三位领袖人物〔贝特兰(Gábor Bethlen)、锡林尼(Zrinyi)和拉科齐二世(Ferenc Raköczi II)〕寻求"创建一个强大到足以承受欧洲形势变化压力的匈牙利国家"[67]并且努力创立一支强大军队,以此作为一个前提条件,去获得税收。[68]他们失败了,因为匈牙利的贵族和哈布斯堡王朝的君主联合反对,他们在1711年匈牙利独立战争失败后达成了一项相互便利的持久安排。"在匈牙利,贵族的税收豁免权被延续到下一个世纪,铜贸易落入了荷兰人之手,同时,哈布斯堡王朝国家将中间人所获的利润投资于奥地利矿业的现代化之中。[69]"

在中心地区国家,新兴的阶层无论是绅士或是长袍贵族,都可以指望国家机器对旧贵族的权利主张予以某些约束,尤其是约束那些在市场中表现不佳者。但是,在东欧,这种可能性几乎不存在。这些阶层想替代强大国家的"绅士共和国",这是仅占人口5%至10%的上层阶层之内平等法律和道义的压力所带来的强加之物,尽管在事实上这个上层集团之内的社会和经济不平等也相当显著,[70]并且由于时势的经济困难而加重了。[71]在波兰,中等绅士阶层为了反抗巨头们或立法纠正中的胡作非为,争取法庭正义的种种努力都属徒劳。巨头们贿赂法庭并随时随刻在法庭不听其摆布时就打碎它们。[72]在匈牙利,"绅士阶层"尝试了一次战争却失败了。在波兰,他们重新塑造了萨尔马提亚(Sarmatians)人神话——这个神话原本是说波兰—立陶宛王国不同种族的人口都是源于一个共同的斯拉夫民族祖先,即萨尔马提亚人——使之变成一个关于进行征服的贵族阶层即统治阶级的奠基者的神话。[73]这样,"绅士阶层,也唯有他们才是波兰民族,将其他据说不是正宗出身的其他社会阶层排斥在民族社会之外。[74]绅士阶层作为基督教信仰的卫士和仇外者,将此论积极地推向极端方面,[75]并且无疑犯有"自大狂[76]和"病态神话狂。[77]但是,如果人们没有进行一次"光荣革命"的可能性,就只好凑合着运用"萨尔马提亚主义",即使它意味着"文化的停滞和创造性智识活动的萎缩"。[78]

就在世界经济衰降时期引导核心地区沿着民族主义(重商主义)和上层阶级内部达成宪法妥协的道路前进之时,并且有减少下层阶级叛乱可能性的结果之时,东欧国家的虚弱则意味它们即无法寻求到重商主义策略的好处,也无法确保上层阶级内部的任何妥协。这就导致这些边缘地区走向阶级冲突的尖锐化[79]、地方主义的增长和国家意识的衰减、[80]在内部寻找替罪羔羊,[81]以及农民的激动狂躁。[82]经必要修正,我们将看到南欧和美洲的旧边缘地区中确有相同情况。对基督教地中海进行一番迅速审视,就会看出相同模式流行于一个以"商业停滞"[83]为其特征的17世纪。主要出口品的价格下跌了。在西班牙,小麦价格在1585年之后下跌,并在整个17世纪中一直滞步不前,葡萄酒、大米和油类价格也是如此。[84]在西西里,丝绸出口如同小麦和葡萄酒的出口那样在1640年之后衰落了;但是,艾马德(Aymard)注意到人口的持续增长增加了"内部"消费量,从而弥补了出口的减少。[85]然而,这也许意味着人均谷物产量正在下降,这是我们在东欧已经碰到的一种现象。

对此作何解释呢?坎奇拉(Cancilo)谈到了1573年至1653年之间西西里的"殖民化的密集工作"。[86]达席尔瓦(da Silva)报告说:1609至1610年的西班牙有一位苦恼的作家注意到陋习横行,三年轮作制废弃,因而生产者"正在耗尽地力"。[87]达席尔瓦说这种情形从1570年至1630年导致寻求新的领地,这些新领地随后又同样被耗竭。这种土地的"贫瘠化"格外沉重地打击了小生产者,[88]并导致进一步的土地集中。在这一耗尽地力的过程导致无力出口的同时,土地集中应运而生,并导致生产关系的进一步"货币化",因为"农民和村民们无力依靠自己的土地谋生,这就扩大了内部市场"。[89]我们注意到世界贸易衰落之时东欧的地区市场同样扩大了。人口统计随之而来。西班牙人口下降了——因为有16世纪最后年月中的瘟疫和驱逐摩里斯科(Moriscos)人。从1609年至1638年,瓦伦西亚港市

(Valencia)的人口减少了35%,但是,这一"剧烈的人口危机"还只是尾随人口停滞不前之后发生,并非在此之前。⁹⁰

关于意大利南部,那不勒斯的人口下降了。据艾马德(Aymard)之说,西西里岛只是经历了人口增长(并非下降)的"减缓";但他又说西西里的数字隐去了"清楚的地方区别";该岛被分成两半了,其北部、东北部和中部停滞不前,而且食物不再能够自给自足。⁹¹不知除此外是否就没有别的某种隐蔽的人口衰落了。弗林登(Verlinden)报告说,意大利南部和西西里的奴隶制的影响于15和16世纪达到顶点后在17世纪中衰落,因为非洲奴隶贸易(他们先前是由葡萄牙人进口到地中海)转向了美洲。土耳其和其他穆斯林奴隶的供应也大为减少了。⁹²这是不是意味着总人口的下降,其他统计数据也许无法反映其差错呢?据说经济的"无可置疑的收缩"说明了那不勒斯国家中从阿奎拉(Aquila)到萨莱诺(Salerno)的地方制造业的兴起;⁹³然而,这不仅对那不勒斯来说是真实的,对全意大利和朗格多克(Languedoc)来说也是真实之事。布罗代尔(Braudel)问道:难道这就是"对贸易不足的不安和广泛反应吗"?⁹⁴小农业生产者是衰退时期的真正受害者,压榨他们的结果导致了尖锐的阶级冲突。塞雷尼(Emilio Sereni)在谈到1647年至1648年的那不勒斯农民起义时写道:正是"新贵族们在商业上的贪婪激化了农村人口对封建压迫和胡作非为的反抗。"他又说:"我们不提'重新封建化',而是会恰当地谈论采邑封地的商业化。"⁹⁵经济衰退、对土地和劳力的压力的增大、集中化、土地和劳力的进一步商业化——事实上全部都在南欧和东欧齐头并进。

让我们现在转向西班牙属美洲,那里的"17世纪的不景气"长期以来一直是一个重大的争议课题。让我们先从种植庄园的兴起入手,将它视为世界经济中这一边缘地区的关键性农业体制。怎样才能确定和理解种植庄园呢?关于16世纪中的土地结构是该说成是"封建性的"⁹⁶还是"资本主义性的",我们已碰到过一次争论了。如摩洛(Frederic Mauro)那样有可能认为:在西班牙属美洲16和18世纪至少"增加了投机家、商人、矿业主、城市资产阶级……甚至于皇家官僚的重要性",而17和19世纪却代表了"家长制社会"的胜利。⁹⁷从这一方面看,资本主义和封建主义均可视作竞争趋势,与世界经济的漫长的A周期和B周期联系在一起。因此,关键性的辩论不在于16世纪,而是在于17世纪。自给自足的"非资本主义性的"种植庄园的胜利,是谢瓦利埃(Francois Chevalier)的著作中的基本主题，据说，这一胜利是世界经济收缩的结果：

> 17世纪最初数十年中，白银的繁荣崩溃了，它的消逝又窒息着几乎尚是初生的资本主义的最初激动。土地变成了唯一的收入来源……最大的地产都是自给自足的。大炼糖厂、大农场、种植园和农场附属的冶金厂几乎提供了它们自己的全部需要之物……我们常有机会回忆起中世纪……[种植园主们] 构成了一个事实上的贵族阶层；一些人成功地取得了贵族封号。Marquese del Valle（庄园诸侯）的国家，最终不过是勃艮第大公国的黯淡复制品。⑩

17世纪墨西哥种植庄园的另一面，由弗兰克（André Gunder Frank）作了极有力的说明：

> 在17世纪的墨西哥，大庄园的成长并非是由经济紧缩的不景气诱发而变成人们所称的封建种植庄园，与其相反，这种种植庄园此时的成长和繁荣，在拉丁美洲的一切其他时代和地方都是一样的，因为国家经济和实际的世界经济的其他方面事变都使大庄园有厚利可图。⑩

如果我们更深入细致地分析若干这些历史过程，将会使我们有能力评价这些相互矛盾的诸方面。第一个问题就是确定衰降时期的时间。林奇（Lynch）说：墨西哥白银生产的顶点是在1590年代，"此后，繁荣便完结了。"⑩ 然而，关于普遍的东印度群岛贸易，他接受了肖努（Chaunu）的观点：1593年至1622年之间发生了一次纯粹的"主流的逆退"以及1623年至1650年之间发生了大萧条。⑩ 麦克劳德（McLeod）接着谈到了中美洲并把大约介于1576年至1635年之间的时期称之为"转折的半个世纪"，确定大萧条的时间发生在1635年至1720年⑩的某个时间中。伯斯（Berthe）把墨西哥农业的深重危机确定在1630年至1680年之间。⑩ 最后，梅拉法（Mellafe）在泛泛谈到西班牙属美洲和特别论及智利之时，认为"真正的危机始于1650年之后"，又补充说"1595年喀他基那（Cartagena）港的陷落，是此后将延续两个世纪之久残酷而又富于破坏的斗争的第一个警告。"⑩

通常，关于确定时间的学术性吹毛求疵之争反映了实际事物的复杂性，其中，衰降看来是起始于上升周期结束之前。看来相当清楚的是西班牙美洲有一个周期循环相重叠（或称过渡转折）的时期，或许至早开始于1570年代，但更为合理的是始于1590年代，并在1630年至1650年之间的某个时间结束了。我们应当期盼在此时期内发现的是：主要部门中的利润危机以及大业主和投资家们为了弥补损失做出的不情愿的努力和采取的短期行为，这实际上使长期形势更为恶化。而这正是所发生之事。白银，16世纪西班牙美洲的主要出口品，在1590年至1630年之间开始停滞不前，此后数字就表现出急剧和突然的衰落。此处的官方统计数字可能会使人误入迷途，因为有增长的隐秘贸易；不过，来自矿业地区的说明证据表示了的确存在有"一个真实的生产下降"。[105]这为什么竟然会发生呢？一种看法认为这是由于劳力短缺所引起的。然而，尽管总人口下降和劳工成本略有上升，矿业主们看来还是得到了他们所需要的劳力。在墨西哥，他们常用工资劳力，而在波托西（Potosi），他们只需简单地从偏远之地征召强迫劳工即可。关键之处在于即使在劳工足以供应之时生产依然下降，如戴维斯（Davis）所说："实际上，在17世纪，波托西的许多矿业经营都接受印第安人货币贡金代替他们应有的'米达'（mita）或称强迫劳工，宁愿要这种确定收入也不要矿业可能带来任何利润。"[106]

那么是缺乏汞吗？很清楚，1630年代至1660年代是有这么一种短缺。贝克韦尔（Bakewell）称汞供应的困难是"［白银］生产诸种波动变化中唯一的最大决定因素"；但是，戴维斯并不认为这些困难是"决定性的"。[107]问题在于为什么1660年代比1630年代有更多的汞可供应。一定是在1660年代为获取汞而做的必要之事肯定有利可图，而在1630年就不会获利。让我们重新回忆起尽管在那个时代金银块的供应是价格形成中的一个主要因素，"金和银也有它们的价格"和"货币在大体上，尤其是在金银本位制中，不过像任何其他之物一样也是一种商品。"[108]弗兰克（André Gunder Frank）赞同前述之言并解释说生产下降是价格膨胀的长期结果：

> 那么，即使成本也保持固定不变，白银的固定价格就不意味报酬下降吗？说到通货膨胀中货物与服务的价格上涨，换言之就是在说货币的价值或价格在下跌。由于银价固定，矿业主在他们的矿场中进行生产就不是金钱吗？复杂之处是他们既面对成本上升也面临利润率下降——对任何一位资本家来说，这些理由就足以使他削减产量并投资

于某些其他生意，如果可能的话。⑩

作为主要经济部分的贵金属出口下降，接着就影响了其他的"出口作物"。关于中美洲的靛青染料的生产，麦克劳德（McLeod）认为17世纪的航运技术状况使得运过大西洋的初级产品利润率摇摆不定。"靛青在有利时候可以靠金银的差价幸存，而在艰难时候就因离欧洲太远无法表现出稳定一贯的利润。"⑪靛青的这一情况也可以更广泛地应用。⑪

出口价格的下跌立即使两个强大的集团蒙受损失。它们是控制生产企业的西班牙人和向这些西班牙人征税的国家。16世纪后半期的税率已经显著上升；⑫但是，经济困难对西班牙及其帝国的打击恰好碰上了一个重大军事活动的时期（先是尼德兰的叛乱，继之又是"三十年战争"）。面对岁入下降和开支增长之间日益扩大的差距，西班牙国家从17世纪开始之时就求助于"无节制地铸造维农铜币（Vellon）"，⑬当这也不敷使用之时，它就努力对其帝国"从骨头里榨油"。⑭因此，在墨西哥和秘鲁，西班牙国家不仅增加税赋还力求使征税更为灵验有效。⑮这实际上是自取失败。1620年，菲利普三世没收了私运银块的1/8（让他们用维农铜币或特权来换回）。他极自信地直接剥夺了商人们的资本；但是，商人们随之就变得根本不愿把他们的银块运回来了（这无疑是削减白银生产的又一个因素）。结果，王室取自海捐费（即支付护航费用的按价税收）的收入下降了。为了维持住舰队，君主只得更加提高海捐费的税率，如林奇（Lynch）所说的这是"鼓励欺诈"，并使君主变成"依赖美洲贸易和殖民地的寄生虫"。君主还向西班牙人授予更多的"种种奖赏"（mercedes），以作为弥补之计。这是一种螺旋式发展。"掠夺和寄生使欺诈与走私变成一种生活方式"⑯——如我们将要看到的，欺诈与走私更加速了西班牙的半边缘地区化。

一些克里奥尔人（Creoles，生于拉丁美洲的欧洲人后裔和混血儿等——译注）因经济的困难备受痛楚，因而转向求取公职作为解脱，⑰使国家的官僚机构的寄生之状成倍增长，同时，其他一些人实际上正在良好地适应世界市场的沉浮变迁。银块的出产以及至此时的主要出口作物都下降了；而谷物的生产却上升了。正是在这一点上出现了困惑。由于美洲谷物（与东欧谷物不同的是）并没有成为向核心地区出口的边缘地区产品，就经常会认为这种生产是非资本主义性的。巴赞（Bazant）却说正好相反："〔小麦〕的大规模生产无疑是为市场而进行的生产并运用了资本。"他提醒我们注意尽管小麦并不是供食用玉米饼的苦力的消费品，"仍然存在有一个可观的市场：城市中的白人人口。"[118]此外，这种生产还要求有以磨坊、牲畜和劳工食物等形式的大量资本。

也许可以争辩说这对小麦生产是可信的，而对玉米生产就不是真实的了。然而就在这一点，商业化也是极为重要的：

> 工人们（印第安人、黑白混血儿、黑人和欧洲人与印第安人的混血儿），以及推动机械的骡马，这整个在矿场中使用的劳动力全都依靠玉米为生。从16世纪末期开始，为了服务于他们，在矿场周围形成了一个特别专为供应他们的农牧业种植庄园地带。[119]

这并不是暗示说这些种植庄园就不受经济的影响；矿场地的坏年头也导致"困难岁月，有时还是衰退",[120]并且由于新竞争庄园的创立而经常恶化加剧。然而，这也表明市场有地区限量，而且超越世界经济紧缩中的这种限量就无利可图。[121]这无疑就是关于种植庄园和糖业庄园之间不同结构的经典描述的共同起源，种植庄园供应小规模市场，糖业庄园则是供应大规模市场。[122]在地区限量之内，种植庄园的生产颇为有利可图。如果愿意的话，人们也许会称此为自给自足，但对我而言，看来更显得可能的是如贝克韦尔（Bakewell）所说的：它是"这样一种结果：在新世界追求创造一种多样化的，且依当代说法，欧洲式的资本主义经济；用这种经济为了中美洲的利益而开发中美洲的丰富资产。"[123]由此产生的利益未能影响被称作中美洲的这样一个抽象实体，而是的确影响了一个具体的社会集团：中美洲的地主。

然而，如在东欧那样，世界经济的衰退在总体上要求强化使用基本资源（土地和劳力），用以维持利润水平。在整个西班牙属美洲，印第安人人口急剧减少，现在已是人尽皆知之事了,[124]流行疾病的作用已明白无疑。[125]对于西班牙人地主而言，印第安人人口的如此减少既创造了机遇也制造了困难。印第安人生产者由于死亡和从土地上被逐而产生的减少与西班牙人及其混血儿人口在城镇和矿业地区的增长，给种植庄园主创造了地区市场和高价格。另一方面，这些庄园主又需要劳力。正是在此我们找到了谁应当是资本积累者的斗争的关键所在。事实是：世界范围中资本积累的衰退意味着西班牙属美洲的资本主义经济部门，为了争夺业已减小了的经济利益，处于同西班牙本土的资本主义部门的激烈竞争之中。我们已经提到西班牙君主为了从美洲汲取盈余而增加了税收。从新西班牙的观点来看（新西班牙是往昔美洲最具有活力的地区），最沉重的伤害莫过于西班牙君主企图减少墨西哥同秘鲁和菲律宾的直接联系。无疑，走私活动甚为广泛，但同样无可置疑的是西班牙君主的政策也对墨西哥城产生了"严重的有害影响"。[126]

利润争夺不仅表现为控制贸易路线之争，也表现为控制劳工之争。"分配"（Repartimiento）制度（拉丁美洲西班牙殖民者根据官方法令分配印第安人劳工的制度——译注）从16世纪中期起就一直有效。从大农业生产者的角度来看，这一制度却是相当令人沮丧的。当它等同于强迫雇用劳力时，劳工们却是暂时性的并定期送回去维持他们的传统生产活动。[127]西班牙官僚机构，尤其是"总务"（Corregidores）（西班牙小镇之警察首长：旧时地方长官），策划这种劳工供应，坚决支持修道士，修道士们赞成将它当作一种手段用以保护印第安人免受西班牙人贪婪掠夺之害。这些"保护者"的利益显而易见，如伊斯雷尔（Israel）对墨西哥的这种利益解释说：

> 地方长官（Corregidores）们……经常敛聚大量财富。靠的是他们所采取的各种敲诈勒索手段，包括以极低价格强行购买印第安人的作物，以便在城市中出售获取高额利润，买卖中漫天要价、强买强卖、向西班牙人收取好处费、挖空心思利用印第安劳工制度……因此，印第安人实际上是支撑了两种不同的经济：一是西班牙居住者的经济，二是印第安人区内主要是为了地方长官、修道士和印第安人等级制的利益的经济。[128]

这种压迫在印第安人身上的双重负担，肯定就是他们人口减少的部分原因之一；此外，这也肯定对政治制度制造了一种难以应付的紧张压力，只要一旦产生了经济动荡。[129]

1632年，西班牙君主终于决定在新西班牙的矿场之外停止使用强迫雇用劳役。由于持续不停的紧张压力，它只是加速了西班牙地主（现在是农场主 hacendados）逐渐发展出一种策略，用于吸引称作 gananes（挣小费者）和 *laborios*（劳工）的永久性劳工。起初，地方长官们的办法是豁免这些永久性劳工的无偿劳役，其实际意味是地方长官们为了削弱作为一个阶层的克里奥尔人，强迫印第安人离开一个克里奥尔人转移到他人的控制之下。当西班牙君主试图完全废除强迫劳役时，印第安人完全无工可做的可能性增大了；在这一点，大农业生产者求助于创造出一种债务劳役制作为在其土地上保有劳力的办法。[13]土地的变更易主进一步强化了这种控制；[13]因此，委托监护制（encomienda）的领地变成了种植庄园（hacienda），[13]强迫劳工变成了债务劳工。在以时间单位计算的报酬方面，这些工人的状况有可能得到改善。劳力短缺使工人有一些讨价还价的力量了；[13]但是，难道他没有为这一较高水平的报酬支付他被迫付出并增加了的全部时间吗？实际上就没有工作效率的提高和他的生命可能缩短吗？他们在这里，如在东欧那样，就没有耗费劳动力资本以维持生产水平吗？

结果可能是这样的：16 世纪之末农产品的高价格和短缺供应导致土地变更易主和生产加速。举例说，谢瓦利埃（Chevalier）就谈到了牧牛业主愿意"甚至冒着耗尽其畜群的风险去牺牲许多牲畜的程度"。[13]矿业主、市民、官吏——简言之，那些组成农产品地区市场的人们——力图控制生产者的获利水平，其办法是运用价格控制机制，如 alhóndiga（谷物商行），即市政储备谷仓以固定价格出售，不过，印第安人的产品不在此例。[13]较小的西班牙农业生产者由于遭受挤压而趋向于破产，如混血儿生产者那样，他们之中许多人"被降到了当雇农谋生的悲惨境地。"[13]相反的是，大农业生产者变得更大，就趁价格下跌之时进行扩张。如此一种看似邪恶的逻辑由莫内尔（Mörner）予以透彻说明：

> 当丰收太甚之时，由于市场有限和价格暴跌，种植庄园不得不削减它们的产量。那么他们又为什么还要费力去扩张呢？因为经由剥夺周围邻居的地产，这些种植庄园就能消灭生产竞争或逼迫迄今为止仍自给自足的小生产者沦为庄园产品的消费者。[13]

那些所谓的自给自足的大种植庄园正是能够微妙调整市场力量的一种机制。它能够在利润变化运行中缩减或扩大生产，能加快或减缓资源的利用，因而能长期维持住农业生产与世界经济之间的联系。而且，种植庄园也是新的纺织业的生产之地。它的出现类似于后来数世纪中将闻名的替代进口，世界范围紧缩的出名产物。贝克韦尔（Bakewell）认为："贸易大概下降了，在很大部分的意义上，是因为新西班牙不再需要从欧洲进口了。"[138]他得出的结论是："新西班牙的经济在17世纪初期远未受损害，反变得更健壮了。"[139]但是，这是对情形的错误理解。并没有一种如新西班牙经济那样的事情可以与西班牙的经济相比拟。西班牙属美洲的一些企业家将其投资主要是投向了纺织业生产，因为有市场的变动情况（西班牙和混血儿人口的增加，白银出口的衰落，以及种植庄园制的劳力规模经济），从而损害了西班牙纺织业生产者的出口潜力。

世界性紧缩并不意味资本主义活动的衰落。实际上，它可能标志着地方性资产阶级企业的力量增强。[140]此外，关键之处不在于有什么纺织生产总体的衰落，而是在于这一生产正在转往农村地区。种植庄园和印第安人村落以及"大部分精致布匹是在工场作坊之中生产"。[141]纺织业也不是唯一处于发展中的工业。17世纪之初，铜和铁工业就已扩大，以供建造"大教堂及其文艺复兴式的门窗格栅"。[142]西班牙属美洲的主要出口品（尤其是白银）在世界市场上遭受衰落之苦时，这些老边缘地区的生产者就将其注意力转向其他的生财之道。他们将其生产活动集中在不断增长的地区市场上，从横越大西洋的贸易角度来看，这代表了一种相对的收缩；但是，它几乎不可能被描述为绝对主权的兴起。同时在核心地区国家，高度的需求为糖的出口（以及较小程度上烟草的出口）创造了不断扩大的市场。某种程度上，这意味着世界经济中新边缘地区的逐渐发展，它们是加勒比海诸岛及其扩延部分和英属北美的南部大陆殖民地。我们必须完成的描述所要转向的就是这一过程。

直到17世纪之初，大多数加勒比海岛屿并不处在欧洲的控制之下。西班牙人占据了主要的大岛屿，特立尼达（Trinidad）和大安的列斯群岛（Greater Antilles）［古巴、牙买加、小西班牙（Hispaniola）、波多黎各（Puerto Rico）］。他们有一些畜牧业，种植一些食品作物以及一点烟草和糖类作物；但是，他们主要关心的只是控制通往他们在美洲的主要地区的贸易路线。突然，在1604年至1640年之间，英国人、法国人和荷兰人侵入加勒比海地区并占据了全部的小岛屿。从1625年至1654年，荷兰人控制了部分的巴西。1655年，英国人从西班牙人手中夺取牙买加。1629年，一些法国海盗在小西班牙岛之外的托尔图加（Tortuga）岛登陆，而到了1659年，他们完全控制了小西班牙岛，他们很快就向今日所称的海地

（Haiti）这个大岛屿的西半部进展（不过，法国的主权直到1697年才获得正式承认）。然后，从1650年代直至1763年，是殖民地分割的一个相对稳定时期。西北欧的列强为什么突然蜂涌入侵这个扩大了的加勒比海地区？为什么这一入侵实质上不夺取西班牙和葡萄牙的领地就决不罢休？17世纪的加勒比海地区，尤其是在1660年代和1670年代，为什么会是海盗群聚之地，成为那个时代的"野蛮西部"，会比美洲的其余地方的"零散居住地要有更远为诱人、激动、暴富的前景和连绵不绝的毁灭呢？"[133]

肖努（Pierre Chaunu）曾说：介于1619年至1623年之间的某个时间，"在一个无法精确认定的日子"，西班牙发展道路的本质中出现了一个变化。官僚的严峻刻板取代了曾是16世纪发展道路成功特色的灵活机制。"从17世纪后半期起，瓜达尔基维尔（Guadalquivir）的大西洋已变成了只是数个大西洋中的一个而已。"[134]肖努所确定的时间晚于那个时代某些人确定的时间。1619年，德蒙卡达（Sancho De Moncada），托利多（Toledo）大学的一位圣经教授兼西班牙的重商主义思想家，断言（无疑带有某些夸张）说西印度群岛的商业9/10是掌握在外国人手中，"以致他们拥有西印度群岛，而陛下您只有头衔而已。"[135]他的话将被证明是基本正确的。在17世纪这个重商主义世纪，西班牙和葡萄牙未能成为，也无力成为重商主义国家，它们因此沦为半边缘地区国家，成为中心地区各强国在边缘地区的利益输送带。作为半边缘地区的发展过程，我们将在下一章中较多谈到，而作为边缘地区的发展过程，我们现在就必须论及。

在一个全面紧缩的时代，它们的经济活动的某些竞争场地也必须紧缩。为了在经济活动中将紧缩降至最低程度，核心地区的各强国彼此激烈竞争，其中部分是寻求先发制人地控制边缘地区。它们既进行殖民活动，又寻求防止别人的殖民活动，这就导致了激烈的殖民战争，而且它们力图使世界市场的形成更有利于可控制地区并使之超越于不容易控制地区之上（如美洲之对于东欧和南欧）。此外，它们在事实证明，立即夺取较软弱的殖民国家的殖民地领土代价过于高昂而不可取时，如对西班牙和葡萄牙的庞大帝国，就寻求去侵蚀这些较软弱的殖民国家。[136]因此，随着世界性紧缩的开始，英国人、法国人和荷兰人全都转向加勒比海地区以求先行占有它。他们先是打入那些容易得手的地带，然后，通过夺取贸易的手段，在仍由西班牙和葡萄牙控制的地区取得他们原可以直接的殖民统治获得的经济利益。走私就是17世纪如此作为的主要手段。

欲理解走私活动如何进行，我们必须首先了解海盗的社会起源。16世纪时，中美洲和加勒比海的群岛上漫游着牛群。其中一些是野生的牛群，一些是由印第安人控制的牛群，但是，随着16世纪的岁月推移，西班牙人也放牧了一些牛群。我们已经描述过西班牙美洲的人口变迁：印第安人人口持续下降，与之相伴的却是克里奥尔人黑白混血儿和欧印混血儿人口的持续增长。17世纪矿业地区的紧缩，引起了城市地区中较贫穷的克里奥尔人和社会地位居中等的黑白混血儿与欧印混血儿人口所获机遇的减少。他们之中有许多人搬迁到农村地区。一些人在不断增加的种植庄园和牧场中就职。其他人却没有。中等阶层中那些失业的成员所遇到的风险是"卑贱化"，即降到只是粮食作物劳作者的身份地位上。然而，在边疆环境中，他们确实还有其他选择。他们变成了野生动物的牛仔，为了生存需要什么就滥杀什么。他们的队伍开始由逃亡船员扩充起来。荷兰船长们开始同他们进行牛皮贸易，而这一贸易增加了更多的捕杀。"显然，这一行当是非常浪费的。"[147]最终，从居民人口的观点来看，"这种浪费太过分了。"[148]

大约在1640年，西班牙当局开始肃清这些岛屿上和中美洲海岸地区的海盗。[149]西班牙人一个肃清之策就是自己杀戮这些牛群以便阻难牛仔们。而英国人为了阻难西班牙人也加入了这一游戏。至此，牛群至少是从这些岛屿上实际消灭了，绝望的海盗只好再横行于海上。然而，若不是在库拉索（Curaçao）岛的荷兰人，在圣多明各（St. Dominigue）（小西班牙岛）的法国人，特别是在牙买加的英国人"为他们的掠夺物提供了可靠的销赃管道"，[150]这些海盗们原本是绝难幸存下来的。牙买加是关键之地。正是在克伦威尔（Cromwell）统治之下，英国从西班牙手中夺取了牙买加岛，又是在英国王政复辟之时，该岛变成了海盗们的一个相当的基地，以致他们中的一个人，亨利·摩根（Henry Morgan）将擢升为总督并封为骑士。只是到了"光荣革命"之时，海盗才完全销声匿迹。克伦威尔的目的是要打破西班牙对西印度群岛的贸易垄断。他先是试图使用外交手段，然而并不奏效，于是就求助于劫掠。斯特朗（Strong）写道："克伦威尔是伊丽莎白女王时代之人，他属于雷利（Raleigh）、吉尔伯特（Gilbert）和哈克路特（Hakluyt）等人一类。整个西印度群岛远征就是伊丽莎白女王式的。"[151]这种政策并非只是克伦威尔的政策，它对于牙买加的前途来说还是一种"国家海盗风险事业"，且从查理二世统治时期沿袭下来经久不息。[152]理论上，根据1670年英国——西班牙条约，海盗是违法之事，但在实际中，至少直到1685年，海盗行径劲头十足地继续进行。实际上直至1692年地震摧毁了罗伊尔（Royal）港的巨大海盗据点，海盗行径才由1697年的赖斯韦克（Rijswijk）条约予以最终的截止。在牙买加，该岛是作为一个生产糖类的殖民地还是应该作为劫掠和走私的基地之间出现了矛盾，且在日趋增长；但在中心地区国家，将海盗行径作为一种原始积累方法的需要却在日渐减少。

走私贸易模式是由16世纪末期的荷兰人首创的，是一种非常讲求实际的事情。同西班牙的多次战争切断了荷兰通往伊比利亚半岛的航运，因而也就切断了对鲱鱼工业必不可缺的盐供应。荷兰转而从委内瑞拉的产盐地私购。这一应急之举，由于世界价格基本结构的原因，变成了长久政策。荷兰联合省较之于西班牙，是一个大有效率的农业生产者。"塞维利亚（Seville）——（西班牙地名——译注）的垄断无法以合理价格（向西班牙美洲）供应足够的货物。"[153]而荷兰人却可以做到。走私因而变成了一种生活方式，联结了中心地区国家的商人和他们没有直接控制的边缘国家的生产者。[154]西班牙和中心地区国家之间的关系每下愈况了，在战争期间更是糟糕透顶，新建立的殖民地"部分注定要用作私掠基地"，佩尔斯（Pares）注意到这是对他们的历史记载年表的一个部分解释。[155]它也许也可以解释为什么英国的殖民地最终要多于法国殖民地的原因，因为法国经常与西班牙联盟反对英国。

牙买加代表了走私体系的顶点，变成了加勒比海地区走私贸易中心，走私贸易成了"英国人不愿停止之事……而西班牙人又不可能阻止之事。"[156]起初，海盗的存在有助于这一过程。他们毕竟不是真正的海盗，因为他们只抢劫西班牙人，并且经常是得到他们自己的政府授权去这么干的。[157]但是，糖作物种植在牙买加变得更为重要了，而且西班牙于1670年最终放弃了他们长期坚持的排外性居住权利的要求，此时，英国人逐渐认为海盗是有害无益之事，特别是由于海盗数量增多，更趋绝望，且为日渐扩大的大农场将贫穷白人逐出牙买加土地。[158]海盗不再是人们所需要的了。洪都拉斯的生产者很乐意直接与牙买加商人做生意，这些商人"消除了将货物走私进入中美洲的许多风险。"[159]

海盗们干过劫掠之事。[160]现在，英国人和法国人打算满足于不合法贸易，因为这包括了盈余利润的同样转让，但同时又保障了持久生产，这正是海盗们的劫掠没有办到的事情。一旦海盗们的基地被关闭，"西班牙种植园主就有可能在这个岛上和海岸地区重新开始繁荣发达。"[161]英国人和法国人也有可能直接与西班牙谈判"合法的"奴隶贸易。[162]西班牙属美洲的走私不过只是全局中较小的部分。较大部分是蔗糖，它长期以来就一直是边缘地区的基本产品之一。由于土地耗竭不断发生，蔗糖生产逐步向西推进，[163]16世纪后期达到巴西（在较少程度上达到墨西哥），17世纪移到了加勒比海群岛。与小麦、畜类和白银不同，蔗糖并未被卷进1600年左右世界经济供应过剩问题中，这一问题引起了边缘地区向中心地区出口的基本性紧缩。蔗糖更像是波罗的海地区木材的持续"增长"。它的长久问题是生态耗竭和必须找到处女地以供开发；但是，随之而来的是高利润。[164]

由于中心地区国家创造出新的食物口味，对糖的绝对需要在17世纪不断增长。中世纪之时，主要是蜂蜜和未发酵的葡萄汁满足欧洲对甜食的需要，此两物都是天然甜物。现在，发现了新的饮料，创造了新的甜点，都要放糖使之美味可口。[165]约在1580年，蔗糖生产从大西洋诸岛广泛地移向巴西。[166]就在长期性衰降的迹象出现在西班牙美洲之时，巴西看起来却有一种向上趋势。肖努解释说"这一缓慢的转折点"是约在1630年至1650年出现在巴西，而不是在1580年时期，与西班牙美洲不同，巴西"仍然受益于朝气蓬勃时期的轻松发展。"[167]这在我看来却是捏造的。要是以先前讨论过的快速的生态耗竭与世界需求之间的关系来解释这一发展，并由此得出结论说蔗糖作为世界经济产品受制于长期性涨跌要少于小麦和白银，不是更容易一些吗？那么，肖努所看到的1630年至1650年的衰降就将正是生产率下降再次不请自来的因素了。[168]

正是荷兰从巴西的出口达到顶峰之时以及1645年的伯南布哥州（Pernambuco）叛乱导致荷兰人被逐出巴西之前，将蔗糖作物引入巴巴多斯（Barbados）的就是荷兰企业家。为什么呢？邓恩（Dunn）对此问题提出了两个理由：首先，欧洲人对糖的渴求据信"大到足以有理由将巴巴多斯添加给巴西以扩大糖的供应。"第二，"正在英国的海外贸易受挫于国内的内战之时"，荷兰人能够从经纪人服务中获利。[169]或许是这样。但是，同样可能的是荷兰人深知蔗糖庄园对土地的耗竭之害。[170]荷兰人寻求最佳条件的事实，清楚地清现在对巴巴多斯而不是对其他岛屿的选择上。一般来说，较之加勒比海其他岛屿，巴巴多斯的气候更佳，土地更肥沃，其地理位置也更安全免于受劫掠。[171]事实上，这些考虑也可适用于所有早期的蔗糖岛屿（巴巴多斯在其中不过是最突出的），如谢里登（Sheridan）曾经指出的[12]：

> 在建立庄园方面，小岛屿最初要比大岛屿更受青睐。从交通、防卫、离北欧距离较短的角度来看，顺风的岛屿要比逆风的岛屿更容易防守，海岸线比率高于陆地也使大多数庄园直接靠近海上航船。

谢里登（Sheridan）又补充说，还有更多的风力供风车磨坊之用，有不那么使人疲弱的气候，而且奴隶暴动和逃亡的可能性也较小一些。[13]

在蔗糖生产到达牙买加这个非常之大的岛屿之时，至少对英国来说，领土扩张的过程就停下来了，因为牙买加提供了大量的土地面积，而且英国糖业利益集团担心"甘蔗种植面积的任何扩大都会使生产饱和从而使价格下跌。"[14]在此意义上，没有进行更多的扩张正是重商主义新近获得力量的表现。法国人在取得多米尼加（Domingue）之后的态度也如出一辙。[15]以西班牙的损失为代价的扩张再也不是必要的了，因为英、法统治下的蔗糖种植面积足够供应下一个世纪。但是，在加勒比海区发生的三次英法战争（1666年至1667年、1689年至1697年以及1702年至1713年）之时，英、法两国相互破坏对方的财产仍然是它们的重大目的。如果说这种相互破坏在1713年之后消失了，那也是因为世界需求量至此时已扩大到足以满足这两国正繁荣的蔗糖工业。"蔗糖种植业主终于发现了理想的福境"。[16]

某种意义上，烟草总是糖业的穷亲戚，既是早创者也是早败者。之所以说它是早创者是因为它是创始人的作物，在一年之内就生长起来且又几乎不要求什么特殊设备。但它是"土壤的杀手"，[17]更甚于蔗糖。烟草每25年左右就必须易地而种，因此唯一真正可行的是在大面积岛屿上或在像弗吉尼亚（Virginia）和马里兰（Maryland）那样有内地可扩延的土地上种植它。[18]此外，烟草的世界市场和利润率都小于蔗糖。它"并不像蔗糖那样适宜于成为使人发财之物，……蔗糖可在十年之内赚钱致富。"[19]它像蔗糖那样也曾被认为有医疗之用。但是蔗糖在17世纪初期就不再是药物而是变成了大宗货品，直到一个世纪，或许是两个世纪之后，烟草才变成大宗货物。为什么竟会有如此之变，尚不完全清楚，不过，却有两个明显事实：蔗糖具有营养价值而烟草却没有，以及不断扩大的食糖消费有助于咖啡、茶和可可的消费的扩大。[20]

此外，与蔗糖不同的是，自从烟草可在非热带气候条件下种植，它也就成为欧洲许多地区的一种农业选择。蔗糖生产唯有在地中海岛屿才是可能的，而且早已"贯穿"了这些地方。因此，尽管烟草引起土壤的迅速耗竭，其世界供应超过了世界需求，烟生产的过剩经常甚于蔗糖生产。欧洲各国政府抓住烟草这项奢侈品作为容易征税之物，实际上是通过国家垄断向农场征税，这种政策烟草的情形更为复杂了。肯定并非处处都是如此。荷兰联合省是适宜的主要世界烟草市场，就没有对烟草征税。[180]而且尤其是在谷物歉收年份中，其内地的烟草生产繁荣起来。[181]大多数国家除了对烟草征税和控制外，还企图禁止本国生产。英、法两国尤为如此，财政控制是最为可能的动机。"向伦敦或拉罗舍尔（La Rochelle）进口的烟草征收海关税，要比向在格洛斯特郡（Gloucestershire）或加斯科尼（Gascony）种植的某种产品征收货物税更为容易。"[182]

起初，国家征税打击了美洲的烟草工业。其主要结果是"抬高了价格和限制了市场"[183]自从征收海关税扶助了欧洲的国内生产，从而恶化了西半球生产中"经常扰人的经济问题"："劳工和运输的成本"，[184]其结果就是如此了。不过，到了18世纪初期，一些连接起来的因素扭转了整个局面。首先，对欧洲烟草生产的国家抑制逐渐放松了。第二，在西半球的生产者之中，切萨皮克（Chesapeake）河谷的英国殖民地证明能够以更低的价格生产优良作物。第三，英国人的重要经济活动之一就是发展他们的热带货物的再出口，其中包括了烟草。因此，英国人逐渐认为烟草主要是商业税收的一个来源，而不再是财政岁收的一个来源。[185]与此同时，法国的做法正好相反，使烟草税变成了"国家岁入的一个主要分支。"[186]1720年之后，在政府的鼓励之下，法国变成了从英国再出口的弗吉尼亚和马里兰产烟草的最大买主，一举购买其总产量的1/4，也由此在很大程度上最终说明了烟草业的繁荣景气和生产集中化与商业化的增大。[187]

17世纪最后几年中，或许是在1693年至1695年，巴西"发现"了黄金。[188]这就是一次黄金出口景气的启端，官方数字显示从1699年的725公斤增加到顶峰年份1712年的1450公斤。博克塞（Boxer）估计说这不过只是实际出口量的1/10至1/3，其余部分都走私出口了。[189]巴西黄金为什么恰在此时被"发现"？维拉尔（Vilar）注意到巴西"黄金时期"的起始与1689年至1713年战争引发的英国通货膨胀相偶合；他极为中肯地认为这些黄金"发现"并不是解释英国商业扩张和通货膨胀的原因，与之相反，而是这种扩张、新矿开采的需要或顺利解释了这个"黄金时期"的出现。[190]

走私贸易几乎是公开进行这一事实证明了这种观点，走私贸易系统性地组织起来，完全绕过了葡萄牙经济而将巴西的黄金带到了英国。

  无论在战争中还是在和平时期，巴西黄金都由皇家海军舰船和法尔默思（Falmouth）至里斯本的定期邮船带进英国。军舰和邮船都免受葡萄牙海关和其他一切官吏的检查。很自然，里斯本的商人们，无论是英国商人还是外国商人都喜爱以此手段将他们的黄金汇寄到英国，因为葡萄牙自从中世纪以来就一直严禁香料和金银条的出口。[109]

上述之事表明1600年至1750年之间的长期紧缩并没有包括边缘地区简单的衰退。所发生之事是一些原来的边缘地区活动（特别是谷物生产和畜牧业）从边缘地区重新转往中心地区（因而迫使东欧和西班牙美洲的生产重新调整自己的方向转向地区市场），再加上创造了一个新的边缘地区，它部分地是直接移民开发并且仅仅只是专门生产中心地区国家所不能生产的产品。这个新的边缘地区就是扩延了的加勒比海地区，从巴西的西北部伸向马里兰，它的三项主要产品是糖、烟草和黄金。三个中心地区国家：荷兰联合省、英国和法国，分享了这里的经济利益——荷兰人直至1650年前分享了较多利益，英国人在此后，特别是在1690年之后，分享了较多的利益。

现在，让我们看一看这个新边缘地区中阶级形成的过程，特别是资产阶级和无产阶级。边缘地区的资产阶级主要是"商人和种植业主"的典型结合。17世纪，在东欧和欧洲极南部（西西里再加上意大利、西班牙和葡萄牙的南部）以及西班牙美洲这些"老"边缘地区中，普遍出现了退化，工业的作用得到恢复，市场发展方向是地区性的。从总资本集中在一个集团手中的百分比，或他们的活动的利润率，或他们的政治势力（包括地方性和世界性的）来评判，看来很清楚的是商人阶级的重要性下降了，相比之下，生产企业家即种植业主的重要性更大。许多长距离贸易的消失，必定沉重地打击了商人集团，在他们与作为地主的经济作物生产者的力量抗争方面尤为如此。（种植业主对商人的）整个国际性的债务劳役制必定衰落了，而（农民对地主的）地方性债务劳役制却扩大了。[110]

但是，在扩延了的加勒比海的"新"边缘地区，其情况又是怎样的呢？就没有"商业资本主义的"显赫地位吗？关于17和18世纪中英国与英属西印度群岛之间的资本投资和流动,佩尔斯(Richard Pares)做了详细的分析,值得从他的结论入手对所发生之事作一小心的观察:

> 因此,可以说,正是种植业主本人为他自己的奴役支付代价。种植庄园的利润就是填喂庄园本身负债的源泉。在此意义上,亚当·斯密是错误的:英属西印度群岛的财富并非全都是来自母国;最初时期的首批贷款不过只是发挥了启动作用,此后,西印度群岛的财富就是由它自己的利润创造出来,而且,其中许多财富又在英国纳税人的某些支持下永久流往英国了。[198]

这种制度是怎样工作运行的呢?让我们先明了我所在讨论的不是加勒比海地区劳力的开发利用对英国的资本积累做出了多少贡献;问题是:资产阶级的内部冲突是怎样影响了他们之间剩余价值分配的方式和剩余价值最终是怎样从边缘地区流进核心地区。

从17世纪之末直至整个18世纪,糖业"利益"移到英国。然而,邓恩(Dunn)跳跃了一步。他注意到:尽管加勒比海蔗糖种植园主是"大规模的企业家"和"农场主与制造业者的结合体",[194]至17世纪之末时,"业主在外所有制正在变成一个重大问题。"[195]起初的通常模式是:种植园主作为移民来到一个地区,他们在此以有限的资本和小块地产开始创业。他们从诸如伦敦和迪耶普(Dieppe)这样的欧洲港口城市中的商人那里获取所需投资。商人不是去取得无抵押贷款,而是与一位小种植园主合伙。这位种植园主得到他本人及其契约仆人的旅费,加上工具和最初给养的费用。商人以此投资并获得实物回报利润。这种制度不同于那种"种植园主"在其中只是"代理人"的直接所有制度,而是极为有利于商人,商人"依靠使种植园主在此生意的繁荣中享有一份诚实利益的合伙,部分地得到保护免受代理人的不忠实之害——一切殖民地企业中的首要风险。"[196]

然而,一旦种植园开始在岛上建立,集中过程就随之发生,因为大规模生产者面对激烈的世界竞争所作出反应力更大了。随着种植园的规模扩大,种植园主具有了比他的商人合伙者更大的重要性。这可见于关于"航海条令"的冲突之中。重商主义立法保护的是制造业者和再出口商人,对边缘地区的初级产品生产者难得有什么用处。17世纪中期,相对于其他地区,英属加勒比海的蔗糖生产显得强大,而英国的国内消费又相对较小,

第四章 缓慢增长时代中的边缘地带

英属西印度的小种植园主们通过北美洲、荷兰和法属西印度的商人，甚至于爱尔兰和苏格兰的商人向欧洲大陆出售，以此尽力防范英格兰商人。至18世纪，货运路线完全改变了。蔗糖生产扩大到其他地方，由于保护主义使英国国内市场价格上涨了，由于人口增多和生活水平提高，也使英国的需求增大了。于是，正是非英属地区的种植园主寻求经过英属西印度的商人出口他们的货物。此举削弱了英国种植园主的地位，加强了伦敦商人的地位。[197]

我们因此必须区分出三个阶段。第一阶段中，加勒比海种植园主相比于相对意义上的大商人要显得弱小。作为集中化的结果，种植园主逐渐壮大起来并取得了这些岛屿上的政治权力。[198]更为重要的是，代理制发展起来了；种植园主不再是商人的"代理人"，反而是商人变成了种植园主的"代理人"。代理制着手排除（对抗英国大代理商的）岛上的小商人。[199]这有减少各岛屿之间私下交易的附带好处。至1707年，西印度群岛的利益阶层强大到足以在苏格兰创造出一个"强迫"市场，又以1732年的"蜜糖法令"为手段，在爱尔兰和英属北美创造出同样的市场。[200]通过加勒比海种植园主与英国商人建立直接的关系，代理制排除了中间商，将蔗糖初级市场从加勒比海移到欧洲。有两个因素创造了使代理制得以出现的条件，它们首先出现在与巴巴多斯蔗糖生产的联系之中：种植园主经过集中化不断增强的力量和价格不断下跌对他们的压力，因为他们需要更大的利润占有比例以维持同样的收入水平。[201]代理制扩大到其他岛上，而且至1690年代时，也运用到烟草生产之中了。[202]它把企业投资从商人那里转移到种植园主。"种植园主将他的产品运往欧洲由他的代理商代理出售，也是这同一位代理商又是通过委托根据种植园主的订货购买庄园的需用品。"[203]代理制并不是普遍的，仅为英国蔗糖种植园所用，不为法国种植园主所用。在弗吉尼亚烟草这个例子中，转向代理制的变化只是短暂的，种植园主们在1730年代改变了他们先前曾使用过的这种安排形式。我们必须回答三个问题：为什么代理制只出现在英属岛屿上，而不出现在法属岛屿上？为什么弗吉尼亚烟草种植园主会改变主意？我们怎样解释利润地点的转移？

在谈到为什么代理制只为英国人而不为法国人所用的这个问题时，佩尔斯（Pares）首先注意到戴维斯（Davis）的解释：代理制之所以兴起是因为大种植园主不得不为他们的奴隶付账。代理人在伦敦可以用汇票支付这些款项，并通过食糖代销迅速收回代付款。代理制由此创造了为大种植园主——企业家所用的信贷。不过,佩尔斯说,由于法国大种植园主也需要奴隶信贷,又没有创造出代理制,就有另外一个因素发挥作用:在英属岛屿上,业主不在制的出现要比法属岛屿更早更广泛。[208]但是,业主不在制表明了什么呢?它的发生是因为成功的企业家正在从他们的好运气中获取利润,是他们的企业的力量证明。他们所扮演的角色不再是工头,而是变为金融经理;也因为他们积累资本所达到的规模,他们可以专门从事这后一项任务(也因此就便将更多的个人时间用于消费他们所获的利润)。业主不在制(和随之而来的代理制)之所以出现在英属岛屿上而未出现在法属岛屿上,之所以更多地与蔗糖而不是与烟草相联系,完全都是因为英属地区和蔗糖有更高的利润可图。[209]

关于弗吉尼亚烟草种植园主为什么改变主意的问题,也由此得到部分解答,烟草种植园主无法轻松地变为不在业主,因为出现了法国的独家垄断买主。法国市场采购者寻求大宗供应者,而苏格兰西海岸的公司担当了这一角色。尽管苏格兰的公司将货物运往法国港口的距离决不会更长,他们却有胜过英国商人集团的优势:进入弗吉尼亚的关系和更低的劳工成本(这是因为格拉斯哥的半边缘地区地位所致)。苏格兰的公司拥有可供应的大规模市场,向切萨皮克(Chesapeake)河谷派出代理商,绕开了在伦敦有代理人的大种植园主,找到卑小的小农场主并提供用实物偿还的信贷。[210]因此,力量平衡在此例中又回到了交易中的买主一方。最后,欲要回答企业家风险和利润的地点转移这一问题,我们必须了解债务的含意。由于糖价下跌是这一转移的突然变化之一,佩尔斯认为"企业家的地位并不是种植园主从商人手中夺取的那种骄傲又有利可图的地位,而只是一种由商人将他逼入其中的卑贱和无报偿的地位。"然而,这一角色明显不是卑贱和无报偿的,因为佩尔斯本人就指明:"在外蔗糖种植园主以及东印度富豪者们,都是他们那个时代中最惹人注目的富人。"[211]

让我们将此事实与另一个事实一起考虑,这就是18世纪中英国种植园主不断增长的债务,尤其是所欠英国商人的债务不断增加。这是否代表了一种此时不利于种植园主而有利于商人的转变呢?也许是的,但还有另外一种解释这一金融安排的方法。这种向代理商欠债的结构,唯有在食糖工业繁荣之时才是有效用的。然而,很清楚的是种植园的不在业主正在开始过着入不敷出的生活。"几乎每一笔大债务……开始都是一笔往来债务或账目,结果变成一笔抵押借款……最后……许多西印度地产证明不值它们的抵押之数。"⑳我们知道蔗糖（和烟草）是自我耗竭性的。在有商人帮助的创业第一阶段之后，在有土地集中和种植园主对实现利润的控制的第二阶段之后，有没有一个第三阶段：假定其衰落不可避免，种植庄园为无力使资本在同样水平上增值的不在业主所榨尽耗竭？诚然，这些业主和他们的代理商一起分享了这些超额利润；但是，如此一种安排并不是前工业时代中商人统治的一个实例，而是利润形式，紧随在最大生产能力和相对有效率之后那个时期中的利润形式。⑳

我们现在必须转而讨论这个问题的另外一半：使生产效率提高的劳力供应。实际上，蔗糖和奴隶制"情同手足"是不言自喻之事。⑳然而，事实是：在加勒比海地区种植甘蔗和烟草的最初尝试几乎总是使用契约劳工而不是奴隶。只是到了17世纪之末，奴隶才成为这些岛屿上独特的劳动力，也只是在18世纪初期，对于北美洲南部大陆殖民地而言，这才可以说有如此之事。⑳这两种身份之间的法律差别程度是一场学者的唇枪舌剑之争，有的学者如戴维斯（Ralph Davis）等人强调说契约劳役是临时性的奴隶制，⑳有些学者如K. G. 戴维斯（Davis）等则提醒我们说契约劳役只是短暂的奴隶制。⑳真实的问题是一个经济问题。它们各自的长期性成本利弊是什么呢？这可以容易地从早期加勒比海企业家宁愿使用契约劳工而不愿使用奴隶的原因中看出来。第一个和也许是决定性的原因是资本支出要少很多。那时，一名契约仆人的预付款用以旅费是5至10镑，而一名非洲奴隶却要花费去20至25镑。⑳即使奴隶随后的衣食费用更少，即使契约劳工的还债期限仅仅只有三四年，还是存在一个创始资本清偿的问题。

当然，非得有现成的供应才行。谁在实际上会作为一名契约劳工前往西班牙属美洲呢？一般而言，这些人相当年轻，大部分都是青少年、工资劳动者或较贫穷的中产阶级的孩子。他们不是被逼落魄到如此地步的，吸引他们前往严酷的陌生之地和承受明知的艰难工作的，是在完成服役后获得一块土地并由此提高社会地位的可能性。有时候，据说他们比非洲奴隶有更多的技艺；但是，考虑到他们的年龄和经历，这种说法令人可疑。的确，人们可以为了反对某事而夸大其词。训练一名有效率的工作者常常需要数年时间，而在契约劳工刚刚"取得某种技艺"⑳之时，他们就要离开他们的雇主。在另外一个方面，非洲奴隶在受完训练后仍会留下来。当我们说寻求"更固定和更可靠的劳动力"是解释巴巴多斯决定使用奴隶劳力的原因时，这不就是争论之处吗？⑳

是什么改变了更喜爱使用契约劳工的诸因素平衡？首先，这种安排所依托的"未占用的肥沃土地"已经耗尽，[217]因为有归因于土壤耗竭的土地退化和不断增大的土地集中。因此，蔗糖种植庄园和西印度群岛的奴隶制要早于烟草种植庄园和北美大陆南部。[218]如果一位契约劳工无法指望获得他的酬报，他为什么要在种植庄园里遭受苦役之罪呢？在劳力供应下降而需求却同时上升之日，肯定就是采用奴隶制之时。甚至就在它并不是"经营蔗糖种植庄园的最廉价和最有效率的方式之时……由于白人奴仆不再被吸引而来，它也就成了唯一的可行之路。"[219]使用奴隶作为替代经常是与繁荣时期相联系，这绝非偶然之事。[220]其原因是：以奴隶取代欧洲契约劳工作为劳动力，相对而言，是简便易行的。但是，奴隶为什么是非洲人？为什么不把印第安人用作奴隶？为什么印第安人（和欧印混血儿）的债务苦役制未在扩延的加勒比海地区应用，就像在西班牙属美洲那样盛行呢？

事实上，印第安人在开始之时被用作奴隶，但是，据广泛的报告说，他们"被俘虏后很快就死去，"[221]表明"无法适应蔗糖厂的生活条件。"[222]在智利的矿场中，印第安人起初也被用作奴隶，[223]但在1589年后就由非洲奴隶取代了他们，梅拉法（Mellafe）说这就是"使智利的西班牙人殖民地幸存下来的基本因素之一。"[224]在未使用印第安人劳力而使用非洲奴隶的地区，印第安人大多曾是狩猎者和采集者（如在小安的列斯）或者其农业尚未发展出明确的阶级结构（如在大安的列斯）。正是这些人们"不适应"有纪律的劳动和"死去"。[225]然而，在生产的再分配方式存在的地方，印第安人人口就出现阶级分化，下层阶级已在生产出按等级制占有的剩余产品。因此，这些人可以相对成功地被强迫继续进行这一过程，但是采取代表欧洲剥削者的修改形式，特别是他们先前的统治者如果予以合作的话——因而有了印第安劳役制、米达制和债务苦役的最终演化，尤其是在新西班牙、危地马拉以及秘鲁。[226]

如果非洲奴隶只是在印第安人无法被强逼充当这样或那样形式的强迫劳工之地取代印第安人，那么，可以肯定地说奴隶制只是一种权宜之策；唯一可能的解释是使用强迫的经济作物劳工所费较少——无论是在农业、采矿或是工业之中——少于使用奴隶的花费。[227]那些只是为他们的部分劳作收取"工资"的劳工，如强迫的经济作物劳工，其花费是怎样少于那些只得取实物报酬且又并非慷慨报酬的劳工呢？如果这只是雇主一方初始支出的不同之处，这就是延时的分期偿付；但是，也正是强迫的经济作物劳在雇主控制之外的土地上以食品作物的形式生产出他们的部分"工资",却没有算在雇主的劳工成本之内。如果使用奴隶,其经常性劳工成本的总量就要高于使用强迫的经济作物劳工。[28]

因此,正是在扩延的加勒比海地区,这个于 1600 年至 1750 年期间的新边缘地区,无产阶级劳工被组织起来的基本形式是奴隶制而非工资劳动者、承租者或强迫的经济作物劳工。[29]在那个时代的特定政治条件下,奴隶制在经济上对资产阶级生产者来说是最适宜的,这些资产阶级生产者通过法律制度和市场塑造了这个地区中的基本生产关系。

注释:

① 参见沃勒斯坦(Wallerstein)(1974,269~271)。
② 在维赞斯基(Wyczański)(1967 年版)的书中,有关波兰的这种一系列情况的良好的描述。古尔德(Gould)就其前半部分指出:"农民对价格下跌的反应不是削减生产,而是扩大生产,旨在努力维持总收入在通常可接受的水平上,此种反应有许多历史后果。"(1962,332)。
③ 参见维赞斯基(Wyczański)(1967,68~69)。
④ 参见帕赫(Pach)(1970b,254)。
⑤ 参见齐曼尼(Zimányi)(1973,327)。
⑥ 参见马特耶克(Matejek)(1968,210)。
⑦ 参见托波尔斯基(Topolski)(1971,62)。见表格 31,库拉(Kula)关于人口中不同阶层的贸易的说明。库拉对托波尔斯基的评论可见于他的著作中(1970,164~165,注释⑭)。甚至库拉也接受 1650 年至 1700 年这一细分时期的普遍假设。
⑧ 参见博古卡(Bogucka)(1972,1)。
⑨ 参见马查克和博古卡(Maczak and Bogucka),引自帕赫之书(Pach)(1970b,258),另外参见马查克(1970,139,表格 16)。
⑩ 参见马查克(Maczak)(1975,3)。
⑪ 参见博古卡(Bogucka)(1972,4)。地方货币兑换者也反对此种措施,因为他们也分享了国际投机者的利润。(第 5 页)
⑫ 参见博古卡(Bogucka)(1972,13)。
⑬ 参见祖特科维茨(Zytkowicz)(1971,71)。他认为在波兰、匈牙利、斯洛伐克以及波希米亚普遍存在"乡村耕作产量低的情况",但是在 1655 年至 1750 年期间,并不是特别低于 1500 年至 1655 年时期。巴特(Slicher van Bach)认为 17 世纪东欧有"停滞或者甚至是一次衰落"(见 Slicher van Bath,1969,175~176)。他表明在捷克斯洛伐克、波兰、拉脱维亚、爱沙尼亚和俄国,一共在

1600年至1649年期间和1650年至1699年期间下降了4.3%至3.9%。马查克（Maczak）对祖特科维茨（Zytkowicz）关于16世纪的低数字表示怀疑（马查克，1976b，23），他还认为确有一次下降"已是可见于17世纪前半期"（参见Maczak，1968，77）。维赞斯基（Wyczański）（1960，589）表明在一个领域中〔科尔茨赞（Korczyn）〕有下降，从1569年的4.8%降至1615年的4.1%，1660年的4.4%，1765年的3.2%。托波斯基（Topolski）（1974a，131）谈到了一次全面衰落，从16世纪末的大约5%降至18世纪末的大约3%~4%。施茨捷尔斯基（Szczygielski）（1967，86~87）的用语最为强烈，他说波兰的产量在15和16世纪时的欧洲位居最高之巅，却在17和18世纪处于最低之列。

⑭ 参见帕赫（Pach）（1970b，262）。

⑮ 参见马查克（Maczak）（1968，77），他说："农场的萎缩引起市场盈余的紧缩几乎是无可置疑之事"（第78页）。

⑯ 参见施茨捷尔斯基（Szczygielski）（1967，94），他说对于林地的结果亦是如此；"不顾后果的开发在17世纪时产生了林地的荒漠"（第97页）。

⑰ 参见莱斯诺达尔斯基（Lesnodarski）（1963，24）。

⑱ 参见艾贝尔（Abel）（1973，251，表45）。另外参见巴特（Slicher van Bath）（1977，87），他说出口额最高时是1617年。

⑲ 参见詹宁（Jeannin）（1964，320，322）。贸易过程的另一端证实了此事。斯穆特（Smout）和芬顿（Fenton）在考察苏格兰进口的波罗的海小麦时发现在17世纪中叶时，有一个"明确无误的"中断——即这种进口的急剧衰落——他们对此的解释是："英国和爱尔兰的供应者部分取代了波罗的海的供应者。"事实上，他们还说在1675年至1685年之间，苏格兰谷物"甚至被输往波罗的海地区。"斯穆特和芬顿（Smout & Fenton）（1965，76）。

⑳ 参见马卡凯（Makkai）（1971，483）。再参见普利克勒（Prickler）（1971，143~144）。维泽（Wiese）（1974，454）也用该词描述"在'三十年战争'爆发之前"的欧洲大体上的畜类贸易。

㉑ 参见马查克（Maczak）（1972，679）。他提到了"牲畜的灾难性下降，包括挽畜（大多是牛和马）"，从1549年每100公顷农民土地有大约77头牲畜降到1630年的53头，以及此后持续的下降趋势。（1976b，23）。

㉒ 艾贝尔（Abel）谈到了17世纪丹麦畜类出口的"减弱"（Abel，1973，249）。再参见格拉曼（Glamann）（1977，236~237）。

㉓ 参见帕赫（Pach）（1968，316）。维泽（Wiese）的观察有所证实了帕赫之言。维泽发现在德国的1640年至1820年间，肉类价格总是不如黑麦价格那么有利〔参见维泽（Wiese），1966，105〕。匈牙利和波兰的牲畜送往德国南部诸城市，丹麦的牲畜大多却送往荷兰。〔参见格拉曼（Glamann），1977，216，233〕。

㉔ 参见帕赫（Pach）（1970b，257）。

㉕ 参见费伯（Faber）（1966，131）。托波尔斯基（Topolski）（1974c，435）解释说：生产力的衰落以及因此而来的"准相对"有利条件（quasi-comparative advantage）的衰落，导致了17世纪波兰谷物出口的衰落。我们认为是相反的关系——其他地方小麦生产的增长间接地引起了波兰生产力的衰落。

㉖ 参见齐曼尼（Zimányi）（1973，330）。

㉗ 参见克伦本茨（Kellenbenz）（1974，262）和弗拉索维茨（Vlachovic）（1971，626）。还有日本铜和智利铜的竞争。参见帕赫（Pach）（1970b，257）。

㉘ 关于瑞典之入侵波兰的影响，参见巴拉洛夫斯基等人的著作（Baranowski et al）（1966，79）和基耶茨托罗瓦（Gieysztorowa）（1958）关于匈牙利，参见马凯（Makkà）（1971，493～494）和瓦尔康尼耶（Várkonyi）（1970，272）；关于丹麦，参见约尔根森（Jorgenson）（1963，309）。

㉙ 参见齐曼尼（Zimányi）（1973，309）。

㉚ 参见祖特科维茨（Zytkowicz）（1968，118），他以此作为他的比较研究的暂时结果。他比较了17世纪马索维亚（Masovia）的领地和农民农庄的生产率。"总之，这种（庄园）制度出现的主要原因并不是因为它生产了更多的食物，而是因为它使地主阶级能够增加收入。"然而，柯日利（Kirilly）（1965，621）研究了匈牙利的谷物生产，注意到在18世纪前半期有一次"转变"；"与前几个世纪相比，庄园小麦此后的特色就是更高的产量比率。"

㉛ 参见托波尔斯基（Topolski）（1967，114），他说在17世纪中期的战争破坏之后，保留地上的生产最终能够恢复到战前水平；但是，农民的小块土地仅只能恢复到原有生产的60%至65%。他说在格涅兹诺（Gniezno）这一个地区中，保留地的土地总面积相当于16世纪初始之时农民土地面积的13%，该世纪中期时的16%，之末时的20%，至18世纪的25%（1970，90）。鲁辛斯基（Rusiński）（1972，112～113）谈到了"农民单位的平均面积的减小"，尤其是在中部和南部地区，这一减小过程始于16世纪，又在17世纪时加剧，并导致了贫穷化。

鲁特科斯基（Rutkowski）（1927b，119～120）认为17世纪中期由于战争的缘故是一个转折点："大农户（Laboureurs）的农场为小农户所取代而消失了……或者说取而代之的是由小屋农（closiers）由贫农（chatupnicy）以及散工/租户所耕种的小块土地。"他提到了"农村人口的无产阶级化过程"和"农业生产的绝对集中。"尽管后来的波兰历史学家辩驳了鲁辛斯基关于"战争缘故"的因果解释，但他们并未辩驳此种观察。参见基耶罗夫斯基在其书中引用的各种研究（Gierowski）（1965，244）。

㉜ 参见施皮茨（Špiesz）（1969，43～44），他将捷克的此种情况确定在1620年，但是又说在摩拉维亚，地主土地与农民土地的比率大致维持未变。洛姆（Lom）（1971，9～10）注意到了1650年至1750年波希米亚"土地集中"的增大和庄

园比率的上升。梅依德里兹卡（Mejdricka）（1971，394）说："使用强迫劳工的大领地的巨大扩张，见于17世纪下半期。"

㉝ 尽管东斯多夫斯（Dunsdorfs）（1950，115）将此看作是18和19世纪特别确实之事，"人们还是可以表明17世纪时庄园保留地规模的增大"。

㉞ 参见马查克（Maczak）（1972，673）。德沃尔查什克（Dworzaczek）（1977，159）报告说在此同一时期权贵巨头们逐渐扩大了小贵族们的领地；而在16世纪，鲁辛斯基（Rusiński）提到了"土地集中于更富裕的农民之手的趋势，他们从贫穷邻人手中购买土地。"（参见鲁辛斯基，1972，104）。再参见马洛维斯特（Malowist）（1972，203~204）关于富裕农民的作用的论述。

㉟ 参见帕赫（Pach）（1976b，261）。在波兰的几个地区中，永久租佃地（emphyteusis）得以幸存下来。祖特科维茨（Zytkowicz）（1974，251）解说了这样一个地区靠近老普鲁士的埃尔布拉格镇（Elblag），认为这种例外之事是可能的，因为"有极贴近发达的市场，剩余产品可以比较容易地处置，以及通往市场的廉价运输。"

㊱ 参见库拉（Kula）（1961，138）和祖特科维茨（Zytkowicz）（1968，109）。

㊲ 参见库拉（Kula）（1970，91）。

㊳ 库拉解释了他确定出这些数字的方法，也承认"这些结果无疑是夸大了的。"（1970，94）。

㊴ 但是，相反之事当然也是确实的。歉收之时，价格高昂，大量需求强迫劳工。马查克（Maczak）说："我怀疑至少在某些地产中地主惯于在歉年中压迫其佃户会更厉害，即使他们也会挽救即将困死者。……（根据对1550年至1695年一块地产的研究）此种情况出现歉年价格高涨之时，公爵领地管家从其佃户榨取相对更多的谷物"（马查克，1975，16）。就不会有曲线的关系吗？价格高昂之时，需要更多的强迫劳工，因为需要更多的劳力；而且农民不会被工资打动，因为他们更喜欢为高价市场生产自己的货物。价格相对低落之时，也需要更多的强迫劳工，因为需要更多的非工资劳力。价格取中时，也有对强迫劳工的最低需求。这些关于需求强迫劳工的多种理由，会解释为什么它作为一种技巧经过周期性的高涨和低落而延续下来。

㊵ 库拉（1970，35）说："投资于（物质和劳力）的决策不是来自市场条件的改善……而是恰好相反，来自其恶化，这一事实并无荒谬之处。"他还说这是非资本主义行为；但是，在20世纪，在停滞时期，多国公司有时就不会遵循同样的策略吗？

㊶ 甚至在贵族们未被逼迫向权贵巨头们直接出售之时，普遍的缺乏现金"使权贵巨头们转向地主阶级的银行家，给予他们额外的优势，这是一位银行家对他的顾客们经常享有的优势。"马查克（Maczak）（1968，88）。

㊷ 参见博古卡（Bogucka）（1975，147），他提到了囤积珠宝、豪华餐具、贵金属

第四章 缓慢增长时代中的边缘地带

和成色纯的硬币；但是其用心动机无异于保有土地，此即防范剧烈的通货膨胀，此两者都证明了她的结论："这种囤积……无疑对国家经济有不良后果，因为它使大量资本冻结多年。"（第148页）

㊸ 参见帕赫（Pach）（1962，234）。

㊹ 因为农民被认为不会对世界市场做出反应，库拉（Kual）（1970，27）争辩说："资本主义的会计方式不适用于这种'企业'。"与之相似，阿基利斯（Achilles）（1959，51~52）怀疑农业生产对16和17世纪的价格会有反应。此两者都未区分身为资本主义企业家的大地主和农民/半无产阶级。

㊺ 参见施皮茨（Špiesz）（1969，61）。梅依德里卡（Mejdricka）（1971，401）有相同看法，即：波希米亚在其市场的地理范围方面有别于波兰和北德意志："在捷克，农产品和原料的市场紧系于国内各地区之间的交易，在一定程度上也系于与邻国的交易。"

㊻ 克拉科夫（Cracow）作为一个地区性市场要比作为一个横贯大陆的市场"证明是更为长期可靠的。"参见马利克奇（Malecki）（1970，119，以及1971，151）。"在17世纪后半期……波兹南贸易有新的生机，然而只是完全作为一个地区性市场。"〔参见格里兹（Grycz），1967，55；再参见1971，119〕。

㊼ 马查克（Maczak）提醒我们注意"波兰尽管贫穷，还是向她的居民们提供了重要的好处。与其他早期现代国家比较，波兰没有普遍的饥荒。"（1972，678）。马卡凯（Makkai）（1974，207）说："东欧农民的营养佳于法国、德国和意大利的工资工人，但是劣于已获资产阶级革命胜利正在兴起的西欧国家中的工人。"关于后一类国家，他确定为英国和荷兰联合省。至于法国，由于他仅只引用了罗伊（Le Roy），他之所言对法国南部可能是对的，但是法国北部可能不属"正在兴起的西欧国家"之列。在此书的术语中，他的观点是认为半边缘地区中农村工人的生活劣于边缘地区，大概是因为边缘地区农村工人对维持生活的小块土地保有更大的控制。

㊽ 参见马查克（Maczak）（1972，677）和鲁特科夫斯基（Rutkowski）（1927b，122）。赞塔拉（Zientara）（1971，284）报告说农民强迫劳工在17世纪被引入大规模铁矿开采。鲁特科夫斯基（Rutkowski）（1927a，89）说：18世纪的税款不如16世纪时那么高。另一方面，他可能弄错了度量衡。库拉（Kula）（1962，279）指出：增加农民税赋的办法之一是加大农民交纳税赋的小麦的度量衡。16世纪时在克拉科夫每一蒲式耳是26.26公升，而在18世纪则是43.7公升；在华沙16世纪是52.5公升，而在19世纪是64公升。

波兰贵族证明他们自己是操纵资本主义机制的老手。他们认识到重新确定度量衡有利于作为收租者而不是出售者的自己。所以，他们又安排了"批发量衡拉斯特（Laszt），专门用于出口，然而用于征收税赋的零售量衡——蒲式耳——却在不断增大。日后之事不过就拉斯特比蒲式耳越来越小而已。"应当指出此种行径也是在一个价格下跌的市场上维持利润水平的一种方法。

㊾ 参见吕特格（Lütge）（1963，123~127）。

㊿ 参见马卡凯（Makkai）（1963，41），他说在小麦生产中大多确实如此，“因为畜牧业和种葡萄酿酒业中的强迫劳工出于技术性原因无法充当在小麦生产中那样的角色。”然而，17世纪时匈牙利谷物生产增加了，可能是因为它适宜于强迫劳工。参见柯日利和基斯（Kirlly and Kiss）（1968，1235）。

(51) 马洛维斯特（Malowist）（1974，344）断言在波希米亚强化了强迫劳役，“主要发生在哈布斯堡王朝于1621年赢得白山之战胜利和波希米亚在‘三十年战争’中受劫之后。”再参见克里马（Klima）（1957，87），卡尔克（Kavke）（1964，58）和赖特（Wright）（1966，14）。

(52) 参见斯特凡尼斯库等人（Stefanescu，et，al）（1962，56）。他们确定强取硬逼之为的增加是在17世纪后期。

(53) 参见尼尔森（Nielsen）（1933，153）和汤尼森（Tonneson）（1971，I，304；II，719~720）。汤尼森坚持认为“把丹麦看作是东方类型的一个例子”是恰当的。关于挪威有一个问题，然后是丹麦。大多数挪威农民在17世纪后期时获得自由。参见约翰逊（Johnsen）（1939，392~393）。汤尼森（1971，I，311）以此事实解释说：“在一个贵族软弱的国家中，重要之事（对丹麦君主而言）是要保持人口中农民大众的效忠，用以保卫国家防范邻国瑞典。”但是，如果就是如此，那么同样的逻辑也应当在波兰的乌克兰地区盛行起来。波兰人应当会去保持乌克兰农民的效忠用以防范俄罗斯的奉承讨好；如我们所知，这完全不是他们的态度。很可能正是在挪威缺乏出口农作物和对他们的早期尊重，解释了挪威人和乌克兰人的不同态度。

(54) 参见鲁辛斯基（Rusiński）（1960，40~41）。

(55) 参见鲁辛斯基（1960，420）。

(56) 参见鲁辛斯基（1972，112）。

(57) 鲁特科夫斯基（Rutkowski）（1926，473）说，在17世纪中期，工资劳工开始和强迫劳工一起，要比先前在庄园保留地上发挥出一种重要的作用。库拉（Kula）（1970，152）表示赞同：在1650年后，“农民人口的流动在战争的强化之下，增加了工资劳工的供应。”

(58) 参见鲁特科夫斯基（Rutkowski）（1926，503）。

(59) 参见鲁特科夫斯基（1926，486）他说：“此时的公共权力无力引进绝对的和无频繁例外‘附属土地农奴（adscriptus glebae）’”（第485页）。库拉（Kula）也谈到了“农民的广泛逃亡和贵族对此现象无能为力。”（库拉，1961，145）。

(60) 参见马洛维斯特（Malowist）（1972，215）。

(61) “封闭的货物和货币的流通确保了垄断地主的丰厚利润。为了供应自己和他的农民，地主在自己的地产上建立了手工匠的作坊。”［马查克（Maczak）1972，

672]。罗斯特沃罗夫斯基（Rostworowski）（1968，307）指出大地产实际上是实行重商主义政策的王侯国家："一个权贵巨头拥有自己的运输工具和代理商，将一大片农业地区的进出口都集中在自己的手中。在此地区之内没有自由主义，却有一个强制和垄断的体系……这些就是导致在大地产上建立制造业的条件。"莫伦达（Molenda）（1976，169）报告说：铅矿的控制权在17世纪中从克拉科夫的商人手中转移到权贵巨头手中，他们由于有税赋特权能够以更低成本融化铅。它由于更容易得到强迫劳工也能如此吗？

(62) 关于波兰，参见施茨捷尔斯基（Szczygielski）（1967，97）和库拉（Kula）（1970，102~103）。关于匈牙利参见帕赫（Pach）（1962，262~263）和马卡凯（Makkai）（1963，41）。

(63) 参见祖特科维茨（Zytkowicz）（1972，149），以及巴特（Slicher van Bath）（1977，116）。拉斯科维茨（Leskiewicz）（1960，414，表3）表明在波兰皇家领地上，来自酒类收入的比例从1661年的0.4%增至1764年的37.5%，而来自农产品的收入比例从59.6%降至38.2%。

(64) 罗斯特沃罗夫斯基（Rostworowski）（1968，291）在写到18世纪中期形势时说："波兰的权贵巨头被认为是欧洲最富有的个人，仅次于英国贵族。"这部分是因为萨克森—波兰联合王国宫廷中有现成的领薪闲职，而在17世纪这是不太可能的。他们从衣裳褴褛变成腰缠万贯也是不可能的。

(65) 马洛维斯特（Malowist）（1976，15）谈到了住在领主贵族和教会贵族的宫廷中的年轻贵族，他们在17世纪前半期时是"贵族的各种财产的管理者，特别是在大领主募集的私人军队中充任军官。"马查克（Maczak）认为特雷弗—罗珀（Trevor-Poper）"关于皇家宫廷铺张豪奢的评论也可用于波兰权贵巨头的宫廷。"（1975，33，注释⑯）。这无疑解释了鲁特科夫斯基（Rutkowski）的如下观察：17和18世纪中住在王国各最重要的城镇中的贵族人数"大为增加"。（1927b，153）。

(66) 参见马卡凯（Makkai）（1974，198）。马查克（Maczak）（1975，10）也同样说道：这并不代表是"中世纪方式的延续……上层地主阶级的新老成员……现在需要比以往更多的贵族侍臣。"科瓦茨基（Kowecki）（1972，6）指出了与法国贵族相比较，波兰和匈牙利的（以及西班牙的）贵族规模庞大。他列出了以下数字：波兰，8%至10%（波兰种族的16%）；匈牙利，5%（多于中产阶级）；法国，0.7%（如果包括教士则为1%）。

(67) 参见瓦尔康尼耶（Várkonyi）（1970，279）。

(68) 瓦尔康尼耶（Várkonyi）（1970，281）引用了泽林尼耶（Zrinyi）的话："没有军队就没有国家安全，没有军饷就没有军队，没有税收就没有军饷。"（Neque quies gentium sine armis, neque arma sine stipendis, neque sei pendia sine tribueis haberi queunt）（1970，271）。

(69) 实际上，自从南德意志的资本家们被逐走之后，荷兰人和其他人为此贸易叫价竞争有整整一个世纪。瓦尔康尼耶（Várconyi）（1970，275）描述了17世纪时早期的西欧“旅游者”四处旅行勘察地形，称他们的作用是“西方资本主义的侦察员”。

(70) 参见瓦尔康尼耶（Várconyi）（1970，299）。这种外来入侵，即我们今日所称的帝国主义，不是一种孤立现象。马查克（Maczak）（1976b，12）描绘了波兰的相类似现象。波兰出口贸易的中心当然是在格但斯克，它享有相当大的自治地位；而且相对于国王来说，“格但斯克的合作所发挥的作用类似于权贵巨头的作用。”瓦迪斯瓦夫四世（Wtadystaw IV）在“瑞典战争”（1626年至1629年）之后的“热情欢呼声”中掌握权力［塔兹比尔（Tazbir），1968a，235］，他寻求强化皇家权威。马查克（Maczak）描述说：“正在瑞典人和波兰人在斯图姆斯多夫（Stuhmsdorf）签订了1635年的条约之后，波兰国王就试图获取一部分格但斯克的海关税收并有所成功。丹麦武夫们阻止这位国王继续表现为强大者，格但斯克城的海关主权仍然未受触动。”（马查克，1976b，14）。

(71) 鲁特科斯基（Rutkowski）（1926，498～499）描述了上层贵族（即封建领主或权贵巨头）、中层贵族和下层贵族彼此之间的差异。后者没有农奴，他们耕种自有土地，实际上是农民，其收入相当于富裕农民。下层贵族中甚至有一个分支，称作免役租（quit-rent）贵族，他们没有自己的土地，向领主租佃土地。

(72)“权贵巨头和绅士之间陈旧的差异，总是潜在的，却在农业繁荣和社会平等的岁月里被遗忘了，而在17世纪中又重新复活，大地产在立陶宛和乌克兰兴起，不仅超出了这些大地产主的地位，而且包纳了一大批小地主，小地主们乐意为权贵巨头们效劳，并且帮助他们摧毁以平等为基础的旧结构。”［博斯韦尔（Boswell），1967，159］。换言之，贵族的膨胀联系到前述的追随者现象，成倍地增加了依附于权贵巨头的下层贵族，由此威胁了向权贵巨头要求平等的中层贵族和老下层贵族。

据称匈牙利也有相似情况。在1711年的索特马尔（Peace of Szatmár）和约之时，大约有二、三百名权贵巨头和25000名绅士，每个人都属于议会中的一个家族。“这是权贵巨头们的全盛时期。以往还不曾有过一个匈牙利寡头统治享有如此的机遇，与其说是（在重新分配结束后）获取财富，不如说是保有财富。……（权贵巨头们的大地产中）很大一部分处在从土耳人手中夺回的地区，也是没有奴役负担的地区。这些土地的拥有者可以将它们当作‘基督的’土地，豁免去对一切国家的任何义务。他们的生产成本因而极低，低到足以使他们赚取到的资本投资有时可以带来10倍的回报。”［麦卡特尼（Macartney），1967，129］。

(73) 参见塔兹比尔（Tazbir）（1968b，259）。

(74) 参见塔兹比尔（1968b，264）。关于立陶宛和卢坦尼亚（Ruthenia）的权贵巨头们使自己的语言和宗教“波兰化”的必要性，参见克斯顿（Kersten）（1977，125~126）。

(75) 17世纪中，德波勒茨基神父（Fr. Wojciech Debolecki）宣称：“波兰人是亚当和夏娃的直系后裔，因而，他认为他们是最古老的民族，命中注定要统治世界。”［塔兹比尔（tazbir），1966，20］。

(76) 参见塔兹比尔（Tazbir）（1968b，265）。

(77) 参见安德森（P. Anderson）（1974a，292）。

(78) 参见罗斯特沃罗夫斯基（Rostworowski）（1968，302）。华沙在1658年为瑞典征服，经受了物质和文化的破坏，此后，作为一个“萨尔马提亚（Sarmatia）”城市重建并且“东方化”了——它的中产阶级被毁灭了。［参见托姆凯维茨（Tomkiewicz），1967］。罗斯特沃罗夫斯基对华沙是非常刻薄的：“这个都城的腐朽堕落尤其对文化生活是有害的。萨克森时代的华沙不仅没有完成作为文化艺术赞助人的作用，而且从未是一个社会生活的中心……波兰变成了一个大省，文化生活懒懒散散地流于狭隘的地方圈子中。”1733年，奥古斯都三世（August III）将萨克森和波兰联合王国的宫廷迁往德累斯顿，什么都未留下。“直至那时，尽管君主的权力有种种限制，君主仍是国家政治结构的拱顶石，皇家宫廷仍是国家文化生活的一个重要机构。在奥古斯都二世雄心勃勃的计划瓦解之后，波兰—萨克森联合王国就剥夺了波兰的这种要素。”罗斯特沃罗夫斯基（Rostworoski，1968，275）。

(79)“（17世纪波兰的）货币问题的重要后果之一是……各种集团之间阶级仇恨和对抗的反覆发作，演变成社会各个部分之间的一种无情斗争。”［博古卡（Bogucka），1975，152］。再参见巴特（1977，122）所言：“这是整个中欧和东欧频繁发生农民战争和叛乱的时期。”

(80) 参见塔兹比尔（Tazbir）（1966，14~15，20）所言：“17世纪中，民族（nation）的概念——作为一个种族单位——在此背景下的延伸是由于以萨尔马提亚（Sarmatia）神话为基础的贵族民族的极端主观概念所造成的。……反对宗教改革的胜利在西部地区（特别是西里西亚）所采取的形式，不仅有几乎只许使用拉丁语，而且实行为教会所青睐的德国化。……Sarmataia（萨尔马提亚）民族概念的胜利有利于波兰各地方富有特色的诸种地区主义复苏。17世纪中，马索维亚（Masovia）再次发现了它的独特性。”

然而，罗斯特沃罗夫斯基（Rostoworowski）（1968，297）却争辩说：“尽管它的中央政府局部麻痹，甚至于萎缩，地方独特性并未被发展进入国家联邦。农民大众和市民之中一种深远的区别依然盛行于这个多民族国家，但是，‘绅士国家’却在它的表面上变得越来越相似。使卢坦尼亚贵族波兰化的过程完成（于1697年，卢坦尼亚在司法纪录上被废除）。波兰的、立陶宛的和卢坦尼亚（Luthenia）绅士们由于密切的家庭关系而交接在一起，汇合成一个兄弟贵族大家庭。”然而，问题却在于权贵巨头鼓励波兰民族感及反对地方独特性所达到的程度。

(81) 16世纪扩张时期中整体迁入东欧的犹太人，却轻而易举地变成了17世纪衰退时期中的替罪羔羊，证实了他们延绵不断的功过是非。魏因里布（Weinryb）认为：“这些犹太人中有一大批定居在（波兰的）乌克兰……时在16和17世纪……其中很多人发挥的经济作用是充任旅店乃至村庄或整个城镇的租借人，以及充任贵族或王室领地的征税人。租赁频繁行使一些权力，包括对人口的各种部分使用司法审判。这些活动和权力使犹太人扮演了波兰地主的角色，以致他们在对‘卑贱的’乌克兰人［汉诺威（Hanover）的编年史家如此称呼他们］的关系中经常成为事实上的领主。这样，犹太人与波兰贵族联系在一起了。”（1973，185）。魏因里布（Weinrby）还列举了在与瑞典的诸次战争中失败后的推诿罪过、没收财产［尤其是在克拉科夫（Cracow）（1973，190~191）］。

安德森（Anderson）注意到在波兰东部和东南部的大部分地区的种族分层状态，是由作为地主的波兰（或同化了的立陶宛）贵族和非波兰人的农奴构成的。这些农奴在宗教上信奉东正教，使用白俄罗斯语或卢坦尼亚（Ruthenia）语。而且，如我们刚从魏因里布（Weinryb）处所见的，犹太人充作贵族和农奴两者之间的中间人。安德森提醒我们说：这是一种“殖民地”状态；（1974a，285），而且还应当加上：在困难时期中，殖民状态易于导致各种族集团之间的冲突。

(82) 塔兹比尔（Tazbir）谈到了劳役天数增加后农民的反应。“农民以大规模逃亡作为回答，拒绝工作，在国家的某些地区甚至以武装抵抗作为回答。除了1651年的农民叛乱外，还应当提到在皇家地产中的诸多起义，如在克拉科夫的西南部（1669年至1672年），在波德黑尔（Podhale），在库尔皮耶（Kurpie）地区（位于普鲁士公国边境），以及在波德拉塞（Podlasie）的苏拉兹（Suraz）地产上。”（1968b，258~259）。此外，在乌克兰还有连续不断的“哥萨克人问题”。参见塔兹比尔（Tazbir）（1968a，237~241）。

在匈牙利，有一个反对外部力量的“民族主义”斗争，匈牙利的绅士—资产阶推动绝望中的农民投入战斗。从1704年至1706年，拉科历（Rákoczi）在反对贵族和哈布斯堡王朝的斗争中，以解放和武装农奴来获取力量。［瓦尔康尼耶（Várconyi）1970，292］。可以充分想象出农民不会太快地放下手中的武器。

(83) 参见布罗代尔（Braudel）（1956，196）。

(84) 关于巴伦西亚（Valencia）参见卡斯蒂略（Castillo）（1969，251~252）；关于安达卢西亚（Andalusia）和卡斯提尔（Castile），参见庞索特（Ponsot）（1969，105）。威特曼（Wittman）（1965）将西班牙的农业衰落比作匈牙利的农业衰落。

(85) 参见艾马德（Aymard）（1971b，440）。

(86) 参见坎斯拉（Cancilo）（1969，25）。

(87) 参见达席尔瓦（Da Silva）（1764b，244）。

(88) 参见达席尔瓦（1964b，248）。

(89) 参见达席尔瓦（1964b，250）。

(90) 参见卡斯提罗（Castillo）（1969，242，247，273）。人口下降也反映出抑制性变动，结束了来自法国南部的移民潮流。参见纳德达尔和吉拉特（Nadal and Giralt）（1960，83~84，198）。

(91) 参见艾马德（Aymard）（1968，222 和 1971b，427）。关于那不勒斯，参见佩特科恩（Petraccone）（1974，40~41，51）。

(92) 参见弗林登（Verlinden）（1963，37）。

（Larquié）（1970，55）报告说在 17 世纪后半期的西班牙南部的奴隶制有相似的衰落，以及奴隶制到 18 世纪时的消失。他解释说："这是经济虚弱局面的结果。最终，商业潮流变得紊乱不堪，还有西班牙的经济困难影响了消费社会；逐步逐步地，他们减少了对奢侈的渴望。"尽管他提到奴隶是一种奢侈物品，他注意到他们之中许多人是"王室奴隶"，用于港口维护、阿尔马登（Almadén）的矿场和大帆船上（见第 67 页）。这很难说是一种奢侈用途。在收缩时期和一个太旧的边缘地区，奴隶与强迫劳工相比是一种昂贵的劳动形式，难道不会更是这样吗？（此事随后将在有关加勒比海奴隶制的内容中予以讨论）。

(93) 参见艾马德（Aymard）（1971a，11）。

(94) 参见布罗代尔（Braudel）（1956，194）。

(95) 参见塞雷尼（Sereni）（1961，195）。此时在意大利南部总之没有"再度封建化"。"重新封建化"在此如在东欧那样，意味着在对地方上地主贵族的关系中（西班牙）国家的衰落。参见维拉里（Villari）（1962，260，以及 1963 和 1965）；再参见维范蒂（Vivanti）（1974，422）。

(96) 弗林登（Charles Verlinden）（1971，347）的解释是：不仅在西班牙属美洲，而且在巴西、法属加拿大和荷属加勒比海都引进了"封建的"土地使用权制度，因为"缺乏中心大都市的资源"，它"并不希望承担起初始风险"。他认为形势的变化仅依据白人居住地。因此，在西班牙属美洲，尽管"理论上"废除了封建制，"只要这些居住地不足以使国家增加税收去改变公共权威当局的各个方面，庄园统治就会继续存在下去"（第 348 页）。

(97) 参见摩洛（Mauro）（1974，249），他详细说明了"长期局势对一个封闭经济"如西班牙属美洲"可能具有的唯一影响是使之更加封闭……或更为开放"（第 245 页）。由于他所说的"唯一"在事实上就是一切事情，人们也许会奇怪为什么摩洛会使用这个词。值得注意的倒是他所说的 17 世纪的另一个特性：由于食糖生产的重要性，如果"我们大体上偏袒（关于巴西）关于西班牙美洲的

'资本主义的'论点,我们就公开倾向于'封建主义的'论点了"(第245页)。他运用这一特性解释18世纪后期的政治差异时说:人们预计"封建主义的"西班牙属美洲(像法国那样)会比"资本主义的"巴西(它像英国)有更为暴烈的政治动乱。参见第251页。

　　摩洛将此特性应用于租佃制度:"(在巴西)对分成制(sesmaria)并不是一项农民使用权;它是由封赠制(donatario)对着眼于出口农业的资本主义企业家所做的一个让步……并未企图照加洛林(Carolingian)王朝领地或者甚至是17世纪墨西哥种植庄园那样的模式,去创立一个封闭性的经济。"(1971,388)。"甚至"这个词在原文中并未加重点号,却意味着摩洛认为在加洛林王朝领地和西班牙种植庄园之间有某种区别。

[98] 参见谢瓦利埃(Chevalier)(1970,309,311,313)。注意谢瓦利埃提及最大地产时近似抒情散文的说法。于是,次大的地产是什么呢?他们怎样取得食物?还要注意到这个事实:种植庄园可能在自给自足之时,也能生产出可供在某地出售的剩余之物。那么,对如此获得的利润做些什么呢?

[99] 参见弗兰克(Frank)(1979a,38)。参见皮尔(Piel)(1975,147~148)对谢瓦利埃和弗兰克之争的简要评论。贝克韦尔分析了墨西哥经济景象中银矿的作用,实质上是站在弗兰克一边:"17世纪新西班牙的经济在许多方面,明显具有资本主义性质。"[贝克韦尔(Bakewell),1971,225]。

[100] 参见林奇(Lynch)(1969,II,204)。贝克韦尔(Bakewell)(1971,117,n.4)批评了有关谢瓦利埃(Chevalier)的类似的时间确定,他说谢瓦利埃"将银矿的衰落时间提前了20年是太早了,说成是在17世纪头10年中"。

[101] 参见林奇(Lynch,1969,II,184),他说:"1592年至1622年形成了扩张和收缩之间的一个平稳时期,肯定是一个很平稳的时期,有着持续的繁荣迹象,但同样也有徘徊犹豫的明显迹象,表现出对先前趋势的逆动。"(第185页)。他称新西班牙是"1620年代至1650年代大西洋经济中的病夫"(第189页)。再参见肖努(Chaunu)(1959,VIII,书中各处)。肖努认为:"绝对和大西洋—塞维尔(Seville)(形势)一致的"一次衰降可以同时在菲律宾找到,那儿在"1630年至1640年中有一个很大的突破点"(1906b,246,250)。

[102] 参见麦克劳德(MacLeod)(1973,208),他说到了1655年至1670年货币危机达到高峰,当时,铸币的成色降低、无力支付和重新估值"损害了出口,摧毁了内部贸易,甚至削弱了对统治阶层的安全信任感。"(第286页)。

[103] 参见伯斯(Berthe)(1966,103)。此说符合谢瓦利埃(Chevalier)的见解:大约是从1630年至1640年,墨西哥白银生产中第一个经济周期结束了(1970,4)。

[104] 参见梅拉法(Mellafe)(1959,207~208)。

[105] 参见贝克韦尔(1976,224)和戴维斯(Davis)(1973b,158)。戴维斯称证据是"充足的"。

⑩ 参见戴维斯（Davis）(1973b, 159)。

⑩ 参见贝克韦尔（Bakewell）(1971, 188)和戴维斯（Davis）(1973b, 159)。兰（M. F. Lang）(1968, 632)也将缺乏水银看作是首要原因。

⑩ 参见罗曼诺（Romano）(1970, 131, 140)。再参见翁诺第（Onody）(1971, 236, n.2)，他对巴西黄金做出了同样看法，并且引用了巴西财政部的一份19世纪文件，其中写道："我们必须将当前形势下和帝国之内我国的货币，看作是名副其实的商品种类，是我们的沿岸商业或沿海航权的一部分。"

⑩ 参见弗兰克（Frank）(1979a, 54)。戴维斯（Davis）也赞同说："总体而言，上涨的成本却是被吸纳了。白银采矿受到限制，因为白银的购买力价值下降……（白银的固定价格加上进口货物价格的上涨）使白银的购买价格是如此之低，以至于不值得以不变价格或上涨的实际价格去生产白银了。"当然，我们于是可以问为什么白银的价格被阻止上升，罗曼诺（Romano）(1972, 140)在此提供了答案："美洲的矿山削减了它们的生产，原因相当简单，因为欧洲的经济生活处在停滞阶段，并不需求白银，或者至少是削减了对白银的需求。"世界需求的减少（或者说在实际上是世界性生产过剩）和利润率的减少，是同一个硬币的两面。生产下降的两种解释都是相同的。

⑩ 参见麦克劳德（McLeod）(1973, 382)。尽管劳力需求少，尽管不要求有最好的土地，17世纪时靛青染料的生产仍然停滞不前（参见第202页）。

⑪ 参见洛培兹（López）(1974)关于17世纪时巴拉圭茶的价格下跌的讨论，巴拉圭茶是巴拉圭与世界经济之间的唯一联系。

⑪ 拉瑞兹（José Larraz）(1943, 79)的图表显示：1504年至1596年之间的物价指数稳步上涨，增加了3倍；两项主要税赋（货包道税）（alcabala）（百万）（millones）的指数，起初更为缓慢地上浮，然后在1575年大幅度超过物价指数，在1596年时达到537点。

⑪ 参见汉密尔顿（E. J. Hamilton）(1947, 12)。莫里诺（Morineau）(1978d, 158)认为我们应质询威尔逊的（Charles Willson）"不合时宜的问题"。西班牙的高税率"在16世纪时会是一种令人生疑的优势力量的勒索……并不是它在17世纪时的悲惨和衰败的原因吗？"

⑭ 参见林奇（Lynch）(1969, II, 165)。

⑮ 参见伊斯雷尔（Israel）(1974a, 40)。他说：我们不应当认为高税率水平是西班牙属美洲的"经济表现的标志"，而是应当看作是"西班牙（对其殖民地）施加压力的标志"。西班牙征税的需要从其他方面也影响了经济生产。1630年后墨西哥矿场极为缺少水银，是西班牙王国政府的一项决定所产生的结果。这项决定削减了一半的船运。布雷丁和克罗斯（Brading and Cross）(1972, 574)说，这项皇家决定"之所以被采纳，大概（是因为秘鲁的）总督辖区支付五中抽一税，而墨西哥却只是支付十中抽一税。"

— 201 —

⑯ 参见林奇（Lynch）（1969，II，165~167）。

⑰ 参见麦克劳德（McLeod）（1973，311），他论及阻止许多克里奥尔人和西班牙人"地位身份下降"的"唯一的实际办法"是担任公职。

⑱ 参见巴赞（Bazant）（1950，90），他补充说："总产量中有一部分是供出口。"

⑲ 参贝弗洛里斯卡洛（Florescano）（1969，150）。再参见贝克韦尔（Bakewell）所言："在向拉卡特卡斯（Lacatecas）供应谷物的过程中，最引人注目的特点可能是其网络的广大……拉卡特卡斯的白银装上骡车，运往四面八方，用以支付谷物款，南至普埃布拉（Puebla），北至萨尔蒂略（Saltillo）。"（1971，64）。这一关于墨西哥的描述，有林奇（Lynch）（1969，II，217）关于秘鲁的描述与之相称："种植庄园的产品，食糖、酒和棉花的最大市场是上秘鲁矿场居住地。整个秘鲁都在以这样或那样的方式为波托西（Potosí）而工作，并从它的财富中谋利。"更多的证据可见于1687年的秘鲁地震。它导致了智利的一次"小麦热潮"，智利的生产者更改了畜和葡萄种植［罗曼诺（Romano），1969，280；再参见卡马格那尼（Carmagnani），1973，31~42，265~366］。

⑳ 参见弗洛里斯卡洛（Florescano）（1969，183）。

㉑ "（所有这些证据）都表明：在一段相对较短的时间中，种植庄园成功地满足了地区性消费需要。然而，一旦达到这一水平并在种植庄园发挥出最大生产能力之前，市场的地区结构、巨大的地理距离、糟糕的道路、高昂的货运成本、王国政府的商业政策都使之不可能超越地区限制出口它的剩余产品。种植庄园于是被迫，如不是削减生产的话，至少也是去维持在一个稳定的生产水平上。"（弗洛里斯卡洛，1969，184）。

㉒ 参见沃尔夫和明茨（Wolf and Mintz）（1957，380）。

㉓ 参见贝克韦尔（Bakewell）（1971，235）；再参见莫内尔（Mörner）（1973，191）。林奇（Lynch）（1969，II，139）甚至走得更远，称此为"西班牙属美洲的第一次解放"。他说："将美洲贸易的巨大萧条归之于殖民地经济的崩溃，是一种诱人的说法。但是，这是变化的后果，而不是崩溃的结果。如果殖民地再也不能如以往那样支撑贸易，那么在很大程度上是因为他们将国内的资本用于公共和私人的投资中。"皮尔（Piel）（1975，151）却反其道而行之，试图反驳那些认为金银流通量很低是以削减横渡大西洋的船运的数字为基础的学者［参见罗曼诺（Romano），1970］，他说："如果横渡大洋的货币流通减缓下来，这是矿业生产收缩的象征吗？或者更确切地说金银中有不断增多的部分是留在当地吗？"

㉔ 例如，参见库克和博拉（Cook and Borah）（1971）。菲律宾人口有一种相似的，但不那么严重的减少。参见费伦（Phelan）（1959，154）和肖努（Chaunu）（1960b，74，表1）。

㉕ 关于天花病，参见克罗斯比（Crosby）（1967）。安第斯山脉地区似乎脱逃了16

世纪中美洲的死亡率数字,却在17世纪后期未能逃脱。参见多宾斯(Dobyns)(1963,514)。关于智利,参见梅拉法(Mellafe)(1959,226),关于中美洲,参见麦克劳德(McLeod)(1973,204~205)。

⑫ 参见伊斯雷尔(Isreal)(1974a,39),他指出:"在1630年代和1640年代的墨西哥,有许多愤怨的抗议。"兰(Lang)认为很明显的是:"王国政府不情愿从万卡维利卡(Huancavelica),向(墨西哥银矿)定期供应水银的首要动机,是想要限制新西班牙和秘鲁之间的贸易。"(1968,639)。

⑫ 参见由西莫(Enrique Semo)(1973,222)给 repartimiento(分配制)一词所下的定义,他承认该词是由20世纪分析家们创造出来的,并非必然就是当时人们的用法:"我们认为'分配制'(repartimiento)是西班牙人的经济企业中一种定量配给的和轮换的工作制度,它的影响所及既有处于这种制度之下在'委托监护制(encomienda)'中的印第安人,也有不处于这种制度下的印第安人;它给拥有者阶级带来的好处远大于享有'委托监护制'的好处。对此必须加上这个事实,即:与'委托监护制'中的印第安人不同,作为对为王国政府效劳的奖赏和接受者认为如此使用他们的方便之策,'分配制'更频繁地是批准用于明确界定的经济目的,并且禁止将印第安人用于其他目的。在此新制度之下,由总督最后确定优先重点次序……优先次序将白银生产置于'委托监护者'(encomiendos)的需要之中。"(1973,222)。

⑫ 参见伊斯雷尔(Isreal)(1974a,47)。与麦克劳德(McLeod)笔下描述的中美洲情形相比较:"1630年至1690年的这个时期,是附加税大增之时,在此时期中,政府小官吏们经常是克里奥人,强迫印第安人以膨胀价格购买并不需要的物品,或者强迫他们生产物品,不给报酬或只给极少一点报酬。"(1973,384)。

⑫ 关于1620年至1664年在控制稀少的劳动力的冲突中,墨西哥统治阶层内的摩擦不和,伊斯雷尔(Isreal)的全篇文章给予了清楚说明。

⑬ 参见萨维拉(Zavala)(1966,尤其是79页),戈丁诺(Godinho)(1948),以及谢瓦利埃(Chevalier)所言:"劳役偿债缓慢地——也是不可更改地——渗入越来越多的种植庄园。至17世纪之末或18世纪之初,将苦力(gananes)或印第安仆人(naborios)看作是地产上的财产已是司空见惯之事了"(1970,285)。再参见费伦(Phelan)(1959,191)所言:"通过劳役偿债将印第安人束缚于种植园中,要比其他劳工形式有数种好处。黑人奴隶需花大笔资本投资,'分配制'(repartmiento)劳工由于每周轮换和可供使用的印第安人数目减少,因而缺乏工作效率。矿业主们起初将工资和额外奖赏劳工为自己开采一些矿石的办法结合起来,想以此保留住劳工。这在墨西哥称为'供养制'(pepena),在秘鲁称为'加倍制'(dobla)。然而,单个的印第安人无法加工自己额外开采出的银矿石,只好低价售给矿业主。在一些情况中,付薪工作变成了

— 203 —

实际上的实物付酬工作。总之，矿业主逐渐使用债务方法保留住劳工。"参见罗曼诺（Romano）（1970，132~133）和贝克韦尔（Bakewell）（1971，125~126）。戴维斯（Davis）（1973b，167）分析说："由于在16世纪末左右，人口达到最低水平，债务奴役制是雇主对自由市场上劳工的力量所做出的反应。"

⑬ "获取苦力（gananes）和雇农的最佳方法是从印第安人城镇夺取土地……。大庄园得以发展及其资源利用缺乏效率的最重要和最常见的原因之一，是对重要的辅助资源—土地实行垄断化（不过，这点大多未为人们注意）；此外，缺乏利用资源的效率是从社会角度而言，并非是从私人垄断角度而言"（弗兰克，1979a，70~71）。再参见麦克劳德（McLeod）（1973，221）关于1580年至1590年时期的论述："（在中美洲的）西班牙人首次采用了tierras baldias（荒地制）和realengas（国家土地制），它们曾为死去的或'集合的'印第安人所摒弃。此刻，对印第安人土地的首次猛烈入侵开始了。"

⑬ 洛克哈特（Lockhart）（1969，419，425~426）很有说服力地表明了以下各点：无论法律的分离是什么，从"委托监护制"到种植庄园的社会学连贯性都是巨大的；"委托监护制（encomienda）和后来的庄园制（hacienda）都是如出一辙"；种植庄园夸大了的自给自足，"很难区别于一家商贸企业的多种经营或一体化"；最重要的是，劳工的生活依然如旧："村民们先是在庄园（estan cias），后是在种植庄园劳作，先是须尽'委托监护制'义务，然后是遵从'分配制'，最后是服从单独的安排，但是，还是同样的人们干着同样的事情。"再参见基思（R.G. Keith）（1971，411）和皮尔（Piel）（1975，161，238）。

种植庄园的法律基础是1591年西班牙王国政府的两项特许敕令，其中宣布它对全部没有法律所有权的土地拥有权利。此举逼迫地主们支付一笔费用去取得这些土地的所有权，因为这些土地被宣布为荒地或弃地。参见巴尼特（E.M. Barnett）（1973，89，90），以及利拉和穆罗（Lira and Muro）（1976，143）。至1713年时，王国政府极为渴盼资金，愿意出售荒弃土地，甚至出售给印第安人，只要他们有钱。参见皮尔（Piel）（1975，191）。

⑬ 参见麦克劳德（McLeod），他谈到了"一些下层阶级的成员的状况得到了勉强改善。"（1973，227）。

⑬ 参见谢瓦利埃（Chevalier）（1970，107）。

⑬ 参见贝克韦尔（Bakewell）（1971，75）然而，他注意到："谷物市场的调节价格的功效是无从知道的事情"（第66页）。再参见格思里（Guthrie）（1939，105）和谢瓦利埃（Chevalier）（1970，62~65）。

⑬ 参见麦克劳德（McLeod）（1973，153）。当然，是有抵抗的。奥斯本（Osborn）（1973）观察到：此时，墨西哥印第安人对土地占用的抵抗能力来自团体组织的力量。

⑬ 见莫内尔（Mörner）（1973，192）。

⑱ 参见贝克韦尔（Bakewell）（1971, 234）。

⑲ 见贝克韦尔（Bakewell）（1971, 230）。费伦（Phelan）基本上也做出了相同的看法："关于印第安人劳力的短缺，博拉的论点无可争议，但是，正是这种劳力短缺可能对17世纪的经济增长所做出的贡献，要多于它对经济停滞的作用。我认为'萧条'（depression）这个词用于这整个时期是一个引人误入歧途的术语。"（1970, 213）。

⑳ "如果大规模地产在秘鲁的出现，在年代上巧合于货币经济和非农业企业（开矿、制造业和商业）的衰落，我们将如何解释17世纪中兴起的秘鲁的作坊工场？它的生产量将超过……那个时代的西班牙，甚至于我们将如何解释西班牙—秘鲁的商人资产阶级惊人的兴起？这个阶级创立了利马执政政府的审判法庭，能够以此在1613年迫使西班牙王国政府同意让其分享秘鲁与西班牙之间商业的殖民垄断专卖权。"［皮尔（Piel），1975, 150］。关于与塞维利亚（Seville）的经济精英相对立的新西班牙的经济精英及其"不断增长的自由"，请见博耶（Boyer）（1977, 457及书中各处）。关于在墨西哥与西班牙王国政府相对立的当地的放贷者（aviadores）或旅行商，他们能够强迫债务人在交税之前先向他们偿还债务，参见贝克韦尔（Bakewell）（1976, 219）。

㉑ 参见波尔（Pohl）（1969, 448）。然而，戴维斯（Davis）却强调说："墨西哥大量生产更为廉价但质量很差的产品，而高级的羊毛织物、亚麻布和金属用品仍然是来自欧洲。"（1970b, 161~162）。

㉒ 见巴格洛（Bargallo）（1955, 251）。

㉓ 参见邓恩（Dunn）（1972, 9~10）。

㉔ 参见肖努（Chaunu）（1959, 1539）。

㉕ 引于拉腊兹（Larraz）（1943, 90）。

㉖ 博克塞（Charles Boxer）（1961, 49）对17世纪前七十年荷兰与葡萄牙的世界范围内的斗争，作了如下的概括："虽有过于简单化的危险，仍可以说这场长期的殖民战争采取的形式是为亚洲的香料贸易而战，为西非洲的奴隶贸易而战，为巴西的食糖贸易而战。同样可以说，最终的结果实际上是荷兰在亚洲获胜，在西非不分胜负，而葡萄牙人在巴西获胜。"可以这么说吗？在政治控制方面可以这么说，但是，在经济控制方面，这不是荷兰人（后由英国取而代之）在所有这三个地区的胜利吗？这个胜利采取不同的形式，取决于它是在外部竞争场（亚洲），还是在边缘地区（巴西），西非洲是一个此时正在从外部竞争场缓慢变为边缘地区的地区。差异在于葡萄牙人在生产过程中坚持的程度，博克塞本人给我们提供了这样的暗示："葡萄牙人连同他们所有的毛病，作为殖民者已在巴西深深扎根；因此，仅凭一次海军或陆军的战败，或者甚至一系列战败，通常都无法将他们驱走"（1961, 54）。

㉗ 参见麦克劳德（McLeod）（1973, 212）。

⑭⑧ 参见佩尔斯（Pares）（1960，20）。

⑭⑨ 产生、"烤肉者"（boucaniers）这个名词是因为他们将肉块在铁架或铁盘上熏烤之后出售，以印第安语"烤肉"（boucan）称呼闻名。参见德斯钱伯斯（Deschamps）（1973，40）。并非是此时之前无人知晓海盗。相反，正是"在1650年左右，西印度群岛的海盗行径"与此后的"全盛时期"相比，或多或少是偶尔之举［哈林（Haring），1964，249］。

⑮⓪ 参见戴维斯（Davis）（1973b，169）。在17世纪早期，荷兰海盗"在追逐西班牙船只中是最为大胆放肆的……最为固执不舍的……'荷兰佬'这个名称变成了'海盗'的同义语。"［彼得森（Petersen），1975，250］。

⑮① 参见史壮（Strong）（1899，233）。他补充说："查理二世的顾问们理解克伦威尔的征服与殖民的计划有多么大的深远意义，也了解他攻击西印度群岛的真实动机。1656年1月，'A.B'代表查理致信给西班牙国王时，强调了这个事实：克伦威尔旨在使西印度群岛殖民化，并且以他的舰队切断西班牙的贸易。实际上，从其他理由来看，这整个计划没有意义。护国公克伦威尔假定在做了大量的准备工作和花费甚大之后，竟只会满足于几平方英里的领地，很难说不是荒唐之事。"

⑮② 参见佩尔斯（Pares）（1960，3）。

⑮③ 参见朗格（J. Lang）（1975，55）。哈林说（Haring）（1947，314~315）：作为一个后果，"西班牙商人经常变成了实际上的中间商、委托代理商，经常用他们的西班牙姓名逃避法律。"最终，这意味着"西班牙与美洲的贸易或多或少地变成了一架被动的机器，用以将欧洲其他地方而来的货物供应纳入皇家控制范围之内。"

⑮④ 这正是超越出加勒比海地区的一种实际行为。荷兰人以同样的方式与挪威的丹麦"殖民地"联系起来了。伦德（Lunde）（1963，38~39）说："走私总的来看是哥本哈根统治当局的一个重大问题。整个挪威都有大规模的走私活动绝对是人人皆晓之事。总督委员会抱怨说荷兰人是走私职业的行家高手。该委员会写道：只要有海关税，挪威商人就必须走私；唯一的补救之策是降低海关税。这正是他们欲求之事，但是，效果甚微，走私活动依然照旧进行……商人们自己就声言：如果他们老老实实就得完蛋……走私活动是哥本哈根控制经济体系和操纵商业政策的直接结果。"

⑮⑤ 参见佩尔斯（Pares）（1960，12）。

⑮⑥ 参见克里斯托洛（Christelow）（1942，312）。谢里登（Sheridan）（1969，24）的估计清楚地表明了非法贸易的原因："在大约1763年之前，不列颠的非正式帝国贸易的价值大概不会亚于帝国的正式贸易。"他将经过牙买加的非法贸易和经过加的斯（Cadiz）与葡萄牙的间接贸易，引证为不列颠的非正式帝国的两个主要部分。人们还不应当忘记经过布宜诺斯艾利斯的无执照经营的贸易。

"它的位置远离利马的西班牙权力中心和西印度群岛，接近在巴西的葡萄牙人，这使有效的控制几乎是不可能的。而且，为了西班牙大帆船贸易的利益，这个港口实际上关闭了，因此，以这种手段确保为西班牙否定的利益是一种不可抗拒的诱惑。"［哈林（Haring），1947，329］。

⑮ 参见德斯钱伯斯（Deschamps）（1933，44~45）。哈林（Haring）（1964，249）提醒我们说，这种认可可以是"真实的或自称的。"

⑯ 参见弗洛伊德（Floyd）（1967，26~28）。再参见法尼（Farnie）（1962，209）所言："食糖将牧场经营挤到了二流角色的地位，结束了加勒比海历史上的'海盗'阶段。"

⑰ 参见麦克劳德（Macleod）（1973，367~368）。

⑱ 参见戴维斯（Davis）（1973b，169）。实际上，有两种形式的劫掠。一种是抢劫载有财宝的舰队。另一种是掠夺加勒比海和墨西哥湾沿岸的西班牙人城镇。前一种劫掠中从未真有海盗参加，唯有海军分舰队，此后仅有三次，1628年系由荷兰人所为，1656年和1657年系由英国人所为。参见哈林（Haring）（1964，235~247）。然而，劫掠西班牙人的城镇却是海盗们的专业。1655年至1671年之间，有18个城镇被毁；而且，正是这种劫掠形式决定性地改变了横越大西洋的贸易模式。"正是以这种手段加上非法经营的贸易，才耗竭了西班牙与美洲的贸易源泉，并非是由于摧毁西班牙的白银舰队所致。"［哈林（Haring），1964，250］。最终，如格拉曼（Glamann）所言："海盗经济……（并不）特别富于增长……。武夫们无论是否挂有飞扬的黑色旗，都是无助于贸易和繁荣的，与满载的谷物船和装载煤、砖、酒桶、盐桶和干鱼的沿岸船只相比都黯然失色了。"格拉曼（Glamann）（1977，191）。

⑲ 参见戴维斯（Davis）（1973b，169）。再参见邓恩（Dunn）（1972，22）所言：在17世纪之末，英国人、法国人和荷兰人"心照不宣地同意让西班牙这个，'美洲病夫'保留其散乱的地盘的其余部分，不发达的加勒比海帝国。事实上，英、法两国都认为与西班牙殖民者做生意要比抢劫他们更为有利可图，从1680年起，它们尽力镇压海盗。"实际上，1678年的内伊梅根（Nijmegen）条约之后，荷兰不再是"加勒比海中须认真考虑的重要因素了。"［戈斯林加（Goslinga），1971，482］。邓恩（Dunn）（1972，162）认为在此政策转变之中还有另外一个因素，至少是对英国而言，他说："光荣革命是一个决定性的转折点，是那些从此与王国政府维持了紧密关系"的糖业种植园主的一个胜利，他们不再如王政复辟时期那样坐吃山空了。

⑳ 参见内特尔斯（Nettels）（1931b，17~19）关于这一政策变化的讨论。

㉑ 参见沃勒斯坦（Wallerstein）（1974，88，尤其是注解70）。

㉒ 谢瓦利埃（Chevalier）在讲到墨西哥时说："地产所有者们非常急于用甘蔗取代小麦，只要气候许可……，被认为是主要商品的小麦受制于（政府的）最高

价格限制和诸种要求，经常使生产者只有少量薄利可图；而在另一方面，食糖是在开放市场上出售的奢侈产品，由于需求不断增大而使价格高昂。"（1970，74）。

为什么墨西哥没有变成一个主要的食糖生产者呢？伯斯（Berthe）（1966，103）发现解答在于政治上所维持的劳工成本差别："（食糖厂）长期得不到'分配制'（repartimiento）的好处，加之为了小麦种植庄园的利益，甚至于不能独自使用印第安人的付酬劳工，只得最大量地使用既虚弱又代价高昂的奴隶劳动力。"另一方面，巴蒂（Batie）（1976，13）强调指出：与烟草和棉花生产相比较，食糖生产的困难是要求有"大量的资本支出、大量的劳动力和制炼生产过程中的复杂知识"。

⑯ "17世纪中，食用甜点心和甜饮料更加蔚然成风了"〔福布斯（Forbes），1957，7〕。再参见戴维斯（Davis）（1973b，168）和佩尔斯（Pares）（1960，23）。

⑯ 博克塞（Boxer）称1580年至1680年是巴西的"食糖世纪"（1952，388）。

⑯ 参见肖努（Chaunu）（1961，193～194）。摩洛（Mauro）（1960，233）对17世纪时巴西食糖的"特殊情况"所作的解释是：由于食糖的用途从一种药物变为一种食物，需求量扩大了。

⑯ 参见卡斯特罗（de Castro）（1976）。佩尔斯（Pares）谈到后来一段时间中，18世纪西印度群岛上的食糖生产时说道："土地耗竭对甘蔗种植的影响明显可见。在同样的土地面积上生产出同样数量的糖，每十年就要增加奴隶劳动力，或者说，何处的耕作精细先进或产量增加，那仅仅是付出了大量的额外劳动力的代价才实现的。"（1960，41）梅斯菲尔德（Masefield）谈到了食糖工业的"跷跷板或运气来自对土地肥力的反复消耗"（1967，291）。巴蒂（Batie）认为在巴西的情况还有另外一个因素，这就是与荷兰人的战争（1630年至1641年）"在很大程度摧毁了"甘蔗种植园地产（1976，15）。

⑯ 参见邓恩（Dunn）（1972，65～66）。谢里登（Sheriden）认为在1636年，英国烟草种植业者遇到了一次生产过剩的危机，使他们寻求别的出路。1637年，荷兰人带来了甘蔗以及技术、资本和黑奴（1969，11）。另一方面，弗塔多（Furtado）（1963，25）认为："有可能的是，那些对加勒比海经济具有影响的变化的发生，本来会是大为缓慢的，但是在17世纪前半期之末时有一个外部事件发生了——荷兰入侵者终于被从巴西北部赶走。"

⑰ 伊德尔（Edel）（1969，42）将此变化归因于这个事实：由于土地肥沃，巴巴多斯的成本低于在巴西的成本。因此，"对荷兰资本家而言，尽管他们在伯南布哥（Pernambuco）有现存的利益，将巴巴多斯看作是一个新投资场所仍是合理之举，即使荷兰对巴西东北部的控制是不牢靠的。"巴蒂（Batie）（1976，21）补充了正在逝去的局面中一个因素。1645年的伯南布哥发生叛乱后，荷兰西印度公司认为叛乱是短命的，命令自己在黄金海岸的代理商继续送来奴隶。当奴隶抵达，就被送往小安地列斯群岛"以宽厚的信贷条件"出售。诸岛之

第四章　缓慢增长时代中的边缘地带

中，巴巴多斯最靠近累西腓（Recife）。
⑰ 关于气候和土壤，参见邓恩（Dunn）（1972，26~30）。关于安全，参见佩尔斯（Pares）所言："巴巴多斯出奇的平静发展（自从建立以来甚至一天都未有过改主易帜之事）归之于这个事实：位于群岛的诸主要岛屿以东数英里，不在西班牙人和加勒比人的往来路途上"（1960，10）。巴蒂（Batie）（1976，15）说：因为糖业需要大笔投资，安全是重要之事。"入侵威胁特别令富裕的投资者焦虑不安，甚至在来自海上的最短暂袭击中，他们也必定会损失奴隶和装备。"
⑫ 参见谢里登（Sheriden）（1969，19）。巴西的一个不利之处在于国内提供了逃亡奴隶团体可以幸存下去的地域，尤其是在巴伊亚（Bahia）的凯鲁（Cairu）和卡马莫（Camamu）。参见施瓦茨（Schwartz）（1970）。
⑬ 参见邓恩（Dunn）（1972，21）。再参见戴维斯（Davis）所言："1655年占领牙买加之后的半个世纪中，其特点是英国在西印度群岛的利益得到了巩固而不是扩张。"（1952b，89）
⑭ 参见邓恩（Dunn）（1972，21）。
⑮ 参见邓恩（Dunn）（1972，23）。如果这些战争中的相互破坏未能阻止食糖工业的增长率（需求持续增长的一个迹象），那么，对生产的社会组织确有影响。"在英属诸岛上，（从1689年至1713年的长期）战争无疑损害了农民而有益于大种植园主。"〔邓恩（Dunn），1972，147〕。再参见谢里登（Sheriden）（1965，299，表3），他论述了1670年至1754年在牙买加不断扩大的土地集中。
⑯ 参见佩尔斯（Pares）（1960，20）。
⑰ 令人好奇的是，佩尔斯（Pares）（1960，41）将此不利之事说成是一种长处："（糖和烟草的）种植园主受害于土壤的耗竭。烟草殖民地受害最少，因为一个地力耗竭的庄园的主人可以很容易取得处女地——充其量有200英里之远——而且能够将他的奴隶迁往此处……甘蔗种植园主却较少能够自助。这些岛中有很多都是小岛。"但是，此说是本末倒置。为什么甘蔗在更小的岛上取代了烟草，又退往较大的岛屿和切萨皮克河谷（Chesapeake）？至1660年时，在较小的岛上从烟草转向食糖的这种变化确定无误了。参见佩尔斯（Pares）（1960，22）和法内伊（Farnie）（1962，210）。尽管在1645年至1680年之间食糖价格暴跌，情况依然如此。参见佩尔斯（Pares）（1960，40）。如他所言："甘蔗种植庄园不那么容易变为烟草种植庄园——在已种植的田里要投入更多的资本和更多的机械。由于这些原因，甘蔗种植庄园主经常只好原地不动。"（1960，41）。
⑱ 参见兰德（Land）（1964，647）。
⑲ 关于在此时期烟草最初是如何被认为是物理疗法，参见奥梯兹（Ortiz）（1947，242~245）。关于对食糖的喜好之扩大，内夫（Nef）（1968，77）解释说："16

— 209 —

世纪和 17 世纪初期，欧洲人培养出对食糖的喜好，是此前文明人中从未有过的。对此的部分解释是北方经济文明的增大。北方的水果蔬菜不如地中海土壤上种植的水果蔬菜那样多汁。要使它们美味可口就得使之变甜。"

⑱ 在欧洲，对烟草不征收进口税的唯一的另外一个主要地区是西班牙尼德兰。参见格雷和维科夫（Gray and Wykoff）（1940，4）。

⑱ 参见罗辛（Roessingh）（1976，500）所言："长期而言，烟草种植的兴起可能被解释为在大约从 1650 年至 1750 年左右出现的长期农业衰退的一种伴随物。内地烟草和谷类的价格比率变得有利于烟草，对此经济变化，种植者的反应是增加烟草面积。"

⑱ 参见佩尔斯（Pares）（1960，26）。然而，摧毁欧洲的烟草生产不是那样轻而易举。比尔（Beer）（1912，145）注意到："1620 年发布了第一个禁止英国烟草的禁令……又花费了 70 年时光以或多或少的持久努力和得力措施去根除这一产业。"在英国种植烟草并无生态障碍。瑟斯克（Thirsk）（1974，89）称英国的农业条件"完全适合"，并且指出它的时间并不妨碍重要粮食作物的栽培。

⑱ 参见格雷和维科夫（Gray, Wyckoff）（1940，4）；但是，布林（Breen）（1973，13）将"弗吉尼亚的变化……归之于 1684 年之后烟草价格的上涨。"

⑱ 参见戴维斯（Davis）（1974，144）。

⑱ 1723 年，沃尔波尔（Walpole）免去了烟草税以此鼓励烟草的再出口（而且以此消除了荷兰和德国烟草的价格优势）。参见普莱斯（J, M. Price）（1964，504~505）。

⑱ 参见普莱斯（Price）（1964，504）所言："1700 年时，英国国王从烟草所获之税收大约是法国国王所获之两倍；至 1760 年代时，法国国王所获的烟草税大约是英国国王所获之四倍。"（第 503 页）。

⑱ 普莱斯（J. M. Price）将此直接联系到"法国独家买主的压力。"（1964，506）。

⑱ 参见博克塞（Boxer）（1969b，35）。

⑱ 参见博克塞（Boxer）（1969b，59）。

⑲ 参见维拉尔（Vilar）（1974，279）。此事可能还有另外一面。博克塞（Boxer）（1969b，26）指出："在 17 世纪最后 25 年中，随着食糖价格的下跌，许多里斯本商人坚持要用现金为奴隶付款，拒收实物付款（食糖或烟草），而且，结果硬币的出口在巴西产生了一次严重的财政危机"。这将意味巴西和英国有"发现"黄金的刺激。

⑲ 博克塞（Boxer）（1969a，460）。

⑲ 关于 16 世纪国际性债务劳工的讨论，参见沃勒斯坦（Wallerstain）（1974，121~122）。

⑲ 参见佩尔斯（Pares）（1960，50）。

⑲ 参见邓恩（Dunn）（1972，194）。制造作用包括有用于甘蔗榨汁的磨坊，将甘

蔗汁蒸干成糖晶的煮房，用于烘干糖和排干糖浆的加工房，用于将糖浆制成糖酒的酿酒坊，以及贮藏桶装食糖的库房（参见第189~190页）。

⑮ 参见邓恩（Dunn）（1972，200）。

⑯ 参见佩尔斯（Pares）（1960，5）。

⑰ 参见谢里登（Sheriden）（1957，63~66）。

⑱ "至18世纪初期时，富有的种植园主们在岛上的大多数立法机构中掌握了多数席位。"［谢里登（Sheriden），1957，67］。

⑲ "常住的商人们作为一个阶级，在殖民地的许多地方开始失去活力，甚至于消失，不过，他们仍幸存在牙买加的金斯顿（Kingston）（它与西班牙帝国有紧密联系）、巴巴多斯的布里奇顿（Bridgetown）（此处有大笔的奴隶生意）以及马提尼克岛（地方长官在此以其他岛屿的贸易养肥了自己。在其他地方，他们的重要性也大为衰落。商人们是存在的，但是，他们大多只是代理商，出售北美洲产品收取佣金而已。）"［佩尔斯（Pares），1960，33］。

⑳ "种植园主们抬高糖价的努力大获成功，以致（在1753年）买主们被迫寻求议会的帮助。"谢里登（Sheriden）以此作为1730年代后期至1763年这个"超额利润"时期的主要原因解释（1957，81，88）。

㉑ 参见戴维斯（K. G. Davis）（1952b，101，103~104），他说："精耕细作和高度资本化的大种植园所生产的糖的出售办法，是代理商制的起源。"

㉒ 参见戴维斯（J. M. Davis）（1954，506）。

㉓ 参见佩尔斯（Pares）（1960，33）。

㉔ 参见戴维斯（K. G. Davis）（1952b）和佩尔斯（1960，33~34）。佩尔斯（Pares）还补充说："但是，对此解释有一个重要的反对意见：在外种植园主和几乎每一个常住种植园主（在英属岛屿上）都自行负责委托他的蔗糖家园。"我不明白这一反对意见的分量何在。一旦竖立起榜样，小庄园主们立即群起效尤，找到愿意代理其生意的伦敦代理商。

㉕ 兰德（Land）（1965，64）指出：切萨皮克（Chesapeake）烟草并没有提供出西印度群岛食糖那样的滚滚财源。"结果是切萨皮克的种植园主们未能衣锦还乡，炫耀财富。他们的利润首先是来自烟草生产，这需要有足够能力，其次来自办企业，此中有更多的酬报。"换言之，他们无力去"专业化"；他们只好仍作监工。沃德（Ward）（1978，208）却对18世纪时英和法属岛屿的获利有重要差异这一点表示怀疑。

㉖ 普莱斯（J. M. Price）说："如果一位（格拉斯哥的）商人想要更多的烟草，他只能扩大给种植园主的信用贷款，收获季节时才会得到额外的烟草。因此，苏格兰和其他商人为自己的烟草供应所作的信用贷款，要比价格机制远为有效。在苏格兰人的背后是法国买主"（1964，509）。

㉗ 参见佩尔斯（Pares）（35，38）。

⑳ 参见佩尔斯（Pares）（48~49）。
⑳ 因此，谢里登（Sheriden）说："很清楚，一群伦敦商人和在外种植园主控制着牙买加的种植园经济，大家族的命运与商业金融结盟，要比与热带农业远为紧密"（1965，309~310）。他的此番话对随后的时期而言是正确的；但是，他没有考虑到这个随后阶段是因为有更早时期的生产竞争效率才成为可能之事。
⑳ 参见梅斯菲尔德（Masefield）（1967，290）。
⑳ 参见戴维斯（Davis）（1973b，134）。然而，布林（Breen）（1973，14）却认为弗吉尼亚的转折点是1680年，当时，"英国诸公司已有能力从非洲直接将黑奴用船运到美洲大陆各殖民地"。他还指出：1682年，英国颁布了关于招收契约奴仆的新条令，规定所有合同必须有一名英国地方官的签名，14岁以下儿童必须有父母许可。
⑳ 参见戴维斯（Davis）（1973b，130）。
⑳ 参见戴维斯（K. G. Davis）（1974，107）。
⑳ 参见佩尔斯（Pares）（1960，19）。再参见费伦（Phelon）所言："黑奴花费大笔资本投入"（1959，191）。
⑳ 参见佩尔斯（Pares）（1960，19）。
⑳ 参见邓恩（Dunn）（1972，72）。德比恩（Debien）（1942，74）引用契约劳工是"一种流动人口"的事实解释法属安的列斯群岛的变化。
⑳ 参见戴维斯（Davis）（1973b，131）。契约劳工在法属加拿大，而不是在法属安的列斯群岛得以幸存下来，其原因正在于土地未分发这一事实。参见德米格尼（Dermigny）（1950，236）。
⑳ 佩尔斯（Pares）在一点上认为烟草是"自由人的一种作物"，因为它要求有"灵巧精细的判断"，因而也就"无法如此轻易地托付给机械行事的奴隶"；但是，他又承认说："弗吉尼亚的经历表明烟草也可以在奴隶种植园种植。"（1960，21）。
⑳ 参见戴维斯（Davis）（1973b，133）。艾伦（Allen）注意到：在1667年"仆役阴谋"至1682的诸次烟草暴动之间，弗吉尼亚共有10次民众和仆役叛乱或叛乱阴谋，其中决定性的一次是1676年4月的"培根（Bacon）叛乱"。他认为种植园主们认识到有必要采取给予白人劳工不同地位的办法去分裂工人阶级。从此，"1685年之后转向非洲劳工的变化是很急剧的。"（1975，49）。梅纳德（Menard）（1978，24）指出："从1670年代后期起，契约劳工的价格开始上涨。"奴隶需求量的增大在1700年左右导致了更高的价格。为了降低价格，然后就"在整个货运量中增加妇幼奴隶的比率。"［盖伦森（Galenson），1979，247］。
⑳ 参见邓恩（Dunn）（1972，59）关于1640年至1660年之间糖业繁荣的影响的论述。关于1680年至1700年之间烟草繁荣的影响，见法内伊所述（Farnie）

(1962, 208)。柯廷（Curtin）(1971, 253)认为：在欧洲劳工供应的下降和对劳工的需求上升之中，还有第三个因素：抗病力的不同。非洲人有"巨大优势，产生于一种疾病环境，那里既有热带疾病又有许多非洲和欧洲共有的疾病。"他认为在加勒比海地区，欧洲劳工和非洲劳工的死亡率之比是3∶1。而在此前的一篇文章中，他说这一比率是4∶1，考虑到我们如果设想"维持（奴隶和契约奴仆的）费用大致相等，那么无论怎么说奴隶也值得上欧洲劳工的3倍价钱"(1968, 207)。

㉑ 参见博克塞（Boxer）(1952, 223)。

㉒ 参见维安纳（Viana）(1940, 11)。当然，在实际上，非洲人也表现出同样的"无力"，并且也死亡。施瓦茨（Schwartz）(1970, 316)提醒我们注意以下之事："关于1570年至1670年的糖业繁荣时期中的奴隶状况，用巴西人的形容词描述，就是如地狱一般可怕"；收获季节时一天只睡4个小时是常见事情；而且，"关于管理奴隶的流行理论是：以尽可能少的花费压榨出尽可能多的劳动"。

㉓ 参见罗曼诺（Romano）(1970, 133)。

㉔ 参见梅拉法（Mellafe）(1959, 252~253)。

㉕ 杜普伊（Dupuy）谈到伊斯帕尼奥岛（小西班牙）(Hispaniola)的情形时说道："阿拉瓦克人（Arawak）的社会构成和生产组织的特点并不是一个阶级剥削和征服另一个阶级。阿拉瓦克社会的生产关系特点是明显突出的使用价值和完全没有价值交换，换言之，没有商品生产……因此，宁愿饿死在深山之中也要好于死在外来殖民主义者的奴役之下。"杜普伊（Dupuy）(1976, 22)。

㉖ 参见罗曼诺（Romano）(1970, 130)。布雷丁和克罗斯（Brading & Cross）(1972, 557)指出：在秘鲁的矿场中的强迫劳动要比在墨西哥的矿场中存留更久，印第安人口在墨西哥出现了灾难性的减少。结果，至18世纪时，墨西哥的矿工逐渐得到相对而言的高工资，而且是从梅斯蒂索印欧混血种人、穆拉托黑白混血种人和有文化适应的印第安人中招募。"这种多样化的原因尚不完全清楚……但是，令人感到诱惑的是认为诸此原因在于这两处印第安人完全相异的发展和定居人口的主要地域的不同。"(1972, 557)。贝克韦尔（Bakewell）(1976, 217)宣称早在17世纪中，"萨卡特卡斯（Zacatecas）的西班牙人和印第安人之间……的主要关系就已是……一个是雇主，一个是雇工"。相比之下，塞斯佩迪斯（Céspedes）(1947, 39)却谈到了"秘鲁的土著人口驯良听话"。

㉗ 奥伯良（Oberem）(1967, 767~770)将Conciertos（协作者）定义为"准奴隶"，因为他们可以被"买下来"。他将使用"准奴隶"或"负债工人"的花费与在厄瓜多尔使用非洲奴隶的花费作了比较，就此准确地道出此言。

㉘ 正是由于这一原因，我不能赞同霍尔（D. Hall）的看法，他认为奴隶是"资本装备"，而且说人们因此不能将奴隶劳动的成本与自由劳力的成本作比较，因为它实际上是一件代替劳动和资本成本的事情。霍尔（Hall）(1962, 309)。如果说

它仅止于此,如兰德(Land)事实上所说的,弗吉尼亚的烟草种植园主使用奴隶本来就会是不合理之事。兰德说:在 17 和 18 世纪,他们对通过增加奴隶劳动而不是依靠技术改进来扩大生产,有一种"坚定不移的偏爱",从而"阻碍技术变革"(1969,75,79)。与此见解相同的是巴尼特(W. Barnett)(1965,167)关于对英属西印度群岛上甘蔗种植园的观察:"没有迹象表明……实行了规模经济。"

然而,这未解释这种偏爱本身,以及由此而来的"文化的"和经济的不合理性。这一分析失败是我的印象。在一个意义上,所有劳动成本都是资本成本。它总是一个关于机械(死劳动)和活劳动理想结合的选择。我们想要知道什么时候使用奴隶劳动(作为对工资劳动、强迫的经济作物劳动和额外的机械的一个选择替代),才是最适宜的和政治上是可能的。当我们想起奴隶能够在许多地方作为销售者参加货币经济并积聚资本时,问题的答案就更为复杂化了。如施瓦茨(Schwartz)所问(1974,628~629):巴西奴隶怎样才能支付他们自己的解放呢?明茨(Mintz)(1964,251)指出:在牙买加"至 18 世纪初期时,奴隶们在市场上积极地买卖他们自己的产品"(1964,251)。

㉙ 基本形式并不就是唯一形式。施瓦茨(Schwartz)关于巴西糖业地区中的甘蔗农(cavradores de cana)的论文的整个精锐之处在于:他们的租赁安排甚至于所有权,都是大地主们剥削劳动的一种选择形式,其运用之法根据经济状况而异。"在经济扩张时期,使用甘蔗种植工人……是一种方法,用于降低资本成本,也可能提供对可生利(engenho)财产的精细管理"(1973,193~194)。

第五章插图 "一幅瑞典炼铁工人的画"

克隆斯塔特（Carl Johan Cronstedt）作。（1729）
斯德哥尔摩（Stockholm）：瑞典博物馆（Tekniska Museet）。

"一幅瑞典炼铁工人的画",克隆斯塔特(Carl Johan Cronstadt)(1709~1779)作,他学习机械力学和几何学作为建筑的基础,成为他那时著名的瑞典建筑师。

第五章　十字路口上的半边缘地区

　　资本主义世界经济中,一个经久不变的要素就是等级式的(和广为分布的)劳动分工。然而,另一个历久不变的要素是这个世界体系中经济活动和由此而来的特定地理区域的不断变动的界定。从国家机器的观点来看,各个界定场所、地区和国家的相对经济力量中经常性(但不是连续性)的交替变动,可以看作(实际上也是极经常地看作)是国家实体的一种向上和向下的"运动",是一种可在国际体系框架内与其他国家相比测量的运动。20世纪中,人们谈论的是国家的"发展"。17世纪中,人们谈论的是王国的"财富",但是,17世纪的人们要比今日的我们更清楚地看到这一测量是序数而非基数,至少是在现代世界体系的限制因素之内。地位的交替变动尤其发生在全面衰降或停滞之时;对于那些处于等级式统一体中间位置(半边缘地区)的国家来说,运动主要是受国家行动的作用影响。半边缘地区国家是通常上下沉浮的国家。

　　这听起来好像是自发随意的,某种程度上也是这样。明智的国家政策与发生的事物有很大关系。但是,必须立即加上两点防止误解的说明。首先,国家政策并不是原动力而只是干预过程。第二,并不是一切国家都可以运用任何为其喜好的政策并指望取得好结果。许多国家也许会试图这么做,但是在世界劳动分工中只有少数几个国家成功地将其国家地位等级做出了重大改变。这是因为一个国家非常成功地消除了其他国家的机运和选择。17世纪中,有许多半边缘地区失利衰落——西班牙、葡萄牙和欧洲的旧后背地带[从佛兰德(Flanders)经过德国西部和南部至意大利北部];但是,也有几个地区得势壮大:显著的有瑞典、勃兰登堡—普鲁士和英属北美的"北方"殖民地(新英格兰和中大西洋殖民地)。前一系列国家经历了许多与我们曾描述过的边缘地区相同的发展过程,不过,由于各种各样的原因,它们保留了不同这些边缘地区的重要结构差异。后一系列国家只是刚刚开始斗争以争取成为这个时代中的世界经济核心地区的一部分。对于这样的国家实体来说，甚至于开始走上这条道路就是一个成就，更不必说它们能够利用世界经济的总体困难谋取自己的利益，免受更远离核心地区之苦，而这种远离之苦正是大多数边缘地区和半边缘地区所遭受的。

在这一方面，西班牙的"衰落"是17世纪中最壮观的现象——甚至对那个时代的人们也是清晰可见的。如我们先前所见到的，其原因深藏于西班牙的经济和政治结构之中，其相应的虚弱在16世纪时已达到颇为可观的程度了。①西班牙的军事力量和充足的金银财富部分地掩盖这些虚弱；但是，作为一个整体的世界经济中的经济倒退撕去了西班牙外表上的掩饰，将其虚弱暴露给西班牙人自己和世界。如果我们希望定一个确切年代，或许菲利普二世第二次破产的1596年会像其他时间一样管用。这次破产的"意义要超出北方卡斯提尔（Castile）的卓越财政状况的告终；它也意味着菲利普二世的帝国之梦的结束。"②17世纪西班牙传统的编史景象显现的是一种经济颓废衰败的景象。在汉密尔顿伯爵（Earl J. Hamilton）看来，这一景象描述是夸张之语，但是，他又说，17世纪是"西班牙经济史上的最衰败不振时期之一。"③关于这个时期中西班牙的农业生产，我们知道些什么呢？不如说是知之甚少。④17世纪变成了这样一个时期："田地荒芜，无人灌溉、畜禽稀少。"⑤17世纪前30年之时，当时已有许多人讨论土地使用过度问题，每年耕作取代了三年轮耕制，结果是土地的耗竭。粗粮——小米、高粱和大麦——以及玉米用来取代小麦，⑥这使我们想起了边缘地区的发展。酒类生产的扩大牺牲了谷类，如在法国南部，而且是如此广泛以至于人们开始用酒类换取小麦。⑦

与作物更换同时而来的是出口数量下降。大体上，"作为一个原料出口国，西班牙（在17世纪中）的表现并不令人印象深刻。"⑧然而，西班牙在16世纪时却不是一个边缘国家，并不限于出口原料。它曾是一个制造业中心，因而它在这一部门中的衰落甚至更为惊人。西班牙在纺织工业中的衰落最为严重。托莱多（Toledo）曾是西班牙的丝绸和亚麻生产中心，却在1600年至1620年的20年间实际上消失了。⑨塞哥维亚（Segovia）和昆卡（Cuenca）也是如此命运。衰落的并不仅仅是纺织工业，冶金业和造船业也衰落了。这三个行业是现代欧洲早期的"发展工业"，西班牙却在其中"不仅失去了她的出口市场，也失去了她的一个很大部分的国内和殖民地的市场；她失去的市场让给了英国人、法国人和荷兰人。"⑩因此，在这个停滞的时代，西班牙不仅蒙受了边缘地区农业退化之害，也蒙受了工业退化之害。后果是双重性的：一方面，西班牙内部的两极分化和地区间冲突增大；另一方面，西班牙不得不为谋生存而耗去她的殖民地遗产。

16世纪中，西班牙就已经表现出在卡斯提尔（Castile）与西班牙其他地区之间不断扩大的差距。"一切事情都使卡斯提尔拥有不断增长和压倒一切的支配优势。"⑪普遍的经济困难，再加上西班牙深深卷入"三十年战争"所付出的花费，使税赋不断增加。诚然，卡斯提尔也如西班牙其余地区一样承担了税赋重担，甚至可能更多一些；但是，如韦斯（Jaime Vicens Vives）所指出的，卡斯提尔享有"巨大的补偿……：剥削美洲大陆，和西班牙的心脏中文化和政治的首要权力"。⑫这一差距很可能仍在扩大。总之，加泰隆尼亚（Catalonia）和葡萄牙这两个边缘地区，直到17世纪开始时还维持了与卡斯提尔的相对的经济平等均势，此时却已深深感到了卡斯提尔的新的经济压力。⑬因此，以奥利瓦雷斯（Olivares）为代表的政府想要获取更多金钱时，"加泰隆人（Catalons）自然而然地怀着不信任之情，使自己坚守在斐迪南（Ferdinand）的自治立法的堡垒后面"。⑭这么做的还不止于加泰隆人（Catalons）。1628年在波尔图（Oporto）和1629年在圣塔伦（Santarem）发生的抗税暴动，以及1632年在巴斯克地区发生的"盐税叛乱"，其主要原因都是征收新税——"人民已被压榨至极忍无可忍了。"⑮加泰隆尼亚的特殊之处倒不是老百姓的怨恨"突然剧烈地爆发"，⑯而是老百姓的怨恨会合了"资产阶级的幻想破灭"和"加泰隆尼亚统治阶级"的矛盾心理。⑰这些会合起来的不满源泉就是加泰隆人的叛变能够持续如此之久和具有如此威胁性的原因。⑱

正好就在欧洲的世界经济从扩张和膨胀时代重新转向停滞时代的时刻，葡萄牙正式变成了西班牙的一部分——伊比利亚联盟，或葡萄牙人后来常说的"六十年监禁"。王位继承的一次中断，加上1578年葡萄牙人在阿尔卡萨—埃尔—凯此尔（Alcazar-el-kebir）为摩洛哥人击溃的军事失败，使西班牙国王率领军队进入葡萄牙，并于1580年登上葡萄牙王位。反抗是虚弱无力的，因为这个联盟对葡萄牙人还是有一些明显好处的。其中之一是废除了半岛上的边境海关，使葡萄牙人能免税获取西班牙小麦。⑲其二是这个联盟使葡萄牙资产阶级进入西班牙帝国，这个帝国在1580年时"如日中天，强烈地吸引着葡萄牙人的积极性，他们已习惯熟悉了不同文化和奇特的贸易方法，急切要求扩张他们在一切地方的市场，深知这样一种联盟提供给他们的巨大可能机会。"㉑ 从西班牙人的观点来看，这个联盟在卡斯提尔政府身负的财政压力日趋增大之时，有进入新的金融网络的经济好处。葡萄牙的银行家们现在也能进入卡斯提尔的金融同业组织了——1606 年之后才是正式加入，此前则是非正式加入。

葡萄牙人得到奥利瓦雷斯（Olivares）的恩宠，因为他正在设法解决君主的财政问题。葡萄牙银行家们与阿姆斯特丹交易所有联系，可能正在使用荷兰人的资金。㉒（他们实际上几乎全都是"卑劣下贱者"，即犹太皈依者。㉓）而且，他们是商人—银行家,㉔ 对他们来说，进入西班牙就是进入西班牙美洲——布宜诺斯艾利斯、里约德拉普拉塔（Rio de la Plata）、泰拉菲马（Terraferma）、安的列斯群岛。㉕ 此外，葡萄牙人可以在西班牙舰队保护之下从繁荣的巴西蔗糖殖民地获取利润。㉖㉗ 因此，葡萄牙人部分地通过这个联盟的好处来保护自己，免受 17 世纪的首次寒风侵袭；但是，这种好处无法持久。一方面，西班牙人开始对葡萄牙人能如此获益进行反击,㉘ 轻而易举地采用了反犹太人的仇外主义作为掩饰。㉙ 另一方面，葡萄牙人也逐渐感到愁苦不堪了，因为西班牙人越来越无力向他们提供所需要的保护了。葡萄牙人认为荷兰对巴西的占领部分地归因于持久的荷兰—西班牙冲突。㉚ 总之，葡萄牙—大西洋贸易数在 1600 年至 1630 年之间远胜于塞维尔—大西洋贸易，开始下降了。㉛ 至 1638 年，西非洲的海上黄金贸易又落入英国和荷兰之手，加重了在巴西的这些困难。㉜

葡萄牙人于 1640 年揭竿起义，与加泰隆人的起义同时，却没有后者的内部阶级分裂，这一点"使〔葡萄牙资产阶级〕更容易接受从与西班牙的联盟到独立的转变。"㉝ 葡萄牙宣布独立，并走上与英国结盟之路。它在 17 世纪开始之时将自己的亚洲贸易帝国丢失给荷兰，博克塞（Boxer）说，这是因为荷兰"所具有的实际力量和潜在力量都远远超过穷困枯竭的葡萄牙王国"。㉞ 如我们所知，它曾经从与西班牙的联盟中得到一些补偿；然而，欧洲的世界经济之衰降所产生的压力正在使这些补偿化为乌有。布罗代尔（Braudel）认为："重大问题在于：就经济而言，葡萄牙就不是西班牙好时光的伙伴吗？"㉟ 正值西班牙忍痛舍去一点物质利润之时，它同时受损于殖民地的元气大伤。首先，美洲与西班牙的交通出现大衰退，肖努（Chaunu）将此确定为 1622 年至 1680 年。㊱ 第二，走私贸易发展起来，先是荷兰人㊲走私，继之以英国人和法国人，以至成为欧洲美洲交易的一个重要方面。㊳ 走私贸易经过 17 世纪逐渐成为这样一个事实了；核心国家与

西班牙美洲的直接关系"通过走私路线提供了后者的基本必需品中的最大部分。"㊳

因此,在17世纪的核心国家与西班牙的殖民地之间,西班牙至多只是充当了一个相当被动的转送带。西班牙从核心地区国家进口纺织品和纽芬兰(Newfoundland)干鱼,供国内消费,在未完全为走私贸易甩开时,也供给它的殖民地。西班牙所支付的款项部分是产自半岛的原料、产自殖民地的染料,最重要的则是美洲金银块——"旧西班牙贸易中的精华诱物。"㊴在财政十分拮据之时进行的不断战争——与荷兰联合省、法国、加泰隆尼亚、葡萄牙的各次战争——导致了连续不断的通货膨胀,1650年之后尤为严重。这又导致1680年代中"卡斯提尔的行政和经济的全面崩溃。"㊵在此形势下,西班牙君主几乎无力抗拒核心地区强国对美洲的侵蚀和劫掠,甚至无力阻止西北欧的工业产品不断扩大向西班牙本身的出口销售。㊶兰伯特(Rambert)概括如下:"17世纪之末,西班牙占有世界经济中的一席特殊之地:它是一个庞大而实际上又未开发的市场,所有贪婪的欧洲列强都扑向它……(西班牙依靠更发达的国家)勉强为生。"㊷

葡萄牙或多或少面临着相同的形势。从王政复辟时期的英国纺织业的眼光来看,葡萄牙和西班牙"都是巨大的海外市场,尽管英国商人还只能通过中间商与南美洲进行贸易。"㊸实际上,1642年、1654年和1661年的一系列英葡条约已使英国在巴西的插足要多于在西班牙美洲。㊹英国插足于葡萄牙的三角贸易(使之变成四角贸易了)使葡萄牙"越来越被推向边缘。"㊺约在1650年开始在欧洲普遍出现,尤其在葡萄牙出现的短暂经济景气,于1670年就告终了。㊻葡萄牙做出了一个勇敢努力以求摆脱这种中间人和传送带的地位,即采取17世纪的万用妙药:重商主义,从1675年至1690年,弗龙泰拉(Fronteira)侯爵,埃里塞拉(Ericeira)公爵和诸位国务大臣们公开宣布这一重商主义政策。葡萄牙人有意认为这是模仿柯尔伯(Corbert)的政策。他们引进法国技工以帮助建立工业,与英国和法国的工业进行竞争,㊼并且创立了一个非洲奴隶贸易商业公司,试图捞取西班牙的生意。他们一度使其货币正常价值上升20%,期望汲取金银块,尤其是从西班牙。㊽

也正是作为1670年代这场危机的一个结果,葡萄牙重新努力在巴西寻找金银,㊾不过,一直到了1693年至1695年,它才在实际上发现了大量黄金。㊿此外,这场危机还促成寻求新的出口市场,也正是在此时候开始了马德拉白葡萄酒的一个广大出口市场。英国人发现"马德拉（Madeira）酒是可供运往热带气候地区并保存的最佳酒类。"[51]实际上，英国人是如此重视它，以至于在1663年的航海条例中规定：从马德拉岛和亚速尔（Azores）群岛进口的葡萄酒是三项不受大宗货物限制要求的例外货物之一，这种限制要求欧洲货物必须经由英国才能运往英属美洲殖民地。[52]英属西印度群岛和新英格兰迅速变为这些葡萄酒[53]的重要市场，葡萄酒在葡萄牙的重要性也不断增大了。[54]埃里塞拉死于1690年，两年之后，葡萄牙的重商主义政策就崩溃了。发生了什么事情？戈丁诺（Godinho）作了三个解释[55]：第一，1690年的普遍经济危机（它曾提高了糖和烟草的全面价格）和葡萄牙人利用荷兰的暂时困境而获的好处都结束了；第二，出售给英属美洲的酒类持续增加，而且其进一步增加是由于这一事态：作为英法战争的一个结果，英国禁止进口法国酒因而转向葡萄牙进口作为替补；[56]第三，巴西的淘金热潮开始了。[57]

采取重商主义政策是为了对付严重的商业危机；[58]但是，反对重商主义的力量已是根深蒂固，一旦气氛稍微再次有利于他们的利益，就不可能阻止他们在政治上卷土重来。[59]1703年和1713年，葡萄牙放心签订了梅休恩条约，用戈丁诺（Godinho）的话来说，这条约"实质上肯定了一个事实上的形势"，[60]这一形势创于1692年，源于17世纪的一切发展变化。这些条约是李嘉图（Ricardo）的关于国际劳动分工福音理论的榜样，并没有创造英国特权，却重新创造了密藏于1642年、1654年和1661年诸条约中的那些特权。[61]葡萄牙酒上的英国盖布就要变为辉格党商业政策的光辉标志。[62]

如果说埃里塞拉时期（1675年至1690年）的重商主义，是葡萄牙人抗拒他们在这个时代的世界经济中与日俱增的从属地位的一个短暂时刻，那么，西班牙王位继承战争就可能看作是西班牙人进行同样的，但也一样失败了的抗拒企图。17世纪中，西班牙国家已虚弱到如此地步，以至于从1697年赖斯韦克（Rijswijk）和约开始，法国、奥地利和荷兰联合省合谋瓜分西班牙帝国。至1720年，西班牙和法国命运与共，联手对抗全欧洲的其他国家，包括次年签订了梅休恩（Methuen）条约的葡萄牙。[63]在英国人看来，法国人长期以来从西班牙获取的利益份额太大，而且，一名波旁王朝的王位继承人将威胁进一步减少英国的利益份额——在美洲还不至于有如此威胁，因为英国在美洲已经战胜了法国，而不是在西班牙本土和地中海。[64]英、法之间的战争远远超出了对西班牙本身，而且彼此力图摧毁对方的贸易网络,尤其是掠捕对方商船。⑯莱格瑞尔(Arsene Legrelle)认为:"西班牙王位继承战争的历史,并不是西班牙的内部历史。"⑯法国人很快就发现他们的西班牙盟国的主要目的不是去促进法国的利益,而是想摆脱自己深陷其中的经济困境。⑰

加泰隆尼亚的叛乱也必须如此同样看待。1760年之后,加泰隆尼亚出现了一次缓慢的经济复苏,很大程度上是因为"税赋的重担减少了……而且经济衰竭也小于"卡斯提尔。⑱这一不大不小的繁荣基础是它的商业中间商作用。一个重商主义的和集权的西班牙不会去帮助"这个正在发展中……又梦想'自由贸易'和变成另一个荷兰的阶级。"⑲此外,"法国作为一个强权,就是敌人,"⑳它曾夺取了1659年比利牛斯(Pyrenees)条约中的加泰隆尼亚的领土。因此,加泰隆人运动——它是统治集团的一个运动,不是如1640年中那样的人民叛乱——"投靠英国—奥地利'联盟',以求重新夺得与法国结盟的伊比利亚半岛。"㉑这一次,它较少是一个想独立于西班牙的分离主义运动,更多的是一个希望保存加泰隆人的资产阶级经济利益的运动,阻止怀有重商主义观念的集团在西班牙掌权。㉒在此,重商主义观念是一种进步的和善于务实处事的观念。㉓西班牙王位继承战争的结果是什么呢?西班牙被迫放弃它在半岛之外的领土。更为重要的是,西班牙不得不同英国签订贩卖奴隶条约,承认英国享有先前由法国据有的权利:将奴隶运往西班牙西印度群岛(每年至少4800人);还有先前法国贩卖奴隶条约所没有的两个特点:英国在里约德拉普拉塔(Rio de la Plata)建立一个殖民居住地和每年一艘500吨英国"获准之船"被允许前往西班牙属美洲进行广泛贸易。㉔结束这场战争的多种条约是"反路易十六联盟的一个无可争辩的胜利。"㉕但特别是英国的一个胜利。㉖

然而,在西班牙内部的加泰隆人却被他们的盟友抛弃了,菲利普五世继续在西班牙实行中央集权化。阿拉冈(Aragon)和加泰隆尼亚失去了由"新普兰塔(Neura Planta)(计划)1716年宣布的各种特权和制度"。㉗巴伦西亚(Valencia)的诸特权早在1707年就被撤销了。㉘唯有那瓦尔(Navarre)和巴斯克(Basque)地区因保持了对菲利普的效忠得以保全了他们的诸种特权,并因此以"豁免省"而著称。㉙在整个的国际解决办法和贩卖奴隶条约的范围之内,西班牙无法实现其意图的目的。㉚乌得勒支(Utrecht)条约规定西班牙不得变更关税使之不利于英国。而且,兑换维农铜币(Vellon)的白银税率固定在1700年查理二世统治结束时所通行的比率上。这就"有效地预防了真实的保护性关税。"[81]

无疑，如索利斯（Romero de Solis）所强调说明的，波旁王朝在西班牙王位继承战争中的胜利"是中产阶级和下属贵族反对教会和庄园贵族的胜利。"[82]同样无可置疑的是，菲利普五世将力图"在乌得勒支条约允许的限制范围之内"结束西班牙的半边缘地区地位。[83]但是，卡曼（Kamen）认为："在乌得勒支失去了意大利和尼德兰的负担之后，这个国家可以致力于内部恢复和在外部重获活力。"[84]这是真实的吗？无疑，波旁王朝这么努力尝试了。但是，卡曼本人又说，用于启动这一努力的信用回到了查理二世手中，而且，1680年同时，葡萄牙也正在做出它的努力尝试。"菲利普五世的西班牙实质上差不多是一个近百年来以货币混乱不堪闻名的国家。"[85]很清楚，无论波旁王朝的努力的效果是什么，西班牙在实质上不可能变更它在18世纪中的经济角色了；实际上，在世界经济于1750年后重新出现扩张的时期，西班牙失去了它的美洲帝国。人们是否不应该将波旁王朝所取得的成就与可能会取得的成就（如果乌得勒支没有以贩卖奴隶条约结束，也没有破坏削弱西班牙追求重商主义政策的能力）作比较？菲利普五世也许会被相信能制止西班牙的世界经济地位的进一步衰落，至少是暂时予以制止；但是，几乎不可能说他扭转了这一衰落趋势。在一定程度上，西班牙在发展工业基础中取得任何成就，都以损害法国而不是英国为代价。[86]

关键问题在于贩卖奴隶（Asiento）条约。奴隶贸易对英国人有厚利可图。此外，贩卖奴隶条约使这一合法贸易有可能"当作一道屏幕以遮掩向西班牙殖民地输入违禁商品"。[87]在南海公司的主持之下，这种非法贸易至1730年代已变得非常巨大。[88]"走私贸易成为南海公司经营活动每一阶段中都是必要的组成部分。"[89]它成为1740年代詹金（Jenkin's）割耳之战的一个主要原因。[90]走私贸易主要是从牙买加、巴巴多斯和布宜诺斯艾利斯进行。[91]它成功地大幅度减少了经由加的斯的贸易。[92]凡英国人在英国与西班牙美洲直接贸易中未能获取的好处，[93]他们都从经由加的斯（Cadiz）的间接贸易中得到了，在此贸易中，西班牙最终要用它的美洲金银弥补它对英国的支付亏空。[94]与西班牙的金银损失相对应的是西班牙国家预算不平衡的长年不断增大，这一不平衡正是源自波旁王朝的集权化，它使王室开支从1701年至1745年中增加了3倍之多。[95]法国在西班牙和世界上抗击英国的努力，使西班牙有一些小小的喘息之地，但是，"七年战争"于1763年结束之时,"法国作为美洲殖民地格局中一个要素实际上被排除了,但西班牙被留下来单独面对未来20年中的英国威胁。"[95]从1600年至1750或1763年这一漫长时间内,西班牙证明它自己无力阻遏逐渐明显为人所知的西班牙"衰落"之势。

除了他们与西班牙和西班牙美洲的合法与非法的繁荣贸易之外,英国人与葡萄牙和巴西的合法和非法贸易甚至要更为巨大。[97]梅休恩(Methuen)条约的诸种影响立竿见影。十年之间,葡萄牙从英国的进口增加了一倍余,而它的出口只增加了40%。这一条约消灭了它的"未成年的"纺织工业。[98]与之相应的是葡萄牙的葡萄酒类生产在1670年至1710年之间增长了5倍,"汲取了大多数的葡萄牙现有资本,更为重要的是汲取了越来越多的葡萄牙劳力。"[99]对英国来说,进口葡萄牙酒类的好处要超于法国酒类之上,因为葡萄牙酒类虽然价格更贵,但不必像在法国购买时须支付金银,原因在于英国向葡萄牙出口纺织品。[100]这可能使英国消费者破费更多钱财,但对英国资产阶级的利益却是更好。这种酒类贸易在实际上对葡萄牙并非是很有利的。除了它对制造业的消极影响之外,这种酒类贸易"在很大程度上为英国利益集团所控制并由它们获取其中大多数利润"[101]因此,在1760年,法国外交大臣舒瓦瑟尔(Duc de Choiseul)不无理由地说葡萄牙"必须被看作是一个英国殖民地。"[102]

从价值方面看,酒类出口远远少于纺织品进口,情况依然如此。对英国的贸易亏空平衡迟至1700年尚可说是微不足道,但随后每年增加100万英镑左右。[103]葡萄牙可以庆幸的只是它至少还是一个半边缘地区国家。它有自己的殖民地巴西,而且还是一个富裕殖民地。[104]正是巴西的黄金使葡萄牙能够从1710年之后至18世纪中期平衡它与英国的贸易。[105]葡萄牙历史学家马丁斯(Oliveira Martins)于1908年尖刻地指出:"巴西的黄金只不过从葡萄牙转手运到英国,用以支付英国供养我们的面粉和纺织品。我们的工业只是歌剧和祈祷而已。"[106]而在另一方面,英国得到了非常需要的金银,以使它的货币供应适应它在世界经济的总体生产和贸易中不断增长的份额。[107]而且,英国由此不仅垄断了这个合法的黄金贸易,也垄断了金银走私贸易。[108]英国历史学家博克塞(Charles Boxer)在此中发现了葡萄牙的一个可供安慰之处:"葡萄牙从其海外领地得到的一个好处是,凭借这些领地及获取的资源,它逃脱了苏格兰和加泰隆尼亚所遭受的命运。"[109]从20世纪的眼光来看,葡萄牙在17和18世纪中依靠巴西本来会是更富裕而不是更贫穷。苏格兰和加泰隆尼亚有复杂的情况，它们后来的工业发展不在此处的讨论范围之内，但是，它们并没有一个巴西足以使与英国的不平等交易（这对某些葡萄牙人集团有利可图）得以发生，而又不招致国内的政治动荡，这种情况也许不会有损于这两个世纪。为之付出代价的正是巴西的直接生产者，但是，在葡萄牙寻求结构性变化的内部压力此时较少。

16世纪，伊比利亚各国曾是光辉的殖民开拓者和金银的控制者，如果它们在17世纪如此可悲地衰落到只是充当西北欧制造业者的输送皮带的地步，那么，曾在15和16世纪是伟大的工业中心的那些地区又将是如何呢？欧洲的后背脊骨——意大利北部、德国的西部和南部，以及（西班牙的）尼德兰南部也衰落了，而且是戏剧般的衰落，但是，是以一种不同方式走向衰落。它们没有殖民地，因而也没有金银资源或热带原料去购买进口货物，赖以生存的唯有它们自己的工农业，以及长期积聚培育起来的商业和金融方面的专长。

它们求取生存的关键是分发加工包销制（putting-out system, verlagssystem）。以下的特色基本上确定了这种体系。实际生产者在自己的住所以自己的设备进行工作。他使用他自己的工具。他或者是拥有几个学徒的师傅，或是自己单独地工作，或是在小家族集团中工作。他从一位商人企业家那里接受必要的原材料用以完成他的加工生产任务，后者则有权以固定价格"收购"加工产品并负责将产品运往市场。如果生产者是单独工作或在小家族集团中工作，他通常只是部分时间工作，并将此生产活动与一些其他经济角色结合起来。这种体系的经营活动经常导致生产者长期向商人企业家负债，这种情况类似于当时各种各样的农业生产中盛行的债务奴役。

分发加工包销制在中世纪时就已经闻名于世了，但是，它在16世纪才得以首次广泛传播开来，并且主要是在那时的城市工业之中。[110]这种体系经常与纺织工业联系在一起，但是，它在几乎一切工业生产中都得到运用。[111]17世纪的停滞时期中，这种体系要比在16世纪有甚至更多的传播运用，但有一个重要的改变之处。在欧洲各处，加工包销工业都纷纷迁往乡村地区。其中主要动机是增加商人企业家的利润收入。布罗代尔（Braudel）告诉我们："无论在何处，只要引进了加工包销体系，它就是对行会的一个打击。"[112]然而只要生产过程仍留在城镇中，行会就处于能够在此体系之内予以反击的政治地位上，在好年头时尤为如此，其手段是通过合同调节商人企业家与工匠生产者之间的关系。[113]

一旦工业设置在乡村地区，商人企业家就逃离了行会，[114]摆脱了行会工匠，代之以农民，他们"是廉价的多的劳动力。"[115]处于乡村还可以确保劳动力在地理上的分散，减少了工人组织的风险却又同时仍由少数几个大商人企业家集中控制分配。[116]克伦本茨（Kellenbenz）强调说很重要的是要认识到这种体系绝不是静态的，[117]而是仍对经济形势的演变做出反应。它的演进方式之一是使工人对商人企业家的持久依赖日益扩大。[118]特别是在半边缘地区国家，这种体系的另一个特点应当予以注意。它经常是掌握在外国商人企业家手中。握有霸权的荷兰人无处不在：在北海和波罗的海城邦国家；在勃兰登堡、斯堪的纳维亚和俄罗斯；在莱茵河地区和北意大利。但是在这些地区，英国人和法国人也在其中许多地方安营扎寨。17世纪时，如意大利人那样的老企业集团发挥一种业已削减但仍很可观的作用。"少数"外国集团却也繁荣发达起来了：如在德意志诸国、北美洲、瑞典、荷兰和英国的新教徒集团；遍布各地的犹太人；一些重要的德意志地区中的门诺派（Mennonites）教徒。[119]

就像官职买卖和使用雇佣军队标志着国家雇佣的官僚制度化的启端那样，加工包销制标志着同样方式的无产阶级化的开始。在加工包销制下，直接生产者形式上拥有生产资料，但在实际上变成了商人企业家的一名雇员，商人企业家无须为了确保他的最大效率而在工作地点直接监督，就可以控制他的实际收入并占有他的剩余价值。[120]（以此类推，国家官僚制度的情形亦是如此）。半边缘地区国家加工包销工业这一事实，正是使它们自己在此时区别于边缘地区的标志。半边缘地区加工包销工业趋向于部分地处在外来集团控制之下，因而难以拥有保护主义立法保障的这一事实，又是使它们自己在此时区别于核心地区的标志。加工包销体系就是孟德尔的那个众所周知的术语"原始工业化（protoindustrialization）"所描述之物，[121]不过，我并不认为把这种工业化看作是"原始的"（proto，意味着它并不是真实事物）会有什么用处。相较于工厂制度，加工包销制效率较为低落，但在事实上更能剥削利用劳动力，[122]因此，它对一个相对停滞的时代来说是合乎理想的。

17世纪中，欧洲的后背脊骨地区的旧工业全都经历了一次衰落。这在意大利北部尤其具有戏剧性，但在实际上是德国各地和尼德兰南部的实情。罗曼诺（Romano）以一种惨淡的眼光看待意大利北部的情形，将其概括为四个趋势：一、城市人口的衰落（并非是所有城市）；二、传统中心地区（佛罗伦萨、米兰、威尼斯以及那不勒斯）的工业生产的衰落，特别是在更廉价的纺织品生产之中；三、经销行业的衰落；四、价格下跌、流通货币减少，但是工资却相当稳定不动（导致失业，因而又导致贫民和流浪者数量增多）。因此，罗曼诺称城市经济在 1620 年至 1740 年之间处于"一种极端萧条状况中"。此外，他还提到了"意大利农业经济的普遍退化。"[123] 他认为意大利无疑是 17 世纪中生活在"衰退阴影"之下的大多数人的一部分（不过，不同于英国、荷兰联合省以及某种程度上的法国的人们）。[124] 在罗曼诺看来，意大利因而错过了一次"伟大的历史性复兴机遇"，如它在 14 世纪曾有过的那次机遇那样，因为它的"整个统治阶级愿意顶住"危机，并且"熬过了漫长的黑夜"，虽被削弱却依然无损。[125] 普罗卡西（Procacci）抨击了关于这种错过了机遇的一厢情愿的说法；[126] 塞拉（Sella）也抨击了这种经验主义描述，认为它言过其实了。塞拉相信至 17 世纪之末，意大利北部的工业"远非贫瘠不堪"，其制造业产品在出口贸易中仍有"一席可观之地"。[127] 此外，他认为农村〔至少是在伦巴底（Lombardy）〕的情况还要更好一些——17 世纪的发展经历是面对逆境磨难所做出的卓越非凡的坚忍、适应和恢复力。[128]

在关于德国西部和南部的文献中，我们发现了类似的混合评价。早在 19 世纪，施莫勒（Schmoller）强调说该地区从 1600 年至 1750 年"无条件地依赖于"荷兰。[129] 本廷引用的一份 1770 年的资料表明此时的法兰克福"只不过是一个大仓库，由荷兰人控制。"[130] 安德森（Anderson）提到了一种"受挫折的莱茵河经济"，[131] 是荷兰人控制了它的出海口的结果。库斯克（Kuske）认为从 16 世纪之末开始在莱茵河地区出现了一个"消极迟钝的时代"，[132] 而利贝尔（Liebel）则描绘出 17 世纪诸次战争对斯瓦比亚（Swabia）的帝国城市——奥斯格堡（Augsburg）、乌尔姆（Ulm）和纽伦堡（Nuremberg）——所带来的"摧毁性影响。"[133] 基许（Kisch）甚至谈到了"相邻的荷兰所发挥的活跃影响"，[134] 认为可以由此解释为什么莱茵河地区能够"逃脱" 17 世纪中沉重打击了德国大多数地区的"不景气萧条"。[135]

当我们转而讨论尼德兰南部时，我们发现有同样的争论。我们看到有皮朗（Pirenne）的传统观点——经济衰落，产生于斯凯尔特河（Scheldt）的被关闭和西班牙人与奥地利人都无力施行保护主义措施。[136] 斯托尔斯（Stols）进一步强调了这种观点，认为佛兰德人（Flemings）即便是在 17

世纪中与西班牙人继续保持了联系，也未能像荷兰人那样获益，因为西班牙人怀疑他们可能有亲荷兰情绪。另一方面，布鲁勒兹（Brulez）坚持认为 17 世纪中安特卫普的情况"不是我们今日所认为的那么坏"。他就此解释说安特卫普仍继续发挥了作为一个商业贸易交往之地的作用，人们在此做出关于欧洲贸易和商业买卖的决定，法兰德斯商人凭借他们久已取得的商业联系从中取利。

因此，让我们更仔细地看一看关于此时这些地区的实际经济结构我们知道些什么。在意大利北部的中心地区，城市工业的衰落的确是清楚无误的。转折点应当是 1619 年还是 1636 年，尚属有争议之事。无论怎么说，米兰的呢绒生产从 1619 年有六、七十家企业年产 15000 匹定呢布，降至 1640 年只有 15 家企业年产 3000 匹呢布，1682 年只有 5 家企业，至 1709 年只剩下 1 家企业年产 100 匹呢布。布费尔蒂（Bulferetti）将此衰落归因于 17 世纪中的法国重商主义，认为是它对伦巴底（Lombardy）和托斯坎尼（Tuscany）的制造业和手工业活动给予了"致命的打击"；但是，他也抱怨工人抵制了技术革新。马德莱那（De Maddalena）还补充说事实上，1706 年米兰合并于奥地利帝国可以看作是"长期下坡路趋势"最后的"扩大"。伦巴底已从西班牙控制下摆脱出来，也"被降到了绝境之地"。热那亚的毛纺工业以及威尼斯的各工业部门也是如此。利贝尔（Liebel）说在符腾堡（Württemberg），"三十年战争中神圣罗马帝国最有中产阶级气息的地方"，出现了手工业的衰落，特别是在毛纺和亚麻织布中。

至于瑞士人，他们看来把非做不可的事情装扮成一种善行，而且把他们与法国的特殊联系化作半边缘地区化的一种机制。这种特殊联系的起源始于 16 世纪中瑞士人提供雇佣军队的角色，瑞士政府常用佣兵来讨价还价以换取法国的关税豁免。因此，法国市场变成了"瑞士工业的主要兴奋剂。"在"三十年战争"期间，尽管有此特殊联系的保障，瑞士人还是开创了他们典型的中立立场，这使他们"从德国市场上撵走了法国"并且以此为基础发展一门出口工业。然而，在 1678 年法国合并了弗朗什孔泰（Francé-Comte）地区时，瑞士奶制品工业对这个地区进口盐的依赖加强了瑞士对法国的政治依赖性。瑞士既然接受了法国的政治保护和经济上的反重商主义，又成功地发展了自己的钟表制造和奶制品工业，至 18 世纪之末，瑞士已成为"欧洲大陆上最为工业化的国家。"

如前文讨论中所表明的，不可能认为欧洲的后背脊骨地区的工业在 17

世纪中消失了。所发生的事情只是工业,特别是毛纺织和棉纺织工业移到了乡村地区。据说,在一切地方都是如此:在威尼斯、热那亚、亚琛(Aachen)、佛兰德、苏黎世(Zurich),以及17世纪后期甚至在荷兰。[154]在每一实例中,降低高工资成本(它产生于城市行会的强大势力)都被当作一个重要动机。在另一方面,奢侈的丝绸工业继续在城市中繁荣发达,城市里的丝绸工场变成了名副其实的工厂。[155]在此时期,另一个得以扩大的城市奢侈"工业"是艺术品的生产和出口。[156]在乡村地区,我们发现就在相同时间和地方有一种恶化对农民的剥削和创立加工包销工业的发展趋势。17世纪的意大利北部有对公共土地的侵占。[157]贝尔特拉米(Beltrami)认为在泰拉菲马(Terraferma)地区的贵族财产"从此具有真正的大领地庄园的特点。"1633年,威尼斯的元老院明确禁止农民移往他乡异地,甚至农民不带走其牲畜和生产工具也不许迁移。博雷利(Borelli)就此问道:"人们怎么才不认为……农奴制以更为现代的形式重新复活了呢?"[158]

整个17世纪中,由于地主对农民的权力在意大利北部得到加强(这是"下降的"半边缘地区化的一个结果),由于国家的权力在易北河以东地区(Elbia)得到强化(这是"上升的"半边缘地区化的一个结果),这两个地区的社会结构变得更为相近了,以至于至18世纪初期时,皮埃蒙特(Piedmont)和勃兰登堡—普鲁士,未来的意大利和德国的形成单位,表现出若干显著的相似之处。[160]相似的发展看来也出现在尼德兰南部〔和列日(Liege)〕,在这里,大地主的权力在17世纪和18世纪初期得以增强,而农民却失去了一定程度的独立性,从佃农地位变到了交租人(sharecropper)的地位上。[161]关于德国南部和西部的文献资料经常强调的是农民保有对土地的控制权的程度;[162]然而,不应当忽视这些地区农村结构中的变化,这些变化导致德国学者们创造了一个新词:经济统治(Wirtschaftherrschaft),用以表示介于传统的地主统治(Grundherrschaft)和易北河以东地区的庄园主统治(Gutsherrschaft)之间的新型结构。[163]如早先曾提及的,"经济统治"是流行于中欧更多的半边缘地区的一种制度。

一个地理地区内的衰落,通常意味着该地区的资本持有者开始转移其投资场所,因此,地理范围内的集体性衰落并不意味个人或家庭的衰落。资本转移有两种形式——一是转移到具有更好经济前景的地理地区,经常采取有形转移的形式,二是在同一地区内转移到利润更高的生产单位,经常是由于剥削率更高的缘故。在17世纪停滞时期,一个地区之内的资本转移采取投资于土地的形式。欧洲后背脊地区中的资本家此时从事于这两种转移活动。银行业经营活动逐渐从诸如热那亚这样的中心迁移到了阿姆斯特丹,[164]而且工业艺人也移民国外——佛兰德人移往英国,德国人移往荷兰,威尼斯人移往里昂,诸如此类等等。拉普(Rapp)颇为正确地坚持认为这些工业艺人并不是去追求更高的报酬,因为他们毕竟是从高工资地区向外迁移。这种迁移运动反映了小资本家的一种"企业人才大出走",他们冒风险移居国外在"获取巨大利润"。[165]

关于此时的资本从工业转移到土地,已有研究并且大多集中于意大利北部地区,或许是因为此种转移最富于戏剧性地发生于此地。布费尔蒂称此转移为"土地上的安全投资",[109]但是,这给人以一种错误印象,我是这么认为的。伍尔夫提醒我们注意皮埃蒙特的证据"十分明确地指出了"这一时期中新旧地主"地产管理的有效方法"。[166]塞雷尼(Sereni)谈到了意大利农业改良的"相对的持续性",并表明它从 16 世纪延续到 18 世纪,"农业中有一种商业性发展,〔17 世纪的〕经济萧条也未能大到足以打断它的程度。"[168]很清楚,在羊毛工业处境不妙之时,意大利北部的资本主义农业对于一位企业家来说是一个明智的投资之地。意大利北部的食物供应具有更大的自给自足性,加之在其他未占用土地上种植"稻米的发展",[169]成为世界性大宗食物生产过剩的一部分,正是这一生产过剩导致了 17 世纪中东欧地区谷物出口的急剧衰落。

意大利北部的资本还找到了保护自己的其他途径。其一是 *Commenda*(或 *Commandite*)的兴起,它是有限责任合伙制的一种形式,特别是在托斯坎尼(Tuscany)的丝绸产业中兴起,席尔瓦(De Silva)认为我们应当将它视为"资本的一种集中化形式。"[170]其二是包税制(*appalti di gabelle*)的兴起,它与国家贷款相联系。[171]在一些人们看来,17 和 18 世纪意大利北部的国债的增大,充当了"使资金源源不断地从生产活动中外流的排水管道。"[172]或许是的,但是,资金流入谁的手中?首先流入了那些发放这些贷款的企业家手中——于是,衰落是集体的,个别的资本家却幸存下来(甚至兴旺发达)。

现在,让我们转向那些发现 17 世纪长期停滞是一个机遇时刻而不是衰落的非中心地区(noncore areas)。其中,瑞典位居榜首。瑞典是一个较为次要的国家,1599 年西格蒙特(Sigismund)被废黜和查理(Charles)(后称查理九世)当上摄政王之时,它的政治、经济和文化都处于落后状态。

然而到了1697年和查理十二世登位之时，瑞典已变为欧洲的一个巨大的军事强国和相对来说的一个重要的工业强国。如此一种转变是怎样产生的呢？在中世纪后期，斯德哥尔摩不过被列为汉萨商业同盟的一个城镇，而且一般而言，至17世纪时，瑞典"所据有的地位几乎就是一个德国殖民地。"[125]尽管这种情况在瓦萨（Gustav Vasa）（1523至1560年）统治时开始发生变化，但迟至1612年仍有要求将德国人从市政官职上排除出去的政治呼声。[126]然而，与之相反的是行会从未在瑞典深深扎根。它们是"从德国传进来的异乡之物"，就其存在的范围而言，也只是局限于斯德哥尔摩。[127]

约在17世纪中期某时，贸易量开始增加。德国的垄断被打破，荷兰和苏格兰的贸易得以进入。外国纺织品的进口扩大了。[128]瑞典的出口也增长了，尤其是以矿产品为重要出口产品。[129]边缘地区化的过程看来在发生，然而结局却是不同于东欧。[130]众所周知，在瑞典农民在法律上是非常强大的。等级（Estates, stand）这个术语是16世纪中叶在埃里克（Erik）十四世统治时期首次进入瑞典普通用语，[131]议会（parliament, riksdag）这个术语也是如此。经过漫长的谈判之后，才在1617年由议会枢密委员会最终确定了关于这两个议院的安排，瑞典带着独特的四个等级出现了，这第四个等级就是农民，其定义是拥有自己的农场的那些人们。[132]我在前文中将此奇特之处解释为瑞典农业经济虚弱的结果，归因于土壤和气候的原因，这意味着贵族们认为：在欧洲的世界经济的16世纪扩张中使土地关系"（再次）封建化"，相对来说几乎无利可图。[133]结果，贵族利益并没有如东欧大地主们反对其统治者那样去直接反对瓦萨王朝建立国家的中央集权化。[134]

17世纪，经济衰降的最初迹象出现时就打击了欧洲，此时，像阿道夫（Gustavus Adolphus）（1611至1632年在位）这样的强有力人物就能利用危机进一步强化瑞典国家政权，并发动一场经济变革。他调动瑞典的人力、物力去进行"三十年战争"。他增加税赋并使之以硬币支付。他创立了包税制。他从普鲁士挤榨出金钱（即所谓的普鲁士特许证或港口费）。他还创立了皇家专卖权，在盐和谷物贸易中失败了，却在铜和铁的贸易中或多或少成功了。简言之，如罗伯茨（Michael Roberts）所概括的：

> 瑞典在瓦萨（Gustav Vasa）统治之下原有的边缘性和原始不开化的地位……现在都永远地抛弃掉了；在阿道夫（Gustavus Adolphus）统治下，瑞典的经济利益完全变为欧洲性的了，他在经济事务中的政

策符合那个时代的重商主义模式。[183]

在许多方面，其秘密就是铜。"铜是穷人的黄金",[184]而最需要铜的那个穷人就正是那个富人西班牙，它在很大程度上垄断了16世纪的白银资源。卡斯提尔为了保持住哈布斯堡王朝在尼德兰的统治所造成的财政紧张，使勒尔马（Lerma）公爵（他又使菲利普三世的政府）下令于1599年铸造纯铜的维农（Vellon）货币。由此开始了西班牙的巨大的通货膨胀，源于这一事实："对于一个连年破产的政府来说，这种以钱赚钱的诱惑实在是强大了。"[185]17世纪中，维农币发行时断时续，不断贬值，直至1686年通货膨胀被遏制住才告罢休。[186]

西班牙是这种铜币贬值的主要牺牲者，又因而是扩大世界铜需求量的主要促进者，[187]尽管如此，它并非是唯一的牺牲者。1621至1623年，是德国的通货膨胀时代，而且在1607至1621年，有大量的法国铜币铸造。[188]1625年，瑞典本身也进入铜—银本位制。[189]此外，货币并非是铜在那时的唯一用途。在荷兰生产水壶和黄铜器具也需要它；而且自15世纪中叶以来，它还被用于铸造铜炮。铜炮的运用在1600年达到高潮，[190]随后才在17世纪中让位给铁炮。16世纪时，铜的主要来源地曾是蒂罗尔（Tyrol）、上匈牙利和图林吉亚（Thuringia）。无论这些来源地的衰落是因为耗竭还是因为受到瑞典产量的影响，[191]瑞典都迅速地成为欧洲的首要生产者，铜矿开采也成为瑞典的主要经济活动。[192]

在此首次的巨大跃进中——它始于阿道夫统治之时，在克里斯汀娜（Christina）女王时奥克森谢尔纳（Alex Oxenstierna）的治理之下继续发展——与荷兰的联系至为重要。我们可以谈论瑞典的经济发展大部分（至少至1660年）是在"荷兰的支持下"取得的，就像德弗里斯（De Vries）所说的那样；[193]但是，这里有一点儿分歧。特罗伊厄（Treue）更为谨慎地表述这一现象："在世界历史方面非常富有意味的是……瑞典在其生存斗争和成为一个伟大强国的复杂岁月里，有荷兰和汉堡的国际商人和企业家站在它的一边。"[194]正是阿姆斯特丹（还有汉堡）购买瑞典的铜，既是为了铸币而再出口，也是为了"供应尼德兰各城镇中许多用铜的工业"。[195]我们看到在阿道夫统治之下外国投资（主要是荷兰和佛兰德人）的开始，以及瑞典采矿和冶炼工业中有大量外国管理工作者的直接参与。[196]大量的荷兰资本涌入，其条件是"以铜作为有效的偿付"。[197]偿还国际债务的那种令人熟悉的模式正在占上风。

1619年,阿道夫创建了瑞典贸易公司以求控制瑞典铜的市场销售,旨在力图消灭这种外国威胁。[198]这位国王寻求使结构变化与更大的短期收入的财政利益结合起来。最初的特许状授予该公司以垄断专卖权,其条件是三年之中在瑞典建立炼铜厂和铜器工厂。该公司欢迎外国资本,实际上,它也成功地吸引了外国投资。该公司试图离间汉堡和阿姆斯特丹两个市场以便从中渔利,但是,世界铜市场突然下跌,至1627年,该公司就解体了。这可能是荷兰资本家操纵的结果吗?我们确实知道特利普(Trip)公司作为瑞典铜业的一个主要投资者,也同VOC(荷兰东印度公司)有关系,于1624年从日本订购了铜。1626年和1627年,特利普(Trip)公司收购了荷兰东印度公司的全部日本铜。我们还知道1627年后特利普(Trip)公司又给予瑞典人以新的贷款,还是以铜作为偿付,并由此重新创立了阿姆斯特丹铜市场。[199]

这一旨在使瑞典摆脱荷兰人去赢取经济独立的企图遭到了失败,但也不会使我们过度相信,如果我们还记得科克因(Alderman Cockayne)的计划的话,那是一个相类似的英国人的失败,大约发生于同一时间(1614年至1617年)。我们所正在讨论的毕竟是荷兰人的霸权时代。关于阿道夫,令人感到印象深刻的倒不是他无力胜过荷兰企业家,而是他成功地建起瑞典的军事力量和工业力量所达到的程度——这两大力量并肩发展,如诺德曼(Nordmann)所说的,瑞典在17世纪中已是"一个手持刀枪的国家,以战争为生,并将战争当作其国家工业。"[200]阿道夫是他那个时代中首要的军事革新家。他采纳了荷兰将军摩里士的组织方法,加以改进,创造出一种欧洲军队模式一直沿用到法国大革命之时。他强调要重视训练和纪律,他所做的战术改革向所有军队重新强调要重视进攻行动。或许,他最为重要的革新在于他的军队是由武装农民组成的。"它的先进性",诺德曼(Nordmann)认为,"正在于它是一支国家军队,而不是一支佣兵军队。"[201]

我们不要忘记,佣兵是16世纪的重大进步。阿道夫不能一下全部摆脱佣兵,但是他降低他们的作用。他能够利用瑞典封建传统的薄弱,也能利用中世纪重装甲骑兵从未在瑞典被采用,这部分是出于地形的考虑,部分是因为农民的力量(这部分地也是国土条件的结果)。

第五章 十字路口上的半边缘地区

在这里,早期的德国军事传统要比欧洲任何地方都得到更多的坚持;胆敢攻进瑞典森林之地的入侵者都会受到人民大众的武装队的迎击,主要是采取徒步和三五成群的战斗,如果地面开阔,他们就以大量的非正规集群进行战斗。[202]

这种征募来的军队以地方团队为基础,地方团队偏爱工匠和青年农民,而且与当时的其他军队不同,拒绝招收"卑贱者"。有一个分配各家各户纳税款收入的分权系统,负责向这支军队定期支付薪饷。建立了中央服装兵站。武器和弹药一律统一标准化,以及极为重视炮兵。

阿道夫建立了军火工业,以便瑞典能够自给自足。[203]他的军事组织具有一个极为重要的特点,这就是将其很大一部分开支费用转嫁到瑞典国外。一个著名的例子就是所谓的德国特许证,作用在于筹资用以资助瑞典在"三十年战争"中的军事行动。该特许证由阿尔特马克(Altmark)停战协定授权颁发,是波兰和瑞典于1629年签订此项停战协定。这些特许证允许瑞典在勃兰登堡和库尔兰(Courland)的港口征收捐税,以及在最有价值的格但斯克港征税。其收益颇巨,相当于瑞典有案可稽的战争费用的大约20%。这些特权于1635年结束之时,又在斯图姆斯多夫(Stuhmsdorf)条约中重新规定有权在立沃尼亚(Livonia)征税。[204]实质上,瑞典正在从由东欧转往西北欧的剩余价值中获取一份,并将此用来为它自己创立一个半边缘地区的地位。

这支军队是这个正在兴起中的半边缘地区国家的重要工具,但是,其报偿却是在工业化之中——而且铜并不足用。17世纪中,铜作为瑞典矿业和工业生产的中心让位给铁,铁取代铜作为世界市场的原料——不仅用于炮兵,[205]也用于家庭器具。[206]然而,从瑞典的利益角度来看,铜与铁之间的差异在于瑞典拥有当时世界铜矿中一个不相称的份额,而铁矿却是广泛分布于欧洲。作为一个铁生产国参加竞争,瑞典无法指望拥有对铁矿的垄断,也无法指望独有的生产技术。然而,瑞典非常有效地进行了竞争,利用了一点儿资源幸运并将此幸运变为一种社会经济优势。这个幸运就是瑞典的铁矿含铁量"具有非同寻常的高纯度",在当时的技术条件下,这一点造成了很大的差异,使瑞典具有一种"极为强大的边缘地位"。[207]瑞典在生产中"重视质量",[208]正是17和18世纪中瑞典铁的主要销售要点。

瑞典的铁矿开采可上溯至12世纪。即使在那时,瑞典铸铁的优良质量就已闻名于欧洲了。[209]16 世纪前期，低价的铸铁出口给德国经锤炼制成高价的条铁，首先为此感到恼怒的正是瓦萨（Gustav Vasa）。为了结束这种资源外流，他引进了德国技师并建立了瑞典的锻造厂。不过，继续生产出来的铸铁仍多于条铁。直到 1600 至 1650 年之间，铸铁占产量的 2/3，此后的比例才彼此产量平均。一门炼钢工业开始兴起。从生产铸铁转而锻造条铁需要大量投资，国王提供了其中许多资本。继之，这种投资又要求扩大矿山以及对拥有大量矿藏的遥远地区实施相应的殖民化，如对韦姆兰（Varmland）这样的地区。[210]至此时，瑞典铁业有吸引荷兰企业家的足够重要性了。1580 年代，维伊克（Willem van Wijck）就已取得了在厄普兰（Uppland）的皇家矿山的租借权，并享有铜专卖权中的一份利益。在阿道夫统治下，国家放弃了自己的直接管理，而且随着军火工业的兴起，外国资本也变得更有兴趣了。17 世纪初期，一个名叫吉尔（Louis de Gerr）的荷兰人发挥了一种极重要的作用。[211]虽然该工业的控制权在国家和外国企业家之间反复易手，这一关系更多的是一种共生共存现象而不是相互冲突。

诺德曼（Nordmann）谈及铁业生产的起飞和"第一次工业革命"。[212]国家鼓励铁业生产，也是首要的铁消费者，用铁制品作军事装备。传统的小制铁业者的作用得以保留——此即鼓励铁矿开采和生产生铁——尽管同时拥有大型铁工厂的外国企业家"得到了精制生产的垄断权以及得到廉价原料和半成品的保障"。[213]在这些大型铁工厂中，劳动力主要是从瑞典的边缘地区招募来的人们——芬兰人和谷物歉收的瑞典地区的农民——以及逃避兵役者和逃犯。简言之，向外国企业家提供廉价的劳动力。[214]保留给小制铁业者的作用并没有构成瑞典企业家的幸存空间，大为相反的是，这些小制铁业者通过加工包销制负债于外国的商人，由此降到了半无产阶级的地位。瑞典的铁业发展经历了类似于欧洲纺织业的一般发展经历：

> 外国进口商将预付款交给斯德哥尔摩和哥特堡（Göteborg）的出口商，出口商又依次向铁器制造商提供信用贷款，铁器制造商作为这一连锁网的最后一个环节又将预付款交给工人。……所有各方都受缚于他们的债权人，……工人通常以商品的形式从制造商的商店里提取他们的贷款。这是几乎不可能避免之事，因为这种工作通常都处于国家中的封闭隔绝之地。[215]

第五章 十字路口上的半边缘地区

也许令人感到疑惑的是这些已经予以描述的铜铁生产的情景,是否就是值得夸耀之事,因为这情景中的主题却是外国控制。然而,有两件事必须记在心中。首先,让我们说不同于波兰的是,瑞典的17世纪是新出口工业得以发展的时代。这是除了焦油和其他航海用品出口(更类似于波兰谷物和木材出口[216])之外的新增事物。第二、瑞典可以封这些外国企业家为贵族,从而最终使这些工业"国有化"。[217]关键要素在于有意识地使用国家机器。实际上,瑞典国家拥有17世纪欧洲世界经济中的三个近似的垄断产品:铜、优质铁和焦油。瑞典的国家机器起初是使自己与霸权联系起来,随后又在相互敌对的核心地区国家之间纵横捭阖从中渔利,追求一种当时类似于英国和法国的重商主义政策。[218]在一定意义上来说,瑞典是那个时代中的"石油输出国组织(OPEC)"。它运用此三种准垄断之物去为自己建立一种强有力的讨价还价的地位,"无此地位,政治和军事的扩张将不会实现。"[219]政治和军事的扩张继之又使之有可能发展转化工业(transformation industries)。阿道夫已奠定了瑞典军事力量的基础,使其后人能够统治安德森所称的"东方之锤",[220]至少是直至瑞典达到其力量极限之时——1721年,它承认在"伟大的北方之战"中未能获胜。只要荷兰仍是一个霸权强国,瑞典就诸事顺利。[221]1658年的罗斯凯尔德(Roskilde)条约使瑞典从丹麦手中取得了斯堪尼亚(Scania),斯堪尼亚不仅是"波罗的海的钥匙",凭借它还可以控制桑德海峡(the Sound, Öresund),它在一个世纪之后却变成了瑞典的谷物丰产之地。[222]至该世纪中期,瑞典已取得了爱沙尼亚(Estonia)、立沃尼亚(Livorna)、因格里亚(Ingria)和凯克斯霍姆(Kexholm),使这一东波罗的海地区变成了"瑞典—芬兰母国的殖民地";[223]它还取得了布莱梅费尔登(Bremen-Verden)、波莫恩(Pommern)、哈兰德(Halland)和远西的耶姆特兰(Jämtland)。简言之,唯一可以描述瑞典的波罗的海政策的说法就是称之为"有意识的经济帝国主义"。[224]与此政治和商业扩张齐头并进的,是波罗的海中瑞典商业船运[225]和海军舰队船运[226]的崛起,其规模和重要性都增大了。

创立一个相对而言是强大而又运转有效的瑞典国家机器,取决于控制住贵族势力。由于瑞典此时的阶级结构,也由于瑞典在世界劳动分工和国际体系中的地位角色,控制贵族势力是有可能办到的。分隔的(aysöndring)的王室财产和国家税收与贵族关系的政策早在16世纪即已开始,又在17世纪上半叶加速执行。这一政策"包括了国家财政中相当广泛的历史现象。"它包括由阿道夫创始的包税之法，也包括以出售和赠与换取军政效劳的方式，将王室领地和自有农的土地上的税收都转让给贵族。这些办法为君王迅速获取流动资产，也扩大了瑞典经济中的货币化区域；但是，君王所获之利的代价却是上层贵族的政治经济权力的不断增大。这种权力作为法律写进了1626年的"贵族注册法"（后于1644年再次确认），该法将贵族等级的选举权限定给126个注册的贵族家族，由此排斥了贫穷的小贵族。这个"高等贵族以瑞典标准来看是极为富有的，而且可能正变得更加富有——在绝对和相对意义上对于君王都是如此。"

然而，农民也很强大，而且已经组织起来成为1617年议会枢密委员会（riksdagsordning）中的一个等级。实际上有三种农民：王室领地农（kronobönder）、贵族领地农（frälsebönder）和纳税农即自有农（skattebönder）。自有农所纳之税赋大约相当于王室领地农所交之租赋，但是他们自然拥有更安全可靠的法律地位。贵族领地农豁免了国家税赋，只向贵族纳税，所纳之数约为前两种农民的一半，但是，他们的地位极为不安全可靠。他们可以被轻而易举地逐走，受制于领主的司法权威，而且每年须有30天为贵族服役。此外，建立农民等级之时，贵族领地农也被拒之门外。大体上，尽管这三种农民地位的经济酬报看来几乎没有全面性的差异，但是，人们普遍感到贵族领地农的租地权缺乏保障是"一个很大的不利之处。""分离政策"（avsöndring）具有使一些原先的王室领地农变作贵族领地农的效用；这在事实上，如果不是在法律上，也正是发生在许多自有农身上之事。数字是戏剧性的。至1654年，贵族所控制的土地已从21.4%增加到63%。农民起而反对。至1634年，农民等级担心农民正在变为农奴（servitus），"叫喊着要削夺贵族的特权。"一位农民代言人在1650年说："他们知道在其他国家平民百姓都是奴隶；他们担忧自己也会有同样的命运，然而，他们却是生而自由的人民。"

出售税赋收入以求筹集国家岁入的问题在于：此举饮鸩止渴，解决了一年的预算危机，代价却是使来年的预算危机更加恶化。我们必须牢记在心的是：瑞典的重商主义努力中包括了用于经常扩张所耗费的沉重军事开支，而瑞典这个国家却是自然资源贫乏（而且正在耗尽），人口不众（17世纪中叶时约有100万瑞典人和50万芬兰人及其他人）。这就导致了国家财政的"紧张状况"，且贯穿于整个17世纪。为1655年波兰战争筹款的需要，突然产生了第一次所谓的"归还（reduktion）"，或称将贵族控制下的土地交还给君王。^②1655年的"归还"相对而言是较小的一次。在所谓不可转让地区中原先属于王室的土地也被收回了,而且,自从1632年以来"赠送"的其他土地中,确有1/3也被奉还回去。自1604年以来不顾诺尔科平(Norrköpping)城的议会关于土地赠送只能依据"封建"条件的三令五申,并以绝对占有形式放弃的土地也依据如此"封建"条件重新划分。虽然1655年的"归还"既不是大规模的,也未得到积极有力的推行,^②然而却是一个启端,伴随着贵族人口的增长对贵族施加的压力,逼迫他们去从政府官职中寻求更多的收入。^③

我们已经提到过普鲁士特许证在寻求税源中的作用。它们于1635年完结,又于1637至1679年之间由法国补贴所代替。这些补贴是如此重要,以致阿斯特罗姆(Åström)将此时期的瑞典称之为"实际上是法国的一个卫星属国",而瑞典军队是"法国在中欧和东欧的外交政策的一个直接工具。"不过,法国补助的金额总数少于普鲁士特许证中的总数;无疑,如阿斯特罗姆所观察到的:"宁愿波罗的海贸易受惩罚也不愿依赖法国的补助",^②但是它们聊胜于无。当然,法国人的波罗的海贸易极小,^②非常乐意使瑞典成为荷兰和英国的一个潜在商业对手。这种对法国补助的依赖也有"助于高等贵族的利益,这些贵族耗费来自这些补助的收入和来自抵押或出售王室土地的税赋,以此维持他们"穷奢无极的贵族生活方式。实际上,在17世纪中后期——从1632年阿道夫至1670年后期查理十一世(Charles XI)有效掌权之间的大部分时间内,高等贵族们身为国家政务院成员购买王室土地,然后又将收入供自己消费。^③

"大归还"于1680年到来,从经济角度来解释它似乎也不困难。全面停滞时期中国家开销的增长,^③国家岁入流向贵族的增多,^③以及法国补助的完结,^③共同造成了王室的一场财政危机,接着又由一项政治决策予以解决。君王远比高等贵族拥有更多盟友的事实使此决策成为可能之事。这一决策是连续两个"归还"法令。1680年,议会决议交还所谓的"诺尔科平(Norrköpping)决议地产",即依据"封建"条件从君王手中所据有的地产[那些价值不足600银达勒(daler)的地产除外,因此,更小的贵族们的资产得到豁免]。1682年,议会又进而赞同中世纪的土地法不仅授权国王可以创立采邑封地,也可以有权取消它们;这在实际上授予国王全权委托使他可以随意处置"归还"之事了。^②看来几乎不可置疑的是许多土地在事实上转交给了君王,君王变得富裕多了,其所获正是贵族之所失。^③此

— 239 —

外，其中大量土地后来又由查理十二世出售给文职官员、中产阶级以及贵族——但是附有这种土地必须变成纳税土地之类的条件。

另一方面，人们不可夸大贵族的衰落。因为在"归还"之前的时期中，除了贵族领地的比例因夺取王室土地和自有农土地而稳步增大之外，还发生有另一个变化。在贵族领地范畴之中，还有一个亚范畴（subcategory）：最高等贵族领地，它是指采邑主的家园农庄，及其相对于由贵族领地农耕种的零散土地的附近土地。尽管后一种土地还须向君主履行一些较小的义务，而前一种土地却是没有任何义务。在实行"归还"政策之前的一个世纪中，最高等贵族领地作为整个贵族领地中的一部分不断增加，这就是说贵族不断集中土地。当"归还"政策实施时，贵族有权利选择归还何种土地。大体上，他们选择归还零散土地而保留下采邑土地，因而仍然以牺牲贵族领地农为代价继续扩大他们的土地集中。

不过，国家从土地"归还"中所获之益仍多于大体上增加了的收入。尤其是它通过1682年修订"派款制度"为筹集军费奠定下一个更牢靠的基础。全国的农庄此时被分成三、四类，从中收取的税款用于支付士兵的军饷，而且士兵可以驻扎在这些农庄的村舍中。军官们则被安置在"归还"中从贵族手中没收充公的土地上。较大的农庄必须供养一名骑兵；沿海农庄必须供养水兵。一个"替代"征兵的制度的意义在于士兵、骑兵和水兵不再从拥有土地的农民中征募，而是从无财产的农业劳动力中征募，这些人"自幼便习惯于服从教俗官长"；军官们则在此时成为"君王的领薪仆从，除军务外不从事其他职业。"这种更为明达合理的制度是因为"归还"政策才成其可能；此前，君王没有足够的农庄去构成这种制度所需的基础。

在国家机器于17世纪中不断强化的程度方面，瑞典国家在非核心地区（noncore areas）中名列前茅。它创建了一支令人生畏的军队。它抑制了地主阶级的贪婪并将他们引导向为国服务。它建立了一个具有一些重要意义的制铁工业和一支可观的商船队。它阻止英国，至少是不能立即，接收衰落中的荷兰联合省在波罗的海的诸种特权。与西班牙和葡萄牙相比，更不必提及波兰和匈牙利，瑞典国家是很强大的——在许多方面几乎是和法国国家一样强大，尽管还是远逊色于英国国家或荷兰联合省国家。事实上，从英、荷两国的观点来看，17世纪中两个强大的扩张主义军事国家正是瑞典和法国。不过，正在瑞典的力量如日中天之时，它却暴露出来是"一个泥足巨人"。[29]

以欧洲标准来衡量，瑞典人口甚寡，因而其国家机器的财政基础从根本上而言就是小规模的。如卢德维斯特（Lundkvist）所表述的：瑞典帝国的资源"不足以长期支撑它的地位。"[25]在经济上，瑞典跃上了正好是西班牙和葡萄牙所衰落下去的地位——介于边缘国家与中心国家之间的中间人地位。瑞典不仅从它在波罗的海所处的战略位置中谋利，也从17世纪中东欧边缘地带深化了的虚弱状态中谋利。马洛维斯特（Marian Malowist）从一个波兰人的角度观察，认为瑞典是一条寄生虫：

> 17世纪中，瑞典既得益于其邻国的工业落后，也得益于邻国政府的软弱（这是贵族权势巨大增长的一个结果）。最终是瑞典像寄生虫那样寄生在其邻国虚弱之上，而且正是在很大程度上归因于这种虚弱，瑞典才在波罗的海地区成为最强大的国家达一百年之久。但是，瑞典随后又不得不让位于俄国。[29]

而且在俄国之后，又加上了普鲁士。

1696年至1697年中，在"北方战争"开始之前，芬兰已深受饥荒之害并损失了大约1/3的人口。然而，芬兰国家却没有强大到足以阻止斯堪尼亚（Scania）市民将粮食运出王国之外。[29]此外，瑞典作为中间人的角色不仅首次受到核心地区强国的打击，也受到俄国——商品流通链环的另一终端——的打击。在整个17世纪试图将俄国纳入世界经济的努力中，[29]英国、荷兰联合省和瑞典充其量也只是取得有限的成功。1695年，沙皇彼得一世（Peter I，即彼得大帝）取得了俄国的统治权力，随之开始了他的伟大的改革运动和"西方化"，其中包括他对西欧的访问（他在西欧主要是学习造船），于1703年建立圣彼得堡城（使之成为俄国在波罗的海的港口），以及他对瑞典发出的挑战。从整个世界经济的角度来看，彼得的努力也许可认为是企图全面参与世界经济——但是，俄国是作为一个半边缘地区而不是一个边缘地区（波兰曾是如此）去参与其中。欲要实现这一目标，打破瑞典的中介作用就成为关键之举，虽然仅此一举明显不够。瑞典也如彼得一样清楚地了解这一点："瑞典沿东波罗的海地区所进行的征服，有足够理由认为是它的强国地位需建立设防堡垒，须不惜一切代价予以捍卫"。[26]

波兰—萨克森国王奥古斯都二世（Augustus II）发起了对立沃尼亚（Livonia）的进攻，由此开始了1700年爆发的"北方战争"。彼得参战。为了寻求利用这个机会击破俄国人，瑞典抵制了停战企图，但是，它又决没有强大到足以击败俄国军队。彼得运用了焦土撤退政策，这种焦土政策命中注定是俄国防御入侵的经典之作；最终，在1709年乌克兰的波尔塔瓦（Poltava），后勤问题加上冬天的降温导致了瑞典人的灾难。诺德曼（Nordmann）认为：查理十二世的政治帝国主义政策"破坏了"由查理十一世（Charles XI）所建立的"平衡"。这平衡是什么？查理十二世的帝国政策所带来的内部耗费太大，无法为瑞典人民所接受；早一个世纪中，查理五世（Charles V）在卡斯提尔（Castile）所破坏的也正是这一同样的平衡。"派款制度"曾创造了"税源与开销项目之间不可分割的联系，"而就在此法或多或少平衡了国家预算之时，要在一场长期战争中，尤其是没有外国资助和兵员的情势下，去维持住这种制度是一件困难之事。"在"北方战争"中，8万军队"有大部分不得不从帝国心脏中征集"；而且，一旦俄国人真正为战争而动员起来，"瑞典除了放弃游戏别无选择。"

去辩论继续进行战争是不是查理十二世一方的错误判断会有什么意义吗？这是否就是招致灾难的过分自信？很难说，因为瑞典几乎没有选择余地。在一定意义上，瑞典的恐吓就是它的力量；但是，一旦它的恐吓面临摊牌，它的地位就被"革命"了。1721年，瑞典丢失了立沃尼亚、爱沙尼亚、因格里亚（Ingria）和卡累利阿（Karelia）——东波罗的海地区的绝大部分——它们落入俄国人手中。瑞典还将它在德国的部分领土割让给普鲁士。瑞典因而损失了土地、人口、国家税收和对它的"面包篮"的控制——而最重大的损失则是它失去了在波罗的海的垄断地位。由于瑞典巨人的力量在于它是一个准垄断（quasimonopoly）国家，这次"德意志—斯拉夫攻势"成功地使瑞典降为二流强国。瑞典内部的结局更是戏剧性的。表面上看起来是专制主义让位给议会自由。1718年至1772年这段时期在瑞典以"自由时代"著称。1680年至1682年所达成的重要妥协包括一个强有力的中央政府和由新、旧贵族及中产阶级组成的政治经济结合体，"自由时代"圆满完成了这一妥协，其方式正好是英国1688年至1689年的"光荣革命"和沃尔波尔时代圆满完成英国革命的同一方式。唯一的不同之处是：在18世纪中，英国正在变成一个世界性的霸权强国，而瑞典

第五章 十字路口上的半边缘地区

却遭受失败,未能变为一个企望最终取得中心国家地位的强大的半边缘地区国家,因而陷入进退两难的困境之中。因此,英国在一个事实上的一党统治下享有稳定,瑞典却公开表现出极精巧的两党杂耍把戏中的中产阶级内部争吵。

在"自由时代"最初的岁月中,瑞典的关键性难题是国家的破产。霍恩(Arvid Horn)伯爵所领导的政府致力于和平[23]和"温和的重商主义"[24]。1738年出现了一个"高帽党"(Hats),主张强烈的重商主义并推翻了霍恩(Horn),但是该党在实质上仍继续推行同样的政策。[25]"高帽党"执掌政权直至1765年,才在英国取得世界性胜利之时由其反对派"无沿帽党"(Caps)取而代之。"高帽党"的政策是亲法国的,主张重商主义和通货膨胀,他们代表了大出口业、制铁业和纺织业的利益,他们的口号是"瑞典人穿瑞典衣"。"无沿帽党"的政策是亲英国的,主张自由贸易,反对通货膨胀;他们代表了进口业、小商人和工业家的利益,将自己表现为无特权社会阶层的激进党。[26]但是,在此游戏后面的真实选择会是安德森(Anderson)所称的"腐败的贵族议会制度"吗?[27]或许并不比波旁王朝西班牙好多少。"北方战争"对瑞典来说就如同"西班牙王位继承战争"之对于西班牙:是旨在突破世界经济强力给它的结构性限制的一个尝试。两国的努力都未成功,但是,此举也许阻止了发生更恶劣的事情。

只要英、法两国争斗谁胜谁负尚未完全分晓,这就是说直至1763年,瑞典(就像西班牙那样)仍可以施展其策略进行斡旋,并且得到一个大于其力所能及的角色。[28]由于法国在最后阶段的抵抗,瑞典的算账时刻延后了,而在1763年至1815年这段时期,此时,英国开始算总账了。瑞典如其经济能力许可那般地强大。将瑞典比于丹麦就可以看出其国家机器的力量几乎与国王原来的权力并无什么牵涉。丹麦是一个专制主义比瑞典更早、更悠远,但也远为虚弱的国家,反映出丹麦的边缘经济角色,相形之下,瑞典的政策就使瑞典能够扮演半边缘地区角色。丹麦经常被认为是"一个独特的星座",[29]无法适用于现代欧洲早期时一切劳动分工的普通模式。在第四章中,我们表明我们认为丹麦是边缘地区的一个部分,边缘地区主要是出口低工资成本商品,就丹麦而言是出口谷物和畜类。不过,与17世纪大多数其他边缘地区不同,丹麦于1660年创立了一个专制的君主制度。我们必须解释为什么这一政治变化并不足以使丹麦像瑞典和勃兰登堡—普鲁士那样,迅速进入半边缘地区国家之列,还必须解释为什么竟会

— 243 —

发生这种变化。

丹麦的经济结构是怎样一方面与东欧的相比较，另一方面又与瑞典的相比较？彼得逊（Petersen）强调丹麦对东欧国家所具有的优势，因为丹麦既出口谷物也出口畜类，这意味丹麦在困难时期有更大的灵活性。[282]这一点也许可以部分地解释为什么第一阶段的欧洲衰退（1600 年至 1650 年）对丹麦的影响小于对东欧国家的影响；实际上，对于丹麦在世界市场上的利润来说，1630 年代和 1640 年代初期却是一个"印第安人的夏天"。[283]丹麦贵族的极端封闭再加上豁免税赋使他们能够在此时期稳步加快土地的集中。[284]然而，国王本人就是一个特大地主，[285]这一点再加上他有能力在"三十年战争"中增加桑德海峡税（the Sound Dues），就保障了国王有可观的国家收入。[286]瑞典经济体制的不同之处在于它的农业不是主要收入来源，主要生产和出口的产品是矿物，如我们已知，矿物是瑞典工业发展的基础。此外，瑞典农业的生态缺陷也强化了农民的社会力量，并且妨碍了任何类似于庄园经济的发展。

在乡村的社会结构方面，丹麦也是极端对立的。丹麦农业的组织包括大领地庄园和四周的农民农庄。农民农庄不仅要向领地庄园交租赋，还要服劳役。这些服役集团即周日工作农民在数量上不断增多，至 17 世纪中期时已占全部农民的 40%："徭役不仅用于农田耕作，也用于货物运输、建筑、手工劳动，甚至用于港口的货物装卸。"[285]在同一时期，丹麦商人的地位也一落千丈。德国与荷兰的商人正将丹麦人逐出出口贸易，特别是在从 1630 至 1645 年的"印第安人的夏天"。[286]在 1645 年"克里斯蒂安诺贝尔（Christianopel）和约"中，瑞典人（与荷兰人携手）强迫减少桑德海峡税，以致王室的税收与从前相比变成了"微不足道的残渣"。[287]因此，"三十年战争"的好时光逝去时，[288]丹麦变成了一个非常标准的边缘地区国家：它的领地庄园是出口导向型的并广泛使用徭役；它的商业掌握在外国人手中；它的国家机器的财政基础虚弱不堪［最富裕的土地豁免了税赋；而"桑德（the Sound）税"又微不足道了］。

丹麦君王于 1657 年对瑞典宣战，旨在夺回失去了的战略—经济优势，当时，瑞典正忙于其他战争。丹麦指望荷兰人给予援助，却落空了。1658 年签订的罗斯凯尔德（Roskilde）条约结束了对瑞典的战争，也加速了丹麦的政治危机。丹麦不得不将斯堪尼亚（Scania），哈兰德（Halland）和布胡斯伦（Bohuslän）诸省割让给瑞典，这就是说割让了桑德海峡的整个右岸地区和临近海峡两岸的通道。[29]然而，就在同年稍晚，瑞典的查理十世重新开战，企图将整个丹麦并入瑞典，他却很快就面对荷兰人、英国人和法国人的反对，他们共同加入了所谓的"海牙协议"（1959年5月11日），这三个中心地区强国在此协议中将和平强加给交战国，并否决了"封闭波罗的海不许非沿岸国舰队入内"。[29]丹麦得以死里逃生是因为这些核心地区强国打算抑制瑞典。这些强国因此感兴趣的是确保丹麦有税收来源，以便能维持一支足以发挥这种地缘政治作用的军队，而这种作用已明显不再是1657年至1660年时期的那种情况了。

此外，丹麦的国债债台高垒，1660年已在400万皇家达勒（rigsdaler）以上，其中38%的债权属于外国，此中又有1/4属于尼德兰国会，1/4属于荷兰议会，其余则属于汉堡和卢卑克（Lübeck）的商会。因此，荷兰国家和外国私人债主的重大直接利益在于使丹麦国家有能力解脱极为困难的财政窘境，就如约根逊（Jørgensen）所言：

> 在1660年的宪法动乱和紧随其后的时期中，丹麦的债主们所发挥的准确作用难于确定……但是，在短期之内它一定是对政治发展产生了重大影响……丹麦的破产原本会是北欧商人阶级中很大一部分人极不愿意看到的结局……由于让债主们托管王室土地从而在很大程度上达成了实际解决办法。[201]

这就是看起来很难于解释的，突然引入丹麦的专制主义的背景。专制主义意味着什么？它意味君主制已成为世袭的和"无上的"。它意味行政改革——包括建立一个枢密院和对地方官僚机构有更多的直接控制。它意味贵族的封闭性的完结，而且意味增加税赋。简言之，它意味一个既有能力发挥某种作用偿还其外债，又能抑制瑞典扩张的国家。

不过，它会意味着基本经济结构的变更吗？在任何有意义的程度上都不会。贵族依然享有免税权，不过，他们现在被要求从自由农民处征税用以援助国家。此时，国王可以将他自有的土地出售给新近移居来的德国贵族，这些人立刻就竭力仿效旧贵族创立出口寻向的领地庄园结构。此时，单一经营（是谷物而不是畜类）受到重视，由此减少了丹麦与东欧之间经济结构先前就不大的差异。[202]三十年之中，贵族拥有的土地数量增加了——其牺牲代价是王室和自由农民。[203]在另外一方面，农民的经济和法律的地位恶化了，最糟时是1733年的一项敕令规定农民不得离开土地。[208]对于国家而言，它肯定比以前要有更多的购买力;[209]但是，就在瑞典强化其本土军队之时，丹麦却放弃了本土军队转而依赖佣军。[210]在重商主义立法方面做出了一些微弱的努力，[211]但是丹麦国家的力量在很大程度上只是装饰门面，依靠外国利益支撑。丹麦的经济角色依然如故并无改变。实际上，如果有什么变化，那就是丹麦在1650至1750年这百年之间更多地变成了一个边缘地区。

尽管有一个外表上的专制君主制度，丹麦仍然是一个边缘地区并不令人真正感到惊奇。远为令人大感惊奇的却是勃兰登堡这个微不足道的边缘地区，竟在18世纪时能够首次变为一个半边缘地区强国——普鲁士，[212]而且从此后又超过更有可能性的候选国家——北方的瑞典和南方的萨克森与奥地利——并最终将它们甩在身后。对此并没有合理的解释，除非人们考虑以下因素：（1）在作为表示经济力量的国际制度（interstate system）之内有持续连贯的相互作用，以及（2）一些特殊地区能够在历史上的特定时刻发挥经济作用的有效范围（不过，是有限的范围）。从中心地区强国的视角来看，普鲁士得以发展的关键在于拥有供一个主要的半边缘地区强国在中欧活动的余地。当瑞典畏缩之时，普鲁士就趁隙而入。我们必须考察的问题正是"如何"和"为什么"。但是，我们将无法理解其中活动变化过程，除非我们预先认识到在同一地区的两个国家不可能同时取得普鲁士那样的成功业绩。

17世纪中，在农业生产的社会组织方面，易北河以东的德国地区经历了波兰和东欧的其他地区所经历过的大多相同变化过程。这里是庄园经济和庄园主统治的地区，相对立于德国西部和南部的地主统治（和/或经济统治）。[299]大地产于16世纪在易北河以东发展起来，经历了独买独占（经常是强迫买下）土地和将农民逐出土地的过程。[300]这一过程于"三十年战争"后在梅克伦堡（Mecklenburg）、勃兰登堡和波美拉尼亚（Pomerania）[301]大为加速进行。徭役增加了，从每周平均二至三天增至六天。[302]由于土地从农民处落入贵族领主手中，就变成了豁免税赋的土地，这就意味着留下的农民"越发成为沉重负担"。[303]在哈布斯堡王朝土地上，有着与匈牙利和波希米亚类似的发展，但是，奥地利本身依然是一个地主统治地区。[304]如果将易北河以东地区与东欧的其他边缘地区相比较，其农民所受的压迫是相同的，如果还有什么可说的，那就是更糟糕。[305]

第五章 十字路口上的半边缘地区

那么，18世纪的普鲁士是怎样产生的？有一种看法认为尽管易北河以东的农民所受之压迫甚于波兰农民，但其土地集中程度却少于波兰。它更多的是庄园主统治而不是庄园经济。吕特格（Lütge）提醒我们注意克纳普（G. N. Knapp）的警句："庄园主并不是在经济上变得更富有，而是变得更有权势。"吕特格（Lütge）得出结论：这正是诸侯王公的权势（Fürstenmacht）得以兴起的源泉。[306] 易北河以东地区与其他边缘地区（包括大部分欧洲）之间最显著的区别在于它缺乏真正的土地集中，大多数地产只具中等规模，以及因此而来的没有一个"大巨头阶层"。[307] 这意味着与之相对立的潜在的中央权威，容克（Junkers）地主阶级夺取政治统治权的经济能力要逊于17世纪欧洲边缘地区的其他地主们。这一弱点是普鲁士得以兴起的一个必要条件，但很难说是一个充足条件。不过，它结合了一个有利的地缘政治机遇。

"三十年战争"结束之前，勃兰登堡选侯"几乎并不比一个超级容克地主强多少"，[308] 处于一块分散且无防卫的土地上，没有丰富的资源或巨大的商业财富，却有"一些在欧洲都是最顽强独立的城镇和最不驯顺的贵族。"[309] "三十年战争"中，霍亨索伦（Hohenzollerns）家族的权势低落至极与它的巨大机遇（部分是由于纯粹的幸运）一度同时而至。[310] 这幸运是勃兰登堡选侯继承了一些旁系土地：1609年的克利夫斯（Cleves）公国（它是位于莱茵河北端并靠近荷兰联合省的一个地区）；1625年的普鲁士（它在波罗的海边，邻近波兰并处于波兰的宗主权治下）；1637年的波美拉尼亚（Pomerania）。因此，勃兰登堡发现自己置身于主要战区中的两个：莱茵河地区和波罗的海地区。勃兰登堡已获得了为各种欧洲国家"垂涎"的"重大战略"地区，而且"不费自己的一枪一弹"就唾手得之，而在当时它是无力动武的。[311] 此外，各大强国还允许勃兰登堡保有这些令人垂涎的土地。1637年勃兰登堡宣称领有波美拉尼亚（Pomerania），它还处在瑞典的占领之下，由于法国在威斯特伐里亚（Westphalia）和约中予以支持被承认为是勃兰登堡领地的一部分。[312] 勃兰登堡就以这种方式成为力量均势的首批获益者之一。正是为了抑制瑞典，其他国家才支持勃兰登堡的扩张。也正是为了防范瑞典国王毁掉这一幸运局面，勃兰登堡大选侯威廉才考虑创建一个官僚制度和一支军队用以维持这块扩张了的领土。[313]

此时，容克地主们也许尚未在经济上强大到足以创建小型军队，尽管他们的波兰同类者能够如此这么做。然而，勃兰登堡选侯也未能有足够力量，正在设法收取税赋去建立一支有足够威力强迫容克地主交纳税赋的军队。[314] 1653年的"大休战"是达成一项坦率妥协的第一步，在此妥协中，大选侯实际上通过国家官僚机器给予容克地主阶级他们全部的地产上收入（记住，并非都是全部）并加上新收入，以此换取有权力去沉重挤榨农民和市民。他因而获准建立一个强大的官僚机构和军队，用以对外捍卫国家，而且最终是让他的继任者在国内执行一项工业发展政策。（没有容克地主阶级打算或能够阻止它）。如此一种妥协原本应该适合其他地方的王公们——波兰国王、奥地利的哈布斯堡王朝和西班牙的波旁王朝王公。但是，为什么唯有勃兰登堡才使它行之有效？让我们审视发生之事。至1653年，主要的税赋是所谓的（军事）捐助，是一种土地税。贵族被豁免此税。在乡村地区，由其他贵族指定的一位贵族负责从农民处征收地方税，用以缴纳该地区的税赋总额。以此方式得来的国家收入数额相当少。

1650年，勃兰登堡选侯召开等级会议，指望可以说服与会者让他仿效荷兰，去征收货物税（即对商品所征收的一种间接税），无人可以豁免此税。然而，一个中心地区国家如荷兰联合省可以办到之事，对一个边缘地区国家来说却在政治上行不通，即使这个国家的统治者既明智又有雄心也不可能。贵族们拒绝投票赞成征收货物税。不过，在那些动荡不安的岁月里应当建立一支军队的需要依然是清楚无误的。于是双方达成了1653年的"休战"，作为一项临时解决办法。选侯在6年中得到额外的50万塔勒（thaler）国税款，但不得征收货物税；而且，他还向容克地主做出让步：在很大程度上进一步推行农奴化。最重要的条款是做出农民为农奴的法律规定，除非农民能够证明自己不是。如果这就是全部，那么我们今天也就会几乎不记得1653年"休战"。它本来也就会是17世纪又一个边缘国家中又一个贵族的胜利而已。但是，1653年的"休战"却是大选侯的"楔形尖刃"，[315] 在后来的1655年至1660年的"北方战争"中显露身手。我们在前文中已经讨论了这场战争，当时，瑞典在波罗的海的军事作用如日中天。瑞典击败了波兰和丹麦，阻止了俄国的扩张，又取得了斯堪尼亚，因而也取得了桑德海峡一侧。

勃兰登堡是在何处巧妙适应了这些事件？直至1657年，勃兰登堡还与瑞典并肩反对波兰，此后就在荷兰的鼓励之下反目成仇。从此，它阻挠瑞典吞并波兰，或至少是阻挠吞并波兰沿海地区，而且为自己取得了普鲁士的全部主权。这样，勃兰登堡以限制瑞典的权势力量而效劳于荷兰（以及英国）。勃兰登堡是当时唯一能够这么做的国家，因为它有一支由1653年的"休战"所征之税赋创建的军队。在勃兰登堡内部，大选侯可以将这一地缘政治上的成功化作他的直接优势，这就是为什么认为国家权力得以增大的转折点是"北方战争"而不是1653年"休战"的原因。去审视大选侯后来的一系列政治举动——各种地区的各种等级会议、各种各样的命令、粉碎1674年科尼斯堡（Königsberg）的市民反叛——都不如去审视1688年大选侯的统治结束时，正是在"光荣革命"和"九年战争"前夕之时所发生的变化。

大选侯将枢密院重新组织为一个中央行政机构，又创建了财政、军事和司法三个官僚部门用以执行中央的决策。这些官僚部门职能广泛，但是其规模在18世纪之中却是"令人惊讶地微小"。与1640年的100万塔勒（thaler）相比，国家岁入已增至1688年的330万塔勒，大都用于维持一支领饷的志愿军队，其中部分是外国人。1653年的常备军只有4000人，1688年已增至3万人。不过，这些官僚部门的权威却止于容克地主的地产大门之外，在容克地产之内的最高统治权属于由容克地主们选举出来的"郡县委员"。但是，勃兰登堡—普鲁士国家却有一个对付地产拥有者的手段，而且是波兰、奥地利、丹麦和瑞典的统治者们所没有的手段，这就是几乎没有大规模地产的事实。这一点，再加上时势艰难、大规模战争破坏，以及土地上的自然资源的贫乏，就意味着"为普鲁士国王工作是满足物质野心的最佳之道……这就是在17和18世纪条件之下最快和最佳的致富或增加财富的捷径之一。"由于没有大地产主，这不仅是"最快和最佳的"捷径，实际上也是唯一的可行之路。

从此，容克地主们既在自己的地产上勤奋经营，又期望强化勃兰登堡—普鲁士的国家官僚机器用以作为他们的一条必要的就业出路。这又使国家有可能创建现代官僚机器，并且不必大量运用代价昂贵的官职贿买的中介形式。它既允许保留贵族的某些封闭性（法国无法这么做），又同时依旧维持了一个节俭和有效率的国家机器。在扩大贵族对农民的"封建"权利和将贵族纳入国家官僚机器中这两个方面，勃兰登堡—普鲁士做到了这一时期中任何欧洲国家所能做到之事。不过，因为容克地产只是中等规模又相比之下较为贫穷，所以国家构架逐步变得更加强大——首先是作为一支军事力量，后来又是作为活跃在世界经济中的力量——以至到

18世纪初期时，普鲁士成为一个半边缘地区国家。

当然，在若干方面，奥地利处于好得多的地位上去发挥普鲁士正在寻求发挥的作用。它在17世纪开始之时已是一个主要的军事强国。哈布斯堡王朝是反对宗教改革运动的化身，至17世纪中期时已使奥地利、捷克和大部分匈牙利重新皈依天主教。1620年的"白山之战"后，哈布斯堡王朝粉碎了波希米亚国家（Bohemia），并"使它降到了一个行省的地位上"。剧变动乱使波希米亚贵族从一个独立的地主阶级变为宫廷贵族，并且消灭了本地的中产阶级。此外，哈布斯堡王朝还能够像勃兰登堡—普鲁士那样，招募一个不听命于贵族的军官团。不过，哈布斯堡王朝绝不可能使其领地变为一个紧密结合的国家并使之能在国际系统之内充分运行工作。唯有一个相对而言是同族的国家构架，才可能在资本主义世界经济中繁荣兴旺起来。奥地利的哈布斯堡王朝所遭受的困境之苦，也正是他们的先辈查理五世曾广泛面临的困境磨难。

土耳其军事力量是哈布斯堡领地上实现一个这样国家结合体的主要障碍。17世纪是奥地利与奥斯曼帝国斗争的世纪，这一斗争的高潮是1683年的"土耳其之年"，当时，哈布斯堡王朝成功地抵抗了对维也纳的第二次围攻。就在哈布斯堡王朝显现胜利之时，其胜利付出了一个代价：在此时期对匈牙利贵族所做出的让步。匈牙利贵族手中总是有一张土耳其牌可打，并且要求在哈布斯堡王朝国土上享有自治权利。土耳其威胁及其直接的经济含意，加上它对国家构架的诸种间接影响后果，使哈布斯堡王朝无力为其国库筹集足够资金而大受其苦，"或许（在17世纪）比任何其他君主都更深受其害"，使他们"明显地捉襟见肘"。至查理六世统治时（1711至1740年），奥地利在其国家岁入的基础上只能维持一支相当于法国军队一半兵力的军队，实际上只是略大于普鲁士军队而已。因而，奥地利尽管有两倍于普鲁士的军队和远远多于普鲁士的财富和人口，却在重商主义努力的实效方面并未取得比普鲁士更多的实绩。

人们应当已在心中明了中心地区强国（如法国和英国）的重商主义与半边缘地区强国的重商主义之间的不同之处。特罗伊厄（Treue）指出：

> 虽然〔重商主义〕在各大强权之间基本上相当于侵略和扩张的经济政策，它在德国却是坚持自己权利的防卫性目标；更多的是抓紧市场而不是强行征服市场；更多的是排斥别人的，特别是其西面邻国的

控制而不是渴望去控制别人。⁽³⁴¹⁾

从"三十年战争"直至"拿破仑战争"结束的这整个历史时期，是整个德国，实际上也是整个中欧的重商主义时代。⁽³⁴²⁾哈布斯堡王朝的重商主义政策可以追溯至1660年左右。⁽³⁴³⁾霍亨索伦家族从大选侯之时起，就一直以重商主义政策为政府的核心工作。⁽³⁴⁴⁾真正的问题是这些重商主义政策取得了什么样的成果。另一方面，在从1650至1750年的百年之中，国家鼓励制造业的结果在根本上就是"非常令人不满意的"，⁽³⁴⁵⁾这可能是真实的。实际上，克拉韦伦（von Klaveren）认为落后国家中的重商主义是"伪重商主义"，其真正目的是"地方权贵人物的发财致富"，而且"无人真正指望重商主义获得成功。"⁽³⁴⁶⁾更不必说这种情况（在某种程度上确实如此）使半边缘地区国家与边缘地区国家之间的差异可以不屑一顾，半边缘地区国家至少还可说是伪重商主义的，而边缘地区国家甚至伪重商主义都不是。

同样清楚的是半边缘地区国家的重商主义在这个经济衰降的漫长时期中，为大约1750年之后的扩张时期中制造业活动的重大发展奠定了基础。⁽³⁴⁷⁾因此，应当仔细观察18世纪前半期正在发生之事，此时，瑞典已在竞争中被击倒，普鲁士和奥地利正在事实上争夺中欧的霸权以求最大限度利用欧洲下一次扩张的好处。1711年，查理六世登上了哈布斯堡王朝的王座；1713年，威廉一世登上了普鲁士的王座。1713年至1714年，随着乌得勒支（Utrecht）条约和拉施塔特（Rastatt）条约的签订，西班牙王位继承战争宣告结束。奥地利取得了西班牙（现为奥地利的）尼德兰、米兰、那不勒斯和撒丁尼亚（1720年与萨伏依用西西里交换了得来）。1718年，奥地利又根据帕萨罗维茨（Passarowitz）和约从奥斯曼帝国手中夺取了塞尔维亚（Serbia）、巴纳特（Banat）和小瓦拉几亚（Lesser Wallachia），还根据1699年的卡罗维茨（Carlowitz）和约早已取得了匈牙利和特兰西瓦尼亚（Transylvania）。为了从巴尔干贸易的新可能性中谋利，奥地利重建了维也纳东方贸易公司（前一个该公司于1683年倒闭）。1719年，查理六世终于能够宣布的里雅斯特（Trieste）港和阜姆港（Fiume）为自由港，这一主张早在1675年就首次提出了。⁽³⁴⁸⁾

在奥地利"对海洋的渴望"中，1719年是一个转折之年。奥地利现在有通道通往大西洋［在奥斯坦德（Ostend）］和地中海（在的里雅斯特）。

它可以大胆与威尼斯和汉堡一争高下了。看起来它至少是一个大国了。它突然又发现自己与英国、荷兰、法国和西班牙"同时发生争执"——因为这些国家全都感觉到奥地利新的商业雄心所造成的威胁。确切地说，普鲁士也在此时实力大增出现于世了。根据 1719 年的斯德哥尔摩和约，普鲁士取得了瑞典在德国的最后领地。它现在的军事力量已比瑞典更为强大，至腓特烈大帝统治时，将继承"欧洲军事猛士"之称，而这一声誉原来由瑞典享有并保持至查理十二世逝去之时。直到 1713 年，普鲁士依然是"一个以农业为主的国家"，其资源仍是"微不足道"。然而，至 18 世纪中期时，奥地利仍被限定为二流的世界强国，并且直到 1918 年仍是如此。而普鲁士却走上了成为真正的世界大国之途。使之成为可能的正是普鲁士的特殊的内部构架，我们对此已经予以评论；但是，如果不考虑英、法两国之间敌对的过程（我们将在下一章中讨论），就无法解释普鲁士—奥地利之争为何会趋向有利于普鲁士。

巴拉克勒夫（Barraclough）认为这两个对手此时都"企图将对方一笔勾销"。此举并非易行之事。普鲁士一直打算勾销奥地利，并取得西里西亚作为报偿。在政治上、经济上和战略上，西里西亚都是极有价值的。自 10 世纪以来，争夺它的纷争不休，而在 17 和 18 世纪，它又是勃兰登堡外交政策最为专心用力之处。西里西亚是"东部的真正工业地区……奥地利世袭领地中的'明珠'"。诚然，西里西亚的亚麻布是由英国、荷兰和汉堡的商人销往市场，因而西里西亚也可说是表现出"殖民渗透的一种典型模式"。然而，生产是地方性的，尤其是在"三十年战争"之后以一种购销制形式在乡村中发展起来，乡村商人然后将产品卖给注重统一质量标准的大商人。在许多例子中，庄园地产上有制造业，地主是企业家，农奴为赚取工资而工作。这些工业活动的广泛性大概能解释这个事实：在哈布斯堡王朝的波希米亚领地——波希米亚、摩拉维亚、西里西亚——之中，西里西亚以"它的农奴—领主法令相对温和"而著称。1748 年，普鲁士取得了西里西亚以作为它参加奥地利王位继承战争的奖品，因而也就取得了哈布斯堡王朝领地中"最为繁荣和工业化的省份"。

这是对奥地利的一个"沉重出奇的打击"，不仅因为西里西亚的工业产量，也因为它是哈布斯堡王朝与外部世界联系的"主要商业中介"。这一损失的影响也波及波希米亚和摩拉维亚，因为这两地的纺织者直至 1742 年一直是将其产品销售给西里西亚商人。如果这种交易得以继续进行，就

第五章 十字路口上的半边缘地区

如和约所允诺的那样,那么,这些已成定规的交易就不得不"在经济上仰赖普鲁士的兴致所至了"。[⑱]奥地利被迫重新皈依。普鲁士取得西里西亚因而是一个重大事件,大大有助于19世纪工业化。[⑲]此举之所以成为可能是因为创建了一支普鲁士军队和一个普鲁士国家,加之有英国和荷兰想抑制瑞典的需要,于是就挫败了奥地利;然而,普鲁士军队和国家之所以能够创建,又是因为普鲁士土地贵族的软弱(与其他边缘地区国家比较而言)。正是一个世纪中这一系列机遇才使得勃兰登堡这个非常无足轻重的边缘地区,于1750年有可能成为欧洲的一个半边缘地区强国,拥有改变它在世界经济中的地位的最大潜力。

这个时代中创造出的最后一个半边缘地区,也是一个与众不同的地区,是由新英格兰和中部大西洋殖民地组成的不列颠属北美洲。它们的殖民化仅仅始于1620年(或许可以说的例外是新阿姆斯特丹,它是荷兰的世界网络中一个战略性的商业前哨基地),这些北美地区在1660年之前甚至不是资本主义世界经济的一个组成部分。[⑳]的确,新泽西(New Jersey)、宾夕法尼亚(Pennsylvania)和特拉华(Delaware)只是由英国人在英国王政复辟时期才得以殖民开发。[㉑]1660年是北美洲的历史转折点,因为该年也是英国的转折点。它标志着"殖民地利益〔要服从〕国家福祉"[㉒]这一重商主义学说的贯彻执行。1660年代中各种各样的"航海条令"规定最重要的殖民地产品——糖、烟草和染料等等——为"列举"产品,因而必须由英国船只装运,只能售给英国买主,从而大大影响了西印度群岛和切萨皮克(Chesapeake)湾的生产者。起初,这些航海法令对北方的殖民地几乎没有任何不良影响,部分是因为这些法令极少得到执行,部分是因为这些北方殖民地并不出产许多"列举"产品。[㉓]实际上,在下列意义上才可以说航海法令的影响是积极的,即在"英国航运可以满足殖民地的全部需要之前",航海法令将荷兰人逐出北美洲从而刺激了这些殖民地的造船业。[㉔]

这些殖民地在17世纪中几乎不生产什么可用于贩卖给英国的产品,而且对于英国货物来说又是一个太小的市场。但是,它们参加转口贸易的竞争,因而看起来又几乎是英国的一个义务。如果说英国抓住这些殖民地不放,那也是部分地因为担心法国会占有它们,是抢先保有之举。[㉕]斯图亚特王朝撤销特许状,取得了对这些难对付的和幼稚的殖民地的大部分实际控制权,建立了(1684年)新英格兰领地。若不是新英格兰对斯图亚特王朝政策的抵制正巧碰上英国在"光荣革命"中达到高潮的内乱,"结束了,至少也是推迟了对殖民地的威胁",那么,这些殖民地本来也会可以顺利地边缘地区化了。因此,正是由于为洛德(Eleanor Lord)所称的"对这些殖民地漫不经心的忽视",但不如说是英国重商主义宏图规划难以执行的内在困难更为妥帖,新英格兰和中部大西洋殖民地的商人们才得以至1700年时能够不仅作为造船业主,也作为中间商"取得重大进展"。

这些商人加入了所谓的"三角贸易"。"三角贸易"中有许多事实上的不同部分。在与非洲和西印度群岛的三角贸易中,西印度群岛的蜜糖运往北方殖民地,北美殖民地的糖酒和小饰物品运往非洲,而非洲奴隶又运往西印度群岛。在与英国和西印度群岛的三角贸易中,粮食和木材从北方殖民地运往西印度群岛,西印度群岛的糖和烟草运往英国,而英国的工业品运往北方殖民地(或者是在英国售出的北方殖民地的航船)。在第三个也是较小的南欧和英国的三角贸易中,北方殖民地的小麦、鱼和木材运往南欧,南欧的酒、盐和水果运往英国,而英国的工业品又售往北方殖民地。

关于这些著名的三角贸易,有两件事必须予以强调。它们在很大部分的意义上是分析出来的构想。它们更多的是反映商品的流向而不是航船的往来。北方殖民地的航船集中于西印度群岛的穿梭往返运输,少有横越大西洋赴英国的航行,而赴非洲的航行更是极少。

第二,英国人迫使北方殖民地维持一种不利的直接贸易平衡,这意味着如果北方殖民地想要获取制造业品,就不得不设法取得硬币。由于三角贸易无法获取必要的金银,它们不得不要么就去扩充自己的制造业(并且因此减少从英国的进口),要么就去寻找出一种大宗产品。面对这两种选择何去何从,是18世纪前半期北方殖民地与英国的政治斗争核心内容。17世纪时,北美殖民者就作为造船业主、船运业者,以及西印度群岛和欧洲的粮食供应者,逐渐成为英国生产者的竞争对手。按重商主义学说的看法,他们"更多地是一个竞争对手……而不是一笔资产",因而也就是"价值最少的英国领地。"1689年之后,英国有意识地努力"改变这种情况,鼓励发展一种新的大宗产品(船用品),扼杀工业生产萌芽,旨在使殖民地扩大为英国制造业的市场。怎样才能在一个特殊地区"创造"出一个市场?使其人民参加世界经济的生产。如果缺乏有足够高水平收入的如此人民,那么就去鼓励"殖民拓居"。正是这后一种办法为英国人所采取,使他们大为不同于法国人、荷兰人,甚至不同于美洲的西班牙人和葡萄人。

　　1713至1739年之间，实际上有一股尤为重要的移民潮，特别是流向中部大西洋各州。由于英格兰人不愿意大量移民出走，英国此时就向非英格兰人开放不列颠属北美洲以求实现移民目的，前来的移民有苏格兰人、爱尔兰人以及所谓的荷兰人（实际上是德国人和瑞士人）。英国希望这些新移民会从事新的大宗产品（船用品）的生产。此举不仅会在经济上有利于英国，也会在军事上有利于英国。船用品长期以来就是英国殖民贸易中的一项"严重缺乏之物"，弥补这一缺项一直是18世纪英国政策的"固定目标"。1689年爆发的"九年战争"使这一缺项更为急迫逼人。英国所需之船用品的生产和运送几乎都掌握在瑞典人手中。瑞典人表面中立，骨子里却是亲近法国的，而这正是"令人不安的经常原因所在"。明显可见的替代来源就是北美殖民地（以及爱尔兰）。1696年，英国设立了贸易殖民局，其首要关切事务之一就是使英国解除对瑞典的依赖。他们为此试图建立一种垄断权，但是碰上了众多抵制。

　　西班牙王位继承战争再次使这一问题尖锐突出，斯德哥尔摩柏油公司作为垄断者的形成则使形势复杂化了。这就导致了1705年的"船用品法令"，其中决定依靠奖励之法诱导北美殖民地的生产。使英国摆脱对瑞典的依赖明显不是"船用品法令"的唯一动机。内特尔斯（Nettles）列举出三个理由说明创建北美殖民地市场是一个重要目标，甚至是首要动机。第一、尽管对瑞典的依赖实际上仅限于沥青柏油，"船用品法令"仍奖励生产树脂、松油、大麻和船用木材——它们全都可以从一些国家中获取。第二、海军官员看来是对此种依赖最为漠不关心之人，这使人们怀疑短缺的真实性。他们不断地反对从北美殖民地获取沥青柏油，因为其质量太差。[然而，内特尔斯提醒我们说，贸易局的官员指责海军官员与东土（Eastland）商人有利益勾结]。第三、贸易局对从卡罗来纳（Carolena）获取沥青柏油也不感兴趣，即使其质量优于北美殖民地的产品（当然啦，卡罗来纳已在生产大宗产品了）。

　　内特尔斯（Nettles）进而认为船用品计划最坚定的支持者正是那些与北美殖民地贸易的英国商人。在任何情况中，北美殖民者对生产木材的兴趣总是大于生产沥青柏油，然而，木材不是运往英国，而是用于本地的造船工业。事实是发展造船工业之利于开发英国商品的市场，至少是与成功实行船用品计划之可能收效是旗鼓相当大致相同。这可能就是下述之事的

— 255 —

根本原因：在航海法令之下，"为了最实际的目的"，北美殖民者的船只从未被排斥在英国船只所享有的特权之外。[92]因此，在北美殖民地建造船只具有了经济意义，虽然所费工资很高，但是，木材成本之低廉足以弥补工资费用。[93]这一相对优势由于 1675 年至 1775 年期间美洲殖民地航运效率的逐步提高，而得到强化。[93]结果是至 1775 年时，在英国注册的英国拥有之航船中有 1/3 是在北美殖民地建造的——这成为"殖民地得以繁荣的一个重要源泉"。[94]

241　　至于造船业之外的其他制造工业，英国人实际上试图予以阻止，但是采取了一种杂乱无章的方式。1699 年，他们颁布了"呢绒法令"，禁止超越出殖民地以外的出口装运。1732 年，他们颁布了有着类似限制的"哈特（Hat，制帽）法令"。1733 年的"蜜糖法令"又试图限制糖酒的生产。1750 年的"冶铁法令"禁止兴建新的工厂。[95]所有这些法令在很大程度上都未得到执行。[96]首先，英国人对荷兰、德国和法国的竞争的忧虑，要远甚于对殖民地制造业的担心。[97]再者，如布鲁奇（Bruchey）所说的："缺乏熟练技工和资本的不足与优先的分配去向"是北美殖民地的"天然"阻碍。[98]无论天然与否，这一因素的确有助于英国不用力执行这些法令，至少直到 1763 年前的时代是如此。我们怎样才能概括出北美殖民地的经历呢？它们还有第三种幸运。它们缺乏自然资源，但是，它们却是一个正在兴起的世界工商业强国的殖民地，有着足够远的地理距离去将它们的一个主要资源——木材用于造船工业，使之成为在经济上有厚利可图之事。造船工业只是一个启端，却是一个极重要的启端。由此创造出的条件在形势变化了的 18 世纪下半叶导致了"美国革命"，以及 19 世纪中一个主要工业强国的兴起。

　　主宰 1600 年至 1750 年这一时期的力量是英国和法国，它们先是努力去摧毁荷兰的霸权，然后是去继承这个最高地位。在此相对停滞（即相对于 16 世纪明显的经济扩张而言）的漫长时期中，边缘地区深深受害于直接生产者（direct producers）加剧了的盘夺剥削，以及本地区剥削阶级利益之减少（减少系与核心地区国家相似阶级相比较之意）。半边缘地区国家的经历更是远为复杂。核心地区国家企图使它们成为联系边缘地区的中介，剩余利润的传送带。它们大都成功了；但是，在中心国家相互争斗激烈的地方，某些地区可以改善自己的相对地位。先是瑞典，后是勃兰登堡—普鲁士就是属于此例，在一个较小等级上不列颠属北美的北方殖民地

第五章 十字路口上的半边缘地区

也是如此。

注释：

① 参见沃勒斯坦（Wallestein）（1974，第五章各处），有关于 16 世纪西班牙结构的讨论。有关 17 世纪西班牙思想家们对他们的"衰落"（decadencia）的自身概念，参见艾略特（Elliott）（1977）。

② 参见艾略特（1966，283）。马丁（Ruiz Martin）（1970，43）确定 1586 年至 1680 年或 1690 年是"堕落的世纪"。但是，有时候要拿更多的事件和另外 50 年去说服现实中的参与者。"1643 年 5 月 19 日，西班牙步兵部队在罗克鲁瓦（Rocroi）的失败看来标志着西班牙权力长期依赖的军事体系的崩溃。这个国家此时缺乏能够利用新国际局势所需的军队和领袖。"（第 345 页）斯特拉德林（Strading）（1979，182）认为，不到 1668 年，"由于正式承认葡萄牙的独立，落到耻辱至极的地步。菲利普二世的世界帝国不复存在了。"德泽特（G. Desdevises de Dezert）（1927，354）这么说：至 17 世纪之末时，"西班牙的军事力量仅仅只是一种往事记忆而已。"再参见汉密尔顿的著述（E. J. Hamilton）（1943，192）。

③ 参见汉密尔顿。同样的，达席尔瓦（José Gentil da Silva）（1965，175~179）也认为有一个"衰落"，不过，这也许是"太简单的"一种表述。最近有两篇论文持异议，向此传统看法提出挑战。卡曼（Kamen）（1978，35，41）认为 17 世纪不是一次衰落，因为西班牙从 15 世纪以来就一直是"下垂的"，因而"很难理解如此一个不发达国家在变得富裕之前就会'衰落了'。"斯特拉德林（Strading）（1979，167，171）认为："西班牙的权力和权力体系（维持）到了 1660 年代之中"，至少至那时，"没有敌人或敌人的联盟强大到足以组织起来实施……致命的打击。"他在此重复了豪泽（Henri Hauser）为"西班牙的优势"所确定的年代：1560 年至 1660 年。

④ 参见艾略特（Elliott）关于这一问题的论述，写于 1961 年，韦斯尔（Weisser）（1973，615）予以引用和随声附和。

⑤ 参见汉密尔顿（Hamilton）（1935，111）。为塞哥维亚所发展起来的生产曲线"倾向于证实……关于 17 世纪是'堕落'或'停滞'的世纪的诸种解说。"[安尼斯与利弗莱（Anes and Le Flem），1965，16]。

⑥ 参见达席尔瓦（da Sliva）（1965，156~158）；再参见安尼斯与利弗莱（Anes, Le Flem）（1965，18~19），他们论述了黑麦和燕麦生产以及由于耗竭了腐殖肥料引起的土地过分使用。他们还指出种植黑麦所需劳动力较少。

⑦ 参见达席尔瓦（Da Sliva）（1965，158~160）。

⑧ 参见林奇（Lynch）（1969，153）。

⑨ 参见韦斯（Weisse）（1973，614~615，637~640），他希望对此做出解释，但不

是按照汉密尔顿（Hamilton）关于"外部因素（换言之是财富）"的说法，而是按照"卡斯提尔的内部经济状况"这么一种说法去做出解释。然而，他所说的三个内部因素却是：一、"生活资料生产与工业生产的竞争需求之间缺乏平衡"，起始于大约1575年，其解释是："牧羊王国牧羊（Mesta）因放牧人的减少和北方贸易的断绝，迫使托莱多（Toledo）更加依赖采矿者（tierra）的工业力量"；二、"外国商品的出现……以低于当地产品的价格大批量出售"；三、马德里的成长吸引了托莱多的人口，它的人口减少是"君王的帝国野心所导致的结果。"韦斯尔（Weisser）还将市人口的衰落归因于驱逐摩里斯科人（Moriscos）（第632页），沃登（Warden）（1864，261）也引证了这个因素，用以解释亚麻制造业的近乎于绝灭：从1550年的50家工厂减至1665年的13家。

⑩ 参见林奇（Lynch）（1969，152，以及149~151）。

⑪ 参见艾略特（Elliott）（1963，11）。"中世纪的分歧——这没有予以足够的强调吗？——并没有如人们可能预料的那样减弱下去，而是在数百年中变得更受重视。"[维拉尔（Vilar），1962b，Ⅰ，191]。

⑫ 参见比韦斯（Vicens Vives）（1970，107）。

⑬ "尽管（在1637年）公爵（Conde Duque）伯爵奥利瓦雷斯（Olivares）成功地压榨出卡斯提尔更多的金钱，他也像其他一切人那样深知必然会有一天卡斯提尔将会被榨干，无钱可取。这意味着：必须使武装联盟（Union of Arms）有效力，而且，特别是要使半岛上两个据称是最富有的国家加泰隆尼亚和葡萄牙，以其推测的资源发挥出相应的作用。奥利瓦雷斯（Olivares）[即杜基（Conde Duque）]认为这两个国家与王国的其余部分危险地"分离"了[艾略特（Elliott），1966，333，着重号系本人所加]。

⑭ 参见比韦斯（Vicens Vives）（1970，107）。再参见维拉尔（Pierre Vilar）（1962b，Ⅰ，627）所说的："处于巨大的财政困境中的中央政府，双眼紧紧盯住加泰隆尼亚的资源，这正是当地政府强烈反对征税，力图保住的东西。"

⑮ 皮涅多（Emiliano Fernández de Pinedo）（1974，76）引用了波尔什涅夫（Porchnev）关于法国的此言；认为此言恰好适用于此时的维兹卡亚（Vizcaya）（1974，70）。

⑯ 参见艾略特（Elliott）（1963，463），他认为人民的这些怨愤是"小农和无地者对富农和贵族的仇恨；是农村失业者的苦难；是盗匪分子渴望对镇压者实施复仇；是城市反对乡村的宿仇旧怨，是贫穷市民反对都市寡头的仇恨。"（第462~463页）。

⑰ 参见艾略特（Elliott）（1963，127，465）。

⑱ "战争将给这个公国带来最坏的诸种邪恶，卡斯提尔从1600年以来就一直遭受这些邪恶之苦：巨大的公共开支、通货膨胀、生产瘫痪、瘟疫肆行而人口减少，最后，作为国际斗争的一个结局，加泰隆尼亚的部分土地丧失了，包括非

常富裕的鲁西荣（Roussillon）平原"比拉尔（1962，I，633）。受苦最深重者是那些独立小农。参见维拉尔（Vilar，1962b，I，633）。请再次注意与边缘地区国家相类似的这种情况。当然，这激化了叛乱，而且使之具有"社会色彩，威胁着要迫使贵族服从暴民统治"艾略特（Elliott）（1966，349）。由于这种原因，加泰隆尼亚的团结统一瓦解了，至1652年，加泰隆尼亚人又被关进了葡萄牙的羊栏之中。

⑲ 马奎斯（A. H. de Oliveira Marques）（1976，I，30）称废除海关税一事是"长期以来梦寐以求之举，特别是葡萄牙人如此渴盼着。"

⑳ 参见马奎斯（Marques）（1976，I，308）。葡萄牙人大获其利。伊斯雷尔（Isreal）估计：至1640年时，他们占新西班牙人口的6%，而且在西班牙印度群岛各处均有相似的人群。他谈到了"确有大量的人们从葡萄牙出走……反映出人口从葡萄牙的乡村和小城镇流走，葡萄牙企业家则逃出萧条的葡萄牙、正在衰落的西班牙和受打击的意大利"（1974b，32）。

㉑ 参见卡斯提罗的论述（Castillo）（1964，特别是第311~314页）。

㉒ 在伊比利亚的其他非卡斯提尔的地区也确实如此："在伊比利亚半岛的边缘地带（葡萄牙、加泰隆尼亚的沿海地区、巴伦西亚）……资产阶级的身份地位与'改宗者'（converso）的身份地位之间有很大的相互融通关系"[肖努（Chaunu），1963a，82]。摩洛（Mauro）（1970，34）持相同观点："17世纪中，葡萄牙并不是拥有资产阶级和新基督教徒的唯一国家。但是，使葡萄牙有别于其他国家的地方正在于这两种身份地位有事实上的混淆。"

㉓ 参见摩洛（Mauro）（1961c，20）有关这些商人银行家的描述之言："在他们之间并无可供区别的专业根据。是批发、半批发还是零售？他们什么生意都做。是远距离贸易、全国性贸易还是地方性贸易？他们或多或少地参与每一种贸易。是商品贸易，还是货币贸易？他们不分彼此都做。"

㉔ 参见休格特和肖努（Hugutte and Pierre Chaunu）（1954，53）。雷瓦赫（Revah）（1959~1960，37；参见第48页注释4）指出："葡萄牙这个名词本身已和'新基督徒'，而且经常和'隐密的犹太人'等词是同义的。"然而，伊斯雷尔（Isreal）谨慎地区分犹太教徒（Judaizants），实际上已被同化了的新基督徒（cristaos novos），以及一个介于两者之间的集团"改宗者"（conversos），"他们不是犹太教化者，但是他们的犹太气质强烈地影响着他们的生涯经历"（1974b，24和各处，19~32）。

㉕ 摩洛（Mauro）提醒我们"不要将葡萄牙人的命运与趋向16世纪之末的西班牙帝国混淆起来，因为巴西及其巨大的糖业发展是一个差异，而且不是一个小差异。"（1959，183）

㉖ 参见休格特（Hugutte），和肖努（Pierre Chaunu）（1954，52）。

㉗ 见艾略特（J. Elliott）（1958，68）在"17世纪革命"中所提到的意见。迪斯尼

㉗（Disney）（1977，252）在解释为什么葡萄牙企业家不愿意投资于葡萄牙东印度公司时，提出了一个因素："一些葡萄牙人认为它是马德里的一个阴险企图，旨在巧取 1580 年由菲利普二世授给葡萄牙的行政独立。"

㉘ 参见休格特和肖努（Hugutte, Pierre Chaunu）（1954，54），他们注意到犹太人成了攻击对象，谈到"这些南特敕令，有人在 A 阶段协调它们以便在 B 阶段去撤销。"再参见肖努（Chaunu）（1963d）。这些新基督徒中的一些人径直迁往汉堡，他们在汉堡的 18 世纪商业扩张中扮演了一个重要角色。参见克伦本茨（Kellenbenz）（1958）。

㉙ 博克塞（Boxer）（1961，52）认为这次占领是"1640 年为什么（葡萄牙人）反叛西班牙君王的主要原因之一"，但是，他注意到："他们曾希望一旦葡萄牙及其'征服地'（canquisas）断绝与西班牙的联系，荷兰人就会停止对葡萄牙'征服地'的侵略，但是他们失望了，事与愿违……。"

㉚ 参见肖努（Chaunu）（1961，1194）。摩洛（Mauro）（1960，513）谈到了到 1670 年时葡萄牙大西洋经济的"辉煌壮观"；但是，肖努更为慎重："塞维尔（Seville）在 17 世纪之初时倒转了长期趋势，与之相比，巴西的大西洋经济是由诸种幻影和细微差异构成的。"他还谈到了"在 1630 年后期，也可能是在 1650 年的一个姗姗迟来的转折点；一次增长的减退而不是崩溃。"葡萄牙人的反叛未能解释至少是至 1670 年时巴西的恢复能力吗？相反，如艾略特（Elliott）所言（1966，351）："葡萄牙的救星"是这种恢复，它"有助于刺激外国（尤其是英国）有兴趣于它作为一个独立国家的幸存。"

㉛ 参见戈丁诺（Godinho）（1950a，34）

㉜ 参见艾略特（Elliott）（1963，543）。

㉝ 参见博克塞（Boxer）（1961，53）。

㉞ 参见布罗代尔（Braudel）（1956，196）。

㉟ 参见肖努（Chaunu）（1959，VIII，二版，1568）。再参见海默（Helmer）（1967，405）："从 1630 年开始，在印第安送货人（carg adoras de Indias）中有大量的破产。"肖努（Chaunu）先声明："我不打算去裁定这个微妙的因果关系问题"，指明这个时期与维农铜币（Vellon）的通货膨胀有相互关联，并且就此评论说："或许是一个纯粹的巧合吗？然而却是一个使人不安的巧合。"（1959，VIII，2 bis，1568~1569）。

㊱ 的确，比韦斯（Jaime Vicens Vives）（1970，106）回顾了那个时代的西班牙政府："奥利瓦雷斯（Olivaries）虽然没有使自己卷入麻烦的欧洲冲突中（法国与荷兰正全力以待他），本来应当治愈荷兰人在加勒比海打击帝国留下的首批创伤，使其美洲殖民地做好战争准备。相反，他在安达卢西亚（Audalusia）搜集来的黄金，本来要用于执行明智的政策，却被他挪用来支付'三十年战争'的军事行动。其结果是西班牙美洲的前途毁灭于欧洲。"

㊲ 维格诺斯（Vignols）（1925，240）指出：横渡大西洋的走私贸易虽然其频繁程度因时而异，却总是大于欧洲之内的走私贸易，大于任何一个欧洲国家之内的走私贸易。

㊳ 参见拉瑞兹（Larraz）（1943，98）。西班牙的贪官污吏和殖民者鼓励帮助了走私贸易。参见潘塔勒奥（Pantaleão）（1946，127~129，235~236）。

㊴ 参见麦克拉伦（McLachlan）（1940，13）；再参见克里斯特罗（Christelow）（1941，516）。

㊵ 参见艾略特（Elliott）（1966，360），他说卡斯提尔的崩溃"伴随着有文化智识生活的瘫痪"（第361页）。再参见拉瑞兹（Larraz）（1943，96）。卡曼（Kamen）描述1677年至1686年的危机时，称维农（Vellon）硬币的通货膨胀"差不多就是大祸了"（1964，75）。对这些困难进一步思考的看法是：盗匪活动，特别是在瓦伦西亚，"在整个17世纪中日益频繁，有增无减"（卡曼Kamen）（1974，654）。

㊶ 德鲁莫（Delumeau）（1966，100）认为这种贸易是"法国的天祐"。潘塔勒奥（Pantaleão）（1946，272）"整个英帝国都有兴趣于对西班牙帝国的商业贸易。"

㊷ 参见兰伯特（Rambert）（1959，269）。

㊸ 参见弗朗西斯（Francis）（1966，187）。

㊹ 参见潘塔勒奥（Pantaleão）（1946，15）。此外，1661年条约登记了布拉干萨（Bragunca）的凯瑟琳（Catherine）与查理二世的婚约，将孟买（Bombay）和丹吉尔（Tangiers）作为凯瑟琳的嫁妆割让给英国。博克塞（1961，52）对此解释说：葡萄牙"寻求与英国结盟的保护"以求对付荷兰人。

㊺ 参见赛德里（Sideri）（1970，21）。

㊻ 摩洛（Mauro）确定的时间是1680年（1975，9）；但是在此，他看来与大多数人的意见相左。参见维拉尔（Vilar）（1974，280），他谈到了1670年至1703年的一次危机；戈丁诺（V. M. Godinho）（1974，266；以及1950b，186）谈到的危机是从1670年至1690年；而赛德里（Sideri）（1970，26）认为"困难的经济形势"是在1670年。白银进口的一次衰降，加之葡萄牙殖民地的食糖和烟草不断被排斥出法国、英国和荷兰的市场，这个危机在实际上大为加剧了。此外，荷兰人在几内亚海湾与葡萄牙人的竞争引起了奴隶价格的上涨；安哥拉方面的供应的部分衰竭又使之复杂化了。所有这些在1670年时开始发生，使葡萄牙难于在原有贸易结构中发挥作用。这正是我们今日所称的国际收支平衡危机。参见戈丁诺（Godinho）（1950b，184~185）。

㊼ 一个后果就是：在1670年至1680年时期，法国成为葡萄牙的首要贸易伙伴。摩洛（Mauro）（191b）在试图解释为什么后来不再是如此的原因时，强调了在世界市场上法国与葡萄牙的产品的竞争程度。但是，这究竟是英国与葡萄牙的关系更新的结果，还是原因呢？

㊽ 参见戈丁诺（Godinho）（1950b，186~187）。他们的这些政策并非是不成功的。例如，戈丁诺指出了货币状况：“1688 年，已是不可能安排收支了；1689 年，硬币在里斯本正常流通了。由此有了成功的运行操作。”

㊾ 参见戈丁诺（Godinho）（1950b，191），以及维拉尔（Vilar）（1974，280~281）。

㊿ 参见赛德里（Sideri）（1970，40）。

(51) 参见弗朗西斯（Francis）（1972，64）；以及西尔伯特（Silbert）（1954，413~419）。

(52) 参见安德鲁斯（Andrews）（1929，I，275）；以及比尔（Beer）（1912，I，78~79）。

(53) 参见邓肯（T. Bentley Duncan）（1972，46），他特别提到：“考虑到英国和葡萄牙的殖民地的人口甚少，马德拉（Madeira）葡萄牙酒贸易在美洲是一项重要的生意，即使以一般的欧洲标准来看只是中等的。”（1972，48）。但是，他也注意到对美洲的葡萄酒贸易“完全掌握在丰沙尔（Funchal）的英国商人手中，他们用来自出售英国纺织品和其他进口商品［咸鱼、腌鲱鱼、英国工业品、亚速尔（Azores）小麦等］的收益，去购买葡萄酒货物”（50~51）。

(54) 戈丁诺（Godinho）认为葡萄酒生产的增加“直接与美洲市场的扩大相关。”（1953，79）。

(55) 戈丁诺（Godinho）（1950b，188~190）。

(56) 博克塞（Boxer）（1958，34）也说：在“威廉（William）国王之战”中，对葡萄牙的葡萄酒需求大增，由此减少了葡萄牙所遇到的“不利的贸易平衡”，而且“使以本国制造的产品替代进口的英国布制品不那么急切了”。英国人实际上并非是只喜爱葡萄牙酒而不喜欢法国酒。赛德里（Sideri）（1970，64）有说明数据。1683 年，英国禁止法国酒。这一年，英国只从法国进口了 65 加仑酒，而从葡萄牙进口了 16772 加仑酒。1686 年，禁令撤销，英国只从葡萄牙进口了 289 加仑，却从法国进口了 12750 加仑。

(57) 卡多佐（Cardozo）（1946，146）指出：淘金热的一个效应就是“非法引进巴西的外国产品增加了”，而巴西是“能给葡萄牙带来一切利润的唯一市场”。

(58) “我个人认为这个鼓励制造业的政策，也可能由这一危机做出充分解释”［戈丁诺（Godinho），1953，76］。最后，戈丁诺还说，重商主义时期不是别的什么，而是处于食糖、烟草、盐的时期和巴西的黄金、葡萄酒与马德拉酒的时期之间的一个旋转盘（1950b，190）。

(59) “‘工业家们’让位给葡萄园种植主了”［戈丁诺（Godinho），1950b，189］。对此，后来的评论予以确认：“在后来的岁月中，甚至葡萄牙人也同意认为是英国人发展了上杜罗（Douro）河的葡萄园，而且认为在他们到来之前，那里什么都不生长，除了金雀花和荆豆丛”［弗朗西斯（Francis），1972，109］。

(60) 参见戈丁诺（Godinho）（1950b，188）。

(61) 参见梅西多（Macedo）（1963b，53）；赛德里（Sideri）（1970，42）。

(62) "主张与葡萄牙而不是与法国进行贸易的辉格党，在1713年为此投票反对托利党，并且长期执政。在他们执政初期，英国与葡萄牙的贸易达到了前所未有的高水平。"［弗朗西斯（Francis），1966，185］。

在一封私人信函中，皮涅多（Fernández de Pinedo）向我指出：从1650年开始，荷兰人和英国人不希望他们满载纺织品、咸鱼和小麦的船只开往西班牙后空船而归，他们鼓励发展加泰隆尼亚的白兰地酒生产和马拉加（Malaga）沿岸的葡萄干和杏仁生产。他将此称为是"一项白银梅休恩（Methuen）条约"，特别是因为贸易赤字以美洲的金银予以平衡。

(63) 参见卡曼（Kamen）（1969，1~5）。

(64) 参见坦普利尔（Temperley，1940，IXX）；参见麦克拉伦（McLachlan）（1940，30）所言：英国商人反对1698年和1700年的分割条约，因为他们感到如果签订这些条约，地中海就"会成为一个法国的湖泊"。克拉克（Clark）（1928，262）赞同此见："如果法国人获得成功，荷兰和英国这两个突出的海上强国必定会失去它们的许多贸易。"

(65) 法国人最终将在这场公海上的战斗中败北。"英国人不仅成功地制止了法国私掠船的威胁，还在战争这一勾当中充作侵略者干得很出色"［克拉克（Clark），1928，264］。

(66) 参见莱格瑞尔（Arsène Legrelle）（巴黎，1888~1892）所著的《法国外交与西班牙王位继承》，第三卷，第332页，卡曼（Kamen）引用此语（1969，9）。

(67) 卡曼（Kamen）评论说："要促进法国与西班牙的贸易，就必须保持低关税，禁止与（英国和荷兰）敌国进行商业贸易。令法国人烦恼的是他们发现要实现这两个目标绝不是轻而易举之事，这威胁着要减小他们正式享受的贸易特权的价值"（1969，127）。法国人依然在西班牙享受特权。正是这些特权激怒了英国人；法国人对打进西班牙的西印度群岛更感兴趣。然而，"尽管法国有海军优势，尽管有贩奴专卖权，尽管有经过圣马洛（Saint Malo）进行的大量非法贸易，这整个问题对法国来说却是以失败告终。路易十四从未设法打破加的斯对西印度群岛的垄断。"［卡曼（Kamen），1969，155］。

参见兰伯特（Rambert）所言："西班牙的波旁王朝可能经常记住他们的出身血统，从一开始，他们就表现出是百分之百的西班牙人。"（1959，272）。

(68) 参见艾略特（Elliott）（1966，365）。维拉尔（Vilar）认为这不止于是缓慢的复苏。他说："西班牙国王查理二世的统治时期（1665年至1700年）是加泰隆尼亚的好时光，……对富裕农民、商人和各种各样的生意人来说，……17世纪的最后30年是一个繁荣时代。……1700年至1715年的危机之前从未有过如1640年王位继承时那样对君王的严重攻击"（1962a，101）。

(69) 参见维拉尔（Vilar）（1962a，104）。

(70) 参见维拉尔（Vilar）（1962a，103）。

(71) 参见维拉尔（Vilar）（1962b，I，672）。有一段时间，加泰隆人的运动是非常成功的。如卡曼（Kamen）所注意到的，这段时间与1640年危机时不同，“我们观察到卡斯提尔人的军队没有驻扎在里斯本和巴塞罗那，而是葡萄牙人和加泰隆人的军队驻扎在马德里”（1969，248）。

(72) 参见维拉尔（Vilar）（1962b，I，678）。

(73) 肖努（Chaunu）抓住了经济选择中的文化含意：“菲利普五世（Philp V）的西班牙打算开放，但是只能如此缓慢地去办……开放意味着什么呢？这意味着对法国、对北方……开放。查理二世统治末期，聚集在王后周围的德国人诺堡的玛丽安妮（Marie-Anne de Neubourg）党派，无疑是受意大利艺术影响，是昔日的聚会。”（1963c，468～469）。关于西班牙波旁王族作为西班牙王位继承战争之后的文化“现代化者”，请参阅比韦斯（Vicens Vives）（1970，116～120）。

(74) 参见皮特（Pitt）（1970，475～476）。

(75) 参见维恩达尔（Veenendaal）（1970，444）。正是在此意义上，维拉尔（Vilar）认为乌得勒支（Utrecht）是一个转折点。它完成了“旧西班牙帝国在欧洲的毁灭，结束了法国的霸权，宣告了英国在海上和殖民世界中初现的优势，除了其他以外，以占领直布罗陀为其标志。”（1962a，12）。

(76) 克拉克（Clark）（1928，279）指出：尽管英国人与荷兰人已经结盟，“和约的一般本质……却是英国人为了自己与荷兰商业竞争，利用他们的政治优势确立了自己的有利地位。”再参见沃德（Ward）所言：“荷兰联合省在联盟领土上牢固地设立一道屏障，用以对付法国的任何再度侵略。但是，除此之外，尽管荷兰人继续从和约中获取了一些商业好处，他们作为一个大国的政治地位却离开了他们，永远离去了，没有做出任何真正的抵抗，就落入了曾是其敌手的那个强国手中；……而且，他们的商业优势也同样终结了”（1908，438）。

(77) 参见艾略特（Elliott）（1966，370～371）。比韦斯（Vicens Vives）尖刻地说道：“加泰隆人逆历史潮流而战，如此的代价通常是非常高昂的”（1970，111）

(78) 参见卡曼（Kamen）（1974，687）。

(79) 参见比韦斯（Vicens Vives）（1970，114）。

(80) 比韦斯（Vicens Vives）认为：“地区特权的奥秘只由用中央集权化的神秘不惜一切代价予以取代……而在此事业中，波旁王朝及其合作者（像他们的前人那样）将会失败。”（1970，113）。

(81) 参见汉密尔顿（Hamilton）（1935，116）。

(82) 参见索利斯（Romero de Solis）（1973，54），他谈到了“新的中产阶级、农业资本家和民族资产阶级”（第66页），以及菲利普五世的党徒作为“土地贵族的中层部分正处在这样一个变化过程中：使自己变成农业资本家和民族资产阶级及它的代理人物——国家资产阶级"（第67页，注释108）。然而，奥梯兹（Dominguez Ortiz）（1955，301）说："波旁王朝的专制主义，虽然反对一切旨在削弱中央主权的企图，但只要剥夺了他们最后的政治意义（这在奥地利哈布斯堡王朝末年已近于荡然无存），就同这些庄园领主达成交易。"卡曼（Kamen）表示赞同："应当强调指出的是，虽然大公们具有十分重要的政治和行政地位，但是他们的衰落在西班牙社会历史上只有次要的意义。如同在以往的各个统治时期那样，贵族的特权和地产依然牢不可破。"（1969，115）

㊃ 关于这些努力，参见汉密尔顿（Hamilton）（1943，206）；以及拉福斯（La Force）（1964，337~338）。

㊄ 参见卡曼（Kamen）（1969，391~392）。

㊅ 参见卡曼（Kamen）（1969，34）。

㊆ 参见兰伯特（Rambert）所言："他们的海关政策总是很谨慎的，（在18世纪中）将会一点一点地成功地升高关税壁垒，在此保护之下，民族工业能够成长起来，国家也能部分地摆脱外国的控制。长期以来在竞争中独占鳌头的法国，将会成为这种逐渐变化的主要牺牲者。"（1957，270）。

㊇ 参见尼尔逊（Nelson）（1945，55）。

㊈ 尼尔逊（V. L. Nelson）引用了1730年至1739年之间550万镑的数值，并且说：它是"如此重大以至于成为对西班牙重商主义的真正威胁。"（1945，64）。

㊉ 参见布朗（Brown）（1928，179）。尼尔逊（Nelson）（1945）指出说南海公司利用一切手段从事非法贸易：秘密手段（这是可行的，尽管在其董事会中有西班牙政府派的一名董事，大多数信息交往却没有经过董事会）；贿赂西班牙官吏；对奴隶贸易视而不见；以及使用武力，由英国士兵提供保护［见尼尔逊（Nelson），1945，56~60］。

⑩ 参见尼尔逊（Nelson）（1945，55）。

⑪ 参见克里斯特洛（Christelow）（1941，532）和尼尔逊（Nelson）（1945，57）。

⑫ 参见戈丁诺（Godinho）（1948，552）。

⑬ 关于交易产品的清单，参见尼尔逊（Nelson）（1945，61）和戈丁诺（Godinho）（1948，553）。

⑭ 戈丁诺（Godinho）注意到此时西班牙属美洲的金银这时流出，如果不像在巴西的米纳斯吉拉斯（Minas Gerais）那么那么多。"尽管如此在欧洲的货币生活中有着很大重要性。"（1948，553）。也见费希尔（Fisher）（1971，4~5）。与西班牙属美洲合法和不合法的贸易可能在某种程度上对两个不同群体的英国人有益。西班牙国家试图用他们合法贸易的对话者控制非法贸易，但不是很成功。见戈丁诺（Godinho）（1948，552）。

⑮ 见汉密尔顿（Hamilton）（1949，316）。

⑯ 布朗（V. L. Brown）（1928，187）。也见克里斯特洛（Christelow）（1941，519~520）。作为这个时期一直延续到1763年。

⑰ 在1700年到1750年，葡萄牙是英国出口的第三大消费者，次于联合省和德意志各邦，英国船只在里斯本在总数几乎从未不在总量的50%，以下见麦斯威尔（Maxwell）（1968，612）

⑱ 参见赛德里（Sideri）（1970，44~46）。梅西多（Macedo）（1963a）认为英国尽管有便利之处，其他外国制造业者的竞争仍然迫使英国的价格下降，并且打破了垄断；但是，赛德里（Sideri）对此予以否认，指出梅西多（Macedo）的自相矛盾之处："荷兰的或者法国的纺织品不可能抵消英国的优势，因为它们不享有英国商人背后的销售网络和已经确立起来的势力影响"［梅西多（Macedo），第51页；在赛德里（Sideri）书中引用，第46页］。费希尔（Fisher）声称：英国纺织品商人之所以享有超出法国、荷兰以及德国竞争对手的优势，是因为他们"更多地专门从事于……中低价格范围内的精纺毛织品和纺织品，而且可以享有更廉价的……船运"（1971，36~37）。更详细地阅读费希尔（Fisher）的论著，就会发现这是一种循环，因为更廉价的船运意味着更大的贸易量，出售纺织品意味着购买葡萄酒，"而且，在葡萄牙的英国商人控制了运往英国的葡萄酒的购买和船运。"（第36页）。

⑲ 参见赛德里（Sideri）（1970，46）。

⑳ 参见赛德里（Sideri）（1970，41，48），他在第41页上写道：英国对法国的逆平衡是在于白银，但是又在第48页说是在于黄金。

㉑ 参见赛德里（Sideri）（1970，46）。

㉒ 引于克里斯特洛（Christelow）（1946，27）。杨（G. Young）于1917年著述时也同样观察到："杜罗（Douro）港区变成了英国殖民地的一个物质供应地"，见其所著的《新旧葡萄牙》（牛津，1917，185）。

㉓ 参见赛德里（Sideri）（1970，45）。

㉔ 博克塞（Boxer）断言：在18世纪，"无可置疑，巴西在大多数方面比其母国更繁荣"（1969b，323）。

㉕ 参见弗朗西斯（Francis）（1972，179~180）。

㉖ 参见马丁斯（Oliveira Martins）所著的《葡萄牙》史一书（伦敦，1908），第二卷第149页至151页，引用于赛德里（Sidleri）（1970，67）。

㉗ 参见赛德里（Sideri）（1970，49）。莫里诺（Morineau）（1918h，44，47）想要调和这一判断：虽然巴西的黄金对英国向葡萄牙的出口具有一种"有限然而是确切的影响"，它却既不是"必不可少的"也不是"不可取代的"；大体上，在18世纪英国的经济增长方面，"巴西黄金……既不是增长的唯一因素，也不是最有力的因素"。然而，这却是骑马持矛大战风车之论。金银是必要的，而且在此关头正是从巴西才取得事实上的大多数金银。

第五章 十字路口上的半边缘地区

⑱ 弗朗西斯（Francis）指出："荷兰人和汉堡人也需要贵金属，却没有（英国人那样的）便利条件，只好从伦敦转手获取他们的（走私金银中）一个份额"（1966，217）。

⑲ 参见博克塞（Boxer）（1961，90）

⑳ 参见布罗代尔（Braudel）（1972，I，430~432）。

㉑ 关于例证，参见弗里德里希（Friedrichs）（1975，32~33）所言："至16世纪初期在纽伦堡（Nuremberg）已被引入金属工业的许多部门和亚麻、绒织品、钱包、手套、刷子、纸张书籍等制造业中。17世纪后期在纽伦堡甚至组织铅笔生产也以此为基础。"克伦本茨（Kellenbenz）（1977a，469）所见相同而且补充说："在黑色及有色金属矿的采掘业中，购买水泵、熔炉和其他必不可少的技术装备经常使小工场作坊负债累累，需要有商人的帮助。这种情况特别发生在产品的定期买主是一个明显可见的潜在信贷来源之时。"

㉒ 参见布罗代尔（Braudel）（1972，I，431）。关于根特和布鲁日两地，卡雷拜克斯（Careybeckx）（1962，427）观察到："在17世纪，'行会'联系变得更为松散，特别是在17世纪后半期。工人即'师傅'或'熟练工人'知道他的命运掌握在商人的手中，唯有他才能确保将其产品出售。"

㉓ 参见弗里德里希（Friedrichs）（1975，33），他指出："行会在此种关系证明是有害于其成员时，就会结束这种安排。"

㉔ 参见克伦本茨（Kellenbenz）（1965，II，420）。

㉕ 参见克伦本茨（Kellenbenz）（1977a，V，470）。塞拉（Sella）认为至少是从威尼斯向农村地区的转移，要更多地归因于行会成员的工作缺乏效率而不是他们的高工资，但是，这在我看来都是同一回事。参见塞拉（Sella）（1968，122~123）。在农村地区，并不是所有的农民都渴盼扮演此种角色。琼斯（E. L. Jones）（1975，339，341）指出：特别是在那些"沙地贫瘠、土地难耕"的低地地区和某些"高地地区"，可以看到这种乡舍外加工工业（putting-out）。他暗示说，正是这些地区"无力以内部农业资源供养其人口"的事实，致使他们以此方式寻求补充收入。门德尔斯（Mendels）以同样的语调指出："有证据表明……成为织工的农民处于社会等级的底层，而且就留在那里了"（1972，242）。克里特（Peter Kriedte, et al）（1977，68）认为："由于缺乏可耕地，（来自农业的收入越少），小制造业主轻视农业转而重视工业的倾向就越大。"克里马和麦克里克（Klima and Macurek）（1960，90）指出：在捷克，乡村制造业的工人来自"乡下穷人"。参见瑟斯克（Thirsk, 1961）关于手工业与某些类型的农业团体的联系的论述。

㉖ 参见库里舍（Kulischer）（1931，11）。

㉗ 参见克伦本茨（Kellenbenz）（1965，II，427及书中各处）。

㉘ 参见弗里德里希（Friedrichs）（1975，33）。布费尔蒂等和康斯坦丁尼

(Bulferetti and Constantini)(1966,73)指出:"经过17世纪后半期和18世纪前半期,商业资本和独立工匠之间长久的对抗在热那亚变化了,……变成了各个工匠集团一致屈从于商人企业家的指挥。"克里特指出:甚至在"购买制"(Kaufsystem)中〔此处不同于"中间商制"(Verlagssystem),工作不是以佣金来完成的〕,也有由于信用贷款的协调作用而出现"一个经济依赖的启端",此外,尽管生产者有外表上的独立性,仍然存在"经过贸易的剥削"(见克里特等人的著作,1977,202~203)。更不必说在"中间商制"中亦是如此,在此,商人企业家"自始至终决定着是否生产,生产什么,怎样生产和产量"。(第214页)。

⑲ 参见特罗伊厄(Treue)(1957,41~42)所作的概述。关于在德国的犹太人,参见特罗伊厄(Treue)(1955,398~399);关于在意大利的益格鲁—荷兰人,参见范范尼(Fanfani)(1959,57~58,128);关于在波希米亚的英国人和荷兰人,参见克里马(Klima)(1959)和米卡(Mika)(1978,234~235);关于中欧的"中间商制"与出口贸易之间的联系,参见克里马和麦克里克(Klima and Macurek)(1960,96)以及克里特(Kriedte)等人的著述中克里特的文章(1977,64)。

⑳ 参见桑巴特(Sombart)(1900,1138~1140)。甚至于那些并未顺从商人企业家的家庭工业生产者,在市场的作用下也被降到了一种事实上的类似地位上,如梅迪克(Hans Medick)(1976,296)所强调指出的:"无论家庭工业的织布工、编织者、制钉者或制镰刀者本人作为买主和卖主是否进入市场,以及是否以'购买制'如此工作,他总是直接或间接地依赖商业资本。""外加工制"对商人企业家来说当然要比"购买制"更为有利可图,因为在后一制度下生产者保留下很大一部分剩余价值。虽然"中间商制"在管理控制方面不能与工厂制度相比较,它仍然优于"购买制",并且由此增大了生产效率,其利润大多落入商人企业家之手。尽管在"中间商制"之下,一个直接生产者的计件工作收入要少于"购买制"之下的收入,但是,他的年度收入由于有更可靠持久的雇用而更多。参见克里德特(Kridte)等人的著述中(1977,215~216)施吕勃姆(Schlumbohm)的文章。

㉑ 参见门德尔斯(Mendels)(1972)。参见克里特(Kridte)等人的著述中(1977,13~35)有关这个概念的历史学根源的讨论,他们认为:在决定世界市场的既定地区的最终经济作用方面,"原始工业化"具有"战略重要性"(第30~31页,注释52)。克里马和麦克里克(Klima and Macurek,1960,IV,96~97)认为制造业此即"外加工制","在从行会制度经由制造业转向大规模机械化生产的逐渐过渡中是一块达到目的的跳板"。关于制造业和工厂制度为什么应当被看作是一个渐进过程中的联系环节而不是一场深刻决裂中的彼岸,他们的解释是:制造业"深化了劳动分工"而且"将大量的无技能和低技能的工人

带入生产中"。迈斯卡（Myŝka）（1979，44~49以及各处）在讨论捷克的集中化的铁制造业时也持基本相同的观点。再参见雷德利希（Redlich）（1955，93~97）。

⑫ 梅迪克（Medick）（1976，299）对其如何运行做出了非常出色的解释，并且概括说："家庭经济生产的逻辑发展变得有效了，首先是因为贫穷的无地劳动者倾向于求助手工品生产中的'自我开发'，如果这对确保通常的家庭生存和经济上的自给自足是必要的话。"这就给商人企业家造成了一种"差别利润"，既"超越了可以从行会制度的生产社会关系中所取得的利润，也超越了可以从制造业的相似的工资劳动关系中所获得的利润"。梅迪克（Medick）尤其感兴趣的是"家庭经济和商人资本的共生关系"。他认为"传统家庭自然经济的行为规范与规则"在促成资本主义的起源发生方面比新伦理更为重要（我倒是宁愿说资本主义的成长发展）（1976，300）。

⑬ 参见罗曼诺（Romano）（1974，188~189）。

⑭ 参见罗曼诺（1971，201）。

⑮ 参见罗曼诺（1974，195）。

⑯ 参见普罗卡西（Procacci）（1975，28），他称此思想是"太简单和太激进"。博雷利（Borelli）（1974，27~28）给予了一个良好的例证去说明它为什么并不仅仅只是一件意愿之事。他指明威尼斯为了挽救它的丝绸工业而在1588年禁止出口生丝，因为这种出口在国际市场上导致价格下跌，而且鼓励了走私出口。至1694年，威尼斯的生丝有2/3私下偷运出口了。这还不足以宣布重商主义政策。还必须在政治上强大到足以实行这样的政策。在此例中，重商主义措施所提供的竞争余地，尚不足以克服威尼斯非常之高的生产成本障碍。

⑰ 参见塞拉（Sella）（1964，244）。拉普（Rapp）对此经验形势的保留意见有所不同。他也认为威尼斯从出口定向型工业转向了国内服务业。他将此变化看作是一个旨在维持就业和繁荣水平的努力，多少有些成功［参见拉普（Rapp），1975，523~524］。

⑱ 参见塞拉（Sella）（1975，12）。事实上，恢复力的一种形式是增加了城市与近郊乡村之间的经济联系，如在威尼斯和特拉费马（Terraferma）。见马里诺所言（Marino）（1978，100）："特拉费马（Terraferma）的生产所承受的更多财政负担、农业投资和地区市场使威尼斯及其内地成为一个有机整体……（17世纪）危机的最重要后果本身就是突然出现了一个一体化的地区性经济和一个协调的经济政策。"

⑲ 施莫勒（Schmoller）（1897，74）。德弗里斯（De Vries）（1976，97）提出了一个关于这种依赖性的良好例子。在1650年前的时期中，哈勒姆（Haarlem）的呢布商还依赖内地的女织工们，但是，到1650年时，这种工作任务在地理上向外转移到了威斯特伐里亚（Westphalia）（以及南尼德兰）的家户之中。"现在，

哈勒姆（Haarlem）成为布业代理商的一个网络中心地，代理商们将亚麻布送到此处漂白和最后出售。"

⑬⓪ 参见法兰克福和莱比锡所出版的《荷兰的商店》一书（Frankfurt and Leipzig 1770，251~252），引用于比尤廷（Beutin）的著作中（1939，120）。比尤廷引用了"弗里德里希（Friedrichs）一览表"证明此见，他本人对此"并无怀疑之处"。

⑬① 参见安德森（Anderson）（1974a，249）。

⑬② 参见库斯克（Kuske）（1922，189）。

⑬③ 参见利贝尔（Liebel）（1965a，287）。16世纪中，这些城镇当然已经开始了一个长期衰落。

⑬④ 参见基许（Kisch）（1968，3）。

⑬⑤ 参见基许（Kisch）（1959，555）。

⑬⑥ 参见皮朗（Pirenne）（1920，V，65~69，129~130，193~201）。当然有一个重商主义的插曲，其本身就是富有教义的。所谓的"比利时的柯尔伯（Colbert）"，布罗奇温（Jean de Brouchaven）、贝格雅克（Bergeyck）伯爵于1698年设法说服巴伐利亚（Bavaria）选侯伊曼努尔（Maximilien Emmanuel）兼西班牙尼德兰的总督，劝说他去设立关税，创建"东方公司"在西印度群岛进行贸易，筹划内部航线的改进，甚至在1699年劝说他去禁止羊毛的出口和外国纺织的进口。但是，英国人和荷兰人的报复，连同各省之间的猜忌，使马克西米连后退了（第64~69页）。

就在菲利普五世登基后不久，马克西米连失势，他的军队也为法国军队所取代，此时，贝格雅克（Bergeyck）伯爵再次被授权去推行他的柯尔伯（Calbert）式的改革。这就是所谓的"旧制度（Régime anjouin）"（第94~105页）。1706年在拉米伊战役（Ramillies）中，马尔博罗（Marlborough）击败了法军，此时，英、荷两国的联合占领取代了法国占领。关税立刻被废除，政府的集权化终止了。皮朗（Piernne）注意到："改革曾企图使国家挣脱出在17世纪末所陷入的呆滞状况，却由此消失得无影无踪。而且无人予以注意。曾经反对贝格雅克（Bergeyck）伯爵改革计划的地方独立主义，现在都效劳于英国—荷兰当局的协商会议的利益。中央政府不复存在。各省自行其是，只顾各自的眼前利益。英国与荷兰袖手旁观，任其放任自流。它们知道一旦和平降临，就无法保留住比利时，因而最好的办法是：将它交给（奥地利的）查理三世，一个其国家的政治经济处于虚弱无力和死水状态的国王。"（第114页）。再参见哈斯钦（Hasquin）（1971，125~126）。

甚至卡雷拜克斯（Careybeckx）也坚持认为在此时期中，南尼德兰的生产并不比英国与荷兰竞争对手逊色，他解释说从欧洲普遍的衰落局面来看，17世纪后期的危机"在南尼德兰显得尤为严重，因为他们面对邻国更为狂热的保护

⑬ 主义，极为缺乏重新做出反应的手段"（1962，465）。凡·德维（Van der Wee）(1978，14，17）认为南尼德兰在17世纪的复兴实际上伴随着"明显的非城市化（de-urbanisation）"和"向自给自足的传统农业的倒退"。

⑬ 在1648年之前尤为如此。斯托尔斯（Stols）引用了一位来自布鲁日的耶稣会士在1617年所说的话，此人在谈及西班牙美洲时说："从此，由于有荷兰叛徒，通往印度之路对佛兰德人显得更加困难起来"[引于斯托尔斯（Stols），1976，40]。

⑬ 参见布鲁勒兹（Brulez）(1967，89）。卡雷拜克斯（Careybeckx）也持有相同见解（1962，413~418），然而，他又承认"经济的重心滑向乡村"（第419页）。还有向列日（Liege）的滑动。参见克伦本茨（Kellenbenz）(1965，Ⅱ，393）所言："据说，西班牙尼德兰的不幸正是列日（Liege）的幸运。"再参见詹宁（Jeannin）(1969，70）。

⑬ 参见布鲁勒兹（Brulez）(1967，94~99）和卡雷拜克斯（Careybeckx）(1962，416）。这种看法得到了贝顿斯的支持，贝顿斯（Beatens）讨论了佛兰德人的私掠巡航活动，这在直至西班牙王位继承战争的17世纪中是一种颇为繁荣的事情。贝顿斯谈到了它对安特卫普的商人集团的消极作用，利用荷兰船队进行他们的广泛贸易，这表明了佛兰德人绕过对其经济的合法限制的主要渠道[见贝顿斯（Beatens），1976，74]。

⑭ 穆夫里（Meuvret），(1953，216）认为这是在1636年；奇波拉（Cipolla）(1958，Ⅰ，392）认为这是在1619年。

⑭ 参见奇波拉（Cipolla）(1958，Ⅰ，392，394）。

⑭ 参见布费尔蒂（Bulferetti）(1953，53）。

⑭ 参见马德莱那（De Maddalena）(1974b，77）。"米兰的经济无可否认地进入了一个停滞的阶段"（第79页）。

⑭ 参见凯齐（Caizzi）(1968，6）。

⑭ 参见布费尔蒂和康斯坦丁尼（Bulferetti and Constantini）(1966，35）。

⑭ 拉普（Rapp）断言说：17世纪后半期时，出口部门的全部就业职位减少到了1539年的绝对水平，"就在工业的突然兴盛开始之前"（1976，104）。他又补充说："威尼斯港并没有由于17世纪的诸种经济困境而崩溃，但是，它的特点却从世界贸易的支轴变成了一个地区性的服务港口"（第105页）。莱恩（Lane）(1973，417）指出威尼斯再也无力将对手的船队阻拦在亚得里亚海之外或者说无力阻止竞争港口的兴起。

⑭ 参见利贝尔（Liebel）(1965a，295，300）。

⑭ 伯金（Bürgin）(1969，220）说：至17世纪之末时，瑞士以钟表制造"作为世界中心出现于世"（第227页）。

⑭ 参见伯金（Bürgin）(1969，221）。

⑮⓪ "在 17 和 18 世纪中非常重要的"转口贸易和"持续发展的出口贸易的政治基础，是国家的政治中立"［博德默（Bodmer），1951，574］。此外，由于它的中立，瑞士吸引了流亡的企业家（第 598 页）。

⑮① "忠实于柯尔伯（Colbert）主义的原则的法国政府，将新近赢得的弗朗什孔泰省（Franché-Comte）的矿产财富用于为它们的强权政治服务，而且，只向那些顺从其意志的地方以优惠条件提供盐"［博德默（Bodmer），1951，576］。

⑮② "在 17 世纪看来与此同样荒谬的是：正是缺乏一项明确的重商主义贸易政策，帮助这一特殊地方实现了积极的收支平衡"［博德默（Bodmer），1951，575］。不过，反重商主义并不排除国家贷款给企业家，而且，例如日内瓦的各行会就反对不设立关税［参见皮乌兹（Piuz），1970a，9］。

⑮③ 博德默（Bodmer）（1951，598）说瑞士"不仅大量出口工业产品，而且也出口包括乳酪和牛肉在内的一些山地经济产品"。

⑮④ 参见拉普（Rapp）关于威尼斯的论述（1976，159）；布费尔蒂（Bulferetti）和康斯坦丁尼（Constantini）关于日内瓦的论述（1966，48～50）；基许（Kisch）关于亚琛（Aachen）的论述；门德尔斯（Mendels）关于佛兰德的论述（1975，203）；以及弗里斯（De Vries）关于苏黎世的论述（1976，97）。在荷兰，纺织业从哈勒姆（Haarlem）和莱顿（Legden）扩大到特文特（Twente）和北布拉邦（Brabart）。德尔夫特（Delft）的陶器业扩大至弗里斯兰（Frieslam）。饼干制造业越过了荷兰的北方边界。沃德（Van der Woude）（1975，239）称此为"（荷兰）工商业的乡村化"。

⑮⑤ "虽然制毛业衰落了，丝织业却兴起了"［博雷利（Borelli），1974，25］。再参见布费尔蒂（Bulferetti）和康斯坦丁尼（Constantini）（1966，70）以及拉普（Rapp）（1976，105～106）。皮乌兹（Piuz）谈到了日内瓦丝织业中"城市中间商制（Verlagssystem）"的兴起（1970a，5）。基许（Kisch）（1968，28）指出在 18 世纪早期的克雷费尔德（Krefeld）有从一个从亚麻转向丝绸的变化。然而，卢扎托（Gino Luzzatto）坚持认为所有这些，甚至于包括丝绸都发展不顺利，因为法国的保护主义政策不仅在法国而且在欧洲其他地方都损害了销售［参见卢扎托（Gino Luzzatto），1974，161～162］。关于作为工厂的丝织坊，参见庞尼（Poni）（1976，490～496）。

⑮⑥ 参见哈斯克尔（Haskell）（1959，48）。艺术品出口的另一方面是旅游者的进入。17 世纪时，威尼斯可能是第一个现代旅游中心［见德弗里斯（De Vries），1976，27］。

⑮⑦ 参见罗曼诺（Romano）（1962，510～513），博雷利（Borelli）（1974，20）以及塞雷尼（Sereni）（1961，207）。与此同时发展的是在 1600 年至 1750 年期间，交租佃农制在意大利北部和中部继续扩大［参见塞雷尼（Sereni），1961，205］。

⑱ 引用于罗曼诺（Romano）（1968，733）。

⑲ 参见博雷利（1974，15）。

⑳ 伍尔夫（Stuart Woolf）（1964，283）清楚地说明了这些相似之处："在此两国，统治者阿马托二世（Vittorio Amadeo II）、伊曼努尔二世（Carlo Emanuele II）——大选侯，腓特烈·威廉一世（Frederick William I）有意将其改革活动用来对付被认为是创立集权专制君主制度主要障碍的贵族；新的中央政府建立了，贵族的财税特权受到攻击；但是，在此两例中，贵族仍然保留了财税豁免权的实质部分，而且，他们对地方行政的控制实际上也未受触动。"

㉑ 关于地主的权势的增长，参见詹宁（Jeannin）（1969，69）；关于在列日兴起的交租佃农，参见卢维特（Ruwet）（1957，69）。

㉒ 例如，可参见韦斯（Weis）（1970），他比较了德国西部（莱茵地区除外）和法国的情况。法国农民只拥有35%的土地，易北河以西的德国农民拥有90%的土地，因此，法国农民的"经济、社会、法律和心理方面的状况……在17世纪和18世纪前半期时更是大为不利……尽管法国的土壤更肥沃，农业技术有全面进步"（第14页）。再参见布拉斯柴克（Blaschke）（1955，116）关于萨克森的论述。

㉓ 参见吕特格（Lütge）（1963 and 1965，685）。霍夫曼（Alfred Hoffmann）（1952，98）创造了"领地经济统治（Wirtschaftherrschaft）"这个概念，并且明确认为它是介于老式"领地租金统治（Rentenherrschaft）"与17和18世纪中新发展起来的"庄园主统治（Gutswirtschaft）"之间的一个过渡阶段。他给"领地经济统治（Wirtschaftsherrschaf）"所下的定义是："在此形式中，如先前一样，绝大多数的可耕土地仍是分散给单个的和独立的农民农场。然而，农民农场利用纳税的更大集中化和更多地为领主服务，比以往更紧密地彼此联系起来形成一种经济团体。这种团体不仅包罗纯粹的农民农业经济活动，也包罗一系列手工业活动，并且与某个面向出口市场的商家有密切联系。"霍夫曼认为：从"领地租金统治"转向更现代和更资本主义的"经济农场统治"变化，"导致地主经济（grundherrlichen）的财产谋利的可能性大为增加"（第166~167页）。

巴克（T. M. Barker）（1974，27）说："领地经济统治（Wirtschaftherrschaft）意味着一个集中化与合理化管理的'农场庄园'……它将领地农业和手工业生产与许多技术结合起来，用于从农夫的私有劳动中谋取利润。"马卡凯（Makkai）（1975，230）暗示说关键特色在于：地主"利用他的独占权利（酒店、磨坊、屠宰场等等）以及从事自己的商业活动以求增加他的收入。"马卡凯（Makkai）认为将此看作是第三种经济制度是"站不住脚的"说法（第231页）。在强调领主的商业活动的这一程度上，他是正确的，而且可以引证霍夫曼（Alfred Hoffermann）本人所写的一篇关于作为企业家的地主（Grundherr）一整篇论文（1958）。但是，在领地经济统治（Wirtschaftherrschaft）是"合理化管理"这个意义上，它有别于传统的地主经济（Grundwirtschaft）。不过，也许说所有的"地主经济领地都在此时间"向经济农场统治方向发展会妥当些。

⑭ 至1620年代时，热那亚曾充当西班牙的银行家，关于它的这一陈旧的金融作用的衰落，参见德维（Van der Wee）(1977, 333, 375)。热那亚通过投资国家债券先是在法国和哈布斯堡王朝诸国，后是在英国、斯堪的纳维亚、萨克森等成为欧洲的银行家，关于它的这一新的金融角色，参见德米尼（Dermigny）(1974, 549)。德米尼说热那亚的金融投资是如此滑稽，以致"人们只要稍稍夸大词语，就可以谈成是寄生方式，即资本主义的最高阶段"（第562页）。

⑮ 参见拉普（Rapp）(1976, 37)。范范尼（Fanfani）(1959, 130~131) 也注意到17世纪中意大利纯粹向外移民。

⑯ 参见布费尔蒂（Bulferetti）(1953, 47)。

⑰ 参见伍尔夫（Woolf）(1964, 283)。

⑱ 参见塞雷尼（Sereni）(1961, 188, 210)。维拉尼（Villani）(1968, 124) 说到了同样之事："17世纪中，（意大利农业部门）并无倒退，但是却有连续发展。"

⑲ 塞雷尼（Sereni）(1961, 187) 认为大米是"促成资本主义农业发展的一种决定性推进力量"。再参见格拉曼（Glamann）(1977, 201)，他认为在伊比利亚半岛引进玉米是一种类似的现象。

⑳ 参见达席尔瓦（da Sliva）(1964a, 485)，以及第490~491；卡莫纳（Carmona）(1964, 106~107)。

㉑ 参见罗曼诺（Romano）(1968, 735)。

㉒ 参见文图拉（Ventura）(1968, 719)。

㉓ 参见罗伯茨（Roberts）(1958, II, 20)。

㉔ 参见罗伯茨（1958, II, 21)。

㉕ 参见罗伯茨（1958, II, 21)。

㉖ 希登布兰德（Karl-Gustav Hidebrand）(1954, 101) 说：进口宽布优于国内产品的主要之处不是经久耐用或雅致漂亮，而是"质量相对稳定一致"这个事实。

㉗ 参见罗伯茨（Roberts）(1958, II, 139~142)。

㉘ 本人在此拙作第一卷（1974）中讨论了"倾斜重商主义"，鲁斯（Hans-Edvard Roos）(1976, 65, n.35) 提及这一讨论时说："这并不符合瑞典的情况。尽管16世纪后半期时国家财政的特点是大笔赤字，这并未导致一种'盘旋下降'及产生国家更虚弱和处于边缘地位的结果。与之相反，此文的一个基本论点是：在此困境中找出了新的道路，最终形成民族国家的一次扩张和国家经济的诸种新形式。"

㉙ 该词是"外来语，如许多其他词汇一样来自德国，用以形容任何这种人：他拥

有共同的特权和责任，对社会和社会的共同功能有共同的权利要求"〔罗伯茨（Roberts），1953，I，285〕。

⑱ 参见罗伯茨（Roberts）（1958，II，48）。

⑱ 参见沃勒斯坦（Wallerstein）（1974，312～313）。安德森（Perry Anderson）（1974a，179）也做出了同样的见解，认为"农业中的商业化指数在欧洲大陆各处都可能是最低的。"

⑱ 实际上，安德森（Anderson）（1974a，173）认为"瓦萨改革〔（Vasa）1527年至1542年，瓦萨（Gustav Vasa）在顺应宗教改革的旗号下没收教会财产〕无疑在欧洲任何王朝所实现的这种经济行动之中是最为成功的"。安德森详细列举了该君主国的经济获得物和政府集权化的诸种措施。他得出结论说：这些措施却是"没有引起贵族的对抗，在瓦萨统治时期，贵族表明了同统治政权的基本团结一致"（第174页）。

⑱ 罗伯茨（Roberts）（1958，II，120）全面描绘了阿道夫（Gustavus Adolphus）治下的经济变革（见该书第二章各处）。事实上，在1580年代就有了更早的各种垄断权，维伊克（Willem Van Wijck）在其中发挥了一种重要作用；然而，它们未能持续长久。

⑱ 参见格拉曼（Glamann）（1977，242）。关于17世纪时铜在（金和银之后的）各种金属中所占的主要地位，参见克伦本茨（Kellenbenz）（1977b，290）。

⑱ 参见艾略特（Elliott）（1966，300）。这次始于16世纪而在17世纪臻于极点的通货膨胀的后果之一，就是急剧的内部资本集中〔参见吕兹马丁（Ruiz Martin），1970，60〕。

⑱ 参见艾略特（Elliott）（1966，300，329，344，352～353，361，365）。只是在1693年才结束在卡斯提尔铸造维农货币（Vellon）。

⑱ 例如，安德森（Anderson）（1974a，183）认为："正是在1599年的贬值中由勒尔马（Lerma）公爵发行新的铜质维农，使国际需求大涨，纷纷要求增加位于法伦（Falun）的科帕尔伯格（Kopparberg）的产量。"正是在1599年，"瑞典政府的货币政策有了变化"，这肯定不是偶然之事；那一年中开始"大量发行纯铜的维农货币，导致1600年后铜价的一次突然上涨"〔罗伯茨（Roberts），1958，II，33〕。

⑱ 参见德维（Van der Wee）（1977，299）。

⑱ 哈克谢尔（Heckscher）（1954，88～89）认为这一点既提高了铜价又减少了对进口白银的需要。

⑲ 参见格拉曼（Glamann）（1977，243）。

⑲ 格拉曼（Glamann）认为在16世纪后半期中欧的采矿业的产量一直在下降（1977，188）。罗伯茨（Roberts）认为使匈牙利矿场关闭和图林根的矿场瘫痪的正是"三十年战争"（1958，II，90）。克伦本茨（Kellenbenz）反对这两种解

说，认为匈牙利的生产和德国中部铜市场的衰落归因于"瑞典铜的充斥饱和"（1974，262，以及1977b，340）。

⑫ 参见罗伯茨（Roberts）（1958，Ⅱ，90）。哈克谢尔（Heckscher）说："瑞典的政治扩张和经济发展之间最有力的联系环节是铜业"（1954，85）。它最终将受到日本铜的挑战。1623年在阿姆斯特丹市场上首次出现了日本铜，但是，1650年之前这种竞争是否有重大意义却是争论之事。有关这种辩论，参见罗伯茨（Roberts）（1958，Ⅱ，97，n.3）；再参见诺德曼（Nordmann）（1964，474～475）。

⑬ 参见德弗里斯（De Vries）（1976，21）。

⑭ 参见特罗伊厄（Treue）（1957，28）。见波利森斯基（Polišenský）（1971，175）所言："哥特堡（Göteberg）和其他城镇只是瑞典土地上的荷兰前哨基地，尽管它的铜和钢变成了由特利普（Trips）和吉尔（de Geer）这样的家族所代表的荷兰—瑞典联合企业控制下的商品。"又见罗伯茨（Roberts）（1958，Ⅱ，122）所言："1619年之后新哥特堡（Göteberg）的兴起发展，是这个正在变化的方向（转向西面）的显著标志。由于哥特堡的贸易都在波罗的海之外，它的最重要的市场是阿姆斯特丹；荷兰的船长们为了可以自由地与西班牙贸易，而且不顾国家的禁令，居住在哥特堡，就像他们居住在汉堡那样。"

⑮ 参见格拉曼（Glamann）（1977，244）。

⑯ 参见罗伯茨（Roberts）（1958，Ⅱ，28）。

⑰ 参见格拉曼（Glamann）（1977，245）。

⑱ 这一时机的选择令人迷惑。该公司成立于1619年7月24日。1619年是商业危机严重之年，也是荷兰的政治危机之年。4月23日，多德雷赫特（Dordrecht）的宗教会议正式谴责了阿米尼斯派（Arminius）的五点（Sereni, Remonstrantium），随后又在5月13日，奥尔登巴那维特（Olden-barnevelt）被处死。阿道夫（Gustavus Adolphus）有意试图抓住那些参与波罗的海贸易最多的董事们在政治上软弱的危急时刻吗？这些董事倾向于加入阿米尼斯（Arminius）阵营，一个有普遍化的商业危机混合其中的软弱之处。

⑲ 参见罗伯茨（Roberts）（1958，Ⅱ，92～98）和格拉曼（Glamann）（1977，245～246）的有关讨论。

⑳ 参见诺德曼（Nordmann）（1972，133）。

㉑ 参见诺德曼（Nordmann）（1972，133）。瑞典军队因而是第一支不抢劫的现代军队［见赫顿（Hutton），1968，524］。

㉒ 参见罗伯茨（Roberts）（1958，Ⅱ，189）。瑞士是维持了这个步兵传统的另一个国家。

㉓ 这一描述基于罗伯茨（Roberts）书中所称的"陆军"一章，再参见另一章"海军"［罗伯茨（Roberts），1958，Ⅱ，第三和第四章］。由于有这些成就，难怪瑞

典军队成为克伦威尔、普鲁士腓特烈·威廉一世（Sergent-Roi，士兵国王）和彼得大帝仿效的一个榜样了。[见诺德曼（Nordmann），1972，147]。

㉔ 参见鲍曼（Bowmann）（1936，343~344）和阿斯特罗姆（Åström）（1973，92~94）。在1630至1635年的特许证时期，战争费用已戏剧性地增加了。1630年前，战争每年花费瑞典人的50万皇家达勒（vixdaler），此后是2000万至3000万。詹宁（Jeanning）说："（开支）猛增的基本前提条件是以战养战"（1969，324）。他引证了阿道夫（Gustavus Adolphus）在1628年所言："如果我们不能说以战养战，我就不知道我们怎样才能成功地完成未竟之业。"关键问题在于：普鲁士特许证是否能够使瑞典人承担起独自增长的战费，或者阿尔特马克（Altmark）条约和随之而来的普鲁士特许证是否使他们有可能为了自己也为了别人而增加战费呢？罗伯茨（Roberts）分析了瑞典的偿付能力（这是未用出售官职而取得的一项成就，相比之下，法国无力这么办到），他评论说："对此困难（瑞典纳税基础的薄弱）的一个可能解答在于这种反论：通过对瑞典的牺牲者所称的侵略，也许可以找到安全和偿付能力。战争也许可能用来维持战争，也可能带来其他的丰富酬报：适合瑞典需要的是一个战争经济，而不是一个和平经济。"而且，后来在"它的军队不再能威胁其邻国之时，它的资源不足就变得日趋明显了"（1973a，12，14）。

㉕ "1644年，瑞典企业家吉尔（Louis de Geer）（他实际上是一个在瑞典居住和投资的荷兰人）宣布说：能够以铜炮的1/3的价格为军舰提供铁炮……随后数十年中，甚至从技术角度来看，铁炮已改进到可与老式大炮比美的程度，在各个地方得到广泛使用了"[格拉曼（Glamann），1977，243]。

㉖ "可以察觉到有一种从铜制用具转向铁制用具的变化。其中部分原因是铁制品价格的下跌，但也是因为铁制炊具更容易清洗，也不会使食品败味"[格拉曼（Glamann），1977，203]。

㉗ 参见塞缪尔森（Samuelsson）（1968，28）。

㉘ 参见塞缪尔森（Samuelsson）（1968，30）以及关于瑞典铁矿技术的讨论（第30~31页）。

㉙ 参见罗伯茨（Roberts）（1958，II，29）。

㉚ 罗伯茨（Roberts）引证了查理九世（1599年至1611年在位）对韦姆兰（Varmland）的殖民化，认为它是（瑞典历史学家）盖耶尔（Eric Gustav Geijer）的名言至理的一个著名例证，此言是："铁开发了国家"（1958，II，36）；罗伯茨（Roberts）还讨论了铁工业中的国家干预的历史（第29~31页，第35~36页）。

㉛ 在此处以及注解㉕，吉尔（de Geer）被认为是一个荷兰人，因为在瑞典他就是这么被认为的。但是，吉尔（de Geer）家族显示了资本的流动。由于政治和经济的机遇原因，列日的吉尔家族只是在16世纪末时将其"总部"迁往阿姆斯

特丹［参见耶诺克斯（Yernaux），1939，101，120~124］。再参见中欧和北意大利的"外加工"工业中荷兰投资的有关论述（第 195 页）。卡曼（Kamen）（1972，92~99）声称这些投资者是佛兰德人（Flemish）和瓦隆（Walloons）人或者是比利时人，亦即是来自南尼德兰——和列日（Liège）吗？这在 16 世纪后半期是真实的，他正是从这一时期得出他的特有的看法；但是，在尼德兰叛乱之中，这些佛兰德人中有许多人定居在荷兰，随后又在别处投资。在这些别处国家中，在 17 世纪，他们被认为是荷兰人，而且，还不仅仅只是"当时的英国人"是这么认为，卡曼（Kamen）（1972，95）将"该词的使用……"归之于这些英国人，还认为该词掩盖了这一事实：他们是佛兰德人。词语的用法更经常的是揭示了而不是掩盖了社会现实。

⑫ 参见诺德曼（Nordmann）（1972，137）。

⑬ 参见塞缪尔森（Samuelsson）（1968，31）。

⑭ 参见罗伯茨（Roberts）（1958，II，37~38）。在一封给我的私人函件中，奥登（Birgitta Odén）写道：她对此感到怀疑，因为，除了烧炭之外，"劳动力是高度技术性的，而且按等级制组织起来了"。

⑮ 参见哈克谢尔（Heckscher）（1954，99）。蒙克特勒（Munktell）（1934）的一项研究表明：工人既从事开矿也在他们的小屋中从事第一阶段的冶炼，制铁商主要是向他们提供木柴。在弗林特（John Flint）的帮助之下，我接触到了这一研究。在下发制（Utarbetningsträtt）的名义之下，"外加工制"也在铜的生产中广泛使用。参见鲁斯（Roos）（1976，59）和贝瑟斯（Boëthius）（1958，148~149）。

⑯ 参见塞缪尔森（Samuelsson）（1968，28~29）。17 世纪中，谷物出口减至近乎于零。参见阿斯特罗姆（Åström）（1973，67 表格 5）。由于挪威的竞争和政府不许出口橡木的一项禁令（瑞典自己的海军需要橡木），木材出口也减少了。参见塞缪尔森（Samuelsson）（1968，29）。

⑰ 塞缪尔森（Samuelsson）说："17 世纪争夺'国家的'商业海运的斗争（更不必提起瑞典为国内工商业所做出的其他努力了）可以比作是一个已获取政治自治的前殖民地的渴盼，要求摆脱经济桎梏。也许，甚至可以更大胆地制订出相类似之事……。正如某些新近出现的非洲国家关心要留住前殖民官吏，以求其帮助去管理经济和公共行政那样，17 世纪的瑞典也是如此关切，劝说从前的金融家和来自国外的商人变成瑞典臣民，旨在以'收纳'他们而使其资本和才能'瑞典化'"（1968，41）。

⑱ 参见戴雍（Deyon）（1969，36~37）。然而，他也表明与英、法两国不同，瑞典"与荷兰联合省的经济关系太密切"，以致无法有一个紧凑连贯的经济政策（第 22 页）。

⑲ 参见塞缪尔森（Samuelsson）（1968，29）。实际上，塞缪尔森称此三项垄断为

一种"商业霸权",但是在我看来只是夸口而已。

⑳ 参见安德森(Anderson)(1974a,98),他将 17 世纪中瑞典对付东欧的军事作用,比作 16 世纪中西班牙在西欧的军事作用。他将瑞典作为一个强国的时代确定为 1630 年至 1720 年。罗伯茨(Roberts)将此时代确定为 1621 年阿道夫(Gustavus Adolphus)占领里加至 1721 年签订尼斯泰德(Nystad)和约,"正好一个世纪"(1973a,1)。

㉑ 罗伯茨(Roberts)将瑞典相对成功的发展过程确定为直至 1670 年代为止——正好是我们所确定的荷兰霸权告终之时。这就理所当然地解释了为什么"瑞典完全不适合于任何一种关于'17 世纪危机'的解释概论"[罗伯茨(Roberts),1962,53]。

㉒ 参见塞缪尔森(Samuelsson)(1968,75)。

㉓ 参见阿斯特罗姆(Åström)(1973,68)。如他所言:帝国结构层次化了:"它们的贵族作为一个骑士般组织起来的团体,其思维方式和语言都是德国的。在最重要的贸易中心地,在大宗贸易的里加(Riga),在停滞的勒维尔(Reval)和繁荣的纳尔瓦(Narva)……的市民也是如此。大大小小的总督们,连同他们的小宫廷和来自瑞典和芬兰的官吏及仆人,代表瑞典君王管理着各个公爵领地;瑞典和芬兰的驻军构成了他们的统治权威的基础。爱沙尼亚(Estonia)和立沃尼亚(Livonia)的贵族居住在他的领地上,四周是农奴化的农民,农民的语言却不是主人的语言,而是另一种语言。"从这些东波罗的海地区的观点来看,17 世纪是一场反对外国资本侵犯的长期斗争,虽然不大成功。见斯姆(Arnold Soom)(1962,458)所言:"无疑,缺乏资本(在此事中)扮演了一个重要角色。为了成功地与荷兰人竞争,就需要非常大量的资本。"

㉔ 见罗伯茨(Roberts)(1973a,4),他也认为旨在实现"金融形势长期稳定"的企图失败了,但是,"对瑞典本身而言,帝国的经济重要性是确切无疑了"(第4、5、6 页)。卢德维斯特(Lundkvist)(1973,4)也认为瑞典在其波罗的海帝国中所抱有的"商业壮志"是失败之举,例外的只是控制里加所获的好处以及获取其内地种植的亚麻和大麻。"里加的贸易统计表明了 17 世纪后期中一种明确无误的上升趋势;以及城市的重要性稳步增大"。东斯多夫斯(Dunsdorfs)(1947,2)说:对波罗的海之外的贸易点来说,在 17 世纪中仅有三个重要港口:格但斯克(但泽)(Gdańsk, Danzig)、柯尼斯堡(Königberg)和里加。詹希(Jensch)(1930,88)表明前往里加港的船只有增多——从 1600 年至 1609 年的 96 艘增至 1650 年至 1657 年的 263 艘,其中,荷兰船从 65 艘增至 221 艘。

㉕ 至该世纪后半期时,每年的船只数目从大约 40 艘增至 300 艘左右,见东斯多夫斯(Dunsdorfs)(1947,16)。

㉖ 见詹宁(Jeannin)(1969,95)。

㉗ 见阿格伦(Ågren)(1973a,9)。

㉒㉘ 见卡尔（Carr）(1964, 20~21)。

㉒㉙ 罗伯茨（Roberts）(1958, II, 1958, 59；以及第 57~60 页的讨论)。再参见塞缪尔森（Samuelsson）(1968, 53~54)。

㉓㉚ 罗伯茨（Roberts）(1958, II, 1958, 50~52)。见汤尼森（Kàre D. Tonnes-son）(1971, 307) 所言："正是在贵族的佃户中，人们发现大多数农民都受强迫劳役支配。17 世纪中，建立了大规模的农业庄园，以贵族城堡为其中心，这一时期的城堡建筑新颖辉煌，随之，强迫劳役推广开来而且变得更为难于负担。"汤尼森注意到这些是有地区性差异的：在北方，这种庄园寥寥无几，无疑是因为要有利可图地种植一种经济作物更为困难，而且还高度集中在斯德哥尔摩以西地区和斯堪尼亚及荷兰的前丹麦诸省。

㉓① 参见卡尔森（Carlsson）(1972, 575)。

㉓② 参见达尔格林（Dahlgren）(1973a, 109)。

㉓③ 参见罗伯茨（Roberts）(1958, II, 55~56)。

㉓④ 哈顿（Hatton）(1974, 4, n.2)。汤尼森（Tonnesson）(1971, 308) 说：贵族土地从 1560 年的 15% 增加到 1655 年的 60%。贾蒂卡拉（Jutikkala）(1975, 159~160) 说：从 1600 年至世纪中期，瑞典的增长从 1/4 升至 2/3，芬兰则是从 5% 升至 50%。

㉓⑤ 罗伯茨（Roberts）(1958, II, 153)。罗伯茨从威特罗克（Wittrock）(1927) 的书中引用了一位农民代言人的这段声明。

㉓⑥ "17 世纪中的瑞典帝国只要继续扩张，就可以继续存在"（达尔格林 Dahlgren）(1973b, 175)。

㉓⑦ 阿斯特罗姆（Åström）(1973, 58；以及 65~75)。

㉓⑧ 达尔格林（Dahlgren）认为这次战争仅仅只是直接的借口而已："甚至在 1654 年登位之前，查理十世在事实上就已经计划了一次归还（reduktion），并且认为此乃必需之举，无论瑞典是否处在战争之中"(1973b, 178)。

㉓⑨ 参见阿格伦（Ågren）(1973b, 240~241) 和达尔格林（Dahlgren）(1973a, 120)。

㉔⓪ 参见阿格伦（Ågren）(1973a, 27；1973b, 237~241)。这一挤榨在 1680 年的"归还"（reduktion）之后变得更为严厉。见达尔格林（Dahlgren）(1973a, 126~131)。

㉔① 阿斯特罗姆（Åström）(1973, 94) 提到说：瑞典有时也从荷兰、英国、西班牙和一些德意志邦国获得少量的补助金，但是，"并无什么重要意义"。大体上，瑞典试图通过它在纳尔瓦、哥德堡和斯德哥尔摩的海关港口，沟通与波兰和俄国的西欧贸易。见阿斯特罗姆（Åström）(1963, 50)。

㉔② 参见班福德（Bamford）(1954)。

㉔③ 参见阿斯特罗姆（Åström）(1973, 73, 86~87)。正是芬兰农民比瑞典农民更

多地支付了这种贵族掠夺的代价。芬兰以及凯克斯霍姆（Kexholm）构成了"希望之乡"，因为波士尼亚（Bothnia）海湾沿岸和拉加多（Ladoga）湖为出口高等贵族院的大庄园产品"提供了良好的交通便利条件"[阿斯特罗姆（Åström），1973，87]。当要提供兵员时，芬兰所做的贡献也多于其份额。"说芬兰骑兵在'伟大时代'之初类似于哥萨克骑兵，可能是不符合历史事实的，或者是一种怪僻的夸口之言。但是，其中也有道理"[阿斯特罗姆（Åström），1973，64]。

㉔ 诺德曼（Nordmann）提醒我们注意欧洲价格的普遍下跌；在瑞典，价格下跌"较晚"（1650年后），"但是，是可以感觉到的"（1971，454）。下跌在英国和荷兰联合省曾是较晚的，在此同样的意义上说在瑞典下跌也是较晚的。参见詹宁（Jeannin）（1969，95）。价格下跌对国家岁入的影响由于一个事实而恶化了，这个事实是：（1672年）一次缓和的价格开始上升后不久，瑞典参加了（1675年）法国—荷兰战争。罗森（Rosén）（1961，529）说："路易十四世以不付补贴金的威胁，逼迫瑞典进攻勃兰登堡——荷兰联合省的一个盟友，而在1675年6月，瑞典军队在费尔伯林（Fehrbellin）遭受一次失败。在违背自己意愿的情况下，瑞典被拖进了大国之争……费尔伯林（Fehrbellin）之战虽然是一次不重要的武装冲突，却打破了瑞典军队自'三十年战争'以来所享有的力量光环。"见罗伯茨（Koberts）所言："至1679年……30年前曾使欧洲不寒而栗的力量已落到了令人耻辱的地步……阿道夫（Gustavus Adolphus）的后人变成了法国的附庸：法国与荷兰的外交官争论瑞典领土的命运处置时的口吻，和他们讨论西班牙领地时一模一样，当作战利品或交换物品。"[罗伯茨（Roberts），1967，230]。罗森（Rosén）又说："恰如1657年至1660年的战争促成了在丹麦和挪威建立专制主义那样，1675年至1679年的战争也导致了瑞典的专制主义"（1961，531）。再参见奥斯塔鲁德（Østerud）（1976，8）所言："约在1680年，作为对严重的财政和军事危机的回应，瑞典建立了专制君主制度。"

㉕ 达尔格林（Dahlgren）认为，与欧洲其他地方的贵族相比，瑞典贵族在经济方面明显高出一筹："在其他欧洲国家中，甚至在丹麦这样紧邻瑞典的国家中，土地贵族都在发现自己正在经历着一个严重的经济危机时期，这已成常见之事了……令人印象深刻的是，就瑞典贵族而言，在1680年之前的时期中没有任何这种危机的迹象。有一件事看来可以表明他们的明智作为，这就是他们之中有非常之多的人，不仅限于那些高等贵族之人，利用了各种机会投资于各式各样的商业冒险活动，或是投资于航运或是贸易公司……直到1680年之后，瑞典贵族才碰上了一次危机，危机到来时，它已是政治决策的结果而不是经济因素的结果了。"[达尔格林（Dalrgren），1973a，124~125]。

不应当忘记，"分隔政策"（Avsöndring）特别有利于高等贵族[即相对于"地方派"（Lögadel）的所谓"宫廷派"（Högadel）]，而且，直到1680年，贵族为了收入而日益依赖国家服役，这大多是“地方派”（*Lågadel*）之所为。关于“归还”（*reduktion*）的一个解释是：后者发现自己的薪金在1675年至1679年的战争中未得到支付，因而希望增加国家收入确保自己的进项，办法是没收“宫廷派”（*Högadel*）的土地。参见阿格伦（Ågren）书中（1976，56～58，79～80）关于罗森（Rosén）和赫斯勒（Hessler）的理论的有关讨论。关于贵族中的这种分裂的讨论，阿斯特罗姆（Åström）补充了一个种族方面的考虑见解。他指出：克里斯蒂娜（Christina）女王和查理十一世将许多德裔波罗的人提升为“宫廷派”（Högadel），另一方面，支持“归还”的“狂热者”却是“来自芬兰的人——如克吕兹（Creutz）、弗莱明（Fleming）或伍尔德（Wrede）；或是来自瑞典中部只是新近才提高社会等级的那些家族”（1973，77）。在芬兰内部，支持“归还”的“斗士们”也是那些“最不得意的”男爵们，他们住在波士尼亚（Bothnia）海湾和拉多加湖地区（第87页）。利维（Liiv）对爱沙尼亚的研究倾向于证实阿斯特罗姆（Åström）的见解。在利夫兰（Livland）贵族失去其土地的5/6，在埃斯特兰（Estland）则失去了2/5，在沙阿雷马（Saaremaa）则失去了近1/3。参见利维（Liiv）（1935，35）。

㉔⑥ 1678年至1679年间的内伊梅根（Nijmegen）和约结束了法—荷战争。“路易十四没有做出任何真实的协商，就代表瑞典同敌国媾和了。……路易十四未同查理十一世协商一事遭到怨恨。法国还违背1672年同盟，背信弃义毁约：除非瑞典在通行税方面得到某些让步，否则不与荷兰联合省媾和，此外，在此与荷兰的和约中还有一项如此不利的贸易协定，以至于查理十一世拒绝认可”［罗森（Rosén），1961，530］。哈顿（Hatton）认为“归还”主要是“一个大体上成功的企图，旨在解决‘和平的问题’，使瑞典摆脱这些结盟和补助金条约，因为它们限制瑞典在欧洲事务中的选择自由，阻碍了‘平衡政策’”（1968a，74）。

㉔⑦ 见阿格伦（Ågren）（1973b，243）。

㉔⑧ 见阿格伦（Ågren）（1973b，257）。此外，这种土地转让对农业生产率有间接影响，如哈克谢尔（Heckscher）所指出的：“贵族们被剥夺了大量的地产后，就变成了绅士农场主而不是收租者……他们较之从前……更有生产效率了”（1954，128）。

㉔⑨ 参见阿斯普维勒（Aspvall）（1966，3～4）。

㉕⑩ 参见奥斯塔鲁德（Østerud）（1976，13～14）。

㉕① 参见罗森（Rosén）（1961，534），奥斯塔鲁德（Østerud）（1976，14）和达尔格林（Dahlgren）（1973a，125）。“国王的一些主要侍从利用由于实行‘归还’引起的地价下跌，为他们自己谋取了大量地产”，这一事实更加纵容了土地的集中［达尔格林（Dahlgren），1973a，125］。阿格伦（Ågren）赞同贵族挽救了庄园，但是，关于国王的主要侍从据称是捞取了地产一说，他却认为：“关于

地价下跌的断言——这对整个争论是一个重要之点——不过是假想而已,未被证实"(1973b,256)。

有关新、旧两种贵族相对实力的学术争论,不可等闲视之。特别是因为"在1680年代和1690年代有异常之多的贵族册封"[卡尔森(Carlsson),1972,580]。这个重要因素是增加了大地主和非继承官僚的共生性。1700年,25%的高级文官系贵族出身,44%封为贵族。1700年至1721年的"伟大的北方战争"中,查理十二世册封了许多军官(经常是外国贵族家族)为瑞典贵族[卡尔森(Carlsson),1972,586];战后,许多文职侍从不是被授予单独的政治权利,而是被封为贵族(第610页)。同时,在国家机构中为旧贵族保留了大量官职,这使得旧贵族在战争中依然效忠国王,尽管有"归还"政策。参见哈顿(Hatton)(1974,4)。

这整个事情都将这些新、旧上层阶级放置于国家机器领导集团的控制之下。国家的相对力量反应在大约1700年时的这种阶级结构的两极分化中;贵族与平民之间划出了一条"明显界线"。"贵族既是官员又是地主,而平民只能任官员(教士、文官、陆海军军官),或只能是地主(农民),或只能是商人或工匠"[卡尔森(Carlsson),1972,608]。19世纪的瑞典历史学的观点认为国王试图以"归还"政策从贵族压迫之下拯救农民,关于对此观点的怀疑,参见阿格伦(Ågren),(1973b,244,257~263)。另一方面,罗伯茨(Roberts)(1967,249)却对此种观点表示信任:"农民的自由将不会再受到威胁了。"

㉒ 参见阿伯格(Aberg)(1972,272)。这一制度的普遍性颇得人心。1675年至1679年的战争期间,"大多数农民特别厌恶征兵,因为贵族的侍从和佃农经常得到豁免"[见斯托伊(Stoye),1970b,770]。

㉓ 参见达尔格林(Dahlgren)(1973a,129)。阿格伦(Ågren)指出这种合理性已超出军队:"严格而论,用专项支取(indelningsverk)这样一个词语去形容一个纯军事组织,未免太狭隘了;该词在广义上意味着每一项开支都联系到一个确定的税源,以便该组织既可以申请军用开支也可申请民用开支"(1973b,248n)。

㉔ "从此,委员会的成员将是大臣——国王或等级会议的仆从——但是,由于他们的貂皮帽、长丝绒袍、庄重的口才、面目的镇定和传统的元老尊严,他们再也不是查理十一世的少数派时期那种模样了"[罗伯茨(Roberts),1967,242~243]。

㉕ 17世纪中,英国的谷物需求减少,木材需求增加,因此,它的贸易也就日益从波兰转向瑞典,因为波兰木材价格太高昂。见费多罗维茨(Fedorowicz)(1976)。1655年至1656年的波兰—瑞典战争后的这一转变是戏剧性的[见费多罗维茨(Fedorowicz),1967,337,fig.I],但是,瑞典却避免了曾是波兰的下场命运的边缘地区化。"(英国人)抱怨不休的一个主要之处就是不许外国代

理商（在瑞典国内）自由行动和贸易"［阿斯特罗姆（Åström），1962，101］。瑞典有能力决定贸易条件，使英国大为失望，以至于如我们将要见到的，用力去颠覆它，在18世纪之初，企图在英属北美建立一个与之竞争对抗的海军用品供应地，但不太成功。

㉖ 参见塞缪尔森（Samuelsson）（1968，13）。

㉗ 参见卢德维斯特（Lundkvist）（1973，57）。

㉘ 参见马洛维斯特（Maltowist）（1959，189）和哈顿（1970，648~650）。

㉙ 参见贾蒂卡拉（Jutikkla）（1955，48，63）。

㉚ 克伦本茨（Kellenbenz）认为17世纪俄国已经并入17世纪的世界经济之中。见克伦本茨（Kellenbenz）（1973）。关于苏联学者对17世纪的见解，参见沙利普宁（Cherepnin）（1964，特别是第18~22页）。阿斯特罗姆（Åström）认为俄国与西方国家的经济关系中的转折点，只是出现在"18世纪中期，当时，英国进口的铁、亚麻、大麻、沥青和焦油以及钾碱中的大部分都是来自俄国的港口"（1962，113）。

㉛ 见哈顿（Hatton）（1970，648）。这很难说是一种经济上的不合理见解——如欧伯格（öhberg）所指出的："因此可以说的，瑞典的商业政策沿着这些垄断路线的形成，有着确定真实的正当理由。瑞典作为一个国家，其资本并不雄厚，以自己的人民所拥有的手段是无法为了俄国市场而去与荷兰和英国这样的富国竞争。然而，如果瑞典能够以军事或政治的手段取得一种垄断地位，就可能从俄国市场中获取一份丰厚的金融利润"［欧伯格（öhberg），1955，61］。当然，这也就是为什么英国和荷兰"在1690年代的战争中追求一项共同的波罗的海政策"的原因［阿斯特罗姆（Åström），1962，45］。

㉜ "海上诸强国急于结束这场战争，以便利用瑞典军队投入它们与法国的急迫斗争（即西班牙王位继承战争），于1700年向彼得和查理提出调停。此后数年中又多次提出，一直为俄国沙皇所接受，也一直为瑞典国王所拒绝，这位国王因胜利而得意，受到一种念头的鼓励：向攻击他的那些国家进行正当的报复"［安德森（Anderson），1970，734］。

㉝ 参见钱德勒（Chandler）（1970，754）。

㉞ 参见诺德曼（Nordmann）（1972，147）。

㉟ 参见卢德维斯特（Lundkvist）（1973，26）。

㊱ 参见阿斯特罗姆（Åström）（1973，100）。

㊲ "甚至从1721年以来［尼斯塔特（Nystad）和约签订之年，该条约正式结束了战争］，就一直在争论瑞典失去其非凡的帝国的原因。这是在幸运年头中拒绝和平的查理十二世的过错吗？……正相反，可以认为保持大国地位的唯一希望在查理十二世时破灭了"［哈顿（Hatton），1970，679］。

㊳ "波尔塔瓦（Poltava）使查理十二世从一位征服者变成了一个亡命者，使整个

形势彻底改观了……它极大地增加了彼得在西欧的影响，还赋予他唯有军事胜利才可获得的威望。俄国驻维也纳的大臣乌比奇（Urbich）于1709年8月在致莱布尼兹（Leibnitz）的信中写道：'现在人们就像从前惧怕瑞典那样惧怕沙皇了。'莱布尼茨这位哲学家表示赞同：人们都在说沙皇对整个欧洲都将是令人可畏的，而且说他将是有些像北方的土耳其人"〔安德森（Anderson），1970，735〕注意此语"比做土耳其"，它像俄国一样，是处在欧洲的世界经济之外地区的一个世界帝国，而且在17世纪中受到一体化和边缘地区化的威胁。

㉖⁹ 实际上，"直至1721年并入俄国之前，立沃尼亚（Livonia）并未真正变为一个'瑞典的面包篮子'〔塞缪尔森（Samuelsson），1968，76〕。1721年，条约特意允许瑞典从它先前的诸省免税进口谷物，每年最高值为五万卢布"。见卢德维斯特（Lundkvist）（1973，56）。

㉗⁰ "1720年之后，越来越多的产品——铁、焦油和沥青，以前几乎完全是瑞典的垄断之物——可以直接从俄国获取了"〔阿斯特罗姆（Åström），1962，106〕。

㉗¹ 诺德曼（Nordmann）（1971，455）。

㉗² 1718年，查理十二世死去，没有留下继承人，而且正是在这个复杂的王位继承问题的过程中，"一个反对专制主义党派由有势力的地主、军官和行政官员组成的松散集团……取得了胜利"，1719年5月在乌里卡（Ulrika）加冕之前，强加给她一份宣言书"去签署和保持由等级会议制定的一部宪法"〔哈顿（Hatton），1966，351〕。乌里卡（Ulrika）否认它，因而被逼退位，她的继承人弗里德里克一世（Frederick I）签署了1720年宪法，实际上创立了立宪君主制，由最终向国会负责的内阁实行统治〔见哈顿（Hatton），1966，352~355〕。

㉗³ 塞缪尔森（Samuelsson）将无沿帽党（Horn）的努力比作是"解决大破产"，如同"大约同时的"路易十四之下的红衣主教弗勒里（Fleury）的作为（1968，14）。哈顿（Hatton）指出：在无沿帽党（Horn）在委员会中权势极盛的年代，"看起来好像是代表土地贵族、高级官吏和高级教士利益的寡头委员会再度统治了瑞典"（1966，352）。

㉗⁴ 哈顿（Hatton）（1966，357）。

㉗⁵ 他们自我标榜为高帽党人（Hats）是一种"军事头饰的暗示"，以此表明对无沿帽党人（Horn）缺乏军事支撑力量的批评。他们称呼对手是"睡帽党（Nightcaps）"或"无边帽党（Caps）"，暗示这些人是"沉睡的懦夫，戴着睡帽的老头"〔哈顿（Hatton），1966，356〕。

㉗⁶ 参见塞缪尔森（Samuelsson）（1968，107，119~120）；伊格利（Eagly）（1969，748，752；1971，13~14，18~20）；霍夫德（Hovde）（1948，23~25）。

㉗⁷ 参见安德森（Anderson）（1974a，190）。

㉗⁸ "高帽党"和"无沿帽党"之间对此几乎没有什么实质性的争论。哈顿（Hatton）说"1720年代……的严格的重商主义的范例，是1724年的'产品标

示法',它仿效英国的航海条例,沉重打击了波罗的海中的英国和荷兰的航运"。哈顿(Hatton)说,严格的重商主义的另一个范例,是1738年后由"高帽党"复活的1726年进口法令,"高帽党"正在要"加强支持瑞典的工业,伴之以一种更为强烈的保护,反对外国的竞争。"哈顿(Hatton)又说:"回顾起来可以清晰易见地看到:唯有来自瑞典和芬兰牢固的出口业的利润,特别是来自瑞典铁的利润,才能允许'高帽党'如此长期地以新兴制造业去继续推行重商主义的诸种实验,但是,在1762年至1763年的危机之前(危机部分产生于瑞典参加了'三十年战争',部分产生于一次国际金融危机的影响),'无沿帽党'并没有对'高帽党'经济政策的理论提出什么强烈的抗议反对,尽管他们不断地要求执政党温和一些。同样,这两党在农业政策也有某些程度的协同一致之处"[哈顿(Hatton),1966,357]。

这一重商主义政策的前提条件正在悄悄溜走,不仅是因为英国对抗法国的力量日渐增大,也因为俄国作为铁制品出口者稳步加强了竞争力。18世纪之初,瑞典的生产占世界产量的75%至90%,而在1760年代降至大约1/3,当时,俄国的产量超过了瑞典。大约在1730年至1745年的不景气状况中,瑞典的销售额下降了,因此,瑞典人限制产量以求维持住价格。塞缪尔森(Samuelsson)并不认为此乃愚蠢之举,而是看作"将必做之举装成善行"(1968,89)。再参见哈克谢尔(Heckscher)(1932,134~135);贝瑟斯(Boëthius)(1958,151~152);希登布兰德(Hildebrand)(1958,13)。

㉗⑨ 奥斯塔鲁德(Østerud)(1976,24),他所说的"独特的星辰'包括有'一个专制主义国家,其社会基础是半奴隶般的农民和占优势的城镇。"

㉘⓪ 见彼得森(Petersen)(1967,20~21,以及1968,1249)。

㉘① 彼得森(Petersen)(1967,30)。当然,如在一切这种情况中那样,一个竞争者的不幸就是另一个未受不幸打击的竞争者的大好时机。彼得森(Petersen)注意到:在"安全规则"方面,"丹麦相对地处于普遍的战争景气中的有利地位上。"他说:"1617年至1623年德国和波兰的商业与货币危机,以及1630年代中期以前,瑞典的波罗的海政治都向丹麦农业提供了难得的良机;瑞典的战争行动和限制性的谷物贸易政策……又一次迫使阿姆斯特丹股票交易所中的谷物价格上涨,因而使荷兰生产者赚回了超常的边际利润。"

㉘② 参见彼得森(Petersen)(1967,6~7)和奥斯塔鲁德(Østerud)(1976,19)。

㉘③ 在非领主(nondomain)土地中,有56%属于君主。见彼得森(Petersen)(1968,1238)。

㉘④ 参见希尔(Hill)(1926,102~152)和罗伯茨(Roberts)(1970,402~403)。

㉘⑤ 参见贾蒂卡拉(Jutikkala)(1975,164)。这总是取决于一个所看到的百分比的哪一面。彼得森清楚地看到60%,希望强调说丹麦农业的基础是"地主经济"(Grundherrschaft)(1967,23;1968,1251~1252)。彼得森的确注意到:在封

㊱ 参见乔根森（Jørgensen）（1963，78，107），格拉曼（Glamann）（1977，240）和彼得森（Petersen）（1970，84）。

㊲ 雷德韦（Reddaway）（1906，573）。奥斯塔鲁德（Østerud）谈到了"一次严重的财政危机"（1978，15）。

㊳ 1650年代，瘟疫打击了丹麦，具有巨大的人口后果。见彼得森（Petersen）（1967，31）和乔根森（Jørgensen）（1963，79）。

㊴ 罗斯凯尔德（Roskilde）条约还将挪威的特伦黑姆（Trondheim）区和波罗的海中的波恩霍尔姆岛交给瑞典；但是，在1660年的哥本哈根条约中，它们又被交还给丹麦。见罗森（Rosén），1961，552；希尔（Hill）（1926，184）；以及达比和富拉德（Darby and Fullard）（1970，36）书中的地图。

㊵ 参见雷德韦（Reddaway）（1906，588）；希尔（Hill）（1926，174~175）。1658年10月29日由于荷兰舰队在桑德海峡参加瑞典舰队作战，瑞典的攻击获胜，尽管这是一次战术平局战斗，瑞典人却在战略胜利中进入哥本哈根。希尔（Hill）指出这支海军舰队由威特（de Witt）指挥，"正是那位在1645年迫使桑德（the Sound）海峡向（丹麦的）克里斯蒂娜四世（Christian IV）关闭的同一个海军上将"（1926，170）。在此较早阶段，瑞典在荷兰的支持之下，取得了布罗姆斯布罗（Brömsebro）条约中极为有利的条件，这些条件"清楚地标志丹麦从北方首要大国的地位上衰败下来"[雷德韦（Reddaway），1906，572]。该条约再次确认了瑞典不交桑德海峡通行税的悠久豁免权，更重要的是将此特权扩大到瑞典在东波罗的海和德国的新省份。

㊶ 参见乔根森（Jørgensen）（1963，97~98）。同时，1660年农业不景气中的价格下跌，"在社会、经济和人口方面，都是丹麦贵族的一个全面性的灾难"[汉森（Hansen），1972，10]。这使贵族们更加无力抵抗新的专制措施。

㊷ 罗森（Rosén）（1961，523~526）。关于单一经营的趋势，参见詹森（Jensen）（1937，41~42）。

㊸ 罗森（Rosén）（1961，536）和贾蒂卡拉（Jutikkala）（1975，160）。

㊹ 参见詹森（Jensen）（1937，45）、罗森（Rosén）（1961，526），英霍夫（Imhof）（1974，书中各处）以及芒克（Munck）（1977，书中各处）。

㊺ 乔根森（Jørgensen）（1963，96）。

㊻ 参见罗森（Rosén）（1961，538）。

㊼ 参见肯特（Kent）（1973，6~8）。

㊽ 国家名称的演变反映这一过程。柏林周围的勃兰登堡的选侯，在15和16世纪给他的领地又添增了几块不连接的领土，在17世纪增添更多。由于这些领地就有了额外的头衔。例如，他分别是波美拉尼亚（Pomerania）、马格德堡

（Magdeburg）和克利夫斯（Cleves）的公爵。他是哈尔伯施塔特（Halberstadt）和明登（Minden）两地的亲王。他又是马克（Mark）和拉文斯堡（Ravensberg）的伯爵。1618年，他成为普鲁士公爵，但这只是意味着东普鲁士，直到1657年至1660年前在波兰宗主统治下仍是这样。1701年，他就在普鲁士被提名为国王，然而只是在1772年第一次瓜分波兰，他取得了西普鲁士之时，他才被称为普鲁士的国王。虽然在国际外交中，迟至1794年这个国家仍以"普鲁士"闻知，一般的国家法律名称（Allgemeines Landrecht）"普鲁士国家"。只是在1807年，正在拿破仑战争动乱中，这个演变进程才明朗化，普鲁士成为整个霍亨索伦王朝的名称，当然，后来它才成为德国。应当看到，只是在1804年，"哈布斯堡王朝的属地"才成为了"奥地利帝国"。参见罗森堡（Rosenberg）（1958，27~28）；达比和富拉德（Darby & Fullard）（1970，138~144，146）。

㉙ "**庄园主统治**"（Gutsherrschaft）作为一个相对于"**地主统治**"（Grund-herrschaft）的名词，其准确定义是一件笔讼颇多之事。一个可能的英语近似词也许是相对于manor领地经济的demense（自营地）（Gut）。三种定义都可以。

欣茨（Otto Hintze）说："'**庄园主统治**'（Gutsherrschaft）的主要特点是地主本人亲耕其田，在远方市场出售产品，以此收入谋生，并且使用农奴，农奴也因此受束缚在土地上。**庄园**（Gutsbezirk）是一个司法行政单位（庄园区），地主拥有管束农民的政治权力和审判权力……'**地主统治**'（Grundherrschaft）的主要特点是：地主本人不耕其田，生活依靠从他的农民处收来的现金和实物。这种制度下的农民由于受地主的经济控制较少，因而要比处在'**庄园主统治**'（Gutsherrschaft）制度下的农民享有更大程度的自由。"欣茨（Otto Hintze），（1975a，39）。

见布劳恩（Joachim Freiherr von Braun），《德国东部农业史》，（1960，10），他说："**庄园主经济**（Gutswirtschaft）是一个大型农业企业，因而也是一个基于管理积极性之上的独立机体。因此，它可以作为一个充分面向市场的生产而操作运行，无须顾忌法律和间接的义务。"

见吕特格（Friedrich Lütge）（《德国东部农业史》，1960，83），他说："'**庄园主经济**'（Gutwirtschaft）是一种经济现象（行为存在）。'**庄园**'（Guts）属于一位地主，他经营它是依靠雇佣和分配无家族关系的劳工去做工。**地主统治**（Grundherrschaft）有两种形式。一种是'**出租地主统治**'（Rentengrund-herrschaft），地主在其中只为他自己保留了一小块土地，主要依靠租金等生活。另一种是'**经营地主统治**'（Wirtschaftgrundherrschaft）……其中，在一个'**地主属地**'（Grundherrlichen）框架之内［即：在一个与**地主统治**（Grundherrschaft）相应的法律体系之内］，保留了一个更大的'**庄园主经济**'（Gutswirtschaft）'**自营经济**'（Eigenwirtschaft），［此即：在地主的直接控制之下的一个demense（自营地）］"

必须记住:"**统治**"(herrschaft)是指政治—法律结构,"**经济**"(wirtschaft)是指生产的社会关系,以及有可能像在下萨克森那样去"混合"诸种形式,在下萨克森盛行"**地主统治**"和"**庄园主经济**"。见布劳恩(Joachin Freiherr von Braun)与吕特格(Friedrich Lütge)之间的讨论(《德国东部农业史》,1960,84~85)。

在此,我们将不再评论"**庄园主经济**"是否仅仅只是封建制的又一种变体或是一种资本主义现象,这个问题已在沃勒斯坦(Wallerstein)的书中(1974)已有长篇讨论。我们只想指出:在德意志民主共和国的一份刊物《历史学期刊》上,有关于这一特定问题的长期争论。1953年,尼特韦斯(Johannes Nichtweiss)认为由于"**庄园主经济**"包括了大规模的面向市场的生产,它就有别于封建经济。他还指出说:"在封建封臣经济(Fronwirtschaft)的情况之中,很典型的是农民被束缚于**农民**的土地上,而不是地主的土地上(如在'**庄园主经济**'中的情况那样)"[尼特韦斯(Johannes Nichtweiss),1953,705]。对此的回答见库泽恩斯基(Jürgen Kuczynske)(1954)。随后有一系列的论文,见尼特韦斯(1954),哈曼(Manfred Hamann)(1954),海茨(Gerhard Heitz)(1955),尼特韦斯(1956),贝尔克(Willi Boelcke)(1956),海茨(1957),以及尼特韦斯(1957)。如尼特韦斯所指出的:在此问题上,库泽恩斯基的见解与吕特格(Lütge)相似(1957,805)。泰勒(Taylor)(1946,29)的见解也相似于尼特韦斯,他将容克地主庄园比作"美洲大草原上的大型资本主义农场"。

⑩ 参见卡尔斯坦(Carsten)(1947,145,157);库恩(Kuhn)(《德国东部农业史》,1960,40~41);吕特格(Lütge)(1963,101~102),巴特(Slicher van Bath)(1977,111~112)。"**庄园主经济**"明显地联系到"**营地**"或空地(见施莱辛格(Schlesinger)《德国东部农业史》,1960,48);但是,这个联系是什么呢?沃尔夫(Siegmund Wolf)认为"**农民安置**"(Bauernlegen)导致"**营地**",后者又使创立"**庄园主经济**"成为可能。见沃尔夫(Wolf)(1957,323~324)。然而,伯贺德(Berthold)(1964,16,19)却认为农民的逃亡是对加重剥削的一种反应。

⑪ 参见特罗伊厄(Treue)(1955,413);巴拉克勒夫(Barraclough)(1962,394);哈尼什(Harnisch)(1968,130~131);巴特(Slicher van Bath)(1977,111)。

⑫ 参见库里舍(Kulischer)(1932,12)。

⑬ 参见卡尔斯坦(Carsten)(1954,198)。

⑭ 参见塔皮(Tapié)(1971,123~124)。的确,哈布斯堡王朝停止了将免税权授予给领主的(dominical)(Seigniorial)土地,它在至1654年时已占用了乡村(公共)土地(见塔皮,1971,120)。

⑮ 举例说,在易北河以东地区,就有**强迫勤务**(Gesindezwangdienst)的额外惯例,

要求农奴的孩子必须在领主家中做家仆一至四年。见库里舍（Kulischer）（1932，14）；巴特（Slicher van Bath）（1977，115）。鲁特科夫斯基（Rutkowski）（1926，496）指出：**强迫勤务**中有如此恶劣待遇，以致使农奴"宁愿坐十年牢狱也不愿去做两年家仆"，尽管这种服务是有工薪报酬的（当然是很少的工薪）。鲁特科夫斯基认为易北河以东的农民所承受的所有义务（服役和纳税）要大于波兰农民的义务。在波希米亚、摩拉维亚和西里西亚也存在有这种**强迫勤务**。见施皮茨（Špiesz）（1969，53）。

㉚ 吕特格（Lütge）（1963，117）。引用的克纳普（Knapp）说的这段话是来自《奥地利和普鲁士的农民解放》一文，重载于《地主统治和骑士庄园（Rittergut）》（1897，I，34）。再参见戈利兹（Gorlitz）（1956，86）他谈到17和18世纪勃兰登堡—普鲁士的社会变革时说："农民不再只是贵族的奴仆；作为一个等级，贵族与王侯的宫廷并立，都是王侯的仆从。贵族不再划定有社会活动的场所。它倒是变成了社会的一个功能作用部分。"这符合特科夫斯基（Rutkowski）关于易北河以东农民境况的解说。他认为至18世纪时，工业的兴起和保护农民使得获取农业人力变成困难之事。因此，强迫勤务的状况更为恶化，因为只有更多地剥削受其控制的农民，地主才可以在经济上生存下来。见鲁特科夫斯基（1926，497）。施皮茨（1969，23）认为与东欧其他地区相比，易北河以东庄园所使用的强迫劳役较少，尽管有法律允许可能，而且，庄园劳作更多地依靠"或是强迫或是自愿受雇的家庭劳动力，他们是为钱而劳作"。

㉚ 见安德森（Anderson）（1974，262）。此外，"三十年战争"进一步削弱了相对力量，"肯定标志着许多德国庄园的命运中一个决定性变化（变得更糟糕）"（卡尔斯坦（Carsten），1959，437）。

㉚ 罗森堡（Rosenberg）（1958，31）。

㉚ 霍华德（Howard）（1976，67）。再参见卡尔斯坦（Carsten）所言："德国历史上的奇迹之一正是在17世纪后期，在一个不利的基础上突然兴起了一个强大的中央集权国家，因为勃兰登堡当时看起来注定要重蹈波兰或梅克伦堡的覆辙。"

㉚ 卡尔斯坦（Carsten）（1954，179），他说这次战争是"幸运的环境形势"（1950，177）。

㉛ 参见卡尔斯坦（Carsten）（1950，178）。克利夫斯（Cleves）以及附近的马克和拉文斯堡（Ravensberg）更是在"三十年战争"之前就是有大量工业的地区了。

㉛ "霍亨索伦家族在'三十年战争'中成为继哈布斯堡王朝之后最重要的德国统治家族"〔卡尔斯坦（Carsten），1969，544〕；但是波美拉尼亚却归于瑞典了。

㉛ 安德森（Anderson）特意强调了瑞典作为"东方之锤"的角色，它促成了"对迫在眉睫的瑞典威胁的一个直接回答"：普鲁士专制主义（1974a，198~199）。

⑭ 梅林（Franz Mehring）（1975，47）简洁明了地表述说："如果选侯弗雷德里克……要想在'三十年战争'之后仍然是一位王侯，那么，他很明显地需要一支军队。但是，同样明显的是没有容克地主的支持，他甚至无法保有一个连的军队，更不必说用军队去反对容克地主了。"

⑮ 见卡尔斯坦（Carsten）（1950，188）。

⑯ 卡尔斯坦（Carsten）说："有迹象表明……腓特烈·威廉看来不太可能在此时刻有一个计划使自己成为专制君主或与等级会议对抗。使他走上此途的却是大势所迫，其中最重要的是外国事务对国内发展的冲击"［卡尔斯坦（Carsten），1954，189］。

⑰ 对此政治历史的详细解说，可见于卡尔斯坦（Carsten）（1954，111）。

⑱ 参见多沃德（Dorward）（1953，17）；布劳恩（Braun）（1975，134~140）。欣茨认为（Otto Hintze）认为"在法国旧制度的行政机构的创造过程和普鲁士行政委员的出现之间，有一种惊人的相似之处。……在旧法国的行政体系和旧普鲁士的战争与领土部中，（外省的）行政长官都有相同地位"（1975b，275）。

⑲ 见多恩（Dorn）（1932，261），"整个王国中有不多于14000名的各类官吏。正当旧法国因官吏太多而民怨载道之时，普鲁士却是官吏不足。普鲁士国王无力雇用多余的官吏。"多恩（Dorn）在此所说的是18世纪时已经扩充了的官僚机构。大选侯时代的情况正是如此。同样，巴拉克勒夫（Barraclough）也提到了18世纪，注意到："节俭、严格控制开支和精心管理正是普鲁士政府的标志，才产生了这种结果"（1962，400）。

⑳ 见芬纳（Finer）（1975，140）。关于收税，参见雷切尔（Rachel）（1911，507~508），罗森堡（Rosenberg）（1958，49~50）以及布劳恩（1975，271~273）。卡尔斯坦（Carsten）认为城市的货物税的效果已是如此失衡，以至于"成为城镇经济发展的一个障碍"（1954，198）。

㉑ 见芬纳（Finer）（1975，139）。弗雷德里克一世（1713年至1740年在位）将常备军增至8万人（半数为外国人），并且使之"训练有素，纪律严明，在欧洲无与伦比"［巴克（Barker），1966，42］。

㉒ 参见克雷格（Craig）（1955，16）和布劳恩（Braun）（1975，273）。

㉓ "17世纪后期的严寒般的经济气候，再次激励地主阶级聚集到王权政治大本营中，这个王权此时正在霍亨索伦王朝的国土上蒸蒸日上"［安德森（Anderson），1974a，243］。

㉔ "首先，（在北方战争中）普鲁士由于纪律败坏的乱军、外国入侵和烧杀掳掠而备受摧残破坏，惨不忍睹"。卡尔斯坦（Carsten）（1954，208）。当然，勃兰登堡和克利夫斯（Cleves）在"三十年战争"期间就已经横遭破坏了。

㉕ 梅林（Mehring）谈到了"在马克（Mark）和波美拉尼亚的沙质土的继承地"，并且指出对容克地主来说"每一个新公司就如同一个新庄园那么美好，使他们

㉖ 参见罗森堡（Rosenberg）(1958, 102)。梅林（Mehring）注意到：大选侯所建立的军队是如何解决由于"三十年战争"产生的流浪游民无产者问题以及以"骑木马的骑士"著称的贫穷贵族问题，两者分别变为士兵和军官（1975，48~49）。再参见克雷格（Craig）(1955, 11)。罗森堡（Rosenberg）指出：腓特烈一世统治时期（1688年至1733年），由于将法国新教徒和德国平民招纳为军官，使军队提拔贫穷贵族的作用受到阻断，但是，腓特烈·威廉一世这位"士兵国王"统治时，又将此作用恢复起来，威廉一世"颇有条理地压制了政治不满，减缓了恐惧，又使贵族'预备军'加入职业文官贵族中，重获一种有保障的荣耀社会地位，从而使大多数容克地主顺从独裁的中央权力的发展"（1958，50~60）。

㉗ 泰勒（Taylor）称讲求效率和勤奋工作"是18世纪容克地主的美德，而德国市民却没有同样程度的品行"（1946，29）。安德森（Anderson）做出了类似见解："17世纪晚期和18世纪早期的普鲁士容克地主……是处于一个小国之中的甚为严密紧凑的社会阶级，有着粗犷的乡村办事传统"（1974a, 263）。此外，庄园中的勤奋工作非常适合军队的需要。"迅速增长的消费阶层、军需、上涨的生产成本和贸易利润都左右着小麦贸易。腓特烈·威廉一世在小麦贸易政策、军需供应、庄园经济和军队改革之间建立了一种紧密的联系。"［特罗伊厄（Treue），1955，243］。

㉘ "特别是在个人招募的地区，根深蒂固的旧军官和暴发骤贵的'行政委员'之间并无牢固界线可分。从一开始，那些融合于新的行政机构中的一些人就是来自烦躁不安的国家军队的军官队伍中"［罗森堡（Rosenberg），1958，56］。

㉙ 参见罗森堡（Rosenberg）(1958, 79, 83)。考虑到容克地主的经济状况，不会有许多金钱用去买官职。

㉚ 封闭性并不意味着资产阶级不能变为地主。特罗伊厄（Treue）注意到："在波美拉尼亚、梅克伦堡、勃兰登堡、波希米亚、下萨克森和威斯特伐里亚，军伍中的许多校官和将官变得如企业家那样富裕，购买负债贵族的土地，成为地主阶级的成员"（1955，414）。

㉛ 罗森堡（Rosenberg）指出：在"投石党运动"（Fronde）后的法国，高等贵族实际上被排斥在国家机器之外达两代人之久，而在波希米亚和摩拉维亚，随着天主教胜利地反对宗教改革之举，兴起了一整个新的阶层；但是，在普鲁士，反对君主权威的贵族抵抗"却没有激发出有组织的叛乱和血腥内战。三位伟大的霍亨索伦君主从未过于严惩容克地主"（1958，44）。关于与法国的比较，参见卡尔斯坦（Carsten）(1954, 273)。在普鲁士，弗雷德里克一世在安排管理上又别出心裁，一方面使军队变成贵族的一个紧编密织的团体，另一方面又向平民敞开文职官僚机构（创造了'在1920年代普鲁士国家成为社会民主党的堡

第五章 十字路口上的半边缘地区

垒之前，普鲁士政府雇用中无与伦比的进步机会')〔罗森堡（Rosenberg），1958，67，70〕。这两个集团互相制约，却又都有原因感激国家。

㉜ 参见卡尔克（Karke）（1964，59）。

㉝ 卡尔克（Karke）（1964，55，57）肯定地说，贵族的地位有所恢复。赖特（Wright）谈到了贵族地位"从1627年的最低点升至1740年的最高点了"（1966，25）。1740年后是特蕾莎（Maria Theresa）女王和新的中央集权化。然而，不可夸大。赖特（Wright）本人告诉我们说："在17世纪后半期和18世纪中，因为哈布斯堡王朝的开支增大，征税需求变得更加巨大和更坚决，农奴的纳税负担也就变得更为沉重。在农奴开始不堪税赋重压之时，国家对农奴作为税入生产者发生兴趣，也开始采取有利于农奴的措施干预其事，制止可能毁灭农奴的地主"（1966，21）。因此，1679年发生波希米亚的农民起义之后，随之而来的是1680年的"强迫劳役特许权"，限制强迫劳役最多不得超过每周3天。波利森斯基（Polišenský）（1978，200）认为1680年是一个"分水岭"。此外，在1717年和1738年，还有两次"强迫劳役特许权"之事。这种模式与勃兰登堡—普鲁士的做法实际上并无二致。参见施皮茨（Špiesz）（1969，33～34）；希普尔（von Hippel）（1971，293～295）；巴特（Slicher van Bath）（1977，117）。

㉞ 参见卡恩（Kann）（1973，9）和巴克（Barker）（1978）。

㉟ 相比之下，勃兰登堡已将起初非常复杂的异族杂处的人口〔见特罗伊厄（Treue），1955，355〕在现代历史之初时变成了一个种族同类的王国。参见卡尔斯坦（Carsten）（1941，75 和 1947，147）。

㊱ 参见巴克（T. M. Barker）所作的详细叙述（1967）。

㊲ 安德森（Anderson）称匈牙利是"军事皇权国家不可逾越的障碍"，而且"亲近土耳其军事力量……对于将集权化的奥地利专制主义扩大至匈牙利，也是一个决定性的客观障碍"（1974a，314～315）。

㊳ 参见伯伦格（Bérenger）（1973，657），他的一篇论文详叙了对公债的必然依赖。他表明说这些借贷款确实可供利用，因此，利奥波德一世（Leopold I）皇帝的财政状况"并非一般推测所说的那样令人绝望，也不是如皇帝本人喜欢声称的那般糟糕至极"（第669页）。但是，依赖私人金融家的长期后果不利于增强国家机器。应当看到诸次土耳其战争对农业经济（以及由此推测对纳税基础）有一种积极影响，就此而论，以至于对供养军队成为必需之举。博格（Bog）（1971）认为这些战争是德国各地在"三十年战争"之后得以复苏的一个主要因素，而"三十年战争"却无此同样作用，因为有战争破坏。但是，在这些土耳其战争中就没有对农业经济的破坏影响吗？见巴克（Barker）（1967，282～284）。

㊴ 见旺格曼（Wangermann）（1973，12），他将哈布斯堡君主不利地比作是法国君

主。他们的领地面积大致相同,但是"远为重要的是同种族性、紧密结合、固定税赋收入和经商企业谋利的便利条件。"在奥地利,强迫劳工的净产品是辉煌壮丽的巴洛克式建筑,我们或许对此要感激不尽。见索尔纳(Zollner)(1970,279~280)。

㉞ 参见旺格曼(Wangermann)(1973,14)。

㉝ 参见特罗伊厄(Treue)(1974,106~107)。关于重商主义绝非完全是防御性的证据,见多沃德有关德国为什么向犹太人显示新的宽容的讨论。他谈到了"德国的王公们几乎是不顾一切地招揽犹太人,去帮助他们从'三十年战争'留下的商业废墟中恢复元气"(1971,212)。怎样让犹太人愿意帮助在多沃德(Dorwart)的叙述中有清楚的表白,多沃德(Dorwart)叙述 1650 年大选侯允许犹太人从波兰重回勃兰登堡的决定时说:"有瑞典人将奥得(Oder)河口掌握在手中,重开与波兰的直接贸易就使犹太商人有了用武之地"(1971,122)。有种观点认为在法国的社会经济结构中,重商主义是"自然"之物,关于此种观点,参见克鲁格(Kruger)(1958,65)。他认为德国历史学家自从施莫勒(Schmoller)时代以来所鼓吹的"社会王国",是"霍亨索伦王朝传奇神话",他的观点就是对此传奇神话的抨击的一部分(1958,13)。

㉜ 参见吕特格(Lütge)(1966,321~322);博格(Bog)(1961,134~135,139);克里马和麦克里克(Klima, Macurek)(1960,98)。

㉛ 参见特里梅(Tremel)(1961,176);克里马(Klima)(1965,107),和索尔纳(Zollner)(1970,283)。

㉚ 参见布劳恩(von Braun)(1959,611~614)和基许(Kisch)(1968,4)。

㉙ 参见库勒舍(Kulischer)(1931,13)。

㊻ 参见克莱弗恩(Van Klaveren)(1969b,149~150)。戴雍(Deyon)指出"重商主义计划是普遍常见的",但是"经常只是冲动而已,纸上谈兵,全无实效"(1978a,208)。

㊼ 参见克里马(Klima)(1965,119)。库勒舍(Kulischer)问道在 18 世纪中叶之后,"如果不是在此前的时代,即柯尔伯(Colbert)时代就已经做好了准备,工业在法国、普鲁士、奥地利、莱茵地区和俄国的迅速兴起是否能够实现"(1931,13~14)。

㊽ 参见哈辛格(Hassinger)(1942,36~37)。

㊾ 参见卡尔顿斯泰勒(Kaltenstadler)(1969,489~498,以及 1972)。通向海洋的道路又接着说明了在此时期毛呢品工业在波希米亚、摩拉维亚和西里西亚的迅速发展。见费罗伊登伯格(Freudenberger)(1960b,389~393)。

㊿ 史托伊(Stoye)(1970a,598)赞许地引用了雷迪什(Reddich)论述 1700 年至 1740 年的奥地利的一本著作的书名:《一个大国的发展》。

㊱ 参见麦卡尼(Macartney)(1966,397)。

第五章 十字路口上的半边缘地区

㉜ 参见塞缪尔森（Samuelsson）（1968，69）。

㉝ 见布拉福德（Braford）(1966, 293)："在普鲁士可以真正地算做欧洲的一个独立强国之前，必须克服诸种严重的困难，这些困难产生于它的各省的地理位置、低落的经济发展和缺乏人力。"

㉞ 泰勒（Taylor）（1946，27）又补充以下的话："没有工业地区，没有重要城市，没有出海口，土地瘦瘠贫产，贵族贫穷无知，文化生活在实际上也就不会存在。"

㉟ 此时在国家结构方面，普鲁士优于奥地利，这种优越性由贝伦（Behrens）和罗森堡（Rosenberg）予以清楚描述。贝伦（Behrens）（1977，551）说："1740年特蕾莎（Maria Theresa）女王登位时的哈布斯堡王朝领地上，并无什么阻碍一个中央政府，只是留下一个国家。中央政府只是在1748年后才开始存在，此后也只是存在于所谓的奥地利和波希米亚的德国世袭土地上。"普鲁士的行政统一也只是在腓特烈·威廉一世统治时期，即三十年之前（1977，557）。然而，"在旧王朝统治下的基本发展方向中，霍亨索伦王朝的普鲁士倾向与欧洲其他专制政体协和一致。或许，它的最显著特点是这个事实……过于热心的领袖们将许多政治革新、行政改革和财政措施运用至极"［罗森堡（Rosenberg），1958，23］。

㊱ 参见巴拉克勒夫（Barraclough）（1962，386）。

㊲ 参见莱斯泽恩斯基（Leszczyński）（1970，104）。

㊳ 见特里梅（Tremel）（1961，177），"西里西亚的亚麻品在荷兰、英国、波兰和俄国找到了出口市场。荷兰商人为了西班牙、葡萄牙和地中海东部地区而需要它。西里西亚头纱（由亚麻或类似亚麻的棉花所制的轻薄的妇女头饰）出口到非洲、库拉索（Curaçao）岛和印度尼西亚。西里西亚羊毛在羊毛市场上举足轻重"。关于为什么西里西亚是"明珠"的另一个原因，是它的都城布雷斯劳（Breslau）在与东部的土地转让中具有关键作用，它在其中逐渐拥有了一种垄断权［沃兰斯基（Wolański），1971，126］，再参见赫洛齐（Hroch）（1971，22）。

㊴ 参见基许（Kisch）（1959，544）。利贝尔（Liebel）（1965b，210~216）讨论了18世纪中以牺牲荷兰为代价，哈布斯堡王朝所取得的重要作用。

㊵ 参见克里马（Klíma）（1959，37~38）。

㊶ 参见奥宾（Aubin）（1942，169）和克里马（Klíma）（1957，92）。

㊷ 参见赖特（Wright）（1966，20）。尽管温和，17世纪后期和18世纪中还是有数次农民起义造反；而被军事力量镇压。见基许（Kisch）（1959，549），再参考米契尔捷维茨（Michalkjewicz）（1958）和达比（1971，121）。

㊸ 安德森（Anderson，1974a，317）。再参见布劳恩（von Braun）（1959，614~616）关于夺取西里西亚对普鲁士所具有的重要意义。

㉞ 参见弗路登伯格（Freudenberger）（1960b，384）。

㉟ 参见弗路登伯格（Freudenberger）（1960a，351）。

㊱ 参见库拉（Kula）（1965，221）。

㊲ 见克雷文（Craven）笔下描述的1660年时的新英格兰："经济……基本上依赖农业，……典型的新英格兰城镇是农作村庄……但是在波士顿之外，现在有一个可能有3千人的城镇，谋生农作对所有其他活动是如此重要，以致有时可以看到牧师在田地里干活"［克雷文（Craven），1968，18］。

㊳ 参见克雷文（Craven）（1968，68~103）关于"复辟时期殖民地"的论述，殖民地包括两个卡罗来纳（Carolinas）和纽约，于1664年夺自荷兰人手中。

㊴ 参见贝林（Bailyn）（1955，112~113）。Institutionalization（国家机构化）是一个关键词。克伦威尔也是一个重商主义者；但是，"英裔殖民者已企图利用内战这个机会去充作一种独立手段，而且，共和国也已容忍了许多要求意图，只要不是效忠于斯图亚特王朝……（英国政府对付殖民地的）驯服完成时期，与其说是克伦威尔共和党人之时，还不如说是复辟后的斯图亚特君主统治时期。"［里奇（Rich），1961，330~331］。

㊵ 克雷文（Craven）又说他们"未受不利影响之害"（1968，39）。内特尔斯（Nettels）说在1685年至1720年之间，新英格兰和纽约"在向英国出口方面几乎没有什么障碍"（1933，326）。贝林（Bailyn）说在1673年有一条规定，要求向新英格兰商人征收双重税赋——货物到港结关和入港税——但是，英国商人只交一种税。这条规定被抗议为"严重的歧视"（1955，151）。卡曼（Kammen）讨论了1670年代后期新英格兰人所具有的他们是"与伦敦其他竞争集团相分离的一种特殊利益"的意识思想启端（1970，37）。

㊶ 内特尔斯（Nettels）（1952，109；1931b，9~10）。

㊷ 参见比尔的讨论（Beer）（1912，I，51~53）。

㊸ 参见巴罗（Barrow）（1967，34~35）；贝林（Bailyn）（1953，386）和克雷文（Craven）（1968，246）。

㊹ Lord（1898，1057）。

㊺ 巴特（Slicher van Bath）走得如此之远，以致声称在17世纪后半期和18世纪前半期中，"唯有（欧洲的）大土地所有者才能够廉价地生产谷物，以同宾夕法尼亚的谷物进行竞争"（1963a，220）。

㊻ 沃尔顿（Walton）（1968b，365~367）。原因是经济的。商人与他的代理人之间的熟悉关系大为减少了风险，导致航线的专业化。三角航线上的航船水手在港口就得到工薪，而单线往返的水手却不是［沃尔顿（Walton），1968b，386~389］。奥斯特兰德（Ostrander）进一步研究，怀疑这个构思是有效的，因为这些船只实际上并未航行。他将此概念归之于19世纪的意识形态需要［奥斯特兰德（Ostrander），1973，642］。

㊲ 洛德（Lord）（1898，124~125）。
㊳ 巴罗（Barrow）（1967，8）。内特尔斯（Nettels）认为如此一种分析忽视了从北方殖民地流向英国的"无形利润"——硬币和金银的流动、海盗掠夺品、求取政府官职的"购买"，甚至于为英国买主造船；但是，无形利润正是这样的，而且，由此也许不能够根本改变英国对北方殖民地的价值的看法了。（1933，344~347）。
㊴ 然而，无论怎样意识到增加北方殖民地对英国的价值的努力，无疑的是：有关他们对扩大的加勒比海殖民地的态度，英国人在此例中是又一个忽视。弗兰克（Frank，1979b，60）认为这种忽视产生于"土地和气候的不佳，以及……没有矿产"，也是这些殖民地的幸运，因为这种忽视允许它们与热带和亚热带殖民地相比，可以有不同的发展。巴罗（Barrow）从另外一种角度讨论了"'有益忽视'的政策"。他指出至少在18世纪，"要使（英属北美的）殖民者保持满意，就要求有一个绥靖政策，而不是强压政策。结果，沃尔波尔（Walpole）及其继任者的指导原则变成了任其自流，因此，沃尔波尔（Walpole）在殖民行政管理方面的政治格言是：'Quieta non movere'（不要打草惊蛇）"（1967，116，134）。
㊵ 参见内特尔斯（Nettels）（1931a，233）。关于确定年代，内特尔斯提到了比尔（Beer）的观点：1745年之后，北方殖民地才成为一个有价值的市场。内特尔斯认为这一观点是错误的，而且早在17世纪之末时就已是如此有价值的市场了（1931a，230~231）。坎曼（Kammen）认为是1713年，此后，"英国认为所有的殖民资源（包括北方殖民地的资源）都是重要的，有助于一个自给自足的帝国"（1970，46）。布鲁奇（Bruchey）（1966，8）认为这发生在"更晚后的殖民时期。"科尔曼（Coleman）所定的时间最早。他说："1650年之后，英国的北美殖民地表现出最令人惊奇的需求增长，正在欧洲贸易不景气且竞争激化之时，为英国工业开辟了一个排他性的市场"［科尔曼（Coleman），1977，197~198］。

　　或许我们在此所说之事（始于1690年代）将要变成现实（在18世纪中叶）。法尼（Farnie）为整个美洲殖民地所确定的时间表明：作为英国货物的一个市场，这些殖民地所占比例从1701年至1705年的大约10%上升到1766年至1770年的23%，作为英国的进口来源，从19%上升到34%。美洲大陆殖民地（包括南、北）的作用在1726年至1730年首次超过了西印度群岛。法尼（Farnie）表明英国对外贸易的这种"美洲化"——他从施洛特（Schlote）那里借用该词——导致了一种"最终的过分依赖"，这就解释了18世纪后半期的英国经济困境（1962，214）。此见令我吃惊，深为怀疑——的确，作为重商主义思想的这种看法走到极端了。如我们将要看到的，这种看法是说英国无力不让北方殖民地成为一个半边缘地区，而且到了这样的程度：英国创造了自己未来的一些困难。但是，如果不是从此处这样，也会从别处如此。
㉘ 参见内特尔斯（Nettels）（1933，322）。
㉘ 汉森（Hansen）（1945，50）。
㉘ 参见麦克拉伦（McLachlan）（1940，4）。
㉘ Åström（1962，15）。
㉘ 阿斯特罗姆（Åström）（1962，20）。1699年至1700年，英国的进口品中包括了来自北欧的各种物品——大麻纤维、亚麻、沥青、焦油、铁、钾碱——其中有48%主要产于瑞典；26.4%来自俄国；24.1%来自东方国家；只有1.5%来自丹麦和挪威。然而，俄国货物经由纳尔瓦转运，此地却在瑞典人手中，东方国家货物经由里加，也在瑞典人手中［参见阿斯特罗姆（Åström），1962，99］。
㉘ 有三重抵抗。北方殖民地中的商人受到反对。海军的主要关心是得到最佳又最廉价的海军用品，也受到抵制。英国公众舆论也怀疑垄断。见洛德（Lord）（1898，38~39）。
㉘ 参见洛德（Lord）（1898，56）和内特尔斯（Nettels）（1931a，247）。
㉘ 参见内特尔斯（Nettels）（1931a，255~264）。里斯（Rees）（1929，586）提供了一件证据表明有一种考虑要摆脱对瑞典的依赖。他报告说：尽管长期以来，英国的制铁业者一直反对北美的铁和金属器具，当铁的价格在1717年飞涨上去，因为与瑞典的关系趋于紧张之时，人们"反对去寻找新的供应来源，将铁条和生铁包括在货物清单之中，在海军军需部门的带头之下鼓励在殖民地生产这些货物"。然而，这条法律却并未执行，因为瑞典的国王查理十二世去世了，随后，英国与瑞典的关系得到改善。
㉘ 内特尔斯说（Nettels）说：他们并没有生产"人们最需要的这些商品"（1931a，269；再参见1952，112）。然而，阿斯特罗姆（Åström）认为瑞典的焦油和沥青的垄断在1728年左右就宣告结束了，而且对此解释说这是靠北方殖民地的生产增加了（1962，111，1973，101）。
㉚ 参见洛德（Lord）（1898，101~103）有关殖民者逃避限制法律的持久能力的论述。
㉛ 哈珀（Harper）（1939a，9）。
㉜ 参见戴维斯（Davis）（1974，193）。
㉝ 参见沃尔顿（Walton）（1967和1968a），其中有关于提高生产效率的各种因素的一个讨论。
㉞ 迪克森（Dickerson）（1951，32）。
㉟ 参见布鲁奇（Bruchey）（1966，9）和奥斯特兰德（Ostrander）（1956，77~79）。"蜜糖法令"引发了最多的抗议。"蜜糖和兰姆酒（rum）……在殖民地经济中是至关重要的因素"（哈珀，1942，11）。该项法令的首要目的看来是旨在帮助西印度群岛的生产者。

(396) 参见迪克森（Dickerson）（1951，46~47），他指出说：充其量，对制帽业有所影响。见奥斯特兰德（Ostrander）（1956，77）关于蜜糖法令的论述。

(397) 见哈珀（Harper）（1942，6~8）。

(398) 见布鲁奇（Bruchey）（1965，69）。

第六章插图　"南海计划"

荷加斯（William Hogarth）。（1721）

伦敦：不列颠博物馆（British Museum）。

（不列颠博物馆信托会准许复制）。

"南海计划"，荷加斯（William Hogarth）（1697~1764），一幅作于1721年的雕刻和蚀刻画。市政厅（Guildhall）、伦敦纪念塔和圣保罗（St. Paul's）教堂可以在图上辨认出来。一个旋转的幸运之轮，由南海计划的指导者转动这些乘客，其中包括认捐者们、一位妓女和一位教士。一个魔鬼切碎了教士下赌注的幸运之神（Fortune）的身体。整个景象代表的正如荷加斯在雕刻下描述的，私利和邪恶战胜了荣誉和诚实。

第六章 中心地区中的斗争——第二阶段：1689～1763年

若不界定社会现象的时间与空间，就无法分析它们。我们已确定了空间范围概念以作为本书分析的中轴。但是，历史学家们有许多分歧之见的时间和划分时期的长久问题又是什么呢？我们已肯定本书中赋有意义的时间单位大致是从1600至1750年。在此期间之中，欧洲的世界经济总体上经历了总生产的一个漫长的相对停滞时期。（停滞相应地表现在世界价格的通货紧缩之中和总人口增长、物质扩充以及交易速率的相对稳定之中。）为了证实这一肯定，我们在此全书中选择出我们所握有的证据资料。[①]在我们的分析中，我们把对中心地区的敌对竞争的讨论细分为两个阶段：1651至1689年，以及1689至1763年。这样的年代划分并不完全与我们前述的1600至1750年时期相符合。不幸，真实的世界并不是由适合一切意图的明晰刻画的界线所构成。虽然1651至1689年和1689至1763年这两个时期反映了世界经济形势的变化，它们所侧重的却是这些变化的政治结果。

在第一阶段中（1651至1689年），如我们已经讨论的那样，英国和法国成功地向荷兰的霸权发起了挑战，这两国至1672年时已感觉到荷兰国家不再是先前无可置疑的巨人了。我认为至1689年时甚至荷兰人也同意此说。因此，威廉（William）和玛丽（Mary）登上英国王位看来是一个合理的转折点。[②]选定下此后的1689至1763年时期，是因为这一时期界定了连续未断的英国与法国的敌对时代。人们也许会认为在所谓"第二次百年战争"之后的1763年是英国确定胜利的时刻，尽管法国人至1815年才承认其失败。[③]英国将要在与法国的斗争中获胜这一点，在1689年之前绝不是明朗之事。法国拥有的人口4倍于英国，并有一支比英军远为庞大的军队。法国的自然资源丰富，还有极佳的港口和海军基地。此外，法国的工业生产正在增长，然而"英国工业的增长速度却在内战之后缓慢下来"。[④]因此，

— 303 —

如威尔逊（Charles Wilson）所说："自 1689 年以后，（英国）面对一个远比西班牙或荷兰更为可怕的敌对强国（法国）。"⑤此说并非没有道理。两国敌对看来是一连串几乎无休止的战争，征战所夺皆是欧洲的土地、盟国和市场，以及边缘地区和外部竞争场地区（美洲、西非、印度）中的供应品（奴隶、热带和亚热带产品如糖、皮毛和船用品）。⑥

1689 年，奥兰治的威廉（William of Orange）成为英格兰、苏格兰和爱尔兰的威廉三世国王。⑦始于 1688 年 11 月的法－荷战争，也就因此变为法－英战争了。⑧对英国而言，这标志着恢复了"克伦威尔时代的外交政策"。⑨此举之所以成为可能是因为有"光荣革命"的政治安排，在沃尔波尔（Walpole）和辉格党的统治时代，这种政治安排得到进一步的巩固。在反对法国的斗争中，英国的军用需求远大于以往所获之数。这就要求有议会的准许，最终是担保向公众举债。1689 年的政治安排结束了君主和议会之间的敌对关系，使它们的必要合作成为可能之事。1689 年英国面对的一个问题，也是将会始终贯穿整个 18 世纪的问题，就是主要军事战略重点应是放在陆上还是应放在海上。两个思想流派即"海洋派"和"大陆派（或称陆军派）"就此发生争论。两派在战略分析之中的争论在于：战时派遣陆军进入欧洲大陆作战究竟是增强英国的事业目标（因为此举将会支援盟国使之不致失败），还是会削弱它（因为英国陆军基本而言太弱小不足以战胜法国陆军，但是，英国海军却比法国海军胜出一筹）。

在战略之争的背后是经济争论。由于"海洋派"认为战争主要是争夺新市场和排斥竞争者的斗争，因而主张战争应在海上和边缘地区进行。他们认为陆地战事导致太高的税赋并且由此间接地损害商业。"大陆派"争辩说：除非英国参加欧洲的陆地战事，否则法国就会置其他欧洲国家及其殖民地于它的控制之下，因而也就能够将英国斥之于大陆关税体系之外。⑩经济之争也反映在社会政治争论之中。辉格党是"光荣革命"的创造者的继承人，它的信条之一曾是"不要常备军"。不过，至 1694 年时，辉格党停止叫喊这一口号，并在实际上变成了急剧扩充陆军的主角（陆军兵员从 1689 年的一万人增至 1711 年的至少七万人）。⑪如普卢姆（Plumb）所言："这是一个真奇怪的辉格党！……从 1694 年起，辉格党在宪法原则上变得极为保守了……他们企图夺取政府机器并管理它……他们认为如果得到国王的全力恩庇，就能使政府既为国家利益又为他们的私利而工作。"⑫

辉格党议会没有明确授权之事，他们至少就会设法弥补。陆军和海军

第六章 中心地区中的斗争——第二阶段：1689~1763年

略耍花招就开始在英-法战争中回避议会所设限制。陆军扣留军饷并转移款项，却向议会呈报亏空赤字，迫使议会予以拨款填补；海军购买货物、服务和补给品很快债台高筑，也使议会面对既成事实。罗斯维尔（Roseveare）有点不那么坦率地谈及这种制度："议会虽说本当宽容这些做法，可它竟然真的就这么做了。"[13]这种制度之所以早就被接受下来是得助于社会结构中的一个变化。1689年之后，辉格党力量所代表的联盟中有大地主、正在增加的官僚以及商人阶级，他们反对"乡村党"；而这个"乡村党"是由小乡绅组成，对征税、常备军和一个"腐败政府"抱有敌意。在扩充的军队中，军官是贿买就任的。能有钱买下军官职位的人大多是辉格党诸家族的子弟们。因此，"正是那些控制着议会的相同家族派人出任军官并指挥"这支军队。[14]

然而，英国建立一支庞大军队还不是关键之处。关键要点在于"九年战争"中（即英国的"国家苦难"中）[15]陆军和海军中都发生了质的变化。[16]当然，海军的这种变化要大于陆军，因为欧洲的政治家们现在感到与陆地不同的是（在陆地上力量均势是可能之事）"海洋却是单一的"。[17]我们将要发现，海洋变成英国的海洋。不过在1689年时，法国海军与英国和荷兰的海军是旗鼓相当。而且，法国海军还在以更快的速度扩充。柯尔伯（Colbert）在此前的20年之中创造了"完全是空前之举"。[18]他在大西洋和地中海建立了一连串的海军基地（在大西洋的主要基地是布勒斯特，在地中海则是土伦）。他把法国海军分成两支分驻这两个区域。[19]此外，此时的法国海军在技术装备上要比英国和荷兰的海军更为先进。法国军舰更大、火炮更重、而且重量较轻、航速更快，也更灵活。法国建造了一种先进的新舰，双桅炮舰，是一种适合于炮轰沿海城市和西塞的小型舰。它已在1682年攻击阿尔及尔时为法王路易十四立下功劳。

尽管英国海军在斯图亚特王朝受到忽视以及荷兰海军已老化过时，[20]但是在1694年至关重要的"巴弗勒尔（Barfleur）战役"中，法国舰队发现自己处于数量劣势（44艘法国军舰面对99艘英、荷联合舰队）和炮火劣势（法军3240门大炮对英、荷舰队的6756门大炮），[21]以及机动灵活上的劣势。[22]用海军少将马汉（Mahan）的尖刻之语来说，就是法国海军"像烈焰中的一片树叶被席卷而去了"。[23]此战是一个转折点，不仅对于这场战争，而且对于下一个世纪中的战争都是如此："制海权在一次打击中就落入盟国，尤其是英国的手中。"[24]有人奇怪为什么西姆考克斯（Symcox）会认为

1693年的农业危机和法国海外贸易的萎缩导致法国国家的一次财政危机，使法国不可能"维持某种近于与同盟国对抗的均势"。[25]它的部分舰队被迫搁置以节省下钱财用于陆军。这就点出了与英国的"海洋派"和"大陆派"之争相同的问题。无论是英国还是法国，在此世界经济全面停滞时期，都无力承受立刻在各条战线上全面进行军备的费用负担。必须做出选择。很自然，英国侧重海军，而法国则偏重陆军。

法国在政治和经济方面既庞杂无章又相对缺乏内部团结，在此情形下看来几乎无可选择，[26]甚至即使制海权在资本主义世界经济中一直是"赖以积聚财富的交易链中一个中心环节"。[27]无论对此次巨大的海军战败做出何种解释，它都使法国的海军策略从"舰队作战"的战略转向了"海盗式作战"战略了——摧毁敌人舰队和夺取制海权不再是首要目标了；现在的重点是捕获和摧垮敌人的商人、困扰敌人的商业，为此目的可以兼用海军舰队和海盗船只。如此策略在1694年前还闻所未闻，现在却成了主要的行动方式。[28]克拉克（Clark）说："在一场海上战争中，摧毁商业是弱者手中很自然的武器"。[29]是的，这是一种很自然就会运用的武器，但它却只是一种二流武器，因为很难于协调由单个个人指挥的各船只的行动。西姆考克斯（Symcox）称法国的全部努力"都不过是有保留的成功"，并指出这种方式中潜在的矛盾："如果政府无钱当家，也就不能做主"。[30]英、荷两国却可以玩此游戏。例如在西班牙王位继承战争中，英国的海峡群岛上的海盗们大肆行劫，"引起法国的严重惊恐，最重要的还是能够对法国的港口贸易予以痛创"。[31]

1697年的赖斯韦克（Rijswijk）和约结束了"九年战争"，但只是一个暂歇而已。它之所以重要大都是因为它标志着法国自黎塞留（Richelieu）以来"首次采取的倒退步骤"。[32]法国被迫承认威廉三世是英格兰、苏格兰和爱尔兰的国王，还被迫承认安妮（Anne）女王为它的王位继承人。威廉三世的首要战争目的就是取得此种承认。此外，法国自从内伊梅根（Nijmegen）和平条约以来所获取的所有土地都要归还［斯特拉斯堡（Strasbourg）和阿尔萨斯（Alsatian）的"重新合并"在此例外］。法国因而交出其全部边境上的地区——佛兰德（Flanders）、卢森堡、洛林（Lorraine）、莱茵地区（Rhineland）、比内罗洛（Pinerolo）和加泰隆尼亚的部分或全部。[33]在较小的海外领地调整中，法国将奥尔巴尼要塞（Port Albany）交还给哈得逊湾公司，又重新取得本地治里（Pondicherry）和新斯科舍（Nova Scotia）——恢复了战前原状。荷兰人也得到了他们想要之物:与法国签订一项有利的商业条约,恢复 1664 年时的法国关税,以及法国承认所谓的"尼德兰屏障"。

在荷兰联合省和法国之间设立一道军事屏障的概念,已是由来已久之事。或许早在 1635 年,它就起始于这一思想:南尼德兰(西班牙属尼德兰)应当被用作一个缓冲国。1678 年的内伊梅根(Nijmegen)和约却将南尼德兰的 16 个要塞割让给法国,尽管允许荷军的小分队部署在其邻近地区。至 1684 年时,法国人已夺取了卢森堡,形成荷兰人在一项停战条约中被迫接受的局面。"九年战争"的结局改变了这一切;在赖斯韦克(Rijswijk)和约中,设立一道屏障的观念有了新的明确形式,荷兰人有权利在一连串由法国人归还的要塞中驻军。[34]"九年战争"确立了欧洲强国的新组合阵容。1648 年威斯特伐里亚(Westphalia)条约之后诸国之间的权势斗争,本质上是英、法、荷之间的三边斗争。但是由于各种影响和意图,三边斗争此时化为双边斗争,荷兰或多或少从 1648 年后成了英国的一个长久盟友,实际上成了一个小伙计。

琼斯(Jones)确定荷兰"放弃大国地位"[35]的时间发生于 1689 年 5 月,当时,威廉三世使荷兰舰队从属于英国人。荷兰并非没有恼怒于这种新角色——荷兰与英国的联盟"从一开始就是一种令人不安的合股经营"。[36]一方面,荷兰人不想看到他们与英国人的结盟妨碍他们与法国的贸易关系,特别是他们有利可图的波罗的海贸易"依赖于法国货物的持续供应"。[37]整个 18 世纪中,荷兰人不断声言中立国家(他们就常是)的海上商业不应当受到干涉。他们的口号是"自由之船、自由之货"。然而,英国人坚持说有权力搜查中立国的船只,法国人更是声言有权力没收向敌方运送货物的中立国船只。[38]对于荷兰人来说,战争乃是不合其需要的最后手段。1702 年时,这场战争作为西班牙王位继承战争继续进行,坚持催促英国人为和平做出安排的人正是荷兰人,只要他们可以保留"尼德兰屏障"。[39]最终,英国人愿意支持荷兰争取这一屏障的努力(尽管此举对他们有商业危险),用作必要交换条件换取荷兰保证同意英国新教的王位继承,一个英国(和苏格兰)政治中悬而未决的问题。[40]

正是在西班牙王位继承战争的中途,英格兰和苏格兰之间的关系出现危机高潮并得以解决。由于 1688 年的解决办法,法国实际上失去了干涉英国内部政治的能力;又由于 1707 年的所谓"议会的合并",[41]法国失去干涉苏格兰内政的同样能力。1707 年最后安排中的政治谈判和手腕是复杂之事，㊷但是，真实内容是世界经济中的核心强国之争怎样造成对苏格兰的压力，导致了"议会的合并"。对苏格兰（以及其他边缘地区）来说，整个17世纪后半期一直是一个漫长的"危机和衰落交相强化经济停滞"的时期。㊸苏格兰的主要贸易伙伴是英格兰；但是，英格兰的主要贸易伙伴却很难说是苏格兰，而且，随着经济停滞的延长，苏格兰越发更加依赖英格兰了。㊹像其他人那样，苏格兰人也试图采取重商主义抵制措施。1681年，约克公爵作为国王在苏格兰的代表召集各种商人与他和由他在枢密院中创立的贸易委员会进行商讨，其内容是有关苏格兰（与英格兰、挪威、法国和波罗的海）的对外贸易模式，内地贸易、航运，以及苏格兰想有一块加勒比海殖民地的愿望。于是，苏格兰的等级会议颁布各种各样的保护主义措施。此后不久，成立"新米尔斯（New Mills）布业公司"，使等级会议在同年颁布了"鼓励贸易法"。此法的保护使该公司生意兴旺——直至"合并条约"之时。㊺

1695年，等级会议颁布了一项与非洲和西印度群岛进行贸易的公司贸易法令，据此法令创建了"苏格兰公司"。该公司代表了联合起来的三种利益：寻求加入非洲贸易的爱丁堡商人，希望在一块新的加勒比殖民地为其亚麻产品找到市场的格拉斯哥商人；以及急于防止英国"东印度公司"垄断的某些伦敦商人。㊻这家新公司［后来以"达连（Darien）公司"知名］的创立，或许与加强导致"1707年合并法令"的诸种压力有很大关系。另一方面，这使人清楚看到"一个独立的苏格兰危及了整个［英格兰商业］体系"。㊼"老王位觊觎者"的詹姆斯党威胁依然真实存在。㊽而且，处于危急中的并不仅有苏格兰，还有爱尔兰。㊾因此，英格兰的长远利益在于加紧实现合并。

在苏格兰方面，虽然各种看法大相径庭，"达连（Darien）公司"计划到头来是一个惨败结局。"苏格兰公司"打算在达连海峡（位于今日巴拿马）的地峡（Isthmus）建立一个世界贸易的大货物集散中心。它将不止于只是非法经营者的避难港。该公司旨在开辟一条横越大陆的路线［由一个将要取名为喀里多尼亚（Caledonia）的殖民地予以保护］，用以取代好望角路线（预兆着巴拿马运河）。这个雄心勃勃的计划失败了，因为阿姆斯特丹和汉堡的商人们都不愿投入必要的资本，而且在1698至1700年所进行的实际远征都瓦解了。㊿林曼（Lenman）认为这些苏格兰人过于好高骛远：

第六章 中心地区中的斗争——第二阶段：1689~1763年

苏格兰没有力量保护一个垄断性贸易或殖民地的帝国，无力对抗那些敌对的欧洲列强，它们全都掠夺成性而且极为庞大。在殖民领域中对苏格兰唯一有价值的目标是别国的殖民地居民。同这些居民做买卖交易是可行的，也是有利可图的，足以弥补其非法性的边际风险〔即西班牙对达连（Darien）海峡有合法所有权这一事实〕。格拉斯哥在17世纪后期之所以兴旺起来，是部分地因为与英帝国有着活跃的非法贸易。只要将在达连（Darien）抛弃掉的资本中一小部分用于向半独立的美洲殖民地的可靠走私，就会有殷实的红利可得。[51]

我们又一次看到，停滞时期中的重商主义是唯有足够强大者才可以成功应用的武器。

或许确实是如赖利（Riley）所言：1707年的合并是"直接归因于英格兰政治而非苏格兰政治"；[52] 但是，若无苏格兰的实质性默许，英格兰人不可能这么做。那么这种默许从何而来呢？很大一部分苏格兰贵族给予了强大支持，他们或是圣公会（Epispalians）成员，或是"光荣革命"的参与者和反詹姆斯党者，或是在英格兰拥有土地利益而又受到1705年英格兰"排外法令"（Alien Act）威胁的人。另外一个更重要的苏格兰集团是城镇商人。笛福（Daniel Defoe）曾领导过一场由英国政府设计的小册子宣传运动，旨在劝说这些城镇商人相信英格兰现在是，将来也会是苏格兰的主要出口市场，以及通往繁荣之路就是加强向英格兰出口苏格兰的畜类和亚麻制品（而且还可能有谷物、羊毛和盐），因为平衡对英格兰的贸易将会是有利之事。1704年苏格兰议会通过了"安全法令"，规定在安妮（Anne）女王去世后结束自动合并的君主制。英格兰议会针锋相对，通过了"排外法令"，规定除非苏格兰人取消其法令，否则他们的全部出口品都将被逐出英格兰。[53] 历史从未验证英格兰的这一决心。[54]

如同可以预计的那样，苏格兰城镇内部出现分歧，分歧的一派是在英格兰贸易中有重大贸易利益者和在英格兰及其殖民地之外有大宗贸易者；另一派自然是感到英格兰竞争威胁的手工业行会。斯穆特（Smout）要求我们注意在地主们中，尤其是贵族中有越来越多的人在实际上是参与出口贸易的"买卖人"。如我们多次所见，划分贵族和中产阶级的界限要比我们通常所想的更为模糊不清了。在此时的苏格兰亦是如此。"有一种巧合：一方面是对很大一部分贵族来说，与英格兰的贸易是很重要的；另一方面有70％的贵族被发现在表决中投票支持合并,这种巧合非常醒目而不可忽视不见。"⑤"合并法令"中的经济条款规定实际上是什么?又是何人得利呢?该法令包括两项有利于苏格兰的经济规定。第一、英格兰议会破财出资购买"苏格兰公司"的股份并加上利息,对于那些受到先前因投资"达连(Darien)计划"失利之影响的地区,尤其是爱丁堡,此举显然有助于它们的商业复兴。

第二、所谓的殖民地贸易首次合法地向苏格兰人开放,此举又特别有利于格拉斯哥和苏格兰西部克莱德(Clyde)河地区的商人们。此外,也可能是合并的一个副产品,议会在1727年设立了一个渔业和制造业托管局,它促进了苏格兰亚麻工业的扩展。⑥所有这些究竟是苏格兰的苦酒还是机遇呢?在此问题上迄今仍有激烈争论。无论怎么说都是合并了,大不列颠的新国家继续去赢得西班牙王位战争。这场战争当然是为谁将统治西班牙而战,但是在根本上更多的是为西班牙帝国的商业落入谁手而战。1701年,西班牙国王将西班牙美洲的贩奴垄断权交给"法属几内亚公司",该公司股份持有者是法国和西班牙的国王和法国的大资本家。而在先前,这一垄断权为一家葡萄牙公司所拥有。正是这一行动要比任何其他之事都更多地激怒了英国和荷兰的商人,导致战争再度进行。⑤

乌得勒支(Utrecht)和约将西班牙王位继承权交给了波旁王朝,却将贩奴垄断权交给了英国人。⑧"南海公司"取得了每年向西班牙美洲贩运4800名奴隶的三十年贩卖权。此外,该公司还可以每年派出一艘船载货500吨向西班牙美洲出售。至于荷兰人,奥地利的皇帝也许已得到了西班牙尼德兰,而荷兰人则得到了他们的屏障之地。根据乌得勒支条约,荷兰军队可驻防在由法国交还给奥地利王朝的一切地区:那慕尔(Namur)、图尔内(Tournay)、梅嫩(Menin)、菲尔纳(Furnes)、瓦尔纳通(Warneton)、伊普雷(Ypres)、克诺克(Knoque)、登德尔蒙顿(Dendermonde)(荷兰驻军费用的60％将由奥地利人支付)。这种安排不仅给荷兰人以安全保障,而且"还作为一种掩护使荷兰人渗入南尼德兰市场"。⑨每一个海上强国都分享了一份它们的西班牙馅饼。西班牙就此供它们渔利了。在随后25年的相对和平之中,获胜的英国并不确信和平有利于它的利益——普卢姆(Plumb)就此指出:

从1713年至1739年是和平的;但这和平对许多人而言是在每下

愈况,这和平成了法国对英国的欺骗,法国在友谊的外衣遮掩下逐步为不可避免的冲突而增强其海上力量和工业力量。商界中很多舆论在狂喊求战。[60]

战争竟然到来了。这就是奥地利王位继承战争,一方是普鲁士并与法国结盟,另一方是奥地利,它最终也与英国和荷兰结盟。战争于1748年结束,签订了沙佩尔(Aix-la-Chapelle)条约,"其结局非常近似于恢复到战前原状"。[61]不过,这场无结果的战争却是很有利于英国的商业战争。坦普尔利(Temperley)甚至如此认为:"在英国所进行的诸次战争中,这是第一次绝对以贸易利益为主的战争,是仅为贸易平衡而非均势平衡所进行的战争。"[62]这在许多方面都可以看出来。英国人与荷兰人尽管是盟友,仍为南尼德兰(此时的奥地利尼德兰)一事争吵不休。奥地利人已厌烦为"尼德兰屏障"付款,也厌烦自己的贸易在屏障区、英国及尼德兰不被允许扩大。实际上,英国人还正在威胁要撤销西里西亚(此时仍是奥地利的)亚麻产品所依赖的屏护,西里西亚亚麻产品依靠它通过英国才被允许在西印度群岛出售。佛兰德商人则对自己与荷兰商人竞争所受的政治限制厌烦了。[63]

至于西班牙,它对自己的殖民地中英国非法贸易泛滥成患也大为不满——"这是西班牙人对英国船只满腔怒火的真实秘密所在",[64]而英国政府却小心提防西班牙与法国的波旁王朝同盟积极复活。[65]另一方面,"南海公司"既精心又有力地捍卫自己的利益,成为英国内部一个强大的压力集团。[66]受惠于侵略政策的并不止于"南海公司"一家,不列颠西印度群岛的蔗糖种植业主们也发现战争结束了1730年代中严重的糖业不景气。[67]而且,英国的海事保险业诸公司"也为在海上被英国海军俘获的法国船只承担保险"。[68]实际上,商业利益对英国政府的政策是如此之重要,以至在整个战争时期实行护航制度,护航安全成为护航舰只的"首要考虑之事"。[69]尽管此时在陆地上法军和普军在数量上超过了英军和奥军,[70]英国海军却是两倍于法国海军。西班牙海军和法国海军联合之力可在规模上相等于英国海军,但是,如将荷兰舰队加给英国舰队,英、荷舰队就在数量上有略胜一筹的优势,更重要的是还有联合指挥。尽管法国自1713年以来一直抓紧重建海上力量,战争还是再次确定了英国的制海权。法国在此战争中损失了它的半数战舰和一千多艘商船。"法国的海上力量一蹶不振了"。[71]

和平又是昙花一现。战争于 1754 年在美洲和于 1756 年在欧洲重新爆发。英、法在美洲的商业冲突（"犬牙交错几乎难以分清，但仍然是确切的"[72]）化成了"七年战争"的激烈斗争。荷兰人企图保持中立，但迫于英国压力限制了对法国的贸易。[73]西班牙人被诱加盟法国以求最终废除英国的特权，[74]但是，此举并没有给法国带来好处。1763 年的巴黎条约标志着英国在与法国的一百年斗争中最终占了上风。"在欧洲，等待着法国的是一个可与西班牙状况相比的漫长的黯淡时期。"[75]为了最终继承荷兰在 17 世纪中叶的霸权，英国进行了一个世纪之久的斗争并获胜了。这是作为全世界资产阶级的一部分的英国资产阶级的胜利，他们在英国国家的支持下取得胜利。能够对此胜利做出解释的唯一途径，就是分析英国国家是如何在政治上能够创造和扩大英国企业家压倒其法国竞争对手的社会经济优势差距。

让我们首先从人口统计考察着手。难题在于这是一个争论激烈之处，争论所及不仅有人口变迁之原因，还有需要解释的资料数据。有些人认为 1600 至 1750 年之间的法国人口增长缓慢，[76]甚至有人认为"实际上处于静止状态"；[77]其他人却争辩说在此时期的法国人口增长了 50%。[78]有一种看来是一致的意见认为法国人口在 1500 至 1750 年之间或多或少地保持了稳定状态，[79]人口数字是英格兰的三倍多，是大不列颠的两倍多。有人认为法国人口在 1700 年处于低点，在 1700 至 1750 年之间略有增长。[80]有人认为英国人口在 1700 至 1750 年的所有各年中都是"低得反常"。[81]考虑到在 1693 至 1694 年法国像大部分欧洲那样（与英国不同），遭受了一次非常严重的饥荒，[82]又于 1709 至 1710 年遭受另一次饥荒，[83]关于法国在 1700 至 1750 年之间人口增长的推测就更是令人吃惊了。此外在 1720 年，马赛经历了最后一次欧洲大瘟疫。[84]然而，至 1740 年时，英、法两国以及实际上大部分欧洲的人口数字都相当确定地向上增长了。[85]

赫夫顿（Hufton）认为整个食物供应是决定性的变数："一般来说，忍饥挨饿的人口不可能再繁殖；而营养不足的人口再增殖却不困难。"[86]整个食物供应的增长从何而来？它不是气候变化的结果，至少不是完全依靠气候的结果。由于从 16 世纪中期至 19 世纪中期的整个时期以小冰河期而著称，1750 年左右不可能有任何重大改善发生。[87]更有可能的是英国和法国北部与东南部的农业生产体系的发展，成为整个局面中的关键因素。一些人们高度评价马铃薯，认为 18 世纪的人口增长是"根据（马铃薯的）播散面积和消费量"而变化的。[88]另外一些人们认为马铃薯不过只是普遍较好

第六章 中心地区中的斗争——第二阶段：1689~1763 年

的饮食中的一个因素而已。茶叶取代了烈酒，大米和极为重要的食糖消费不断增加，后来又是水果、果酱和甜点心有助于食品丰富起来，在冬季里尤其是如此。[89]我们已经描述了农业改良的社会背景，这就是依靠压榨不景气的生产者扩大土地集中。[90]作为早在 1750 年之前就已开始的一种重要方法，[91]圈占土地之所以能够实现部分是依靠立法，部分是依靠土地占有者的效率和利润。[92]大地主们能够实现什么样的效率呢？首先是农业工具的改良，主要是因为铁器取代了木制工具。[93]此外，那些欲想变为大农场主的家畜饲养者发现青草饲料特别有用处。[94]

然而，对逐步集中趋势的局面最有重要意义的事情，是谷物价格的长期低落。[95]在从 1600 至 1750 年的整个时期中，几乎没有几个谷物丰产年份。[96]据说，价格低落的不幸却在实际上是英国的幸事，因为它导致了农业革新。[97]人们会奇怪为什么在此时期欧洲各处都是谷物价格低廉之时，农业革新只是在或主要是在英国竟然是真实之事。引人注目的正是在 18 世纪前期谷物价格处于最低廉时，英国成为欧洲的主要谷物出口国。最为明显的解释是英国政府于 1688 年实施的"谷物补贴金法令"，此项法令旨在鼓励谷物出口，[98]为农业的发展创造了"广泛有利的"[99]条件。几乎无可置疑，补贴金导致了英国谷物生产的增加，而且，它造成国内市场上有比其他情况下更为充裕的谷物供应，可能确实加深了国内谷物价格的不景气。[100]其明显可见的意图就是要帮助英国农业企业家们增加他们的利润率。

英国谷物供应得以增加，其市场又在何方呢？出路在于酿酒，城镇劳工又是酒类产品的市场，他们的实际工资在一个长期停滞时期中增加了。[101]例如，吉尔伯伊（Gilboy）特别提到伦敦所增加的实际工资，可以说都为"杜松子酒流行病"所耗尽。[102]在荷兰亦是如此，它增加进口英国谷物，特别是麦芽和大麦，供荷兰酿酒者之用。[103]英国的补助金促成对荷兰的出口日趋增大，[104]荷兰人又接着鼓励了英国更多地生产，因为荷兰的谷物价格在 1700 至 1720 年期间上涨了。[105]英国人之所以能够将波罗的海生产者排挤出荷兰市场，[106]是因为他们能够在市场推销上击败他们。这并不仅仅只是因为英国的运输成本更低（有过此种情况，但毕竟是先前之事），也是因为运往国外的谷物的实际价值中有大约 16.5% 是补助金。[107]一份作于 1768 年的伦敦小册子就此解释说："我们与波兰人竞争，争做荷兰人的农夫……同时，我们又同样让我们的爱尔兰兄弟去与丹麦人竞争，争做荷兰人的牧牛人。"[108]在此出口兴旺时期整个英国的小麦价格不断保持均匀一致，这就表明此项补助金全面发挥效用，其影响之力波及英国农业生产的一切地区。[109]

英国国家寻求为它的企业家们夺取荷兰谷物市场，既是作为对其他谋取利润机遇的一个增补（正是在如此谋利机遇不易取得之时），也是通过链锁效应谋取利润的一种方法。例如，英国排挤掉波罗的海生产者的结果，也就是英国在谷物运输贸易中取代了荷兰人。[110]当然，其他人也想这么干。实际上，从1650至1700年的半个世纪中，南尼德兰和法国扩大了它们对荷兰的出口，荷兰人也增加了他们自己的生产。[111]但是，英国补助金以廉价出售谷物使这些生产者在1700至1750年时期内走向衰落。[112]英国通过利用世界谷物市场保障了自己的地位，没有比这更好的办法了，并且有助于在全欧洲恢复1700至1750年之间的田地（ager）超过了丛林（saltus）。[113]然而，由于整个世界经济依然疲软，这又很快导致了1730至1750年之间的谷物生产过剩和又一次农业不景气。[114]在1750年之后普遍的世界状况好转之中，英国减少它作为世界谷物生产者的作用，转向更大的工业生产专业化。[115]

我们已经讨论了法国的状况，它与英国的差异要小于我们的想象。在考察1690年以后发生的变化时，我们首先要问为什么法国没有设立补助金。法国可能并不需要它们，因为法国要比英国远为庞大。1688至1713年的诸次战争切断了法国先前曾有过的谷物进口，由此"创造了一种有利于法国南部谷物生产的形势"。[116]此外，战争在西班牙造成破坏并因而切断了西班牙的畜类和酒类产品市场，而封锁则切断了英国和荷兰的亚麻籽市场，因此，法国南部明显地重新生产小麦。[117]从此时期直至18世纪中期，有土地的逐步集中，南部——比利牛斯山地区变成了"一个单一生产谷物供在地中海出口的地带"。[118]与此同时，由于交通运输革命（南方运河于1680年开通，新道路于1725年开始建筑），朗格多克（Languedoc）的农业得以繁荣；得以改善的交通运输还使小麦产品有可能在运抵马赛时的价格低廉到足以在地中海市场上有竞争力。[119]因此，法国谷物生产之增加类似于英国谷物生产之增加，在乡村社会结构和对世界经济的意义方面都有相同的影响。这就是说，核心地区在全面停滞时代又重操赚钱的"边缘"之业了。

从前述之事来看，为什么会有如此一种普遍的历史印象：英国在大约从1650至1750年有一场农业革命而法国却没有？要对此问题作答，我们考察在非农业的工业部门中所发生的情况。1700年之后的英国冶金和纺织生产表明了"一种普遍复苏趋势，但还不是明显增长。"[120]直至1750年，制造业的价格趋势仍是"和缓下跌"，而"实际工资和市场需求缓慢增加"。[121]这种增长了的需求首先就是出口需求，特别是殖民地的需求，这正如我们在前文中讨论过的是英国在英属北美诸北方州中的主要政策目标之一。它还体现了作为这一时期中农业财富增长之结果的国内需求。[122]在首先从自己的需求增长中获利的人们中就有大地主们。1700至1750年之间，通常很低的地租得到了补偿，补偿来自地产利润不断增多的来源：出售木材，出租土地供采煤及其他采矿以及采石、铁工厂和石灰窑之用。[123]

冶金工业的一个主要推动力是农业生产的扩大，[124]与法国的连年战争也是一个重要的促进因素。[125]战争产生了对军需金属的需求，使进口更为困难（至少是在战时），由于造船业扩大耗尽了木材。国内需求水平的提高扩大了建筑业，刺激了铅制品生产；然而，铅的价格仍然很低，也许表明产量的实际增大对于缓慢增加的需求是太快了。[126]古尔德（Gould）作了这样的猜测：1600至1750年之间食品价格低廉的真正重要意义在于降低了纺织品生产的成本。[127]在此，如在小麦出口的情况中那样，生产扩大的关键因素又是政府在世界市场上的干预行动。英国政府提出了今日所称的"进口替代"政策。[128]早在1675年，议会就讨论了英国织布业者面临的印度贸易所带来的竞争，于是就向白布征收若干关税。

1690年代那场特别的经济危机导致了1696至1700年的所谓"白布争端"，结果是1700年颁布了一项法令：禁止从波斯、印度和中国进口印染花布。尽管有东印度公司的反对，有那些在英国市场上出售或加工印度货物的人的反对，还是这么做了。然而，此举并未起到帮助毛纺制造业者的作用，因为白布可在英国印染。1719年织布工暴乱（失业所致）导致了1720年的"节俭法令"，禁止使用和穿戴印花布（有少数例外）。当然，其实施效果是有限的。由于平纹细布仍可进口，许多白布也就鱼目混珠得以进口，而上光印花棉布就走私进口。1735年的"曼彻斯特法令"改弦更张，特意从"节俭法令"中剔除了在大不列颠制造的亚麻和棉毛印染品，实际上最终给予棉和亚麻纺织品合法权利了，只要它们是在英国制造的。[129]这些立法的整个作用因而是：在英国"鼓励了白布替代品的制造"。[130]

然而，棉纺织时代尚未到来，因为直至1773年时所谓的英国棉实际上只是一种纤维，棉网的棉纬线或经线在其中与亚麻经线或纬线混合编织。[131]

265 亚麻大多仍靠进口,主要是从德国、爱尔兰和苏格兰进口。[132]18世纪时,德国亚麻逐渐让位给爱尔兰和苏格兰亚麻,这又是起始于1660年的政府政策的结果,此后,政府政策逐步更趋严厉。[133]1707年之后,苏格兰成为大不列颠的一部分。苏格兰与英格兰合并的基本影响是英格兰毛纺织品取代了苏格兰毛纺织品(那些最粗劣种类除外);但是作为回报,苏格兰亚麻制品被允许在英格兰畅销。[134]这对苏格兰的地主-企业家有多大好处一直是久为争论之事。[135]爱尔兰的情形更是于一个单方面有利。利默里克(Limerick)条约结束了"威廉战争(1689至1691年)",并规定英国君主的权威对其殖民地和对爱尔兰都是相同的。[136]这对爱尔兰的生产活动产生了直接影响。王政复辟时期已有措施压制爱尔兰工业,禁止同美洲殖民地的最直接贸易关系。[137]1666年的"牲畜大法令"将爱尔兰产品排斥在英国市场之外,迫使其集中向英国出口羊毛。[138]

在"光荣革命"之后的时期中,英国人走得更远。他们以1699年的"爱尔兰毛纺品法令"摧毁了爱尔兰毛纺工业。[139]此项法令迫使爱尔兰转向由工资极微薄的乡舍工业(Cottage Industries)进行的亚麻品生产。[140]詹姆斯(James)声称这对爱尔兰来说并不太坏,因为他们在18世纪中被允许像苏格兰那样向英格兰和英国殖民地出口货物,西印度群岛成为爱尔兰供应的

266 主要市场。[141]然而,此中遗漏了这个事实:这种出口贸易的主要受惠者却是在爱尔兰的英国大地主。希尔的评论看来更合理:"使英国获得世界霸权的海上体系,又使爱尔兰成为继黑奴之后的一个重大牺牲者。"[142]我们随之看到这样一种模式:在1650至1750年期间(特别是在1689年之后),英国政府积极采用重商主义措施去扩大英国在世界冶金和纺织生产中的份额。[143]英格兰包揽了毛纺织业和棉纺织业,但是,苏格兰和爱尔兰只被允许分享亚麻生产。[144]问题仍然是:英国工业生产中这种无可置疑的增长与法国的情况相比较又是如何呢?

英贝尔特(Imbert)说:在旧王朝统治的三个世纪中,法国工业资本无疑取得了进展,但小于英国资本所取得的进展。[145]法国起初独领风骚,门德尔斯认为在1700至1750年时期,法国仍是世界上的头号工业强国。[146]莱昂(Léon)指出:尽管在18世纪中法国制造的出口产品的百分比维持未变,但是其绝对数量增加了四倍,他还说这种出口导向工业是技术最先进的部门。[147]内夫认为1640至1740年之间,法国生产规模的增长速度要快于1540至1640年时期,而英国的增长速度由于内战出现缓滞,只是在1750

年代才重新增长。因此,他又认为这两种经济增长速度趋同了。[128]计量数据不足,学者们又各执己见,这意味着我们应当小心从事。或许,最好是对王政复辟后时期的英国生产和柯尔伯后时期的法国生产进行比较。坎宁安(Canningham)在1892年就此比较说:

> 在(1689至1776年时期)的大部分时间内,(英国)在谷物的进出口方面执行了一项非常醒目的政策(即补助金制度)。……这一咄咄逼人的政策之举带有重大利益,因为它看来已经引起了农业改良中的巨大进步,这进步发生时仍维持了这一政策。……这看来是对英国还很新鲜又称之为重商主义体系的计划中之一部分。法国扶持工业,荷兰扶持航运。英国却走了一条促进农业发展的路线。此举在18世纪中证明是英国繁荣发达的柱石。[129]

有两个问题令人思索。将这一时期英、法两国政策之间的差异视作是重视农业轻视工业的差异,这样的认识正确吗?这能解释英国后来更大的繁荣吗?马尔科维奇(Markovitch)所作的一项新近研究考察了18世纪英、法两国的工农业贸易,倾向于证实康宁汉的概括结论。他发现在法国,工业价格相比于农业价格是高昂的,而英国正好是相反的。[130]为什么竟然会如此?或许,这是因为两国就是想要如此;如果它们确实这么做了,那么,它还会同长期的世界经济停滞背景下的两国规模有关系吗?无论是英国的国内市场,还是法国"五大包税区"(Five Great Farms)的国内市场,其规模都不足以支撑实现工业机械化的重大努力。对英国而言,这意味着征服国外市场;对法国而言,这意味着实现国家的经济统一。[131]

在此时期世界需求疲软,英国欲要进入,乃至最终控制主要的外国市场,一个更可靠的办法就是出口谷物而不是工业品。英国政府因此重视谷物补贴金,不过也未排除其他策略。法国的情况颇为不同。法国工业的一个很大部分是在大西洋区(ponant),该地区处在"五大包税区"之外,且与美洲有极密切的商业往来。大西洋区的企业家们发现,在法国其他地方销售他们的货物要比在荷兰销售更为困难。为了维持与荷兰的商业关系,他们开始放弃诸如炼制精糖这样的工业,向荷兰出售未精炼的粗糖以换取印染花布和铁器。[132]这就开始使大西洋区处于与荷兰相对的一种地位上,也就是类似于葡萄牙相对英国所处的地位。

柯尔伯（Colbert）的政策并未成功地"吸收""大西洋区"，但是在其他地区恢复了"大西洋区"正在放弃的工业，从而拯救了法国免于重蹈葡萄牙的覆辙。在17世纪之初，"大西洋区"是富裕之乡，布匹和亚麻制品的产地；由于有了柯尔伯（Colbert），这种情况就开始转变，东北部地区（处在"五大包税区"之内）和朗格多克（Languedoc）地区都兴起了工业。[153]从1700至1750年之间，55%的毛纺工业在东北部地区，28%在南方地区，西部地区却降到了4%。[154]法国对工业的重视是对一种急切需求的反应，在长期之内它是成功的。在拿破仑战争中终于全面实施柯尔伯（Colbert）的政策之时，使这些政策能够贯彻执行的工业基础已经保存下来了。"自由放任、自由通行"最初就是指废除重商主义的法国内部的诸多障碍。[155]

1700至1750年，大不列颠对农业出口予以更大的重视，可以用来解释它在随后百年中的经济胜利吗？[156]或许可以，但仅仅只是间接的。正是对国外贸易的重视（此时正好大都是谷物贸易）促成了英国重视海军和殖民地，这又继而使英国能够在与法国的长期斗争中获得军事胜利。就在法国国家费尽苦心克服其内部障碍之时，英国国家技高一筹挫败了它。这种胜利远非是自由主义的胜利，而是国家强大的胜利，然而，国家强大的力量又是必然的结果。结合对荷兰共和国——原来的霸权强国——的生产力量的考察，可以极佳地理解英、法两国的生产力量。整个17世纪中，相对于英、法两国，荷兰的生产成本费用增大，至1700年时其中差异明显可见。[157]成本费用上涨产生于霸权通常具有的两个特点：税赋增加[158]和工资水平提高，[159]尤其是后者损害了劳力密集型部门（在此处情况中系指纺织业、造船业和酿酒业）。[160]荷兰产品到了在世界市场上竞争力减弱的程度，荷兰资本主义仍可以依靠对外投资的收入维持下去。因此，荷兰的衰落不是绝对的，而是相对于英国和法国而言的衰落。[161]

英、法两国生产模式中的缓慢转变（以及荷兰持续的相对衰落，更不必提西班牙和葡萄牙的衰落）促成了新的商业模式，或者说至少是一些先前趋势的强化。在1660至1700年之间，英国成为殖民地产品转送出口的一个主要贸易中心；但是，情形照旧，世界经济中的海运商业还是"欧洲的一统天下"，还是由荷兰人掌握大多数海运商业。然而，经济扩张的发展方向，尤其在1700年之后，明显向西移至新的殖民贸易；而在此方面，英国正在寻求成功地取代荷兰。[162]1689至1713年的英—法战争时期，标志着英国出现了关于重商主义贸易政策之利弊的公开争论。一方认为1696年的英国航海法令和贸易部的建立,标志着政府在贸易过程中的管理达到了一个新的严重程度,[163]另一方却是提出了更自由的贸易和修改重商主义政策的要求。[164]双方都无足够之力取胜,正好反映出这个事实:英国在世界经济中日趋强大却又依然离霸权甚远。[165]

18世纪前半叶,在西移的贸易中居首位的是食糖,[166]其次是制糖的奴隶。[167]在1700年时,英国明显控制了食糖的世界商贸,但是至1750年时又大多落入法国之手。[168]对此变化可能做出的最佳解释,是比较牙买加的生产和法国控制下的生产,前者成本费用增大,因为其沿海地带的土地耗竭了,后者却是相对的是新生产地区。[169]这意味着法国的竞争取胜了英国吗?不是,如比拉尔所指出的:虽然法国的对外贸易在18世纪中"美洲化"了,英国的对外贸易却"全球化"了。[170]英国在食糖中的损失由别处予以弥补——首先就是奴隶贸易。在17世纪争夺非洲奴隶贸易的斗争中,荷兰人一开始就是最强有力的竞争者,[171]他们在当时也适合这一角色。西班牙殖民地是最重要的奴隶市场,因此有了争夺贩奴垄断权的竞争,贩奴垄断权作为一项定规在1662年恢复。[172]

在英国,皇家非洲公司自1663年开始拥有奴隶贸易专卖权。[173]起初,利润甚低,因为世界糖业不景气,但是,1689年的战争使之改观。[174]这家英国公司拥有在英国殖民地出售奴隶的专卖权,还享有"航海法令"的豁免权,可以在英国的加勒比海港口向西班牙买主出售奴隶(西班牙港口不向英国奴隶贩子开放),这些西班牙买主用西班牙船将买下的奴隶带走。这种买卖使该公司受到英国种植园主的抨击,他们认为西班牙人的购买抬高了奴隶价格,增强了西班牙人的竞争力。[175]他们呼吁实行奴隶自由贸易,事实上,该公司的专卖权也于1698年结束,尽管该公司声称说非洲奴隶贸易在本质上是一种公共事业。[176]经营奴隶贸易的利润如同经营糖业的利润一样,看来是合法事业,需要英国政府予以保卫。英国政府取悦这两种利润的唯一办法就是"为了向西班牙美洲供应奴隶取得一份另外的合同",[177]这就是奴隶贸易专卖权,如我们所见,于1713年获取了。

英国种植园主得到了他们的奴隶自由贸易,但是,英国奴隶贩子得到了他们的西班牙市场。种植园主们认为这一妥协偏袒了奴隶贩子。[178]此外,牙买加岛上那些因牙买加是奴隶贩卖中心而获利受益的人们,现在全都悲叹"南海公司"直接进入了西班牙港口。[179]奴隶贸易专卖权也沉重地打击了法国在美洲的非法贸易，法国人被迫退回到与西班牙属美洲的一种较早期也不太赚钱的贸易方式：由在西班牙的商人托销货物，这些商人再出口至西班牙的边远地区。[180]相比之下，英国人却有打开西班牙贸易的三种不同方式。他们像法国人那样经由西班牙之手进行贸易；但是，他们也利用"南海公司"每年派出的船只做交易；以及通过经由牙买加的非法但半受保护的贸易。[181]西班牙商船队正在消亡，[182]而且到了它求取生存的程度，而英国人现在从以船抵押贷款的无形条款中获利了。[183]

17世纪之初，法国在地中海商业中发挥了比英国更大的作用［马森（Masson）称之为压倒优势作用］。[184]在整个17世纪中，英国的参与作用稳步增大，[185]但在1689至1713年的战争时期衰落了。另一方面，法国外交颇为成功。1690年，法国与阿尔及尔签订了一项条约，排除了北非海盗对法国商业的攻击，这些海盗们仍在同时威胁着其他欧洲强国的贸易。[186]法国还取得了在埃及的特权地位［法国人曾失去这种地位，当时，路易十四于1697年签订赖斯韦克（Rijswijk）条约并未与他的土耳其盟友磋商］。[187]总之，法国在地中海东部的贸易明显高涨。[188]其基本原因看来是法国纺织品的优良质量，或者说至少是比英国此时向地中海东部提供的中等纺织品要高出一等。[189]法国的这种贸易在形式上和事实上都为马赛所垄断，[190]马赛因而也变成了地中海东部和北非的各种产品的再出口中心之地。[191]尽管如此，奥斯曼帝国基本上仍是一个外部竞争场（external arena），[192]因此，它的贸易在法国（和西欧）的整个商业活动中所占的比例不是变得更大了，而是变得更小。[193]

在17世纪后期，亚洲与欧洲的贸易中有一种缓慢的转变，开始从胡椒和香料转向其他的奢侈品：印度纺织品，中国、孟加拉和波斯的丝绸，中国艺术品（漆器和瓷器等），[194]以及茶叶和咖啡，这两者起初也属奢侈品。[195]这种不断发展的贸易其本身并未使印度洋地区边缘化。比如说，纺织业生产的增长并未"伴随有制造技术中任何重大变革"，[196]或者也就因而没有生产中的社会关系重大变革。然而，欧洲列强正在开始使自己处于可以强迫变革的地位上。1674年，"英属东印度公司"与马哈拉特（Mahrattas）人结盟；1684年，他们又在孟买筑堡设防，结束了"不设防商站"的政策。苏瑟兰（Sutherland）说这是"一个巨楔之利刃"。[197]欧洲利益的这种增长导致了欧洲诸国之间的竞争激化。1746年法国人攻占了英国人占据的马德拉斯（Madras）之后，这种竞争采取了战争形式。此后，尽管欧洲出现短暂的和平局面，暗中的冲突却连绵不断；[199]只是至 1763 年巴黎和约之后英国的霸权最终确立起来，这竞争才告结束。

然而，尽管欧洲在亚洲贸易中的利益不断增大，[199]亚洲仍是一个外部竞争场。从 1600 至 1750 年，中心地区国家全都一步一步地变成世界广大地域之内的殖民强国或半殖民强国。它们对北美洲和西印度群岛都持积极态度，因为它们能够在北美洲通过移民殖民地扩大它们的市场，[200]能够在西印度群岛取得有厚利可图的食糖供应。但是，它们对印度洋地区、非洲海岸地区以及伊斯兰地中海却是极为勉强的态度。甚至在这些地区，有时出现强加的欧洲的直接政治权威，通常也只是预先阻止某个竞争对手的占有。交换的产品对欧洲而言逐渐地变得不再是奢侈之物。然而，直到 18 世纪中期出现世界经济的高涨发展之时，才会有真正的边缘地区化开始进行，而且即使在此时，边缘地区化也只是首先发生在最有经济前景的地区如印度和印度尼西亚。[201]人们正是在波罗的海和白海的贸易中，最为敏锐地认识到可以说是意味荷兰商业霸权完结的东西，1689 年之后的时期中，世界经济中的这一霸权结束了。荷兰的地位在别处也衰落了，如在加勒比海、大西洋和一般而言在亚洲的贸易中。[202]但是，北方贸易是荷兰的根本贸易所在，也正是在此，英、法两国的竞争给予荷兰以最大的损害。

如同对印度的贸易那样，对俄国的贸易日益密切但也未使俄国边缘地区化。[203]诸如谷物、大麻和钾碱这样的大宗贸易在此时因为其不定期而与众不同。唯有在欧洲市场上粮价特别高昂之时，西欧才会从阿尔汉格尔（Archangel）进口谷物；但是，诸如蜂蜡、鱼子酱和皮毛这样的奢侈物品，"在运输成本费用少于售价时"，就会定期运来。[204]诚然，荷兰人在俄国贸易中保有一席重要之地，[205]但是在 1700 年之后，英国人缓慢地取代了荷兰人，[206]特别是成为桅杆木材的进口者。[207]英国人还开始控制瑞典铁的进口。[208]法国此时增加了它在北方的贸易，虽然少于英国，但又一次以牺牲荷兰为代价。[209]威尔逊（Wilson）说荷兰对欧洲商业和运输"的实际垄断直至 1730 年左右仍完好无损"，[210]只是在 1740 年之后，才有了对荷兰的贸易中心地位发起的严重攻击。[211]

威尔逊（Wilson）所言或许是对的，但是，有两个事实也许会使我们认为这种实际垄断在更早一些时候终结。第一，在 17 世纪时，英国货物大批运往阿姆斯特丹和鹿特丹，并且是委托出售；但是至 18 世纪时，情形逆转了：伦敦成了贸易中心，荷兰的亚麻品在英国也只能委托代销了。[212]第二，有证据表明18世纪中感觉敏锐的英国人民不再认为荷兰是霸权强国；依我们来看，他们倒是很恰当地认为法国是一个比荷兰更严重的竞争对手。[213]当然，在金融领域中荷兰人仍执牛耳。甚至在此领域中，英、法两国的地位也最终发生惊人的变化。始于1689年的"第二次百年战争"，对英、法两国都提出了巨大的财政问题，尤其是对法国。[214]作为"大陆"强国，法国不得不为了维持它的雇佣军队和在欧洲的外交而提供无止境的资金。法国国家寻求满足这些不断增加的费用的办法，[215]就是在1690至1725年之间实行一系列的贬值。[216]这些贬值在短期和若干方面有助于国家，[217]但中期的代价却是高昂的，[218]因为名义价格上涨掩盖了实际上的周期性危机、普遍的生产下降和税赋的增加。[219]

英国能够较好地消除这些战争的财政压力，部分是因为它的纯军事费用较少，也部分因为它的金银储备情况更有利。17世纪后期，全欧洲都遭受了一次白银危机。英国也不例外，而且在1690年代对出口实行部分禁止，与东印度和波罗的海的贸易被允许例外。[220]我们已经说过，由于法国生产的产品大多是在法国市场出售，并要求用国内商业货币（白银），而英国（因为其规模）主要面向出口市场，要用国际清算货币（黄金），所以，英国走向实行实际上的金本位制，法国则实行银本位制。[221]这种情况又为金银贸易的连环本质所强化：法国经由西班牙从墨西哥取得白银，英国经由葡萄牙垄断了来自巴西的黄金。[222]英国利用从1689至1714年的战争时期去确保它的黄金供应。[223]因此，白银危机对英国的影响要小于对法国的影响。法国调整处理它那负担太重的白银储备，从而削弱了它的国家结构，就在此时，英国通过对日益增长的黄金储备加以商业控制，从而增强了它的国家结构。

无疑，金银的重要性不是它自身内在的，而是其他商品价格疲软的反映；[224]在这样一个时代，控制有足够的金银储备却是核心大国彼此斗争中的一个极重要的可变因数。英、法两国都力求使本国财政有一个更健全的基础。两国都发展专门组织、增大税赋、多发行纸币以及增加公债。[225]然而，1689至1714年的战争导致法国公共财政于1715年陷入"无法忍受的混乱"，[226]却使英国财政有相对的偿付能力。差别何在？范·德维（Van der wee）认为法国重商主义"在路易十四的'伟大政治'时期太多地服务于军事扩张政策"，而英国的重商主义"是系统地服务于经济扩张。"[227]他因而比较了军事扩张（绝对是国家资金的非生产性用途）与经济扩张（更可奖励的)。这是一种标准的观点,但是,它并不能解释为什么会有这样一种差异。

我们已经讨论过英、法两国不同的地理条件,这种差异迫使法国进行代价昂贵的陆地经济扩张——首先就是法国本身有效的经济统一。法国作为一个陆地强国的相对成功,不应由与英国的比较来衡量,而是应由与奥地利的比较来衡量。"在18世纪开始之时,奥地利王朝拥有的领土和法国一样广大,其人口也几乎是一样稠密,但是它的税赋收入却要少五倍。"[229]

并非只有法国才有支出大于收入,而是英国和法国都是如此,这在一种资本主义制度中是可能的,只要有信心支撑。信心在很大程度上反映了经济现实。成功带来成功,失败导致再失败。如我们所知,法国国家利用货币贬值作为一种借方筹资机制。甚至更为重要的是法国国家发展出一种征收未来税赋的举债形式。1690年代后期,商业银行家们开始出售打折扣的债券,这些债券的基础却是国家财政部对未来税赋收入的指望。随着这种办法的扩大,现实情况是商业银行家在事实上依靠不可靠的战时政府的许诺,而在发行一种信用货币。1709年,这座信用大厦倒塌了。国家授权延期偿还应付给商业银行家的款项。如吕提(Lüthy)所说的:"实际上是国家在给它自己延期还债。"[230]

同时,包税(affermage)成为筹集皇家税收的一种主要机制。它提供了从柯尔伯(Colbert)时代至法国大革命全部皇家税收的一半。[231]从国家的观点来看,包税是一种花费昂贵的办法。莱昂(Léon)说:金融家们是高价的中间商集团,在"一个虚弱的发达国家中"是必不可少的,在这样的国家中,直接向公众举债"如果不是可能的,那看来也是困难的"。[232]在英国,同一时期的发展大为不同。的确,在较早时国家筹措资金有同样的困难。克拉潘(Clapham)提到了"斯图亚特王朝后期捉襟见肘的财政状况。"[233]但是在1689至1714年的诸次战争时期,这正是威廉与玛丽随后又是安妮女王的统治时期,英国人采取了决定性步骤去创立一种长期性公共举借的制度,也就因而是公债制度,它使国家以相对低廉的代价就有了一个更安全可靠的财政基础。英格兰银行于1694年创立。此外,这一时期中还建立了一个经过重组的"联合东印度公司和一个新建立的南海公司"。这三家公司向国家提供长期贷款以换取它们的特权。[234]它们的贷款"在从短期债务向统一国债发展的转变中……发挥了一种极重要的作用。"[235]

279　　　的确，这些贷款是一笔好买卖交易。对政府当局来说，这些贷款虽要偿还但可以不断举借；对于股东们来说，利息率诱人而且股票可以不断增值。它仍需有可靠的信心支撑。卡特（Carter）说：在威廉和玛丽掌权之后，金融界感到可以信任政府。[238]投资者是谁？除了城市居民（甚至还有一些乡村居民），卡特提到了外国人：西班牙与葡萄牙的犹太人，以及法国新教徒。[239]根据更深入的调查，看来相当清楚的是：英国国债赖以寄托的重要信心是荷兰银行家及其金融盟友的信任，包括那些组成称之为法国新教徒国际的人们。[238]为什么紧接着在撤销"南特敕令"（Edict of Nantes）之后法国新教徒情愿在英国而不是在法国投资于银行，[239]以及为什么在历次反法战争中与英国结盟的荷兰人会有相同之感的原因是一目了然的。但是，为什么他们不在荷兰投资呢？英国人在1689年之后可能是冒了入不敷出的风险去举债，而且也可能确如威尔逊（Charles Wilson）所说的："英国利用借自荷兰黄金时代的得益，对帝国前途进行赌博，而且赌博成功了，"[239]但是，荷兰人不得不心甘情愿地借钱给英国。

　　如果说荷兰银行业对18世纪的英国国债表现出一种"特别强烈的"
280 兴趣，[240]其中必有某种原因。我认为这原因较少与英国有关，而是更多地与荷兰有关。[241]我们首先考察两个事实。18世纪中，英国国债大多为外国人所拥有，[242]而且在1689年之后，英国逐渐成为"备受阿姆斯特丹资本青睐的投资场所。"[243]17世纪英、法两国重商主义政策的最终效果就是要消除荷兰在生产领域中的优势，甚至在很大程度上是要消除它的商业优势。荷兰的工资成本上涨了。荷兰的技术领先地位消失了，国家税率之高异乎寻常，部分原因是债务还本付息的费用高昂。[244]荷兰在世界经济中的地位的力量曾引起一个后果：低利率，现在看来要维持这低利率却要依靠"日渐衰弱下去的商业趋势，这趋势又证明了资金外流的合理性。"[245]荷兰联合省的利率从17世纪早期的6.25%跌到了18世纪中期的2.5%，在此情况下，英格兰银行提供的6%的利率（以及5%的年金和殖民抵押品）对荷兰投资者来说是太诱人了。[246]

　　简言之，没有更实在的选择了。促使荷兰人把自己的钱投资于英国的原因既不是"封建责任"心态（feudal business mentality），也不是缺乏爱国主义精神。"比较成本费用，比较资本回报，以及财政政策全都有助于荷兰人在国内外投资于食利股票，而不是工业。"[247]桑巴特（Sombart）将此种变化作为证据分析说：中产阶级总是"堕落颓废"，但是荷兰自由派史学家克莱因（A. N. Klein）对他这种"可争议的"说法提出异议，赞同马克思的解释，即每一个资本家都是热衷于政府维持价格或资本自我扩张的狂热迷。他认为这一形象描述完全适用于荷兰的情况：

> 17世纪的荷兰商人及其在18世纪的食利者后裔适合这一概念，只要我们认识到后者的经济前景曾被限定于非常缺少诱人之处的金融投资中。如果有一位狂热迷要比另一位更快更有效率地实现了目标，即也许只是因为他有更大的可能性，肯定不是因为他有更大的决心。[248]

荷兰的这种金融变化既非突然之举，亦不是完全彻底之事。相反地，它是一个渐进过程。荷兰的银行仍是其他人可以存入金银的可靠保存之地，[249]而且在18世纪中硬币铸造的比率持续升高。[250]

直至1763年之前，欧洲对阿姆斯特丹作为世界金融中心的信心尚未动摇；[251]但是在18世纪之初时，荷兰人已将他们的钱财投向酬报最丰之地，这就是英国。这是"一种直截了当的生意安排"，[252]在此之中，给予荷兰投资者的高额回报帮助英国国家减少了它借债的成本费用。最后，英国可以如法国那样在国内就能筹集他们的资金，但是，荷兰投资"使英国能够在极少打乱其经济的情况下进行战争。"[253]在一个原来的霸权强国和一个正在崛起的新强国之间达成的这种共同安排，给前者提供了体面的退休金，给后者提供了极重要的推动力去与对手竞争。后来，这种模式再度重现，这就是在1873至1945年的时期中，英国扮演了当年的荷兰角色，而美国扮演了当年的英国角色。

在乌得勒支（Utecht）条约之后，法国做出了一次强有力的努力去毁灭英国在世界金融中初生的优势。哈辛（Harsin）论及了法国的问题："直至1715年，法国金融体系中最严重的缺陷是缺少公众信誉"。[254]约翰劳（John Law）的"私营"银行[255]就是旨在弥补这一缺陷。他的企图是创建一个将是国家收入接受者的银行，以此重新建立法国国家的信誉。在此基础上，该银行将发行可以兑换黄金的有效货币。其长期目的是确保货币稳定、增加流通货币、降低利率、改善与外国货币的兑换汇率，以及可能是最重要的：减少国家开销（公债和由居中的官僚阶层不断耗去的国家收入）。所有这些都将可能实现大规模进行海上和殖民地扩张的计划。为了实现这些目的，约翰劳主要提出了两件事：多发行纸币和财政改革。[256]这看来是企图完成柯尔伯（Colbert）的未竟事业，是想象中的一次大跃进，似乎可能恢复法国在与英国的斗争的明显领先地位。这一计划完全失败。在取得了最初的资本之后，约翰劳的银行创办了"西方公司"（Compagnie d'Occident）去开发密西西比河流域（路易斯安那），并拥有国家授予的垄断权。这家银行着手合并其他一些贸易公司［塞内加尔（Compagnie du Sénégal）公司、东印度（Compagnie Indes Orientales）公司和中国公司］，并在1719年创建了"印度公司"（Campagnie des Indes）。

同时，约翰劳的银行接手公债的支付，不由税收款项予以偿还。约翰劳还寻求重新组织税收制度使之合理化，但是，股票和纸币的通货膨胀所引起的巨大的投机狂热使这一计划化为泡影。突然之间出现了一场信心危机。紧缩股票的企图适得其反，这个制度在所谓的"密西西比泡泡"中崩溃。为什么？戴雍（Deyon）和雅卡尔（Jacquart）认为尽管"此项计划的规模"令人"景仰"，约翰劳本人却没有"即使是最出色的战略的成功也要依赖的实施艺术和耐心掌握时间。"[28]哈辛（Harsin）认为约翰劳所建立的体系是"坚定的，但是也许是早熟的"，之所以失败是因为"他的创意失之轻率、他的建议失之仓促行事，而不是因为它们缺少逻辑以及他的敌人联手反对。"[29]在韦伯（Max Weber）看来，约翰劳的失败却是不可避免的，仅仅只是因为"不论是路易斯安那的，还是中国的，或是东印度的诸种贸易都无法产生足够的利润，去支付即使是他的资本中一小部分的利息。"[29]

如果我们看一看英国在同时发生的投机一事，或许我们就可以理解约翰劳的失败了。英国的这场投机导致了称作"南海泡泡"的类似危机。（当然，投机行为并非仅限于英国和法国，在日内瓦、荷兰联合省、汉堡和意大利北部，银行家和投资者都在积极地煽动投机）。[28]约翰劳的"体系"中包括了连在一起的三个国家垄断企业：一家货币发行银行（皇家银行），一家贸易公司（印度公司）和一个集中化的间接税收税系统（税务总署）。1719年10月，约翰劳提出偿还15亿元法郎国债的剩余部分，对股票的需求远远超出预计，在法国和英国都是如此。英国人于是照葫芦画瓢仿效此项计划，利用了已存在的"南海公司"。[28]在英国也同样是出现对股票的需求超出预计之数。在此两例中，举足轻重的要素是单个的政府的债权人不是被强迫而是被引诱去购买股票。[28]然而，在法国如此引诱处在压力下之后，游戏规则却被改变了，银行纸币价值被减少了50%。如汉密尔顿

(Hamilton) 所言：

> 由于约翰劳和摄政者都庄重地反复许诺说银行纸币的价值决不会改变，恐慌压倒了一切。既然王国政府信誓旦旦地保证不会有最后的一击，就一笔勾销了银行纸币的一半面值，持有者们就力图抢在第二击之前将它们花光或投资出手。[263]

"大崩溃"从巴黎波及伦敦。无疑，此事"生动鲜明地展示了新金融大厦的脆弱"，但是同样无疑地表明了"新金融技术的恢复之力"。[264]英、法两国此后都进入了一个长期的金融稳定时期直至法国大革命。[265]在此意义上，坏事变成了好事。然而，法国试图利用约翰劳的体系去克服英、法两国之间在金融力量中不断扩大的差距，此举却适得其反。英国先前创立的中央银行幸免于"南海泡泡"之灾，但是法国的相似机构却导致了"密西西比泡泡"，而且与之同归于尽。"约翰劳的统治是极短命的，震撼了一切却一无所获。"[266]在英国，议会支撑了破产的南海公司；此举"挽救了面子"，因而也挽救了英国的信誉。[267]这样的事情在法国政治中是不可能的。约翰劳的体系的直接消极影响被夸大了，[268]它也有甚至是积极的影响。[269]真正的消极影响是未能成功的失败，也未能重振旗鼓。

随着18世纪的岁月推移，英国在世界经济中的金融中心地位提高了，而法国却降低了，[270]因为法国不如英国那么强大。于是，摆在我们面前的问题就是：英国是如何变得比法国更为强大？有些人衡量一国之力量的尺度是个人在何种程度上得到保护，免受政府的专横决定或公共官僚机构之害。对他们而言，这个问题也许显得可笑。但是，我们已经清楚地表明了我们的见解：一个国家的强大在于那些统治者可以使其意志胜过国内外其他人的意志。根据这一标准，我们认为英国至18世纪之初期时已明显比法国胜出一筹。真正强大的国家极少需要显示它的铁拳。坦普尔利（Temperley）指出：如果说沃尔波尔（Walpole）时代是"一个平淡无奇的和平时代"，那是因为有昔日的勇猛之功："1703年与葡萄牙签订的梅休恩（Methuen）条约和1713年乌得勒支（Utrecht）和约的商业条款，都为人普遍看作是对英国贸易的让步，只有凭借武力或武力威胁方可强取。"[271]仅有武力尚不足用，还须有管理之功效。普卢姆（Plumb）说："1714年时的英国，很可能享有欧洲最有效率的政府机器。"[272]

我们的见解是：在18世纪晚期英、法两国奏效的社会妥协，与现在有时所言的相去不远；在此两国中，它们都在1689至1763年的英法战争中产生了相对的内部稳定。18世纪是"欧洲君主和贵族之间的和解时代"，[223]这一和解的基础是地主阶级的收入得到强有力的政府支持。法国的情形是公认如此，那么英国就不是商业资本的胜利之乡吗？此事并无疑问，但是，这与地主收入竟无牵涉吗？[224]除了与个人的作为相重复之处外，还有历届政府以我们已叙述的诸种方式支持商业的、工业的和金融的企业；不过，它们同时也允许地主阶级分享一份厚利。法国的情形又是公认如此。免交税赋的贵族们以及贪利的长袍贵族对我们心目中的旧王朝可谓举足轻重，[225]但是，这在英国竟是未闻之事吗？就在这个"贵族垄断了土地"的"大地产时代"，[226]沃尔波尔（Walpole）执政时的稳定产生了何种影响呢？汤普森（Thompson）尖刻地说：

> 1720年代英国政治生活有"香蕉共和国"（译注）的病质中的某些弊害，每一个政客凭借裙带关系，诱之以利和贿买，在其身旁聚集了一帮忠实的附庸者。目的是要奖赏他们，授予某种职位以便从中渔利公帑：军费、教会、税赋……。大乡绅、投机家和政客们均是巨富之人，其收入之高耸入云犹如安第斯（Andes）山之巍峨于百姓贫困的遍地雨林之上。[227]（译注：香蕉共和国系指由外国资本控制，只有单一经济作物的拉丁美洲小国）。

与情形相差无几的法国相比，英国的这种"国家如同匪盗的情况"[228]在土地财富的影响后果方面竟会有什么明显不同之处吗？我们必须言归正传：是什么使英国国家比法国更为强大？最简单的答案很可能是：英国人在1689至1714年的战争中以其军事能力抑制法国的结果，这与其说是因为荷兰人给予了军事援助（这并非不重要），还不如说是因为荷兰人对英国国家的投资给予了金融财政援助。荷兰利益所树立起来的信心使创建英格兰银行成可能之事，也使英格兰银行有可能在"南海泡泡"之灾中幸存。最重要的是最终有可能在沃尔波尔（Walpole）的一党国家中解决英国国家统治阶级的内部分裂，这一分裂始于斯图亚特王朝早期之时，又以一种不同形式延续为1689至1715年之间尖锐的托利党和辉格党之争。[229]英国国家逐渐强大以及英国企业家继续征服经济世界，并不是因为英国比法国更民主，[230]而是因为在某种意义上更不民主。在突然之间，气氛从一种政治暴力变成了一种政治稳定。[291]

上层阶级的政治和解曾是英国在18世纪得以稳定的要素，但在法国只是部分地实现。恰如在英国，英国上层阶级中的新部分已在政治结构中取得了"公民权"（droit de cité），也就不再是反对力量了，[292]法国类似的集团——长袍贵族——也是如此这般。[293]但是与英国不同，行政部门从未处于国家的完全控制之下。"（专制主义）的理论和实践之间的鸿沟依旧宽深非凡"。[294]为了便于解释法国上层阶级的和解之所以未完成，先让我们回顾法国胡格诺教徒（Huguenots）和撤销"南特敕令"的问题。16世纪时，法国有半数之多的贵族特别是中小贵族，曾支持"胡格诺党"。这一令人好奇的结果是因为较小的贵族们身受国王官吏的压迫，转而给予"他们手下的农民以一种相对的和自我矛盾的宽容"。1598年的政治妥协变成1629年的君王胜利之时，其社会后果是巨大的："胡格诺党的失败成为这些贵族所有失败的启端"。[295]1599年之后，尤其是1630年之后，贵族慢慢地放弃了新教信仰；这就是使1685年撤销"南特敕令"成为可能之事的原因。[296]

随着"南特敕令"之撤销，就有主要是城市市民胡格诺教徒的离散，[297]但这部分人只占法国胡格诺党的10%而已。许多其他人改变信仰了。[298]留下了什么呢？

> 王室的严酷因而摧毁了胡格诺教主义——集中化的、根深蒂固的、教士的和中产阶级的胡格诺教——它曾在17世纪时遮掩过宗教改革运动产生的胡格诺教。后者在不幸逆境中重建起来。起初并无牧师，随后是纯朴的俗人、布道者，……。幸亏有了曾是16世纪改革教会的主要力量的贵族和农民。当"南特敕令"撤销，逼迫他们再度寻找一种抵抗手段时，他们首先的本能反应就是叛乱。[299]

这个重建的胡格诺教教会的重要特色是："教派自治主义、联邦主义的、议会主义的和平等主义的"。[299]平等主义的又是造反叛乱的！法国国家面临中产阶层——较穷的贵族和较富的农民——的一场潜在的阶级起义，这是极为严重之事。之所以陷入如此困境，是因为在16世纪中形成的历史窘困：这个国家的规模太大，经济太离异，无法迅速建立一个强大的国家结构。

可能造成动乱的诸种因素不得不予以抚慰和钳制，也这么做到了，部分地是靠1720年后减少农民的税赋，部分地是靠在乡村地区推行小学教育，以此作为反对宗教改革的胜利者实行文化上潜移默化的手段。然而，减少税赋只是扩大英、法两国力量对比之间已在扩大的差距。教育和宗教的潜移默化作用虽然可能已控制住18世纪乡村法国中的"激进主义"和"犯罪行为"，但是明显不足以根除较大的农场主在政治上的被排斥感。这种集团在英国称之为乡绅，至少是称为小乡绅。不在政治上吸收这个集团，国家就不能真正强大。法国的内部斗争并非与英、荷同盟的建立毫无关系。在17世纪中叶时，荷兰将在18世纪宁愿与英国结盟而不愿与法国结盟一事绝不是明显可见的。英国人是荷兰的商业大敌，荷兰人反而与法国有许多联系。事实上，如我们所见的，他们正在着手使"大西洋区"（Ponant）变成一个像葡萄牙和西班牙那样正在变成的经济转送带地区。

然而，法国自身的困境迫使法国成为一个以陆地为主的军事扩张主义大国，镇压它的新教徒。对荷兰资本持有者而言，无论他们是共和派还是保皇派，与英国交往肯定要比同法国交往少有风险。法国威胁要吞并荷兰人，扼杀他们。英国人却使两国资产阶层缓慢渗透融合。奥兰治（Orange）王室登上英国王座只不过证实了荷兰人更喜欢英国。由此，如同经常发生的那样，力量导致力量，虚弱导致虚弱。16世纪中创立国家结构的困难分裂了法国，由此恶化，并最终导致了18世纪法国一体化的不完全。16世纪时的英国是一个坚实的国家。内战的混乱迫使重建一个联合起来的统治阶级之后，英国得以能够吸收合并它周边的凯尔特人（Celtic，意指爱尔兰人、威尔士人和苏格兰人等——译注）。它也能够吸引足够的荷兰资本，用以在18世纪创立一个稳定的沃尔波尔（Walpole）的一党国家。正是英国国家相对实力的这种逐步增强——不是1600至1750年之间英、法两国生产是如何组织或它们的价值体系中的重大差异——才解释了英国有能力在1750至1815年期间将法国远远抛在身后。

在此全书之中，我们一直强调英、法两国生产中的相同之处。至于技术和知识的革新，这取决于你读谁写的历史书。中产阶级的、资本主义的价值观念无疑开始满布于荷兰和英国；但是，我们不可忘记：哈扎尔（Paul Hazard）精辟地表明启蒙运动的思想主宰法国，不是在法国大革命，甚至也不是在百科全书派之时，而是在1680至1715年。如拉布鲁斯（Labrousse）所言："（在法国）18世纪思索着的中产阶级。"并非唯有法国是如此。尽管往时世界的意识形态表面上依然统治着整个欧洲的世界经济,越来越多的集团开始乃至最终采取资产阶级和无产阶级的行动方式追求他们的利益,捍卫他们在资本主义制度中的命运。实际上,这就是我们一直在论说的核心内容。无论是资产阶级的或是无产阶级的文化均未出现;但是,资产阶级和无产阶级的实际作为已经正在形成社会行动上重大的紧张压力。

注释:

① 当然,关于欧洲的世界经济的时期划分是一件争论不休之事。肖努一方面认为"从 1580 至 1760 年"在欧洲的人与土地的关系中"并无重大变更"(Pirre Chaunu)(1966a, 242),然而他又说:"正是在 1680 至 1690 年之间我们必须确定为 18 世纪长时期扩张阶段在马尼拉(Manila)、美洲和荷属东印度群岛的开端。然后是一个上升发展趋势,先于欧洲大陆久被延误的好转趋势之前四、五十年左右。"(1966b, 213)古伯特和维拉尔(Pirre Goubert)(1970g, 333);(Pirre Vilar)(1962b, I, 708)都确定上升趋势始于 1733 年;但是维拉尔(Vilar)声称:"在经济方面,18 世纪开始了所谓的大热潮,在 1733 年广为人知,但只是在 1760 年之后才迅速发展,持续至 1817 年"(1962a, 11)。同样的,拉布鲁斯(Labrousse)(1970, 388)认为 1726 至 1763 年是一个缓慢上升趋势,但是"热潮"只是在此之后才到来。

② 希尔(Christopher Hill)认为:"1688 年革命也是英国经济史上的一个转折点,绝不亚于其政治史和宪法史上的转折意义。就在詹姆斯王逃走之前一个星期,皇家非洲公司依然如旧发布委任命授权抓捕那些侵犯 1672 年特许状的无执照经营者。该公司以未经记录在案的决定,就放弃了以强制性措施实施其专卖权的要求。后来的议会法令正式确立了自由贸易;但是,真正的变化是随着詹姆斯二世倒台才得以发生"(Christopher Hill)(1961a, 262)。哈克谢尔(Heckscher),(1935, I, 262~263)也以 1688 年为分界点,作为(自由派的)英国和[柯尔伯(Colbert)的]法国之间的重大的歧义点。但是,我已表明了我对如此解说的怀疑。

③ 参见谢里登(Sheridan)(1969, 13)和西利(Seeley)(1971, 64)。布罗代尔(Braudel)曾将英国对法国的胜利确定为"早在 1713 年的乌得勒支(Utrecht)条约之时"但是,他又说英国只是"在 1815 年才获胜"(1977, 102)。

④ 参见内夫(Nef)(1968, 149)。再参见古伯特(Goubert)(1970b, 21),他说:"旧王朝统治的特色是数字的力量、人口的优势。"科特勒(Fred Cottrell)(1955, 69~70)从另一方面争辩说英国有"能量"优势:"正是在英国,航船产生了它所能的充分革命。英国作为一个岛国拥有一些大于欧陆强国的优势。

英国的主要防卫不是运用陆军，而是运用航船实现的，其本身就是（能量的）盈余—生产者。用于防范入侵的这种必要盈余要小于其邻国为此所要求的，以便能量可用于生产更多的转换之处而又不危及国家的生存。欧洲大陆国家的陆军却是不断地耗去它们的能量盈余。"

⑤ 参见威尔逊（Wilson）（1965，282）。

⑥ 参见安德鲁斯（Andrews）（1915，546）。

⑦ 有时确定为1688年。出现异差的原因是由于英国直至1752年仍使用儒略（Julian）历。因此1689年的新年始于3月25日。威廉于1月7日成为"执政者"，2月23日又与玛丽共同接受了王冠和"权利宣言"。从此，"光荣革命"既是在1688年，又是在1689年。参见默里（Murray）（1961，162）和德比尔（de Beer）（206～208）。

⑧ 在理论上，这是片面的。尽管威廉作为英格兰、苏格兰和爱尔兰的国王，于1689年5月17日对法国宣战，法国却从未对英国宣战；路易十四直至1697年和赖斯韦克（Rijswijk）条约时仍一直承认詹姆斯二世是合法国王。参见克拉克（Clark）（1970，226，注释2）。

⑨ 参见希尔（C. Hill）（1961a，257）。

⑩ 参见费伊勒（Fayle）（1923，285）所作的讨论，他指出："大陆派"因而预见到了1762年舒瓦瑟尔（Duc Choiseul）向西班牙人提出的建议以及拿破仑的大陆封锁政策。

⑪ 参见普卢姆（Plumb）（1967，120，134）。

⑫ 参见普卢姆（Plumb）（1967，135）。

⑬ 参见罗斯韦尔（Roseveare）（1969，93）。再参见巴尼特（Barnett）（1974，166），他谈到了在乔治国王统治时的英国每年更新"卫兵和驻军"："和平时期中这种军事力量为人臆测出的临时基础得到小心谨慎的珍护。每年的兵事法案都向顽固的议员们提供了一个机会去要求减少或摧毁他们所憎恶的'常备军'。直到1755年公布了持久的军队名单，'这支军队'才获得了正式承认。"

⑭ 参见芬纳（Finer）（1975，123～124）。再参见巴尼特（Barnett）（1974，148），他说："托利党是'海洋派'，辉格党是'大陆派'。"

⑮ 此语引自琼斯（Jones）（1966，85）。

⑯ 格拉汉（Graham）（1948，95）如此说："直至18世纪，英国海军极少在欧洲范围之外游弋……疾病和大风几乎就是最凶恶的敌人。……然而至17世纪末时，海军工程建筑和航海技术的改进，以及卫生医疗方法的进步，都使舰船能够在海上航行更长时间，离开母港航行更远距离。"

⑰ 参见格拉汉（Graham）（1958，VIII）："在更强大的舰队控制住海上交通时，它就会要求逐步握有独一无二的垄断权。"

⑱ 参见西姆考克斯（Symcox）（1974，1）。

第六章 中心地区中的斗争——第二阶段：1689~1763年

⑲ 参见西姆考克斯（Symcox）（1974，43，49）。
⑳ 参见西姆考克斯（Symcox）（1974，37~40），然而，卡特（Carter）（1975a，24~25）却争辩说："奥兰治（Orange）的威廉于1686年取得又一个巨大的好处，作为他和他国内反对派之间关系较佳的结果。这就是重建荷兰海军的手段，即通过决定为此目的征收一些荷兰海关税，向君主支付收益款，这是一笔不小的款项。至1688年，共和国的海军力量因而得以相对强大起来。"
㉑ 参见厄曼（Ehrman）（1953，395）。
㉒ 西姆考克斯（Symcox）（1974，56，60~61，64，67）指出：虽然在此次和先前的战事中，主要的海军战术一直是战舰之间"炮火猛轰竞赛"，"海军大炮射击不准确令人吃惊"；他说海军战斗因而是"一种笨拙和协调甚差之事"。在此情形下，胜利取决于"所占的优势位置和风向"。
㉓ 参见马汉（Mahan）（1889，225）。
㉔ 参见厄曼（Ehrman）（1953，398）。布罗姆利和瑞安（Bromley & Ryan）（1970，790）指出："荷兰人曾在1689年争夺英国人的联合舰队指挥权，已被严格压制到1714年得有8艘军舰为乔治一世国王护航。"
㉕ 参见西姆考克斯（Symcox）（1974，14）。
㉖ 常见的一种解释是关于1683年至1717年期间法国的经济停滞，此次停滞大概是因为取消"南特敕令"之后法国胡格诺教徒的向外移民所引起的。如斯科维尔（Scoville）（1960，218~219）所言：这是牵强附会因果式（Post hoc propter hoc）的谬误推论的好例子。当然，撤销"南特敕令"是"于事无补的"，但是，大多数胡格诺教徒事实上作为皈依者留下来。实际上，"宗教迫害并未削弱减少他们的精力，反而是加强了他们的决心意志"。斯科维尔（Scoville）提供的这种证据遍及工业、贸易、造船业和农业各个领域。关于此时期中的法国经济危机再请参见莱昂（Léon）（1956，152）。
㉗ 参见马汉（Mahan）（1889，226），他认为正是由于一支强大的海军和繁荣商业的结合使"英国超越所有其他国家之上取得海上权力"。（第225页）。
㉘ 参见西姆考克斯（Symcox）（1974，5~6，187~220）。
㉙ 参见克拉克（Clark）（1960，123~124）。再参见西姆考克斯（Symcox）（1974，68~69）。克拉克接着说："拥有更为强大的舰队的一方能够封锁海洋，阻止敌方的商业，但是，它自己的商业航运也会引来行动迅速的海盗船的袭击，这些海盗船逃脱了舰队的监视。一个国家的商业数量越大，也就越多地招致这种袭击。由于这些原因，法国的武装私掠船大为增多。"
㉚ 参见西姆考克斯（Symcox）（1974，222~223）。
㉛ 参见布罗姆利（Bromley）（1950，465）。
㉜ 参见马丁（Henri Martin）的《法国史》第二卷第167页（波士顿，1865年版），转引自摩根（Morgan）（1968，174）。摩根观察到："赖斯韦克（Ryswick）条约

— 333 —

㉜ 标志着路易十四时代的终结的启端,种下了毁灭他的种子,而乌得勒支(Utrecht)条约使之发育成熟。"(第 195 页)。哈札尔(Hazard)(1964,84)这么评说此项条约:"这位伟大的君王的自尊心该是感到多么屈辱啊!"

㉝ 布罗姆利(Bromley)(1970,26)说:路易十四保留阿尔萨斯(Alsace)和斯特拉斯堡(Strrasbourg)……"就在法国与神圣罗马帝国关系一如既往处在他的谋算中心位置时,保住了他的王国的战略钥匙。"

㉞ 参见卡特(Carter)(1975a,25~26)。

㉟ 参见琼斯(J. R. Jones)(1972,329)。

㊱ 参见潘宁(Stork-Penning)(1967,113)。

㊲ 参见琼斯(J. R. Jones)(1966,93)。

㊳ 参见克拉克(Clark)(1923,4~6,121)。

㊴ 参见潘宁(Stork-Penning)(1967,113~114)。如威尔逊(Wilson)(1968,165)所言:荷兰人的态度是"经验主义的、自私自利的和有保留的消极态度"。

㊵ 参见卡特(Carter)(1975a,30~31)。

㊶ 默里(Murray)指出:"议会合并"扩大了 1603 年的"王室合并",对此事的常规描述"也许是写得很好的历史,但它却是令人怀疑的法律"。他认为正确的法律表述是这样的:"每一个王国的王位之继承仍继续是取决于该王国之法律。英格兰和苏格兰的王位继承法律不同,(不过,是稍有差异),而且也有适当的偶然之事发生,两个王室可以再次分开,各自遵循自己的王位继承……英格兰和苏格兰的王室之偶合延续(克伦威尔的干预除外)至 1707 年'合并条约'生效之时。直至此时之前,'王室的合并'只是暂时的联合而非永久的联合。在 1707 年'合并条款'所创立的是一种根本上不可分解的王室合并。"(Murray)(1961,162)。正是 1707 年的合并使英格兰和苏格兰变为大不列颠。特里弗—罗珀(Trevor-Roper)(1964,79)指出:事实上,1652 年的合并要比 1707 年的合并更紧密,但是,它未能持久。

㊷ 关于更详尽的政治史,参见布劳恩(Brown)(1914)。

㊸ 参见斯穆特(Smout)(1963,256),再参见特雷弗—罗珀(Trevor-Roper)(1964,78)。

㊹ 参见斯穆特(1963,29,238)。

㊺ 参见英什(Insh)(1952,32~37,51~55)。"但是,此时阻碍英格兰布业制造者竞争的贸易障碍是由合并条约所推翻,苏格兰公司逐渐衰落了。1713 年 2 月 16 日,他们在爱丁堡储存布匹的大厦出售了。一个月后又出售了机器和存货。"

㊻ 参见英什(Insh)(1952,69~71)。基思(Keith)(1909,54)指出:1695 的法令"引起了(英格兰的)某种恐慌。人们担心……苏格兰人会逐步越来越多地侵食美洲贸易,他们在此贸易中已经有了很大的一个非法份额。"再参见汉

密尔顿（Hamilton）（1963，249），他谈到了 17 世纪后半期格拉斯哥在大西洋贸易中"迅速增长的重要性"。的确，斯穆特（Smout）解释了格拉斯哥商人反对"合并"的确切原因："正因为格拉斯哥已经在（海外贸易中）取得进展，也就感到没有合并一举可能会更好些。"（Smout）（1960，211~212）。

㊼ 参见基思（T. Keith）（1909，60）。英什（Insh）说："1706 年秋季，欧洲事态的压力再次对英格兰-苏格兰关系施加最大影响。"（1952，80）。英格兰的盟友荷兰和奥地利，正在为控制南尼德兰一事争吵，南尼德兰新近才从法国夺来。瑞典国王查理十二世刚击败了彼得大帝，征服了波兰，占领了萨克森，正在威胁波希米亚；路易十四正力图劝说他向南攻击奥地利。"同时，在东方和西方，形势都是朦胧不清的，最重要之事是不要有一个既愤怒又可能独立的苏格兰，这样一个苏格兰将为詹姆斯党阴谋提供又一个威胁手段，成为法国—詹姆斯党联合作战的基地。"（1952，81）

㊽ "老王位觊觎者"爱德华（James Francis Edward）谢瓦利埃（Chevalier de St. Georges）是站在法国方面的一位积极战士。他对苏格兰和英格兰的王位都提出了要求。无疑，他愿只接受苏格兰王位，如果他能够得到的话。琼斯（Jones）（1954，73）认为："正是因为詹姆斯党在苏格兰议会中的所作所为，才使得英格兰和苏格兰的合并成为急切之事，……成为最重大无比之事……1704 年苏格兰议会的一项法令规定安妮女王在苏格兰的继承人应当是苏格兰王族中人，但不是她在英格兰的同一继承人。……如果只有合并一举能够消除（詹姆斯党在苏格兰继承王位）的可能性，那么就必须有合并，而且迅速合并。"

㊾ 詹姆斯党的事业在爱尔兰甚至要比在苏格兰更得人心。在苏格兰，"詹姆斯二世和七世的宗教信仰是一件招致人怨之事，但是，爱尔兰人先天地就喜爱他，因为他是一个罗马天主教徒。"［参见皮特里（Petrie），1958，100］。英格兰人颇费力气地才镇压了 1689 年至 1691 年王室流放者在爱尔兰的远征［参见皮特里（Petrie），1958，100~135］。英格兰人依然赢得了胜利，这不是一个微小胜利。"利默里克（Limerick）条约标志着'老爱尔兰'的终结，完全就像阿波马托克斯（Appotomax）条约意味着'旧南方'的终结那样如出一辙。"［参见詹姆斯（James），1973，17］。

随之而来的惩治法律，不许天主教徒任公职和占有土地是如此"使人麻木"，以致在 1715 年和 1745 年詹姆斯党两度掀起叛乱时，爱尔兰人并未揭竿而起予以响应。皮特里（Petrie）观察到："在其余两个王国中尚未有如此恶意报复'光荣革命'反对者之事，而且在（投降条款的）利默里克（Limerick）之叛卖后，爱尔兰人之希望以武力成功抗拒征服者，就犹如更近些时的犹太人之希望推翻与之无异的希特勒暴政。"（1958，133）。关于"惩治法律"，参见詹姆斯（James）（1973，22~25）的叙述。直至 1713 年乌得勒支（Utrecht）条约时，有八九个爱尔兰团队参加法国军队作战，有鉴于此事实，英格兰人一定是很担心詹姆斯党在苏格兰的任何成功，都会使爱尔兰问题重新爆发。

(50) 参见英什（Insh）（1952，74~77），他说："远征地峡（Isthmus）和达连(Darien)海峡的损失与烦恼，导致人们要求实行自由贸易和进入英格兰的殖民地市场，这是促使苏格兰人接受1707年合并条件的最强劲的刺激。"（第50页）。但是，林曼（Lenman）否认进入英格兰殖民地的重要性。[参见林曼（Lenman），1977，55]。此外，1696年和1699在苏格兰出现重大生存危机，也就是詹姆斯党所称的"威廉国王的七个坏年头"的一部分。[参见林曼（Lenman），1977，45~52]。

(51) 参见林曼（Lenman）（1977，51）。再参见斯穆特（Smout）（1963，252）。"如果有足够的勇气、经验、金钱、人力和海上力量，一个大强国也许也想象去努力实现［达连（Darien）］计划。苏格兰人只拥有勇气，其他一切都令人悲惨地缺乏，包括缺乏自知之明。"斯穆特（Smout）进而言之：达连（Darien）计划的失败还只是1690年代的四个灾难之一。其他三个具有消极影响的灾难是英法战争、四年饥荒和严酷的关税之战的损害波及在各地的贸易：英格兰、荷兰联合省、南尼德兰、法国、北美洲和挪威。（参见第224~253页）。

(52) 参见赖利（Riley）（1969，498）。卡斯泰尔斯（Carstairs）的说法却不同。他认为从长期观点来看，要求实现合并的压力来自英格兰方面，但是从短期观点来看，"经济利益解释了为什么苏格兰人长达数世纪以武力抵制的合并，竟最终又为他们所接受下来的似乎有理的原因。"［参见卡斯泰尔斯（Carstairs）（1955，65）。斯穆特（Smout）区分了英格兰的政治原因和苏格兰的经济原因。］[参见斯穆特（Smout），1964b，462]。

(53) 参见哈里斯（Harris）（1963，68~70）。

(54) 林曼（Lenman）与我的怀疑之见相合："静观危机，看看英格兰在它深深陷入与欧洲的重大冲突之时，究竟是否会愚蠢到冒险在其北方边境发动战争，这需要有更坚强的意志，苏格兰领导集团却没有。"（1977，57）。

(55) 参见斯穆特（Smout）（1963，273）。

(56) 参见英什（Insh）（1952，84~89）和林曼（Lenman）（1977，58~60）。卡斯泰尔斯（Carstairs）怀疑这些好处的直接性。他认为只是在1750年之后才扩大了对英属和北美和西印度群岛的贸易。他说：合并并未说明亚麻生产得以扩大的原因，因为直至该世纪中期，北美殖民地的主要进口大多是德国和奥地利的亚麻产品，它们以"退税"的方法经英格兰销往美洲。只是在1742年之后，随着一项补贴金制度的创立，苏格兰的亚麻出口贸易才开始扩大［参见卡斯泰尔斯（Carstairs），1955，69~70]。林曼（Lenman）（1977，66）将此分歧分开，他同意卡斯泰尔斯（Carstairs）关于苏格兰人起初并未从合并中获取什么好处的看法，但是，他认为1727年是一个转折点，"表明在此特殊的夏天中最初几只燕子的飞来。”

(57)“法国人的计划从未像路易十四接受西班牙查理二世的遗嘱的直接后果那样威胁着英国与荷兰，……西班牙帝国的巨大市场会变成法国商人的私家猎场吗?”［戴雍（Deyon），1978b，235］。古伯特（Goubert）（1970a，237~238）注意到英国人和荷兰人的反应是多么迅速：“签订贩奴专卖条约之后只有几天，就有了‘海牙大同盟’。在海牙，皇帝和海上强国有力地紧合在一起，给路易十四两个月时间达成妥协让步。如果不行，那就将进行战争，其目的是破坏西班牙的王位继承，使尼德兰向法国关闭，取得在意大利和地中海的控制权，使盟国进入西班牙殖民地，同时又将法国贸易阻止在外。”

(58) 关于这些条约的详细内容参见沃德（A. W. Ward）（1908，440~450）。

(59) 参见卡特（Carter）（1975a，26）。

(60) 参见普卢姆（Plumb）（1966，29）。他说：“在很多 18 世纪英国人看来，战争是……大好时机，可用来使邻国落难贫穷，劫掠世界上的财富，羞辱那些处于教皇驭下、吃食物而又软弱无力，穿着木头鞋的奴隶，即法国人。”（参见第 14 页）。再参见苏德兰（Sutherland）（1956，56~57）。

(61) 参见汤普逊（Thompson）（1966，436）。

(62) 坦珀利（Temperley）（1909b，1997）西利（Seeley）同意这些观点：“在我看来，英国在这个时期的主要特点是她立刻变得商业化和好战”（1971，88）。

(63) 参见迪克森（Dickson）（1973，83，107）所言：“奥地利与英—荷的谈判立场（在 1739 年）之不相容已是明显可见。英国人与荷兰人希望保有奥地利的尼德兰，使之成为一个经济殖民地，其部分防务由荷兰驻军负责，但奥地利人支付荷兰驻军的费用，这一立场实现于 1715 年的‘关卡条约’……在经济方面，（在 1746 年）英国想保留在 1746 年前的关税好处以及与尼德兰的贸易平衡，尼德兰被认为依赖它们。英国以冷淡的失望回答佛兰德（Flemish）人希望在英国享有较低关税或直接进入东印度贸易的要求。”

(64) 参见坦普尔利（Temperley）（1909b，204）。参见布朗（Brown）“非法贸易在南海公司经营活动的每一阶段中都是不可少的一个部分。”（1928，179）。再参见纳尔逊（Nelson）（1945，55）。

(65) 坦普尔利（Temperley）（1909b，198）注意到，在整个 18 世纪，西班牙“时常是一个袖手旁观者，更曾经是英国的劲敌，绝不是朋友。”然而，1739 年时的英国政府观点是：“将西班牙驱入法国人的怀抱，就是毁灭英国支配新世界的前景。”

(66) 仍请参见坦珀尔（Temperley）（1909b，222）：“对文献资料的一项研究并未证实如下普遍的看法：英国希望保留无执照经营者和私人所进行的非法贸易，这种贸易很受政府部门的重视。他们的不足之处留给了南海公司——它以金融关系建立了与政府的密切交往，并在 1739 年支持沃尔波尔（Walpole）竞选用以回报他在 1720 年拯救该公司的恩典。"

⑥⑦ 参见戴维斯（K. G. Davies）："总的来说，我倾向于认为：（美洲战争除外）英、法之间的大西洋诸次战争对英国种植园主是利大于弊，不过应承认有不少例外。"（1960，109）。戴维斯（Davies）就此挑出了 1739 至 1748 年以及 1689 年至 1713 年的战争。

⑥⑧ 参见瓦伊纳（Viner）（1969，84）："议会在旷日持久的辩论之后，拒绝承认此种行径是非法行为。"

⑥⑨ 参见费伊勒（Fayle）（1923，288）。然而，法国人走得更远，"而且将护航严格限于防卫作用……更令人惊讶的是……法国战舰实际上被出租给商人……根据安全送到的货物价值收取一定百分比的费用。"

⑦⓪ 见利奥纳德（Léonard）（1958，192）列举出 1740 年的如下数字：法国，16 万人；普鲁士，84000 人；奥地利，17000 人；英国，59000 人［包括汉诺威（Hanover）王朝士兵］。

⑦① 参见里奇蒙（Richmond）（1928，173）。

⑦② 参见安德鲁斯（Andrews）（1915，780）。

⑦③ 参见卡特（Carter）（1963，820~821）。

⑦④ 参见克里斯特洛（Christelow）（1946，24，29）。然而，这正是西班牙人一方的错误。"西班牙不明智地加入了'七年战争'，使英国人在冲突结束时不仅巩固了它在前几年中的获益，还在西班牙殖民地的财富上开拓了新的收入来源。"［参见布朗（Brown），1928，186］。

⑦⑤ 参见德休（Dehio）（1962，117）。

⑦⑥ 参见达比（Darby）（1973，304）。

⑦⑦ 参见塔克尔（Tucker）（1963，214）。

⑦⑧ 参见威尔逊（Wilson）（1977b，116）。

⑦⑨ 参见古伯特（Goubert）（1965，473）。

⑧⓪ 参见古伯特（Goubert）（1965，473）；亨利（Henry）（1965，455）；拉布鲁斯（Labrousse）（1953，22）。

⑧① 参见塔克尔（Tucker）（1963，214）。

⑧② 参见弗林（Flinn）（1974，301）："在西欧可能再也不会有 1690 年代那样如此广泛和严重的饥荒了。"弗林注意到英国是一个例外。然而在法国，"大多数的人口……处在饥饿的威胁之下，备受饥饿煎熬，或实际上死于饥饿"［古伯特（Goubert），1970a，216］。彭特兰（Pentland）（1972，174）对英国另一番复杂的解释。1690 年至 1710 年是农业的高价格时代（大概是因为饥荒遍及欧洲），英国此时有一个高人口增长率。因为这种情况，也因为在此时期年轻人甚少（归因于先前的低人口增长率），农庄就业机会导致了早婚和高出生率，这又接着导致了机会的减少和 1705 年至 1710 年之后的衰降趋势。随着 1720 年后的价

格下跌，死亡率上升了，这解释了1720年代的大流行瘟疫—"十年之间条件恶化的逻辑结果，产生于农业产量相对地供过于求，并非供应不足和相伴而来的人力过剩（并非缺乏）。"

㊳ 参见古伯特（Goubert）(1970d，60）和雅卡尔（Jacquart）(1975，187）。

㊴ 参见兰伯特（Rambert）(1954，606~617）。莱因哈特（Reinhard）和阿曼高特（Armengaud）认为最后一次大瘟疫是在1668年，此后瘟疫"极少"（1961，131）；但是他们提到在1694年的西班牙有过一次（1964，143）。尽管有过马赛的瘟疫，拉杜里（Le Roy Ladurie）(1975a，364）提到在1730年至1737年之间法国人口大增长。

㊵ 德普雷兹（Deprez）(1965，626）称1740年是"欧洲人口史上的伟大转折点"。"通常的解释是结束了瘟疫和饥荒。"参见拉杜里（Le Roy Ladurie）(1975a，388）和赫雷那（Helleiner）(1967，95）他们提到了没有灾难。

㊶ 参见赫夫顿（Hufton）(1974，15）。

㊷ 参见雅卡尔（Jacquart）(1975，187）。但是，古伯特（参见1970d，63）归因于较好的气候结束了法国的饥荒，气候变得更温暖，雨水较少了。拉杜里（Le Roy Ladurie）却强调了普遍湿润多雨但并不寒冷的气候的重要因素，至少在法国是如此（参见Le Roy Ladurie）(1967，281）。莱因哈特（Reinhard）和阿曼高特（Armengaud）(1961，115）也如此认为。

㊸ 参见范登布罗克（Vandenbrocke）(1971，38）。争论是：与谷物比较，马铃薯使人平均卡路里热量的食品供应增加1倍多。虽然每公担马铃薯的卡路里含量只及谷物的1/5左右，产量却高出10倍。"而且，马铃薯是夏季作物，较少依赖天气。谷物种植总是要冒风险，因为太多依靠气候条件。"然而，萨拉曼（Salaman）(1949，455~456）认为直至18世纪最后25年，马铃薯才成为英国穷人普遍的食品，尽管此前两个世纪中食用马铃薯已逐渐推广。他说，直至1775年左右马铃薯还主要是用作牲畜饲料："在马铃薯可以成为穷人的部分食品之前，它必然应当先证明它值得作为猪食。"

㊹ 参见希尔（Hill）(1969，256）。

㊺ 参见科尔曼（Coleman）(1977，125），明盖（Mingay）(1963，81~82），拉夫洛夫斯基（Lavrovsky）(1960，343~355）。明盖注意到1660年至1750年之间小地主们有一次重大衰落（1968，31）。

㊻ 参见霍尔德尼斯（Holderness）(1976，52）："从1750年来看，很明显，英格兰的很大一部分已被圈占了。"

㊼ "甚至在那些18世纪中仍保留了敞田制的村庄中，也有主张田地面积更大块数减少的强烈倾向。[明盖（Mingay），1962，480]。这看来已发生在英国，尽管马铃薯的高产量已使人们有可能依靠很小的地块就可以谋生。"这也许意味着谷物生产是财政方面的一个重要变量因素。

㉝ 谁能有钱购买呢？大概是那些已有更高的总体收入的人们。[贝尔罗克（Bairoch），1966，16]以一种可能是间接的方式说：是农业生产率的提高产生了购买新工具的可能性。

㉞ "没有芜菁的帮助，在冬、春两季饲养牲畜就大成问题"[参见厄恩利（Ernle），1912，176]。至1720年时闻名于英国的不止于芜菁，还有三叶草、驴喜豆、车轴草（三叶植物）、红色剪秋罗和黑麦草。

㉟ "所发生之事是小农场主在丰年中只生产一小部分市场盈余，却在歉年中失去了货币收入。但是，小农场主的所失正是大农场主的所得，大农场主从小麦生产者的退出竞争中大发意外横财。"[古尔德（Gould），1962，321]。

㊱ 参见厄恩利（Ernle）（1912，168~169），古尔德（Gould）（1962，323），哈特韦尔（Hartwell）（1969，25）。

㊲ 参见约翰（John）（1969，171），威尔逊（Wilson）（1965，245），霍尔德尼斯（Holderness）（1976，74~75）。

㊳ 参见阿什顿（R. Ashton）（1969，49~50）。

㊴ 参见明盖（Mingay）（1960，337）。1700年至1750年之间，在英国的出口中，谷物从3.7%增加到了19.6%。参见阿什顿（Ashton）（1960，12）。巴特（Slicher van Bath）（1963a，211）宣称在1690年至1720年之间，"农业品和非农业产品之间加权平均价格比率"短时倒退有利于农业，在1620年至1740年大范围内是不利的。

㊵ 参见古尔德（Gould）（1962，331~332）。

㊶ "1660年至1760年之间（英国实际工资中）的改善是颇大的，但不是惊人的……至1750年时情况明显好于1600年。1670年后价格膨胀率更低、1750年前人口增长的缓慢下降、农业剩余品（尤其是食品）的积聚，以及特别是在劳力密集行业中经济活动的复苏，都促成1750年之前实际工资的增加。"[霍尔德尼斯（Holderness），1976，204]。

即使实际工资增加了，失业就没有增加吗？是的，失业增加了，但是，它至少由这些时期中其他就业予以部分弥补。工人变成了走私贩和拦路强盗。妇女去纺织。捕渔业增长了（这是穷人的最后谋生手段之一），男人们更愿意接受海上小船中的艰苦生活。巡回推销员的人数增多。甚至建筑业也显得繁荣起来，几乎是与出口的繁荣成反比例变化[参见阿什顿（T. S. Ashton），1959，138]。尽管在此时期实际工资增加，城市生活的质量几乎没有使工人们离开小酒店。"肮脏和疾病就在优雅和奢侈中蔓延滋长。在乔治一世统治之时以及乔治二世的早期统治中，伦敦是一个散发臭味、泥泞不堪和污物四溅的都市，遍地都是贫民窟。"[参见普卢姆（Plumb），1966，17]。

㊷ 参见吉尔伯伊（Gilboy）（1930，613）。这是一个循环过程，实际工资的增多导致杜松子酒生产的扩大，这又要求增加谷物的供应。如果谷物供应太多，更多

地销售杜松子酒就能解除困境。参见钱伯斯（Chambers）（1957，44）所述之言："'杜松子酒时代'不止于是沉醉迷糊的伦敦平民那种难以言状的迷茫失态……连年丰收增大了谷物供应，而一连串的流行病又减少了本该消费这供应的人们。1739年奥地利王位继承战争开始，谷物出口下降，部分关闭了谷物的一条出路……，伦敦的种族自杀又使中部农场主遭受产量丰裕之害；他们为之叫苦不迭的生产过剩部分地由杜松子酒的超量消费予以解决。"

然而，中部农场主却为短期谷物消费的中期成本付出了代价。伦敦的酿酒工业发展出用废料饲养猪牛的办法，而且推广应用。18世纪伦敦人消费的肉类和牛奶越来越多地取自伦敦城郊地区之内的猪和奶牛，伦敦四周各郡农场主们所遭受的激烈竞争之苦来自"现在所称的以系统方式进行的'资本主义'肉类生产。"［马赛厄斯（Mathias），1952，254］。

⑩ 参见奥姆洛德（Ormrod）（1975，39~40）。大量出口可有补助金。大麦可谓"火爆"，鼓励了其出口超过其他谷物。在荷兰的"杜松子酒时代"也是如此。参见约翰（John）（1976，53）。

⑩ "或许荷兰人易于依附（英国谷物的）进口，但是其他人也许也会依附廉价的或受补贴的谷物，就像依赖不受补贴的谷物那样。"［德弗里斯（De Vries）（1975，55）］。荷兰并非是唯一的出口市场。葡萄牙人是又一个重要的二级市场。参见费希尔（Fisher）（1971，64）。

⑩ 参见巴特（Slicher van Bath）（1963a，212）。如果价格从1720年至1740年再次下跌，这不会是对英国增加生产的部分反应吗？

⑩ 关于大不列颠和波罗的海地区的年均谷物出口，约翰有令人吃惊的数据。从1650年至1699年，波罗的海地区出口了约合 $10\frac{1}{2}$ 夸脱（quarter）58800拉斯特（last）［每拉斯特约合 $10\frac{1}{2}$ 夸脱（quarter）］，英国出口了2500百拉斯特；在1700年至1749年之间，波罗的海地区出口降至3100拉斯特，英国升至42000拉斯特。两者的总量从58300百拉斯特增至73000拉斯特［参见约翰（John），1976，56表格6］。再参见利普森（Lipson）（1956，II，460），詹宁（Jeannin）（1964，332）和奥姆洛德（Ormrod）（1975，38）。

⑩ 参见约翰（John）（1976，59）。

⑩《关于对出口谷物、麦芽和面粉予以补贴金对这个王国的制造业产生的影响之思考》，伦敦，1768年版，第61至62页，注脚，引用于约翰（John）的书中（1976，56）。

⑩ "不必教条主义地迎合一个既复杂又不明了的领域，……我们趋向于认为至少是在小麦的情况中，市场的自主性可以被严重地夸大。"［参见格兰奇和艾略特（Granger and Elliott），1967，262］。

⑩ 参见奥姆洛德（Ormrod）（1975，40）。

⑪ 参见德弗里斯（De Vries）（1974，171）。

⑫ 参见艾贝尔（Abel），（1973，265），他指出英国出口在 1711 年至 1740 年之间向法国和德国生产者封闭了世界市场。詹森（Jansen）（1971，255）指出在 1680 年至 1740 年时期中，南林堡（South Limburg）的农业生产者面临价格下跌，缩减了普通谷物，转而生产"高价的小麦"（以及种植燕麦）"以求弥补谷物价格下跌的损失。"

⑬ 参见肖努（Chaunu）（1966a，242）。Ager（农地）是在其上进行劳作的地表，相对于 Saltus（荒林地），即覆盖着自然植物的土地。

⑭ 参见明盖（Mingay）（324，336）。

⑮ 参见阿什顿（T. S. Ashton）（1960，50）关于 18 世纪后半期的论述："在一个人口增长迅速和英国正从农业国向工业国发展的时代中，由出口盈余变为进口盈余是一种几乎难免的变化。"

⑯ 参见巴特（Slicher van Bath）（1977，75）。

⑰ 参见恩加伯特（Enjalbert）（1950，116）和布罗代尔（Braudel）（1951，71）。

⑱ 参见费雷歇（Frêche）（1974，835）。

⑲ 参见拉杜里（Le Roy Ladurie），1975a，397～400）。

⑳ 参见克伦本茨（Kellenbenz）（1977a，547），他说："仍然有太多的障碍，尤其是在冶金业中，尽管经济变化趋势有利于铁和森林都很丰富的俄国。"参见伊斯特（East）（1951，512）："有了煤和铁，将要在地图上留下它们痕迹的那些大规模发展就有望于 19 世纪了。"

㉑ 参见科尔曼（Coleman）（1977，151），他说 1650 年至 1750 年时期"是英国工业的投资和进取的时代，虽无下个世纪中那些宏伟壮观的变化，但是其至关重要的意义在于为后来的工业革命发生奠定了更有力和更灵活的基础。"

㉒ 参见威尔逊（Wilson）（1977a，8）。

㉓ 参见明盖（Mingay）（1960，373）。

㉔ 贝尔罗克（Bairoch）（1966）对此颇有分析研究，包括铁在工具中的应用以及使用工具数量的增多。他还强调了马的使用的增多和给马钉上铁蹄的新方法。他认为在此方面的关键时期对英国而言是 1720 年至 1760 年，对法国而言是 1760 年至 1790 年，甚至是 1790 年至 1820 年。另外参见钱伯斯（Chambers）（1957，36），他认为 17 和 18 世纪的英国农业对工业做出了三个贡献：为船、铁和煤矿工业提供了资本和领导人物；消费工业的产品；促进了交通运输变革，特别是收费公路。

㉕ 约翰（John）（1955，330，333）认为这些因素"促成加快寻求使用煤去冶炼的方法"，这又导致了 1688 年至 1698 年之间发明反射炉。他还提醒我们注意"在 1714 年至 1763 年之间，海军的规模扩大了一倍"。克伦本茨（Kellenbenz）

（1974，206~207）指出：一旦在冶铁中用煤取代木炭，铁生产和稠密人口之间的互不相容就消失了，他断言这就解释了该项生产从瑞典引人注目地转移到英国的原因。

⑫⑥ 参见伯特（Burt）（1969，266）。

⑫⑦ 参见古尔德（Gould）（1962，320）。相比之下，他拒绝一切旨在辨明收成波动对经济活动状况有直接即时意义的企图，认为这么做太"冒险"了；他指出了这些波动可以引出的相反效用。威尔逊对古尔德的此说不那么肯定："但是，在王政复辟至18世纪后期工业化之间的岁月中，制造业的扩散增大究竟有多少应归功于必需品一般价格水平的平衡甚至于下降呢？这仍然是一个未解决的问题。"

⑫⑧ 参见奥姆洛德（Ormrod，1975，40）。1678年的"大禁令"，主要旨在对付法国，它在当时被认为是一个转折点［参见阿什利（Ashley），1897，338］。

⑫⑨ 参见托马斯（P. J. Thomas）（1963，68，101，125，139，150，163~164）。尽管如此，呢绒仍是18世纪英国的主要制造业［迪安（Deane），1957，207］而且还经历了从1700年至1740/1750年的"突出增长"时期（第221页）。

⑬⓪ 参见斯梅尔色（Smelser）（1959，53）。哈克谢尔（Heckscher）（1935，I，145~174）认为英、法两国重商主义政策的不同之处在于英国鼓励进口替代。他觉得有必要再加上一个"或许是最重要"之处：英国并未真正地严格执行进口禁令，法国却是这么做了。我们有此证据吗？或者这只是自由派（反法的）偏见？

⑬① 参见沃登（Warden）（1864，373）。

⑬② 对亚麻进口的依赖程度是一件有争议之事。哈特（Harte）（1973，107）认为："有可能的是……英格兰本土生产的和用于自己消费的亚麻制品要多于从苏格兰和爱尔兰进口之数的总和。"有可能，但是，来自四面八方的进口之数要多于当地生产的产品，而且苏格兰和爱尔兰的亚麻发挥出一种正在增大的作用。

⑬③ 参见哈特（Harte）（1973，76）和戴维斯（Davis）（1962，287~288）。"在1690年后的一个世纪中，向大部分亚麻制品征收的税赋约有两次增加了一倍。"［哈特（Harte），1973，78］。哈特认为法国亚麻制品是由于直接竞争原因受到打击，而德国、佛兰德（Flemish）和荷兰的亚麻制品是由于"纯粹的财政原因受到打击。"（第97页）。无疑，但是又如他本人所承认的："国家财政的急切窘况和增加税收支付战费的不断需要的副作用，几乎和对法国人征收的惩罚性税收是一样巨大。"

⑬④ 参见古尔温（Gulvin）（1971），汉密尔顿（H. Hamilton）（1963，255），杜里（Durie）（1973，47）。坎贝尔（Campbell）（1964，477）断言："有足够的经济理由认为1707年的合并，在其他发展适时发生之时，确保了苏格兰经济（将专注于）这些领域，在这些领域中，由于英格兰的兼并，苏格兰产品的市

⑬ 斯穆特（Smout）（1964a，234）坚持这种结合的看法，他指出："老派的简单化看法"认为工业革命是资产阶级压倒贵族的胜利，而苏格兰却给这种老式看法扔来一个"冷嘲热讽的乱麻团"。"18 世纪的苏格兰地主与中产阶级并肩奋力发展出一种有活力的新型经济⋯⋯——而且当他们获得成功之时，它却变成了一个法兰根斯坦（Frankenstein）（意喻自己创造出来却又无法控制之物或作法自毙——译注），反而瓦解了他们的特权和领导权。"

⑯ 参见詹姆斯（James）（1973，277）。他认为爱尔兰要比北美殖民地更像一个殖民地，因为"爱尔兰政府所依赖的是征服，而且无法轻易地逃脱它的军事胎记（第 290 页）"。库伦（Cullen）（1968，2，46）称爱尔兰在英国体制中的角色在 17 世纪时就已经"在某些方面是殖民地角色"，他还谈到爱尔兰在 18 世纪"日益依赖英格兰"。

⑰ 参见詹姆斯（James）（1973，191～192）。

⑱ 参见库伦（Cullen）（1968，53）。

⑲ 参见基尔尼（Kearny）（1959）。库伦（Cullen）认为与"畜类法令"和各种"航海法令"相比，"呢绒法令"的后果不那么严重，但更加臭名昭著，仅仅因为它与前种法令不同的是：前两种法令是调节英国贸易的英国法令，而"呢绒法令"却是关于爱尔兰出口的立法，"是英国议会妄称为爱尔兰立法的一个臭名远扬的例证。"［库伦（Cullen），1967，2］。

⑳ 参见克伦本茨（Kellenbenz）（1965，385～386），吉尔（Gill）（1925，31）和沃登（Warden）（1864，393）。

㉑ "爱尔兰人不再是向英国商人出售畜类，而是现在出售牛肉、猪肉和黄油给全世界的消费者。"［詹姆斯（James），1963，576］。再参见詹姆斯（James）（1973，190～217）。库伦（Cullen）（1977，171）却指出了"航海法令"的一个重要的消极副作用："由于缺乏直接的殖民地贸易和再出口贸易，减少了要求建立复杂的金融结构的需要。"

㉒ 参见希尔（Hill）（1969，164）。

㉓ 戴维斯（Ralph Davis）认为 1690 年代是英格兰开始实行保护的年代，"至 1722 年，工业保护已明显出现和可见了"，并在此后的 50 年中扩大了（Ralph Davis）（1966，306，313，317）。

㉔ 即使如此，1740 年至 1790 年时期也是英国亚麻生产的"一个突出的扩张时期。"［哈特（Harte），1973，107］。然而，杜里（Durie）（1973，37）指出：在这一点上，英格兰亚麻在出口市场上并不是苏格兰亚麻的竞争对手。

㉕ 参见英伯特（J. Imbert）（1965，385）。

㉖ 参见门德尔斯（Mendels）（1972，258～259）。参见马尔科维奇（Markovitch）（1968b，579）。然而，莱昂（Léon，1970e，528）认为法国落后于英国的一个

方面是总生产的百分比,即在工业中——18 世纪中是 1/5 对 1/4。此外,哈克谢尔(Heckscher)(1935,I,202~203)是英国反对法国的一位坚决支持者,也承认英国的优势不是数量的,而是"技术的"。为什么不是数量的优势?因为"在英国,工业化在法国大革命爆发之时几乎尚未孵化出来,各种革新尚是潜在的,而不是实际的"。

[147] 参见莱昂(Léon)(1970b,229~230)。拉布鲁斯(Labrousse)(1970,704)说:"在竞赛中,18 世纪时已经充分发展的资本主义轻而易举地就击败了陈旧的封建部分和它的传统收入。"

[148] 内夫(Nef)(1968,149)。克鲁泽(Crouzet)(1966,268)赞同 1700 年至 1750 年这个时期,但是发现英、法两国情况从 1750 年至 1800 年是颠倒的。

[149] 参见坎宁安(Cunningham)(1892,II,371~372)。

[150] 参见马尔科维奇(Markovitch)(1968b,578)。

[151] 参见罗勒(Richard Roehl):"在英国,国内市场太小,内部产生的需求总量水平不足,都不足以同时产生和维持工业革命。法国却是一个大得多的国家。国内需求对工业革命的需要来说是足够的,法国并不需要大量依赖世界市场去补充需求总量。英国被迫要以国际需求作为一种替代用以补充,要是英国要自立的话,其太小而不能维持推动工业化的增大动力的国内市场。"

[152] 参见布尔(Boulle)(1975,73)。荷兰人又接着以奴隶贸易帮助了南特的商人〔参见布尔(Boulle),1972,76~80〕。伦珀斯(Huetz C. de Lemps)(1975,614)注意到波尔多(Bordeaux)的商人有同样的现象。"波尔多的经济生活可能从未有如此之多地依赖荷兰人。"莫里诺(Morineau)(1969a,326)谈到法国的巴斯克(Basque),尤其是巴荣纳(Bayonne),为荷兰人对西班牙的贸易扮演了一个合法和非法中转站的重要角色。

[153] 参见莱昂(Léon)(1970c,525~526)和拉杜里(Le Roy Ladurie)(1974a,155)。当然,像大西洋区(Ponant)那样,朗格多克(Languedoc)也处在"五大包税区"之外,但是,它的主要出口市场是地中海,在地中海,法国由于地理原因能够更好地与英国和荷兰进行竞争。克里埃(Carrière)(1974,169)谈到了 1689 年之后朗格多克和马赛之间的共生现象。

[154] 参见马尔科维奇(Markovitch)(1968b,556)。

[155] 参见博谢尔(Bosher)(1964,66~69)。

[156] 英国最终的财富必须结合普鲁姆对 18 世纪之初状况的评价来理解,他说:"1714 年的英国是个小城镇之国,人口稀散;英国人民的财富无法与法国或荷兰相比。"〔普鲁姆(Plumb),1966,28〕。

[157] 参见威尔逊(Wilson)(1968,236),他说"大约在 1700 年,英国人开始抱怨荷兰商品的成本和质量。"罗辛(Roessingh)(1976,501~502)确定 1720 年是荷兰烟草制造业相对于英国烟草业的衰落之年。博克塞(Boxer)(1964,

149）说至 1730 年代时英国的造船木工已在向荷兰人教授改进的技术了。克里埃（Carrière）（1974，172）断言 1700 年时法国南部的生产之上升，正是荷兰人（以及英国人）在地中海之衰落之时（1974，172）。

⑱ 参见巴克豪森（Barkhausen）（1974，246），另外参见威尔逊（Wilson）（1969b，120），他提供的资料表明在此时期荷兰人所交纳的税赋大约是英国人和法国人的 3 倍之多。

⑲ 参见斯沃特（Swart）（1975，47）和德弗里斯（J. de Vries），1975，56），他说："共和国中的大规模慈善救济所提供的最低救济也高于许多雇主愿意为某些工作所支付的工资额，使失业和劳力短缺同时存在。"

⑳ 见考斯曼（Kossmann）（1975a，53）。这又混合了环境灾难——船蛆和水污染，船蛆摧毁了堤坝的桩基，水污染迫使布匹精整工进口新鲜水用于染织。参见诺伯斯（Knoppers）（1975b），卡特（Carter）（1975a，67）和维恩（Van Veen）（1950，73）。1731 年之后，荷兰人投资建造石头防卫堤，但花费高昂。

㉑ 参见莫里诺（Morineau）（1965，170）和克莱因（Klein）（1970，33）。哈札尔（Hazard）（1964，96）生动地描述了情形："荷兰是繁荣的，荷兰也是强大的。如果它在商业领域中有一个英国对手；如果它在 1688 年后开始看起来像大船旁边的一条小船；如果它逐渐失去那种使它成为一个伟大的海上和殖民地强国的战斗不息和冒险精神，仍不能设想改变了的环境会使它落入穷困。它是富裕的，而且正在坐享其成。"

㉒ 参见威尔逊（Wilson）（1975b，27~28）。"整个 18 世纪中期英国出口贸易的主要活力因素……就是殖民贸易。"[戴维斯（Davis），1962，290]。

㉓ 参见克拉克（Clark）（1923，135~137），安德鲁斯（Andrews）（1929，285），奥格（Ogg）（1970，261）和霍夫登（Hoffenden）（1970，490~491）。

㉔ 参见彻里（Cherry）（1953，119）。

㉕ 英国政府意见的政治立场犹豫不决，无疑反映了经济现实的摇摆不定。"很有可能，在 18 世纪前半期（世界贸易）中大多数相当温和的进步，都发生在前 20 或 25 年之中，这种运动随后受阻 20 年左右，接着是远为更强劲和多面的扩张浪潮，始于 1740 年代，又在随后数十年中聚集起不断增大的冲劲。"[迪安和科尔（Deane and Cole），1962，61]。

㉖ 费拉杰那尔斯（Moreno Fraginals）（1978，I，22）称糖是"最主要的世界性基本产品，此即：国际商业交往总价值中位居顶端的商品。"

㉗ "对欧洲和美洲而言，奴隶贸易的重要性不在于非同寻常的盈利——这可能是虚构的——而是在于加勒比海热带经济离不开它的支持。"[戴维斯（Davis），1973b，137]。

㉘ "在 1701 年至 1725 年之间，（法国的）进步是如此之快……以致法国人不仅供应法国自身，而且在大陆市场上以低价销售排斥英国人，尤其是在汉堡、佛兰

德、荷兰和西班牙,而在直布罗陀海峡,(法国人)与葡萄牙人以巴西糖供应地中海东部诸地"[安德鲁斯(Andrews),1915,550]。英国的食糖再出口逐渐衰落了,由1698年至1700年占全部再出口的37.5%,降到了1732年至1737年的4.2%。[参见谢里登(Sheridan),1957,64]。同时,它是"法国最有活力的经济部门。"[布尔(Boulle),1972,71]。再参见费拉杰那尔斯(Moreno Fraginals)(1978,I,27),莱昂(Léon)和克里埃(Carrière)(1970,197)。

⑯ 费拉杰那尔斯(Moreno Fraginals)将这些"经济的和技术的"因素的转折点确定为1730年左右(1978,I,32~34),这相合于安德鲁斯(Andrews)所说的英国政策中的里程碑转折点:1731年,这一年中,关于禁止非英国糖输进英国及其殖民地的法案未获通过[安德鲁斯(Andrews),1915,772]。梅(May)(1930,163)悲叹1673年至1757年法国保护主义在马提尼克岛(Martinique)的缓慢崩溃,可能是食糖力量的信号。

⑰ 参见维拉尔(Vilar)(1974,323)。然而在绝对方面,法国贸易正在扩张。罗曼诺(Romano)(1957,II,1278)谈到在18世纪时——战争时期除外——"法国商业生活中实际的和结构的良好状况"。

⑱ 参见戴维斯(Davies)(1957,2)。其他的竞争对手是葡萄牙、法国、英国、瑞典、丹麦、勃兰登堡和苏格兰。

⑲ 参见戴维斯(Davies)(1957,13)。

⑳ 这一垄断专卖权属于"皇家非洲探险公司",该公司于1672年为"皇家非洲公司"继承取代。[参见邓恩(Dunn),1972,20]。

㉑ 参见戴维斯(Davies)(1957,335~343)。

㉒ 参见帕里(Parry)(1961,175)。

㉓ 参见韦德尔(Waddell)(1960,9)。

㉔ 参见帕里(Parry)(1961,176)。

㉕ 参见里奇(Rich)(1967,356),他引用了波斯特勒瑟威特(Malachi Postlethwayte)关于乌得勒支(Utrecht)条约中贩奴专卖条款的评论:"很少有一项条约被弄成这样对国家几乎无利可言。"应当记住的是种植园主们得到他们所要之物——废除这种垄断专卖——时在1698年,而奴隶贩子们却在1713年得到了贩奴专卖。在此之间的时期,牙买加进口的奴隶增加了3倍,总人口增加了1倍。"于是在乌得勒支(Utrecht)和约结束了法国的战争之时,牙买加终于成为一个典型的匀称的蔗糖社会,完全处于大种植园主的支配之下。"[邓恩(Dunn),1972,165]。他们唯一需要的就是捍卫他们的强有力地位。

㉖ 贩奴专卖"干涉了(牙买加)视为是自己特权的一种贸易。"[唐南(Donnan),1930,442]。唐南引用了1731年的一本伦敦书籍,书名是《在美洲的英国种植园对这个王国的重要性》,引文是:"直至1716年,牙买加岛兴旺繁荣,贸易频繁,其价值仍如以往一样巨大;而且,他们在此贸易中雇用了1200至

1500人，这有时是既是一支巨大的防卫力量，又是由于许多人在那儿花钱成为他们的一笔增值进项之利。实际上，这些人中大多都是严格意义上的居民，不是在那儿结婚，就是在那里出生。但是在1716年，贩奴专卖一事来到了西印度群岛时，那项贸易对牙买加岛已具有了巨大利益，他们从中可获利25%至30%。每月都有进款，大致上一年可收进3000至4000块金币，进项虽未被完全摧毁，然而却受到影响，变得非常微不足道，而且又由此影响变得不仅是非常微不足道而且更加危险不稳定，以至于人们现在认为由于有了贩奴公司和私营者，现在雇用的人尚不足以往的一半。其恶劣影响对牙买加岛的作用是明白显见的。"

除了有益于在牙买加合法从事奴隶贸易的人外，贩奴专卖还干涉了私掠船的利润："因为私掠者以捕猎西班牙船为生，他们惶恐地看到牙买加人和西班牙人之间受保护的和半合法的奴隶贸易得到发展。"[内特尔斯（Nettels），1931b，6]。他们因而与种植园主合力反对"贩奴专卖派"。私掠者的不满产生严重后果，如佩尔斯所言（Pares）（1963，17）："众所周知，私掠者中的失业在'威廉国王战争'和'西班牙王位继承战争'之后引起了几乎是世界性的海盗之风。而且，在乌得勒支（Utrecht）和约之后，在美洲的英国海员和西班牙海员被要求忘却两次长期战争的传统和一个世纪之久的冲突和掳掠。实际上，出乎意料的事情却是：并非是他们还应当持续一段时间去干习以为常的敌对和劫掠，而是应当最终根除它们。"

⑱ 参见彭森（Penson）（1929，345）。无论怎么说，法国人在非法贸易中干得不算出色。参见佩尔斯所言（Pares）（1960，132）："或许，法国人在走私贸易中相比之下的失败，其最好的解释是猜测荷兰人和英国人以廉价出售击败了他们……。与其说是贪图超额利润，还不如说是高额的通常开支费用阻碍着法国竞争者。法国航运看来不如英国，不那么廉价，而且，如果……它在此贸易中有更多的武装和人员，有利于英国人的差别一定得到了强化，尤其是英国人有时得救于护航，免受海岸警卫队（Guarda-Costas）的抗衡之风险。"法国航运的高成本开支在整个18世纪中都是一个压制因素。诺伯斯（Knoppers）（1977b，1）注意到在1785年，"法国商人与法国海军签订了一份供应木材的合同，商人们成立了一个新公司：法国北方公司。但是，民族国家的考虑并未克服掉这个事实：外国航运者提出了低得多的运价。法国海军于1786年取消了与该公司所订的合同，赏给了荷兰航运者。"

⑱ 参见费希尔（Fisher）（1963，219）。

⑱ 参见哈林（Haring）（1947，335~347）。

⑱ 参见约翰（John）（1953，154）。依然有些人认为商业好处被夸大了。麦克拉克伦（McLachlan）（1940，28）走得如此之远以致称其为是一个欺骗妄想。如果就是这样的话，那么就难以理解西班牙人为什么会如此之久地受困于英国南

海公司的获益。参见希德纳（Hildner）（1938，322～323）。

⑱ 马森（Masson）（1967a，522）。

⑱ 参见瑟诺沃德努（Cernovodeanu）（1967，457）。

⑱ 参见博诺（Bono）（1964，51～61）。法国人还在1687年与的黎波里签订了一项条约。

⑱ 参见帕里斯（Paris）（1957，91）。法国与奥斯曼政府之间的外交关系往来维持到以后一个世纪。

⑱ 斯托亚诺维奇（Stoianovich）（1974，80）谈到了"从1680年至1720年，英国商业在阿勒颇（Aleppo）的崩溃。"马森（Masson）（1967b，367）称之为是"一个最出人意料之外的转变，甚至法国人也为此吃惊。"

⑱ 参见斯托亚诺维奇（Stoianovich）（1974，86，100）；马森（Masson）（1967b，370）和帕里斯（Paris）（1957，100）。

⑲ 参见帕里斯（Paris）（1957，12～15，30～36）。

⑲ 参见帕里斯（Paris）（1957，5～6）。

⑲ 内格夫（Neguev）（1975，11）确定该地区纳入世界经济的时间只是从18世纪末开始。帕里斯（Paris）（1957，80）指出在此之前"欧洲商人严重依赖土耳其帝国政府，因而也就依赖于后者与它们的君王的关系"。

⑲ 在17世纪开始时，地中海东部地区贸易占法国对外贸易的50%，至1789年时只是5%了。至1750年时，该贸易远远落在与美洲和西班牙的贸易之下，不过大约和与荷兰的贸易相等［参见马森（Masson），1967b，429］。

⑲ 参见博克塞（Boxer）（1965，199），维拉尔（Vilar）（1974，345）和格拉曼（Glamann）（1974，447ff）。维拉尔谈到了直至大约1765年前的单方面商业（见第345、354页）。

⑲ 参见博克塞（Boxer）（1965，174～178）和格拉曼（Glamann）（1958，14）。随着这些物品在欧洲流行起来，也就开始更廉价地仿制它们：有17世纪中期的德尔福特（Delft）陶器，1709年的梅森（Meissen）瓷器，以及18世纪英国的印花布。茶叶和咖啡当然无法在欧洲种植，但是茶叶热潮始于1734年，咖啡还要更晚。

⑲ 参见博克塞（Boxer）（1965，197）。数量的增多却有一种推动力。它受到英国东印度公司的积极鼓励，该公司又为此于1696年和1699年在议会中受到英国毛纺和丝绸制造业主的猛烈抨击［参见托马斯（Thomas），1963，39］。勒依奥特（Leuilliot）（1970，260）指出这种推动力的诸种后果："如果说欧洲引进印度棉布和细布在起初之时激起了保护主义反应——1686年在法国，1700年在威尼斯和佛兰德，1701年在英国，普鲁士大约同时，都禁止进口，此外，英国在1721年还禁止了印花布——那么，它也刺激了棉纺织工业，还在新世界殖民化的影响之下与非洲奴隶贸易联系起来了。英国、德国、尼德兰和法国都或多

— 349 —

或少兴起了对印度产品的仿制。"

⑰ 参见苏瑟兰（Sutherland）（1952，3）。

⑱ 参见苏瑟兰（Sutherland）（1952，48）。

⑲ 在我看来，莱昂所言在1650年至1750年时期，"欧洲大规模商业的兴趣转移到亚洲"的看法似乎言过其实了［莱昂（Léon），1970a，128］。

⑳ 然而，我愿意将北美洲的皮毛贸易地区，大部是加拿大，置于外部竞争场之内。劳森（Lawson）（1943，2）称皮毛是一种"奢侈需求"。再参见格兰德（Glenday）（1975，特别是24～33）。戴维斯（Davis）（1974，168）说它开始之时是一种奢侈品，但是海狸帽子使皮毛民主化了，即使皮毛进入了中产阶级可接受的价格范围之内。他说1600年时的这种"涓涓细流"变成了1650年的"奔流河川"，及至1700年已是"洪水泛滥"了（第174页）。里奇（Rich）（1966，26）认为是在1696年生产过剩了。我们仍须记住18世纪时科贝特（Cobbett）在英国议会中的评论。他指出为了保住一项价值5万镑的贸易，却花费了80万镑军费去与法国进行战争："假设整个皮毛贸易沉入海底，于英国又何害之有？"［引自英尼斯（Innis），1943，XX］。

㉑ "在真实的意义上，印度洋的欧洲经济只是在1750年之后才变成殖民经济……我们以此所指的是它向欧洲再出口企业利润的时刻。"［肖努（Chaunu），1966b，893］。博克塞（Boxer）（1965，194）说："必须强调指出：尽管荷兰东印度公司（在17和18世纪）成为爪哇、锡兰和香料群岛上的地方性权力，它一直是亚洲社会边缘上的一个外来异物，甚至在它直接管理的地区也是如此。"

㉒ 关于英国与荷兰在从亚洲进口纺织品上的敌对竞争，格拉曼（Glamann）（1977，251）说在1700年之后"英国贸易设法超过了荷兰对手。"

㉓ 肖努（Chaunu）（1966a，639）将此关键性的转变确定在18世纪，他认为此后的俄国才成为欧洲政治的一部分。

㉔ 参见奥伯格（Öhberg）（1955，131～133）。大部分在阿干折附近地区生产的物品——柏油、沥青和皮革——以及专卖物品牛脂也都是定期航船运送。

㉕ 实际上，诺伯斯（Knoppers）（1977b，12）认为1716、1717至1740年代早期是一个发展高峰点，此后就是急剧衰落。

㉖ 参见阿斯特罗姆（Åström）（1963，188，196～198）。

㉗ 参见班福德（Bamford）（1956，141）和昂格尔（Unger）（1959），他也指出铁的进口增大了。

㉘ 参见伯奇（Birch）（1955）。

㉙ 莫里诺（Morineau）（1965，206）说法国对北方的出口在1742年与荷兰出口相等了。然而，詹宁（Jeannin）（1975，71）指出："法国的直接商业在18世纪中的扩张，部分得益于荷兰人的中间商作用的减小。但是，如果汉堡或多或少取代了阿姆斯特丹，这种变化在法国商人眼中还是如此有重大作用吗？"

⑩ 参见威尔逊（Wilson）（1954，254）。

⑪ 参见威尔逊（Wlison）（1941，137）。

⑫ 奥姆洛德（Ormrod）（1975，72）指出："这意味着荷兰商人实际上支付了税项，承担了全部风险，其资本被困住直到亚麻实际售出。英国商人赚取了2%的佣金却没有承担任何风险，而且他的资本是自由的，可投资于更有利可图之处。"

⑬ 参见安德鲁斯（Andrews）（1915，545~546，n.18）："1713年，威瑟斯（John Withers）发现有必要去写一封'从一个公民致一位乡绅'的信，题目是《更好的朋友是荷兰人而不是法国人》。他在信中反驳如下的流行看法：荷兰人是'我们的贸易之敌，暗中破坏我们的商业；以及如果这些英国佬一旦被粉碎，全世界的贸易就是我们的。'……他努力表明实际上法国人才是英国的大敌，荷兰人则是英国的朋友。从此事实可以推测出关于荷兰竞争的实际情况的当时舆论意见。"

在诸次英、法战争中，荷兰人在可能的程度上退而求取中立，由此可见他像承认失去了商业优势及其对付的方式。诸种解释令人好奇地感到有内在矛盾之处。参见卡特（Alice Carter）和霍恩（David Horn）。卡特（Alice Carter）（1963，818）认为荷兰在18世纪中的中立，"部分地归因于宪法形式和一个实际上不可能做出迅速决定的政治制度，但是，中立却良好地服务于它的利益"。霍恩（David Horn）（1967，24，88）认为："乌得勒支（Utrecht）条约之后，荷兰联合省作为一个大强国的突然消失不能归结于经济力量的失败，而是必须归之于意志的瘫痪……。不干预、中立把戏和谋略如果使荷兰人两边都不讨好，至少也有助于拖延最后的算账之时。"此两位作者提供了纯粹的政治解释（宪法形式和意志瘫痪），最后还是承认中立政策在经济上是有利的。荷兰产品的比较成本不断增长，在此形势下，荷兰人以削减"保护成本"来保持他们的竞争力。

⑭ 古伯特（Pierre Goubert）（1970a，205）注意到在这些战争的第一次战争中："有9年之久，在4条主要战线和许多遥远战区，要供养和装备20万大军和两支舰队，几乎是对抗整个欧洲、阿姆斯特丹银行和不久后（1694年）的英格兰银行，这是一项庞大的任务，其金钱之花费是力所不及的。"

⑮ 我们今日所称的贬值，意指纸币（计算货币）的价值相比于金属货币减少了，这在现代早期被看作是"货币的欢叫"，意指金属货币相比于计算货币此时要更加值钱，因为在此时期中硬币兑其他种类货币的比率在实质上是有利于硬币。关于法国，参见吕提（Lüthy）（1959，99）；关于英国，参见阿什顿（Ashton）（1959，106）。

⑯ 参见吕提（Lüthy）（1959，114~120）。

⑰ 吕提（Lüthy）（1959，101）提到对国家有三种好处：来自铸造新硬币的税收；

减少国家负债;增加了手中控制的硬币数量,因为国家在实际上每次收入的硬币多于交还出去的硬币。[贝斯尼尔(Besnier),1961,83]补充了第四个好处的事实:法国国家将重大贬值混合于不断的小价值重估之中,其效果是对硬币持有者施加压力使之将硬币借给国家:"例如在 1703 年,夏米拉特(Chamillart)宣布了一系列改值,因而使食利者接受将他们的债券以低利率兑换,因为他们受到以硬币偿还的威胁,硬币价值的减少是失去货币资格的前兆,已迫在眉睫。"

㉘ 每一次贬值都导致"金属货币的失血造成对法国的损害"。[吕提(Lüthy),1959,118]。吕特伊认为"法国财政部为拒不付账的错觉最终付出高昂代价。"(第 120 页)。布罗代尔和斯普纳(Braudel and Spooner)(1967,382)回顾了自 1750 年之后的时期并且断言:"在 1750 年的整个欧洲,回想起来,贬值在三个庞大的政治体系中看来尤为严重,它们是波兰、土耳其和法国。"至 19 世纪时,波兰不复存在了,土耳其是"欧洲病夫"——那么法国呢?贬值还是有其另外一面。它在长期之内削弱了庄园贵族。"计算货币的每一次削弱都是走向逐渐演变的一步,侵蚀乃至最终消灭了留传下来的支付款项。"吕提(Lüthy)(1959,10)。

㉙ 参见雅卡尔(Jacquart)(1975,211),以及里希特(Richet)(1968,762)对 1690 年至 1720 年法国经济状况的怀疑评论。他怀疑这是柯尔伯(Colbert)收缩时期(1660 年至 1690 年)的一个良好转折点。以计算货币来看,谷物价格急剧上升,酒类和橄榄油的价格也是如此;但是以金属币含量来看,它们仍是低价格。"这是一种'名义上的'上升,由货币贬值人为引起的,是贫困的信号而不是繁荣的象征。"

㉚ 参见威尔逊(Wilson)(1951,240~241)。这些例外由斯珀林(Sperling)(1962,62)从利润方面做出解释说:"白银之所以向东方流去并不是因为贸易在任何极限意义上依赖它,而是因为它是赚钱的事。"原因是世界各地的金与银之间的兑换比率存在差价:白银与黄金的比率在西班牙美洲是 17∶1;在欧洲是 15∶1;在印度是 12∶1;在日本是 9∶1。布里兹(Blitz)(1967,53)也认为有相类似的比率:在西班牙是 16∶1;在英国是 15∶1;在东方是 10 或 9∶1。

㉛ 默顿斯(Mertens)(1944,56)发现了 17 世纪英国金本位制在白银极为短缺时的起源;由同样的逻辑也可用于法国,怎样才能如此?

㉜ 参见布维尔(Bouvier)(1970,308~309)。

㉝ 参见维拉尔(Vilar)(1974,278~279)。再参见威尔逊(Wilson)(1941,8):"1703 年的英国—葡萄牙条约……的效应在于使黄金从巴西改为流向伦敦",也就是说使之由原来流向阿姆斯特丹改为流向伦敦。1713 年时巴西货物的 60% 是黄金[参见莫里诺(Morineau),1978h,32]。18 世纪时巴西出口了约 800 吨纯金[莫里诺(Morineau),1978h,24]。

㉔ 维拉尔（Vilar）（1974，247）说："我们必须时刻记住各种商品价格非常低落的时期意味着贵金属购买力旺盛时期，因而由此刺激了对它们的勘探。"另一方面，这种好处随着经济复苏而消散，如莫里诺（Morineau）所注意到的："在1730年达到其顶点时，（黄金的）商业意义在接近19世纪时独自减小了。仅举一例，一公斤黄金在1740年的里斯本'价值'大约7200公斤糖，在1778年却是不到3900公斤，在1796年不足1950公斤。有谁会相信黄金和食糖之间竟是黄金出现最大的价格崩溃？"（1978h，40）。

㉕ 参见莫斯尼尔（Mousnier）（1951，1～8），他却是坚持认为英、法两国之间的差异要大于相同之处；然而，他提出来的论证少于意识形态争论。英国"更多的是资本主义的、资产阶级的。"（第8页）"1713年的法国政府本质上是独裁的，有极权主义倾向，英国却有一个富豪政府，有自由主义倾向。"（第13～14页）。

㉖ 参见德维（Van der Wee）（1977，378）。

㉗ 参见德维（Van der Wee）（1977，391～392）。

㉘ 参见阿登特（Ardant）（575，200）。

㉙ 参见吕提（Lüthy）（1959，112），比较德维（1977，378）和哈辛（Harsin）（1970，272～273）。

㉚ 参见杜兰（Durand）（1976，21）。

㉛ 参见莱昂（Léon）（1970b，623），他说在1685年至1715年时期，"金融'统治'在法国是绝对的。"在此时期，我们以"金融家"（financiers）指"包税者"（traitants），他们既是皇家官僚，又是借款给国家的银行家，他们从盈余中捞取多少仍受限制。"这些人们看起来无所不能，在强权面前仍是虚弱和依从的，无疑受到它们的'控制'，却也'控制'它们。"（莱昂，1970d，624）。随着18世纪岁月推移，"包税人"（traitants），让位给包税区包税人（fermiers～généraux），这些包税区包税人的经营方式更为稳定，较少是投机性的。他们不可能大发横财，但在18世纪中能够刮取更多的剩余价值。参见莱昂（Léon）（1970，628～630）和杜兰（Durand）（1976，13～16）。

㉜ 参见克拉潘（Clapham）（1944，25）。

㉝ 参见克拉潘（Clapham）（1944，1～2）和德维（Van der Wee）（1977，352，387）。

㉞ 参见德维（Van der Wee）（1977，388）。戴雍和雅卡尔（Deyon and Jacquart）（1978，500）提供了这个经验主义的指示，表明英国国家筹资新方式优于法国的制度。"（1688年至1713年）的诸次战争迫使英国采取的筹资努力与法国是相似的，两国的债务也以相似的比率增多，两国的税赋，特别是间接税也以相似比率增加。然而在签订乌得勒支（Utrecht）条约之时，法国的国债大约是英国的五、六倍之多。"

㉟ 参见卡特（Carter）（1955，21）。再参见罗斯维尔（Roseveare）（1969，69）："伦敦城长期以来感到焦虑的事情就是向政府借出大笔贷款，议会革命排除了这焦虑。以国王和女王为首的金融界（在 1694 年）毫不犹豫地认购了 120 万镑用于合资所需的资本。"并非每个人都是如此乐观。反对派的土地利益者中有些人认为英格兰银行提供了一个独立于议会之外的收入来源。参见鲁比尼（Rubini）（1970，697~701）。

㊱ 参见卡特（Carter）（1955，22，30，39~41，以及 1959）。

㊲ 参见蒙特（Monter）（1969，298）关于瑞士在英国投资的论述，瑞士投资是仅次于荷兰的最重要的外国投资。他说："如果说瑞士投资者基本上是日内瓦人，如果日内瓦人又大多是法国胡格诺教徒（而且如果英国股票的其他投资者在 18 世纪初期又大多是法国胡格诺教徒），那么，需要发现和确定的真实主题就是 18 世纪初伦敦交易所中'法国胡格诺教徒国际'的活动。"蒙特（Monter）指出在英国的柏林和汉堡的投资者"几乎也是法国胡格诺教徒"。关于法国胡格诺教徒国际，另参见布维尔（Bouvier）（1970，312）。马尔斯（Marrès）（1966，152~153）指出：法国新教徒向外移居创造了"朗格多克（Languedoc）地区工业产品的商业与用户网络。他们那些留在朗格多克（Languedoc）的兄弟们，虽已被剥夺了公职，却接管了一些最兴旺的工业部门，如纺织业。"再参见吕提（Lüthy）（1959，424）。

㊳ 后来，在路易十四死后，法国胡格诺派教徒又回来在法国投资，特别是在法国的外部商业中投资。[参见布维尔（Bouvier），1970，312~313]。"荷兰君主和他的顾问擅长处理财政和金融事务，特别是长期性的政府借贷，而且与荷兰银行界联系在一起。在他们到之后发生了金融革命肯定不止于只是巧合。"[布兰（Braun），1975，292]。

㊴ 参见威尔逊（Wilson）（1949，61）。英格兰银行作为一个极重要机构获得成功的证据之一在于这个事实：尽管它的钞票在法律上是直到 1833 年才成为合法货币，但在事实上，"早在 18 世纪之初，英格兰银行的钞票就已经在债务清算中广泛为人接受了。"[霍斯菲尔德（Horsefield），1977，131]。

㊵ 参见德维（Van der Wee）（1977，389）。

㊶ "看来，除去几年的战争时期以外，荷兰资本发现投资于英国公债较少是因为英国需要资本，更多的是因为在国内缺乏投资机会。"[约翰（John），1953，158]。

㊷ 参见威尔逊（Wilson）（1941，72~73）。特别是荷兰人持有 3/7 的公债 [威尔逊（Wilson），1941，78，190]。但是，卡特（Carter）（1953a，159）认为此说的依据是"极为令人怀疑的"。她从分类账得到的印象是荷兰人只占有 1/8 至 1/6 的利息（第 161 页）。不过，她承认就在奥地利王位继承战争之前，荷兰人在英国公债中的投资已是"有相当可观的利息，相对于总数而言。"[威尔逊

(Wilson), 1953b, 338］。

㉓ 参见巴伯（Barbour）（1963，125）。

㉔ 克莱因（Klein）（1969，19）指出：在荷兰人指望得到霸权的 17 世纪，荷兰联合省的公债增长最快。他们努力去保持低税率，部分是因为反抗西班牙的战争的思想动机之一就是反叛征税；但是，开销花费最终还是必须有人补上。"这样，也许可以说，16 世纪的荷兰的自由是以后人的代价买下的。"

㉕ 参见莫里诺（Morineau）（1974，775）和卡特（1971，131~135）。

㉖ 参见威尔逊（Wilson）（1954，263~264）。

㉗ 威尔逊（Wilson）（1960b，439）。

㉘ 参见克莱因（Klein）（1970，34）。这种故意的决定可见于这个事实：18 世纪中，荷兰人首先进行投资托拉斯的金融革新，这种思想直到1870 年代才传到英国，当时的英国正在达到荷兰联合省于1689 年所达到的阶段［参见克莱因（Klein），1969，12］。

㉙ 参见迪伦（Van Dillen）（1926，199~200）。

㉚ 参见莫里诺（Morineau）（1972，4）。

㉛ 威尔逊（Wilson）（1954，264~265）。

㉜ 卡特（Carter）（1953b，323）。

㉝ 约翰（John）（1955，343）。

㉞ 哈辛（Harsin）（1970，276）。

㉟ 各种各样的利益反对劳（John Law）的银行建议，因此，这个银行"只好以一家私营银行的外表伪装自己以便得到批准。"哈辛（Harsin）（1970，277~278）。关于劳（Law）试图建立法国银行，参见汉密尔顿（Hamilton）（1969，140~149）。他称劳在1702 年呈交的最初计划是"我所见到那个时期中任何国家建立国家银行的最出色计划之一。"（第143 页）。这家银行私营性质伪装由此事实表明：1718 年12 月4 日，它终于正式成为皇家银行，"所有公开出售的股票均已由政府秘密买下了。"［汉密尔顿（E. J. Hamilton），1969，145］。

㊱ 关于劳（Law）的意图的这段描述引自哈辛（Harsin）（1970，29）。卡斯韦尔（Carswell）（1960，78~79）说："发行一种国家纸币，它可一致为人接受，因为国家的权威是它的后盾，并且由一个地方机构网络加以控制，这一思想就是劳用于增加世界财富的计划的核心内容。他是如此深信这种货币将比金属硬币更受欢迎，以至于在他的最初计划模式中他认为有必要限定纸币应享有对金银的溢价，规定每百元债券不得要求以110 元的黄金去偿付。"

㊲ 参见戴雍和雅卡尔（Deyon and Jacquart）（1978，502）。

㊳ 哈辛（Harsin）（1970，280）。

㊴ 韦伯（Weber）（1950，288）就"南海泡泡"做出了同样的解释："在此，破产也是不可避免的，因为南海贸易不足以支付所收款项的利息。"（第289 页）

㉖⓪ 参见阿克曼（Åkerman）（1957, II, 1, 254~255）；哈辛（Harsin）（1970, 294）；金德尔伯格（Kindelberger）（1978, 120~122）。阿什顿（Ashton）（1959, 120）加上了丹麦、西班牙和葡萄牙。关于日内瓦，参见塞约斯（Sayous）（1937）。阿克曼（Åkerman）称1720年的危机是"首次国际危机"（第225页）。韦伯（Weber）称这两个泡泡事件是"首次巨大的投机性危机"，将它们区别于1630年代荷兰的郁金香大狂热（1950, 286）。帕克（Parker）（1974a, 582）使用了几乎是一模一样的用语："现代的第一次金融危机。"

㉖① 1711年，南海公司首次偿还短期债务是很成功的。"这一明智之举使英国从1713年的乌得勒支（Utrecht）和约中成为其信誉实际未受损的国家，甚至即使它债台高筑"［帕克（Parker），1974a, 581］。弗林（Flinn）（1960）对此成功更感怀疑。但是，希尔（B. W. Hill, 1971, 411）认为它是一个政治上的极重要行动，甚至比其经济上的重要意义还要更突出："托利党的议会被说服去维护国债，而辉格党的伦敦城则恢复它作为国家债权人的角色。这些在政治和经济上对未来都是重要的发展；在政治上是因为他们消除了政府更迭（1710年时有过一次辉格党政府改为托利党政府之事）会引起公共信贷崩溃的担忧，在经济上是因为：自从（英格兰银行）革命以来由'金融利益'发展起来的组织形式得到了承认，甚至得到由一位代表伦敦城最大的批评者地主乡绅的大臣保护。"

㉖② 参见帕克（Parker）（1974a, 583）。

㉖③ 汉密尔顿（E. J. Hamilton）（1969, 147）。

㉖④ 帕克（Parker）（1974a, 586）。

㉖⑤ 关于英国，参见维拉尔（Vilar）（1974, 285）关于法国，参见吕提（Lüthy）（1961, 31）和布维尔（Bouvier）（1970, 307）。

㉖⑥ 吕提（Lüthy）（1959, 414）

㉖⑦ 哈辛（Harsin）（1970, 279）。普卢姆（Plumb）关于政府行动的评论更为强烈。他说沃尔波尔（Walpole）"拯救了宫廷"（1950, 59）——以此在两年之后当上了首相。

㉖⑧ 参见波依森（Poisson）（1974, 266）。

㉖⑨ 英伯特（Imbert）（1965, 354）谈到了"1718年至1721年对法国经济的鞭笞"是有益的。汉密尔顿（E. J. Hamilton）（1969, 147~148）注意到它使法国摆脱了商业危机，但是这并非是"无代价的"。

㉗⓪ 关于里昂作为一个金融中心在1720年之后的衰落，参见吕提（Lüthy）（1959, 55）。

㉗① 参见坦普尔利（Temperley）（1909a, 40, 49）。保守主义挟力而来。"沃尔波尔（Walpole）的政策极为简单——避免战争、鼓励贸易、减少税赋，至于其他就是维持现状——没有革新。如他所正确地说道：'我不是圣人、不是斯巴达人、

也不是改革者'。"[普卢姆（Plumb），1966，78~79]。

㉒ 参见普卢姆（Plumb）（1967，13）。效率比数字更重要。但是，要注意到在英国不可忽视数字。"1689年至1715年政府雇员人数的增长要比英国历史上任何此前的时期都快"，[普卢姆（Plumb），1967，112]——直至19世纪。参见艾尔默（Aylmer）（1974，24）："在政府的单纯增长方面，关键时期……看来是1642年至1652以及1689年至1697年（也可能有1702年至1713年）。"贝格尔（Berger）对1689年之后法国行政效率推测的增长做出了评估，将其与普卢姆（Plumb）的描述相比较对照："研究了据说由于战争的需要促进了巨大的行政进步，以及1693年的饥荒（和法国政府如何处理）之后，使人没有留下印象。"（1978，120）。

㉓ 参见安德森（P. Anderson）（1974a，232）。

㉔ 关于英国和土地财富，参见哈巴库克（Habakkuk）（1967b，9），他说："没有理由怀疑1715年之后百年中的形势会比1640年至1715年更有利于地主们的收入。"再参见普卢姆（Plumb）（1967，8）："地主绅士们日益融合进新的社会经济结构；贸易、投机和冒险对他们终于再也不是陌生之事了。"关于法国和商业资本，参见麦克马纳斯（McManners）（1967，26）所言："金钱是理解18世纪法国社会的关键所在。凭借背后的金钱力量，富豪财阀正在渗入贵族之中。"再参见格瑞斯比（Grassby）（1960），关于回避降低身份之概念的若干方法及由此使得贵族与商人之间严格的隔阂障碍无法维持，而这正是有意培植的。

㉕ 泰勒（Taylor）（1964，488）称此为"宫廷资本主义"："贵族、金融家、银行家和职业投机者使政府卷入令人置疑的经营业务，并且运用他们的势力获得官方决策，去抬高或压低物价，或使投机者摆脱不利的未来承诺。"

㉖ 参见明盖（Mingay）（1963，15，26）。

㉗ 参见汤普森（E. P. Thompson）（1975，197~198）。

㉘ 此语系汤普森之言（E. P. Thompson，1975，294）。

㉙ 荷兰人在英国政治中发挥的金融作用当然是通过伦敦城的中介。苏瑟兰（Southerland）（1952，18~23）认为伦敦城的支持是沃尔波尔（Walpole）执政体系的四大基础之一，既是直接的，又是经由东印度公司联系的。

㉚ 普卢姆（Plumb）（1969，115~116）颇有说服力地认为：1715年标志着驯服了英国自1640年以来所知的普遍冲动。"自有农在17世纪英国变成了一种政治动物。……至18世纪中期时，许多与生俱来的权利已失去了。"普卢姆又认为："有三个主要因素：一党政府、立法机构处于牢牢的行政控制之下，以及那些融集经济权力、社会权力和政治权力的人们共有的认同感"造成了1715年之后英国的稳定（Plumb，1967，XVIII）。

㉛ "从诺曼人以来，在统治阶级中有一种搞阴谋诡计和造反作乱的传统。至1685

年时，政治暴力是英国人的天生权利。"[普卢姆（Plumb），1967，19，重点号系本人所加]。"政治稳定到来之时，经常是在一个社会中相当迅速地发生，其突然犹如水之结冰。"（第XVII页）。希尔（Christopher Hill）（1969，119，213）有相似之语，但是他确定这个转折点是1688年而不是1715年："英国以其政治暴力在欧洲臭名远扬。……1688年之后，英国政治的英雄时代结束了。先前50年的暴力动荡继之以相对的平静。"

㉜ "[沃尔波尔（Walpole）和小集团]将辉格党原则与激进主义分离开。……这个党融合了贵族、大金融和行政政府的利益，这是由沃尔波尔（Walpole）予以扩大以便包容大部分地主乡绅的一个过程。"[普卢姆（Plumb），1967，187]。

㉝ 福特（Franklin Ford）（1953，59）观察到在1614年的等级会议的聚会中，高等长袍贵族（high noblesse de robe）仍然算在平民之中，"关于1715年高等长袍贵族的一个最重要的事实是：在法律上对此再无任何怀疑之处了。"他又接着说：实际上，"高等长袍贵族在1715年确保了其贵族身份地位，恢复了其政治权利，是贵族中最有势力的力量。"（1953，188）。

并非所有那些形式上仍是资产阶级的人们都受到这种所谓的封建反动的消极影响。巴伯指出：虽然"中等"资产阶级的晋身之路不通，"大"资产阶级却运用他们的财富"免受不少这种影响。"（Elinor Barber）（1955，143）。

㉞ 参见布罗姆利（Bromley）（1957，135），他说："从历史束缚中解放出政府是一个缓慢的发展过程，经常受到干扰，从未完成。"（第137页）。

㉟ 肖努（Chaunu）（1965b，26~27）。

㊱ "如果仔细考虑，（大元帅）蒂雷纳（Turenne）（于1688年）的改宗皈依比撤销南特敕令更为重要。没有他的改宗皈依，枫丹白露（Fontainebleau）敕令就会是不可想象之事。要是他们不屈不挠，国王也就不可能抑制住他的半数绅士们。一个半世纪之后，拉法耶特（La Fayette）、拉罗什福科尔德—林考尔（La Rochefoucauld-Liancourt）和90名其他自由派贵族要比米拉波（Mirabeau）的演说更多地确保了1789年6月23日第三等级的成功。"[肖努（Chaunu），1965b，27]。

㊲ 1680年至1720年之间，约有20万名法国胡格诺教徒离开了，大多前往英国、荷兰联合省、日内瓦和德意志诸邦[参见斯科维尔（Scoville），1952，409~410]。

㊳ 参见斯科维尔（Scoville）（1960，3~5，118）。一些改变信仰者实际上是伪装者，是"新改宗犹太人"[参见莱奥纳尔（Léonard），1948，177~178]。

㊴ 参见莱奥纳尔（Léonard）（1948，178）。因而有了卡米扎尔（Camisards）战争，有了安东尼法庭（Antoine）和1715年在塞文河谷（Basses-Cévennes）的背教者（the Desert）宗教会议。

㊵ 参见伦纳德（1948，179）。

㉑ 参见拉杜里（1995，35~37）。

㉒ 参见拉杜里（Le Roy Ladurie）（1975a，528）。比较于17世纪，18世纪是"农民教育的伟大时代"（1975a，538）。

㉓ 参见穆斯尼尔（Mousnier）（1951，18）关于1690年至1715年时期海关税、货物税、邮件和印花的比较数字。法国来自"包税联盟"（Fermes-Unies）的收入，从1690年的大约7000万图尔内利弗尔（Livrestournois）降至1715年的4700万，而英国的收入从1700年的2050万图尔内利弗尔升至1713年的5950万。随着18世纪时间推移，这一差距逐渐变得更为糟糕了。马赛厄斯和奥布莱恩（Mathias and O'Brien）（1976）在仔细考察了整个世纪中的纳税负担比较之后说："在法国，纳税负担少于英国。"（第634页）；他俩指出：纳税负担超过英国的唯一国家是荷兰联合省，"它的内部市场高度结合程度甚至超过英国。"（第640页）。

㉔ 参见拉杜里（Le Roy Ladurie）（1975a，550，552）。

㉕ 拉杜里（Le Roy Ladurie）比较了18世纪中乡村英国和乡村法国在封建制之下的政治联盟：英国庄园主和富裕农场主之相对于法国穷人和中等农民，甚至富裕农场主（1975a，584~585）。

㉖ "没有比此更大的对照比较和更突然的转变。……在一个时代，法国人民几乎一致地像波舒哀（Bossuet）那般思考。在这个时代之后，……又像伏尔泰（Voltaire）那般思考。没有通常的犹豫摇摆，这就是一场革命。"［哈扎尔（Hazard），1964，7］

㉗ 参见拉布鲁斯（C. E. Labrousse）（1970，716）。

参考文献

Aalbers, J., "Holland's Financial Problems (1713-1733) and the Wars against Louis XIV," in A. C. Duke & C. A. Tamse, eds., *Britain and the Netherlands*, **VI**: *War and Society*. The Hague: Martinus Nijhoff, 1977, 79-93.
Abel, Wilhelm, *Die Drei Epochen der deutschen Agrargeschichte*, 2nd ed., Schriftenreihe für Ländliche Sozialfragen, **XXXVII**. Hannover: Verlag M. & H. Schaper, 1964.
Abel, Wilhelm, *Geschichte der deutschen Landwirtschaft vom fruhen Mittelalter bis zum 19. Jahrhundert*, 2nd rev. ed. Stuttgart: Verlag Eugen Ulmer, 1967.
Abel, Wilhelm, *Massenarmut und Hungerkrisen in vorindustriellen Deutschland*. Gottingen: Vandenhoeck & Ruprecht, 1972.
Abel, Wilhelm, *Crises agraires en Europe (XIIIe-XXe siècle)*, traduit de la 2ème édition allemande, revue et augmentée. Paris: Flammarion, 1973.
Aberg, Alf, "The Swedish Army, from Lutzen to Narva," in M. Roberts, ed., *Sweden's Age of Greatness, 1632-1718*. New York: St. Martin's Press, 1973, 265-287.
Achilles, Walter, "Getreidepreise und Getreidehandelsbeziehungen europäischer Raume im 16. und 17. Jahrhundert," *Zietschrift für Agrargeschichte und Agrarsoziologie*, **VII**, 1, 1959, 32-55.
Adams, Geoffrey, "Myths and Misconceptions: The Philosophic View of the Hugenots in the Age of Louis XV," *Historical Reflections*, **I**, 1, June 1974, 59-79.
Ågren, Kurt, "Breadwinners and Dependents: An Economic Crisis in the Swedish Aristocrary during the 1600's?" in K. Ågren *et al.*, *Aristocrats, Farmers, Proletarians*, Studia Historica Uppsaliensia **XLVII**. Uppsala: Almquist & Wiksell, 1973, 9-27. (a)
Ågren, Kurt, "The *reduktion*," in M. Roberts, ed., *Sweden's Age of Greatness, 1632-1718*. New York: St. Martin's Press, 1973, 237-264. (b)
Ågren, Kurt, "Rise and Decline of an Aristocracy," *Scandinavian Journal of History*, **I**, 1-2, 1976, 55-80.
Åkerman, Johan, *Structure et cycles économiques*, 2 vols. Paris: Presses Univ. de France, 1957.
Allen, Theodore, "'... They Would Have Destroyed Me': Slavery and the Origins of Racism," *Radical America*, **IX**, 3, May-June 1975, 41-64.
Anderson, M. S., "Russia Under Peter the Great and the Changed Relations of East and West," in *New Cambridge Modern History*, **VI**: J. S. Bromley, ed., *The Rise of Great Britain and Russia, 1688-1725*. Cambridge: University Press, 1970, 716-740.
Anderson, Perry, *Lineages of the Absolutist State*. London: New Left Books, 1974. (a)
Anderson, Perry, *Passages from Antiquity to Feudalism*. London: New Left Books, 1974. (b)
Andrews, Charles M., "Anglo-French Commercial Rivalry, 1700-1750: The Western Phase," *American Historical Review*, Part I: **XX**, 3, Apr. 1915, 539-556; Part II: **XX**, 4, July 1915, 761-780.
Andrews, Charles M., "The Acts of Trade," in J. Holland Rose *et al.*, eds., *Cambridge History of the British Empire*. Cambridge: University Press, 1929, **I**, 268-299.
Anes Alvarez, Gonzalo, & le Flem, Jean-Paul, "Las crisis del siglo XVII: Producción agrícola, precios e ingresos en tierras de Segovia," *Moneda y Credito*, No. 93, junio 1965, 3-55.
Appleby, Andrew B., "Agrarian Capitalism or Seigneurial Reaction? The Northwest of England, 1500-1700," *American Historical Review*, **LXXX**, 3, June 1975, 574-594.
Ardant, Gabriel, "Financial Policy and Economic Infrastructure of Modern States and Nations," in Charles Tilly, ed., *The Formation of National States in Western Europe*. Princeton, New Jersey: Princeton Univ. Press, 1975, 164-242.
Ariès, Philippe, "Nationalisme d'hier et nationalisme d'aujourd'hui," *La table ronde*, No. 147, mars 1960, 46-51.
Asher, Eugene L., *The Resistance to the Maritime Classes: The Survival of Feudalism in the France of Colbert*. Berkeley & Los Angeles: Univ. of California Press, 1960.
Ashley, M. P., *Financial and Commercial Policy under the Cromwellian Protectorate*. London & New York: Oxford Univ. Press, 1934.

Ashley, W. J., "The Tory Origin of Free Trade Policy," *Quarterly Journal of Economics*, **XI**, 4, July 1897, 335–371.
Ashton, Robert, "Cavaliers and Capitalists," *Renaissance and Modern Studies*, **V**, 1961, 149–175.
Ashton, Robert, "Puritanism and Progress," *Economic History Review*, 2nd ser., **XVIII**, 3, Apr. 1965, 579–587.
Ashton, Robert, "The Parliamentary Agitation for Free Trade in the Opening Years of the Reign of James I," *Past and Present*, No. 38, 1967, 40–55.
Ashton, Robert, "Jacobean Free Trade Again," *Past and Present*, No. 43, 1969, 151–157.
Ashton, T. S., *Economic Fluctuations in England, 1700–1800*. Oxford: Clarendon Press, 1959.
Ashton, T. S., "Introduction" to Elizabeth Boody Schumpeter, *English Overseas Trade Statistics, 1697–1808*. Oxford: Clarendon Press, 1960, 1–14.
Ashton, T. S., *An Economic History of England: The 18th Century*. London: Methuen, 1969, reprinted with minor corrections.
Aspvall, G., "The Sale of Crown Land in Sweden: The Introductory Epoch, 1701–1723," *Economy and History*, **IX**, 1966, 3–28.
Åström, Sven-Erik, "The English Navigation Laws and the Baltic Trade, 1660–1700," *Scandinavian Economic History Review*, **VIII**, 1, 1960, 3–18.
Åström, Sven-Erik, *From Stockholm to St. Petersburg*, Studia Historica, **II**. Helsinki: Finnish Historical Society, 1962.
Åström, Sven-Erik, "From Cloth to Iron: The Anglo–Baltic Trade in the Late 17th Century," Part I: "The Growth, Structure and Organization of the Trade," *Commentationes Humanum Litterarum*, **XXIII**, 1, 1963, 1–260.
Åström, Sven-Erik, "From Cloth to Iron: The Anglo–Baltic Trade in the Late 17th Century," Part II: "The Customs Accounts as Sources for the Study of Trade," *Commentationes Humanum Litterarum*, **XXXVII**, 3, 1965, 1–86.
Åström, Sven-Erik, "The Swedish Economy and Sweden's Role as a Great Power, 1632–1697," in M. Roberts, ed., *Sweden's Age of Greatness, 1632–1718*. New York: St. Martin's Press, 1973, 58–101.
Attman, Artur, *The Russian and Polish Markets in International Trade, 1500–1650*. Publications of the Institute of Economic History of Gothenburg University, No. 26, Göteborg, 1973.
Aubin, Hermann, "Die Anfänge der grossen schlesischen Leineweberei und -handlung," *Vierteljahrschrift für Sozial- und Wirtschaftsgeschichte*, **XXXV**, 2, 1942, 105–178.
Aylmer, Gerald E., "Office-holding, Wealth and Social Structure in England, c. 1580–c. 1720," paper at Istituto Internazionale di Storia Economica "Francesco Datini", Prato, 30 apr. 1974.
Aymard, Maurice, "Commerce et production de la soie sicilienne, aux XVIe–XVIIe siècles," *Mélanges d'archéologie et d'histoire*, **LXXVII**, 1965, 609–640.
Aymard, Maurice, *Venise, Raguse et le commerce du blé pendant la seconde moitié du XVIe siècle*. Paris: S.E.V.P.E.N., 1966.
Aymard, Maurice, "Une croissance sélective: la population sicilienne au XVIIe siècle," *Mélanges de la Casa de Velázquez*, **IV**, 1968, 203–227.
Aymard, Maurice, "Production, commerce et consommation des draps de laine," *Revue Historique*, No. 499, juil.–sept. 1971, 5–12. (a)
Aymard, Maurice, "In Sicilia: Sviluppo demografico e sue differenzatione geografiche, 1500–1800," *Quaderni storici*, No. 17, magg.–agosto 1971, 417–446.
Aymard, Maurice, "Economie rurale, économie marchande," in *Commerce de gros, commerce de detail dans les pays méditerranéens (XVIe–XIXe siècles)*, Actes des Journées d'Etudes Bendor, 25–26 avr. 1975. Univ. de Nice: Centre de la Méditerranée Moderne et Contemporaine, 1976, 131–144.
Baehrel, René, "Economie et histoire a propos des prix," in *Eventail de l'histoire vivante: hommage à Lucien Febvre*. Paris: Lib. Armand Colin, 1953, **I**, 287–310.
Baehrel, René, "Histoire statistique et prix italiens," *Annales E.S.C.*, **IX**, 2, avr.–juin 1954, 213–226.

Baehrel, René, *Une croissance: La Basse-Provence rurale (fin du XVIe siècle—1789)*. Paris: S.E.V.P.E.N., 1961.
Baetens, R., "The Organization and Effects of Flemish Privateering in the Seventeenth Century," *Acta Historiae Neerlandicae*, **IX**, 1976, 48–75.
Bailyn, Bernard, "Communications and Trade: The Atlantic in the Seventeenth Century," *Journal of Economic History*, **XIII**, 4, Fall 1953, 378–387.
Bailyn, Bernard, *The New England Merchants in the Seventeenth Century*. Cambridge, Massachusetts: Harvard Univ. Press, 1955.
Bairoch, Paul, "Le rôle de l'agriculture dans la création de la sidérurgie moderne," *Revue d'historie économique et sociale*, **XLIV**, 1, 1966, 5–23.
Bairoch, Paul, "Le rôle du secteur tertiaire dans l'attenuation des fluctuations économiques," *Revue d'économie politique*, No. 1, 1968, 31–49.
Bairoch, Paul, "Agriculture and the Industrial Revolution, 1700–1914," in C. M. Cipolla, ed., *The Fontana Economic History of Europe*, **III**: *The Industrial Revolution*. London: Collins, 1973, 452–506.
Baker, Dennis, "The Marketing of Corn in the First Half of the Eighteenth Century: North-East Kent," *Agricultural History Review*, **XVIII**, 2, 1970, 126–150.
Baker, Norman, "Changing Attitudes towards Government in Eighteenth-Century Britain," in A. Whiteman, J. S. Bromley, & P. G. M. Dickson, eds., *Statesmen, Scholars and Merchants*. Oxford: Clarendon Press, 1973, 202–219.
Bakewell, P. J., *Silver Mining and Society in Colonial Mexico: Zacatecas, 1546–1700*. Cambridge: University Press, 1971.
Bakewell, P. J., "Zacatecas: An Economic and Social Outline of a Silver Mining District, 1547–1700," in Ida Altman & James Lockhart, eds., *Provinces of Early Mexico*. Los Angeles: UCLA Latin American Center Publication, 1976, 199–229.
Balibar, Etienne, "Sur les concepts fondamentaux du matérialisme historique," in Louis Althusser & Etienne Balibar, *Lire Le Capital*, nouv éd. entièrement refondue. Paris: Maspéro, 1968, **II**, 79–226.
Bamford, Paul Walden, "French Shipping in Northern European Trade, 1660–1789," *Journal of Modern History*, **XXVI**, 3, Sept. 1954, 207–219.
Bamford, Paul Walden, *Forests and French Sea Power, 1660–1789*. Toronto: Univ. of Toronto Press, 1956.
Bamford, Paul Walden, "Entrepreneurship in Seventeenth- and Eighteenth-Century France," *Explorations in Entrepreneurial History*, **IX**, 4, Apr. 1957, 204–213.
Bangs, Carl, "Dutch Theology, Trade and War: 1590–1610," *Church History*, **XXXIX**, 4, Dec. 1970, 470–482.
Baranowski, B. et al., *Histoire de l'économie rurale en Pologne jusqu'à 1864*. Wrocław: Zakład Narodowy Imienia Ossolinskich, Wydawnictwo Poskiej Akademii Nauk, 1966.
Barber, Elinor G., *The Bourgeoisie in 18th Century France*. Princeton, New Jersey: Princeton Univ. Press, 1955.
Barbour, Violet, "Marine Risks and Insurance in the Seventeenth Century," *Journal of Economic and Business History*, **I**, 1929, 561–596.
Barbour, Violet, "Dutch and English Merchant Shipping in the Seventeenth Century," in E. M. Carus-Wilson, ed., *Essays in Economic History*, **I**. London: Edw. Arnold, 1954, 227–253. (Originally in *Economic History Review*, **II**, 2, 1930.)
Barbour, Violet, *Capitalism in Amsterdam in the Seventeenth Century*. Ann Arbor: Univ. of Michigan Press, Ann Arbor Paperbacks, 1963.
Bargalló, Modesto, *La minería y la metalúrgica en la América Española durante la época colonial*. Mexico: Fondo de Cultura Económica, 1955.
Barker, Ernest, *The Development of Public Services in Western Europe, 1660–1930*. Hamden, Conn.: Archon Books, 1966.
Barker, Thomas M., *Double Eagle and Crescent*. Albany: State Univ. of New York Press, 1967.

Barker, Thomas M., "Military Entrepreneurship and Absolutism: Habsburg Models," *Journal of European Studies*, **IV**, 1, 1974, 19–42.

Barker, Thomas M., "Armed Service and Nobility in the Holy Roman Empire: General Aspects and Habsburg Particulars," *Armed Forces and Society*, **IV**, 3, May 1978, 449–500.

Barkhausen, Max, "Government Control and Free Enterprise in Western Germany and the Low Countries in the Eighteenth Century," in Peter Earle, ed., *Essays in European Economic History, 1500–1800*. Oxford: Clarendon Press, 1974, 212–273. (Translated from *Vierteljahrschrift für Sozial- und Wirtschaftsgeschichte*, 1958.)

Barnett, Correlli, *Britain and Her Army, 1509–1970*. London: Pelican, 1974.

Baron, Salo W., *A Social and Religious History of the Jews*, **XV**, *Late Middle Ages and Era of European Expansion (1200–1650): Resettlement and Exploration*. New York: Columbia Univ. Press, 1973.

Barraclough, Geoffrey, *The Origins of Modern Germany*. Oxford: Basil Blackwell, 1962.

Barral, Pierre, "Note historique sur l'emploi du terme 'paysan'," *Etudes rurales*, No. 21, avr.–juin 1966, 72–80.

Barrett, Elinore M., "*Encoñiendas, Mercedes,* and *Haciendas* in the *Tierra Caliente* of Michoacán," *Jahrbuch für Geschichte von Staat, Wirtschaft und Gesellschaft Lateinamerikas*, **X**, 1973, 71–111.

Barrett, Ward, "Caribbean Sugar Production Standards in the Seventeenth and Eighteenth Centuries," in J. Parker, ed., *Merchants and Scholars. Essays in the History of Exploration and Trade*. Minneapolis: Univ. of Minnesota Press, 1965, 145–170.

Barrow, Thomas C., *Trade and Empire: The British Customs Service in Colonial America, 1660–1775*. Cambridge, Mass.: Harvard Univ. Press, 1967.

Bassett, D. K., "Early English Trade and Settlement in Asia, 1602–1690," in J. S. Bromley and E. H. Kossmann, eds., *Britain and the Netherlands in Europe and Asia*. London: Macmillan, 1968, 83–109.

Batie, Robert Carlyle, "Why Sugar? Economic Cycles and the Changing of Staples in the English and French Antilles, 1624–54," *Journal of Caribbean History*, **VIII**, 1, Nov. 1976, 3–41.

Baynes, John, *The Jacobite Rising of 1715*. London: Cassell, 1970.

Bazant, Jan, "Feudalismo y capitalismo en la historia económica de México," *Trimestre económico*, **XVII**, 1, enero–marzo 1950, 84–98.

Bazant, Jan, "Evolution of the Textile Industry of Puebla: 1544–1845," *Comparative Studies in Society and History*, **VII**, 1, Oct. 1964, 56–69.

Beaujon, A., *History of the Dutch Sea Fisheries: Their Progress, Decline and Revival*. London: William Clowes & Sons, 1884.

Beer, George Louis, *The Old Colonial System 1660–1754*, Part I: *The Establishment of the System, 1660–1668*, 2 vols. New York: Macmillan, 1912.

Behrens, Betty, "Government and Society," *Cambridge Economic History of Europe*, **V**: E. E. Rich & C. H. Wilson, eds., *The Economic Organization of Early Modern Europe*. Cambridge: University Press, 1977, 549–620.

Beiguelman, Paula, "A destrução do escravismo capitalista," *Revista da História*, **XXIV**, 69, 1967, 149–160.

Bérenger, Jean, "Public Loans and Austrian Policy in the Second Half of the Seventeenth Century," *Journal of European Economic History*, **II**, 3, Winter 1973, 657–669.

Berengo, Marimo, & Diaz, Furio, "Noblesse et administration dans l'Italie de la Renaissance: la formation de la bureaucratie moderne," paper at XIII International Congress of Historical Sciences, Moscow, Apr. 16–23, 1970.

Berger, Patrice, "French Administration in the Famine of 1693," *European Studies Review*, **VIII**, 1, Jan. 1978, 101–127.

Bergier, Jean-François, "Il XVI secolo segnò l'inizio di una nuova concezione dei salari," *Revista storica italiana*, **LXXVIII**, 2, 1966, 431–438.

Bernard, Léon, "French Society and Popular Uprisings under Louis XIV," *French Historical Studies*, **III**, 4, Fall 1964, 454–474.

Berthe, Jean-Pierre, "Xochimancas: Les travaux et les jours dans une *hacienda* sucrière de Nouvelle-Espagne au XVIIe siècle," *Jahrbuch für Geschichte von Staat, Wirtschaft und Gesellschaft Lateinamerikas*, **III**, 1966, 88–117.

Berthold, Rudolf, "Wachstumprobleme der landwirtschaftlichen Nutzfläche in Spätfeudalismus (zirka 1500 bis 1800)," *Jahrbuch für Wirtschaftsgeschichte*, **II–III**, 1964, 5–23.

Besnier, R., *Histoire des faits économiques: La fin de la croissance et les prodromes d'une révolution économique en Europe au XVIIe siècle*. Cours de Doctorat, 1960–1961. Paris: Les Cours de Droit, polyc., 1961.

Beutin, Ludwig, "Nordwestdeutschland und die Niederlande seit dem Dressigjährigen Krieg," *Vierteljahrschrift für Sozial- und Wirtschaftsgeschichte*, **XXXII**, 2, 1939, 105–147.

Birch, Alan, "Foreign Observers of the British Iron Industry During the Eighteenth Century," *Journal of Economic History*, **XV**, 1, 1955, 23–33.

Blanchard, Marcel, "Le sel de France en Savoie (XVIIe et XVIIIe siècles)," *Annales d'histoire économique et sociale*, **IX**, 47, sept. 1937, 417–428.

Blaschke, Karlheinz, "Das Bauernlegen in Sachsen," *Vierteljahrschrift für Sozial- und Wirtschaftsgeschichte*, **XLII**, 2, 1955, 97–116.

Blitz, Rudolph C., "Mercantilist Policies and the Pattern of World Trade, 1500–1750," *Journal of Economic History*, **XXVII**, 1, Mar. 1967, 39–55.

Bloch, Marc, "La lutte pour d'individualisme agraire dans la France du XVIIIe siècle," *Annales d'histoire économique et social*, **II**, 7, juil. 1930, 329–383; **II**, 8, oct. 1930, 511–556.

Bloch, Marc, *French Rural History*. Berkeley: University of California Press, 1966.

Bluche, François, "L'origine sociale des Secrétaires d'État de Louis XIV (1661–1715)," *XVIIe siècle*, Nos. 42–43, 1er trimestre 1959, 8–22.

Bodmer, Walter, "Tendenzen der Wirtschaftspolitik der eidgenossischen Orte in Zeitalter des Merkantilismus," *Schweizerische Zeitschrift für Geschichte*, **I**, 4, 1951, 562–598.

Boelcke, Willi, "Zur Geschichte der Gutscherrschaft und der zweiten Leibeigenschaft in der Oberlausitz," *Zeitschrift für Geschichtswissenschaft*, **IV**, 6, 1956, 1223–1232.

Boëthius, B., "Swedish Iron and Steel, 1600–1955," *Scandinavian Economic History Review*, **VI**, 2, 1958, 144–175.

Bog, Ingomar, *Der Reichsmerkantilismus*. Stuttgart: Gustav Fischer Verlag, 1959.

Bog, Ingomar, "Der Merkantilismus in Deutschland," *Jahrbuch für Nationalökonomie und Statistik*, **CLXXIII**, 2, Mai 1961, 125–145.

Bog, Ingomar, "Türkenkrieg und Agrarwirtschaft," in O. Pickl, her., *Die Wirtschaftlichen Auswirkungen der Türkenkriege*, Grazer Forschungen zur Wirtschafts- und Sozialgeschichte, **I**. Graz: 1971, 13–26.

Bogucka, Maria, "Merchants' Profits in Gdansk Foreign Trade in the First Half of the 17th Century," *Acta Poloniae Historica*, No. 23, 1971, 73–90.

Bogucka, Maria, "Le marché monétaire de Gdańsk et les problèmes de crédit public au cours de la première moitié du XVIIe siècle," Quarta settimana di studio, Istituto Internazionale di Storia Economica "Francesco Datini", Prato, 20 apr. 1972.

Bogucka, Maria, "Amsterdam and the Baltic in the First Half of the Seventeenth Century," *Economic History Review*, 2nd ser., **XXVI**, 3, Aug. 1973, 433–447.

Bogucka, Maria, "The Monetary Crisis of the XVIIth Century and its Social and Psychological Consequences in Poland," *Journal of European Economic History*, **VI**, 1, Spring 1975, 137–152.

Boissonade, P., *Le socialisme d'état: L'industrie et les classes industrielles pendant les deux premières siècles de l'ère moderne (1453–1661)*. Paris: Lib. Ancienne Honoré Champion, 1927.

Bonney, Richard J., "The French Civil War, 1649–53," *European Studies Review*, **VIII**, 1, Jan. 1978, 71–100.

Bono, Salvatore, *I corsari barbareschi*. Torino: Ed. Rai, 1964.

Borelli, Giorgio, *Un patriazato della terraferma veneta tra XVII e XVIII secolo*. Milano: Dott. A. Giuffrè-Ed., 1974.
Bosher, J. F., *The Single Duty Project: A Study of the Movement for a French Customs Union in the Eighteenth Century*. London: Athlone Press, 1964.
Boswell, A. Bruce, "Poland," in A. Goodwin, ed., *The European Nobility in the Eighteenth Century*. New York: Harper & Row (Torchbooks), 1967, 154–171.
Boulle, Pierre H., "Slave Trade, Commercial Organization, and Industrial Growth in Eighteenth-Century Nantes," *Revue française d'histoire d'outre-mer*, LIX, 214, 1er trimestre 1972, 70–112.
Boulle, Pierre H., " 'Failed Transition,' Lombardy and France: General Comments," in Frederick Krantz & Paul M. Hohenberg, eds., *Failed Transitions to Modern Industrial Society: Renaissance Italy and Seventeenth Century Holland*. Montreal: Interuniversity Centre for European Studies, 1975, 72–74.
Bourde, André-J., "Louis XIV et l'Angleterre," *XVIIe siècle*, Nos. 46–47, 1er-2e trimestres 1960, 54–83.
Bouvier, Jean, "Vers le capitalisme bancaire: l'expansion du crédit après Law," in Fernand Braudel & Ernest Labrousse, dir., *Histoire économique et sociale de la France*, II: Ernest Labrousse et al., *Des derniers temps de l'age seigneurial aux préludes de l'age industriel (1660–1789)*. Paris: Presses Univ. de France, 1970, 301–321.
Bouwsma, William J., "The Secularization of Society in the Seventeenth Century," paper delivered at XII International Congress of Historical Sciences, Moscow, Aug. 16–23, 1970. Moscow: Nauka, 1970.
Bowman, Francis, J., "Dutch Diplomacy and the Baltic Grain Trade, 1600–1660," *Pacific Historical Review*, V, 4, 1936, 337–348.
Boxer, C. R., *Salvador de Sá and the Struggle for Brazil and Angola*. London: Athlone Press, 1952.
Boxer, C. R., "Vicissitudes of the Anglo-Portuguese Alliance, 1600–1700," *Revista da faculdade de letras* (Univ. de Lisboa), ser. 3, 1958, 15–46.
Boxer, C. R., *Four Centuries of Portuguese Expansion, 1415–1825*. Johannesburg: Witswatersrand Univ. Press, 1961. (Reprinted by Univ. of California Press, 1969.)
Boxer, C. R., "Sedentary Workers and Seafaring Folk in the Dutch Republic," in J. S. Bromley & E. H. Kossman, eds., *Britain and the Netherlands*, II. Groningen: J. B. Wolters, 1964, 148–168.
Boxer, C. R., *The Dutch Seaborne Empire, 1600–1800*. New York: Knopf, 1965.
Boxer, C. R., "Brazilian Gold and British Traders in the First Half of the Eighteenth Century," *Hispanic American Historical Review*, XLIX, 3, Aug. 1969, 454–472. (a)
Boxer, C. R., *The Golden Age of Brazil, 1695–1750*. Berkeley: Univ. of California Press, 1969. (b)
Boxer, C. R., *The Portuguese Seaborne Empire, 1415–1825*. New York: Knopf, 1969. (c)
Boyer, Richard, "Mexico in the Seventeenth Century: Transition of Colonial Society," *Hispanic American Historical Review*, LVII, 3, Aug. 1977, 455–478.
Brading, D. A. & Cross, Harry E., "Colonial Silver Mining: Mexico and Peru," *Hispanic American Historical Review*, LII, 2, Nov. 1972, 545–579.
Braudel, Fernand, "L'économie française au XVIIe siècle," *Annales E.S.C.*, VI, 1, janv.–mars 1951, 65–71.
Braudel, Fernand, "L'économie de la Méditerranée au XVIIe siècle," *Les Cahiers de Tunisie*, IV, No. 14, 2e trimestre 1956, 175–197.
Braudel, Fernand, "L'histoire des civilisations: le passé explique le présent," in *Ecrits sur l'histoire*. Paris: Flammarion, 1969, 255–314. (Originally chap. V, in *Encyclopédie française*, XX, "Le Monde en devenir [Histoire, évolution, prospective]," 1959.)
Braudel, Fernand, *The Mediterranean and the Mediterranean World in the Age of Philip II*, 2 vol. New York: Harper & Row, 1973.
Braudel, Fernand, "Discorso inaugurale," in *La Lána come materia prima*, Atti della 'Prima

Settimana di Studio' (18–24 aprile 1969). Firenze: Istituto Internazionale di Storia Economica "F. Datini", Prato, 1974, 5–8.

Braudel, Fernand, *Afterthoughts on Material Civilization and Capitalism*. Baltimore: Johns Hopkins Univ. Press, 1977.

Braudel, Fernand, "The Expansion of Europe and the 'Longue Durée'," in H. L. Wesseling, ed., *Expansion and Reaction: Essays on European Expansion and Reaction in Asia and Africa*. Leiden: Leiden Univ. Press, 1978, 1–27.

Braudel, Fernand, Jeannin, Pierre, Meuvret, Jean, & Romano, Ruggiero, "Le déclin de Venise au XVIIe siècle," *Aspetti e cause della decandenza economica veneziana nel secolo XVII*, Atti del Convegno 27 giugno–2 luglio 1957. Venezia-Roma: Istituto per la Collaborazione Culturale, 1961, 23–86.

Braudel, Fernand & Spooner, Frank, "Prices in Europe from 1450 to 1750," in *The Cambridge Economic History of Europe*, **IV**: E. E. Rich & C. H. Wilson, eds., *The Economy of Expanding Europe in the Sixteenth and Seventeenth Centuries*. Cambridge: University Press, 1967, 374–480.

Braun, Rudolf, "Taxation, Sociopolitical Structure, and State-Building: Great Britain and Braudenburg-Prussia," in Charles Tilly, ed., *The Formation of National States in Western Europe*. Princeton, New Jersey: Princeton Univ. Press, 1975, 243–327.

Braure, Maurice, "Quelques aspects des relations commerciales entre la France et l'Angleterre au XVIIIe siècle," *Annales du Midi*, **LXV**, 21, janv. 1953, 67–89.

Breen, T. H., "A Changing Labor Force and Race Relations in Virginia, 1660–1710," *Journal of Social History*, **VII**, 1, Fall 1973, 3–25.

Brenner, Robert, "The Social Basis of English Commercial Expansion, 1550–1650," *Journal of Economic History*, **XXXII**, 1, Mar. 1972, 361–384.

Brenner, Robert, "England, Eastern Europe, and France: Socio-Historical versus 'Economic' Interpretation: General Conclusions," in Frederick Krantz & Paul M. Hohenberg, eds., *Failed Transitions to Modern Industrial Society: Renaissance Italy and Seventeenth Century Holland*. Montreal: Interuniversity Centre for European Studies, 1975, 68–71.

Brenner, Robert, "Agrarian Class Structure and Economic Development in Pre-Industrial Europe," *Past and Present*, No. 70, Feb. 1976, 30–75.

Briggs, Martin S., "Building Construction," in C. Singer, et al., *A History of Technology*, **III**: *From the Renaissance to the Industrial Revolution, c 1500–c 1700*. Oxford: Clarendon Press, 1957, 245–268.

Bromley, J. S., "The Channel Island Privateers in the War of the Spanish Succession," *La Société Guernésiaise*, Report and Transactions for the Year 1949, **XIV**, 4, 1950, 444–478.

Bromley, J. S., "The Decline of Absolute Monarchy (1638–1774)," in J. M. Wallace-Hadrill & John McManners, eds., *France: Government and Society*. London: Methuen, 1957, 134–160.

Bromley, J. S., "The French Privateering War, 1702–1713," in H. E. Bell & R. L. Ollard, eds., *Historical Essays 1600–1750 presented to David Ogg*. London: Adam & Charles Black, 1964, 203–231.

Bromley, J. S., "Introduction," in *New Cambridge Modern History*, **VI**: *The Rise of Great Britain and Russia, 1688–1725*. Cambridge: University Press, 1970, 1–36.

Bromley, J. S. & Ryan, A. N., "Armies and Navies: (3) Navies," in *New Cambridge Modern History*, **VI**: J. S. Bromley, ed., *The Rise of Great Britain and Russia, 1688–1725*. Cambridge: University Press, 1970, 790–833.

Brown, P. Hume, *The Legislative Union of England and Scotland*. Oxford: Clarendon Press, 1914.

Brown, Vera Lee, "Contraband Trade as a Factor in the Decline of Spain's Empire in America," *Hispanic American Historical Review*, **VIII**, 2, May 1928, 178–189.

Bruchey, Stuart, *The Roots of American Economic Growth, 1607–1861*. New York: Harper & Row, 1965.

Bruchey, Stuart, ed., *The Colonial Merchant. Sources and Readings*. New York: Harcourt, Brace & World, 1966.

Bruford, W. H., "The Organisation and Rise of Prussia," in *New Cambridge Modern History*, **VII**: J. O. Lindsay, ed., *The Old Regime, 1713–63*. Cambridge: University Press, 1966, 292–317.

Brulez, W., "Anvers de 1585 à 1650," *Vierteljahrschrift für Sozial- und Wirtschaftsgeschichte*, **LIV**, 1, 1967, 75–99.

Bulferetti, Luigi, "L'oro, la terra e la società: una interpretazione del nostro Seicento," *Archivio storico lombardo*, 8th ser., **IV**, 1953, 5–66.

Bulferetti, Luigi & Constantini, Claudio, *Industria e commercio in Liguria nell'età del Risorgimento (1700–1860)*. Milano: Banca Commerciale Italiana, 1966.

Burckhardt, Jacob, *Fragments historiques*. Geneve: Lib. Droz. 1965.

Bürgin, Alfred, "The Growth of the Swiss National Economy," in Hugh G. T. Aitken, ed., *The State and Economic Growth*. New York: Social Science Research Council, 1959, 213–236.

Burke, Peter, *Venice and Amsterdam: A Study of Seventeenth-Century Elites*. London: Temple Smith, 1974.

Burt, Roger, "Lead Production in England and Wales, 1700–1770," *Economic History Review*, 2nd ser., **XXII**, 2, Aug. 1969, 249–267.

Busquet, Raoul, Bourrilly, V.-L., & Agulhon, M., *Histoire de la Provence*. Paris: Presses Univ. de France, 1972.

Caizzi, Bruno. *Industria, commercio e banca in Lombardia nel XVIII secolo*. Milano: Banca Commerciale Italiana, 1968.

Campbell, R. H., "Anglo-Scottish Union of 1717: the Economic Consequences," *Economic History Review*, 2d ser., **XVI**, 3, Apr. 1964, 468–477.

Cancilo, Orazio, "I dazi sull'esportazione dei cereali e il commercio dei grani nel Regno di Sicilia," *Nuovi quaderni del meridione*, No. 28, ott.-dic. 1969, 1–36.

Cardozo, Manoel, "The Brazilian Gold Rush," *The Americas*, **III**, 2, Oct. 1946, 137–160.

Carlsson, Sten, "The Dissolution of the Swedish Estates, 1700–1865," *Journal of European Economic History*, **I**, 3, Winter 1972, 574–624.

Carmagnani, Marcello, *Les mécanismes de la vie économique dans une société coloniale: Le Chili (1680–1830)*. Paris: S.E.V.P.E.N., 1973.

Carmona, Maurice, "Aspects du capitalisme toscan au XVIe et XVIIe siècles," *Revue d'histoire moderne et contemporaine*, **XI**, 2, avr.-juin 1964, 81–108.

Carr, Raymond, "Two Swedish Financiers: Louis de Geer and Joel Gripenstierna," in H. E. Bell & R. L. Ollard, eds., *Historical Essays 1600–1750 presented to David Ogg*. London: Adam & Charles Black, 1964, 18–34.

Carrière, Charles, "La draperie languedocienne dans la seconde moitié du XVIII siècle (contribution à l'étude de la conjoncture levantine)," in *Conjoncture économique, structures sociales; Hommage à Ernest Labrousse*. Paris & La Haye: Mouton, 1974, 157–172.

Carstairs, A. M., "Some Economic Aspects of the Union of Parliaments," *Scottish Journal of Political Economy*, **II**, 1, Feb. 1955, 64–72.

Carsten, F. L., "Slaves in North-Eastern Germany," *Economic History Review*, **XI**, 1, 1941, 61–76.

Carsten, F. L., "The Origins of the Junkers," *English Historical Review*, **LXII**, No. 243, Apr. 1947, 145–178.

Carsten, F. L., "The Great Elector and the Foundation of the Hohenzollern Despotism," *English Historical Review*, **LXV**, No. 255, Apr. 1950, 175–202.

Carsten, F. L., *The Origins of Prussia*. Oxford: Clarendon Press, 1954.

Carsten, F. L., "Was There an Economic Decline in Germany Before the 30 Years War?" *English Historical Review*, **LXXI**, No. 279, Apr. 1956, 240–247.

Carsten, F. L., *Princes and Parliaments in Germany, from the Fifteenth to the Eighteenth Century*. Oxford: Clarendon Press, 1959.

Carsten, F. L., "Introduction: The Age of Louix XIV," in *The New Cambridge Modern History*, **V**: F. L. Carsten, ed., *The Ascendancy of France, 1648–88*. Cambridge: University Press, 1961, 1–18.

Carsten, F. L., "The Rise of Brandenburg," in *The New Cambridge Modern History*, **V**: F. L. Carsten, ed., *The Ascendancy of France, 1648-88*. Cambridge: University Press, 1969, 543–558.
Carswell, John, *The South Sea Bubble*. Stanford: Stanford Univ. Press, 1960.
Carswell, John, *The Descent on England*. New York: John Day, 1969.
Carter, Alice C., "The Dutch and the English Public Debt in 1777," *Economica*, n.s., **XX**, No. 78, May, 1953, 159–161. (a)
Carter, Alice C., "Dutch Foreign Investment, 1738–1800," *Economica*, n.s., **XX**, Nov., 1953, 322–340. (b)
Carter, Alice C., "The Huguenot Contribution to the Early Years of the Funded Debt, 1694–1714," *Proceedings of the Huguenot Society of London*, **XIX**, 3, 1955, 21–41.
Carter, Alice C., "Financial Activities of the Huguenots in London and Amsterdam in the Mid-Eighteenth Century," *Proceedings of the Huguenot Society of London*, **XIX**, 6, 1959, 313–333.
Carter, Alice C., "Note on *A Note on Yardsticks*," *Economic History Review*, 2nd. ser., **XII**, 3, Apr. 1960, 440–444.
Carter, Alice C., "The Dutch as Neutrals in the Seven Years War," *International and Comparative Law Quarterly*, **XII**, 3, July 1963, 818–834.
Carter, Alice C., "Britain as a European Power from her Glorious Revolution to the French Revolutionary War," in J. S. Bromley & E. H. Kossmann, eds., *Britain and the Netherlands in Europe and Asia*. London: Macmillan, 1968, 110–137.
Carter, Alice C., *The Dutch Republic in the Seven Years War*. Coral Gables, Fla.,: Univ. of Miami Press, 1971.
Carter, Alice C., ed., "Survey of Recent Dutch Historiography," *Acta Historiae Neerlandica*, **VI**, 1973, 175–200.
Carter, Alice C., *Neutrality or Commitment: The Evolution of Dutch Foreign Policy, 1667–1795*. London: Edw. Arnold, 1975. (a)
Carter, Alice C., *Getting, Spending and Investing in Early Modern Times*. Assen, Netherlands: Van Gorcum & Comp B. V., 1975. (b)
Castillo, Alvaro, "Dans la monarchie espagnole du XVIIe siècle: Les banquiers portugais et le circuit d'Amsterdam," *Annales E.S.C.*, **XIX**, 2, mars–avr. 1964, 311–316.
Castillo, Alvaro, "La coyuntura de la economía valenciana en los siglos XVI y XVII," *Anuario de historia económica y social*, **II**, 2, enero–dic. 1969, 239–288.
Cavignac, Jean, "Carrières et carriers du Bourgeois au XVIIIe siècle," in *Carrières, mines et métallurgie de 1610 à nos jours*, Actes du 98e Congrès National des Societes Savantes, Saint-Etienne, 1973, Section d'histoire moderne et contemporaine, **I**. Paris: Bibliothèque Nationale, 1975, 205–226.
Cernovodeanu, Paul, "The General Condition of English Trade in the Second Half of the 17th Century and at the Beginning of the 18th Century," *Revue des études du sud-est européen*, **V**, 3–4, 1967, 447–460.
Cernovodeanu, Paul, *England's Trade Policy in the Levant, 1660–1714*. Bibliotheca Historica Romaniae, Economic History Section Studies, **41**(2). Bucharest: Publishing House of the Academy of the Socialist Rep. of Romania, 1972.
Céspedes del Castillo, Guillermo, *Lima y Buenos Aires. Repercusiones económicas y políticas de la creación del Virreinato de La Plata*. Publicaciones de la Escuela de Estudios Hispano-Americanos de Sevilla, **XXIV**. Sevilla, 1947.
Chambers, J. D., "The Vale of Trent, 1670–1800," *Economic History Review Supplements*, No. 3. Cambridge: University Press, 1957.
Chambers, J. D., "Industrialization as a Factor in Economic Growth in England, 1700–1900," *First International Conference of Economic History*, Stockholm, Aug. 1960. Paris & La Haye: Mouton, 1960, 205–215.

Chambers, J. D., "The Rural Domestic Industries during the Period of Transition to the Factory System, with Special Reference to the Midland Counties of England," *Second International Conference of Economic History*, Aix-en-Provence, 1968, **II**: *Middle Ages and Modern Times*. Paris & La Haye: Mouton, 1965, 429–455.

Chandler, David G., "Armies and Navies, I: The Act of War on Land," in *New Cambridge Modern History*, **IV**: J. S. Bromley, ed., *The Rise of Great Britain and Russia, 1688–1725*. Cambridge: University Press, 1970, 741–762.

Chaudhuri, K. N., "The East India Company and the Export of Treasure in the Early Seventeenth Century," *Economic History Review*, 2d ser., **XVI**, 1, Aug. 1963, 23–38.

Chaudhuri, K. N., "Treasure and Trade Balances: the East India Company's Export Trade, 1660–1720," *Economic History Review*, **XXI**, 3, Dec. 1968, 480–502.

Chaunu, Huguette & Pierre, "Autour de 1640: politiques et économies atlantiques," *Annales E.S.C.*, **IX**, 1, janv.–mars 1954, 44–54.

Chaunu, Pierre, *Séville et l'Atlantique*, **VIII** (2bis): *La conjoncture (1593–1650)*. Paris: S.E.V.P.E.N., 1959.

Chaunu, Pierre, "Les échanges entre l'Amérique espagnole et les anciens mondes aux XVIe, XVIIe, et XVIIIe siècles," *Information historique*, No. 5, nov.–déc. 1960, 207–216. (a)

Chaunu, Pierre, *Les Philippines et le Pacific des Ibériques (XVIe, XVIIe, XVIIIe siècles)*. Paris: S.E.V.P.E.N., 1960. (b)

Chaunu, Pierre, "Brésil et l'Atlantique au XVIIe siècle," *Annales E.S.C.*, **XVII**, 6, nov.–déc. 1961, 1176–1207.

Chaunu, Pierre, "Jansénisme et frontière de catholicité (XVIIe et XVIIIe siècles): A propos du Jansénisme lorrain," *Revue historique*, 86e année, **CCXXVII**, 1, fasc. 461, 1er trimestre 1962, 115–138. (a)

Chaunu, Pierre, "Le renversement de la tendance majeure des prix et des activités au XVIIe siècle," *Studi in onore di Amintore Fanfani*, **IV**: *Evo moderno*. Milano: Dott. A. Giuffrè-Ed., 1962, 219–255. (b)

Chaunu, Pierre, "Manille et Macão, face à la conjoncture des XVIe et XVIIe siècles," *Annales E.S.C.*, **XVII**, 3, mai–juin 1962, 555–580. (c)

Chaunu, Pierre, "Las Casas et la première crise structurelle de la colonisation espagnole (1515–1523)," *Revue historique*, 87e année, **CCXXIX**, 1, fasc. 465, 1er trimestre 1963, 59–102. (a)

Chaunu, Pierre, "Le XVIIe siècle. Problèmes de conjoncture. Conjoncture globale et conjonctures rurales françaises," in *Mélanges d'histoire économique et social en hommage au professeur Antony Babel à l'occasion de son soixante-quinzième anniversaire*. Genève: La Tribune, 1963, **I**, 337–355. (b)

Chanu, Pierre, "Notes sur l'Espagne de Philippe V (1700–1746)," *Revue d'histoire économique et social*, **XLI**, 4, 1963, 448–470. (c)

Chaunu, Pierre, "Les 'Cristãos Novos' et l'effondrement de l'empire portugais dans l'Océan Indien au début du XVIIe siècle," *Revue des études juives*, 4e ser., **II** (CXXII), fasc. 1-2, janv.–juin 1963, 188–190. (d)

Chaunu, Pierre, *L'Amérique et les Amériques*. Paris: Lib. Armand Colin, 1964. (a)

Chaunu, Pierre, "La population de l'Amérique indienne," *Revue historique*, **CCXXXII**, 1, juil.–sept. 1964, 111–118. (b)

Chaunu, Pierre, "Les crises au XVIIe siècle de l'Europe reformée," *Revue historique*, **CCXXXIII**, 1, janv.–mars 1965, 23–60. (a)

Chaunu, Pierre, "Une histoire religieuse sérielle: A propos du diocèse de La Rochelle (1648–1724) et sur quelques exemples normands," *Revue d'histoire moderne et contemporaine*, **XII**, 1965, 5–34. (b)

Chaunu, Pierre, *La civilsation de l'Europe classique*. Paris: Arthaud, 1966. (a)

Chaunu, Pierre, "Le rythme trentenaire de l'expansion européenne," *Annales E.S.C.*, **XXI**, 4, juil.–août 1966, 886–893. (b)

Chaunu, Pierre, "Reflexions sur le tournant des années 1630-1650," *Cahiers d'histoire*, **XII**, 3, 1967, 249-268. (a)
Chaunu, Pierre, "A partir du Languedoc, De la peste noire à Malthus. Cinq siècles d'histoire sérielle," *Revue historique*, **CCXXXVII**, 2, fasc. 482, avr.-juin 1967, 359-380. (b)
Checkland, S. G., "Finance for the West Indies, 1780-1815," *Economic History Review*, 2d ser., **X**, 3, 1958, 461-469.
Cherepnin, L. V., "Russian Seventeenth-Century Baltic Trade in Soviet Historiography," *Slavonic and East European Review*, **XLIII**, No. 100, Dec. 1964, 1-22.
Cherry, George L., "The Development of the English Free-Trade Movement in Parliament, 1689-1702," *Journal of Modern History*, **XXV**, 2, June 1953, 103-119.
Chevalier, François, "Pour l'histoire du travail en Nouvelle Espagne: Une oeuvre fundamentale," *Annales E.S.C.*, **III**, 4, oct.-déc. 1948, 484-487.
Chevalier, François, *Land and Society in Colonial Mexico*. Berkeley: Univ. of California Press, 1970.
Christelow, Allen, "French Interest in the Spanish Empire during the Ministry of the Duc de Choiseul, 1759-1771," *Hispanic American Historical Review*, **XXI**, 4, Nov. 1941, 515-537.
Christelow, Allen, "Contraband Trade between Jamaica and the Spanish Main, and the Free Port Act of 1766," *Hispanic American Historical Review*, **XXII**, 2, May 1942, 309-343.
Christelow, Allen, "Economic Background of the Anglo-Spanish War of 1762," *Journal of Modern History*, **XVIII**, 1, Mar. 1946, 22-36.
Cipolla, Carlo M., "Aspetti e problemi nell'economia milanese e lombarda nei secoli XVI e XVII," in *Storia di Milano*, **XI**. *Il declino spagnolo (1630-1706)*, 1st ed. Milano: Fond. Treccani degli Alfieri per la Storia di Milano, 1958, 377-399.
Cipolla, Carlo M., *The Economic History of World Population*. rev. ed. Baltimore: Penguin Books, 1964.
Cipolla, Carlo M., *Guns, Sails and Empires*. New York: Pantheon, 1966.
Cipolla, Carlo M., "Introduction" to *The Fontana Economic History of Europe*, **IV**: *The Sixteenth and Seventeenth Centuries*. Glasgow: Collins, 1974, 7-13.
Clapham, (Sir) John, "The Growth of an Agrarian Proletariat, 1688-1832: A Statistical Note," *The Cambridge Historical Journal*, **I**, 1, 1923, 92-95.
Clapham, Sir John, *The Bank of England*, **I**: *1694-1797*. Cambridge: University Press, 1944.
Clark, G. N., *The Dutch Alliance & the War Against French Trade, 1688-1697*. Univ. of Manchester Historical Series No. 42. Manchester, England: University Press, 1923.
Clark, G. N., "War, Trade and Trade War, 1701-13," *Economic History Review*, **I**, 2, Jan. 1928, 262-280.
Clark, G. N., "Early Capitalism and Invention," *Economic History Review*, **VI**, 2, Apr. 1936, 143-156.
Clark, G. N., *The Seventeenth Century*. 2nd ed. Oxford: Clarendon Press, 1960.
Clark, G. N., "The Nine Years War, 1688-1697," in *New Cambridge Modern History*, **VI**: J. S. Bromley, ed., *The Rise of Great Britain and Russia, 1688-1725*. Cambridge: University Press, 1970, 223-253.
Coats, A. W., "Changing Attitudes to Labour in the Mid-Eighteenth Century," *Economic History Review*, 2nd ser., **XI**, 1, Aug. 1958, 35-51.
Cohen, Jacob, "The Element of Lottery in British Government Bonds, 1684-1919," *Economica*, n.s., **XX**, No. 79, Aug. 1953, 237-246.
Coleman, D. C., "Labour in the English Economy of the Seventeenth Century," *Economic History Review*, 2nd ser., **VIII**, 3, Apr. 1956, 280-295.
Coleman, D. C., "Eli Heckscher and the Idea of Mercantilism," *Scandinavian Economic History Review*, **V**, 1, 1957, 3-25.
Coleman, D. C., "Technology and Economic History, 1500-1750," *Economic History Review*, 2d ser., **XI**, 3, 1959, 506-514.

Coleman, D. C., *Revisions in Mercantilism*. London: Methuen, 1969.
Coleman, D. C., *The Economy of England, 1450–1750*. London & New York: Oxford Univ. Press, 1977.
Cook, Sherburne F., & Borah, Woodrow, *Essays in Population History*, **I**: *Mexico and the Caribbean*. Berkeley: Univ. of California Press, 1971.
Cooper, J. P., "Sea Power," *The New Cambridge Modern History*, **IV**. J. P. Cooper, ed., *The Decline of Spain and the Thirty Years War, 1609–48/59*. Cambridge: University Press, 1970, 226–238.
Coornaert, E. L. J., "European Economic Institutions and the New World: the Chartered Companies," in E. E. Rich & C. H. Wilson, eds., *Cambridge Economic History of Europe*, **IV:** *The Economy of Expanding Europe in the Sixteenth & Seventeenth Centuries*. Cambridge: University Press, 1967, 220–274.
Corvisier, André, "Les généraux de Louis XIV et leur origine sociale," *XVIIe siècle*, Nos. 42–43, 1er trimestre 1959, 23–53.
Cottrell, Fred, *Energy and Society*. New York: McGraw-Hill, 1955.
Craeybeckx, Jan, "Les industries d'exportation dans les villes flamandes au XVIIe siècle, particulièrement à Gand et à Bruges," *Studi in onore di Amintore Fanfani*, **IV**: *Evo moderno*. Milano: Dott. A. Giuffrè-Ed., 1962, 411–468.
Craig, Gordon A., *The Politics of the Prussian Army, 1640–1945*. Oxford: Clarendon Press, 1955.
Craven, Wesley Frank, *The Colonies in Transition, 1660–1713*. New York: Harper & Row, 1968.
Croft, Pauline, "Free Trade and the House of Commons, 1605–6," *Economic History Review*, 2nd. ser., **XXVIII**, 1, Feb. 1975, 17–27.
Croot, Patricia & Parker, David, "Agrarian Class Structure and Economic Development," *Past and Present*, No. 78, Feb. 1968, 37–47.
Crosby, Alfred W., "Conquistador y Pestilencia: The First New World Pandemic and the Fall of the Great Indian Empires," *Hispanic American Historical Review*, **XLVII**, 3, Aug. 1967, 321–337.
Crouzet, François, "Angleterre et France au XVIII siècle. Essai d'analyse comparée de deux croissances économiques," *Annales E.S.C.*, **XXI**, 2, mars–avr. 1966, 254–291.
Crouzet, François, "The Economic History of Modern Europe," *Journal of Economic History*, **XXXI**, 1, Mar. 1971, 135–152.
Crouzet, François, "England and France in the Eighteenth Century," in Marc Ferro, ed., *Social Historians in Contemporary France*. New York: Harper & Row, 1972, 59–86. (Translated from *Annales E.S.C.*, 1966.)
Cullen, L. M., "Problems in the Interpretation and Revision of Eighteenth-Century Irish Economic History," *Transactions of the Royal Historical Society*, 5th ser., **XVII**, 1967, 1–22.
Cullen, L. M., *Anglo-Irish Trade, 1660–1800*. Manchester, England: Manchester Univ. Press, 1968.
Cullen, L. M., "Merchant Communities Overseas, the Navigation Acts and Irish and Scotish Responses," in L. M. Cullen & T. C. Smout, eds., *Comparative Aspects of Scottish and Irish Economic and Social History, 1600–1900*. Edinburgh: John Donald Publ., 1977, 165–176.
Cunningham, W., *The Growth of English Industry & Commerce in Modern Times*, 2 vol. Cambridge: University Press, 1892.
Cunningham, W., *Alien Immigrants to England*. London: Swan Sonnenschein, 1897.
Curtin, Philip D., "Epidemology and the Slave Trade," *Political Science Quarterly*, **LXXXIII**, 2, June 1968, 190–216.
Curtin, Philip D., *The Atlantic Slave Trade: A Census*. Madison: Univ. of Wisconsin Press, 1969.
Curtin, Philip D., "The Atlantic Slave Trade, 1600–1800," in J. F. A. Ajayi & M. Crowder, eds., *History of West Africa*. London: Longmans, 1971, **I**, 240–268.
Dahlgren, Stellan, "Estates and Classes," in M. Roberts, ed., *Sweden's Age of Greatness, 1632–1718*. New York: St. Martin's Press, 1973, 102–131. (a)
Dahlgren, Stellan, "Charles X and the Constitution," in M. Roberts, ed., *Sweden's Age of Greatness, 1632–1718*. New York: St. Martin's Press, 1973, 174–202. (b)

Dales, J. H., "The Discoveries and Mercantilism: An Essay in History and Theory," *Canadian Journal of Economics and Political Science*, **XXI**, 2, May 1955, 141–153.

Darby, H. C., "The Age of the Improver: 1600–1800," in H. C. Darby, ed., *A New Historical Geography of England*. Cambridge: University Press, 1973, 302–388.

Darby, H. C. & Fullard, Harold, eds., *Atlas*, Vol. **XIV** of *New Cambridge Modern History*. Cambridge: University Press, 1970.

da Silva, José-Gentil, "Au XVIIe siècle: la stratégie du capital florentin," *Annales E.S.C.*, **XIX**, 3, mai–juin 1964, 480–491. (a)

da Silva, José-Gentil, "Degradazione economica e ristagno secolare. Linee di sviluppo dell' economia spagnola dopo il secolo XVI," *Studi storici*, **V**, 2, 1964, 241–261. (b)

da Silva, José-Gentil, *En Espagne: développement économique, subsistance, déclin*. Paris & La Haye: Mouton, 1965.

da Silva, José-Gentil, "Les sociétés commerciales, la fructification du capital et la dynamique sociale, XVI-XVIIIe siècles," *Anuario de historia economica y social*, **II**, 2, enero–dic. 1969, 117–190.

Davies, C. S. L., "Peasant Revolt in France and England: A Comparison," *Agricultural History Review*, **XXI**, 2, 1973, 122–134.

Davies, K. G., "Joint-Stock Investment in the Later Seventeenth Century," *Economic History Review*, 2nd ser., **IV**, 3, 1952, 283–301. (a)

Davies, K. G., "The Origin of the Commission System in the West India Trade," *Transactions of the Royal Historical Society*, 5th ser., **II**, 1952, 89–107. (b)

Davies, K. G., *The Royal African Company*. London: Longmans, Green & Co., 1957.

Davies, K. G., "Empire and Capital," *Economic History Review*, 2nd ser., **XIII**, 1, Aug. 1960, 105–110.

Davies, K. G., *The North Atlantic World in the Seventeenth Century*. Minneapolis: Univ. of Minnesota Press, 1974.

Davis, Ralph, "English Foreign Trade, 1660–1700," *Economic History Review*, 2nd ser., **VII**, 2, Dec. 1954, 150–166.

Davis, Ralph, "Merchant Shipping in the Economy of the Late Seventeenth Century," *Economic History Review*, 2nd ser., **IX**, 1, Aug. 1956, 59–73.

Davis, Ralph, "Earnings of Capital in the English Shipping Industry, 1670–1730," *Journal of Economic History*, **XVII**, 3, 1957, 409–425.

Davis, Ralph, "England and the Mediterranean, 1570–1670," in F. J. Fisher, ed., *Essays in the Economic and Social History of Tudor and Stuart England*. Cambridge: University Press, 1961, 117–137.

Davis, Ralph, "English Foreign Trade, 1700–1774," *Economic History Review*, 2nd ser., **XV**, 2, Dec. 1962, 285–303.

Davis, Ralph, "The Rise of Protection in England, 1669–1786," *Economic History Review*, 2nd ser., **XIX**, 2, Aug. 1966, 306–317.

Davis, Ralph, review of Pierre Jeannin, *L'Europe du Nord-Ouest et du Nord aux XVII et XVIII siècles* (Paris: Presses Univ. de France, 1969) in *Economic History Review*, **XXIII**, 2, Aug. 1970, 387–388.

Davis, Ralph, *English Overseas Trade, 1500–1700, Studies in Economic History*. London: Macmillan, 1973. (a)

Davis, Ralph, *The Rise of the Atlantic Economies*. London: Weidenfeld & Nicolson, 1973. (b)

Davis, Ralph, *English Merchant Shipping and Anglo-Dutch Rivalry in the Seventeenth Century*. London: H.M.S.O., National Maritime Museum, 1975.

Deane, Phyllis, "The Output of the British Woollen Industry in the Eighteenth Century," *Journal of Economic History*, **XVII**, 2, 1957, 207–223.

Deane, Phyllis & Cole, W. A., *British Economic Growth, 1688–1959*. Cambridge: University Press, 1962.

de Beer, E. S., "The English Revolution," in *New Cambridge Modern History*, **VI**: J. S. Bromley, ed., *The Rise of Great Britain and Russia, 1688–1725*. Cambridge: University Press, 1970, 193–222.

Debien, Gabriel, *Le peuplement des Antilles françaises au XVIIe siècle: Les engagés partis de La Rochelle (1683–1715), Notes d'histoire coloniale*, **II**. Cairo: Institut Français d'Archéologie Orientale du Caire, 1942.

de Castro, Antonio Barros, "The Hands and Feet of the Planter: The Dynamics of Colonial Slavery," unpubl. ms., c. 1976.

Dechêne, Louise, *Habitants et marchands de Montréal au XVIIe siècle*. Paris, Plon, 1974.

Dehio, Ludwig, *The Precarious Balance*. New York: Vintage, 1962.

Delille, Gerard, review of M. Morineau, *Les faux semblemts d'un démarrage économique* in *Journal of European Economic History*, I, 3, Winter 1972, 809–812.

Delumeau, Jean, "Le commerce extérieur français au XVIIe siècle," *XVIIe siècle*, No. 70–71, 1966, 81–105.

de Maddalena, Aldo, "Rural Europe, 1500–1750," in C. M. Cipolla, ed., *The Fontana Economic History of Europe*, **II**: *The Sixteenth and Seventeenth Centuries*. Glasgow: Collins, 1974, 273–353. (a)

de Maddalena, Aldo, *Prezzi e mercedi a Milano dal 1701 al 1860*. Milano: Banco Commerciale Italiano, 1974. (b)

Dent, Julian, "An Aspect of the Crisis of the Seventeenth Century: The Collapse of the Financial Administration of the French Monarchy (1653–61)," *Economic History Review*, 2nd ser., **XX**, 2, Aug. 1967, 241–256.

Deprez, P., "The Demographic Development of Flanders in the Eighteenth Century," in D. V. Glass & D. E. C. Eversley, eds., *Population in History*. London: Edw. Arnold, 1965, 608–630.

Dermigny, Louis, "Saint-Domingue aux XVIIe et XVIIIe siècles," *Revue historique*, No. 204, oct.–déc. 1950, 234–239.

Dermigny, Louis, "Circuits de l'argent et milieux d'affaires au XVIIIe siècle," *Revue historique*, 78e année, No. 212, oct.–déc. 1954, 239–277.

Dermigny, Louis, "Le fonctionnement des Compagnies des Indes, I: L'organisation et le rôle des Compagnies," in M. Mollat, réd., *Sociétés et compagnies en Orient et dans l'Océan Indien*. Paris: S.E.V.P.E.N., 1970, 443–451. (a)

Dermigny, Louis, "Le fonctionnement des Compagnies des Indes, II. East India Company et Compagnie des Indes," in M. Mollat, réd., *Sociétés et compagnies en Orient et dans l'Océan Indien*. Paris: S.E.V.P.E.N., 1970, 453–466. (b)

Dermigny, Louis, "Gênes et le capitalisme financier," *Revue d'histoire économique et social*, **LII**, 4, 1974, 547–567.

de Roover, Raymond, *L'évolution de la lettre de change, XIVe–XVIIIe siècles*. Paris: Lib. Armand Colin, 1953.

de Roover, Raymond, "What is Dry Exchange? A Contribution to the Study of English Mercantilism," in Julius Kirshner, ed., *Business, Banking and Economic Thought in Late and Early Modern Europe: Selected Studies of Raymond de Roover*. Chicago, Illinois: Univ. of Chicago Press, 1974, 183–199. (a) (Originally in *Journal of Political Economics*, LII, 3, 1944, 250–266.)

de Roover, Raymond, "New Interpretations in the History of Banking," *Business, Banking, and Economic Thought in Late Medieval and Early Modern Europe*. Chicago, Illinois: Univ. of Chicago Press, 1974, 200–238. (b) (Originally in *Journal of World History*, II, 1954, 38–76.)

Deschamps, Hubert, *Pirates et flibustiers*, "Que sais-je?," No. 554. Paris: Presses Univ. de France, 1973.

Desdevises du Dézert, G., "Les institutions de l'Espagne," *Revue hispanique*, **LXX**, 1927, 1–556.

Dessert, Daniel & Journet, Jean-Louis, "Le lobby Colbert: Un royaume, ou une affaire de famille?," *Annales E.S.C.*, **XXX**, 6, nov.–déc. 1975, 1303–1336.

Devine, T. M., "Colonial Commerce and the Scottish Economy, c. 1730–1815," in L. M. Cullen & T. C. Smout, eds., *Comparative Aspects of Scottish and Irish Economic and Social History, 1600–1900*. Edinburgh: John Donald Publ., 1977, 177–190.

de Vries, Jan, "On the Modernity of the Dutch Republic," *Journal of Economic History*, **XXXIII**, 1, Mar. 1973, 191-202.
de Vries, Jan, *The Dutch Rural Economy in the Golden Age, 1500-1700*. New Haven, Connecticut: Yale Univ. Press, 1974.
de Vries, Jan, "Holland: Commentary," in Frederick Krantz & Paul M. Hohenberg, eds., *Failed Transitions to Modern Industrial Society: Renaissance Italy and Seventeenth Century Holland*. Montreal: Interuniversity Centre for European Studies, 1975, 55-57.
de Vries, Jan, *The Economy of Europe in an Age of Crisis, 1600-1750*. Cambridge: University Press, 1976.
de Vries, Jan, "Barges and Capitalism: Passenger Transportation in the Dutch Economy, 1632-1839," *A.A.G. Bijdragen*, No. 21, 1978, 33-398.
de Vries, Philip, "L'animosité anglo-hollandaise au XVIIe siècle," *Annales E.S.C.*, **V**, 1, janv.-mars 1950, 42-47.
Deyon, Pierre, "Variations de la production textile aux XVIe et XVIIe siècles: sources et premiers résultats," *Annales E.S.C.*, **XVIII**, 5, sept.-oct. 1963, 939-955.
Deyon, Pierre, "A propos des rapports entre la noblesse française et la monarchie absolue pendant la première moitié du XVIIe siècle," *Revue historique*, **CCXXI**, 2, fasc. 470, avr.-juin 1964, 341-356.
Deyon, Pierre, "La production manufacturière en France au XVIIe siècle et ses problèmes," *XVIIe siècle*, Nos. 70-71, 1966, 47-63.
Deyon, Pierre, *Amiens, capitale provinciale*. Paris & La Haye: Mouton, 1967.
Deyon, Pierre, *Le mercantilisme*, Questions d'histoire, 11. Paris: Flammarion, 1969.
Deyon, Pierre, "La concurrence internationale des manufactures lainières aux XVIe et XVIIe siècles," *Annales E.S.C.*, **XXVII**, 1, janv.-févr. 1972, 20-32.
Deyon, Pierre, "Théorie et pratique de mercantilisme," in Pierre Deyon & Jean Jacquart, *Les hésitations de la croissance, 1580-1740*, Vol. II of Pierre Léon, réd., *Histoire économique et sociale du monde*. Paris: Lib. Armand Colin, 1978, 197-218. (a)
Deyon, Pierre, "Compétitions commerciales et coloniales," in Pierre Deyon & Jean Jacquart, *Les hésitations de la croissance, 1580-1740*, Vol. II of Pierre Léon, réd., *Histoire économique et sociale du monde*. Paris: Lib. Armand Colin, 1978, 219-247. (b)
Deyon, Pierre, "Le role animateur des marchands," in Pierre Deyon & Jean Jacquart, *Les hésitations de la croissance, 1580-1740*, Vol. II of Pierre Léon, réd., *Histoire économique et sociale du monde*. Paris: Lib. Armand Colin, 1978, 263-289. (c)
Deyon, Pierre, "La production manufacturière," in Pierre Deyon & Jean Jacquart, *Les hésitations de la croissance, 1580-1740*, Vol. II of Pierre Léon, réd., *Histoire économique et sociale du monde*. Paris: Lib. Armand Colin, 1978, 263-289. (d)
Deyon, Pierre, "Les sociétés urbaines," in Pierre Deyon & Jean Jacquart, *Les hésitations de la croissance, 1580-1740*, Vol. II of Pierre Léon, réd., *Histoire économique et sociale du monde*. Paris: Lib. Armand Colin, 1978, 291-316. (e)
Deyon, Pierre & Jacquart, Jean, "L'Europe: gagnants et perdants," in Pierre Deyon & Jean Jacquart, *Les hésitations de la croissance, 1580-1740*, Vol. II of Pierre Léon, réd., *Histoire économique et sociale du monde*. Paris: Lib. Armand Colin, 1978, 497-519.
de Zeeuw, J. W., "Peat and the Dutch Golden Age: The Historical Meaning of Energy Attainability," *A.A.G. Bijdragen*, No. 21, 1978, 3-31.
Dickens, A. G., "Preface," *The Anglo-Dutch Contribution to the Civilization of Early Modern Society*. London & New York: Published for The British Academy by Oxford Univ. Press, 1976, 8-10.
Dickerson, Oliver M., *The Navigation Acts and the American Revolution*. Philadelphia: Univ. of Pennsylvania Press, 1951.
Dickson, P. G. M., *The Financial Revolution in England: A Study in the Development of Public Credit, 1688-1756*. London: Macmillan, 1967.

Dickson, P. G. M., "English Commercial Negotiations with Austria, 1737–1752," in A. Whiteman, J. S. Bromley, & P. G. M. Dickson, eds., *Statesmen, Scholars and Merchants*. Oxford: Clarendon Press, 1973, 81–112.

Disney, A. R., "The First Portuguese India Company, 1628–33," *Economic History Review*, 2nd ser., **XXX**, 2, May 1977, 242–258.

Dobb, Maurice H., "The English Revolution, II," *Labour Monthly*, **XXIII**, 2, Feb. 1941, 92–93.

Dobb, Maurice H., *Studies in the Development of Capitalism*. London: Routledge & Kegan Paul, 1946.

Dobb, Maurice H., "A Reply," in Rodney Hilton, ed., *The Transition from Feudalism to Capitalism*. London: New Left Books, 1976, 57–67. (Originally in *Science and Society*, Spring 1958.)

Dobyns, Henry F., "An Outline of Andean Epidemic History to 1720," *Bulletin of the History of Medicine*, **XXXVII**, 6, Nov.–Dec. 1963, 493–515.

Dominguez Ortiz, Antonio, *La sociedad española en el siglo XVII*, Monografias historico-sociales, **I**. Madrid: Instituto Balmes de Sociologia, Depto. de Historia Social, 1955.

Dominguez Ortiz, Antonio, *The Golden Age of Spain, 1516–1659*. New York: Basic Books, 1971.

Donnan, Elizabeth, "The Early Days of the South Sea Company, 1711–1718," *Journal of Economic and Business History*, **II**, 3, May 1930, 419–450.

Dorn, Walter L., "The Prussian Bureaucracy in the Eighteenth Century," *Political Science Quarterly*, **XLVI**, 3, Sept. 1931, 403–423; **XLVII**, 1, Mar. 1932, 75–94; **XLVII**, 2, June 1932, 259–273.

Dorwart, Reinhold A., *The Administrative Reforms of Frederick William I of Prussia*. Cambridge, Massachusetts: Harvard Univ. Press, 1953.

Dorwart, Reinhold A., *The Prussian Welfare State before 1740*. Cambridge, Massachusetts: Harvard Univ. Press, 1971.

Duckham, Baron F., *A History of the Scottish Coal Industry*, **I**: *1700–1815*. Newton Abbot: David & Charles, 1970.

Duncan, T. Bentley, *Atlantic Islands: Madeira, the Azores and the Cape Verdes in Seventeenth-Century Commerce and Navigation*. Chicago, Illinois: Univ. of Chicago Press, 1972.

Duncan, T. Bentley, "Neils Steensgaard and the Europe-Asia Trade of the Early Seventeenth Century," *Journal of Modern History*, **XLVII**, 3, Sept. 1975, 512–518.

Dunn, Richard S., *Sugar and Slaves*. Chapel Hill: Univ. of North Carolina Press, 1972.

Dunsdorfs, Edgars, *Merchant Shipping in the Baltic During the 17th Century*, Contributions of Baltic University, No. 40, Pinneberg, 1947.

Dunsdorfs, Edgars, *Der grosse schwedische Kataster in Livland, 1681–1710*, Kungl. Vıtterhets Historie och Antıkvitets Akademiens Handlingar, del 72. Stockholm: Wahlstrom & Widstrand, 1950.

Dupâquier, J. (& Jacquart, J.), "Les rapports sociaux dans les campagnes françaises au XVIIe siècle: quelques exemples," in D. Roche, réd., *Ordres et classes*, Colloque d'histoire sociale, Saint-Cloud, 24–25 mai 1967. Paris & La Haye: Mouton, 1973, 167–179.

Dupuy, Alex, "Spanish Colonialism and the Origin of Underdevelopment in Haiti," *Latin American Perspectives*, **III**, 2, Spring 1976, 5–29.

Durand, Georges, "Vin, vigne et vignerons en Lyonnais et Beaujolais (XVIe–XVIIIe siècles)," *Cahiers d'histoire*, **XXII**, 2, 1977, 123–133.

Durand, Yves, *Finance et mécénat: Les fermiers généraux au XVIIIe siècle*. Paris: Lib. Hachette, 1976.

Durie, Alastair J., "The Markets for Scottish Linen, 1730–1775," *Scottish Historical Review*, **LII**, Nos. 153–154, 1973, 30–49.

Dworzaczek, Włodzimierz, "La mobilité sociale de la noblesse polonaise aux XVIe et XVIIe siècles," *Acta Poloniae Historica*, No. 36, 1977, 147–161.

Eagly, Robert V., "Monetary Policy and Politics in Mid-Eighteenth Century Sweden," *Journal of Economic History*, **XXIX**, 4, Dec. 1969, 739–757.

Eagly, Robert V., "Monetary Policy and Politics in Mid-Eighteenth Century Sweden: A Reply," *Journal of Economic History*, **XXX**, 3, Sept. 1970, 655-656.

Eagly, Robert V., "Introductory Essay," to *The Swedish Bullionist Controversy: P. N. Christiernin's Lectures on the High Price of Foreign Exchange in Sweden (1761)*. Philadelphia, Pennsylvania: Amer. Philosophical Soc., 1971, 1-37.

East, W. G., "England in the Eighteenth Century," in H. C. Darby, *Historical Geography of England before A.D. 1800*. Cambridge: University Press, 1951, 465-528.

Edel, Matthew, "The Brazilian Sugar Cycle of the Seventeenth Century and the Rise of West Indian Competition," *Caribbean Studies*, **IX**, 1, Apr. 1969, 24-44.

Ehrman, John, *The Navy in the War of William III, 1689-1697*. Cambridge: University Press, 1953.

Elliott, J. H., *The Revolt of the Catalans*. Cambridge: University Press, 1963.

Elliott, J. H., *Imperial Spain, 1469-1716*. New York: Mentor Books, 1966.

Elliott, J. H., "Revolution and Continuity in Early Modern Europe," *Past and Present*, No. 42, Feb. 1969, 35-56.

Elliott, J. H., "Self-Perception and Decline in Early Seventeenth-Century Spain," *Past and Present*, No. 74, Feb. 1977, 41-61.

Emmanuel, Arghiri, *Unequal Exchange*. New York: Monthly Review Press, 1972.

Emmer, Pieter C., "The History of the Dutch Slave Trade: A Bibliographical Survey," *Journal of Economic History*, **XXXII**, 3, Sept. 1972, 728-747.

Endelman, Todd M., *The Jews of Georgian England, 1714-1830*. Philadelphia, Pennsylvania: Jewish Publ. Soc. of America, 1979.

Endrei, Walter G., "English Kersey in Eastern Europe with special reference to Hungary," *Textile History*, **V**, 1974, 90-99.

Enjalbert, Henry, "Le commerce de Bordeaux et la vie économique dans le Bassin Aquitaine au XVIIe siècle," *Annales du Midi*, **LXII**, 9, janv. 1950, 21-35.

Ernle, Lord (Prothero, Rowland E.), *English Farming, Past and Present*. London: Longmans, Green & Co., 1912.

Everitt, Alan, "The Food Market of the English Town, 1660-1760," *Third International Conference of Economic History*, **I**, Munich, 1956. Paris & La Haye: Mouton, 1968, 57-71.

Eversley, D. C. E., "Demography and Economics: A Summary Report," *Third International Conference of Economic History*, Munich, 1965, *Demography and Economy*. Paris & La Haye: Mouton, 1972, 15-35.

Faber, J. A., "Cattle-Plague in the Netherlands During the Eighteenth Century," *Mededelingen van de Landbouwgeschool te Wageningen*, **LXII**, 11, 1962, 1-7.

Faber, J. A., "The Decline of the Baltic Grain Trade in the Second Half of the Seventeenth Century," *Acta Historiae Neerlandica*, **I**, 1966, 108-131.

Faber, J. A., Diedericks, H. A., & Hart, S., "Urbanization, Industrialization, and Pollution in the Netherlands, 1500-1800," paper prepared for VIth International Congress on Economic History, Copenhagen, 1974, 21 p., mimeographed. Published in Dutch in *A.A.G. Bijdragen*, No. 18, 1973, 251-271.

Faber, J. A., Roessingh, H. K., Slicher Van Bath, B. H., Van der Woude, A. M., & Van Xanten, H. J., "Population Changes & Economic Developments in the Netherlands, A Historical Survey," *A.A.G. Bijdragen*, No. 12, 1965, 47-114.

Fairlie, Susan, "Dyestuffs in the Eighteenth Century," *Economic History Review*, 2nd ser., **XVII**, 3, Apr. 1965, 488-510.

Fanfani, Amintore, *Storia del lavoro in Italia dalla fine del secolo XV agli inizi del XVIII*. 2a ed. accresc. ed illus., Vol. III of A. Fanfani, ed., *Storia del lavoro in Italia*. Milano: Dott. A. Giuffrè-Ed., 1959.

Farnell, J. E., "The Navigation Act of 1651, the First Dutch War, and the London Merchant Community," *Economic History Review*, 2nd ser., **XVI**, 3, Apr. 1964, 439-454.

Farnie, D. A., "The Commercial Empire of the Atlantic, 1607–1783," *Economic History Review*, 2d ser., **XV**, 2, Dec. 1962, 205–218.

Fayle, C. Ernest, "The Deflection of Strategy by Commerce in the Eighteenth Century," *Journal of the Royal United Service Institution*, **LXVIII**, 1923, 281–290.

Febvre, Lucien, "De l'histoire-tableau: Essais de critique constructive," *Annales d'histoire économique et sociale*, **V**, No. 21, 31 mai 1933, 267–281.

Fedorowicz, Jan K., "Anglo-Polish Commercial Relations in the First Half of the Seventeenth Century," *Journal of European Economic History*, **V**, 2, Fall 1976, 359–378.

Fernández de Pinedo, Emiliano, *Crecimiento económico y transformaciones sociales del país vasco (1100–1850)*. Madrid, Siglo XXI de España, 1974.

F[ield], P[eter], "England's Revolution," review of Christopher Hill, ed., *The English Revolution, 1640*, in *Labour Monthly*, **XXII**, 10, Oct. 1940, 558–559. (a)

F[ield], P[eter], "The English Revolution, 1640: II. A Rejoinder," *Labour Monthly*, **XXII**, 12, Dec. 1940, 653–655. (b)

Finer, Samuel E., "State and Nation-Building in Europe: The Role of the Military," in Charles Tilly, ed., *The Formation of National States in Western Europe*. Princeton, New Jersey: Princeton Univ. Press, 1975, 84–163.

Fischer, Wolfram & Lundgreen, Peter, "The Recruitment and Training of Administrative and Technical Personnel," in Charles Tilly, ed., *The Formation of National States in Western Europe*. Princeton, New Jersey: Princeton Univ. Press, 1975, 456–561.

Fisher, F. J., "London's Export Trade in the Early Seventeenth Century," *Economic History Review*, 2d ser., **III**, 2, 1950, 151–161.

Fisher, F. J., "Tawney's Century," in F. J. Fisher, ed., *Essays in the Economic and Social History of Tudor and Stuart England*. London & New York: Cambridge Univ. Press, 1961, 1–14.

Fisher, Sir Godfrey, *Barbary Legend: War, Trade and Piracy in North Africa, 1475–1830*. Oxford: Clarendon Press, 1957.

Fisher, H. E. S., "Anglo-Portuguese Trade, 1700–1770," *Economic History Review*, 2d ser., **XVI**, 2, 1963, 219–233.

Fisher, H. E. S., *The Portugal Trade: A Study of Anglo-Portuguese Commerce, 1700–1770*. London: Methuen, 1971.

Flinn, M. W., "The Growth of the English Iron Industry, 1660–1760," *Economic History Review*, **XI**, 1, Aug. 1958, 144–153.

Flinn, M. W., "Sir Ambrose Crowley and the South Sea Scheme of 1711," *Journal of Economic History*, **XX**, 1, Mar. 1960, 51–66.

Flinn, M. W., "Agricultural Productivity and Economic Growth in England, 1700–1760: A Comment," *Journal of Economic History*, **XXVI**, 1, Mar. 1966, 93–98.

Flinn, M. W., "The Stabilisation of Mortality in Pre-industrial Western Europe," *Journal of European Economic History*, **III**, 2, Fall 1974, 285–318.

Florescano, Enrique, *Precios del maíz y crisis agrícolas en México (1708–1810)*. México: El Colegio de México, 1969.

Floyd, Troy S., *The Anglo-Spanish Struggle for Mosquita*. Albuquerque: Univ. of New Mexico Press, 1967.

Forbes, R. J., "Food and Drink," in C. Singer *et al.*, *A History of Technology*. **III**: *From the Renaissance to the Industrial Revolution, c1500–c1700*. Oxford: Clarendon Press, 1957, 1–26.

Ford, Franklin L., *Robe and Sword: The Regrouping of the French Aristocracy After Louis XIV*, Harvard Historical Studies, Vol. **XXIV**. Cambridge, Massachussetts: Harvard Univ. Press, 1953.

Forster, Robert, "Obstacles to Agricultural Growth in Eighteenth-Century France," *American Historical Review*, **LXXV**, 6, Oct. 1970, 1600–1615.

Forster, Robert & Litchfield, R. Burr, "Four Nobilities of the Old Regime (review article)," *Comparative Studies in Society and History*, **VII**, 3, Apr. 1965, 324–332.

Fourastié, Jean & Grandamy, René, "Remarques sur les prix salariaux des céréales et la productivité du travailleur agricole en Europe du XVe et XVIe siècles," *Third International Conference of Economic History*, **I**, Munich, 1965. Paris & La Haye: Mouton, 1968, 647–656.

Francis, A. D., *The Methuens and Portugal, 1691–1708*. Cambridge: University Press, 1966.

Francis, A. D., *The Wine Trade*. Edinburgh: T. & A. Constable, 1972.

Frank, André Gunder, *Mexican Agriculture: Transformation of Mode of Production, 1521–1630*. Cambridge: Cambridge Univ. Press, 1979. (a)

Frank, André Gunder, *Dependent Accumulation and Underdevelopment*. New York: Monthly Review Press, 1979. (b)

Franken, M. A. M., "The General Tendencies and Structural Aspects of the Foreign Policy and Diplomacy of the Dutch Republic in the Latter Half of the 17th Century," *Acta Historiae Neerlandica*, **III**, 1968, 1–42.

Frêche, Georges, *Toulouse et la région, Midi-Pyrénées au siècle des lumières vers 1670–1789*. Mayenne: Ed. Cujas, 1974.

Freudenberger, Herman, "Industrialization in Bohemia and Moravia in the Eighteenth Century," *Journal of Central European Affairs*, **XIX**, 4, Jan. 1960, 347–356. (a)

Freudenberger, Herman, "The Woolen-Goods Industry of the Habsburg Monarchy in the Eighteenth Century," *Journal of Economic History*, **XX**, 3, Sept. 1960, 383–406. (b)

Friedrichs, Christopher R., "Capitalism, Mobility and Class Formation in the Early Modern German City," *Past and Present*, No. 69, Nov. 1975, 24–49.

Furniss, Edgar S., *The Position of the Labourer in a System of Nationalism*. New York: Kelley & Millman, 1957. (Original publication, Boston, 1920.)

Furtado, Celso, *The Economic Growth of Brazil*. Berkeley: Univ. of California Press, 1963.

Fussell, G. E., "Low Countries: Influence on English Farming," *English Historical Review*, **LXXIV**, No. 293, Oct. 1959, 611–622.

Fussell, G. E., "Dairy Farming, 1600–1900," *Third International Conference of Economic History*, Munich, 1965, **II**: *Production et productivité agricoles*. Paris & La Haye: Mouton, 1968, 31–36.

Gaastra, F., Summary of paper delivered at Nederlands Historisch Genootschap, 24–25 Oct. 1975, title translated as "The Dutch East India Company in the Seventeenth and Eighteenth Centuries: the Growth of the Concern; Money for Goods; A Structural Change in Dutch-Asian Trading Relations," in *Newsletter*, Centre for the Study of European Expansion, **I**, 3, 1976, 18–19.

Galenson, David, "The Slave Trade to the English West Indies, 1673–1724," *Economic History Review*, 2nd ser., **XXXII**, 2, May 1979, 241–249.

Galloway, J. H., "Northeast Brazil, 1700–50: The Agricultural Crisis Re-examined," *Journal of Historical Geography*, **I**, 1, Jan. 1975, 21–38.

Garman, Douglas, "The English Revolution, 1640: I, A Reply to P. F.," *Labour Monthly*, **XXII**, 12, Dec. 1940, 651–653.

Gately, Michael O., Moote, A. Lloyd, & Wills, John E., Jr., "Seventeenth-Century Peasant 'Furies': Some Problems of Comparative History," *Past and Present*, No. 51, May 1971, 63–80.

George, C. H., "The Making of the English Bourgeoisie, 1500–1750," *Science and Society*, **XXXV**, 4, Winter 1971, 385–414.

George, Dorothy, *England in Transition*. London: Penguin, 1953, published with additions.

Georgelin, J., "Ordres et classes à Venise aux XVIIe et XVIIIe siècles," in D. Roche, réd., *Ordres et classes*, Colloque d'histoire sociale, Saint-Cloud, 24–25 mai 1967. Paris & La Haye: Mouton, 1973, 193–197.

Geremek, Bronisław, review of Jerzy Topolski, *O tak zwanym kryzysie gospodarczym w. w Europie* (Sur la prétendu crise économique du XVIIe siècle en Europe), *Kwartalnik Historyczny*, **LXIX**, 2, 1962, 364–379, in *Annales E. S. C.*, **XVIII**, 6, nov.–déc. 1963, 1206–1207.

Geremek, Bronisław, "La populazione marginale tra il medioevo e l'èra moderna," *Studi storici*, **IX**, 3–4, lugl.-dic. 1968, 623–640.

Geyl, Pieter, *The Netherlands in the Seventeenth Century*, Part One: *1609–1648*. London: Ernest Benn, 1961.
Geyl, Pieter, *The Netherlands in the Seventeenth Century*, Part Two: *1648–1715*. London: Ernest Benn, 1964.
Gibbs, F. W., "Invention in Chemical Industries," in C. Singer *et al.*, *A History of Technology*, **III:** *From the Renaissance to the Industrial Revolution, c1500–c1700*. Oxford: Clarendon Press, 1957, 676–708.
Gierowski, Józef, "Les recherches sur l'histoire de Pologne du XVIe au XVIIIe siècle au cours de 1945–1965," in *La Pologne au XIIe Congrès International des Sciences Historiques à Vienne*. Warszawa: PWN, 1965, 229–263.
Giesey, Ralph E., "National Stability and Hereditary Transmission of Political and Economic Power," paper delivered at XIV International Congress of Historical Sciences, San Francisco, Aug. 22–29, 1975, 19 pp.
Gieysztorowa, Irena, "Guerre et régression en Masovie aux XVI et XVIIIe siècles," *Annales E.S.C.*, **XIII**, 4, oct.–déc. 1958, 651–668.
Gilboy, Elizabeth Waterman, "Wages in Eighteenth-Century England," *Journal of Economic and Business History*, **II**, 1930, 603–629.
Gill, Conrad, *The Rise of the Irish Linen Industry*. Oxford: Clarendon Press, 1925.
Glamann, Kristof, *Dutch-Asiatic Trade 1620–1740*. Copenhagen, Denmark: Danish Science Press, 1958.
Glamann, Kristof, "European Trade 1500–1750," in C. M. Cipolla, ed., *The Fontana Economic History of Europe*, **II:** *The Sixteenth and Seventeenth Centuries*. Glasgow: Collins, 1974, 427–526.
Glamann, Kristof, "The Changing Patterns of Trade," in *Cambridge Economic History of Europe*, **V:** E. E. Rich & C. H. Wilson, eds., *The Economic Organization of Early Modern Europe*. Cambridge: Cambridge Univ. Press, 1977, 185–289.
Glass, D. V., "Two Papers on Gregory King," in D. V. Glass & D. E. C. Eversley, eds., *Population in History*. London: Edw. Arnold, 1965, 159–220.
Glenday, Daniel G., "French Mercantilism and the Atlantic Colonies (With Specific Reference to New France), 1494–1672," unpubl. M. A. thesis, McGill University, January 1975.
Godinho, Vitorino Magalhães, "Le commerce anglais et l'Amérique espagnole au XVIIIe siècle," *Annales E.S.C.*, **III**, 4, oct.–déc. 1948, 551–554.
Godinho, Vitorino Magalhães, "Création et dynamisme économique du monde atlantique (1420–1670)," *Annales E.S.C.*, **V**, 1, janv.–mars 1950, 32–36. (a)
Godinho, Vitorino Magalhães, "Le Portugal, les flottes du sucre et les flottes de l'or (1670–1770)," *Annales E.S.C.*, V, 2, avr.–juin 1950, 184–197. (b)
Godinho, Vitorino Magalhães, "Portugal, as frotas do açúcar e as frotas do ouro 1670–1770," *Revista de história*, **XV**, 1953, 69–88.
Godinho, Vitorino Magalhães, "L'émigration portugaise du XV siècle à nos jours: Histoire d'une constante structurale," in *Conjoncture économique, structures sociales*, Hommage à Ernest Labrousse. Paris & La Haye: Mouton, 1974.
Gongora, Mario, "Vagabondage et société pastorale en Amérique latine (spécialement au Chili central)," *Annales E.S.C.*, **XXI**, 1, janv.–févr. 1966, 159–177.
Goodwin, Albert, "The Social Structure and Economic and Political Attitudes of the French Nobility in the Eighteenth Century," *XIIe Congrès International des Sciences Historiques: Rapports*, **I:** *Grands thèmes*. Wien: Verlag Ferdinand Berger & Söhne, 1975, 356–368.
Gorlitz, Walter, *Die Junker: Adel und Bauer in deutschen Osten*. Glücksburg/Ostsee: Verlag von C. A. Starke, 1956.
Goslinga, Cornelis Ch., *The Dutch in the Caribbean and on the Wild Coast, 1580–1680*. Gainesville, Florida: Univ. of Florida Press, 1971.
Goubert, Pierre, "Les officiers royaux des Présidiaux, Bailliages et Elections dans la société française du XVIIe siècle," *XVIIe siècle*, Nos. 42–43, 1er trimestre 1959, 54–75.
Goubert, Pierre, *Beauvais et le Beauvaisis de 1600 à 1730*, 2 vols. Paris: S.E.V.P.E.N., 1960.

Goubert, Pierre, "Recent Theories and Research in French Population Between 1500 and 1700," in D. V. Glass & D. E. C. Eversley, eds., *Population in History*. London: Edw. Arnold, 1965, 457-473.

Goubert, Pierre, *Louis XIV and Twenty Million Frenchmen*. New York: Pantheon, 1970. (a)

Goubert, Pierre, "La force du nombre," in Fernand Braudel & Ernest Labrousse, dir., *Histoire économique et sociale de la France*, **II**: Ernest Labrousse *et al.*, *Des derniers temps de l'age seigneurial aux préludes de l'age industriel (1660-1789)*. Paris: Presses Univ. de France, 1970, 9-21. (b)

Goubert, Pierre, "Le régime démographique français au temps de Louis XIV," in Fernand Braudel & Ernest Labrousse, dir., *Histoire économique et sociale de la France*, **II**: Ernest Labrousse *et al.*, *Des derniers temps de l'age seigneurial aux préludes de l'age industriel (1660-1789)*. Paris: Presses Univ. de France, 1970, 23-54. (c)

Goubert, Pierre, "Révolution demographique au XVIIIe siècle?," in Fernand Braudel & Ernest Labrousse, dir., *Histoire économique et sociale de la France*, **II**: Ernest Labrousse, *et al.*, *Des derniers temps de l'age seigneurial aux préludes de l'age industriel (1660-1789)*. Paris: Presses Univ. de France, 1970, 55-84. (d)

Goubert, Pierre, "Les cadres de la vie rurale," in Fernand Braudel & Ernest Labrousse, dir., *Histoire économique et sociale de la France*, **II**: Ernest Labrousse *et al.*, *Des derniers temps de l'age seigneurial aux préludes de l'age industriel (1660-1789)*. Paris: Presses Univ. de France, 1970, 87-118. (e)

Goubert, Pierre, "Le paysan et la terre: seigneurie, tenure, exploitation," in Fernand Braudel & Ernest Labrousse, dir., *Histoire économique et sociale de la France*, **II**: Ernest Labrousse *et al.*, *Des derniers temps de l'age seigneurial aux préludes de l'age industriel (1660-1789)*. Paris: Presses Univ. de France, 1970, 119-158. (f)

Goubert, Pierre, "Le tragique XVIIe siècle," in Fernand Braudel & Ernest Labrousse, dir., *Histoire économique et sociale de la France*, **II**: Ernest Labrousse *et al.*, *Des derniers temps de l'age seigneurial aux préludes de l'age industriel (1660-1789)*. Paris: Presses Univ. de France, 1970, 329-365. (g)

Goubert, Pierre, "Remarques sur le vocabulaire social de l'Ancien Régime," in D. Roche, red., *Ordres et classes*, Colloque d'histoire sociale, Saint-Cloud, 24-25 mai 1967. Paris & La Haye: Mouton, 1973, 135-140.

Goubert, Pierre, "Sociétés rurales françaises du XVIII siècle: vingt paysanneries contrastées, quelques problèmes," in *Conjoncture économique, structures sociales*, Hommage à Ernest Labrousse. Paris & La Haye: Mouton, 1974.

Gould, J. D., "The Trade Depression of the Early 1620's," *Economic History Review*, 2nd ser., **VII**, 1, Aug. 1954, 81-90.

Gould, J. D., "The Date of England's Treasure by Forraign Trade," *Journal of Economic History*, **XV**, 2, 1955, 160-161. (a)

Gould, J. D., "The Trade Crisis of the Early 1620's and English Economic Thought," *Journal of Economic History*, **XV**, 2, 1955, 121-133. (b)

Gould, J. D., "Agricultural Fluctuations and the English Economy in the Eighteenth Century," *Journal of Economic History*, **XXII**, 3, Sept. 1962, 313-333.

Goyhenetche, Manex, *Histoire de la colonisation française au pays basque*. Bayonne, France: Ed. E.L.K.A.R., 1975.

Graham, Gerald S., "The Naval Defense of British North America, 1739-1763," *Transactions of the Royal Historical Society*, 4th ser., **XXX**, 1948, 95-110.

Graham, Gerald S., *Empire of the North Atlantic: The Maritime Struggle for North America*, 2nd ed. London & New York: Oxford Univ. Press, 1958.

Grampp, W. D., "The Liberal Elements in English Mercantilism," *Quarterly Journal of Economics*, **LXVI**, 4, Nov. 1952, 465-501.

Granger, C. W. J. & Elliott, C. M., "A Fresh Look at Wheat Prices and Markets in the Eighteenth Century," *Economic History Review*, 2nd ser., **XX**, 2, Aug. 1967, 257-265.

Grantham, G., in "Holland: Participant's Discussion," in Frederick Krantz & Paul M. Hohenberg, eds., *Failed Transitions to Modern Industrial Society: Renaissance Italy and Seventeenth Century Holland*. Montreal: Interuniversity Centre for European Studies, 1975, 64–66.

Grassby, R. B., "Social Status and Commercial Enterprise under Louis XIV," *Economic History Review*, 2nd ser., **XIII**, 1, 1960, 19–38.

Gray, Stanley & Wyckoff, V. J., "The International Tobacco Trade in the Seventeenth Century," *Southern Economic Journal*, **VII**, 1, July 1940, 1–26.

Grycz, Marian, "Handelsbeziehungen der Stadt Poznán bis Ende des XVII Jahrhunderts," *Studia Historiae Economicae*, **II**, 1967, 43–55.

Grycz, Marian, "Die Rolle der Stadt Poznań im Innen- und Aussenhandel bis Ende des XVII Jahrhunderts," in Ingomar Bog, her., *Der Aussenhandel Ostmitteleuropas 1450–1650*. Köln-Wien: Böhlau Verlag, 1971, 105–119.

Guerrero B., Andres "La *hacienda* précapitaliste en Amérique latine," *Etudes rurales*, No. 62, avr.–juin 1976, 5–38.

Gulvin, G., "The Union and the Scottish Woollen Industry," *Scottish Historical Review*, **L**, Nos. 149–150, 1971, 121–137.

Guthrie, Chester L., "Colonial Economy, Trade, Industry and Labor in Seventeenth Century Mexico City," *Revista de historia de América*, No. 7, dic. 1939, 103–134.

Habakkuk, H. John, "The English Land Market in the Eighteenth Century," in J. S. Bromley & E. H. Kossman, eds., *Britain and the Netherlands*. London: Chatto and Windus, 1960, 154–173.

Habakkuk, H. John, "La disparition du paysan anglais," *Annales E.S.C.*, **XX**, 4, juil.–août 1965, 649–663. (a)

Habakkuk, H. John, "The Economic History of Modern Britain," in D. V. Glass & D. E. C. Eversley, eds., *Population in History*. London: Edw. Arnold, 1965, 147–158. (b) (Originally in *Journal of Economic History*, 1958.)

Habakkuk, H. John, "Land-owners and the Civil War," *Economic History Review*, 2nd ser., **XVIII**, 1, Aug. 1965, 130–151. (c)

Habakkuk, H. John, "Economic Functions of English Landowners in the Seventeenth and Eighteenth Centuries," in Hugh G. J. Aitken, ed., *Explorations in Enterprise*. Cambridge, Massachusetts: Harvard Univ. Press, 1965, 327–340. (d) (Originally in *Explorations in Entrepreneurial History*, 1953.)

Habakkuk, H. John, "England," in Albert Goodwin, ed., *The European Nobility in the Eighteenth Century*. New York: Harper & Row (Torchbooks), 1967, 1–21.

Haley, K. H. D., "The Anglo-Dutch Rapprochement of 1677," *English Historical Review*, **LXXIII**, 1958, 614–648.

Haley, K. H. D., *The Dutch in the Seventeenth Century*. London: Thames & Hudson, 1972.

Haley, K. H. D., "Holland: Commentary," in Frederick Krantz & Paul M. Hohenberg, eds., *Failed Transitions to Modern Industrial Society: Renaissance Italy and Seventeenth-Century Holland*. Montreal: Interuniversity Centre for European Studies, 1975, 58–60.

Hall, A. Rupert, "Military Technology," in C. Singer *et al.*, *A History of Technology*. **III**, *From the Renaissance to the Industrial Revolution, c1500–c1700*. Oxford: Clarendon Press, 1957, 347–376. (a)

Hall, A. Rupert, "The Rise of the West," in C. Singer *et al.*, *A History of Technology*. **III**, *From the Renaissance to the Industrial Revolution, c1500–c1700*. Oxford: Clarendon Press, 1957, 709–721. (b)

Hall, A. Rupert, "Scientific Method and the Progress of Techniques," in E. E. Rich & C. H. Wilson, eds., *Cambridge Economic History of Europe*, **IV**: *The Economy of Expanding Europe in the Sixteenth and Seventeenth Centuries*. Cambridge: University Press, 1967, 96–154.

Hall, Douglas, "Slaves and Slavery in the British West Indies," *Social and Economic Studies*, **XI**, 4, Dec. 1962, 305–318.

Hamann, Manfred, "Archivfunde zur Geschichte der zweiten Leibeigenschaft," *Zeitschrift für Geschichtswissenschaft*, **II**, 3, 1954, 476–480.

Hamilton, Earl J., "The Mercantilism of Gerónimo de Uztariz: A Reexamination," in Norman E. Hines, ed., *Economics, Sociology and the Modern World*. Cambridge, Massachusetts: Harvard Univ. Press, 1935, 111-129.
Hamilton, Earl J., "Prices and Wages in Southern France under John Law's System," *Economic History*, **III**, 12, Feb. 1937, 441-461.
Hamilton, Earl J., "Money and Economic Recovery in Spain under the First Bourbon, 1701-1746," *Journal of Modern History*, **XV**, 3, Sept. 1943, 192-206.
Hamilton, Earl J., *War and Prices in Spain, 1651-1800*. Cambridge, Massachusetts: Harvard Univ. Press, 1947.
Hamilton, Earl J., "The Role of Monopoly in the Overseas Expansion and Colonial Trade of Europe before 1800," *American Economic Review*, Proceedings, **XXXVIII**, 2, May 1948, 33-53.
Hamilton, Earl J., "Plans for a National Bank in Spain, 1701-83," *Journal of Political Economy*, **LVII**, 4, Aug. 1949, 315-336.
Hamilton, Earl J., "The History of Prices before 1750," in *International Congress of Historical Sciences*, Stockholm, 1960, *Rapports*, **I**: *Methodologie, histoire des universités, histoire des prix avant 1750*. Göteborg, Sweden: Almqvist & Wiksell, 1960, 144-164.
Hamilton, Earl J., "The Political Economy of France at the Time of John Law," *History of Political Economy*, **I**, 1, Spring 1969, 123-149.
Hamilton, Earl J., "The Role of War in Modern Inflation," *Journal of Economic History*, **XXXVII**, 1, Mar. 1977, 13-19.
Hamilton, Henry, *An Economic History of Scotland in the Eighteenth Century*. Oxford: Clarendon Press, 1963.
Hansen, Marcus Lee, *The Atlantic Migration, 1607-1860*. Cambridge, Massachusetts: Harvard Univ. Press, 1945.
Hansen, S. A., "Changes in the Wealth and the Demographic Characteristics of the Danish Aristocracy, 1470-1720," *Third International Conference of Economic History*, Munich, 1965, **IV**: J. E. Eversley, ed., *Demography and History*. Paris & La Haye: Mouton, 1972, 91-122.
Harkness, D. A. E., "The Opposition to the 8th and 9th Articles of the Commercial Treaty of Utrecht," *Scottish Historical Review*, **XXI**, No. 83, Apr. 1924, 219-226.
Haring, Clarence Henry, *The Spanish Empire in America*. London & New York: Oxford Univ. Press, 1947.
Haring, Clarence Henry, *Trade and Navigation Between Spain and the Indies in the Time of the Hapsburgs*. Gloucester, Massachusetts: Peter Smith, 1964. (Original publication, 1918.)
Harlow, Vincent T., *A History of Barbados, 1625-1685*. Oxford: Clarendon Press, 1926.
Harnisch, Helmut, *Die Herrschaft Boitzenburg: Untersuchungen zur Entwicklung der sozialökonomischen Struktur ländlicher Gebiete in der Mark Brandenburg vom 14. bis zum 19. Jahrhundert*. Weimar: Hermann Böhlaus Nachfolger, 1968.
Harper, Lawrence A., "The Effect of the Navigation Acts on the Thirteen Colonies," in Richard B. Morris, ed., *The Era of the American Revolution*. New York: Columbia Univ. Press, 1939, 3-39. (a)
Harper, Lawrence A., *The English Navigation Laws*. New York: Columbia Univ. Press, 1939. (b)
Harper, Lawrence A., "Mercantilism and the American Revolution," *Canadian Historical Review*, **XXIII**, 1, Mar. 1942, 1-15.
Harris, L. E., "Land Drainage and Reclamation," in C. Singer et al., *A History of Technology*, **III**: *From the Renaissance to the Industrial Revolution, c1500-c1750*. Oxford: Clarendon Press, 1957, 300-323.
Harris, R. W., *England in the Eighteenth Century—1689-1793: A Balanced Constitution and New Horizons*. London: Blandford Press, 1963.
Harsin, Paul, "La finance et l'état jusqu'au système de Law," in Fernand Braudel & Ernest Labrousse, dir., *Histoire économique et sociale de la France*, **II**: Ernest Labrousse et al., *Des derniers temps de l'age seigneurial aux préludes de l'age industriel (1660-1789)*. Paris: Presses Univ. de France, 1970, 267-299.

Harte, N. B., "The Rise of Protection and the English Linen Trade, 1690-1790," in N. B. Harte & K. G. Ponting, eds., *Textile History and Economic History*. Manchester, England: Manchester Univ. Press, 1973, 74-112.

Hartwell, Richard M., "Economic Growth in England Before the Industrial Revolution: Some Methodological Issues," *Journal of Economic History*, **XXIX**, 1, Mar. 1969, 13-31.

Haskell, Francis, "The Market for Italian Art in the 17th Century," *Past and Present*, No. 15, Apr. 1959, 48-59.

Hasquin, Hervé, *Une mutation: Le "Pays de Charleroi" aux XVIIe et XVIIIe siècles*. Bruxelles: Ed. de l'Institut de Sociologie, 1971.

Hassinger, Herbert, "Die erste Wiener orientalische Handelskompanie, 1667-1683," *Vierteljahrschrift für Sozial-und Wirtschaftgeschichte*, **XXXV**, 1, 1942, 1-53.

Hatton, Ragnhild M., "Scandinavia and the Baltic," in *New Cambridge Modern History*, **VII**: J. O. Lindsay, ed., *The Old Régime, 1713-1763*. Cambridge: University Press, 1966, 339-364.

Hatton, Ragnhild M., "Gratifications and Foreign Policy: Anglo-French Rivalry in Sweden During the Nine Years War," in R. Hatton & J. S. Bromley, eds., *William III and Louis XIV, Essays 1680-1720, by and for M. A. Thomson*. Toronto: Univ. of Toronto Press, 1968, 68-94. (a)

Hatton, Ragnhild M., *Charles XII of Sweden*. London: Weidenfeld & Nicolson, 1968. (b)

Hatton, Ragnhild M., "Charles XII and the Great Northern War," in *New Cambridge Modern History*, **VI**: J. S. Bromley, ed., *The Rise of Great Britain and Russia, 1688-1725*. Cambridge: University Press, 1970, 648-680.

Hatton, Ragnhild M. *Charles XII*. London: The Historical Association, 1974.

Haudricourt, André G. & Delamarre, Mariel Jean-Brunhes, *L'homme et la charrue à travers le monde*. Paris: Gallimard, 1955, 3rd ed.

Hauser, H., "Réflections sur l'histoire des banques à l'époque moderne de la fin du XVe siècle à la fin du XVIIIe siècle," *Annales d'histoire économique et sociale*, 1er année, No. 3, 15 juil. 1929, 335-351.

Havinden, M. A., "Agricultural Progress in Open-Field Oxfordshire," in E. L. Jones, ed., *Agriculture and Economic Growth in England, 1650-1815*. London: Methuen, 1967, 66-79. (Originally in *Agricultural History Review*, 1961.)

Hazard, Paul, *The European Mind, 1680-1715*. London: Penguin, 1964.

Heaton, Herbert, "Heckscher on Mercantilism," *Journal of Political Economy*, **XLV**, 3, June 1937, 370-393.

Heckscher, Eli F., "Un grand chapitre de l'histoire du fer: le monopole suédois," *Annales d'histoire économique et sociale*, **IV**, 14, 31 mars 1932, 127-139; 15, 31 mai 1932, 225-241.

Heckscher, Eli F., *Mercantilism*, 2 vol. London: Geo. Allen & Unwin, 1935.

Heckscher, Eli F., "Mercantilism," *Economic History Review*, **VII**, 1, Nov. 1936, 44-54.

Heckscher, Eli F., "Multilateralism, Baltic Trade, and the Mercantilists," *Economic History Review*, 2d. ser., **III**, 2, 1950, 219-228.

Heckscher, Eli F., *An Economic History of Sweden*. Cambridge, Massachusetts: Harvard Univ. Press, 1954.

Heitz, Gerhard, review of Johannes Nichtweiss, *Das Bauernlegen in Mecklenburg*, in *Zeitschrift für Geschichtswissenschaft*, **II**, 4, 1955, 643-649.

Heitz, Gerhard, "Zur Diskussion über Gutsherrschaft und Bauernlegen in Mecklenburg," *Zeitschrift für Geschichtswissenschaft*, **V**, 2, 1957, 278-296.

Helleiner, Karl F., "The Population of Europe from the Black Death to the Eve of the Vital Revolution," in E. G. Rich & C. H. Wilson, eds., *The Cambridge Economic History of Europe*. **IV**: *The Economy of Expanding Europe in the Sixteenth and Seventeenth Centuries*. Cambridge: University Press, 1967, 1-95.

Helmer, Marie, "Economie et société au XVIIe siècle: Un *Cargador de Indias*," *Jahrbuch für Geschichte von Staat, Wirtschaft und Gesellschaft Lateinamerikas*, **IV**, 1967, 399-409.

Henry, Louis, "The Population of France in the Eighteenth Century," in D. V. Glass & D. E. C. Eversley, eds., *Population in History*. London: Edw. Arnold, 1965, 434-456.

Herlihy, David, "Population, Plague and Social Change in Rural Pistoia, 1201–1430," *Economic History Review*, 2nd ser., **XVIII**, 2, Aug. 1965, 225–244.

Hildebrand, Karl-Gustaf, "Salt and Cloth in Swedish Economic History," *Scandinavian Economic History Review*, **II**, 2, 1954, 74–102.

Hildebrand, Karl-Gustaf, "Foreign Markets for Swedish Iron in the 18th Century," *Scandinavian Economic History Review*, **VI**, 1, 1958, 3–52.

Hildner, Ernest G., Jr., "The Role of the South Sea Company in the Diplomacy Leading to the War of Jenkins' Ear, 1729–1739," *Hispanic American Historical Review*, **XVIII**, 3, Aug. 1938, 322–341.

Hill, B. W., "The Change of Government and the 'Loss of the City', 1710–1711," *Economic History Review*, 2nd ser., **XXIV**, 3, Aug. 1971, 395–413.

Hill, Charles E., *The Danish Sound Dues and the Command of the Baltic*. Durham, North Carolina: Duke Univ. Press, 1926.

Hill, Christopher, "The English Civil War Interpreted by Marx and Engels," *Science and Society*, **XII**, 1, Winter 1948, 130–156.

Hill, Christopher, "Land in the English Revolution," *Science and Society*, **XIII**, 1, Winter 1948–1949, 22–49.

Hill, Christopher, *The Century of Revolution, 1603–1714*. New York: W. W. Norton, 1961. (a)

Hill, Christopher, "Protestantism and the Rise of Capitalism," in F. J. Fisher, ed., *Essays in the Economic and Social History of Tudor and Stuart England*. Cambridge: University Press, 1961, 15–39. (b)

Hill, Christopher, *1530–1780, Reformation to Industrial Revolution*, Vol. 2 of *The Pelican Economic History of Britain*. Baltimore: Penguin, 1969, published with revisions.

Hill, Christopher, "Conclusion," in *Change and Continuity in Seventeenth-Century England*. Cambridge, Massachusetts: Harvard Univ. Press, 1975, 278–284. (a)

Hill, Christopher, "The Many-Headed Monster," in *Change and Continuity in Seventeenth-Century England*. Cambridge, Massachusetts: Harvard Univ. Press, 1975, 181–204. (b) (Originally in C. H. Carter, ed., *From the Renaissance to the Counter-Reformation: Essays in Honor of Garrett Mattingly* New York, 1965.)

Hilton, R. H., "Capitalism. What's in a Name?," *Past and Present*, No. 1, 1952, 32–43.

Hinton, R. W. K., "The Mercantile System in the Time of Thomas Mun," *Economic History Review*, 2nd ser., **VII**, 3, Apr. 1955, 277–290.

Hinton, R. W. K., *The Eastland Trade and the Common Weal in the Seventeenth Century*. Cambridge: University Press, 1959.

Hintze, Otto, "The Hohenzollern and the Nobility," in *Historical Essays*. London and New York: Oxford Univ. Press, 1975, 33–63. (a) (Translated from *Historische Zeitschrift*, 1914.)

Hintze, Otto, "The Commissary and His Significance in General Administrative History: A Comparative Study," in *Historical Essays*. London & New York: Oxford Univ. Press, 1975, 267–301. (b) (Originally published in 1919.)

Hobsbawm, E. J., "Seventeenth Century Revolutions," a discussion with others in *Past and Present*, No. 13, Apr. 1958, 63–72.

Hobsbawm, E. J., "The Seventeenth Century in the Development of Capitalism," *Science and Society*, **XXIV**, 2, Spring 1960, 97–112.

Hobsbawm, E. J., "The Crisis of the Seventeenth Century," in Trevor Aston, ed., *Crisis in Europe, 1560–1660*. London: Routledge & Kegan Paul, 1965, 5–58. (Originally in *Past and Present*, 1954.)

Hoffenden, Philip S., "France and England in North America, 1689–1713," in *New Cambridge Modern History*, **VI**: J. S. Bromley, ed., *The Rise of Great Britain and Russia, 1688–1725*. Cambridge: University Press, 1970, 480–508.

Hoffman, Alfred, *Wirtschaftsgeschichte des Landes Oberösterreich*, **I**: *Werden, Wachsen, Reifen von der Frühzeit bis zum Jahre 1848*. Salzburg: Otto Müller Verlag, & Linz: Verlag F. Winter'sche Buchlandlung H. Fürstelberger, 1952.

Hoffman, Alfred, "Die Grundherrschaft als Unternehmen," *Zeitschrift für Agrargesehichte und Agrarsoziologie*, **VI**, 2, 1958, 123–131.

Holderness, B. A., *Pre-Industrial England: Economy and Society, 1500–1750*. London: J. M. Dent & Sons, 1976.

Homer, Sidney, *A History of Interest Rates*. New Brunswick, New Jersey: Rutgers Univ. Press, 1963.

Horn, David Bayne, *Great Britain and Europe in the Eighteenth Century*. Oxford: Clarendon Press, 1967.

Horner, John, *The Linen Trade of Europe during the Spinning Wheel Period*. Belfast: McCaw, Stevenson & Orr, 1920.

Horsefield, J. Keith, "The Beginnings of Paper Money in England," *Journal of European Economic History*, **VI**, 1, Spring 1977, 117–132.

Hoskins, W. G., "English Agriculture in the 17th and 18th Centuries," *X Congresso Internazionale di Scienze Storiche*, Roma 4-11 settembre 1955, *Relazioni*, **IV**: *Storia moderna*. Firenze: G. C. Sansoni-Ed., 1955, 205–226.

Hoskins, W. G., "Harvest Fluctuations and English Economic History, 1620–1759," *Agricultural History Review*, **XVI**, 1, 1968, 15–31.

Hovde, B. J., *The Scandinavian Countries, 1720–1865*, **I**: *The Rise of the Middle Classes*. Ithaca, New York: Cornell Univ. Press, 1948.

Howard, Michael, *War in European History*. London & New York: Oxford Univ. Press, 1976.

Hroch, Miroslav, "Der Dreissigjährige Krieg und die europäischen Handelsbeziehungen," *Wissenschaftliche Zeitschrift der Ernst-Moritz-Arndt-Universitat Greifswald*, **XII**, 5/6, 1963, 533–543.

Hroch, Miroslav, "Die Rolle des zentraleuropäischen Handels im Ausgleich der Handelsbilanz Zwischen Ost- und Westeuropa, 1550–1650," in Ingomar Bog, her., *Der Aussenhandel Ostmitteleuropas, 1450–1650*. Köln-Wein: Böhlau Verlag, 1971, 1–27.

Hubert, Eugene, "Joseph II," in *Cambridge Modern History*, A. W. Ward *et al.*, eds., **VI**: *The Eighteenth Century*. Cambridge: University Press, 1909, 626–656.

Huetz de Lemps, Christian, *Géographie du commerce de Bordeaux à la fin du règne de Louis XIV*. Paris & La Haye: Mouton, 1975.

Hufton, Olwen H., *The Poor of Eighteenth-Century France*. Oxford: Clarendon Press, 1974.

Hughes, Edward, *North Country Life in the Eighteenth Century. The North-East, 1700–1750*. London & New York: Oxford Univ. Press, 1952.

Hutchison, E. P., *The Population Debate*. Boston, Massachusetts: Houghton Mifflin, 1967.

Hymer, Stephen & Resnick, Stephen, "A Model of an Agrarian Economy with Non-agricultural Activities," *American Economic Review*, **LIX**, 3, Sept. 1969, 493–506.

Imbert, Gaston, *Des mouvements de longue durée Kondratieff*. Aix-en-Provence: La Pensée Universitaire, 1959.

Imbert, Jean, *Histoire économique (des origines à 1789)*, Collection Thémis. Paris: Presses Univ. de France, 1965.

Imhof, Arthur E., "Der Arbeitszwang für das landwirtschaftliche Dientsvolk in den nordischen Ländern im 18. Jahrhundert," *Zeitschrift für Agrargeschichte und Agrarsoziologie*, **XXII**, 1, 1974, 59–74.

Innis, H. A., "Preface" to M. G. Lawson, *Fur: A Study in English Mercantilism, 1700–1775*. Toronto: Univ. of Toronto Press, 1943, vii–xx.

Insh, George Pratt, *The Scottish Jacobite Movement: A Study in Economic and Social Forces*. London: Moray Press, 1952.

Israel, J. I., "Mexico and the 'General Crisis' of the Seventeenth Century," *Past and Present*, No. 63, May 1974, 33–57. (a)

Israel, J. I., "The Portuguese in Seventeenth-Century Mexico," *Jahrbuch für Geschichte von Staat, Wirtschaft und Gesellschaft Lateinamerikas*, **XI**, 1974, 12–32. (b)

Israel, J. I., "A Conflict of Empires: Spain and the Netherlands. 1618–1648," *Past and Present*, No. 76, Aug. 1977, 34–74.

Issawi, Charles, "The Ottoman Empire in the European Economy, 1600–1914. Some Observations and Many Questions," in Kemal H. Karpat, ed., *The Ottoman State and Its Place in World History*. Leiden: E. J. Brill, 1974, 107–117.

Jacquart, Jean, "La production agricole dans la France du XVIIe siècle," *XVIIe siècle*, Nos. 70–71, 1966, 21–46.

Jacquart, Jean, "La productivité agricole dans la France due Nord du XVIe et XVIIe siècles," *Third International Conference of Economic History*, Munich, 1965, II. *Production et productivité agricole*. Paris & LaHaye: Mouton, 1968, 65–74.

Jacquart, Jean (& Dupâquier, J.), "Les rapports sociaux dans les campagnes françaises au XVIIe siècle: quelques exemples," in D. Roche, réd., *Ordres et classes*, Colloque d'histoire sociale, Saint-Cloud, 24–25 mai 1967. Paris & La Haye: Mouton, 1973, 167–179.

Jacquart, Jean, "French Agriculture in the Seventeenth Century," in Peter Earle, ed., *Essays in European Economic History, 1500–1800*. Oxford: Clarendon Press, 1974. (Translated from *XVII siècle*, 1966.)

Jacquart, Jean, "Immobilisme et catastrophes," in Emmanuel Le Roy Ladurie, réd., *L'age classique des paysans de 1340 à 1789*, Vol. II of *Histoire de la France rurale*. Paris: Seuil, 1975, 185–353.

Jacquart, Jean, "Les inerties terriennes," in Pierre Deyon & Jean Jacquart, *Les hésitations de la croissance, 1580–1740*, Vol. II of Pierre Léon, réd., *Histoire économique et sociale du monde*. Paris: Lib. Armand Colin, 1978, 345–388. (a)

Jacquart, Jean, "L'offensive des dominants," in Pierre Deyon & Jean Jacquart, *Les hésitations de la croissance, 1580–1740*, Vol. II of Pierre Léon, réd., *Histoire économique et sociale du monde*. Paris: Lib. Armand Colin, 1978, 389–430. (b)

Jacquart, Jean, "Des sociétés en crise," in Pierre Deyon & Jean Jacquart, *Les hésitations de la croissance, 1580–1740*, Vol. II of Pierre Léon, réd., *Histoire économique et sociale du monde*. Paris: Lib. Armand Colin, 1978, 455–494. (c)

Jago, Charles, "The Influence of Debt on the Relations between Crown and Aristocracy in Seventeenth-Century Castile," *Economic History Review*, 2nd ser., **XXVI**, 2, May 1973, 218–236.

James, Francis Godwin, "Irish Colonial Trade in the Eighteenth Century," *William and Mary Quarterly*, 3rd ser., **XX**, 4, Oct. 1963, 574–582.

James, Francis Godwin, *Ireland in the Empire, 1688–1770*. Cambridge, Massachusettes: Harvard Univ. Press, 1973.

Jansen, H. P. H., "Holland's Advance," *Acta Historiae Neerlandicae*, **X**, 1978, 1–19.

Jansen, J. C. G. M., "Agrarian Development and Exploitation in South Limburg in the Years 1650–1850," *Acta Historiae Neerlandica*, **V**, 1971, 243–270.

Jeannin, Pierre, "Les comptes du Sund comme source pour la construction d'indices généraux de l'activité économique en Europe (XVIe–XVIIIe siècles)," *Revue historique*, 88e année, No. 231, 1er partie, janv.–mars 1964, 55–102; 2e partie, avr.–juin 1964, 307–340.

Jeannin, Pierre, *L'Europe du Nord-Ouest et du Nord aux XVIIe et XVIIIe siècles*, Nouvelle Clio 34. Paris: Presses Univ. de France, 1969.

Jeannin, Pierre, "Preis-, Kosten- und Gewinnunterschiede im Handel mit Ostseegetriede (1550–1650)," in *Wirtschaftliche und soziale Strukturen im saekularen Wandel*, II: Ingomar Bog et al., her., *Die vorindustrielle Zeit: Ausseragrarische Probleme*. Hannover: Verlag M. & H. Schaper, 1974, 494–518.

Jeannin, Pierre, "Les marché du Nord dans le commerce français au XVIIIe siècle," in Pierre Léon, réd., *Aires et structures du commerce français au XVIIIe siècle*, Colloque national de l'Association Française des Historiens Economistes, Paris, CNRS, 4–6 oct. 1973. Lyon: Centre d'histoire économique et social de la region lyonnaise, 1975, 47–73.

Jensch, Georg, "Der Handel Rigas im 17. Jarhundert," *Mitteilungen aus der livländischen Geschichte*, **XXIV**, 2, 1930.
Jensen, Einar, *Danish Agriculture: Its Economic Development*. Copenhagen: J. H. Schultz Forlag, 1937.
John, A. H., "Insurance Investment and the Land on Money Market of the 18th Century," *Economica*, n.s., **XX,** No. 78, May 1953, 137–158.
John, A. H., "War and the English Economy, 1700–1763," *Economic History Review*, 2d ser., **VII,** 3, Apr. 1955, 329–344.
John, A. H., "Agricultural Productivity and Economic Growth in England," *Journal of Economic History*, **XXV,** 1, Mar. 1965, 19–34.
John, A. H., "Aspects of English Economic Growth in the First Half of the Eighteenth Century," in W. E. Minchinton, ed., *The Growth of English Overseas Trade in the Seventeenth and Eighteenth Centuries*. London: Methuen, 1969, 164–183. (Originally in *Economica*, 1961.)
John, A. H., "English Agricultural Improvement and Grain Exports, 1660–1765," in D. C. Coleman & A. H. John, eds., *Trade, Government and Economy in Pre-Industrial England*. London: Weidenfeld & Nicolson, 1976, 45–67.
Johnsen, Oscar Albert, *Norwegische Wirtschaftsgeschichte*. Jena: Verlag von Gustav Fischer, 1939.
Jones, E. L., "Agriculture and Economic Growth in England, 1660–1750: Agricultural Change," *Journal of Economic History*, **XXV,** 1, Mar. 1965, 1–18.
Jones, E. L., "Editor's Introduction," in *Agriculture and Economic Growth in England, 1650–1815*. London: Methuen, 1967, 1–48.
Jones, E. L., "Afterword," in William N. Parker & Eric L. Jones, eds., *European Peasants and Their Markets: Essays in Agrarian Economic History*. Princeton, New Jersey: Princeton Univ. Press, 1975, 327–360.
Jones, E. L. & Woolf, S. J., *Agrarian Change and Economic Development: The Historical Problems*. London: Methuen, 1969.
Jones, George Hilton, *The Main Stream of Jacobitism*. Cambridge, Massachusetts: Harvard Univ. Press, 1954.
Jones, Sir Harold Spencer, "The Calendar," in C. Singer *et al.*, *A History of Technology*. **III:** *From the Renaissance to the Industrial Revolution, c1500–c1700*. Oxford: Clarendon Press, 1957, 558–581.
Jones, J. R., *Britain and Europe in the Seventeenth Century*. London: Edw. Arnold, 1966.
Jones, J. R., "English Attitudes to Europe in the Seventeenth Century," in J. S. Bromley & E. H. Kossmann, eds., *Britain and the Netherlands in Europe and Asia*. London: Macmillan, 1968, 37–55.
Jones, J. R., *The Revolution of 1688 in England*. London: Weidenfeld & Nicolson, 1972.
Jørgensen, Johan, "Denmark's Relations with Lubeck and Hamburg in the Seventeenth Century," *Scandinavian Economic History Review*, **IX,** 2, 1963, 73–116.
Joslin, D. M., "London Private Bankers, 1720–1785," *Economic History Review*, 2nd ser., **VII,** 2, 1954, 167–186.
Judges, A. V., "The Idea of a Mercantile State," in D. C. Coleman, ed., *Revisions in Mercantilism*. London: Methuen, 1969, 35–60. (Originally in *Transactions of the Royal Historical Society*, 1939.)
Jutikkala, Eino, "The Great Finnish Famine in 1696–97," *Scandinavian Economic History Review*, **III,** 1, 1955, 48–63.
Jutikkala, Eino, "Large Scale Farming in Scandinavia in the Seventeenth Century," *Scandinavian Economic History Review*, **XXIII,** 2, 1975, 159–166.
Kaltenstadler, Wilhelm, "Der österreichisch Seehandel über Triest im 18. Jahrhundert," *Vierteljahrschrift für Sozial- und Wirtschaftsgeschichte*, **LV,** 4, Marz 1969, 481–500; **LVI, 1,** Juni 1969, 1–104.

Kaltenstadler, Wilhelm, "European Economic History in Recent German Historiography," *Journal of European Economic History*, **I**, 1, Spring 1972, 193-218.
Kamen, Henry, "The Decline of Castile: The Last Crisis," *Economic History Review*, 2nd ser., **XVII**, 1, Aug. 1964, 63-76.
Kamen, Henry, "The Economic and Social Consequences of the Thirty Years' War," *Past and Present*, No. 39, Apr. 1968, 44-61.
Kamen, Henry, *The War of Succession in Spain, 1700-15*. Bloomington: Indiana Univ. Press, 1969.
Kamen, Henry, *The Iron Century: Social Change in Europe, 1550-1660*. New York: Praeger, 1972.
Kamen, Henry, "Public Authority and Popular Crime: Banditry in Valencia, 1660-1714," *Journal of European Economic History*, **III**, 3, Winter 1974, 654-687.
Kamen, Henry, "The Decline of Spain: A Historical Myth?," *Past and Present*, No. 81, Nov. 1978, 24-50.
Kammen, Michael, *Empire and Interest: The American Colonies and the Politics of Mercantilism*. Philadelphia, Pennsylvania: J. B. Lippincott, 1970.
Kann, Robert A., "Aristocracy in the Eighteenth Century Habsburg Empire," *East European Quarterly*, **VII**, 1, 1973, 1-13.
Kavke, František, "Die habsburger und der böhmische Staat bis zur Mitte des 18. Jahrhunderts," *Historica*, **VIII**, 1964, 35-64.
Kearney, H. F., "The Political Background to English Mercantilism, 1695-1700," *Economic History Review*, 2nd ser., **XI**, 3, Apr. 1959, 484-496.
Kearney, H. F., "Puritanism, Capitalism and the Scientific Revolution," *Past and Present*, No. 28, July 1964, 81-101.
Keith, Robert G., "Encomienda, Hacienda and Corregimiento in Spanish America: A Structural Analysis," *Hispanic American Historical Review*, **LI**, 3, Aug. 1971, 431-446.
Keith, Theodora, "The Economic Causes for the Scottish Union," *English Historical Review*, **XXIV**, No. 93, Jan. 1909, 44-60.
Kellenbenz, Hermann, *Sephardim an der unteren Elbe. Ihre wirtschaftliche und politische Bedeutung vom Ende des 16. bis zum Beginn des 18. Jahrhunderts*. Vierteljahrschrift für Sozial- und Wirtschaftsgeschichte, Beihefte 40. Wiesbaden: Franz Steiner Verlag GMBH, 1958.
Kellenbenz, Hermann, "Händliches Gewerbe und bäuerliches Unternehmertum in Westeuropa von Spätmittelalter bis ins XVIII. Jahrhundert," *Second International Conference of Economic History*, Aix-en-Provence, 1962. **II**: *Middle Ages and Modern Times*. Paris & La Haye: Mouton, 1965, 377-427.
Kellenbenz, Hermann, "Les industries rurales en Occident de la fin du Moyen Age au XVIIIe siècle," *Annales E.S.C.*, **LXIII**, 5, sept.-oct. 1963, 833-882.
Kellenbenz, Hermann, "The Economic Significance of the Archangel Route (from the late 16th to the late 18th century)," *Journal of European Economic History*, **II**, 3, Winter 1973, 541-581.
Kellenbenz, Hermann, "Technology in the Age of the Scientific Revolution, 1500-1700," in C. M. Cipolla, ed., *The Fontana History of Europe*, **II**: *The Sixteenth and Seventeenth Centuries*. Glasgow: Collins, 1974, 177-272.
Kellenbenz, Hermann, *The Rise of the European Economy*. London: Weidenfeld & Nicolson, 1976.
Kellenbenz, Hermann, "The Organization of Industrial Production," in *Cambridge Economic History of Europe*, V: E. E. Rich & C. H. Wilson, eds., *The Economic Organization of Early Modern Europe*. Cambridge: Cambridge Univ. Press, 1977, 462-548. (a)
Kellenbenz, Hermann, "Europaisches Kupfer, Ende 15. bis Mitte 17. Jahrhundert. Ergebnisse eines Kolloquiums," in H. Kellenbenz, her., *Schwerpunkte der Kupferproduktion und des Kupferhandels in Europa, 1500-1650*. Köln-Wien: Böhlau Verlag, 1977, 290-351. (b)

Kemp, Tom, "Structural Factors in the Retardation of French Economic Growth," *Kyklos*, **XV**, 2, 1962, 325–350.
Kent, H. S. K., "The Anglo-Norwegian Timber Trade in the Eighteenth Century," *Economic History Review*, 2nd ser., **VIII**, 1, Aug. 1955, 62–74.
Kent, H. S. K., *War and Trade in Northern Seas*. Cambridge: University Press, 1973.
Kepler, J. S., "Fiscal Aspects of the English Carrying Trade during the Thirty Years' War," *Economic History Review*, 2nd ser., **XXV**, 2, May 1972, 261–283.
Kerridge, Eric, *Agrarian Problems in the Sixteenth Century and After*. London: Geo. Allen & Unwin, Ltd., 1969.
Kerridge, Eric, *The Farmers of Old England*. London: Geo. Allen & Unwin, 1973.
Kersten, Adam, "Les magnats—élite de la société nobiliaire," *Acta Poloniae Historica*, No. 36, 1977, 119–133.
Kindleberger, Charles P., "Commercial Expansion and the Industrial Revolution," *Journal of European Economic History*, **IV**, 3, Winter 1975, 613–654.
Kindleberger, Charles P., *Manias, Panics, and Crashes*. New York: Basic Books, 1978.
Kirchner, Walther, "Emigration: Some Eighteenth Century Considerations," *Comparative Studies in Society and History*, **V**, 3, Apr. 1963, 346–356.
Kirilly, Zs., "Examen au point de vue de rendement de la production du blé des serfs," in Mme. Zs. Kirilly *et al.*, "Production et productivité agricoles en Hongrie à l'époque du féodalisme tardif, (1550–1850)," *Nouvelles études historiques*, publiées à l'occasion du XIIe Congrès International des Sciences Historiques par la Commission Nationale des Historiens Hongrois. Budapest: Akademiai Kiado, 1965, 615–622.
Kirilly, Zs. & Kiss, I. N., "Production de céréales et exploitations paysannes: En Hongrie aux XVIe et XVIIe siècles," *Annales E.S.C.*, **XXIII**, 6, nov.–déc. 1968, 1211–1236.
Kisch, Herbert, "The Textile Industries in Silesia and the Rhineland: A Comparative Study in Industrialization," *Journal of Economic History*, **XIX**, 4, Dec. 1959, 541–564.
Kisch, Herbert, "Growth Deterrents of a Medieval Heritage: The Aachen-area Woolen Trades before 1790," *Journal of Economic History*, **XXIV**, 4, Dec. 1964, 517–537.
Kisch, Herbert, *Prussian Mercantilism and the Rise of the Krefeld Silk Industry: Variations upon an Eighteenth-Century Theme*, Transactions of the American Philosophical Society, **LVIII**, Pt. 7, 1968. Philadelphia, Pennsylvania: Amer. Phil. Soc., 1968.
Kiss, Istvan, "Die Rolle der Magnaten-Gutswirtschaft im Grosshandel Ungarns im 17. Jahrhundert," in Ingomar Bog, red., *Der Aussenhandel Ostmitteleuropas, 1450–1650*. Köln-Wien: Böhlau Verlag, 1971, 450–482.
Klein, Peter W., "The Trip Family in the 17th Century: A Study of the Behavior of the Entrepreneur on the Dutch Staple Market," *Acta Historiae Neerlandica*, **I**, 1966, 187–211.
Klein, Peter W., "Entrepreneurial Behavior and the Economic Rise and Decline of the Netherlands in the 17th and 18th Centuries," *Annales cisalpines d'histoire sociale*, **I**, 1, 1969, 7–19.
Klein, Peter W., "Stagnation économique et emploi du capital dans la Hollande des XVIIIe et XIXe siècles," *Revue du Nord*, **LII**, No. 204, janv.–mars 1970, 33–41.
Klíma, Arnošt, "Industrial Development in Bohemia, 1648–1781," *Past and Present*, No. 11, Apr. 1957, 87–99.
Klíma, Arnošt, "English Merchant Capital in Bohemia in the Eighteenth Century," *Economic History Review*, 2nd ser., **XII**, 1, Aug. 1959, 34–48.
Klíma, Arnošt, "Mercantilism in the Habsburg Monarchy—with special reference to the Bohemian Lands," *Historica*, **XI**, 1965, 95–119.
Klíma, Arnošt & Macůrek, J., "La question de la transition du féodalisme au capitalisme en Europe centrale (16ᵉ-18ᵉ siècles)," *International Congress of Historical Sciences*, Stockholm, 1960, **IV**: *Histoire moderne*. Göteborg, Sweden: Almqvist & Wiksell, 1960, 84–105.
Knoppers, Jake, "A Quantitative Study of Dutch Shipping from Russia in the Eighteenth Century," paper presented to Canadian Historical Association, Edmonton, June 7, 1975. (a)
Knoppers, Jake, "Discussion," in F. Krantz & P. M. Hohenberg, eds., *Failed Transitions to Modern*

Industrial Society: Renaissance Italy and Seventeenth Century Holland. Montreal: Interuniversity Centre for European Studies, 1975, 65. (b)

Knoppers, Jake, "Patterns in Dutch Trade with Russia from the Nine Years' War to the End of the Republic," paper presented at the Annual Meeting of the Canadian Association for the Advancement of Netherlandic Studies, Univ. of New Brunswick, Fredericton, 28-29 May 1977. (a)

Knoppers, Jake, "Ships and Shipping Towards the End of the Eighteenth Century: Trends and Developments in Europe," paper presented at Annual Meeting of the Canadian Historical Association, Univ. of New Brunswick, Fredericton, 2-6 June 1977. (b)

Koeningsberger, H. G., "English Merchants in Naples and Sicily in the Seventeenth Century," *English Historical Review,* **LXII**, No. 244, July 1947, 304-326.

Kossmann, E. H., "Discussion of H. R. Trevor-Roper: 'The General Crisis of the Seventeenth Century,'" *Past and Present,* No. 18, Nov. 1960, 8-11.

Kossmann, E. H., "The Low Countries," *New Cambridge Modern History,* **IV:** J. P. Cooper, ed., *The Decline of Spain and the Thirty Years' War, 1609-48/59.* Cambridge: University Press, 1970, 359-384.

Kossmann, E. H., "Some Meditations on Dutch Eighteenth-Century Decline," in Frederick Krantz & Paul M. Hohenberg, eds., *Failed Transitions to Modern Industrial Society: Renaissance Italy and Seventeenth Century Holland.* Montreal: Interuniversity Centre for European Studies, 1975, 49-54. (a)

Kossmann, E. H., "Some Late 17th-Century Dutch Writings on Raison d'Etat," in R. Schnur, her., *Staatsräson: Studien zur Geschichte eines politischen Begriffs.* Berlin: Duncker & Humblot, 1975, 497-504. (b)

Kossmann, E. H., "The Singularity of Absolutism," in R. Hatton, ed., *Louis XIV and Absolutism.* Columbus: Ohio State Univ. Press, 1976, 3-17.

Kowecki, Jerzy, "Les transformations de la structure sociale en Pologne au XVIIIe siècle: La noblesse et la bourgeoisie," *Acta Poloniae Historica,* No. 26, 1972, 5-30.

Kriedte, Peter, Medick, Hans, & Schlumbohm, Jürgen, *Industrialisierung vor der Industrialisierung.* Göttingen: Vandenhoeck & Ruprecht, 1977.

Kruger, Horst, *Zur Geschichte der Manufakturen und der Manufakturarbeiter in Preussen,* Vol. **III** of Schrittenreihe des Institut für allgemeine Geschichte an der Humboldt Universität Berlin, ed. by Gerhard Schilfert. Berlin: Rütten & Loening, 1958.

Kuczynski, Jürgen, "Zum Aufsatz von Johannes Nichtweiss über die zweite Leibeigenschaft," *Zeitschrift für Geschichtswissenschaft,* **II**, 3, 1954, 467-471.

Kula, Witold, "L'histoire économique de la Pologne du dix-huitième Siècle," *Acta Poloniae Historica,* No. 4, 1961, 133-146.

Kula, Witold, "La métrologie historique et la lutte des classes: Exemple de la Pologne au XVIIIe siècle," *Studi in onore di Amintore Fanfani,* **V:** *Evi moderno e contemporaneo.* Milano: Dott. A. Giuffrè-Ed., 1962, 273-288.

Kula, Witold, "Gli studi sulla formazione del capitalismo in Polonia," in A. Caracciolo, red., *Problemi storici della industrializzazione e dello sviluppo.* Urbino, Italy: Argalia Ed., 1965, **VI**, 205-228.

Kula, Witold, *Theorie économique du systeme féodal.* Paris & La Haye: Mouton, 1970.

Kulischer (Koulischer), Joseph, "La grande industrie aux XVIIe et XVIIIe siècles: France, Allemagne, Russie," *Annales d'histoire économique et sociale,* **III**, 9, janv. 1931, 11-46.

Kulischer, Joseph, "Liebeigenschaft in Russland und die Agrarverfassung Preussens in 18. Jahrhundert: Eine vergleichende Studie," *Jahrbucher für Nationalökonomie und Statistik,* 3rd ser., **LXXXII**, 1, 1932, 1-62.

Kuske, Bruno, "Gewerbe, Handel und Verkehr," in H. Aubin *et al.,* her., *Geschichte des Rheinlandes von der altesten Zeit bis zur Gegenwart,* **II:** *Kulturgeschichte.* Essen: G. D. Baedeker, Verlagsbuchhandlung, 1922, 149-248.

Kuske, Bruno, "Die wirtschaftliche und soziale Verflechtung zwischen Deutschland und den

Niederlanden bis zum 18. Jahrhundert," in *Köln, Der Rhein und das Reich.* Köln-Graz: Böhlau-Verlag, 1956, 200–256. (Originally in *Deutsches Archiv für Landes- und Volksforschung,* 1937.)

Labrousse, C.-E. *Esquisse du mouvement des prix et des revenus en France au XVIIIe siècle.* Paris: Lib. Dalloz, 1932, 2 vol.

Labrousse, C.-E., "La révolution démographique du premier tiers du XVIIIe siècle," Bulletin semestriel, *Association pour l'histoire de la civilisation,* Association Marc Bloch, Toulouse, séance du 17 mai 1953, 21–23.

Labrousse, C.-E., "Les 'bons prix' agricoles du XVIIIe siècle," in Fernand Braudel & Ernest Labrousse, dir., *Histoire économique et sociale de la France,* **II**: Ernest Labrousse *et al., Des derniers temps de l'age seigneurial aux préludes de l'age industriel (1660–1789).* Paris: Presses Univ. de France, 1970, 367–416.

Labrousse, Elisabeth, "Le refuge hollandais: Bayle et Jurieu," *XVIIe siècle,* No. 76–77, 1967, 75–93.

La Force, J. Clayburn, "Royal Textile Factories in Spain, 1700–1800," *Journal of Economic History,* **XXIV**, 3, Sept. 1964, 337–363.

Land, Aubrey C., "Economic Base and Social Structure: The Northern Chesapeake in the Eighteenth Century," *Journal of Economic History,* **XXV**, 4, Dec. 1965, 639–654.

Land, Aubrey C., "The Tobacco Staple and the Planter's Problems: Technology, Labor and Crops," *Agricultural History,* **XLIII**, 1, Jan. 1969, 69–81.

Lane, Frederic C., "Oceanic Expansion: Force and Enterprise in the Creation of Oceanic Commerce," *Journal of Economic History,* **X**, Supplement, 1950, 19–39.

Lane, Frederic C., *Venice: A Maritime Republic.* Baltimore, Maryland: Johns Hopkins Univ. Press, 1973.

Lang, James, *Conquest and Commerce: Spain and England in the Americas.* New York: Academic Press, 1975.

Lang, M. F., "New Spain's Mining Depression and the Supply of Quicksilver from Peru," *American Historical Review,* **XLVIII**, 4, Nov. 1968, 632–641.

Langton, John, "Coal Output in South-West Lancashire, 1590–1799," *Economic History Review,* 2nd ser., **XXV**, 1, Feb. 1972, 28–54.

Larquié, Cl., "Les esclaves de Madrid à l'époque de la décadence (1650–1700)," *Revue historique,* **CCXLIV**, juil.-sept. 1970, 41–74.

Larraz, José, *La época del mercantilismo en Castilla (1500–1700).* 2nd ed. Madrid: Atlas, 1943.

Laslett, Peter, "John Locke, the Great Recoinage, and the Origins of the Board of Trade: 1695–1698," *William and Mary Quarterly,* **XIV**, 3, July 1957, 370–402.

Lavrovsky, V. M., "Expropriation of the English Peasantry in the Eighteenth Century," *Economic History Review,* n.s., **IX**, 2, Aug. 1957, 271–282.

Lavrosky, V. M., "The Great Estate in England from the 16th to the 18th Centuries," *First International Conference of Economic History,* Stockholm, August 1960, Paris & La Haye: Mouton, 1960, 353–365.

Lawson, Murray G., *Fur: A Study in English Mercantilism, 1700–1775.* Univ. of Toronto Studies, History and Economics Series, Vol. **IX**. Toronto: Univ. of Toronto Press, 1943.

Lenman, Bruce, *An Economic History of Modern Scotland, 1660–1976.* Hamden, Conneticut: Archon Books, 1977.

Léon, Pierre, "La crise de l'économie française à la fin du règne de Louis XIV (1685–1715)," *Information historique.* **XVIII**, 4, sept.-oct. 1956, 127–137.

Léon, Pierre, "Points de vue sur le monde ouvrier dans la France du XVIIIe siècle," *Third International Conference of Economic History,* Munich, 1965. **I.** Paris & La Haye: Mouton, 1968, 181–185.

Léon, Pierre, *Economies et societes préindustrielles,* **II**: *1650–1780: Les origines d'une accelération de l'histoire.* Paris: Lib. Armand Colin, 1970. (a)

Léon, Pierre, "La réponse de l'industrie," in Fernand Braudel & Ernest Labrousse, dir., *Histoire économique et sociale de la France*, **II:** Ernest Labrousse, *et al., Des derniers temps de l'age seigneurial aux préludes de l'age industriel (1660-1789).* Paris: Presses Univ. de France, 1970, 217-266. (b)

Léon, Pierre, "L'élan industriel et commercial," in Fernand Braudel & Ernest Labrousse, dir., *Histoire économique et sociale de la France*, **II:** Ernest Labrousse *et al., Des derniers temps de l'age seigneurial aux préludes de l'age industriel (1660-1789).* Paris: Presses Univ. de France, 1970, 499-528. (c)

Léon, Pierre, "Les nouvelles élites," in Fernand Braudel & Ernest Labrousse, dir., *Histoire économique et sociale de la France*, **II:** Ernest Labrousse *et al., Des derniers temps de l'age seigneurial aux préludes de l'age industriel (1660-1789).* Paris: Presses Univ. de France, 1970, 601-649. (d)

Léon, Pierre, "Morcellement et émergence du monde ouvrier," in Fernand Braudel & Ernest Labrousse, dir., *Histoire économique et social de la France*, **II:** Ernest Labrousse *et al., Des derniers temps de l'age seigneurial aux préludes de l'age industriel (1660-1789).* Paris: Presses Univ. de France, 1970, 651-689. (e)

Léon, Pierre, "Structures du commerce extérieur et évolution industrielle de la France à la fin du XVIII siècle," in *Conjonture économique, structures sociales.* Hommage à Ernest Labrousse. Paris & La Haye: Mouton, 1974.

Léon, Pierre & Carrière, Charles, "L'appel des marchés," in Fernand Braudel & Ernest Labrousse, dir., *Histoire économique et sociale de la France*, **II:** Ernest Labrousse *et al., Des derniers temps de l'age seigneurial aux préludes de l'age industriel (1660-1789).* Paris: Presses Univ. de France, 1970, 161-215.

Léonard, Emile-G., "Economie et religion. Les protestants français au XVIIIe siècle," *Annales d'histoire sociale*, **II**, 1, janv. 1940, 5-20.

Léonard, Emile-G., "Le protestantisme français au XVIIe siècle," *Revue historique*, **CC**, 2, oct.-dec. 1948, 153-179.

Léonard, Emile-G., *L'Armée et ses problèmes au XVIIIe siècle.* Paris: Lib. Plon, 1958.

Le Roy Ladurie, Emmanuel, "Climat et récoltes aux XVIIe et XVIIIe siècles," *Annales E.S.C.*, **XV**, 3, mai-juin 1960, 434-465.

Le Roy Ladurie, Emmanuel, *Histoire du Languedoc.* Paris: Presses Univ. de France, 1962.

Le Roy Ladurie, Emmanuel, "Voies nouvelles pour l'histoire rurale (XVIe-XVIIIe siècles)," *Etudes rurales*, No. 13-14, avr.-sept., 1964, 79-95.

Le Roy Ladurie, Emmanuel, *Histoire du climat depuis l'an mil.* Paris: Flammarion, 1967.

Le Roy Ladurie, Emmanuel, "Les rendements du blé en Languedoc," *Third International Conference of Economic History*, Munich, 1965, **II.** *Production et productivité agricole.* Paris & La Haye: Mouton, 1968, 75-84.

Le Roy Ladurie, Emmanuel, "L'amenorhée de famine (XVIIe-XXe siècles)," *Annales E.S.C.*, **XXIV**, 6, nov.-dec. 1969, 1589-1601.

Le Roy Ladurie, Emmanuel, "Les insurgés de l'impôt," *Le Nouvel Observateur*, 28 juin 1971, 26-28.

Le Roy Laduire, Emmanuel, "Sur quelques types de revenus réels (16e-18e siècles)," *Fourth International Conference of Economic History*, Bloomington, 1968. Paris & La Haye: Mouton, 1973, 419-435.

Le Roy Ladurie, Emmanuel, "A Long Agrarian Cycle: Languedoc, 1500-1700," in Peter Earle, ed., *Essays in European Economic History, 1500-1800.* Oxford: Clarendon Press, 1974. (a) (Translated from *Les Paysans de Languedoc*, 1969.)

Le Roy Ladurie, Emmanuel, "Pour un modèle de l'économie rurale française au XVIII siecle," *Cahiers d'histoire*, **XIV**, 1, 1974, 5-27. (b)

Le Roy Ladurie, Emmanuel, "Révoltes et contestations rurales en France de 1675 à 1788," *Annales E.S.C.*, **XXIX**, 1, janv.-févr. 1974, 6-22. (c)

Le Roy Ladurie, Emmanuel, "De la crise ultime à la vraie croissance," in Emmanuel Le Roy Ladurie, réd., *L'age classique des paysans de 1340 à 1789*, Vol. **II** of *Histoire de la France rurale*. Paris: Seuil, 1975, 359–591. (a)

Le Roy Ladurie, Emmanuel, "Un 'modele septentrional': Les campagnes parisiennes (XVIe-XVIIe siècles)," *Annales E.S.C.*, **XXX,** 6, nov.-dec. 1975, 1397–1413. (b)

Le Roy Ladurie, Emmanuel, "Un cas de méthodologie dans l'histoire rurale: Les grandes monographies des révoltes et des contestations rurales en France de 1675 à 1788," in *Metodología de la historia moderna: economía y demografía*, Actas de las I Jornadas de Metodología Aplicada de las Ciencias Históricas, Univ. de Santiago de Compostala. Segovia: Artes Graficas Galicia, **III,** 1975, 33–50. (c)

Le Roy Ladurie, Emmanuel, "Motionless History," *Social Science History*, **I,** 2, Winter 1977, 115–136. (Translated from *Annales E.S.C.*, 1974.)

Leśkiewicz, Janina, "Sur le niveau et les composantes du revenu foncier en Pologne du XVIe siècle au XVIIIe siècle," in *First International Conference of Economic History*, Stockholm, August, 1960, *Contributions*. Paris & La Haye: Mouton, 1960, 409–414.

Leśnodorski, Bogusław, "Les Partages de la Pologne. Analyse des causes et essai d'une théorie," *Acta Poloniae Historica*, No. 8, 1963, 7–30.

Leszczyński, Józef, "La Silésie dans la politique européenne au XVIe–XVIIIe siècles," *Acta Poloniae Historica*, No. 22, 1970, 90–107.

Leuilliot, Paul, "Influence du commerce oriental sur l'économie occidentale," in M. Mollat, réd., *Sociétés et compagnies en Orient et dans l'Ocean Indien*. Paris: S.E.V.P.E.N., 1970, 611–627.

Lichtheim, George, *Imperialism*. London: Penguin, 1974.

Liebel, Helen P., "The Bourgeoisie in Southwestern Germany, 1500–1789: A Rising Class?", *International Review of Social History*, **X,** 2, 1965, 283–307. (a)

Liebel, Helen P., "Laissez-faire vs. Mercantilism: The Rise of Hamburg and the Hamburg Bourgeoisie vs. Frederick the Great in the Crisis of 1763," *Vierteljahrschrift für Sozial- und Wirtschaftgeschichte*, LII, 2, 1965, 206–238. (b)

Liiv, Otto, "Die wirtschaftliche Lage der estnischen Gebietes am Ausgang des XVII Jahrhunderts," *I. Verhandlungen der Gelehrten Estnischen Gesellschaft*, **XXVII,** 1935, 1–336.

Lipson, Ephraim, *The Economic History of England*, Vols. II–III: *The Age of Mercantilism*, 6th ed. London: Adam & Charles Black, 1956.

Lira, Andrés & Muro, Luis, "El siglo de la integración," in Centro de Estudios Históricos, *Historia General de Mexico*, **II.** Mexico: El Colegio de Mexico, 1976, 83–181.

Litchfield, R. Burr, "Les investissements commerciaux des patriciens florentins au XVIIIe siècle," *Annales E.S.C.*, **XXIV,** 3, mai-juin 1969, 685–721.

Lockhart, James, "Encomienda and Hacienda: The Evolution of the Great Estate in the Spanish Indies," *Hispanic American Historical Review*, **LXIX,** 3, Aug. 1969, 411–429.

Lom, František, "Die Arbeitsproduktivität in der Geschichte der tschechoslowakischen Landwirtschaft," *Zeitschrift für Agrargeschichte und Agrarsoziologie*, **XIX,** 1, Apr. 1971, 1–25.

López, Adalberto, "The Economics of Yerba Mate in Seventeenth-Century South America," *Agricultural History*, **XLVIII,** 4, Oct. 1974, 493–509.

Lord, Eleanor Louisa, *Industrial Experiments in the British Colonies of North America*. Studies in History and Political Science, **XVII,** Baltimore, Maryland: Johns Hopkins Univ., 1898.

Lunde, Johs., *Handelshuset bak "Garman & Worse": Jacob Kielland & Son*. Bergen: Universitetsforlaget, 1963.

Lundkvist, Sven, "The Experience of Empire: Sweden as a Great Power," in M. Roberts, ed., *Sweden's Age of Greatness, 1632–1718*. New York: St. Martin's Press, 1973, 20–57.

Lütge, Friedrich, "Strukturelle und konjunkturelle Wandlungen in der deutschen Wirtschaft vor Ausbruch des Dreissigjährigen Krieges," in *Bayerische Akademie der Wissenschaften, Phil.-Hist. Kl., Sitzungsberichte*, No. 5, 1958.

Lütge, Freidrich, *Geschichte der deutschen Agrarverfassung vom frühen Mittelalter bis zum 19. Jahrhundert*. Stuttgart: Verlag Eugen Ulmer, 1963.

Lütge, Friedrich, "Grundherrschaft und Gutsherrschaft," *Handwörterbuch des Sozialwissenschaften*. Stuttgart: Gustav Fischer; Tubingen: J. C. B. Mohr (Paul Siebeck); Göttingen: Vandenhoeck & Ruprecht, 1965, **IV**, 682–688.

Lütge, Friedrich, *Deutsche Sozial- und Wirtschaftsgeschichte*, 3rd enlarged and improved ed. Berlin: Springer-Verlag, 1966.

Lüthy, Herbert, *La Banque Protestante en France de la Révocation de l'Edit de Nantes à la Révolution*, **I**: *Dispersion et regroupement (1685–1730)*. Paris: S.E.V.P.E.N., 1959.

Lüthy, Herbert, *La Banque Protestante en France de la Révocation de l'Edit de Nantes à la Révolution*, **II**: *De la Banque aux Finances (1730–1794)*. Paris: S.E.V.P.E.N., 1961.

Luzac, Elie, *La richesse de la Hollande*. London: aux dépens de la Compagnie, 1778, 2 vol.

Luzzatto, Gino, *Per una storia economica d'Italia*, 2nd ed. Bari, Italy: Ed. Laterza, 1974.

Lynch, John, *Spain Under the Habsburgs*. **II**: *Spain and America: 1598–1700*. Oxford: Basil Blackwell, 1969.

Macartney, C. A., "The Habsburg Dominions," in *New Cambridge Modern History*, **VII**: J. O. Lindsay, ed., *The Old Regime, 1713–63*. Cambridge: University Press, 1966, 391–415.

Macartney, C. A., "Hungary," in A. Goodwin, ed., *The European Nobility in the Eighteenth Century*. New York: Harper & Row (Torchbooks), 1967, 118–135.

Macedo, Jorge Borges de, "O Tratado de Methuen," *Dicionário de história de Portugal*, **II**, edited by Joël Serrão. Lisboa: 1963. (a)

Macedo, Jorge Borges de, *Problemas de Historia da Industria Portuguesa no Século XVIII*. Lisboa: Assoc. Industrial Portuguesa, Estudos de Economia Aplicada, 1963. (b)

Macera, Pablo, "Feudalismo colonial americano: el caso de las haciendas peruanas," *Acta Historica* (Acta Universitatis Szegediensis de Attila Josef Nominatae), **XXXV**, 1971, 3–43.

MacLeod, Murdo J., *Spanish Central America: A Socioeconomic History, 1520–1720*. Berkeley: Univ. of California Press, 1973.

Mączak, Antoni, "Export of Grain and the Problem of Distribution of National Income in the Years 1550–1650," *Acta Poloniae Historica*, No. 18, 1968, 75–98.

Mączak, Antoni, "The Balance of Polish Sea Trade with the West, 1565–1646," *Scandinavian Economic History Review*, **XVIII**, 2, 1970, 107–142.

Mączak, Antoni, "Agricultural and Livestock Production in Poland: Internal and Foreign Markets," *Journal of European Economic History*, **I**, 3, Winter 1972, 671–680.

Mączak, Antoni, review of A. Attman, *The Russian and Polish Markets in International Trade, 1500–1650*, in *Journal of European Economic History*, **III**, 2, Fall 1974, 505–508.

Mączak, Antoni, "Money and Society in Poland-Lithuania of the 16th–17th Centuries," Settima Settimana di Studio, Istituto Internazionale di Storia Economica "Francesco Datini", 15 apr. 1975.

Mączak, Antoni, "Money and Society in Poland and Lithuania in the 16th and 17th Centuries," *Journal of European Economic History*, **V**, 1, Spring 1976, 69–104. (a)

Mączak, Antoni, "State Revenues and National Income: Poland in the Crisis of the Seventeenth Century," Ottava Settimana di Studio, Istituto Internazionale di Storia Economica "Francesco Datini", Prato, 8 magg. 1976. (b)

Mączak, Antoni & Samsonowicz, Henry K., "La zone baltique; l'un des éléments du marché européen," *Acta Poloniae Historica*, No. 11, 1965, 71–99.

Mahan, A. T., *Influence of Sea Power Upon History, 1600–1783*. London: Sampson Low, Marston, Searle & Rivington, 1889.

Makkai, László, "Die Hauptzuge der wirtschaftlichsozialen Entwicklung Ungarns im 15–17. Jh." in *Studia Historica*, No. 53. Budapest: Akademiai Kiado, 1963, 27–46.

Makkai, László, "Der Ungarische Viehhandel, 1550–1650," in Ingomar Bog, her., *Der Aussenhandel Ostmitteleuropas, 1450–1650*. Köln-Wien: Böhlau Verlag, 1971, 483–506.

Makkai, László, "La structure et la productivité de l'économie agraire de la Hongrie au milieu du XVIIe siècle," in S. Herbst *et al.*, eds., *Spoleczenstwo Gospodarka Kultura. Studia ofiarowane*

Marianowi Małowistowi w czterdziestolecie pracy naukowej. Warszawa: PWN, 1974, 197–209.

Makkai, László, "Neo-Serfdom: Its Origin and Nature in East Central Europe," *Slavic Review*, **XXXIV**, 2, June 1975, 225–238.

Małecki, Jan M., "Le rôle de Cracovie dans l'économie polonaise aux XVIe, XVIIe et XVIIIe siècles," *Acta Poloniae Historica*, No. 21, 1970, 108–122.

Małecki, Jan M., "Die Wandlungen im Krakauer und polnischen Handel zur Zeit der Türkenkriege des 16. und 17. Jahrhunderts," in O. Pickl, her., *Die wirtschaftlichen Auswirkungen der Türkenkriege*, Grazer Forschungen zur Wirtschafts- und Sozialgeschichte, **I**. Graz: 1971, 145–151.

Małowist, Marian, "The Economic and Social Development of the Baltic Countries from the 15th to the 17th Centuries," *Economic History Review*, 2nd ser., **XII**, 2, 1959, 177–189.

Małowist, Marian, "L'évolution industrielle en Pologne du XIVe au XVIIe siècle," in *Croissance et regression en Europe, XIVe–XVIIe siècles*, Cahiers des Annales, 34. Paris: Lib. Armand Colin, 1972, 191–215.

Małowist, Marian, "Problems of the Growth of the National Economy of Central-Eastern Europe in the Late Middle Ages," *Journal of European Economic History*, **III**, 2, Fall 1974, 319–357.

Małowist, Marian, "Quelques remarques sur le déclin des états de l'Europe de l'est au XVIe jusqu'au XVIIIe siècle," paper delivered at Seminar of Fernand Braudel, Paris, 4 mars 1976.

Mandrou, Robert, "Le baroque européen: mentalité pathétique et révolution sociale," *Annales E.S.C.*, **XV**, 5, sept.–oct. 1960, 898–914.

Mandrou, Robert, "L'agriculture hors du développement capitaliste: Le cas des Fugger," *Studi storici*, **IX**, 3/4, lugl.-dic. 1968, 784–793.

Marino, John A., "La crisi di Venezia e la New Economic History," *Studi storici*, **XIX**, 1, genn.–marzo 1978, 79–107.

Markovitch, Tihomir J., "L'industrie française au XVIIIe siècle: l'industrie lainière à la fin du regne de Louis XIV et sous la Régence," *Economies et sociétés*, Cahiers de l'I.S.E.A., **II**, 8, août 1968, 1517–1697. (a)

Markovitch, Tihomir J., "L'industrie lainière française au début du XVIIIe siècle," *Revue d'histoire économique et sociale*, **XLVI**, 4, 1968, 550–579. (b)

Marques, A. H. de Oliveira, *History of Portugal*, 2nd ed. New York: Columbia Univ. Press, 1976.

Marrès, P., "Le Languedoc méditerranéen aux XVIIe et XVIIIe siècles," *Annales de l'Institut d'Etudes Occitanes*, 4ᵉ ser., No. 2, aut. 1966, 151–156.

Martin Saint-Léon, Etienne, *Histoire des corporations de métiers*. Genève: Slatkine–Megariotis Reprints, 1976. (Originally published, Paris, 1922).

Marx, Karl, *Secret Diplomatic History of the Eighteenth Century*. New York: International Publ., 1969.

Masefield, G. B., "Crops and Livestock," in *Cambridge Economic History of Europe*, **IV**: E. E. Rich & C. H. Wilson, eds., *The Economy of Expanding Europe in the Sixteenth and Seventeenth Centuries*. Cambridge: University Press, 1967, 275–301.

Masselman, George, "Dutch Colonial Policy in the Seventeenth Century," *Journal of Economic History*, **XXI**, 4, Dec. 1961, 455–468.

Masselman, George, *The Cradle of Colonialism*. New Haven, Connecticut: Yale Univ. Press, 1963.

Masson, Paul, *Histoire du commerce français dans le Levant au XVIIe siècle*. New York: Burt Franklin, 1967. (a) (Originally published, Paris, 1911).

Masson, Paul, *Histoire du commerce français dans le Levant au XVIIIe siècle*. New York: Burt Franklin, 1967. (b) (Originally published, Paris 1896.)

Mata, Eugénia & Valério, Nuno, "Alguns dados e notas sobre o comércio europeu e mundial nos finais do século XVII," *Revista de história económica e social*, No. 2, julho–dez. de 1978, 105–122.

Matejek, František, "La production agricole dans les pays tchécoslovaques à partir du XVIe siècle jusqu'a la première guerre mondiale," *Troisième Conférence Internationale d'Histoire Economique,* Munich, 1965, **II.** Paris & La Haye: Mouton, 1968, 205–219.
Mathias, Peter, "Agriculture and the Brewing and Distilling Industries in the Eighteenth Century," *Economic History Review,* n.s., **V,** 2, Aug. 1952, 249–257.
Mathias, Peter & O'Brien, Patrick, "Taxation in Britain and France, 1715–1810. A Comparison of the Social and Economic Incidence of Taxes Collected by the Central Government," *Journal of European Economic History,* **V,** 3, Winter 1976, 601–650.
Mathiex, Jean, "Trafic et prix de l'homme en Méditerranée aux XVIIe et XVIIIe siècles," *Annales E.S.C.,* **IX,** 2, avr.–juin 1954, 157–164.
Mauro, Frédéric, "Pour une théorie du capitalisme commercial," *Vierteljahrschrift fur Sozial- und Wirtschaftsgeschichte,* **XLII,** 2, 1955, 117–131.
Mauro, Frédéric, "Sur la 'crise' du XVIIe siècle," *Annales E.S.C.,* **XIV,** 1, janv.–mars 1959, 181–185.
Mauro, Frédéric, *Le Portugal et l'Atlantique au XVIIe siècle (1570–1670). Etude économique.* Paris: S.E.V.P.E.N., 1960.
Mauro, Frédéric, "Toward an 'Intercontinental Model': European Overseas Expansion between 1500 and 1800," *Economic History Review,* 2nd ser., **XIV,** 1 1961, 1–17. (a)
Mauro, Frédéric, "L'empire portugais et le commerce franco-portugais au milieu du XVIIIe siècle," *Actas do Congresso Internacional de Historia dos Descobrimentos,* **V.** Lisboa: 1961, 1–16. (b)
Mauro, Frédéric, "Marchands et marchands-banquiers portugais au XVIIe siècle," *Revista portuguesa de história,* **IX,** 1961, 5–20. (c)
Mauro, Frédéric, "La bourgeoisie portugaise au XVIIe siècle," in *Etudes économiques sur l'expansion portugaise (1500–1900).* Paris: Fund. Calouste Gulbenkian, 1970, 15–35. (Originally in *Le XVIIe siècle,* 1958.)
Mauro, Frédéric, "Existence et persistance d'un régime féodal ou seigneurial au Brésil," in *L'abolition de la "féodalité" dans le monde occidental,* Colloques internationaux du C.N.R.S., Toulouse 12–16 nov. 1968. Paris: Ed. du C.N.R.S., **I,** 1971, 385–391.
Mauro, Frédéric, "Conjoncture economique et structure sociale en Amérique latine depuis l'époque coloniale," in *Conjoncture économique, structures sociales.* Hommage á Ernest Labrousse. Paris & La Haye: Mouton, 1974, 237–251.
Mauro, Frédéric, "Le rôle de la monnaie dans les décollages manqués de l'économie portugaise du XVe au XVIIIe siècles." Paper presented at VII Settimana di Studio, Prato, 17 apr. 1975.
Maxwell, Kenneth, "Pombal and the Nationalization of the Luso-Brazilian Economy," *Hispanic American Historical Review,* **XLVIII,** 4, Nov. 1968, 608–631.
May, Louis-Philippe, *Histoire économique de la Martinique (1635–1763).* Paris: Les Presses Modernes, 1930.
McLachlan, Jean O., *Trade and Peace with Old Spain, 1667–1750.* Cambridge: University Press, 1940.
McManners, J., "France," in Albert Goodwin, ed., *The European Nobility in the Eighteenth Century.* New York: Harper & Row (Torchbooks), 1967, 22–42.
McNeill, William H., *The Shape of European History.* London & New York: Oxford Univ. Press, 1974.
Medick, Hans, "The Proto-Industrial Family Economy: The Structural Function of Household and Family during the Transition from Peasant Society to Industrial Capitalism," *Social History,* No. 3, Oct. 1976, 291–315.
Mehring, Franz, *Absolutism and Revolution in Germany, 1525–1848.* London: New Park Publ., 1975. (Originally published in 1892, 1897, 1910.)
Meilink-Roelofsz, M. A. P., "Aspects of Dutch Colonial Development in Asia in the Seventeenth Century," in J. S. Bromley & E. H. Kossmann, eds., *Britain and the Netherlands in Europe and Asia.* London: Macmillan, 1968, 56–82.
Mejdricka, Kveta, "L'état du régime féodal à la veille de son abolition et les conditions de sa

supression en Bohème," in *L'abolition de la "féodalité" dans le monde occidental*. Colloques internationaux du C.N.R.S., Toulouse 12-16 nov. 1968. Paris: Ed. du C.N.R.S., **I,** 1971, 393-409.

Mellafe, Rolando, *La introducción de la esclavitud negra en Chile: tráficos y nitas*. Estudios de Historia Económica Americana: Trabajo y Salario en el Periodo Colonial, **II.** Santiago: Univ. de Chile, 1959.

Menard, Russell R., "Secular Trends in the Chesapeake Tobacco Industry," *Working Papers from the Regional Economic History Research Center*, **I,** 3, 1978, 1-34.

Menashe, Louis, "Historians Define the Baroque: Notes on a Problem of Art and Social History," *Comparative Studies in Society and History*, **VII,** 3, Apr. 1965, 333-342.

Mendels, Franklin F., "Proto-Industrialization: The First Phase of the Industrialization Process," *Journal of Economic History*, **XXXII,** 1, Mar. 1972, 241-261.

Mendels, Franklin F., "Agriculture and Peasant Industry in Eighteenth-Century Flanders," in William N. Parker & Eric L. Jones, eds., *European Peasants and Their Markets*. Princeton, New Jersey: Princeton Univ. Press, 1975, 179-204.

Merrington, John, "Town and Country in the Transition to Capitalism," in Rodney Hilton, ed., *The Transition from Feudalism to Capitalism*. London: New Left Books, 1976, 170-195. (Originally in *New Left Review*, 1975.)

Mertens, Jacques E., *La naissance et le développement de l'étalon-or, 1692-1922*, Univ. de Louvain, Collection de l'Ecole des Sciences Politiques et Sociales, No. 131. Louvain: Ed. Em. Warny, 1944.

Meuvret, Jean, "Les mouvements des prix de 1661 à 1715 et leurs répercussions," *Journal de la Société de Statistique de Paris*, **LXXXV,** 5-6, mai-juin 1944, 109-119.

Meuvret, Jean, "Circulation monétaire et utilisation économique de la monnaie dans la France du XVIe et du XVIIe siècles," *Etudes d'histoire moderne et contemporaine*, **I,** 1947, 15-18.

Meuvret, Jean, "La géographie des prix des céréales et les anciennes économies européennes: Prix méditerranéens, prix continentaux, prix atlantiques à la fin du XVIIe siècle," *Revista de economia*, **IV,** 2, 1951, 63-69.

Meuvret, Jean, "Conjoncture et crise au XVIIe siècle: L'exemple des prix milanais," *Annales E.S.C.*, **VII,** 2, avr.-juin 1953, 215-219.

Meuvret, Jean, "L'agriculture en Europe au XVIIe et XVIIIe siècles," *X Congresso Internazionale di Scienze Storiche*, Roma, 4-11 sett. 1955, *Relazioni*, **IV:** *Storia moderna*. Firenze: G. C. Sansoni-Ed., 1955, 139-168.

Meuvret, Jean, "Circuits d'échange et travail rural dans la France du XVIIe siècle," *Studi in onore di Armando Sapori*. Milano: Istituto Edit. Cisalpino, **II,** 1957, 1127-1142.

Meuvret, Jean, "Domaines ou ensembles territoriaux?," *First International Conference of Economic History*, Stockholm, August 1960. Paris & La Haye: Mouton, 1960, 343-352.

Meuvret, Jean, "Production et productivité agricoles," *Third International Conference of Economic History*, Munich, 1965, **II:** *Production et productivités agricoles*. Paris & La Haye: Mouton, 1968, 11-22.

Meuvret, Jean, "La France au temps de Louis XIV: des temps difficiles," in *Etudes d'histoire économique*. Paris: Lib. Armand Colin, 1971, 17-37. (a) (Originally in *La France au temps de Louis XIV*, 1965.)

Meuvret, Jean, "Les oscillations des prix de céréales aux XVIIe et XVIIIe siècles en Angleterre et dans les pays du bassin parisien," in *Etudes d'histoire économique*. Paris: Lib. Armand Colin, 1971, 113-124. (b) (Originally in *Revue d'histoire moderne et contemporaine*, 1969.)

Michalkjewicz, Stanislas, "Einige Episoden der Geschichte der schleisischen Bauernkämpfer, im 17. und 18. Jh.," in Eva Maleczyńska, her., *Beitrage zür Geschichte Schlesiens*. Berlin: Rütten & Loening, 1958, 356-400.

Michell, A. R., "The European Fisheries in Early Modern History," in *Cambridge Economic History of Europe*, **V:** E. E. Rich & C. H. Wilson, eds., *The Economic Organization of Early Modern Europe*. Cambridge: University Press, 1977, 134-184.

Mika, Alois, "On the Economic Status of Czech Towns in the Period of Late Feudalism," *Economic History*, **II**, published on the occasion of the VIIth International Economic History Congress in Edinburgh, 1978. Prague: Institute of Czechoslovak and World History of the Czechoslovak Academy of Sciences, 1978, 225–256.

Mims, Stewart L., *Colbert's West India Policy*. New Haven, Connecticut: Yale Univ. Press, 1912.

Minchinton, Walter, "Patterns and Structure of Demand 1500–1750," in C. M. Cipolla, ed., *The Fontana Economic History of Europe*, **II**: *The Sixteenth and Seventeenth Centuries*. Glasgow: Collins, 1974, 82–176.

Mingay, G. E., "The Agricultural Depression, 1730–1750," *Economic History Review*, 2nd ser., **VIII**, 3, 1956, 323–338.

Mingay, G. E., "The Large Estate in Eighteenth-Century England," *First International Conference of Economic History*, Stockholm, August 1960. Paris & La Haye: Mouton, 1960, 367–383.

Mingay, G. E., "The Size of Farms in the Eighteenth Century," *Economic History Review*, 2nd ser., **XIV**, 3, Apr. 1962, 469–488.

Mingay, G. E., *English Landed Society in the Eighteenth Century*. London: Routledge & Kegan Paul, 1963.

Mingay, G. E., "The Land Tax Assessments and the Small Landowner," *Economic History Review*, 2nd ser., **XVII**, 2, Dec. 1964, 381–388.

Mingay, G. E., *Enclosure and the Small Farmer in the Age of the Industrial Revolution*. London: Macmillan, 1968.

Mintz, Sidney W., "Currency Problems in Eighteenth Century Jamaica and Gresham's Law," in Robert A. Manners, ed., *Process and Pattern in Culture*. Chicago, Illinois: Aldine, 1964, 248–265.

Mintz, Sidney W. & Wolf, Eric R., "Haciendas and Plantations in Middle America and the Antilles," *Social and Economic Studies*, **VI**, 3, Sept. 1957, 380–412.

Molenda, Danuta, "Investments in Ore Mining in Poland from the 13th to the 17th Centuries," *Journal of European Economic History*, **V**, 1, Spring 1976, 151–169.

Mollat, Michel, réd., *Sociétés et compagnies de commerce en Orient et dans l'Océan Indien*, Actes du Huitième Colloque International d'Histoire Maritime, Beyrouth, 5–10 sept. 1966. Paris: S.E.V.P.E.N., 1970.

Molnar, Erik, "Les fondements économiques et sociaux de l'absolutisme," *XII Congrès International des Sciences Historiques, Rapports*, **IV**. *Methodologie et histoire contemporaine*. Wien: Verlag Ferdinand Berge & Söhne, 1965, 155–169.

Mols, Roger, S. J., "Population in Europe 1500–1700," in C. M. Cipolla, ed., *The Fontana Economic History of Europe*, **II**: *The Sixteenth and Seventeenth Centuries*. Glasgow: Collins, 1974, 15–82.

Monter, E. William, "Swiss Investment in England, 1697–1720," *Revue internationale d'histoire de la banque*, **II**, 1969, 285–298.

Moreno Fraginals, Manuel, *El Ingenio*, 3 vol. La Habana: Ed. de Ciencias Sociales, 1978.

Morgan, W. T., "Economic Aspects of the Negotiations at Ryswick," in Ian R. Christie, ed., *Essays in Modern History*. London: Macmillan, 1968, 172–195. (Originally in *Transactions of the Royal Historical Society*, read 14 May 1931.)

Morineau, Michel, "Le balance du commerce franco-néerlandais et le resserrement économique des Provinces-Unies au XVIIIe siècle," *Economisch-Historisch Jaarboek*, **XXX**, 4, 1965, 170–233.

Morineau, Michel, "Y a-t-il eu une révolution agricole en France au XVIIIe siécle?," *Revue historique*, **CCXXXIX**, 1, avr.–juin 1968, 299–326.

Morineau, Michel, "Gazettes hollandais et trésors américains," *Anuario de historia económica y social*, **II**, 2, enero–dic. 1969, 289–361. (a)

Morineau, Michel, "Histoire sans frontières: prix et 'révolution agricole'," *Annales E.S.C.*, **XXIV**, 2, mars–avr. 1969, 403–423. (b)

Morineau, Michel, "En Hollande au XVIIe siècle," in Jean-Jacques Hemardinquier, réd., *Pour* une histoire de l'alimentation, Cahiers des Annales, 28. Paris: Lib. Armand Colin, 1970, 107–114. (a) (Originally in Annales E.S.C., 1963.)

Morineau, Michel, "Post-scriptum. De la Hollande à la France," in Jean-Jacques Hémardinquier, réd., Pour une histoire de l'alimentation, Cahiers des Annales, 28. Paris: Lib. Armand Colin, 1970, 115–125. (b)

Morineau, Michel, "Flottes de commerce et trafics français en Méditerranée au XVIIe siècle (jusqu'en 1669)," XVIIe siècle, No. 86–87, 1970, 135–171. (c)

Morineau, Michel, "Bayonne et Saint-Jean-de-Lux, relais du commerce néerlandais vers l'Espagne au début du XVIIe siècle," Actes du Quatre-Vingt-Quatorzième Congrès National des Sociétés Savantes, Pau 1969, II, Section d'histoire moderne et contemporaine. Paris: Bibliothèque Nationale, 1971, 309–330.

Morineau, Michel, "Quelques remarques touchant le financement de l'économie des Provinces-Unies au XVIIe et au XVIIIe siècle," paper at Cuarta Settimana di Studio, Istituto Internazionale di Storia Economica "Francesco Datini", Prato, 16 apr. 1972.

Morineau, Michel, "Quelques remarques sur l'abondance monétaire aux Provinces-Unies," Annales E.S.C., **XXIX,** 3, mai–juin 1974, 767–776.

Morineau, Michel, "Quelques recherches relatives à la balance du commerce extérieur français au XVIIIe siècle: ou cette fois un égale deux," in Pierre Léon, réd., Aires et structures du commerce français au XVIIIe siècle, Colloque National de l'Association Française des Historiens Economistes, Paris, C.N.R.S., 4–6 oct. 1973. Lyon: Centre d'Histoire Economique et Social de la Region Lyonnaise, 1975, 1–45.

Morineau, Michel, "La terre," in Pierre Deyon & Jean Jacquart, Les hésitations de la croissance, 1580–1740, Vol. **II** of Pierre Léon, réd., Histoire économique et sociale du monde. Paris: Lib. Armand Colin, 1978, 11–39. (a)

Morineau, Michel, "Le siècle," in Pierre Deyon & Jean Jacquart, Les hésitations de la croissance, 1580–1740, Vol. **II** of Pierre Léon, réd., Histoire économique et sociale du monde. Paris: Lib. Armand Colin, 1978, 63–106. (b)

Morineau, Michel, "Un siècle après la conquête: Les empires ibériques," in Pierre Deyon & Jean Jacquart, Les hésitations de la croissance, 1580–1740, Vol. **II** of Pierre Léon, réd., Histoire économique et sociale du monde. Paris: Lib. Armand Colin, 1978, 109–138. (c)

Morineau, Michel, "Les mancenilliers de l'Europe," in Pierre Deyon & Jean Jacquart, Les hésitations de la croissance, 1580–1740, Vol. **II** of Pierre Léon, réd., Histoire économique et sociale du monde. Paris: Lib. Armand Colin, 1978, 139–162. (d)

Morineau, Michel, "La 'substitution' aux Indes Orientales," in Pierre Deyon & Jean Jacquart, Les hésitations de la croissance, 1580–1740, Vol. **II** of Pierre Léon, réd., Histoire économique et sociale du monde. Paris: Lib. Armand Colin, 1978, 163–176. (e)

Morineau, Michel, "Jeune Amérique et vieille Afrique," in Pierre Deyon & Jean Jacquart, Les hésitations de la croissance, 1580–1740, Vol. **II** of Pierre Léon, réd., Histoire économique et sociale du monde. Paris: Lib. Armand Colin, 1978, 521–546. (f)

Morineau, Michel, "Le challenge Europe-Asie," in Pierre Deyon & Jean Jacquart, Les hésitations de la croissance, 1580–1740, Vol. **II** of Pierre Léon, réd., Histoire économique de sociale du monde. Paris: Lib. Armand Colin, 1978, 547–579. (g)

Morineau, Michel, "Or brésilien et gazettes hollandaises," Revue d'histoire moderne et contemporaine, **XXV,** 1, janv.–mars, 1978, 3–60. (h)

Mörner, Magnus, "The Spanish American Hacienda: A Survey of Recent Research and Debate," Hispanic American Historical Review, **LIII,** 2, May 1973, 183–216.

Mousnier, Roland "L'évolution des finances publiques en France et en Angleterre pendant les guerres de la Ligue d'Augsbourg et de la Succession d'Espagne," Revue historique, **XLIV,** No. 205, janv.–mars 1951, 1–23.

Mousnier, Roland, Les XVIe et XVIIe siècles, 5e ed., revue, corrigée et augmentée, Vol. **IV** of Maurice Crouzet, réd., Histoire Générale des Civilisations. Paris: Presses Univ. de France, 1967.

Mukherjee, Ramkrishna, *The Rise and Fall of the East India Company*. New York: Monthly Review Press, 1974.
Munck, Thomas, "The Economic and Social Position of Peasant Freeholders in Late Seventeenth-Century Denmark," *Scandinavian Economic History Review*, **XXV**, 1, 1977, 37–61.
Munktell, Henrik, *Bergsmans- och Bruksförlag intill 1748 års Förlags-Förordning*. Uppsala, Sweden: Almqvist & Wiksells, 1934.
Murray, R. K., "The Anglo-Scottish Union," *Scots Law Times*, Nov. 4, 1961, 161–164.
Myška, Milan, "Pre-Industrial Iron-Making in the Czech Lands," *Past and Present*, No. 82, Feb. 1979, 44–72.
Nadal, J. & Giralt, E., *La population catalane de 1553 à 1717*. Paris: S.E.V.P.E.N., 1960.
Naish, G. P. B., "Ships and Shipbuilding," in C. Singer, et al., *A History of Technology*. **III**: *From the Renaissance to the Industrial Revolution, c1500–c1700*. Oxford: Clarendon Press, 1957, 471–500.
Nef, John U., *War and Human Progress: An Essay on the Rise of Industrial Civilisation*. New York: W. W. Norton, 1968.
Nef, John U., "Impact of War on Science and Technology," *Fourth International Conference on Economic History*, Bloomington, 1968. Paris & La Haye: Mouton, 1973, 237–243.
Neguev, S., "Le Proche-Orient précapitaliste," *Khamsin*, No. 2, 1975, 7–14.
Nelson, George H., "Contraband Trade under the Asiento, 1730–1739," *American Historical Review*, **LI**, 1, Oct. 1945, 55–67.
Neto, Paulo Elpídio de Menezes, "Patrimonialisme rural et structure de domination au Brésil, à l'époque coloniale," *Revista de ciências sociais*, **IV**, 1, 1973, 93–107.
Nettels, Curtis P., "The Manace of Colonial Manufacturing," *New England Quarterly*, **IV**, 2, Apr. 1931, 230–269. (a)
Nettels, Curtis P., "England and the Spanish American Trade, 1670–1775," *Journal of Modern History*, **III**, 1, Mar. 1931, 1–32. (b)
Nettels, Curtis P., "England's Trade with New England and New York, 1685–1720," *Publications of the Colonial Society of Massachusetts*, **XXVIII**, Feb. 1933, 322–350.
Nettels, Curtis P., "British Mercantilism and the Economic Development of the Thirteen Colonies," *Journal of Economic History*, **XII**, 2, Spring 1952, 105–114.
Nichtweiss, Johannes, "Zur Frage des zweiten Liebeigenschaft und des sogennanten preussischen Weges der Entwicklung des Kapitalismus in der Landwirtschaft Ostdeutschlands," *Zeitschrift für Geschichtswissenshaft*, **I**, 5, 1953, 687–717.
Nichtweiss, Johannes, "Antwort an Jurgen Kuczynski," *Zeitschrift für Geschichtswissenschaft*, **II**, 3, 1954, 471–476.
Nichtweiss, Johannes, "Zu strittigen Fragen der sogenannten zweiten Leibeigenschaft in Mitteleuropa: Zusammenfassung eines Artikels von Benedykt Zientara," *Zeitschrift für Geschichtswissenschaft*, **IV**, 4, 1956, 750–754.
Nichtweiss, Johannes, "Einige Bemerkungen zum Artikel von G. Heitz 'Zur Diskussion über Gutscherrschaft und Bauernlegen in Mecklenburg'," *Zeitschrift für Wirtschaftgeschichte*, **V**, 4, 1957, 804–817.
Nielsen, Axel, *Dänische Wirtschaftsgeschichte*. Jena: Gustav Fischer Verlag, 1933.
Nordmann, Claude J., "Monnaies et finances suédoises au XVIIe siècle," *Revue du Nord*, **XLVI**, No. 183, oct.–dèc. 1964, 469–488.
Nordmann, Claude J., *Grandeur et liberté de la Suède (1660–1792)*. Paris: Béatrice-Nauwelaerts, 1971.
Nordmann, Claude J., "L'armée suédoise au XVIIe siècle," *Revue du nord*, **LIV**, No. 213, avr.–juin 1972, 133–147.
North, Douglass C., "Innovation and Diffusion of Technology. A Theoretical Framework," *Fourth International Conference on Economic History*, Bloomington 1968. Paris & La Haye: Mouton, 1973, 223–231.

North, Douglas C. & Thomas, Robert Paul, *The Rise of the Western World*. Cambridge: University Press, 1973.

Oberem, U., "Zur Geschichte des Lateinamerikanschen Landarbeiters: Conciertos und Huasipungueros in Ecuador," *Anthropos*, **LXII**, 5/6, 1967, 759–788.

Ochmański, Jerzy, "La situation économico-sociale et la lutte de classes des paysans dans les domaines royaux (*Ekonomie*) de Kobryń dans la deuxieme moitié du XVI–ème et dans la première moitié du XVII–ème siècle," *Roczniki dziejów społecznych i gospodarczych*, **XIX**, 1957, 89–90.

O'Farrell, Patrick, *Ireland's English Question*. New York: Schocken, 1971.

Ogg, David, "The Emergence of Great Britain as a World Power," in *New Cambridge Modern History*, **VI**: J. S. Bromley, ed., *The Rise of Great Britain and Russia, 1688–1725*. Cambridge: University Press, 1970, 254–283.

Öhberg, Arne, "Russia and the World Market in the Seventeenth Century," *Scandinavian Economic History Review*, **III**, 2, 1955, 123–162.

Ónody, Oliver, "Quelques aspects historiques de l'économie de l'or brésilien," *Revue internationale d'histoire de la banque*, **IV**, 1971, 173–316.

Ormrod, David, "Dutch Commercial and Industrial Decline and British Growth in the Late Seventeenth and Early Eighteenth Centuries," in Frederick Krantz & Paul M. Hohenberg, eds., *Failed Transitions to Modern Industrial Society: Renaissance Italy and Seventeenth Century Holland*. Montreal: Interuniversity Centre for European Studies, 1975, 36–43.

Ortiz, Fernando, *Cuban Counterpoint: Tobacco and Sugar*. New York: Knopf, 1947.

Osborn, Wayne S., "Indian Land Retention in Colonial Metztitlán," *Hispanic American Historical Review*, **LIII**, 2, May 1973, 217–238.

Østerud, Øyvind, "Configurations of Scandinavian Absolutism: The 17th Century in Comparative Perspective," paper given at the ISSC/MSH Symposium on "Capitalism and the Rise of the National State in Europe, 16th–18th Centuries," Bellagio, Oct. 14–16, 1976.

Østerud, Øyvind, "Agrarian Structures, Urban Networks and Political Development: The Cases of Early Modern Scandinavia," paper at IX World Congress of Sociology, Uppsala, August 14–19, 1978.

Ostrander, Gilman M., "The Colonial Molasses Trade," *Agricultural History*, **XXX**, 2, Apr. 1956, 77–84.

Ostrander, Gilman M., "The Making of the Triangular Trade Myth," *William and Mary Quarterly*, **XXX**, 4, Oct. 1973, 635–644.

Pach, Zsigmond Pál, "Uber einige Probleme der Gutswirtschaft in Ungarn in der ersten Hälfte des XVII. Jahrhunderts," in *Second International Conference of Economic History*, Aix-en-Provence, 1962. Paris & La Haye: Mouton, 1965, 222–235.

Pach, Zsigmond Pál, "The Shifting of International Trade Routes in the 15th–17th Centuries," *Acta Historica Academiae Scientiarum Hungaricae*, **XIV**, 1968, 287–321.

Pach, Zsigmond Pál, "Diminishing Share of East-Central Europe in the 17th Century International Trade," *Acta Historica Academiae Scientarum Hungaricae*, **XVI**, 1970, 289–306. (a)

Pach, Zsigmond Pál, "The Role of East-Central Europe in International Trade (16th and 17th Centuries)," in *Etudes historiques 1970*. **I**, Budapest: Akademiai Kiado, 1970, 217–264. (b)

Pach, Zsigmond Pál, "Favourable and Unfavourable Conditions for Capitalist Growth: The Shift of International Trade Routes in the 15th to 17th Centuries," in F. C. Lane, ed., *Fourth International Conference on Economic History*, Bloomington, 1968. Paris & La Haye: Mouton, 1973, 53–68.

Palmer, R. R., "Questions de féodalité aux Etats-Unis," in *L'abolition de la "féodalité" dans le monde occidental*. Colloques internationaux du C.N.R.S., Toulouse 12–16 nov. 1968. Paris: Ed. du C.N.R.S., **I**, 1971, 348–356.

Pantaleão, Olga, *A penetração comercial da Inglaterra na América Espanhola de 1713 a 1783*. São Paulo: n.p., 1946.

Pares, Richard, "The Economic Factors in the History of the Empire," *Economic History Review*, **VII**, 2, May 1937, 119-144.
Pares, Richard, *Yankees and Creoles: The Trade between North America and the West Indies before the American Revolution*. London: Longmans, Green & Co., 1956.
Pares, Richard, *Merchants and Planters*, Economic History Review Supplement No. 4. Cambridge: University Press, 1960.
Pares, Richard, *War and Trade in the West Indies, 1739-63*. London: Frank Cass, 1963. (Original publication, 1936.)
Paris, Robert, *Histoire du commerce de Marseille*, **V**: *De 1600 à 1789, Le Levant*, gen. ed., Gaston Rambert. Paris: Lib. Plon, 1957.
Parker, Geoffrey, *The Army of Flanders and the Spanish Road, 1567-1659*. Cambridge: University Press, 1972.
Parker, Geoffrey, "The Emergence of Modern Finance in Europe," in C. M. Cipolla, ed., *The Fontana History of Europe*. **II**: *The Sixteenth and Seventeenth Centuries*. Glasgow: Collins, 1974, 527-594. (a)
Parker, Geoffrey, "War and Economic Change: The Economic Costs of the Dutch Revolt," paper at Sesta Settimana di Studio, Istituto Internazionale di Storia Economica "Francesco Datini", Prato, 3 magg. 1974. (b)
Parker, Geoffrey, "Why Did the Dutch Revolt Last Eighty Years?," *Transactions of the Royal Historical Society*, 5th ser., **XXVI**, 1976, 53-72. (a)
Parker, Geoffrey, "The 'Military Revolution,' 1560-1660—A Myth?," *Journal of Modern History*, **XLVIII**, 2, June 1976, 195-214. (b)
Parry, J. H., *The Establishment of the European Hegemony: 1415-1715*. New York: Harper & Row (Torchbooks), 1961.
Parry, J. H., "Transport and Trade Routes," in E. E. Rich & C. H. Wilson, eds., *Cambridge Economic History of Europe*. **IV**: *The Economy of Expanding Europe in the Sixteenth and Seventeenth Centuries*. Cambridge: University Press, 1967, 155-219.
Patterson, R., "Spinning and Weaving," in C. Singer *et al.*, *A History of Technology*. **III**: *From the Renaissance to the Industrial Revolution, c1500-c1700*. Oxford: Clarendon Press, 1957, 151-180.
Penson, Lillian M., "The West Indies and the Spanish American Trade, 1713-1748," in J. Holland Rose *et al.*, eds., *Cambridge History of the British Empire*, **I**. Cambridge: University Press, 1929, 330-345.
Pentland, H. C., "Population and Labour Growth in Britain in the Eighteenth Century," *Third International Conference of Economic History*, Munich, 1965, **IV**: J. E. C. Eversley, ed., *Demography and History*. Paris & La Haye: Mouton, 1972, 157-189.
Perjés, G., "Army Provisioning, Logistics and Strategy in the Second Half of the 17th Century," *Acta Historica Academiae Scientarum Hungaricae*, **XVI**, 1-2, 1970, 1-52.
Perrot, Jean-Claude, *Genèse d'une ville moderne: Caen au XVIIIe siècle*. Lille: Service de reproduction des thèses, Univ. de Lille III, 2 vol. 1974.
Petersen, E. Ladewig, *The Crisis of the Danish Nobility, 1580-1660*. Odense, Denmark: Odense Univ. Press, 1967.
Petersen, E. Ladewig, "La crise de noblesse danoise entre 1580 et 1660," *Annales E.S.C.*, **XXIII**, 6, nov.-déc. 1968, 1237-1261.
Petersen, E. Ladewig, "The Danish Cattle Trade During the Sixteenth and Seventeenth Centuries," *Scandinavian Economic History Review*, **XVIII**, 1, 1970, 69-85.
Peterson, Mendel, *The Funnel of Gold*. Boston: Little-Brown, 1975.
Petraccone, Claudia, *Napoli dal 1500 all'800: problemi di storia demografica e sociale*. Napoli: Guida Ed., 1974.
Petrie, Sir Charles, *The Jacobite Movement*, 3rd ed., revised one volume. London: Eyre & Spottiswoode, 1958.

Phelan, John L., "Free Versus Compulsory Labor. Mexico and the Philippines 1540–1648," *Comparative Studies in Society and History*, I, 2, 1959, 189–201.
Phelan, John L., *The Hispanization of the Philippines: Spanish Aims and Filipino Responses, 1565–1700*. Madison: Univ. of Wisconsin Press, 1967.
Phelan, John L., review of John Lynch, *Spain Under the Habsburgs. II: Spain and America, 1598–1700* in *Journal of Latin American Studies*, II, 2, Nov. 1970, 211–213.
Piel, Jean, *Capitalisme agraire au Pérou. I: Originalité de la société agraire péruvienne au XIXe siècle*. Paris: Ed. Anthropos, 1975.
Pillorget, René, "Les problèmes monétaires français de 1602 à 1689," *XVIIe siècle*, No. 70–71, 1966, 107–130.
Pillorget, René, *Les mouvements insurrectionnels de Provence entre 1596 et 1715*. Paris: Ed. A. Pedone, 1975.
Pinkham, Lucille, "William of Orange: Prime Mover of the Revolution," in Gerald M. Straka, ed., *The Revolution of 1688: Whig Triumph or Palace Revolution?* Boston: D. C. Heath, 1963, 77–85. (Originally in *William III and the Respectable Revolution*, 1954.)
Pirenne, Henri, *Histoire de Belgique*, Vols. **IV, V.** Bruxelles: Henri Lamertin, Libr.-Ed., 1920.
Pitt, H. G., "The Pacification of Utrecht," in *New Cambridge Modern History*, **VI:** J. S. Bromley, ed., *The Rise of Great Britain and Russia, 1688–1715/25*. Cambridge: University Press, 1970, 446–479.
Piuz, Anne-Marie, "Politique économique à Geneve et doctrine mercantiliste (vers 1690–1740)," paper delivered at V International Congress of Economic History, Leningrad, 10–14 Aug. 1970. (a)
Piuz, Anne-Marie, "Alimentation populaire et sous-alimentation au XVIIe siècle: Le cas de Genève et sa région," in Jean-Jacques Hémardinquier, réd., *Pour une histoire de l'alimentation*. Paris: Lib. Armand Colin, 1970, 129–145. (Originally in *Revue suisse d'histoire*, 1968.)
Plumb, J. H., *England in the Eighteenth Century (1714–1815)*, Vol. 7 of *The Pelican History of England*. London: Penguin, 1950.
Plumb, J. H., "Introduction," to C. R. Boxer, *The Dutch Seaborne Empire, 1600–1800*. New York: Knopf, 1965, xiii–xxvi.
Plumb, J. H., *The First Four Georges*. Glasgow: Fontana Collins, 1966.
Plumb, J. H., *The Origins of Political Stability: England, 1675–1725*. Boston:, Massachusetts: Houghton Mifflin, 1967.
Plumb, J. H., "The Growth of the Electorate in England from 1600 to 1715," *Past and Present*, No. 45, Nov. 1969, 90–116.
Pohl, Hans, "Das Textilgewerbe in Hispanoamerika während der Kolonialzeit," *Vierteljahrschrift für Sozial- und Wirtschaftsgeschichte*, **LVI**, 4, Dez. 1969, 438–477.
Poisson, Jean-Paul, "Introduction à une étude quantitative des effects socio-économiques du système de Law," *Journal de la Société de Statistique de Paris*, 115e annee, No. 3, 3e trimestre 1974, 260–280.
Poitrineau, Abel, "L'alimentation populaire en Auvergne au XVIIIe siècle," in Jean-Jacques Hémardinquier, réd., *Pour une histoire de l'alimentation*. Paris: Lib. Armand Colin, 1970, 146–193. (Originally in *Annales E.S.C.*, 1962.)
Polišenský, J. V., "The Thirty Years' War," *Past and Present*, No. 6, Nov. 1954, 31–43.
Polišenský, J. V., "The Thirty Years' War and the Crises and Revolutions of Seventeenth-Century Europe," *Past and Present*, No. 39, Apr. 1968, 34–43.
Polišenský, J. V., *The Thirty Years' War*. Berkeley: Univ. of California Press, 1971.
Polišenský, J. V., *War and Society in Europe, 1618–1648*. Cambridge: Cambridge Univ. Press, 1978.
Poni, Carlo, "All'origine del sistema di fabbrica: tecnologia e organizzazione produttiva dei mulini da seta nell'Italia settentrionale (sec. XVII–XVIII)," *Rivista storica italiana*, **LXXXVIII**, 3, 1976, 444–497.

Ponsot, Pierre, "En Andalousie occidentale: Les fluctuations de la production du blé sous l'Ancien Régime," *Etudes rurales*, No. 34, avr.-juin 1969, 97-112.

Postel-Vinay, Gilles, *La rente foncière dans le capitalisme agricole*. Paris: Maspéro, 1974.

Price, Derek J., "The Manufacture of Scientific Instruments from c1500-c1700," in C. Singer, et al., *A History of Technology*. **III:** *From the Renaissance to the Industrial Revolution, c1500-c1700*. Oxford: Clarendon Press, 1957, 620-647.

Price, Jacob M., "The Rise of Glasgow in the Chesapeake Tobacco Trade, 1707-1775," *William and Mary Quarterly*, 3rd ser., **XI**, 2, Apr. 1954, 179-199.

Price, Jacob M., "Multilateralism and/or Bilateralism: The Settlement of British Trade Balances with 'The North', c1700," *Economic History Review*, 2nd ser., **XIV**, 2, 1961, 254-274. (a)

Price, Jacob M., "The Tobacco Adventure to Russia: Enterprise, Politics and Diplomacy in the Quest for a Northern Market for English Colonial Tobacco, 1676-1722," *Transactions of the American Philosophical Society*, n.s., **LI**, 1, Mar. 1961. (b)

Price, Jacob M., "The Economic Growth of the Chesapeake and the European Market, 1697-1775," *Journal of Economic History*, **XXIV**, 4, Dec. 1964, 496-511.

Prickler, Harald, "Das Volumen des westlichen ungarischen Aussenhandels vom 16. Jahrhundert bis 1700," in O. Pickl, her., *Die wirtschaftlichen Auswirkungen der Türkenkriege*, Grazer Forschungen zur Wirtschafts- und Sozialgeschichte, **I**. Graz: 1971, 131-144.

Priestley, Margaret, "Anglo-French Trade and the 'Unfavorable Balance' Controversy, 1600-1685," *Economic History Review*, 2nd ser., **IV**, 1, 1951, 37-52.

Procacci, Giulio, "Italy: Commentary," in Frederick Krantz & Paul M. Hohenberg, eds., *Failed Transitions to Modern Industrial Society: Renaissance Italy and Seventeenth-Century Holland*. Montreal: Interuniversity Centre for European Studies, 1975, 27-28.

Quencez, G., *Vocabularum geographicum*. Bruxelles: Presses Académiques Européennes, 1968.

Rabb, Theodore K., "Puritanism and the Rise of Experimental Science in England," review article, *Cahiers d'histoire mondiale*, **VII**, 1962, 46-67. (a)

Rabb, Theodore K., "The Effects of the Thirty Years' War on the German Economy," *Journal of Modern History*, **XXXIV**, 1, Mar. 1962, 40-51. (b)

Rabb, Theodore K., "Sir Edwin Sandys and the Parliament of 1604," *American Historical Review*, **LXIX**, 3, Apr. 1964, 646-670.

Rabb, Theodore K., "Free Trade and the Gentry in the Parliament of 1604," *Past and Present*, No. 40, 1968, 165-173.

Rabb, Theodore K., *The Struggle for Stability in Early Modern Europe*. London & New York: Oxford Univ. Press, 1975.

Rabe, Hannah, "Aktienkapital und Handelsinvestitionen im Überseehandel des 17. Jahrhunderts," *Vierteljahrschrift für Sozial- und Wirtschaftsgeschichte*, **XLIX**, 3, 1962, 320-368.

Rachel, Hugo, *Die Handels-, Zoll- und Akzisepolitik Brandenburg-Preussens bis 1713*. Acta Borussica. Die einzelnen gebilte des verwaltung. Handels-, Zoll- und Akzisepolitik, **I**, Berlin: P. Parey, 1911.

Rambert, Gaston, "De 1660 à 1789," in *Histoire du commerce de Marseille*, **IV:** *De 1599 à 1789*, gen. ed., Gaston Rambert. Paris: Lib. Plon, 1954, 193-683.

Rambert, Gaston, "Préface" to Robert Paris, *Histoire du commerce de Marseille*, **V:** *De 1660 à 1789, Le Levant*. Paris: Lib. Plon, 1957, i-vi.

Rambert, Gaston, "La France et la politique de l'Espagne au XVIIIe siècle," *Revue d'histoire moderne et contemporaine*, **VI**, oct.-déc. 1959, 269-288.

Rapp, Richard Tilden, "The Unmaking of the Mediterranean Trade Hegemony: International Trade Rivalry and the Commercial Revolution," *Journal of Economic History*, **XXXV**, 3, Sept. 1975, 499-525.

Rapp, Richard Tilden, *Industry and Economic Decline in Seventeenth-Century Venice*. Cambridge, Massachusetts: Harvard Univ. Press, 1976.

Raychaudhuri, Tapan, *Jan Company in Coromandel, 1605–1690. A Study in the Interrelations of European Commerce and Traditional Economics*, Verhandelingen van het Koninglijk Instituut voor Taal-, Land- en Volkenkunde, Vol. 38. 's-Gravenhage: Martinus Nijhoff, 1962.

Reddaway, W. F., "The Scandinavian North," in A. W. Ward *et al.*, eds., *Cambridge Modern History*, **IV:** *The Thirty Years' War*. Cambridge: University Press, 1906, 560–591.

Redlich, Fritz, "Entrepreneurship in the Initial Stages of Industrialization," *Weltwirtschaftliches Archiv*, **LXXV,** 1955, 59–106.

Redlich, Fritz, "Contributions in the Thirty Years' War," *Economic History Review*, 2nd ser., **XII,** 2, 1959, 247–254.

Reed, Clyde G., "Transactions Costs and Differential Growth in Seventeenth-Century Western Europe," *Journal of Economic History*, **XXXIII,** 1, Mar. 1973, 177–190.

Rees, J. F., "The Phases of British Commercial Policy in the Eighteenth Century," *Economica*, **V,** No. 14, June 1925, 130–150.

Rees, J. F., "Mercantilism and the Colonies," in J. Holland Rose *et al.*, *Cambridge History of the British Empire*, **I,** Cambridge: University Press, 1929, 561–602.

Reinhard, Marcel R. & Armengaud, Armand, *Histoire générale de la population mondiale*. Paris: Ed. Montchrestien, 1961.

Renier, G. J., *The Dutch Nation: An Historical Study*. London: Geo. Allen & Unwin, 1944.

Revah, I. S., "Les marranes," *Revue des études juives*, 3ᵉ ser., I (CXVIII), 1959–1960, 29–77.

Rich, E. E., "The First Earl of Shaftsbury's Colonial Policy," *Transactions of the Royal Historical Society*, 5th ser., **VII,** 1957, 47–70.

Rich, E. E., "Europe and North America," in *New Cambridge Modern History*, **V:** F. L. Carsten, ed., *The Ascendancy of France, 1648–88*. Cambridge: University Press, 1961, 330–368.

Rich, E. E., *Montreal and the Fur Trade*. Montreal: McGill Univ. Press, 1966.

Rich, E. E., "Colonial Settlement and Its Labour Problems," in E. E. Rich & C. H. Wilson, eds., *The Cambridge Economic History of Europe*. **IV:** *The Economy of Expanding Europe in the Sixteenth and Seventeenth Centuries*, Cambridge: University Press, 1967, 308–373.

Richet, Denis, "Croissance et blocages en France du XVe au XVIIIe siècle," *Annales E.S.C.*, **XXIII,** 4, juil.–août 1968, 759–787.

Richet, Denis, "Economic Growth and its Setbacks in France from the Fifteenth to the Eighteenth Century," in Marc Ferro, ed., *Social Historians in Contemporary France*. New York: Harper & Row, 1972, 180–211. (Translated from *Annales E.S.C.*, 1968.)

Richmond, Vice-Admiral Sir H., *National Policy and Naval Strength and Other Essays*. London: Longmans, Green & Co., 1928.

Riemersma, Jelle C., "Government Influence on Company Organization in Holland and England (1550–1650)," *Journal of Economic History*, Supplement X, 1950, 31–39.

Riley, P. W. J., "The Union of 1707 as an Episode in English Politics," *English Historical Review*, **LXXXIV,** No. 332, July 1969, 498–527.

Ringrose, D. R., "European Economic Growth: Comments on the North-Thomas Theory," *Economic History Review*, 2nd ser., **XXVI,** 2, May 1973, 285–292.

Robert, Daniel, "Louis XIV et les protestants," *XVIIe siècle*, No. 76–77, 1967, 39–52.

Roberts, Michael, *Gustavus Adolphus*, 2 vol. London: Longmans, Green, & Co., 1953, 1958.

Roberts, Michael, "Cromwell and the Baltic," *English Historical Review*, **LXXVI,** No. 300, July 1961, 402–446.

Roberts, Michael, "Queen Christina and the General Crisis of the Seventeenth Century," *Past and Present*, No. 22, July 1962, 36–59.

Roberts, Michael, "Charles XI," in *Essays in Swedish History*. London: Weidenfeld & Nicolson, 1967, 226–268. (Originally in *History*, 1965.)

Roberts, Michael, "Sweden and the Baltic, 1611–54," in *New Cambridge Modern History*, **IV:** J. P. Cooper, ed., *The Decline of Spain and the Thirty Years' War, 1609–49/59*. Cambridge: University Press, 1970, 385–410.

Roberts, Michael, "Introduction," in M. Roberts, ed., *Sweden's Age of Greatness, 1632-1718.* New York: St. Martin's Press, 1973, 1-19. (a)

Roberts, Michael, "The Swedish Church," in M. Roberts, ed., *Sweden's Age of Greatness, 1632-1718.* New York: St. Martin's Press, 1973, 132-173. (b)

Roebuck, P., "Absentee Landownership in the Late Seventeenth and Early Eighteenth Centuries: A Neglected Factor in English Agrarian History," *Agricultural History Review*, **XXI**, 1, 1973, 1-17.

Roehl, Richard, "French Industrialization: A Reconsideration," *Explorations in Economic History*, **XIII**, 3, July 1976, 233-281.

Roessingh, H. K., "Inland Tobacco: Expansion and Contraction of a Cash Crop in the 17th and 18th Centuries in the Netherlands," *A.A.G. Bijdragen*, No. 20, 1976, 498-503.

Romano, Ruggiero, "Documenti e prime considerazioni intorno alla 'Balance du commerce' della Francia dal 1716 al 1780," *Studi in onore di Armando Sapori*, **II**. Milano: Istituto Edit. Cisalpino, 1957, 1265-1300.

Romano, Ruggiero, "Une économie coloniale: le Chili au XVIIIe siècle," *Annales E.S.C.*, **XV**, 2, mars-avr. 1960, 259-285.

Romano, Ruggiero, "Tra XVI e XVII secolo, una crisi economica: 1619-1622," *Rivista storica italiana*, **LXXIV**, 3, 1962, 480-531.

Romano, Ruggiero, "L'Italia nella crisi del secolo XVII," *Studi storici*, **IX**, 3-4, lugl.-dic. 1968, 723-741.

Romano, Ruggiero, "Sens et limites de l'industrie' minière en Amérique espagnole du XVIe au XVIIIe siècle," *Journal de la Société des Américanistes*, **LIX**, 1970, 129-143.

Romano, Ruggiero, "L'Italia nella crisi del secolo XVII," in *Tra due crisi: L'Italia del Rinascimento.* Torino: Piccola Bibl. Einaudi, 1971, 186-206. (Originally in *Studi storici*, 1968.)

Romano, Ruggiero, "Italy in the Crisis of the Seventeenth Century," in Peter Earle, ed., *Essays in European Economic History 1500-1800.* Oxford: Clarendon Press, 1974, 185-198. (Translated from *Studi storici*, 1968.)

Romero de Solís, Pedro, *La población española en los siglos XVIII y XIX.* Madrid: Siglo XXI de España, 1973.

Roorda, D. J., "The Ruling Classes in Holland in the Seventeenth Century," in J. S. Bromley & E. H. Kossman, eds., *Britain and the Netherlands*, **II**. Groningen: J. B. Wolters, 1964, 109-132.

Roorda, D. J., "Party and Faction," *Acta Historiae Neerlandica*, **II**, 1967, 188-221.

Roos, Hans-Edvard, "Origin of Swedish Capitalism," *Economy and History*, **XIX**, 1, 1976, 49-65.

Rosén, Jerker, "Scandinavia and the Baltic," in *New Cambridge Modern History.* **V**: F. L. Carsten, ed., *The Ascendancy of France, 1648-88.* Cambridge: University Press, 1961, 519-42.

Rosenberg, Hans, *Bureaucracy, Aristocracy and Autocracy: The Prussian Experience, 1660-1815.* Cambridge, Massachusetts: Harvard Univ. Press, 1958.

Roseveare, Henry, *The Treasury: The Evolution of a British Institition.* New York: Columbia Univ. Press, 1969.

Roseveare, Henry, "Government Financial Policy and the Market in Late Seventeenth-Century England," Ottava VIII. Settimana di Studio, Istituto Internazionale di Storia Economica "Francesco Datini", Prato, 8 magg. 1976.

Rostworowski, Emanuel, "The Crisis of Sovereignty (1697-1763)," in A. Gieysztor *et al.*, *History of Poland.* Warszawa: PWN, 1968, 313-337.

Rowen, Herbert H., "The Revolution That Wasn't: The *Coup d'Etat* of 1650 in Holland," *European Studies Review*, **IV**, 2, Oct. 1974, 99-117.

Rubini, Dennis, "Politics and the Battle for the Banks, 1688-1697," *English Historical Review*, **LXXXV**, No. 337, Oct. 1970, 693-714.

Ruiz Martín, Felipe, "La banca en España hasta 1782," in F. Ruiz Martín *et al.*, *El banco de España: Una historia económica.* Madrid: Banco de España, 1970, 1-196.

Rule, John C., "Louis XIV, Roi-Bureaucrate," in John C. Rule, ed., *Louis XIV and the Craft of Kingship*. Columbus: Ohio State Univ. Press, 1969, 3–101.

Rusche, G. and Otto Kirchheimer, *Punishment and Social Structure*. New York: Columbia Univ. Press, 1939.

Rusiński, Władysław, "Hauptprobleme der Fronwirtschaft im 16. bis 18, Jhd. in Polen und den Nachbarländern," in *First International Conference of Economic History*, Stockholm, August 1960. *Contributions*. Paris & La Haye: Mouton, 1960, 415–423.

Rusiński, Władysław, "Strukturwandlungen der bäuerlichen Bevölkerung Polens im 16.–18. Jahrhundert," *Studia Historiae Oeconomicae*, **VII**, 1972, 99–119.

Rusiński, Władysław, "Über die Entwicklungsetappen der Fronwirtschaft in Mittel- und Osteuropa," *Studia Historiae Oeconomicae*, **IX**, 1974, 27–45.

Rutkowski, Jan, "Le régime agraire en Pologne au XVIIIe siècle," *Revue d'histoire économique et social*, **XIV**, 4, 1926, 473–505; **XV**, 1, 1927, 66–103. (a)

Rutkowski, Jan, *Histoire économique de la Pologne avant les partages*. Paris: H. Champion, 1927. (b)

Ruwet, Joseph, "Prix, production et bénéfices agricoles. Le pays de Liège au XVIII siècle," *Cahiers d'histoire des prix*, **II**, 1957, 69–108.

Saalfeld, Diedrich, *Bauernwirtschaft und Gutsbetrieb in der vorindustriellen Zeit*. Stuttgart: Gustav Fischer Verlag, 1960.

Sagnac, Philippe, "Le crédit de l'Etat et les banquiers à la fin du XVIIe et au commencement du XVIIIe siècle," *Revue d'histoire moderne et contemporaine*, **X**, No. 4–5, juin–juil. 1908, 257–272.

Salaman, Redcliffe N., *The History and Social Influence of the Potato*. Cambridge: University Press, 1949.

Salin, Edgar, "European Entrepreneurship," *Economic History Review*, 2nd ser., **XII**, 4, Fall 1952, 366–377.

Salmon, J. H. M., "Venality of Office and Popular Sedition in Seventeenth-Century France," *Past and Present*, No. 37, July 1967, 21–43.

Samuelsson, Kurt, *From Great Power to Welfare State*. London: Geo. Allen & Unwin, 1968.

Sandberg, Lars S., "Monetary Policy and Politics in Mid-Eighteenth Century Sweden: A Comment," *Journal of Economic History*, **XXX**, 3, Sept. 1970, 653–654.

Sayous, André-E., "L'affaire de Law et les Génevois," *Zeitschrift für schweizerische Geschichte*, **XVII**, 3, 1937, 310–340.

Scammell, G. V., "Shipowning in the Economy and Politics of Early Modern England," *Historical Journal*, **XV**, 3, 1972, 385–407.

Scelle, Georges, "The Slave-Trade in the Spanish Colonies of America: the Assiento," *American Journal of International Law*, **IV**, 3, July 1910, 612–661.

Schmoller, Gustav, *The Mercantile System and its Historical Significance*. New York: MacMillan, 1897. (Reprinted Augustus M. Kelley Publ., 1967).

Schöffer, Ivo, "Did Holland's Golden Age Coincide With a Period of Crisis?" *Acta Historiae Neerlandica*, **I**, 1966, 82–107.

Schöffer, Ivo, *A Short History of the Netherlands*. 2nd rev. ed. Amsterdam: Allert de Lange bv, 1973.

Schumpeter, Joseph A., *Capitalism, Socialism, and Democracy*. London: Geo. Allen & Unwin, 1943.

Schwartz, Stuart B., "The Mocambo: Slave Resistance in Colonial Bahia," *Journal of Social History*, **III**, 4, Summer 1970, 313–333.

Schwartz, Stuart B., "Free Labor in a Slave Economy: The *Lavradores de Cana* of Colonial Bahia," in Dauril Alden, ed., *Colonial Roots of Modern Brazil*. Berkeley: Univ. of California Press, 1973, 147–197.

Schwartz, Stuart B., "The Manumission of Slaves in Colonial Brazil: Bahia, 1684–1745," *Hispanic American Historical Review*, **LVII**, 4, Nov. 1974, 603–635.

Scoville, Warren C., "The Huguenots and the Diffusion of Technology," *Journal of Political Economy*, **LX,** 4, Aug. 1952, 294–311; **LX,** 5, Oct. 1952, 392–411.
Scoville, Warren C., *The Persecution of Huguenots and French Economic Development, 1680–1720.* Berkeley: Univ. of California Press, 1960.
Sée, Henri, "Remarques sur le caractère de l'industrie rurale en France et les causes de son extension au XVIIIe siècle," *Revue historique*, **CXLII,** 1, janv.–févr. 1923, 47–53.
Seeley, J. A., *The Expansion of England*, ed. by John Gross. Chicago, Illinois: Univ. of Chicago Press, 1971. (Originally published in 1883.)
Sella, Domenico, "The Rise and Fall of the Venetian Woollen Industry," in Brian Pullan, ed., *Crisis and Change in the Venetian Economy in the Sixteenth and Seventeenth Centuries.* London: Methuen, 1968, 106–126.
Sella, Domenico, "Industrial Production in Seventeenth-Century Italy: A Reappraisal," *Explorations in Entrepreneurial History*, **VI,** 3, Spring–Summer 1969, 235–253.
Sella, Domenico, "European Industries, 1500–1700," in C. M. Cipolla, ed., *The Sixteenth and Seventeenth Centuries*, **II,** Glasgow: Collins, 1974, 354–412.
Sella, Domenico, "The Two Faces of the Lombard Economy in the Seventeenth Century," in Frederick Krantz & Paul M. Hohenberg, eds., *Failed Transitions to Modern Industrial Society: Renaissance Italy and Seventeenth-Century Holland.* Montreal: Interuniversity Centre for European Studies, 1975, 11–15.
Semo, Enrique, *Historia del capitalismo en México: Los orígenes/1521–1763.* Mexico City: Ed. Era, 1973.
Sereni, Emilio, *Storia del paesaggio agrario italiano.* Bari, Italy: Laterza, 1961.
Sheridan, Richard B., "The Molasses Act and the Market Strategy of the British Sugar Planters," *Journal of Economic History*, **XVII,** 1, 1957, 62–83.
Sheridan, Richard B., "The Wealth of Jamaica in the Eighteenth Century," *Economic History Review*, 2nd ser., **XVIII,** 2, Aug. 1965, 292–311.
Sheridan, Richard B., "The Wealth of Jamaica in the Eighteenth Century: A Rejoinder," *Economic History Review*, 2nd ser., **XXI,** 1, Apr. 1968, 46–61.
Sheridan, Richard B., "The Plantation Revolution and the Industrial Revolution, 1625–1775," *Caribbean Studies*, **IX,** 3, Oct. 1969, 5–25.
Sideri, S., *Trade and Power: Informal Colonialism in Anglo-Portuguese Relations.* Rotterdam: Rotterdam Univ. Press, 1970.
Silbert, Albert, "Un carrefour de l'Atlantique: Madère (1640–1820)," *Economias e Finanças*, ser. 2, **XXII,** 1954, 389–443.
Simiand, François, *Les fluctuations économiques à longue période et la crise mondiale.* Paris: Lib. Felix Alcan, 1932. (a)
Simiand, François, *Recherches anciennes et nouvelles sur le mouvement général des prix du 16e au 19e siècle.* Paris: Ed. Domat-Montchrestien, 1932. (b)
Simpson, Leslie Boyd, "Mexico's Forgotten Century," *Pacific Historical Review*, **XXII,** 2, May 1953, 113–121.
Singh, O. P., *Surat and its Trade in the Second Half of the 17th Century.* Delhi: Univ. of Delhi, 1977.
Skazkine, S., "Sur la genèse du capitalisme dans l'agriculture de l'Europe occidentale," *Recherches internationales à la lumière du marxisme.* No. 37, *Le féodalisme*, mai–juin 1963, 191–202.
Slicher van Bath, B. H., "Agriculture in the Low Countries (ca. 1600–1800)", *X Congresso Internazionale di Scienze Storiche*, Roma, 4–11 settembre 1955. *Relazioni*, **IV:** *Storia Moderna.* Firenze: G. C. Sansoni-Ed., 1955, 169–203.
Slicher van Bath, B. H., "The Rise of Intensive Husbandry in the Low Countries," in J. S. Bromley & E. H. Kossman, eds., *Britain and the Netherlands.* London: Chatto & Windus, 1960, 130–153.
Slicher van Bath, B. H., *The Agrarian History of Western Europe, A.D. 500–1850.* London: Edw. Arnold, 1963. (a)
Slicher van Bath, B. H., "Yield Ratios, 810–1820," *A.A.G. Bijdragen*, No. 10, 1963. (b)

Slicher van Bath, B. H., "Les problèmes fondamentaux de la société préindustrielle en Europe occidentale: Une orientation et un programme," *A.A.G. Bijdragen*, No. 12, 1965, 3–46. (a)

Slicher van Bath, B. H., "Die europäischen Agrarverhältnisse im 17. und der ersten Hälfte des 18. Jahrhunderts," *A.A.G. Bijdragen*, No. 13, 1965, 134–148. (b)

Slicher van Bath, B. H., "Eighteenth-Century Agriculture on the Continent of Europe: Evolution or Revolution?" *Agricultural History*, **XLIII**, 1, Jan. 1969, 169–179.

Slicher van Bath, B. H., "Agriculture in the Vital Revolution," in *Cambridge Economic History of Europe*, **V**: E. E. Rich & C. H. Wilson, eds., *The Economic Organization of Early Modern Europe*. Cambridge: University Press, 1977, 42–132.

Sluiter, Engel, "Dutch-Spanish Rivalry in the Caribbean Area, 1594–1609," *Hispanic American Historical Review*, **XXVIII**, 2, May 1948, 165–196.

Smelser, Neil J., *Social Change in the Industrial Revolution*. London: Routledge & Kegan Paul, 1959.

Smit, J. W., "The Netherlands and Europe in the Seventeenth and Eighteenth Centuries," in J. S. Bromley & E. H. Kossmann, eds., *Britain and the Netherlands in Europe and Asia*. London: Macmillan, 1968, 13–36.

Smit, J. W., "Holland: Commentary," in Frederick Krantz & Paul W. Hohenberg, eds., *Failed Transitions to Modern Industrial Society: Renaissance Italy and Seventeenth Century Holland*. Montreal: Interuniversity Centre for European Studies, 1975, 61–63.

Smith, C. T., *An Historical Geography of Western Europe Before 1800*. London: Longmans, 1967.

Smout, T. C., "The Development and Enterprise of Glasgow, 1556–1707," *Scottish Journal of Political Economy*, **VII**, 3, 1960, 194–212.

Smout, T. C., *Scottish Trade on the Eve of the Union, 1660–1707*. Edinburgh: Oliver & Boyd, 1963.

Smout, T. C., "Scottish Landowners and Economic Growth, 1650–1850," *Scottish Journal of Political Economy*, **XI**, 1, Feb. 1964, 218–234. (a)

Smout, T. C., "The Anglo-Scottish Union of 1707. I: The Economic Background," *Economic History Review*, 2nd ser., **XVI**, 3, Apr. 1964, 455–467. (b)

Smout, T. C. & Alexander Fenton, "Scottish Agriculture Before the Improvers—An Exploration," *Agricultural History Review*, **XIII**, 2, 1965, 73–93.

Sombart, Werner, "Hausindustrie," *Handwörterbuch der Staatswissenschaften*, 2nd ed. Jena: Verlag von Gustav Fischer, 1900, **IV**, 1138–1169.

Soom, Arnold, "Der Kampf der baltischen Städte gegen das Fremdkapital im 17. Jahrhundert," *Vierteljahrschrift für Sozial- und Wirtschaftsgeschichte*, **XLIX**, 4, 1962, 433–458.

Spengler, Joseph, J., "Mercantilist and Physiocratic Growth Theory," in Bert F. Hoselitz, ed., *Theories of Economic Growth*. New York: Free Press, 1960, 3–64.

Sperling, J., "The International Payments Mechanism in the Seventeenth and Eighteenth Centuries," *Economic History Review*, 2d ser., **XIV**, 3, 1962, 446–468.

Špiesz, Anton, "Czechoslovakia's Place in the Agrarian Development of Middle and East Europe of Modern Times," *Studia Historica Slovaca*, **VI**, 1969, 7–62.

Spooner, Frank C., *L'économie mondiale et les frappes monétaires en France, 1493–1680*. Paris: Lib. Armand Colin, 1956.

Spooner, Frank C., "The European Economy, 1609–50," *New Cambridge Modern History*. **IV**: J. P. Cooper, ed., *The Decline of Spain and the Thirty Years War, 1609–48/59*. Cambridge: University Press, 1970, 67–103.

Stark, Werner, "Die Abhängigkeitsverhältnisse der gutsherrlichen Bauern Böhmens im 17. und 18. Jahrhundert," *Jahrbucher für Nationalökonomie und Statistik*, **CLXIV**, 4, Juli 1952, 270–92; 5, Sept. 1952, 348–354.

Steensgaard, Niels, "The Economic and Political Crisis of the Seventeenth Century," paper delivered at XIII International Congress of Historical Sciences, Moscow, Aug. 16–23, 1970.

Stefanescu, St., Mioc, D. & Chirca, H., "L'évolution de la rente féodale en travail en Valachie et en Moldavie aux XIVe–XVIIIe siècles," *Revue roumaine d'histoire*, **I**, 1, 1962, 39–60.

Stoianovich, Traian, "Pour un modèle du commerce du Levant: Economie concurrentielle et économie de bazar, 1500-1800," *Bulletin de l'Association Internationale d'Etudes du Sud-Est Européen*, **XII**, 2, 1974, 61-120.

Stols, E., "The Southern Netherlands and the Foundation of the Dutch East and West India Companies," *Acta Historiae Neerlandica*, **IX**, 1976, 30-47

Stone, Lawrence, "Social Mobility in England, 1500-1700," *Past and Present*, No. 33, Apr. 1966, 16-55.

Stone, Lawrence, "Literacy & Education in England, 1640-1900," *Past and Present*, No. 42, Feb. 1969, 69-139.

Stone, Lawrence, *The Causes of the English Revolution, 1529-1642*. London: Routledge & Kegan Paul, 1972.

Stork-Penning, J. G., "The Ordeal of the States—Some Remarks on Dutch Politics During the War of the Spanish Succession," *Acta Historiae Neelandica*, **II**, 1967, 107-141.

Stoye, J. W., "The Austrian Habsburgs," in *New Cambridge Modern History*, **VI:** J. S. Bromley, ed., *The Rise of Great Britain and Russia, 1688-1725*. Cambridge: University Press, 1970, 572-607. (a)

Stoye, J. W., "Armies and Navies. 2. Soldiers and Civilians," in *New Cambridge Modern History*, **VI:** J. S. Bromley, ed., *The Rise of Great Britain and Russia, 1688-1725*. Cambridge: University Press, 1970, 762-790. (b)

Stradling, R. A., "Seventeenth Century Spain: Decline or Survival?," *European Studies Review*, **IX**, 2, Apr. 1979, 157-194.

Strong, Frank, "The Causes of Cromwell's West Indian Expedition," *American Historical Review*, **IV**, 2, Jan. 1899, 228-245.

Supple, Barry E., "Thoman Mun and the Commercial Crisis, 1623," *Bulletin of the Institute of Historical Research*, **XXVII**, No. 75, May 1954, 91-94.

Supple, Barry E., "Currency and Commerce in the Early Seventeenth Century," *Economic History Review*, 2nd ser., **X**, 2, 1957, 239-255.

Supple, Barry E., *Commercial Crisis and Change in England 1600-42*. Cambridge: University Press, 1959.

Supple, Barry E., "The State and the Industrial Revolution," in C. M. Cipolla, ed., *The Fontana Economic History of Europe*, **III.** *The Industrial Revolution*. Glasgow: Collins, 1973, 301-357.

Supple, Barry E., "The Nature of Enterprise," in *Cambridge Economic History of Europe*, **V:** E. E. Rich & C. H. Wilson, eds., *The Economic Organization of Early Modern Europe*. Cambridge: University Press, 1977, 394-461.

Sutherland, Lucy S., *The East India Company in Eighteenth Century Politics*. Oxford: Clarendon Press, 1952.

Sutherland, Lucy S. "The City of London in Eighteenth-Century Politics," in Richard Pares & A. J. P. Taylor, eds., *Essays Presented to Sir Lewis Namier*. London: Macmillan, 1956, 49-74.

Swart, K. W., "Holland's Bourgeoisie and the Retarded Industrialization of the Netherlands," in Frederick Krantz & Paul M. Hohenberg, eds., *Failed Transitions to Modern Industrial Society: Renaissance Italy and Seventeenth Century Holland*. Montreal: Interuniversity Centre for European Studies, 1975, 44-48.

Sweezy, Paul, "Karl Marx and the Industrial Revolution," in *Modern Capitalism and Other Essays*. New York: Monthly Review Press, 1972, 127-146. (a) (Originally in Robert V. Eagly, ed., *Events, Ideology and Economic Theory*, 1968.)

Sweezy, Paul, "Marx and the Proletariat," in *Modern Capitalism and Other Essays*. New York: Monthly Review Press, 1972, 147-165. (b) (Originally in *Monthly Review*, 1967.)

Symcox, Geoffrey, *The Crisis of the French Sea Power 1688-1697. From the Guerre d'Escadre to the Guerre de Course*. The Hague: Martinus Nijhoff, 1974.

Szczygielski, Wojciech, "Le rendement de la production agricole en Pologne du XVIe au XVIIe siècle sur le fond européen," *Ergon*, **V**, supplement to *Kwartalnik historii kultury materialnej*, **XIV**, 4, 1966, 745-803.

Szczygielski, Wojciech, "Die ökonomische Aktivität des polnischen Adels im 16.-18. Jahrhundert," *Studia Historiae Economicae*, **II**, 1967, 83-101.

Takahashi, H. K., "The Transition from Feudalism to Capitalism; A Contribution to the Sweezy-Dobb Controversy," *Science and Society*, **XVI**, 4, Fall 1952, 313-345.

Tapié, Victor-Lucien, "Les officiers seigneuriaux dans la société française du XVIIe siècle," *XVIIe siècle*, Nos. 42-43, 1er trimestre 1959, 118-140.

Tapié, Victor-Lucien, "Quelques aspects généraux de la politique étrangère de Louis XIV," *XVIIe siècle*, Nos. 46-47, 1er-2e trimestres 1960, 1-28.

Tapié, Victor-Lucien, *The Rise and Fall of the Habsburg Monarchy*. New York: Praeger, 1971.

Tawney, R. H., "A History of Capitalism", review of M. H. Dobb, *Studies in the Development of Capitalism*, in *Economic History Review*, 2nd ser., **II**, 3, 1950, 307-316.

Taylor, A. J. P., *The Course of German History*. New York: Coward-McCann, 1946.

Taylor, George V., "Types of Capitalism in Eighteenth-Century France," *English Historical Review*, **LXXIX**, No. 312, July 1964, 478-497.

Taylor, Harland, "Trade, Neutrality and the 'English Road', 1630-1648," *Economic History Review*, 2nd ser., **XXV**, 2, May 1972, 236-260.

Tazbir, Janusz, "Recherches sur la conscience nationale en Pologne au XVIe siècle," *Acta Poloniae Historica*, No. 14, 1966, 5-22.

Tazbir, Janusz, "The Commonwealth at the Turning Point (1586-1648)," in A. Gieysztor *et al.*, *History of Poland*. Warszawa: PWN, 1968, 208-241. (a)

Tazbir, Janusz, "The Commonwealth in the Years of Crisis (1648-1696)," in A. Gieysztor *et al.*, *History of Poland*. Warszawa: PWN, 1968, 242-312. (b)

Temperley, Harold W. V., "The Age of Walpole and the Pelhams," *Cambridge Modern History*. **VI**: *The Eighteenth Century*. Cambridge: University Press, 1909, 40-89. (a)

Temperley, Harold W. V., "The Causes of the War of Jenkins' Ear, 1739," *Transactions of the Royal Historical Society*, 3rd ser., **III**, 1909, 197-236. (b) (Reprinted in Ian R. Christie, ed., *Essays in Modern History*, 1968.)

Temperley, Harold W. V., "Foreword" to Jean O. McLachlan, *Trade and Peace with Old Spain, 1667-1750*. Cambridge: University Press, 1940, ix-xi.

Teuteberg, H. J., "The General Relationship between Diet and Industrialization," in Elborg & Robert Forster, eds., *European Diet from Pre-Industrial to Modern Times*. New York: Harper & Row (Torchbooks), 1975, 61-109.

Thirsk, Joan, "The Restoration Land Settlement," *Journal of Modern History*, **XXVI**, 4, Dec. 1954, 315-328.

Thirsk, Joan, "Industries in the Countryside," in F. J. Fisher, ed., *Essays in the Economic and Social History of Tudor and Stuart England*. Cambridge: University Press, 1961, 70-88.

Thirsk, Joan, "Seventeenth-Century Agriculture and Social Change," *Agricultural History Review*, **XVIII**, 1970, Supplement: Joan Thirsk, ed., *Land, Church and People*, 148-177.

Thirsk, Joan, "New Crops and Their Diffusion: Tobacco-growing in Seventeenth-century England," in C. W. Chalklin & M. A. Havinden, eds., *Rural Change and Urban Growth. 1500-1800*. London: Longmans, 1974, 76-103.

Thirsk, Joan, *The Restoration*. London: Longmans, 1976.

Thomas, P. J., *Mercantilism and the East India Trade*. London: Frank Cass, 1963.

Thomas, Robert Paul, "The Sugar Colonies of the Old Empire: Profit or Loss for Great Britain?," *Economic History Review*, 2nd ser., **XXI**, 1, Apr. 1968, 30-45.

Thompson, E. P., "Time, Work-Discipline and Industrial Capitalism," *Past and Present*, No. 38, Dec. 1967, 56-97.

Thompson, E. P., *Whigs and Hunters: The Origin of the Black Act*. New York: Pantheon, 1975.

Thompson, F. M. L., "The Social Distribution of Landed Property since the Sixteenth Century," *Economic History Review*, 2nd ser., **XIX**, 3, Dec. 1966, 505-517.

Thomson, Mark A., "The War of the Austrian Succession," in *New Cambridge Modern History*,

VII: J. O. Lindsay, ed., *The Old Regime, 1713-1763*. Cambridge: University Press, 1966, 416-439.

Tilly, Charles, "Reflections on the History of European State-Making," in Charles Tilly, ed., *The Formation of National States in Western Europe*. Princeton, New Jersey: Princeton Univ. Press, 1975, 3-83.

Tomkiewicz, Władysław, "Varsovie au XVIIe siècle," *Acta Poloniae Historica*, No. 15, 1967, 39-64.

Tonnesson, Kåre D., "Les pays scandinaves," in *L'abolition de la "féodalité" dans le monde occidental*. Colloques internationaux du C.N.R.S., Toulouse 12-16 nov. 1968. Paris: Ed. du C.N.R.S., I, 1971, 303-313 (plus Discussion, II, 719-721).

Topolska, Maria Barbara, "Peculiarities of the Economic Structure of Eastern White Russia in the Sixteenth-Eighteenth Centuries," *Studia Historiae Oeconomicae*, VI, 1971, 37-49.

Topolski, Jerzy, "Les tendances de l'évolution agraire de l'Europe Centrale et Orientale aux XVIe-XVIIIe siècles," *Rivista di storia dell'agricoltura*, VII, 2, giug. 1967, 107-119.

Topolski, Jerzy, "L'économie rurale dans les biens de l'archêvéché de Gniezno depuis le 16e jusqu'au 18e siècle," *Recherches internationales à la lumière du marxisme*, No. 63-64, 2e et 3e trimestre, 1970, 86-98.

Topolski, Jerzy, "La reféodalisation dans l'économie des grands domaines en Europe centrale et orientale (XVIe-XVIIIe ss.)," *Studia Historiae Oeconomicae*, VI, 1971, 51-63.

Topolski, Jerzy, "Economic Decline in Poland from the Sixteenth to the Eighteenth Centuries," in Peter M. Earle, ed., *Essays in European Economic History, 1500-1800*. Oxford: Clarendon Press, 1974, 127-142. (a) (Translated from *Acta Poloniae Historica*, 1962.)

Topolski, Jerzy, "The Manorial Serf Economy in Central and Eastern Europe in the 16th and 17th Centuries," *Agricultural History*, XLVIII, 3, July 1974, 341-352. (b)

Topolski, Jerzy, "Commerce des denrées agricoles et croissance économique de la zone baltique aux XVIe et XVIIe siècles," *Annales E.S.C.*, XXIX, 2, mars-avr. 1974, 425-436. (c)

Torr, Dona, "The English Revolution, I," *Labour Monthly*, XXIII, 2, Feb. 1941, 90-92.

Tremel, Ferdinand, "Die österreichische Wirtschaft zwischen 1620 und 1740," *Österreich in Geschichte und Literatur*, 1961, V, 166-181.

Treue, Wilhelm, "Wirtschafts- und Sozialgeschichte vom 16. bis zum 18. Jahrhundert," in Bruno Gebhardt, her., *Handbuch der deutschen Geschichte*. II: *Von der Reformation bis zum Ende des Absolutismus*, 8th rev. ed. Stuttgart: Union Verlag, 1955, 366-436.

Treue, Wilhelm, "Das Verhaltnis von Fürst, Staat und Unternehmer in der Zeit des Merkantilismus," *Vieteljahrschrift für Sozial- und Wirtschaftsgeschichte*, XLIV, 1, 1957, 26-56.

Treue, Wilhelm, *Wirtschaft, Gesellschaft und Technik in Deutschland von 16. bis zum 18. Jahrhundert*. München: Deutscher Taschenbuch Verlag, 1974.

Trevelyan, George Macauley, "The Revolution as a Movement for Democratic Unification," in Gerald M. Straka, ed., *The Revolution of 1688: Whig Triumph or Palace Revolution?* Boston: D. C. Heath, 1963, 43-49. (Originally in *The English Revolution, 1688-1689*, 1938.)

Trevor-Roper, Hugh R., "The General Crisis of the 17th Century," *Past and Present*, No. 16, Nov. 1959, 31-66.

Trevor-Roper, Hugh R., "Scotland and the Puritan Revolution," in H. E. Bell & R. L. Ollard, eds., *Historical Essays 1600-1750 presented to David Ogg*. London: Adam & Charles Black, 1964, 78-130.

Trevor-Roper, Hugh R., "The Union of Britain in the 17th Century," in *Homenaje a Jaime Vicens Vives*. Barcelona: Facultad de Filosofia y Letras, 1967, II, 703-715.

Tucker, G. S. L., "English Pre-Industrial Population Trends," *Economic History Review*, 2nd ser., XVI, 2, Dec. 1963, 205-218.

Unger, Richard W., *Dutch Shipbuilding Before 1800*. Assen/Amsterdam: Van Gorcum, 1978.

Unger, W. S., "Trade Through the Sound in the Seventeenth and Eighteenth Centuries," *Economic History Review*, 2nd ser., XII, 2, Dec. 1959, 206-221.

Unwin, George, *Industrial Organization in the Sixteenth and Seventeenth Centuries*. Oxford: Clarendon Press, 1904.

Usher, Abbott Payson, *The History of the Grain Trade in France, 1400-1710*. Harvard Economic Studies, Vol. **IX**. Cambridge, Massachusetts: Harvard Univ. Press, 1913.

Usher, Abbott Payson, "The Growth of English Shipping, 1572-1922," *Quarterly Journal of Economics*, **XLII**, 3, May 1928, 465-478.

Usher, Abbott Payson, "Machines and Mechanisms," in C. Singer et al., *A History of Technology*. **III**: *From the Renaissance to the Industrial Revolution, c1500-c1700*. Oxford: Clarendon Press, 1959, 324-346.

Utterström, Gustav, "An Outline of Some Population Changes in Sweden ca. 1660-1750 and a Discussion of Some Current Issues," in D. V. Glass & D. E. C. Eversley, eds., *Population in History*. London: Edw. Arnold, 1965, 536-548.

Vandenbroeke, Chr., "Cultivation and Consumption of the Potato in the 17th and 18th Century," *Acta Historiae Neerlandica*, **V**, 1971, 15-39.

Van der Wee, H., "Introduction—The Agricultural Development of the Low Countries as Revealed by the Tithe and Rent Statistics, 1250-1800," in H. van der Wee & E. van Cauwenberghe, eds., *Productivity of Land and Agricultural Innovation in the Low Countries (1250-1800)*. Leuven: Leuven Univ. Press, 1978, 1-23.

Van der Woude, A. M., "Discussion," in *Third International Conference of Economic History*, Munich, 1965, **IV**: J. E. C. Eversley, ed., *Demography and History*. Paris & La Haye: Mouton, 1972, 232-234.

Van der Woude, A. M., "The A. A. G. Bijdragen and the Study of Dutch Rural History," *Journal of European Economic History*, **IV**, 1, Spring 1975, 215-241.

Van der Woude, A. M. & Mentink, G. J., "La population de Rotterdam au XVIIe et au XVIIIe siècle," *Population*, **XXI**, 6, Nov.-Dec. 1966, 1165-1190.

Van Dijk, H. & Roorda, D. J., "Social Mobility under the Regents of the Republic," *Acta Historiae Neerlandica*, **IX**, 1976, 76-102.

Van Dillen, J. G., "Stukken betreffende den Amsterdamschen graanhandel omstreeks het jaar 1681," *Economisch-Historisch Jaarboek*, **III**, 1917, 70-106.

Van Dillen, J. G., "Eenige stukken aangaande den Amsterdamschen graanhandel in de tweede helfte der zeventiende eeuw," *Economisch-Historisch Jaarboek*, **IX**, 1923, 221-230.

Van Dillen, J. G., "Amsterdam, marché mondial des métaux précieux au XVIIe et au XVIIIe siècle," *Revue historique*, 51ᵉ annee, **CLII**, 2, juil.-août 1926, 194-201.

Van Dillen, J. G., "Amsterdam's Role in Seventeenth-Century Dutch Politics and its Economic Background," in J. S. Bromley & E. H. Kossman, eds., *Britain and the Netherlands*, **II**. Groningen: J. B. Wolters, 1964, 133-147.

Van Dillen, J. G., "Economic Fluctuations and Trade in the Netherlands, 1650-1750," in Peter Earle, ed., *Essays in European Economic History, 1500-1800*. Oxford: Clarendon Press, 1974. 199-211. (a) (Translated from *Van rijkdom en regenten: handboek tot de economische en sociale geschiedenis van nederland tijdens de republiek*, 1970.)

Van Dillen, J. G., "La banque de changes et les banquiers privés à Amsterdam aux XVIIe et XVIIIe siècles," *Third International Conference of Economic History*. Munich, 1965, Paris: Mouton, **V**, 1974, 177-185. (b)

Van Hoboken, W. J., "The Dutch West India Company: The Political Background of its Rise and Decline," in J. S. Bromley & E. H. Kossman, eds., *Britain and the Netherlands*. London: Chatto & Windus, 1960, 41-61.

Van Houtte, Jean A., "Déclin et survivance d'Anvers (1550-1700)," *Studi in onore di Amintore Fanfani*, V: *Evi moderno e contemporaneo*. Milano: Dott. A. Giuffrè-Ed., 1962, 703-726.

Van Klaveren, Jacob, *General Economic History, 100-1760*. München: Gerhard Kieckens, 1969. (a)

Van Klaveren, Jacob, "Fiscalism, Mercantilism and Corruption," in D. C. Coleman, ed., *Revisions in Mercantilism*. London: Methuen, 1969, 140-161. (b) (Translated from *Vierteljahrschrift für Sozial- und Wirtschaftsgeschichte*, 1960.)

Van Veen, Joh., *Dredge, Drain, Reclaim*. The Hague: Martinus Nijhoff, 1950.

Várkonyi, Ágnes R., "Historical Personality, Crisis and Progress in 17th Century Hungary,"

Etudes historiques, 1970, publiées à l'occasion du VIIIe Congrès International des Sciences Historiques par la Commission National des Historiens Hongrois. Budapest: Akademiai Kiado, 1970, 295-299.

Veenendaal, A. J., "The War of the Spanish Succession in Europe," in *New Cambridge Modern History,* **VI:** J. S. Bromley, ed., *The Rise of Great Britain and Russia, 1688-1715/25.* Cambridge: University Press, 1970, 410-445.

Ventura, Angelo, "Considerazioni sull'agricoltura veneta e sulla accumulazione originaria del capitale nei secoli XVI e XVII," *Studi storici,* **IX,** 3-4, lugl.-dic. 1968, 674-722.

Verlinden, Charles, "Schiavitù ed economia nel mezzogiorno agli inizi dell'età moderna," *Annali del mezziogiorno,* **III,** 1963, 11-38.

Verlinden, Charles, "Amsterdam," in Amintore Fanfani, red., *Città mercanti doctrine nell'economia europea dal IV al XVIII secolo.* Milano: Dott. A. Giuffrè-Ed., 1964, 321-340.

Verlinden, Charles, "Les conditions de l'introduction et de l'abolition du régime feódal dans les deux Amériques," in *L'abolition de la "féodalité" dans le monde occidental,* Colloques internationaux du C.N.R.S., Toulouse 12-16 nov. 1968. Paris: Ed. du C.N.R.S., **I,** 1971, 341-348.

Verlinden, Charles, "Dal Mediterraneo all'Atlantico," in *Contributi per la storia economica.* Prato: Istituto Internazionale di Storia Economica "F. Datini", 1975, 27-51.

Viana, Luis Filho, "O trabalho do engenho e a reacção do Indio—Estabelecimento de escravatura africans," in *Congresso do Mundo Portugues,* **X,** Lisboa: Publicações Lisboa, 1940, 11-29.

Vicens Vives, Jaime, *Approaches to the History of Spain,* 2nd ed. Berkeley: Univ. of California Press, 1970.

Vignols, Léon, "L'ancien concept monopole et la contrebande universelle, I. Le 'commerce interlope' français, à la mer du sud, aux débuts du XVIIIe siècle, type de ce contrebande. Et textes inédits sur ce sujet," *Revue d'histoire économique et social,* **XIII,** 3, 1925, 239-299.

Vigo, Giovanni, "Real Wages of the Working Class in Italy: Building Workers' Wages (14th to 18th Century)," *Journal of European Economic History,* **III,** 2, Fall 1974, 378-399.

Vilar, Pierre M., "Problems of the Formation of Capitalism," *Past and Present,* No. 10, Nov. 1956, 15-38.

Vilar, Pierre M., "Remarques sur l'histoire des prix," *Annales E.S.C.,* **XVI,** 1, janv.-févr. 1961, 110-115.

Vilar, Pierre M., *Le "Manuel de la Companya Nova" de Gibraltar, 1709-1723,* Affaires et Gens d'Affaires, **XXVI.** Paris: S.E.V.P.E.N., 1962. (a)

Vilar, Pierre M., *La Catalogne dans l'Espagne moderne,* 3 vol. Paris: S.E.V.P.E.N., 1962. (b)

Vilar, Pierre M., *Or et monnaie dans l'histoire, 1450-1920.* Paris: Flammarion, 1974.

Villani, Pasquale, *Feudalità, riforme, capitalismo agrario.* Bari: Ed. Laterza, 1968.

Villani, Pasquale, "Note sullo sviluppo economico-sociale del Regno di Napoli nel settecento," *Rassegna economica,* **XXXVI,** 1, 1972, 29-55.

Villari, Rosario, "Baronaggio e finanza a Napoli alla vigilia della rivoluzione del 1647-48," *Studi storici,* **III,** 2, apr.-giug. 1962, 259-306.

Villari, Rosario, "Note sulla rifeudalizzazione del Regno di Napoli alla vigilia della rivoluzione di Masaniello, *Studi storici,* **IV,** 4, ott.-dic. 1963, 637-668; **VI,** 2, apr.-giug. 1965, 295-328. Continued as "Cogiura aristocratica e rivoluzione popolare," *Studi storici,* **VII,** 1, genn.-marzo 1967, 37-112.

Villari, Rosario, "Rivolte e coscienza rivoluzionaria nel secolo XVII," *Studi storici,* **XII,** 2, apr.-giug. 1971, 235-264.

Viner, Jacob, "Power versus Plenty as Objectives of Foreign Policy in the Seventeenth and Eighteenth Centuries," in D. C. Coleman, ed., *Revisions in Mercantilism.* London: Methuen, 1969, 61-91. (Originally in *World Politics,* 1948.)

Visconti, Alessandro, *L'Italia nell'epoca della controriforma dal 1576 al 1773,* Vol. **VI** of *Storia d'Italia.* Milano: Arnoldo Mondadori Ed., 1958.

Vivanti, Corrado, "La storia politica e sociale: Dall'avvento delle signorie all'Italia spagnola," in R. Romano & C. Vivanti, coordinators, *Storia d'Italia,* **II,** Part 1, 277-427. Torino: Einaudi, 1974.

Vlachovič, Jozef, "Produktion und Handel mit ungarischen Kupfer im 16. und im ersten Viertel des 17. Jahrhunderts," in Ingomar Bog, her., *Der Aussenhandel Ostmitteleuropas, 1450-1650.* Köln-Wien: Böhlau Verlag, 1971, 600-627.

von Braun, Joachim Freiherr, "Die ostdeutsche Wirtschaft in ihrer vorindustriellen Entwicklung," in Göttinger Arbeitskreis, *Das östliche Deutschland: Ein Handbuch.* Würzburg: Holzner Verlag, 1959, 603-639.

von Hippel, W., "Le régime féodal en Allemagne au XVIIIe siècle et sa dissolution," in *L'abolition de la "féodalité" dans le monde occidental,* Colloques internationaux du C.N.R.S., Toulouse 12-16 nov. 1968. Paris: Ed. du C.N.R.S., **I**, 1971, 289-301.

Waddell, David A. G., "Queen Anne's Government and the Slave Trade," *Caribbean Quarterly,* **VI**, 1, 1960, 7-10.

Wallerstein, Immanuel, *The Modern World-System.* New York: Academic Press, 1974.

Walton, Gary M., "Sources of Productivity Change in American Colonial Shipping, 1675-1775," *Economic History Review,* 2nd ser., **XX**, 1, Apr. 1967, 67-78.

Walton, Gary M., "A Measure of Productivity Change in Colonial Shipping," *Economic History Review,* 2nd ser., **XX**, 2, Aug. 1968, 268-282. (a)

Walton, Gary M., "New Evidence on Colonial Commerce," *Journal of Economic History,* **XXVIII**, 3, Sept. 1968, 363-389. (b)

Walzer, Michael, "Puritanism as a Revolutionary Ideology," *History and Theory,* **III**, 1964, 75-90.

Wangermann, Ernst, *The Austrian Achievement, 1700-1800.* New York: Harcourt, Brace & Jovanovich, 1973.

Wansink, N., "Holland and Six Allies: The Republic of the Seven United Provinces," in J. S. Bromley & E. H. Kossman, eds., *Britain and the Netherlands,* **IV**: *Metropolis, Dominion and Province.* The Hague: Nijhoff, 1971, 133-155.

Ward, A. W., "The War of the Spanish Succession. (2) The Peace of Utrecht and the Supplementary Pacifications," in *Cambridge Modern History,* **V**: *The Age of Louis XIV.* Cambridge: University Press, 1908, 437-459.

Ward, J. R., "The Profitability of Sugar Planting in the British West Indies, 1650-1834," *Economic History Review,* 2nd ser., **XXXI**, 2, May 1978, 197-209.

Warden, Alexander J., *The Linen Trade Ancient and Modern.* London: Longmans, Green & Co., 1864. (Reprinted New York: Augustus Kelley, 1968.)

Wätjen, Hermann, "Zür statistik der Holländischen Heringsfischerei im 17. und 18. Jahrhundert," *Hansische Geschichtsblatter,* **XVI**, 1910, 129-185.

Weber, Max, *General Economic History.* Glencoe, Illinois: Free Press, 1950.

Weinryb, Bernard D., *The Jews of Poland.* Philadelphia, Pennsylvania: Jewish Publ. Society of America, 1973.

Weis, Eberhard, "Ergebnisse eines Vergleichs der grundherrschaftlichen Strukturen Deutschlands und Frankreichs vom 13. bis Zum Ausgang des 18. Jahrhundert," *Vierteljahrschrift für Sozial- und Wirtschaftsgeschichte,* **LVII**, 1, 1970, 1-14.

Weise, Heinz, "Der Rinderhandel in nordwesteuropäischen Küstengebiet vom 15. bis zum Beginn des 19. Jahrhunderts," in H. Wiese & J. Bölts, *Rinderhandel und Rinderhaltung im nordwesteuropäischen Küstengeibiet vom 15. bis zum 19. Jahrhundert.* Stuttgart: Gustav Fischer Verlag, 1966, 1-129.

Wiese, Heinz, "Die Fleischversorgung der nordwesteuropäischen Grossstädte unter besonderer Berücksichtigung des interterritorialen Rinderhandels," *Third International Conference of Economic History,* Munich 1965, Paris & La Haye: Mouton, 1974, **V**, 453-458.

Weisser, Michael, "The Decline of Toledo Revisited: The Case of Toledo," *Journal of European Economic History,* **II**, 3, Winter 1973, 614-640.

Westergaard, Waldemar, *The Danish West Indies under Company Rule (1671-1754).* New York: Macmillan, 1917.

Wiles, Richard C., "The Theory of Wages in Later English Mercantilism," *Economic History Review*, 2nd ser., **XXI**, 1, Apr. 1968, 113–126.

Williamson, J. A., "The Colonies after the Restoration, 1660–1713," in *The Cambridge History of the British Empire*, **I.** J. Holland Rose et al., eds., *The Old Empire from the Beginnings to 1763*. Cambridge: University Press, 1929, 239–267.

Wilson, Charles Henry, *Anglo-Dutch Commerce and Finance in the Eighteenth Century*. Cambridge: University Press, 1941.

Wilson, Charles Henry, "Treasure and Trade Balances: The Mercantilist Problem," *Economic History Review*, 2nd ser., **II**, 2, 1949, 152–161.

Wilson, Charles Henry, "Treasure and Trade Balances: Further Evidence," *Economic History Review*, 2nd ser., **IV**, 2, 1951, 231–242.

Wilson, Charles Henry, "The Economic Decline of the Netherlands," in E. M. Carus-Wilson, ed., *Essays in Economic History*, **I**. London: Edw. Arnold, 1954, 254–269. (Originally in *Economic History Review*, 1939.)

Wilson, Charles Henry, *Profit and Power: A Study of England and the Dutch Wars*. London: Longmans, Green & Co., 1957. (a)

Wilson, Charles Henry, "The Growth of Overseas Commerce and European Manufacture," in *New Cambridge Modern History*, **VII:** J. O. Lindsay, ed., *The Old Regime, 1713–63*. Cambridge: University Press, 1957, 27–49. (b)

Wilson, Charles Henry, "Cloth Production and International Competition in the Seventeenth Century," *Economic History Review*, 2nd ser., **XIII**, 2, Dec. 1960, 209–221. (a)

Wilson, Charles Henry, "Dutch Investment in Eighteenth Century England. A Note on Yardsticks," *Economic History Review*, 2nd ser., **XII**, 3, Apr. 1960, 434–439. (b)

Wilson, Charles Henry, *England's Apprenticeship, 1603–1763*. London: Longmans, 1965.

Wilson, Charles Henry, "Trade, Society and the State," in E. E. Rich & C. H. Wilson, eds., *Cambridge Economic History of Europe*, **IV:** *The Economy of Expanding Europe in the Sixteenth and Seventeenth Centuries*. Cambridge: University Press, 1967, 487–575.

Wilson, Charles Henry, *The Dutch Republic and the Civilisation of the Seventeenth Century*, World University Library. London: Weidenfeld & Nicolson, 1968.

Wilson, Charles Henry, "The Other Face of Mercantilism," in D. C. Coleman, ed., *Revisions in Mercantilism*. London: Methuen, 1969, 118–139. (a) (Originally in *Transactions of the Royal Historical Society*, 1959.)

Wilson, Charles Henry, "Taxation and the Decline of Empires, an Unfashionable Theme," in *Economic History and the Historian*. London: Weidenfeld & Nicolson, 1969, 114–127. (b) (Originally in *Bijdragen en Mededelingen van het Historisch Genootschap*, 1963.)

Wilson, Charles Henry, *Queen Elizabeth and the Revolt of the Netherlands*. Berkeley: Univ. of California Press, 1970.

Wilson, Charles Henry, "Transport as a Factor in the History of Economic Development," *Journal of European Economic History*, **II**, 2, Fall 1973, 320–337.

Wilson, Charles Henry, "The Historical Study of Economic Growth and Decline in Early Modern History," in *Cambridge Economic History of Europe*, **V:** E. E. Rich & C. H. Wilson, eds., *The Economic Organization of Early Modern Europe*. Cambridge: University Press, 1977, 1–41. (a)

Wilson, Charles Henry, "The British Isles," in Charles Wilson & Geoffrey Parker, eds., *An Introduction to the Sources of European Economic History, 1500–1800*, Vol. **I:** *Western Europe*. London: Weidenfeld & Nicolson, 1977, 115–154. (b)

Wittman, T., "Apuntes sobre los métodos de investigación de la decadencia castellana (siglos XVI–XVII)," in *Nouvelles études historiques*, publiées à l'occasion du XII⁰ Congrès International des Sciences Historiques par la Commission Nationale des Historiens Hongrois, **I.** Budapest: Akadémiai Kiadó, 1965, 243–250.

Wolański, Marian, *Związki handlowe Śląska z Rzecząpospolitą w XVII Wieku*. Wydawnictwa

Wrootawskiego Towarzystwa Naukowego, No. 77, 1961. Germany summary, pp. 303–39: "Die Handelbeziehungen Schlesiens mit dem Königreich Polen im XVII. Jahrhundert unter besonderer Berücksichtigung der Stadt Wroclaw."

Wolański, Marian, "Schlesiens Stellung im Osthandel vom 15. bis zum 17. Jahrhundert," in Ingomar Bog, her., *Der Aussenhandel Ostmittelemopas, 1450–1650.* Köln-Wien: Böhlau Verlag, 1971, 120–138.

Wolf, Siegmund A., "Das Entstehen von Wüstungen durch Bauernlegen," *Zeitschrift für Wirtschaftsgeschichte,* **V,** 2, 1957, 319–324.

Wolfe, Martin, "French Views on Wealth and Taxes from the Middle Ages to the Old Regime," *Journal of Economic History,* **XXVI,** 4, Dec. 1966, 466–483.

Woolf, Stuart J., "Economic Problems of the Nobility in the Early Modern Period: The Example of Piedmont," *Economic History Review,* 2nd ser., **XVII,** 2, Dec. 1964, 267–283.

Woolf, Stuart J., "The Aristocracy in Transition: A Continental Comparison," *Economic History Review,* 2nd ser., **XXIII,** 3, Dec. 1970, 520–531.

Wright, William E., *Serf, Seigneur and Sovereign: Agrarian Reform in Eighteenth Century Bohemia.* Minneapolis: Univ. of Minnesota Press, 1966.

Wrigley, E. A., "Family Limitation in Pre-Industrial England," *Economic History Review,* 2nd ser., **XIX,** 1, Apr. 1966, 82–109.

Wrigley, E. A., "A Simple Model of London's Importance in Changing English Society and Economy, 1650–1750," *Past and Present,* No. 37, July 1967, 44–70.

Wyczański, Andrzej, "Le niveau de la récolte des céréales en Pologne du XVIe au XVIIIe siècle," in *First International Conference of Economic History,* Stockholm, August 1960. *Contributions.* Paris & La Haye: Mouton, 1960, 585–590.

Wyczański, Andrzej, "La campagne polonaise dans le cadre des transformations du marché des XVIe–XVIIe siècles. L'économie de la Starostie de Korczyn, 1500–1600," *Studia Historiae Oeconomicae,* **II,** 1967, 57–81.

Wyrobisz, Andrzej, "Mining in Medieval and Modern Poland," *Journal of European Economic History,* **V,** 3, Winter 1976, 757–762.

Yates, Frances A., *Astraea: The Imperial Theme in the Sixteenth Century.* London: Routledge & Kegan Paul, 1975.

Yernaux, Jean, *La métallurgie liégeoise et son expansion au XVIIe siècle.* Liège: Georges Thone, 1939.

Zagorin, Perez, "The Social Interpretation of the French Revolution," *Journal of Economic History,* **XIX,** 3, Sept. 1959, 376–401.

Závala, Silvio, "The Evolving Labor System," in John Francis Bannon, ed., *Indian Labor in the Spanish Indies.* Boston: D. C. Heath, 1966, 76–81. (Originally in *New Viewpoints on the Spanish Colonization of America,* 1943.)

Zhukov, E. M., "The Periodization of World History," in *International Congress of Historical Sciences,* Stockholm, 1960, *Rapports,* **I:** *Methodologie, histoire des prix avant 1750.* Göteborg, Sweden: Almqvist & Wiksell, 1960, 74–94.

Zientara, Benedykt, "Eisenproduktion und Eisenhandel in Polen im 16. und 17. Jahrhundert," in Ingomar Bog, her., *Der Aussenhandel Ostmitteleuropas, 1450–1650.* Köln-Wien: Böhlau Verlag, 1971, 270–285.

Zimańyi, Vera, "Mouvements des prix hongrois et l'évolution européenne (XVIe–XVIIIe s.)," *Acta Historica Academiae Scientarum Hungaricae,* **XIX,** 1973, 305–333.

Zollner, Erich, *Geschichte Österreichs,* 4th ed. München: R. Oldenbourg Verlag, 1970.

Żytkowicz, Leonid, "An Investigation into Agricultural Production in Masovia in the First Half of the Seventeenth Century," *Acta Poloniae Historica,* No. 18, 1968, 99–118.

Żytkowicz, Leonid, "Grain Yields in Poland, Bohemia, Hungary, and Slovakia in the 16th to 18th Centuries," *Acta Poloniae Historica,* No. 24, 1971, 51–72.

Żytkowicz, Leonid, "The Peasant's Farm and the Landlord's Farm in Poland from the 16th to the Middle of the 18th Century," *Journal of European Economic History,* **I,** 1, 1972, 135–154.

Żvtkowicz, Leonid, review of A. Piatkowski, *Agricultural Estates Belonging to the Town of Elblag in the XVIIth and XVIIIth Centuries*, in *Journal of European Economic History*, **III,** 1, Spring 1974, 249-251.

"'Failed Transitions': Concluding Participants' Discussions," in Frederick Krantz & Paul M. Hohenberg, eds., *Failed Transitions to Modern Industrial Society: Renaissance Italy and Seventeenth-Century Holland.* Montreal: Interuniversity Centre for European Studies, 1975, 81-84.

"Holland: Participants' Discussion," in Frederick Krantz & Paul M. Hohenberg, eds., *Failed Transitions to Modern Industrial Society: Renaissance Italy and Seventeenth-Century Holland.* Montreal: Interuniversity Centre for European Studies, 1975, 64-66.

L'abolition de la "féodalité" dans le monde occidental, **II:** *Discussion des rapports.* Colloques internationaux du C.N.R.S., Toulouse, 12-16 nov. 1968. Paris: Editions du C.N.R.S., 1971.

"Seventeenth-Century Revolutions," a discussion, *Past and Present,* No. 13, 1958, 63-72.

"Summary of the Discussion: Population Change in Relation to the Economy," *Third International Conference of Economic History,* Munich 1965, **IV:** *Demography and History.* Paris & La Haye: Mouton, 1972, 227-235.

Zur Ostdeutschen Agrargeschichte: Ein Kolloquium, Vol. **XVI** of Ostdeutsche Beiträge: Aus dem Göttinger Arbeitskreis. Würzburg: Holzner-Verlag, 1960.

索 引

（本索引中的页码系原著页码，检索时请查阅本书正文页边码）

A

Aachen, 亚琛 200

Abel, Wilhelm, 艾贝尔 3, 16, 22, 28, 31, 132-133, 262

Absentee ownership, 不在地主 168, 170-171

Absenteeism, 不在位地主制 86

Absolutism, 绝对主义 see State, absolutism

Achilles, Walter, 阿基利斯 28, 137

Act of Union, 联盟法案 see Great Britain, Union of Parliaments (of1707)

Adams, Geoffrey, 亚当斯 124

Administrative unifcation, 单一管理 see State, strength of

Admiralty colleges, 海军大学 62, see also Netherlands (northern)

Adriatic, 亚得里亚海 199

Adscriptus glebae, 农奴 see Serfs

Affermage, 包税 see Tax-farming

Africa, 非洲 9, 17-18, 46, 51, 146, 171-174, 210, 235, 237, 238, 270

coast of, 非洲海岸 see Africa, West

East, 东非 49

North (or northern), 北非 172, 272,

see also Mediterranean (region)

Age of Liberty, 自由时代 220

Ager, 农地 see Land, cultivated

Ågren, Kurt, 阿格伦 212, 215

Agriculture, 农业 3, 5, 9, 13-16, 27, 29, 39-42, 46, 50, 54, 59, 81-87, 89, 92, 94, 98, 101, 116, 119, 123, 132, 145, 147-149, 152, 155, 164, 174, 180-181, 193-194, 196-198, 201-202, 204, 221-222, 227, 234, 236, 249, 259-262, 267-268

agricultural revolution, 农业革命 5, 83, 263

agronomy, 农艺学 14, 25, 46

arable production, 适合耕种的产品 14, 41, 84, 194, 201

capitalist, 资本家 14, 48, 83, 119, 134, 147, 151, 167, 190, 202, 204, 212, 226, 232, see also Coerced labor; Farmers; Laborers; Slavery

cash-crops, 商品作物 see Agriculture, capitalist

commercialization, 商品化 see Agriculture, capitalist

consolidation, 合并，巩固 141, 155, 164, 168, 171-172, 216, 225-

227, 259, 262
contraction of cultivated areas, 耕种区收缩 13-15, 135
crop rotations, 谷物轮作 82-83, 133, 146, 180
enclosures, 围绕 86, 88-89, 121, 259
expansion of cultivated areas, 耕地扩张 13, 15, 25, 29, 82, 135, 260, 263
fertilizers, 肥料 14, 41, 44, 54, 180
fodder (forage), 粮草 41, 83, 259, see also Grasses
fruit culture, 水果耕种 41
horticulture, 园艺 41
industrial crops, 工业的作物 13, 41
innovation in, 农业开发 15, 39-42, 83, 259-260
mixed farming, 混合农业 82
monoculture, 单一耕作 224, 262
pasturage, 畜牧 14-15, 25, 41, 86, 152, 166
subsistence, 少有剩余的农场经营 137, 146, 181, 236
tropical, 热带农业 103, 171
yields, 农场 13-14, 25, 41, 75, 83, 90

Agro-industrial production complex, 农工业综合生产 44, 66, 79
Agullhon, M., 阿古隆 125
Aix-la-Chapelle, Treaty of (1748), 亚琛和约 256, 272
Akerman, Johan, 阿克曼 282
Albany, Fort, 奥尔巴尼要塞 250
Albers, J., 阿尔伯 63
Alcabala, 阿卡巴拉 150
Alcazar-el-Kebir, 阿尔卡萨尔 182
Alcoholic beverages, 酒精浓度 141, 259,
see also Beer; Brandy; Distillers; Gin; Port; Rum; Taverns; Whiskey; Wine
Alderman Cockavne Project 艾德曼科卡因计划, 43, 76, 206
Aleppo, 阿勒坡 272
Algeria, 阿尔及利亚 108
Algiers, 阿尔及尔 248, 272
Alhóndiga, 谷物商行 155
Allen, Theodore, 艾伦 173
Allgau, 阿尔高 14
Allgemeines Landrecht, 国家法律名称 225
Almadén, 阿尔曼登 146
Alps, 阿尔卑斯 94, 200
Alsace, 阿尔萨斯 14, 250
Altmark, Truce of (1629), 阿尔特马克条约 207-208
America (the Americas), 美洲 9, 17, 49-50, 52, 101-103, 108-110, 130, 145-146, 150-153, 157-158, 160, 165, 172, 181, 184-188, 190, 238-240, 245-246, 252-253, 256-257, 267, 270-271
American Indians, see Amerindians 美洲印第安人
Iertral, 中美洲 4, 148, 150, 152-154, 158-159, 161
Hispanic (Spanish), 西属美洲 21, 33, 61, 102, 108, 147, 149, 151-152, 155-156, 158, 160-162, 166-167, 173, 184-185, 189, 191, 198, 255, 271, 276, see also America, Iberian
Iberianm, 伊比利亚 4, 148, see also America, Hispanic; Brazil
Latin, 拉丁美洲 see America, Iberian
Middle, 中美洲 see America, Central
North, 北美洲 17-18, 47, 83, 97,

索 引

100，103，157，168－169，179，191，195，218，236－241，253，255，263，273，see also Middle Atlantic colonies; New England 新英格兰

southern colonies，南方殖民地 169，171－172，253，255

temperate America，温带美洲 see America，North

tropicalAmerica，热带美洲 17－18，see also America，Hispanic; America，Iberian; Brazil; Caribbean

Amerindians，美洲印第安人 110，151－155，158，162，173－174

American Revolution，美国大革命 see Revolution，American

Amiens，亚眠 90－91

Amsterdam，阿姆斯特丹 2，6，21，24，28，43－47，50－51，53－60，63－64，67－70，78，96，106，108，115，141，183，202，205－206，209，222

Bankof，阿姆斯特丹银行 see Wisselband van Amsterdam，De

Anarchism，无政府主义 113

Ancien Régime，旧政体 6，8，23，94，229，246，266，285

Andalusia，安达卢西亚 145

Anderson，M.S.，安德森 211，219

Anderson，Perry，安德森 13，29－32，64，71，144－145，197，204－205，211，221，227－228，230，232，235，284

Andes（region），安第斯 153，285

Andrews，Charles M.，安德鲁斯 39，65，186，246，257，269－270，275

Anes Alvarez, Gonzalo，安尼斯阿尔瓦雷斯 180

Anglo-Dutch wars，英荷战争 51－52，70，78－80，100

Anglo-French wars，英法战争 187，245，247，253，275，284

Anglo-Portuguese Treaties，英葡战争 185，277

Anglo-Spanish Treaty（1670），英西条约 159

Angola，安哥拉 52，186

Animals，动物 see Livestock

Anne（of England），安妮（英国女王）250，252，254，278

Antilles，安得列斯 see Caribbean

Antwerp，安特卫普 45－46，53－54，198

Appalti di gabelle，包税制 203，see also State，finances

Aquila，阿奎拉 147

Aragon，阿拉冈 189

Araire，扶犁 88

Arawak，阿赖韦克 173

Archangel，阿尔汉格尔 274

Ardant，Gabriel，阿丹特 277

Ardennes，阿登 95

Aristocracy，贵族 22，26，32，56，63，69，71，86，94，103，112，119，122－125，132，138－139，141－143，145，148，182，204，211，214－216，220，224，230－231，253－254，265，285－286，see also Classes，upper; Junkers; Landlords; Nobility; Seigniors

"aristocratization,"贵族化 63，68，119

Armaments，兵力 80，95，103，207－209，248，263，see also Army; Navy; War

Armengaud，André，阿曼高特 18，75－76，258－259

— 423 —

Arminius, Jacobus (Arminians), 阿米尼乌斯 51, 67-69, 206

Army, 军队 64, 80, 114-115, 117, 141-142, 150, 158, 163, 180, 198, 203, 207, 209, 211, 213-214, 216-217, 219-220, 223, 227-236, 239, 246-249, 253, 268, 274, 276-277, 285, 288, see also Navy; War

  commissions, 委任 247

    contractors, 包商 80, 150, see also Merchants

    mercenaries, 佣兵 26, 57, 95, 195, 199, 207, 224, 275

    private armies, 私人军队 195, 207

    victualling, 粮食储备 231

Art objects, 艺品 65, 67, 200

Artisans, 15, 45, 93, 98, 125, 141, 196-196, 199, 201, 207, 216, 254

Asher, Eugene L., 阿谢尔 119

Ashley, M.P., 阿什利 78, 118, 264

Ashton, Robert, 阿什顿 76, 114, 260

Ashton, T.S., 阿什顿 90, 104, 260, 262, 276, 282

Asia, 亚洲 9, 17-18, 47-49, 97, 107-109, 158, 184, 273

Asiento, 贩奴 77, 161, 188-191, 270-271

Aspvall, G., 亚斯普维尔 215

Åström, Sven-Erik, 阿斯特罗姆 42-43, 96, 98-101, 106, 108, 208, 211, 213-215, 217-220, 239-240, 274

Atlantic (wotld), 亚特兰大 23, 51-52, 102, 110, 133, 150, 162, 184, 237, 248, see also Trade, Atlantic; World-economy

Attman, Artur, 阿特曼 106

Aubin, Hermann, 奥宾 235

Auge, 奥日 14

Augsburg, 奥格斯堡 197

Augustus II (of Poland), 奥古斯都二世 219

Austria, 奥地利 22, 71, 138, 143, 188, 198, 225-226, 228, 230-236, 252, 255-257, 277

Austrian Succession, War of, 奥地利继承战争 235, 256, 260, 280

  Hereditary Lands, 继承土地 225-226

Autarky, 经济独立政策 156

Aviadores, 放贷者 156

Avsöndring, 分离政策 212-213, 215

Aylmer, Gerald E., 艾尔莫 284

Aymard, Maurice, 艾马德 145-147

Azores, 亚速尔群岛 186

B

Bacon, Sir Francis, 培根 34

Bacon's Rebellion (1676), 培根反叛 173

Baehrel, René, 博利尔 4, 16, 21, 111

Bahia, 巴伊亚 163

Bailyn, Bernard, 贝林 236-237

Bairoch, Paul, 巴尔罗克 84, 263

Bakewell, P.J., 贝克韦尔 148-149, 152, 155-156, 174

Balibar, Etienne, 巴利巴尔 5-6

Balkans, Turkish, 巴尔干土耳其 8, 234

Baltic (region), 波罗的海 20-23, 40-41, 43, 52, 77, 80, 96, 99-101, 107, 109, 130, 133, 162, 194, 206, 211-212, 217-223, 227, 229, 261, see also Trade, Baltic

Bamford, Paul Walden, 班福德 99-100, 214, 274

Banana republic, 蔑指中美洲的一些共和

国 285

Banat，巴纳特 234

Banditry，强盗 182，260，see also Piracy，State，state banditry

Banking，金融 29，36，38，55-58，112，132，137，171，180，183，266，275-276，278－281，283，see also Financiers；Loans；Mer-chants；Money

    private，183，223，281-282

    state，57，202，281，283

Bankruptcy，崩溃 see State，finances

Banque Royale，皇家银行 283，see also Banking，state

Barbary，巴巴利 98

Baranowski，B.，贝拉诺斯基 134

Barbados，巴巴多斯 52，162，169，172，191

Barber，Elinor G.，巴伯 286

Barbour，Violet，巴伯 43-44，48，280

Barcelona，巴塞罗那 189

Bareel，William，巴瑞尔 69

Barfleur，Battle of（1694），巴弗勒尔战役 248

Bargatló，Modesto，巴格罗 156

Barker，Ernest，巴克 70，118，121，130

Barker，T. M.，巴克 201，232

Barkhausen，Max，巴克豪森 268

Barley，大麦 14，46，180，261

Barnett，Correlli，巴尼特 80，247-248

Baron，Salo W.，巴伦 78

Barraclough，Geoffrey，巴拉克勒夫 226，230，235

Barrier Treaty（1715），贝瑞尔条约 256

Barrow，Thomas C.，巴洛 237-238

Basque country，巴斯克地区 124，182，189，268

Basses-Cévennes，塞文河谷 287

Bassett，D. K.，贝塞特 97

Batavia，巴达维亚 46

Batavian Republic，巴达维亚共和国 62

Batie，Robert Carlyle，贝蒂 162

Batjan，巴蒂 49

Bauernlegen，农民安置 226

Baulart，M.，鲍拉特 29

Bavaria，巴伐利亚 23

Bayle，Pierre，贝尔 67

Bayonne，贝亚恩 268

Bazant，Jan，巴赞特 151

Beaujon，A.，布杨 39，61

Beauvaisis，博韦 21，90

Beef，牛肉 see Meat

Beer，啤酒 141，165，260，see also Malt

Beer，George-Louis，比尔 186，237-238

Behrens，Betty，贝伦 235

Belgium，比利时 see Netherlands，sodthern

Belorussia，白俄罗斯 145

Beltrami，Daniele，贝尔特拉米 200

Bengal，孟加拉 273

Berckheyde，Adiaensz Job，贝瑞克海德 2

Bérenger，Jean，贝伦格 232

Berger，Patrice，柏格 284

Berlin，柏林 225，279

Berthe，Jean-Pierre，伯特 149，162

Besnier，R.，贝斯尼尔 276

Bessin，贝辛 14

Bethlen，Gabor，贝特兰 142

Beutin，Ludwig，比尤廷 45，67，197

Biala Gora，拜亚拉哥拉 see White Mountain，Battle of（1620）

Birch，Alan，伯屈 274

Black Death，黑死病（瘟疫）see Epidemics

Blacks，黑人 see Negroes

Blake, Admiral Robert, 布莱克 79, 111

Blaschke, Karlheinz, 布拉斯柴克 201

Blitz, Rudolph, 布利兹 106, 276

Bloch, Marc, 布洛赫 83, 86

Bluche, Francois, 布鲁许 124

Bodmer, Walter, 博德默 199-200

Boelcki, Willi, 波尔基 226

Boethius, B., 波修斯 210, 221

Bog, Ingomar, 波格 232

Bogucka, Maria, 博古卡 52, 59, 131-132, 137, 144

Bohemia, 波希米亚 14, 20, 24, 132, 135, 138-139, 195, 226, 231-232, 234-236, 252, see also Czechia; Czecho-slovakia

Bohuslän, 布胡斯兰 223

Bombay, 孟买 185, 273

Bonification of land, 土地开垦 see Land, land reclamation

Bono, Salvatore, 波诺 272

Borah, Woodrow, 博拉 153, 156

Bordeaux, 波尔多 268

Borelli, Giorgio, 博雷利 197, 200

Bornholm (island), 博恩霍姆 223

Bosher, J. F., 268

Bossuet, Jacques Bénigne, 波苏维特 289

Boston, 波士顿 236, 250

Boswell, A. Bruce, 波士维尔 143

Bothnia, Gulf of, 波斯尼亚 214-215

Boucaniers, 烤肉者 159, see also Piracy

Boulle, Pierre H., 布勒 267-268, 270

Bounties, 255, 261-262, 267, see also Great Britain, Corn Bounty Act

Bourbons, Spanish, 波旁王朝 188-191, 221, 228, 256

Bourde, André-J., 布尔德 115

Bourgeoisie, 中产阶级 5, 19, 23, 30, 34, 45, 65, 68, 77, 89, 96, 112, 114, 116-117, 119-121, 124-125, 129, 132, 140, 142-145, 147, 150, 153, 156, 161, 167, 175, 182-184, 189-190, 193, 199, 202-203, 206, 215, 220, 222, 226, 231, 233, 254, 258, 273, 277, 280, 286-289, see also Burghers; Capitalism; Farmers, capita-list; Financiers; Gentry; Industrialists; Merchants

bourgeois revolution, 中产阶级革命 5-6, 20, 24, 63, 87, 120, 123, 138

commercial, 商业 see Merchants

foreign, 外国的 22, 143

manufacturing, 制造 see Industrialists

Bourgogne, 布尔戈涅 see Burgundy

Bourilly, V.-L., 布瑞利 125

Bouvier, Jean, 布维尔 276, 279, 283

Bouwsma, William, 鲍斯马 4, 33, 118

Bowman, Francis L., 鲍曼 46, 208

Boxer, C. R., 博克塞 48, 63-64, 69, 158, 162, 166, 173, 184-185, 187, 192-193, 268, 273-274

Boyer, Richard, 波义耳 156

Brabant, 布拉邦 51, 54, 200, see also Netherlands, southern

Brading, D. A., 布莱丁 151, 174

Brandenburg (-Prussia), 勃兰登堡 see Prussia

Brandy, 白兰地 187

Braudel, Fernand, 布罗代尔 3, 6, 8, 2-21, 28-29, 145, 147, 184, 194, 246, 262, 276

Braun, Rudolf, 布劳恩 229-230, 279

Brazil, 巴西 17, 22, 51-52, 103, 147, 150, 157-158, 160-163, 166-167, 173-175, 183-187, 191, 193, 270,

276-277, see also America, Iberian
Bread, 面包 28, see also Cereals
Breda, Treaty of (1667), 布列达条约 79
Breen, T. H., 布尔 165, 171
Bregenzerwald, 布伦根茨瓦尔德 14
Bremen-Verden, 布里梅-费尔登 211
Brenner, Robert, 布伦纳 89-90
Breslau, 布雷斯劳 235
Brewers, 酿造者 260-261, 269
Brick, 砖 13, 56
Bridgetown, 布里奇顿 169
Bristal, 布里斯托 115
Britain, 不列颠 see Great Britain
Broad cloth, 宽布 see Textiles, woollen
Bromley, J.S., 布罗姆利 249-250, 286
Brömsebro, Treaty of (1657), 布鲁姆斯布罗条约 223
Bronze, 青铜 156, 205, 208
Brown, Vera Lee, 布朗 191, 251, 257
Bruchey, Stuart, 布鲁奇 238, 241
Bruford, W., H., 布鲁福 234
Bruges, 布鲁格 194, 198
Brulez, W., 布鲁勒兹 198
Buccaneers, 海盗 see Piracy
Buckwheat, 荞麦 14
Buenos Aires, 布宜诺斯艾利斯 160, 183, 191
Buffer stocks, 股票 56, see also Trade
Bulferetti, Luigi, 布尔费蒂 26, 195, 199-200, 202
Bullion, 金银条块 16-17, 25, 37, 48-50, 58, 76, 103, 106-112, 149-152, 180, 184-187, 191-193, 238, 276-277, 281, see also Gold; Mints; Money; Prices, bullion; Silver
Burckhardt, Jacob, 博克哈德 114

Burghers, 自治市镇之公民 45, 67, 70, 99, 145, 211, 218, 230, 254, 287, see also Bourgeoisie; Patricians; Towns
Burghers revolt (1674), 自治市民叛乱 229
Bürgin, Alfred, 伯根 199
Burgundy, 勃艮第 14, 80, 148
Burke, Sr Edmund, 柏克 6
Burke, Peter, 柏克 62-63
Burt, Roger, 柏特 263
Busquet, Raoul, 布斯奎 125
Buss, 戏吻 39

C

Cádiz (Cadix) 加的斯 111, 160, 188, 191
Cairú, 凯鲁 163
Caizzi, Bruno, 凯西 199
Caledonia, 喀里多尼亚（古苏格兰）253
Calico, 白布 108, 264, 273
Calories, 卡路里 55, 259, see also Food
Calvinism, 加尔文主义 51, 53, 67, 69, 114, 125, see also Christianity
Camamú, 卡马莫 163
Cambrai, 康布雷 95
Camelots, 驼绒 91
Camisard, 卡米札尔 287
Campagna, 平原 14
Campbell, R.H., 坎贝尔 81, 265
Canada, 加拿大 100, 102, 147, 172, 273
Canals, 运河 see Transport, canals
Cancilo, Orazio, 坎奇拉 146
Cane, 蔗糖 see Sugar
Cape of Good Hope (Cape route), 好望角 47, 77, 253

Capital，资本的 16，19，30，32，49-50，54，56，60，67，85-88，91，95，100，107，111，125，137，152-155，163-164，167-168，170-172，174-175，193，202-203，205-206，209，211，218，241，253，263，266，275，280，282，285，288

Capitalism，资本主义的 3，5-9，19，23，26-28，31-33，37-38，45-51，57，59-60，63，65，85，93-94，108-109，116-117，122，130，137-138，143，147-148，156，201-202，255，266，269，277-278，280，289，see also Agriculture, capitalist; Bourgeoisie; Companies; Industries; Money; Trade; World-economy

 capitalist agriculture，资本家农业 see Agriculture, capitalist

 entrepreneurs，资本主义企业家 25-26，37，48-49，51，56-57，78，86，93，100，119，130-131，137，147，156，162，167-172，183，194-195，199-203，206，208-210，231，235，249，258，260-261，265，267，274，286，see also Bourgeoisie; Financiers; Gentry; Industrialists; Merchants; Planters

 merchant capital，商业资本 5，28，32，56，76，78，123，167，193-195

 monopolies，专利 46，49，51，56，121，141，154，165，201，203-204，209-211，218

 transition from feudalism，封建主义转变 3，5，7，31-32

Capitalists，资本家 see Bourgeoisie

 landed，see Farmers, capitalist

Caps（political party），无边帽党 220-221

Cardozo, Manuel，卡多佐 187

Carelia，卡尔利亚 219

Caribbean，加勒比地区 9，46，52，61，64，69，97，103，107，112，146-148，157-175，183-184，186，188，236-241，255-257，265，267，270-271，273-274

Carlo Emanuele II (of Savoy)，卡罗伊曼纽尔二世 201

Carlowitz, Treaty of (1699)，卡洛维兹条约 234

Carlsson, Sten，卡尔森 213，216

Carmagnani, Marcello，卡马格那尼 152

Carmona, Maurice，卡莫纳 203

Carolinas，卡罗林那 236，240

Carolingianera，加洛林时代 13，147

Carr, Raynond，卡尔 212

Carrera，船队 157，see also Trade, Atlantic

Carrière, Charles，柯利尔 98，100，103-104，116，268，270

Carstairs, A. M.，卡斯泰尔 254-255

Carsten, F. L.，卡尔斯坦 22-23，57，226-232

Carswell, John，卡斯韦尔 115，282

Cartagena，喀他基那 149

Carter, Alice C.，卡特 63，79，115，250-251，255，257，275，279-281

Castile，卡斯提尔 14，21，108，145，180-183，185，188-189，204-205，219

Castillo, Alvaro，卡斯蒂罗 58，145-146，183

Catalonia，加泰隆尼亚 14，181-185，187-189，193，250

Catalan Movement，加泰隆运动 189

索 引

Revolt of the Catalans，加泰隆反叛 182，188

Cateau-Cambrésis, Treaty of (1559)，卡托-坎布雷条约 70

Catherine (of Braganca)，凯瑟琳 185

Catholic Church，天主教教堂 5，63，68-69，102，124，145，190，204，231，253，285，see also Christianity; Counter Reformation

Cattle，牲畜 83，131-134，139，152，157-158，161，221-22，224，254，261-262，265，see also Livestock

Cavalry，骑兵队 see Army

Caviar，鱼子酱 274

Cédulas，南美发出的公文 155

Celtic (areas)，凯尔特（地区）123，288

Cens，年贡 see Rents, quit-rents

Cereals，谷物 13-14，16，21-22，25，40-41，46，50，53，60，63，75，82-84，87，89-90，98-99，131-132，134，139，141，146，151-152，165-166，180，202，210，217，219，222，224，237，259-260，262，267，274，see also Barley; Bread; Buckwheat; Food; Millet; Oats; Rye; Sorghum; Wheat shortage of，谷物短缺 see Food, shortage of

Cernovodeanu, Paul，瑟诺沃德努 272

Cespedes del Castillo, Guillermo，174

Ceylon，锡兰 274

Chatupnicy，小农 135，see also Farmers, small

Chambers, J.D.，钱伯斯 82，260，263

Chamillart, Michelde，夏米拉特 276

Chandler, David G.，钱德勒 219

Channel, the，海峡 83

Channel Islands，海峡群岛 249

Charcoal，木炭 101

Charity，慈善捐款 45

Charles I (of England)，查理一世（英）59，77

Charles II (of England)，查理二世（英）79，83，122，159，185

Charles II (of Spain)，查理二世（西班牙）185，188-190，255

Charles III (of Austria)，查理三世（澳）198

Charles V (of Spain)，查理五世（西班牙）32，38，114，232

Charles VI (of Austria)，查理六世（澳）232，234

Charles IX (of Sweden)，查理九世（澳）203，209

Charles X (of Sweden)，查理十世（瑞典）213，223

Charles XI (of Sweden)，查理十一世（瑞典）214-215，217

Charles XII (of Sweden)，查理十二世（瑞典）203，215-217，219-220，234，240，252

Charrue，犁 88

Chartered companies，宪章公司 see Companies

Chartists，宪章主义者 125

Chaudhuri, K.N.，乔杜里 97，107-108

Chaunu, Huguette，肖努 107，183-184，262

Chaunu, Pierre，肖努 3-4，6-7，14，20-22，25，27，51，67-68，75，84-85，148，152，157，162，183，189，245，274，286-287

Cheese，奶酪 see Dairy products

Cherepnin, L.V.，沙利普宁 218

Cherry, George L.，彻里 269

Chesapeake Valley，切萨皮克谷 164-165，

170，236

Chevalier, François, 谢瓦利埃 148-149，154-155，162

Child, Josiah, 蔡尔德 93-94

Chile, 134, 149, 152-153, 173

China, 中国 97, 107, 264, 273, see also Orient

Chinoiserie, 中国人 273

Chintz, 印花棉布 264

Choiseul, Etienne-François, Ducde, 舒瓦瑟尔 192, 247

Christelow, Allen, 克里斯特罗 160, 185, 191-192, 257

Christian IV (of Denmark), 克里斯琴四世 223

Christianity, 基督教 70, 144, see also Calvinism; Catholic Church; Mediter-ranean, Christian; Protestantism

clergy, 僧侣 68-69, 99, 120, 124, 142, 216, 244, 287

Christianopel, Peace of (1645), 克里斯蒂安诺贝尔和约 223

Christina (of Sweden), 克里斯汀娜 205, 215

Cipolla, Carlo M., 奇波拉 3, 5, 20, 199

Cities, 城市 see Towns

Civil servants, 公仆 see State, bureaucracy

Civilizations, 文明化 7, 23, 27, 32, 65, 210

Clapham, Sir John, 克拉潘 278

Clarendon, Earl of (Edward Hyde), 克拉伦登 40, 61

Clark, G. N., 克拉克 5-6, 40, 46, 66, 90, 188-189, 246, 249, 251, 269

Classes, 阶级 8-9, 19, 31, 71, 114, 117, 119-123, 144, 167, 169, 173, 188, 201, 212, 222, 231, 247, 262

class-struggle, 阶级斗争 70, 84, 113, 120, 140, 144, 147, 189, 287

lower, working, 下层阶级，劳动业 16, 28-29, 31-32, 45, 63-64, 68, 125, 144, 155, 173, see also Poor; Workers

middle, manufacturing, mercantile, 中间阶级，手工制造业 6, 32, 63, 67-68, 123, 172, 190, 265, 287, see also Bourgeoisie; Merchants; State, bureaucracy

peasant, 农民 see Peasantryupper, ruling, landowning, 上层阶级，统治阶级，地主阶级 19, 25, 30-31, 33, 70, 120, 122, 125, 129, 142, 144, 154, 182, 189, 197, 216-217, 231, 285, 286, 288, see also Aristocracy; Junkets; Nobility; Seigniors

Classicism, 古典主义 33

Climate, 气候 13, 29, 82, 163-164, 186, 204, 230, 238, 248, 258

Clock-making, 钟表制造 93, 199-200

Closed economy, 封闭经济 see Mercantilism

Closiers, 小屋农 88, 135, see also Farmers, small

Cloth, 布 see Textiles

Clothiers, 织布者 197, 207, 236, 260, see also Weavers

Clover, 苜蓿 83-84, 259

Clyde (river), 克莱德（河）255

Coal, 煤 54, 93, 95, 100, 263 smelting, 炼煤 148, 263

Coats, A. W., 寇兹 94

Cobbett, William, 柯伯特 274

Cochineal, 洋红 91

Cocoa, 可可 164

索 引

Coen, Jan Pieterszoon, 柯恩 46-47
Coerced labor, 强制劳工 103, 132, 135, 146, 149, 153-155, 174, see also Coryée-labor; Slavery cash-crop, 商品作物 134, 138, 174-175
Coffee, 咖啡 50, 164, 273
"Coffee-sergeants", 下级军官 49
Coinage, 铸币 see Money
Colbeft, Jean Baptiste, 柯尔伯 44, 81, 84, 91, 94-95, 112, 116-119, 123-124, 186, 198-199, 245, 248, 266, 268, 278, 282
Colchester, 科尔切斯特 66
Cole, W. A., 柯尔 269
Coleman, D. C., 科尔曼 5, 37, 238, 259, 263
Coleseed, 油菜籽 13
Colonies, 殖民地 20, 46-47, 51-52, 101-103, 146, 151-152, 156-158, 160, 164-165, 167-170, 173, 181, 183-186, 189, 191, 193, 203, 209-210, 235-241, 247, 253-255, 257, 263, 265-266, 268-270, 273, 280, 282
    colonial products, 殖民地产品 43, 61, 103, 236, 241
    settlers, 48, 52, 101, 103-104, 109, 154, 159, 193, 239, 273
Columbus, Christopher, 哥伦布 6
Comenius, John Amos, 柯米尼厄斯 67
Commenda, 有限责任合伙制 203
Commerce, 商业 see Trade
Commercial crops, 经济作物 see A-griculture, capitalist
Commerical primacy, 商业首位 see Trade, commercial primacy

Commission agents, 委任员 56, 169-170, 275, see also Merchants
Commonwealth of the Gentry, 绅士共和国 142-144
Compagniè de Chine, 中国公司 282
Compagnie des Indes, 印度公司 282-283
Compagnied'Indes orientales, 东印度公司 282
Compagniedu Sénégal, 塞内加尔公司 282
Companies, 公司 27, 32, 46, 50-57, 78, 95-96, 98, 107, 111, 125, 137, 171, 201, 206, 215, 237, 255, 278, see also Companies by title; Partnership system; Stocks
Company of RoyalAdventures into Africa, 皇家非洲冒险公司 270
Company of Scotland, 苏格兰公司 252-254
Condé, Prince of, 孔德王子 74
Conseil du Roi, 枢密院 84, see also France
Constantini, Claudio, 君士坦丁尼 195, 199-200
Contadini, 农民 see Peasantry
Continental Blockade, 大陆封锁 247
Continental (or Military) school of thought, 大陆思想学派 246-247, 249
Contraband, 非法交易 79, 102, 151, 153, 158, 160-161, 166, 184-185, 191, 193, 197, 253, 256-257, 260, 271
Contraction, economic, 经济合约 see Cycles, economic, B-phases
Cook, Sherburne, F., 库克 153
Cooper, J. P., 库柏 64
Coornaert, E. L. J., 46, 48
Copenhagen, 哥本哈根 160, 223
Copper, 铜 17, 108, 112, 133-134, 204-206, 209-210

— 431 —

copper coins, 铜币 108, 112, 130, 205, see also Money, metallic; Vellon

Copyholders, 不动产所有者 86-87, 125

Core (states), 核心国家 8-9, 17, 26-27, 32, 37-39, 48, 61, 65, 75-76, 81-84, 93, 95-96, 116, 123, 129-130, 137, 142-144, 151, 156, 158, 160, 162, 166-168, 179, 185, 196, 211, 217-218, 223, 225, 228, 233, 241, 262, 273, 277

 core rivalries, 核心竞争 76, 92-93, 98, 181, 184, 241, 245-246, 250-251, 253, 274

Corn, 谷物 see Wheat

Corn Laws, 谷物法 90

Coromandel, 科罗曼德尔 107

Corregidores, 小镇首长 153-154

Corsair fleets, 地方长官 see Piracy

Corvée-labor, 法定劳务 132, 135-136, 138-141, 212, 222-223, 226-227, 232, see also Coerced labor, cash crop

Corvisier, André, 考维西埃 124

Cossacks, 哥萨克人 145, 214

Cost of living, 生活开销 16, 268, 270

Coster, Samuel, 科斯特 68

Cotentin, 科唐坦 14

Cottagers, 乡舍 15, 216, see also Laborers; Peasantry

Cotton, 棉花 51, 91, 98, 103, 152, 162, 200, 264, 266-267, 273

Cottrell, Fred, 科特勒 246

Council Pensionary, 62, see also Netherlands (northern)

Counter-Reformation, 反改革 76, 145, 231, 287, see also Catholic Church

Country (as contrasted with Town or Court), 乡村 16, 22, 30, 87, 92, 122-123, 132, 138, 158, 182-183, 194, 197-198, 200-201, 222, 228, 231

Courland, 库尔兰 207

Court, Antoine, 康特 287

Courtiers, 廷臣 see Aristocracy

Cowboys, 牛仔 159

Cows, 牛 see Livestock

Cracow, 克拉科夫 138, 141, 145

Craeybeckx, Jan, 克雷别克 194, 198

Craig, Gorden A., 克雷格 230

Craven, Wesley Frank, 克雷芬 236

Credit, 信贷 see Money, credit

Creoles, 克里奥尔人 151, 154, 158

Creutz, Count Philip, 克鲁兹 215

"Crisis", 危机 3-4, 7, 9, 13 15-16, 18-20, 24-26, 29-31, 33-34, 87, 110, 137, 149, 166, 185-188, 197, 204, 206, 215, 221-222, 249, 251, 253-254, 264, 276, 285, 284, see also Cycles, economic, B-phases

Cromwell, Oliver, 克伦威尔 77-79, 159, 207, 236, 246, 251

Cronstadt, Carl Johan, 克伦斯塔德 170

Croot, Patricia, 克鲁特 89-90

Croosby, Alfred W., 克鲁斯比 153

Cross, Harry E., 克罗斯 151, 174

Crouzet, Francois, 克鲁泽 4, 96, 266

Crown, 王位 see State

Crying-up of money, see Money, devaluation Cuba, 古巴 157

Cuenca, 昆卡 181

Cullen, L. M., 库伦 265

Cultivators, 耕作者 see Farmers

Culture, 文化 65, 67, 181, 234, 289

Cunningham, W., 坎宁安 40, 59, 266-

267

Curacao, 库拉索 64, 159, 235

Curing (salting), 腌制 39

Curtin, Philip D., 柯廷 102, 173

Cycles, economic, 经济循环 3-8, 18-21, 33-34, 37, 53, 71, 120, 149

    A-phases, A 阶段 3-4, 8, 18, 20, 25, 29, 31, 100, 104, 120-121, 129-130, 136, 139-140, 142, 148-149, 156, 162, 166, 173, 182-183, 211, 233, 241, 245, 262, 269, 276-277

    B-phases, B 阶段 3-4, 8, 12, 17-26, 30-34, 40, 49-50, 52, 57, 76, 82, 87, 89-90, 92-94, 96, 98-99, 103-104, 110-111, 120, 129-133, 137, 139, 142, 144-150, 152, 155-156, 158, 162, 165-166, 179, 182, 184, 194, 196, 198-199, 202-204, 214, 224, 229, 233, 241, 244, 249, 251, 253, 257, 258, 260, 262, 267, 270, 276, see also "Crisis"

Cyprus, 塞浦路斯 49

Czechia, 捷克 75, 139, 231, see also Bohemia; Czechoslovakia; Moravia

Cze-choslovakia, 捷克斯拉伐克 131, 138, 142, 194, 196, see also Bohemia; Czechia, Moravia; Slovakia

D

Dahlgren, Stellan, 达尔格伦 213, 215-217

Dairy products, 乳制品 13, 41, 88, 199-200, 261, 265

Dales, J. H., 戴尔斯 107

Danby, Earl of (Thomas Osborne Leeds), 丹比 122

Danzig, 但泽 see Gdańkk

Darby H. C., 达比 82, 99, 223, 225, 258

Darien, Isthmus of, 达连 253

Darien Company, 达连公司 252-253

da Silva, José Gentil, 达席尔瓦 146, 180, 203

Davies, C. S. L., 戴维斯 125

Davies, K. G., 戴维斯 101-102, 163, 165, 169-170, 240, 257, 273

Davis, Ralph, 戴卫斯 3, 19, 41, 48, 50, 78, 96, 98, 102, 104, 149-150, 154, 156, 159, 161-162, 172, 265, 266

Deane, Phyllis, 狄恩 265, 269

Debien, Gabriel, 狄比安 172

Debolecki, Fr. Wojciech, 狄博列基 144

Debt papers, 债券 see State, finances

Debt peonage, 劳役偿债制度 155, 167, 174, 194, 206, see also Gananes; Naboros

Decadence, century of (decadencia), 衰微的世纪 180

de Castro, Antonio Barros, 卡斯特罗 162

Declaration of Rights (1689), 权利宣言 246

de Dezert, G., 迪色 180

Defoe, Daniel, 笛福 46, 254

de Geer, Louis, 吉尔 206, 208-209

Dehio, Ludwig, 德休 102, 257

Delamarre, Mariel Jean Brunhes, 德拉美尔 88

Delft potteries, 德尔夫特陶业 200, 273

Delumeau, Jean, 德鲁莫 96, 116, 185

De Maddalena, Aldo, 马德莱那 14-15, 20, 40, 116, 199

Demesne, 封建土地 30, 216, 222-226

Democracy, 民主 286

Demography, 人口 see Population

De Moncada, Sancho, 蒙卡达 157

Dendermonde, 登德尔蒙顿 255

Denmark, 丹麦 22, 66, 77, 133, 138-139, 143, 160, 211, 213-215, 221-224, 229-230, 239, 261, 270, 282

Depression, economic, see Cycles, economic, B-phases 萧条

Depression of 1662 萧条 1622, 76, 148

Deprez, p., 德普瑞兹 258

Dermigny, Louis, 德米尼 78, 172

Derogation, 减损 285

Descartes, Rene, 笛卡儿 7, 34, 66, 70

Deschamps, Hubert, 德斯钱伯斯 159, 161

Dessert, Daniel, 德瑟尔 117

Desserts, 沙漠 259

Devonshire, William Cavendish, Duke of, 德文郡 122

De Vries, Jan, 德弗里斯 18, 41, 46, 63, 78, 92, 200, 261-262, 268

De Vries, Philip, 德弗里斯 78, 83, 197, 205

de Witt, Jacob, 德维 69, 80, 223

De Witt, Johan, 德维 62

Deyon, Pierre, 戴雍 42, 44-45, 58, 60, 76, 90-91, 95, 107, 110, 125, 233, 255, 278, 282

Dickerson, Oliver M., 狄克森 241

Diplomacy, 外交 214, 272, 275

"Disastrous War" school, 造成灾祸的战争派 22

Distillers, 蒸馏器 168, 261, see also Alcoholic beverages

Dobb, Maurice, 多布 5-6, 30

Dobla, 加占制 154

Dobyns, Henry F., 多比恩 153

Dominquez Ortiz, Antonio, 多明奎兹 190

Donnan, Elisabeth, 多南 271

Dordrecht, Synod of, 多德瑞奇 67-68, 206

Dorn, Waltr L., 多恩 230

Dorsal spine of Europe, 欧洲的脊柱 112, 179, 193, 196, 200, 202

Dorwart, Reinhold A., 多沃德 229, 233

Douro, 杜罗河 187

Dover, 多佛 77

Downing, Sir George, 唐宁爵士 40, 61, 79, 118

Drake, Sir Francis, 德雷克 III

Dresden, 德恩斯顿 144

Drobna szlachta, 多罗布南（小贵族）143, see also Nobility, lesser

Droit de seigneurage, 领主权 see State, finances

Duby, Georges, 杜比 13

Duckham, Baron F., 杜克汉 93

Dunbar, 邓巴尔 39

Duncan, T. Bentley, 邓肯 47, 186

Dunn, Richard S., 杜恩 161, 163-164, 168, 172-173, 270-271

Dunsdorfs, Edgars, 东斯多夫 52, 135, 211-212

Dupaquier, J., 迪帕卡尔 87-89

Dupuy, Alex, 杜普伊 173

Durand, Georges, 杜兰 89

Durand, Yves, 杜兰 278

Durie, Alastair J., 杜利 265-266

Dutch East India Company (VOC) 荷兰东

索 引

印度公司 46-51, 61, 78, 206, 274

"Dutch Gold Mine", see Herring 荷兰金矿

Dutch Republic, see Netherlands (northern) 荷兰共和

Dutch war of independence, see Netherlands, revolution 荷兰独立战争

Dutch West India Company, 荷兰西印度公司 50-51, 163

Dworzaczek, Wodzimierz, 德沃尔查什克 135

Dyes, 染料 41, 43-44, 91, 185, 269, see also Cochineal; Coleseed; Indigo; Madder; Pastels; Rapeseed

Dyewoods, 染料树 236

E

Eagly, Robert V., 伊格利 221

"Earlier decline" school, 早期禁制派 22

East, W. G., 伊斯特 263

East Anglia, 东盎格利亚 37, 42

East Country, 106, 239

East Elbia, see Germany, east 易北河以东

Eastland Company, 东土公司 52, 99, 240

Ecuador, 厄瓜多尔 174

Edel, Matthew, 伊德尔 163

Edict of Nantes, 南特敕令 124, 183
　　Revocation of, 102, 124, 249, 279, 286, 287

Edinburgh, 爱丁堡 525, 254

Education, 教育 66, 287-288

Edward I (of England), 爱德华一世 78

Egypt, 埃及 49

Ehrman, John, 厄曼 248-249

Eighty Years' War, see Netherlands, revolution 八十年战争

Elbe, 易北河 201

Elbeuf, 埃尔伯夫 95

Elblag, 埃伯列格 135

El Dorado, 传说中的黄金山 164

Elizabeth (of England), 伊丽莎白 5, 159

Elliott, C. M., 261 艾略特

Elliott, J. H., 艾略特 26, 180-185, 188-189, 205

Elmina, 艾米纳 52

Emmanuel, Arghiri, 伊曼纽尔 94

Emmenthal, 埃蒙塔尔 14

Emmer, Pieter C., 埃默 52

Empire, 帝国 48, 151, 184-185, 188
　　Austrian, 奥地利帝国 190, 199, 225, 255
　　Hapsburg, 哈布斯堡帝国 75, 139, 142-143, 145, 190, 204, 225-226, 228, 231, 234, 236
　　Holy Roman, 神圣罗马帝国 199
　　Mughal, 莫卧儿帝国 98
　　Ottoman, 奥斯曼 8, 49, 91, 98, 106-108, 144, 146, 219, 232, 234, 272, 276, see also Balkans, Turkish
　　world-empire, 世界帝国 38, 47, 64, 180, 219, see also State, universal monarchy

Employment, 职业 16, 56, 66, 86, 92, 94, 99, 129, 159, 196, 199, 258, 264, 269, 280, see also Workers

Encomienda, 委托监护制 155

Encyclopedists, 百科全书编纂者 289

Endelman, Todd M., 恩德尔曼 78

Engag'es, see Laborers, indentured

Engels, Friedrich, 恩格斯 6, 28, 31

Enghein, Duc d', 恩盖因 74

Engineering, 引擎 40, 80

England，英格兰 see Great Britain, England
English East India Company，英国东印度公司 see Great Britain, England, East India Company
Engravers，雕刻师 66
Engrossment，全神贯注 226
Enjalbert, Henry，恩艾伯特 262
Enlightenment，启蒙 4, 66
Entrepreneurs，企业家 see Capitalism, entrepreneurs
Eon, Chevalierd'，埃昂 95
Epidemics，疾疫 42, 50, 75, 130, 146, 153, 173, 187, 223, 248, 258, 260
Episcopalians，圣公会 254, see also Protestantism
Erfrt，爱尔福特 14
Ericeira, Countof，埃里基拉 186-187
Erik XIV (of Sweden)，艾里克十四世 203
Ernle, Lord，恩尼爵士 259-260
Esquemelin, John，埃斯克姆林 128
Estancia，牧场 148, 155
Estates，地产 85-89, 138-144, 147-158, 161-164, 167-175, 202, 211-217, 220, 225-231, 235, 263, 285
  intermediaries，中介者 88
  owners，地主 86-87, 162, 202, see also Landlords
  Swedish, see Sweden, Estates 瑞典，参见等级会议
Estland，东地 215
Estonia，爱沙尼亚 132, 211, 215, 219
Ethnic groups，同文同种之群族 142, 144-145, 232
Europe，欧洲 3, 5-8, 13-14, 16-20, 23-24, 26-31, 34, 39-42, 46-49, 51, 54, 60, 65, 67-68, 70, 75, 82, 91, 96, 101-103, 107-110, 112, 115, 120, 122, 132, 134, 142, 150, 152, 155-157, 160, 162-163, 165, 168-169, 173-174, 179, 181, 184, 186, 188-189, 191, 194, 196, 198, 200, 203-204, 207-208, 210, 214-215, 217, 221, 227, 230-231, 234, 236-238, 245-248, 257-258, 260, 262, 269, 272-276, 281, 284, 286, see also Mediterranean (region)
  cental，中欧 14, 20-21, 71, 130, 144, 195, 201, 205, 209, 214, 225, 233-234
  eastern，东欧 8, 13-14, 18, 20, 31, 84, 98-99, 131-135, 138, 140-147, 151-152, 155, 158, 166-167, 202-204, 208, 211, 214, 217, 222, 224-227, 235
  expansion of，欧洲扩张 75, 145, 234
  northern，北欧 14, 21-22, 37, 42, 50, 97, 99-100, 163, 208, 224, 239
  northwest，西北欧 37, 49-50, 132, 157, 185, 193, 207
  southern，南欧 13, 21, 43, 75, 133, 145, 147, 158, 167, 237
  western，西欧 13-14, 30-31, 88, 103, 109, 133, 138, 211, 218-219, 233, 258, 273-274
Evelyn, John，埃弗林 99
Everitt, Alan，埃弗里特 85
Exchange, see Trade Old，交换 2
Exempt Provinces，免役辖区 190
Exeter，埃克塞特 21
Expansion，扩张 see Agriculture, expansion of cultivated areas; Cycles, econo-

索 引

mic, Aphases; Population, expansion of
Exploitation, 经营 30, 167, 196, 200, 241
External arena, 外部竞争场 17, 47, 50, 272

F

Faber, J. A., 费伯 42, 44, 52, 91, 133-134
Factory System, 工厂系统 196
Falmouth, 法尔默思 166
Family, 家族 27, 31, 86, 89, 120, 193, 196, 202, 206, 215, 227
Famines, 饥荒 see Food, foodshortages
Fanfani, Amintore, 范法尼 29
Far East, 远东 see Orient
Farmers, 农人 15, 41, 82, 87, 131, 164, 216, 222, 259-261, 288, see also Gentry; Landlords; Peasantry
  capitalist, 资本家 86, 88-90, 168, see also Agriculture, capitalist; Junkers
  gentlemen, 绅士 86, 215
  small, 小资本家 15, 83, 86-89, 134-135, 155, 170, 259
  tenant, 15, 85-90, 136, 140, 145, 175, 201, 212, 217, 222
  yeoman, 约曼 15, 85-89, 92, 134-135, 141, 143, 182, 188, 213, 216, 286-287
Farms, 农场 see Agriculture
  Five Great, 五大包税区 see France, Five Great Farms
Farnell, J. E., 法内尔 78
Farnie, D. A., 法尼 79, 161, 164, 173, 238-239
Fayle, Ernest C., 费伊勒 247, 257

Febvre, Lucien, 法弗瑞 117
Fedorowicz, Jan K., 费多罗维茨 217
Fehrbellin, Battle of (1675), 弗尔贝林战役 214
Fenton, Alexander, 芬顿 83
Feodalite, 封建制 289, see also Classes, upper
Ferdinand (of Spain), 菲迪南 182
Fermages, 租佃 fermiers, see Farmers, tenants
Fernandez de Pinedo, Emiliano, 费南德兹 182, 187
Fertilizers, 肥料 see Agriculture, fertilizers
Feudalism, 封建主义 3, 5-8, 24-32, 85, 94, 119, 121, 125, 134, 147-148, 204, 207, 213-215, 226-227, 231, 264, 286
  crisis of, 封建主义危机 18, 25, 29-37, 147
  feudal dues, 封建税 276
Field, Peter, 费尔德 5-6
Fifteen Years' War, 十五年战争 134
Financial Revolution, see Revolution, financial 经济革命
Financiers, 财政家 38-39, 49, 67, 123, 210, 232, 278-279, 282, 285, see also Banking; Money; Traitants
Finer, Samuel E., 芬纳 80, 115, 230, 248
Finland, 芬兰 100, 209, 211, 213-215, 218
Fischer, Wolfram, 费歇尔 81
Fish, 鱼 39-40, 52, 161, 185-187, 237, see also Food
Fisher, F. J., 费舍尔 83, 103
Fisher, H. E. S., 费舍尔 191-192, 261,

437

272

Fisheries，鱼货 39，43，61，79

Fishermen，渔夫 39

Fishing boats，渔船 see. Transport, maritime

Fiume，阜姆港 234

Flanders，佛兰德 16，41，45，75，77，83，179，198，200，206，209，215，250，256，265，270，273，see also Netherlands，southern

Flax，亚麻 13－14，41－42，100，211，218，239

Fleming，Klas，弗莱明 215

Fleury，Andre Hereule，Cardinal，弗勒利 220

Finn，M.W.，芬 101，258，283

Flint，John，弗林特 210

Florence，佛罗伦萨 196

Florescano，Enrique，弗洛里斯卡诺 152

Flour，面粉 192，261

Floyd，Troy S.，弗洛伊德 161

Fodder，秣草 see Agriculture, fodder (forage)

Fontainebleau，枫丹白露 287

Food，粮食 13，16，25，39，75，146，148，151，157，159，165，172，174，202，263，see also Cereals；Fish；Meat；staples

  shortage of，粮食短缺 13，50，75，130，138，146，218，253，258－259，284

Forage crops, see Agriciculture, fodder (forage) 饲料庄稼

Forbes，R.J.，福布斯 162

Forced wage-labor，强制薪资劳工 see Coerced labor，forced wage-labor

Ford，Franklin，福特 286

Fouquet，Nicolas，富凯 95

Fralsebonder，212－213，216，see also Peasantry 贵族领地农

France，法国 17，20－22，24，31，33，39，41，46，48，50－52，59－60，62，64－67，70－71，75－77，79－82，84－89，91－105，109，111－113，115－121，123－125，138，141－142，147，157－161，164－170，181－182，184－191，193，195，197－201，206，208，211，214－215，219－223，228－235，237，239，241，245－248，250－253，256－258，261－264，266－270，272－273，276－277，279－289

  eastern，东方的 75，88

Five Great Farms，五大包税区 81，104，118，267－268

French Canada，see Canada 法属加拿大

French Revolution，法国大革命 6－7，70，120，207，266，278，283，288

  northern，北方 37，41，84，87－90，138，141，259

  Royal Manufactures，皇家手工业 94－95，117

  southeast，东南方 259

  southern，南方 84，88，138，180，262，268

  Treasury，金库 276

Franche-Comte，弗朗什孔泰 101，199

Francis，A.D.，弗兰西斯 186－187，192－193

Frank，Andre Gunder，法兰克 148，150，154，238

Franken，M.A.M.，弗兰肯 51，63－64，69，77，79，84，96

Frankfurt，法兰克福 42，197

Freche，Georges，弗瑞许 262

— 438 —

Frederick I (of Prussia), 弗雷德里克一世 220, 230

Frederick II (of prussia), the Great, 弗雷德里克二世 234

Frederick William (of Brandenburg), the Great Elector, 大选候 201, 207, 227-231, 234-235

Freeholders, 自主地产拥有者 86-87, 213, 216, 286, see also Farmers, yeoman

Freudenberger, Hermann, 弗路登伯格 234, 236

Friedrichs, Christopoher R., 弗里德里希 194-195

Friesland, 弗里斯兰 39, 41, 62, 200

Fronde, 投石党 92, 116, 120-121, 123-124, 231

Fronteira, Marques of, 弗龙泰拉 186

Fronwirtschaft, 封建封臣经济 255, see also Feudalism

Fruits, 水果 237, 259

Fullard, Harold, 福勒 223, 225

Funchal, 丰沙尔 186

Furniss, Edgar S., 弗尼斯 45, 92-93

Furs, 皮货 189, 246, 274

Furtado, Celso, 弗塔多 163

G

Gaastra, F., 加斯特拉 49

Galenson, David, 加伦森 173

Garman, Douglas, 加门 5

Gascony, 加斯科尼 165

Gathering, 收集业 39

Gdansk, 格但斯克 19, 21, 59, 98, 100, 132-133, 143, 207, 211

Geijer, Eric Gustav, 盖杰 209

Geneva, 日内瓦 200, 279, 282, 287

Genoa, 热那亚 57-58, 195, 199-200, 202

Gentry, 绅士 86, 99, 119-120, 123, 125, 132, 143-145, 246, 283, 285-286, 288, see also Farmers, capitalist

George I (of England), 乔治一世 247, 249, 260

George, Dorothy, 乔治 92

Geremek, Bronisaw, 格雷梅克 20

Germany (the Germanies), 德国 6, 14, 20-24, 26, 28, 45-46, 53, 79, 101, 133, 166, 189, 191, 193, 195-196, 198, 201-205, 207, 209-210, 215, 219-220, 222, 224-225, 227-228, 230, 232, 234, 239, 241, 255, 262, 264, 273, 287

east (east Elbia), 东德（易北河以东）22, 98, 138, 201, 225-227

German Democratic Requblic, 德意志民主共和 226

northern, 北德 138

northwest, 45 西北德

Southern, 143, 179, 193, 197, 201, 225 南德

southwest, 西南德 20

western, 西德 31, 116, 179, 193, 197, 201, 225

Geyl, Pieter, 盖尔 37, 38, 68-69, 75-78

Ghent, 根特 194

Gierowski, Jozef, 吉洛斯基 135

Giesey, Ralph E., 吉赛 86

Gieysztorowa, Irena, 基耶茨托罗瓦 134

Gilbert, Sir Humphrey, 吉尔伯 159

Gilboy, Elizabeth Waterman, 吉尔伯伊 260

Gin，141，杜松子酒 260-261

Gin Age，杜松子酒时代 260-261

Giotto，乔托 6

Gippers，骗子 39

Giralt，E.，吉拉特 146

Glamann，Kristof，格拉曼 13，16，41-42，46-48，56，58，60，66，91，97，107，115，133，161，202，204-206，208，223，273-274

Glass，玻璃 141

Glenday，Daniel G.，格兰代 273

Gloucestershire，格洛斯特郡 165

Gniezno，格涅兹诺 135

Gobelins Tapestries，高布尔织挂毛毡 74，94

Godinho，Vitorino Magalhaes，戈丁诺 154，184，186-187，191

Gold，黄金 17，20，51，58-59，64，106-112，117，149-150，166-167，184，186-187，192-193，204，276-277，281-282，see also Bullion; Money, metallic

go ldstandard，黄金标准 276

Gold Coast，黄金海岸 163

Gomar，Francois（Gomarians），戈马尔 51，63，67-68

Gorlitz，Walter，戈立芝 227

Goslinga，Cornelis C.，科斯林加 51，61

Goteboirg，哥特堡 206，210，214

Gothenburg，see Goteborg 哥腾堡

Goubert，Pierre，古伯 57，79-82，85-87，91-92

Gould，J.D.，古尔德 76，131，260，262，264

Goyhenetche，Manex，戈伊亨奈什 124

Graham，Gerald S.，格拉汉 248

Grain，see Cereals 谷物

Grampp，W.D.，葛兰普 76

Gramsci，Antonio，葛兰西 113

Granger，C.W.，葛兰治 261

Grantham，G.，格拉汉 58

Grassby，R.B.，格瑞斯比 125，285

Grasses，牧草 14，41，83-84，259，see also Clover; Hay; Lucerne; Nonsuch; Rye-Grass; Sain-foin; Trefoil

Gray，Stanley，格雷 165

Great Britain，大不列颠 7，37-38，48，53，77，95，103-104，118，160，167，220，238，241，255-258，260-261，264，270-271，279，281，284，287

Corn Bounty Act，260，see also Bounties

England，英国 5-6，19-22，28-29，31，33，39-43，45-46，48，50-52，55-56，59-60，62，64-66，70-71，76-82，84-85，87-102，104-109，111-125，133，141-142，147，157，159-161，163-168，170-171，181，184-193，195-196，198，202，211，214，217-218，221-223，229，233-241，245-249，251-254，256-260，262-267，269，271-272，275-281，284-288

Alien Act of 1705，1705 异族法令 254

Bank of England，英格兰银行 275，278-280，283，285

Board of Trade and Plantations，经济和农业部 239-240，269

Charter of 1672，1672 年宪章 245

Civil War，内战 5-6，33，46，70，246，266

Committee of Trade，贸易委员会 525

索 引

Commonwealth，共和 76
East India Company，东印度公司 78，97，252，262，273，278，286
Glorious Revolution，光荣革命 96，120，123，144，159，161，220，229，237，245-247，253-254，265
House of Orange，奥兰治家族 288
Long Parliament，长期议会 77
Mint，铸币厂 77，see also Mints
National Debt，国债 279
Navigation Acts，航海条例 44，76-79，90，95-96，102，116，168，186，221，236-237，240，265-266，269-270
Privy Council，私人议会 252
Scotland，苏格兰 16，39，52，66，79，81，83，93-94，123，168-170，193，203，239，251-255，264-266，270
Act for a Company Tradeing to Affricaand the Indies，公司贸易法案 252
Act of Security，安全法案 254
Board of Trustees for Fisheries and Manufactures，渔业及制造业信托部 255
Estates，地产 252
Highlands，高地 123
Lowlands，低地 123
Union of Parliaments (of 1707)，议会联盟 251-252，254-255，265
Union of the Crowns (of 1603)，王室联盟 251
Wales，威尔士 81
Great Cattle Act (of 1666)，牛只法令 265
"Great Crash"，大撞击 283
Great Northern War，大北方战争 211，216，218-219，221
Great Recess (of 1653)，大休业期 228

Groningen，格罗宁根 41，62
Grotius, Hugo，格劳秀斯 61，70
Grundwirtschaft, grundherrschaft，地主统治 201，222，225-226
Gruyères，格吕叶埃 14
Grycz, Marian，格黑兹 138
Guadalquivir，瓜达尔基维尔 157
Guatemala，174 危地马拉
Guérard, Nicolas，12 吉拉德
Guilds，行会 42，44，92，194，196，200，203，254
Guinea, Gulf of，几内亚湾 186
Gulvin, G.，265 古尔文
Guns，see Armaments 枪只
Gustav Vasa (of Sweden)，瓦萨 203-204，208
Gustavus Adolphus (of Sweden)，阿道夫 204-209，211-212，214
Gutswirtschaft, gutsherrschaft，园主统治 135，201，222，225-226

H

Haarlem，哈伦 2，197，200
Habakkuk, H. John，哈巴库克 76，82，86-88，120，285
Hacienda，农场主 147-148，152-156，158，162，see also Estates
Hague, the，海牙 62，255
Concert of，海牙会议 223
Treaty of (1795)，海牙条约 54
Haiti, see Hispaniola 海地
Hakluyt, Richard，哈克洛特-加龙省 159
Halberstadt，哈布斯塔德 225
Haley, K. H. D.，哈利 63，67，69-70，79
Hall, A. Rupert，霍尔 80

— 441 —

Hall, Douglas, 霍尔 174
Halland, 哈兰德 211, 213, 223
Hallwil, 豪尔维尔 14
Hamann, Manfred, 哈曼 226
Hamburg, 汉堡 183, 193, 206, 233 - 235, 253, 275, 279, 282
Hamilton, Earl J., 汉密尔顿 151, 180, 190-191, 283-284
Hamilton, Henry, 汉密尔顿 252, 265
Hanover, 汉诺威 145, 257
Hanseates, 汉萨 50, 203
Hansen, Marcus Lee, 汉森 239
Hansen, S. A., 汉森 224
Hapsburgs, see Empire, Hapsburg 哈布斯堡
Hardware, 金属件 267
Haring, Clarence Henry, 哈林 159-161, 272
Haringbuis, see Buss 鲱鱼横帆船
Harrington, James, 哈林顿 119
Harnisch, Helmut, 哈尼什 226
Harper, Lawrence, A., 哈珀 78, 96, 116, 240-241
Harris, L. E., 哈里斯 59
Harris, P. W., 哈里斯 254
Harsin, Paul, 哈辛 278, 281-283
Harte, N. B., 哈特 264-266
Hartwell, Richard M., 哈特韦尔 260
Harz, 哈尔茨山脉 14
Haskell, Francis, 哈斯凯尔 200
Hasquin, Hervé, 哈斯钦 198
Hassinger, Herbert, 哈辛格 234
Hastings, Warren, 黑斯廷斯 6
Hat Act (of 1732), 制帽法令 241
Hats (political party), 制帽党 220-221
Hatton, Ragnhild M., 哈顿 213, 215, 218-220
Haudricourt, André G., 豪泽康特 88
Hauser, Henri, 豪泽 180
Hay, 秣草 84
Hazard, Paul, 哈札尔 44, 269, 288
Heckscher, Eli F., 哈克谢尔 56, 61, 94, 101, 105-106, 118, 205, 210, 215, 245, 264, 266
Heeren Zeventien, De, 46-49, see also Dutch East India Company
Heerengracht, 45, see also Transport, canals
Hegemony, 霸权 38, 61-63, 65-66, 69-71, 77, 93, 109, 111-113, 195, 220, 268-269, 280-281
  Dutch, 49, 51-552, 57, 60-61, 63-65, 68-71, 75, 195, 206, 211, 241, 245, 258, 268, 274-275
  English, 71, 266
  French, 70-71, 75, 77, 189
  Spanish, 77
Heitz, Gerhard, 海兹 226
Helleiner, Karl F., 海连娜 45, 258
Helmer, Marie, 海默 184
Hemp, 汉普 14, 41-42, 100, 211, 218, 239-240, 274
Henry IV (of France), 亨利四世 115
Henry, Louis, 亨利 258
Herlihy, David, 赫利 30
Herring, 黑林 39-40, 56, 60, 160, 186
Hessler, C. A., 赫斯勒 215
Hildebrand, Bruno, 希尔德布兰德 28
Hildebrand, Karl-Gustaf, 希尔德布兰德 203, 221
Hildner, Ernest G., Jr., 希德纳 272
Hill, B. W., 希尔 266, 283
Hill, Charles E., 希尔 77, 93, 121, 222

索 引

Hill, Christopher, 希尔 5－6, 80, 114, 123, 125, 245－246, 259
Hilton, R. H., 希尔顿 30
Hinton, R. W. K., 欣顿 52, 76－79, 91, 99, 106, 116
Hintze, Otto, 欣茨 225, 229
Hispaniola, 小西班牙 157, 159, 173
Hitler, Adolph, 希特勒 253
Hobbes, Thomas, 霍布斯 34
Hobsbawm, E. J., 霍布斯鲍姆 3, 6, 15, 20, 27, 115
Hoffenden, Philip S., 霍芬德 269
Hoffmann, Alfred, 霍夫曼 201
Hogadel, 宫廷派 215, see also Nobility, upper
Hogarth, William, 霍加斯 244
Hohenzollerns, 霍亨索伦家族 225, 227－228, 230－231, 233
Holderness, B. A., 霍尔德尼斯 259－260
Holland, 荷兰 20－21, 24, 26－27, 37－43, 45－46, 50, 63, 65, 67－68, 70, 75, 78－80, 82, 90, 93, 96, 98, 103, 107, 109, 111－112, 133, 184, 189, 197, 200, 202, 205－506, 209, 214, 223, 234－235, 248, 252, 261, 267, 269－270, 273, 279, 282, see also Netherlands, northern
States of, 尼德兰, 荷兰联合省 62
Hollandries, 66, see also Poldering
Home Counties, 家园 37
Homer, Sidney, 荷马 57－59
Honduras, Gulfof, 洪都拉斯湾 161
Honey, 蜂蜜 162
Hoorn, 霍恩 39
Hops, 酒花 14, 41
Horn, Arvid, Count, 霍恩 220

Horn, David Bayne, 霍恩 80, 220, 275
Horsefield, J. Keith, 霍斯菲尔德 279
Horses, 马 88, 152, 263
Hoskins, W. G., 霍金斯 83
Households, 王室人员 197, 207－208
Houtman, Cornelius de, 47
Hovde, B. J., 霍夫德 221
Howard, Michael, 霍华 227
Hroch, Miroslav, 赫洛奇 24, 107, 235
Huancavelica, 万卡维利卡 153
Hubert, Eugène, 胡伯特 54
Hudson Bay Company, 哈得逊海湾公司 250
Huetz, Christian de Lemps, 休易茨 268
Hufton, Oliver H., 赫夫顿 258
Huguenots, 胡格诺派 45, 67, 75－76, 102, 124, 195, 220, 230, 249, 279, 287－288
international, 279
Humanism, 人文主义 23, 33, 68
Humus, see Agriculture, fertilizers
Hundred Years' War, second, 百年战争, 第二次 245, 275
Hungary, 匈牙利 131－134, 138－139, 141－145, 205, 217, 226, 231－234
Husbandry, 农夫 82, 84, 87, 89, 201
Hutchinson, E. P., 哈钦森 76
Hymér, Stephen, 海默 44

I

Iberia, 伊比利亚 61, 160, 183, 193, 202, see also Spain; Portugal
Iberian Union, 伊比利亚联盟 182
Ice age, little, 冰河时期（小）259
Iceland, 冰岛 39
Imbert, Gaston, 英伯特 5, 82, 266

443

Imbert, Jean, 英伯特 284
Imhof, Arthur E., 英霍夫 224
Immigration, see Migration 移民
Incas, 印加 109
Income, 收入 15, 28-31, 49, 57, 64, 85, 94, 103, 117, 130-131, 140-141, 148, 169, 194-196, 201, 222, 228, 259, 278, 284-285
Incorporation, see World-economy
Indelningsuerk, 专项支取 216-219, see also State, finances
India, 印度 47, 97-98, 106-108, 198, 246, 264, 274, 276
Indian corn, see Maize
Indian ocean (areas), 印度洋 22, 47-50, 274
Indians (if referring to Western Hemisphere), see Amerindians 印第安人
Indies, 东印度群岛
  East, 46-47, 49-51, 54, 61, 69, 77, 79, 96-97, 107-109, 148, 157, 171, 188, 245, 256, 276
  West, see Caribbean
Indigo, 靛青 91, 150
Indonesia, 印度尼西亚 47, 235, 274
Industrial crops, see Agriculture, industrial crops 工业作物
Industrial Revolution, 工业革命 5-6, 27-28, 96, 105-106, 209, 265, 267
Industrialism, 工业主义 7, 28, 94-95, 101, 190, 197, 207, 221, 227-228, 233-236, 256, 285
Industrialists, 工业家 187, see also Capitalism, entrepreneurs
Industries, 工业 8-9, 13, 15-17, 27-28, 39-46, 50, 90, 92, 94-95,

117, 119, 121, 125, 140-141, 174, 181, 186, 191, 193, 196, 200, 202-203, 207-208, 210, 217, 228, 246, 260, 262-263, 265-267, 279-280
  copper, 铜 205-208
  depression, see Cycles, economic, B-phases 不景气
  mining, 矿业 80, 93-94, 101, 110, 125, 138, 143, 148-150, 152, 154-158, 173-174, 194, 205-206, 208-210, 222, 238, 263
  protoindustrialization, 原始工业化 196
  putting-out system, 加工包销制 44, 193-196, 200, 209-210
  rural, 16, 91-92, 156, 194
  shipbuilding, 造船 16, 27, 40, 43-44, 46, 48, 54-55, 59-60, 91, 99-100, 116, 181, 215, 218, 236, 238, 240-241, 249, 263, 269
  textile, 13, 16, 42-43, 46, 95, 181, 193-194, 199, 234, 252, 255, 263, 273
  urban, 都市的 25, 54, 92, 140-141, 194, 196, 199
Infantry, see Army
Inflation, 膨胀 see Prices, rise of
Ingria, 因格里亚 211, 219
Inheritance, 继承 30, 86
Innis, H. A., 英尼斯 274
Insh, George Pratt, 英什 252-253, 255
Instrument Makers, 工具制造者 66
Insurance, 保险 38, 55, 57, 257
Intendants, 地方行政长官制度
Interest rates, 利率 see Money, interest
Investments, 投资 56, 60, 86, 89, 91, 95-96, 111, 118, 137, 144, 152,

154，163－164，168－169，172，197，202，206，209，215，253，263，269，279－285

Involution，卷入 20，129，137，166－167，181，196，197，see also Cycles, economic, B-phases

Ireland，爱尔兰 14，16，99，123，133，168－169，239，252－253，261，264－266

Irish Woollen Act of 1699，爱尔兰羊毛法令 265

Iron，铁 99－101，138，156，196，204－205，208－210，217－218，220－221，239－240，259，263，274

Iron Act of 1750，1750 钢铁法案 241

Islam，伊斯兰 146，274，see also Mediterranean, Islamic; Moriscos

Israel, J. I.，伊斯雷尔 42，49，183

Issawi, Charles，伊萨维 98

Italy，意大利 14，20－21，29，50，98，147，183，189－190，195－197，200－201，255

northern，北方 22，31，50，75，83，103，193，195－197，199－200，202－203，209，282

southern，南方 146－147，167

J

Jacobitism，詹姆斯党 123，252－254

Jacquart, Jean，雅卡尔 4，13－15，81－82，84，87－90，92，117，125，258－259，276，278，282

Jamaica，牙买加 157，159－164，169，171，174，191，270－272

James I (of England)，詹姆斯一世

James II (of England)，詹姆斯二世 43，76，100

James VII (of Scotland)，苏格兰的詹姆斯七世

Jams，果酱 259

Jämtland，耶姆特兰 211

Jansen, H. P. H.，詹森 39，42，84

Jansen, J. C. G. M.，詹森 262

Jansenists，詹森主义者 67，124

Japan，日本 107－108，134，205－206，276

Java，爪哇 274

Jeannin, Pierre，詹宁 19，45，67－68，103，132，198，201，208，212，214，261，274

Jenkin's Ear, War of，詹金割耳之战 191

Jensch, Georg，詹许 212

Jensen, Einar，强森

Jesuits，耶稣会士 198

Jewelry，珠宝 109，137

Jews，犹太人 46，78，145，183，195，233，253

German，德裔犹太人 45

Sephardic，西班牙籍犹太人 67，78

Jodenbreestraat，约登布利斯特拉特 67，see also Amsterdam

John, A. H.，约翰 260－261，263，272，280－281

Johnsen, Oscar Albert，约翰森 139

Jones, E. L.，琼斯 40，82，84，194

Jones, J. R.，琼斯 37，51，77，79－80，82，114，123，125，248，250－251

Jordaan, the，约旦 45，see also Amsterdam

Jorgensen, Johan，约根森 134，223－224

Journet, Jean-Louis，朱尔内 117

Journeymen，熟练的工人 see Artisans

Judaizantes，犹太教徒 183

Julian calendar, 儒略历 246
Junkers, 年轻贵族（容克）226-231, see also Aristocracy; Classes, upper; Farmers, capitalist; Landowners; Seigniors
Junto, 秘密结社 286, see also Whigs
Jura, 汝拉 14
Jurieu, Pierre, 朱里尤 67
Jurisprudence, 法理学 85
Jutikkala, Eino, 贾蒂卡拉 213, 218, 222, 224

K

Kaltenstadler, Wilhelm 卡坦斯塔德勒 234
Kamen, Henry, 卡曼 23-24, 180, 185, 188-190, 209, 237-238
Kann, Robert A., 卡恩 232
Kätner, 卡特纳 15, see also Farmers, small
Kaufsystem, 购买制 195-196, 235
Kavke, František, 卡夫喀 139, 231
Kearny, H. F., 基尔尼 265
Keith, Robert G., 凯思 155
Keith, Theodora, 凯思 252
Kellenbenz, Hermann, 克伦本茨 43, 91, 134, 183, 194-195, 198, 204-205, 218, 263, 265
Kent, H. S. K., 肯特 224
Kepler, V. S., 克卜勒 77
Kerridge, Eric, 柯立芝 87
Kexholm, 凯克斯霍姆 211, 214
Kindleberger, Charles P., 金德伯格 43, 282
King William's War 威廉国王战争 187, 265, 271
Kingston, 金斯顿 169
Kirchheimer, Otto, 克什海默 93
Kirilly, Zs., 柯日利 134, 139

Kisch, Herbert, 基许 197-198, 200, 235
Kiss, Istvan, 基思 139
Klein, Peter W., 克莱因 44, 48, 56, 59, 63-64, 96, 269, 280
Klima, Arnošt, 克里马 42, 139, 194-196, 233, 235
Knapp, G. N., 克纳普 227
Knechte, 雇工, 15, see also Laborers (common)
Knoppers, Jake, 克诺伯 58, 272, 274
Knoque, 克诺克 255
Komornicy, 135, see also Laborers (common)
Königsberg, 科尼斯堡 100, 211, 229
Kopparberg, 科帕尔伯格
Korczyn, 科尔茨赞 132
Kosminsky, Eugen A., 科斯明斯基 30
Kossmann, E. H., 科斯曼 45, 62-63, 68, 118, 269
Kowecki, Jerzy, 科维基 142
Krefeld, 克雷非德 200
Kriedte, Peter, 克里特 194-196
Kronobönder, 王室领地农 212, see also Peasantry
Kruger, Horst, 克鲁格 233
Kuczynski, Jürgen, 库钦斯基 226
Kuhn, Walter, 库恩 226
Kujawy, 库亚维 140
Kula, Witold, 库拉 131-135, 137-138, 140, 236
Kulischer, Joseph, 库里舍 96, 196, 226
Kurland, 库尔兰 195
Kurpie (region), 库尔皮 145
Kuske, Bruno, 45, 库斯克 197

L

Labor, 劳工 14, 16, 29, 45, 84, 91-

94, 100, 109, 129, 134, 149, 152, 156, 162, 165, 167, 171, 193-194, 196, 210, 222, 227, 260, 269, see also Workers

 division of, 劳动分工 8-9, 20, 37, 42, 179, 187, 196, 199, 212, 221, 241, see also Capitalism; Core; Periphery; Semiperiphery; World-economy

 laborforce, 劳动力 see Workers modes of control, 控制形式 153-154, see also Coerced labor; Farmers, tenant; Laborers; Slavery

 Laborers（common）, 8-9, 15-16, 25, 45, 85, 88, 92, 139-140, 153-154, 172, 196, 217

 indentured, 契约劳工 87, 102, 132, 168, 171-173

 urban, 都市劳工 see Workers

Laboureurs, 劳动者 15, 87-89, see also Farmers, yeoman

Labrousse, Elisabeth, 拉布鲁斯 67, 120, 266, 289

Lace 花边 42

Lacquer, 273

Ladoga, Lake, 拉多加湖 214-215

La Fayette, 拉法耶特 287

Land, 土地 14, 27, 30, 41, 45, 56-57, 64, 82, 85, 90, 135-136, 138, 146, 148, 152, 154-156, 164, 170, 194, 200-202, 212-216, 219, 222, 224, 226, 228, 238, 246, 248, 254, 259, 262, 285

 cultivated, 可耕地 90, 262

 land reclamation, 土地重划 14, 25-26

 uncultivated, 处女地 85

Landlords（landowners）, 地主 14, 31, 85-90, 99, 116, 119, 123, 132, 135-137, 141-142, 145, 147, 153-155, 167-168, 175, 200-202, 204, 215-216, 220, 222, 225-227, 230-231, 235, 237, 247, 253-254, 259, 263, 265-266, 279, 284, 285, see also Aristocracy; Estates, owners, Farmers, capitalist; Gentry; Nobility; Seigniors

Land's Advocate of Holland, 荷兰的土地开发 62, 69, see also Netherlands（northern）

Lane, Frederic C., 莱恩 199

Lang, M. F., 朗格 149, 153, 160

Langton, John, 兰顿 100

Languedoc, 朗格多克 84-85, 95, 147, 262, 268, 279

Larquié, Cl., 拉尔基 146

Larraz, José, 拉瑞兹 87, 150, 158, 185

Latifundia, 地产 141, 143-144, 148, 154, 200, see also Estates

Latvia, 拉脱维亚 132

Lavrovsky, V. M., 拉夫洛夫斯基 87, 259

Law, John, 约翰劳 281-284

Lead, 领导 141, 263

Lease, 佃农 see Tenure

Leather, 皮革 42, 103, 274

Le Brun, Charles, 布伦 74

Le Flem, Jean-Paul, 弗莱姆 180

Leghorn, 来亨 50

Legrelle, Arsène, 莱格瑞尔 188

Leibbeigen, 农奴 229, see also Serfs

Leibnitz., G. W., 莱布尼茨 7, 219

Leiden, 莱登 45, 45

Leipzig, 莱比锡 28, 197

Lenman, Bruce, 林曼 253-255

Lensgrinders, 磨镜片者 66

Léon, Pierre, 莱昂 16, 91-92, 94-95, 98, 100-101, 103-104, 116, 124-125, 249, 266, 268, 270, 273, 278

Léonard, Emile-G., 列奥纳德 124, 257, 287

Leopold I (of Austria), 利奥波德一世 232

Leopold I (of Belgium), 利奥波德一世 5

Leopold I (Holy Roman Emperor), 利奥波德一世 42

Lerina, Duke of (Francisco Cómezde Sandovaly Rojas), 勒尔马公爵 204-205

Le Roy Ladurie, Emmanuel, 拉杜里 4-5, 16, 29, 76, 82, 84-85, 87-89, 117, 124-125, 138, 258-259, 262, 268, 287-288

Leskiewicz, Janina, 列斯基维茨 141, 235

Les Landes, 兰德斯 14

Lesnodarski, Bogustaw, 莱斯诺达斯基 133

Leuilliot, Paul, 勒依奥特 273

Levant, 地中海东部 47, 50, 54, 58, 98, 107, 235, 270, 272, see also Mediterranean (region)

Liberalism, see State, liberalism 自由主义

Lichtheim, George, 李希泰姆 77

Liebel, Helen P., 利贝尔 197, 199, 235

Lima, 利马 156, 160

Limburg, 林堡 84
  South, 南林堡 262

Limekilns, 263

Limerick, Treaty of (1691), 利默里克条约 253, 265

Linen, 亚麻 42, 95, 156, 181, 199, 235, 252, 254-255, 265-266, 268, 275

Linseed, 亚麻仁 262

Lipson, Ephraim, 利普生 46, 84, 90, 93-94, 261

Lira, Andrés, 里拉 155

Lisbon, 里斯本 47, 166, 186, 189, 191, 277

List, Friedrich, 里斯特 197

Lithuania, 立陶宛 143-145

Livestock, 家畜 13, 41, 82, 85, 132, 151, 159, 180, 200, 259, 261, see also Agriculture, pasturage; Cattle; Dairy products; Meat

Livonia, 立沃尼亚 134, 208, 211, 219

Loans, 贷款 59, 200, 206, 232, 278-279, see also Banking; Financiers; Money

Locke, John, 洛克 7, 66-67, 70

Lockhart, James, 洛克哈特 155

Logadel, 地方派 215, see also Nobility, lesser

Loire (river), 卢瓦尔河 83

Loire Valley, 卢瓦尔河谷 85

Lom, Frantisek, 洛姆 135

Lombardy, 伦巴底 197, 199

London, 伦敦 37, 45, 58, 76, 78-79, 95, 104-106, 111, 165, 168, 170-171, 193, 237, 252, 260-261, 271, 275, 277, 283, 286

Long Parliament, see Great Britain, England, Long Parliament 长期议会

López., Adalberto, 洛佩兹 150

Lord, Eleanor Louisa, 237-240

Lorraine, 洛林 250

Louis XIV (of France), 路易十四世 33, 74, 79-81, 102, 112, 114-117, 123-124, 188-189, 214-215, 246, 248, 250, 252, 255, 272, 277, 279

Louisiana, 刘易斯安那 102, 282

Low Countries, 低地国家 14, 20, 40, see

also Netherlands（northern）

Luanda，卢安达 52

Lübeck，卢卑克 223

Lumpenproletariat，缺乏阶级意识的无产阶级 230

Lunde, Johs., 伦德 160

Lundgreen, Peter, 伦格林 81

Lundkvist, Sven, 卢尔德维斯特 211, 217, 219

Lusatia, 卢萨蒂亚 138

Lütge, Friedrich, 吕特格 22, 38, 201, 225-227, 233

Lüthy, Herbert, 吕提 108, 111-112, 117, 124, 276, 278-279, 283-284

Luxembourg, 卢森堡 250

Luxury goods, 奢侈品 42, 49-50, 65, 94, 107, 131, 146, 162, 165, 200, 273-274, see also Trade, luxury

Luzac, Elie, 卢萨克 39

Luzzatto, Gino, 卢札托 200

Lynch, John, 林奇 111, 151, 181

Lyon, 里昂 91, 103, 202, 284

M

Maas（river）马斯河 41, 54

Macartney, C. A., 麦卡特尼 144, 234

Macedo, Jorge Borges de, 麦西度 187, 192

Machiavelli, Nicolo, 马基雅维利 6

MacLachlan, Jean O., 麦克拉伦 185, 188, 239, 272

MacLeod, Murde J., 麦克劳德 4, 148-151, 153-155, 159, 161

Macurek, J., 麦丘里克 194-196, 233

Maczak, Antoni, 马查克 21, 107, 132-133, 135-138, 141-143

Madder, 疯狂者 14

Madeira, 马得拉 186-187

Madras, 马德拉斯 273

Madrid, 马德里 156, 181, 183, 189

Madrid, Treaty of（1750），马德里条约 272

Magde, 女仆 15, see also Ladorers（common）

Magnates, 大地主 30, 135-137, 141, 143-144, 227-228, see also Aristocracy; Landlords; Seigniors

Mahan, Admiral Alfred T., 马汉 64, 78, 81, 248-249

Maine（France），曼恩 16

Maize, 梅兹 83, 151-152, 180, 202

Makkai, László, 133, 138-139, 141-142, 201, 马卡凯

Malecki, Jan M., 马利克奇 138

Málaga coast 马拉加海岸 187

Malowist, Marian, 马洛维斯特 135, 139-141, 218

Malt, 黑麦 261, see also Beer

Manchester Act of 1735, 1735 年曼彻斯特法令 264

Manila, 马尼拉 245

Manoeuvriers, 工人 15, 89, see also Laborers

Manorialeconomy, 采邑经济 5

Manufactures, 制造 22, 42, 44, 67, 78, 92-96, 98, 100-101, 103-104, 147, 156, 167, 181, 185-187, 193, 196, 199, 233, 237-238, 249, 262, 264, 266, 273

Manumission, see Slavery, manumission

Mare clausum, mare liberum, 领海公海 61

Maria Theresa（of Austria），特蕾莎

231，235

Marie-Anne de Neubourg（of Spain），玛莉·安 189

Marino, John A.，马里诺 197

Maritime school of thought, 思想的海上学校 246-247，249

Mark, 记号 225，228，230

Market, 市场
    capitalist, see World-economy 资本家 market economy, see Money, money-economy 市场经济
    world, see Trade（world）世界市场

Markovitch, Tihomir J.，马可维奇 266-268

Marlborough, John Churchill Duke of, 马尔博罗 198

Marques, A. H. de Oliveira，马奎斯 182-183

Marqueses del Valle，马奎斯 148

Marranos，马拉诺斯 58，78，183，287，see also Jews Sephardic

Marseilles，马赛 21，103，258，262，268，272

Marshall, Alfred，马歇尔 105

Martin, Henri，马丁 108，250

Martinique，马提尼克 102，169，270

Martins, J. P. Oliveira，马丁 192

Martin Saint-Léon, Etienne，93

Marvell, Andrew，马维尔 40

Marx, Karl，马克思 5-6，60，280

Marxism，马克思主义 5-7，114，122

Maryland，马里兰 164，166-167

Masefield, G. B.，梅斯菲尔德 44，162，171

Mason，梅森 28

Masovia，马索维亚 134，145

Masselman, George，马赛曼 46-49

Masson, Paul，梅森 272-273

Mata, Eugénia，梅塔 17

Matejek, Frantisek，马特耶克 131

Mateship，同志之谊 168

Mathematicians，数学家 66

Mathias, Peter，马西厄斯 261，287

Matjan，马特耶 49

Maurice of Nassau（Orange），拿骚 24，64，68，80，207

Mauro, Frédéric，摩洛 17-18，162，183-184，186

Maximilien Emmanuel（of Bavaria），马克西米连 198

Maxwell, Kenneth，马克斯韦尔 191

May, L. P.，梅 270

McManners, J.，麦克马纳斯 285

Meat，肉类 133，159，200，261，265，see also Food; Livestock shortage of, 29

Mecklenburg，麦克伦堡 226-227，231

Medick, Hans，麦迪克 195-196

Mediterranean（region），地中海地区 20-21，23，46，48-50，53，64，97-98，103，146，165，188，248，255，262，268, see also Africa, north; Europe, southern; Levant; Trade, Mediterranean
    Christian, 基督教 9，50，54，98，145，see also Christianity
    Islamic, 9，274，see aksi Uskan

Mehring, Franz，梅森 228-230

Meilink-Roelofsz, M. A. P.，默林克 47，61

Meissen，梅森 273

Mejdricka, Kveta，梅依德里卡 135，138

Mellafe, Rolando，梅拉费 149，153，173

Menard, Russell R.，曼纳德 173

Mendels, Franklin F.，门德尔斯 194，196，200，266

Menin，梅嫩 255

Mennonites，门诺派教徒 195

Mentink, G. J.，门廷克 75

Mercantilism，重商主义 5，37-40，43，58，60-61，67，69，75，77，79，90-92，95，97，103，105-106，109，113，115-117，122，141-142，144，147，157-158，160，164-166，168，186-191，196-200，203-204，211，213，220-221，224，232-233，236-239，247-248，250-253，256，264-269，273，275，277，280，285，287

Merchant Capitalism，重商资本主义 see Capitalism，merchant capital

Merchants 商业 19，24，27，45，48-49，51，53，60，87，89，95-96，115，147，151，156，160-161，166-171，183，188，193-194，198，202，206，210-211，216，222-224，233，235-238，240，247，249，252，254-256，268，272，275，280，285，see also Bourgeoisie；Trade（world）

Mercury，水银 149，151

Mertens, Jacques E.，默顿斯 276

Mesta，梅斯塔 181

Mestizo，梅斯蒂索 152-153，155-156，158，173-174

Metals，金属 17，58，105，110，130，181，204，266，282，see also Copper；Iron

Metalwares，金属器皿 141，205-206

Métayers，分成制租田者 88，see also Sharecropping

Methuen, Treaty of（1703），梅休恩条约 187-188，191，284

Meuvret, Jean，穆夫里 4，15，84，86-88，95-96，118，199

Mexico, see New Spain 墨西哥

Mexico City，墨西哥湾 153

Mexico Gulf of，墨西哥湾 161

Mezzadria，梅萨德里亚 200，see also Sharecropping

Michalkjewicz, Stanislas，米契尔捷维茨 235

Michell, A. R.，米歇尔 39-40，43，52

Middle Ages，中世纪 6，13，15，18，20，27，29，49，105-106，121，148，162，166，194，203，207

Middle Atlantic colonies，中大西洋殖民地 179，237，239

Midi，法国南部 21，91

Midi-Pyrénées，南法-比利牛斯 262

Midlands，密德兰 14

Migration，迁移 45，51，64，66-67，102，158，183，202，239，249，279

Mika, Alois，米卡 195

Milan，米兰 196，199，234

Milk, see Dairy products 牛奶

Millet，粟 180

Millones，150，see also State，finances

Minas Geraes，米纳斯吉瑞斯 191

Minchinton, Walter，明钦顿 26，29，46，100，116

Minden，明登 225

Miners，矿工 93

Mingay, G. E.，明盖 86-88，120，259-260，262-263，285

Mints，铸币厂 276，281，see also Bullion；Great Britain，England，Mint；State，finances

Mintz, Sidney W.，明兹 152，174

Mirabeau, Comtede（Honoré Gabriel Riqueti），米拉波 287

Miississippi，密西西比 102

Mississippi Bubble, 密西西比泡沫 282-283
Mississippi Valley, see Louisiana 密西西比河谷
Mita, 米达制 149, 174
Mode of production, see Production, mode of 生产模式
Molasses, 糖蜜 168, 237, 241
Molasses Act of 1732, 1732 年糖法案 169, 241
Molenda, Danuta, 莫伦达 141
Mols, Fr. Roger, 穆尔斯 18, 45
Moluccas, 摩鹿加 274
Money, 货币, 金钱 16-17, 25-27, 29-30, 49, 57, 59, 63, 81, 88, 92, 106, 109, 111-112, 116-1117, 132, 137, 149-150, 152, 168, 185-186, 190-191, 193, 196, 202-206, 215, 222, 231-233, 238, 249, 253, 271, 276, 279-282, 285; see also Banking; Bullion; Copper, copper coins; Financiers; Gold; Silver; Vellon bills of exchange, 交换货币 58-59, 105-109, 170
  credit, 信贷 17, 25, 38, 57, 59, 81, 86, 105, 112, 170, 194-195, 203, 210, 278, 283
  devalúation, 贬值 53, 205, 275-276, 278
  financial centers, 金融中心 57, 86, 94, 171, 180, 183, 193, 202, 281
  hoarding, 贮藏 106, 112, 137
  interest, 利益 59, 86, 111, 276, 279-281
  metallic, 金属的 58-59, 105, 275-276, 281-282, see also Bullion; Copper, copper coins; Cold; Silver; Vellon
  money-economy, 金钱经济 70-71, 94, 129, 156, 174
  money-market, see Money, financial centers 金钱市场
  money of account, 会计 16-17, 275-276, 283
  paper, 纸币 25, 275, 277, 282
  "Rising of the Moneys", 币值提升 130
  stability, 稳定性 57, 130, 132, 281
Mmontpelier, 蒙彼利埃 14
Monter, E. William, 蒙特 279
Morality (mores), 道德 27
Moravia, 摩拉维亚 135, 138, 226, 231, 234-236, see also Czechia; Czechoslovakia
Moreno Fraginals, Manuel, 摩利诺 270
Morgan, Henry, 摩根 159
Morgan, W.T., 摩根 250
Morineau, Michel, 莫里诺 4, 19, 47, 49, 52, 58, 83-85, 97, 103, 110-111, 151, 193, 268-269, 274, 277, 280-281
Moriscos, 摩里斯科人 146, 181
Mörner, Magnus, 莫内尔 152, 155
Morocco, 摩洛哥 182
Moselle (river), 莫赛尔河 14
Moslems, see Islam 穆斯林
Mousnier, Roland, 莫斯尼尔 3, 16, 116, 277, 287
Mughal Empire, see Empire, Mughal 莫卧儿帝国
Mukherjee, Ramkrishna, 穆克吉 98
Mulattoes, 穆拉托 152-153, 155-156, 158, 173-174
Mun, Sir Thomas, 孟 75, 105
Munck, Thomas, 孟克 224
Munktell, Henrik, 蒙克泰尔 210

Munster, 蒙斯特 16
Muro, Luis, 穆洛 155
Murray, R.K., 默里 246, 251
Muslin, 穆斯林 364, 273
Myska, Milan, 迈斯卡 196

N

Naborios, 印第安仆人 154, see also Debt peonage
Nadal, J., 那达尔 146
Naish, G.P.B., 内许 43
Namur, 那慕尔 255
Nantes, 南特 102, 268, 279
Naples, 那不勒斯 21, 146-147, 196, 234
Napoleon, 拿破仑 6, 114, 225, 233, 268
Narva, 纳尔瓦 100, 211, 214, 239
National economy, see Trade, national markets 国家经济
Nationalism, 民族主义 144, 203, 210, 272
 economic, see Mercantilism 民族主义经济
Naval stores, 军舰补给品 99-100, 104, 210, 217, 238-239, 246, see also Hemp; Pitch; Resin; Tar; Turpentine
Naval Stores Act of 1705, 1705年军舰补给法令 239-240
Navarre, 那瓦尔 189
Navigation Acts, see Great Britain, England, Navigation Acts 海军条例
Navy, 海军 52, 64, 78, 80, 99, 114-115, 118-119, 158, 161, 183, 188, 207, 210, 212, 216, 239-240, 246-249, 257, 263, 268, 272, see also Army; Navy

Nef, John U., 内夫 93, 95, 100, 164, 246, 266
Negotiepenningen, 58, see also Money
Negroes, 黑人 152, 154, 163, 172, 266
Neguev, S., 内格夫 272
Nelson, George H., 尼尔逊 191, 256
Netherlands (northern), 荷兰（北方）7, 19-24, 33, 37-57, 59-67, 70-71, 75-79, 82-84, 90-94, 96, 98, 101-103, 106, 111-118, 132, 134, 138, 143, 157-160, 162-163, 165-168, 181, 183-191, 193, 195-198, 200, 203-207, 211-212, 214-215, 217-218, 221-223, 227-229, 235-237, 239, 241, 246, 249-251, 253, 255-257, 261-262, 265, 267-271, 273, 275, 279-282, 285-288, see also Batavian Republic; Holland; Low Countries; Trade, Dutch; Zeeland Netherlands Barrier, 尼德兰障碍 250-251, 255-256
 Revolt of the, 荷兰反叛 6, 25, 42, 44, 53, 70, 75, 125, 150, 209
 southern, 南荷 22, 45, 51, 54, 69, 79, 95, 165, 193, 196-198, 201, 209, 234, 250, 252-253, 255-256, 261, see also Brabant; Flanders
 states-General, 等级会议 39, 47, 60, 78, 96, 206, 223, 286
 War of Independence, 独立战争 see Netherlands, Revolt of the
Nettels, Curtis P., 内特尔斯 161, 237-240, 271
Neutrality, 中立 250, 275
New Amsterdam, 新阿姆斯特丹 51-52, 79, 236, see also New York

New Christians, see Marranos 新基督徒
New England, 新英格兰 179, 186, 236-237
NewJersey, 新泽西 236
New Mills Cloth Manufactory, 新密尔斯布厂 252
New Spain, 新西班牙 4, 109, 147-149, 151, 153-156, 161-162, 174, 183, 276
New World, see America 新世界
New York, 纽约 64, 236-237, see also New Amsterdam
Newton, Isaac, 牛顿 7
Nichtweiss, Johannes, 尼希特韦思 226
Nielsen, Axel, 尼尔逊 139
Nijmegen, Treaty of (1678), 80, 95, 124, 161, 215 内伊梅根条约
Nine Year's War, 九年战争 229, 239, 248, 250
Nobility, 贵族 31-32, 68, 75, 85-86, 119-120, 122, 124, 134, 136-137, 140-145, 182, 200-201, 210-218, 220, 222, 224, 226-229, 231-232, 234, 236, 254, 284-287, see also Aristocraey; Classes, upper; Landlords, Seigniors
   lesser, 低阶贵族 30, 99, 135, 143, 190, 212, 230, 287
   middle, 中等贵族 143
   quit-rent, 还债 141, 143
   upper, 上层 143, 190, 212
Nobility Matriculation Law (1626), 贵族注册法 212
Noblesse de robe, 穿袍贵族 119, 143, 285-286
Nomadism, 游牧生活 84

Nordmann, Claude J., 诺德曼 205, 207, 209, 214, 219-220
Normans, 诺曼人 286
Norrkòpping, Diet of, 诺尔科平 213, 215
North, Douglass C., 诺思 44, 59, 90, 105
North Sea, 北海 39, 195
Norway, 挪威 106-108, 139, 160, 211, 214, 239, 252-253
Norwich, 诺里奇 66, 115
Nova Scotia, 新斯科夏 250
Nueva Planta, 新普兰塔 189
Nuremberg, 纽伦堡 194, 197
Nystad, Peace of (1721), 尼斯泰兹和约 211, 219

O

Oak, 橡木 210, see also Wood
Oats, 燕麦 14, 180
Oberem, U., 欧布伦 174
O'Brien, Patrick, 奥布莱恩 287
Odén Birgitta, 奥登 210
Oder, 奥得 233
Ogg, David, 欧格 269
Öhberg, Arne, 欧伯格 218, 274
Old South, see Aerica, North, southern colonies 老南方
Olivares, Gaspar de Guzman, Count of Olivares, Duke of Sanlúcar de Barrameda, 奥利瓦雷斯 181-184
Olive oil, 橄榄油 276
Onody, Oliver, 奥诺狄 150
OPEC, 石油输出国组织 211
Open door ploicies, see State, liberalism 门户开放政策
Oporto, 奥波托 182

Orangists, 奥兰治人 51, 53, 62-63, 68-69, 78, see also Netherlands (northern)

Orient, 东方 48, 84, 107-108, see also China, Japan

Orkneys, 奥克尼 39

Ormrod, David, 奥姆洛德 261, 264, 275

Ortiz, Fernando, 欧帝兹 164, 190

Osborn, Wayne S., 奥斯本 155

Ostend, 奥斯坦德 234

Osterud, Oyvind, 奥斯塔鲁德 215-216, 221-223

Ostrander, Gilman M., 奥斯特兰德 238, 241

Ottoman Empire, see Empire, Ottoman 奥斯曼帝国

Owen, Robert, 欧文 6

Oxenstierna, Axel, 奥克森谢尔纳 205

P

Pach, Zsigmond Pál, 帕赫 49, 131-135, 137, 141

Panama, 巴拿马 253

Panama Canal, 巴拿马运河 253

Pantaleão, Olga, 潘塔里奥 185

Paraguay, 巴拉圭 150

Pares, Richard, 佩尔斯 92, 159-160, 162-165, 167-172, 271

Paris, 巴黎 12, 21, 29, 76, 83, 86, 104-105, 272, 283

Paris, Treaty of (1763), 巴黎和约 257, 273

Parker, David, 帕克 89-90

Parker, Geoffrey, 帕克 17, 23, 44, 58, 69, 80, 105, 116-117, 282-283

Parry, J. H., 帕里 39, 46-47, 49-50, 52, 111, 270-271

Partnership system, 合伙制度 56, see also Companies

Passarowitz, Peace of (1717), 帕萨罗维茨（和约）234

Pastels, 青色染料 14

Pastoralism, 田园风味 83

Pasturage, 放牧 see Agriculture, pasturage

Patriarchal society, 家长制社会 147

Patricians, 贵族 68, see also Burghers

Pauperism, 贫穷 see Poor

Payments, 报酬

balance of, 57-58, 60, 92, 97, 106, 109, 111, 132, 186-187, 192, 200, 254, 256, see also Money; State, finances

system of, 58, 105, see also World-economy

Peasantry, 农人 12, 14-15, 30-32, 41, 84-90, 117, 124, 132-141, 143, 145-146, 155, 164, 167, 182, 194, 200-202, 203-204, 207, 209, 211-214, 216-217, 221-222, 225-229, 231, 286-288, see also Cottagers; Farmers; Laborers

desertions of, 遗弃 140, 145, 226

Estate of the Peasantry, 农民等级会议 see Sweden, Estates

expropriation of, 90, 226

peasant revolts, 农民反叛 5, 30, 101, 125, 139, 144-145, 147, 232, 235

upper, see Farmers, yeoman

Pennsylvania, 宾夕法尼亚 236-237

Penson, Lillian M., 彭森 271

Pentland, H. C., 宾特兰 75, 258

Pepena, 供养制 154

Pepper, 胡椒 13, 47-48, 273, see also

Spices

Périgord，佩里高尔 14

Periphery（peripheralization），边缘 8-9，17，22，47-50，65，83-84，97-98，109，123，129-132，134，138，141-142，144-147，151，156，158，160-162，166-169，175，179-182，185，196，203-204，209，217-219，221，223-229，233，236-237，241，246-247，251，262，273-274

Pernambuco，伯南布哥州 163

Persia，波斯 108，264，273

Persian Gulf，波斯湾 47

Peru，秘鲁 87，151-156，174

Peter the Great（Peter I of Russia），彼得大帝 207，218-209，252

Peterson，E. Ladewig，彼德森 159

Peterson，Mendel，彼德森 222-223

Phelan，John L.，费伦 153-154，156，172

Philip II（of Spain），菲利普二世 180，183

Philip III（of Spain），菲利普三世 69，151，204

Philip V（of Spain），菲利普五世 189-190，198

Philippines，菲律宾 107，148，153

Piedmont，皮埃蒙特 201-202

Piel，Jean，皮尔 148，152，155-156

Pigs，see Livestock 猪

Pilgrimage of Grace，求恩巡礼 5

Pillorget，René，皮勒盖特 112，124-125

Pinkham，Lucille，平卡姆 123

Piracy，海上抢劫 48，51，69，91，111，128，157-161，163，188，198，238，249，271-272，see also Banditry

Pirenne，Henri，皮朗 198

Pistoia，皮斯托亚 30

Pitch，沥青 100，218，220，239-240，274

Pitt，William，（the Elder），庇特 75

Piuz，Anne-Marie，皮乌兹 200

Planned economy，计划经济 5

Plantations，148，152，161，163，167-168，172-173，271，see also Estates

Planters，种植园主 161，164，167-171，173-174，257，270-271

Plow，犁 88

Plumb. J. H.，普卢姆 75，96，114，119，121，247，256，260，268，283-286

Plunder，抢劫 161

Plutocracy，财阀政治 63，277，285

Pohl，Hans，波尔 156

Poisson，Jean-Paul，波以森 284

Poland，波兰 14，20，22，61，66，83，98-99，107，131-136，138-139，141-145，207，210，214，216，219，222，225-230，233，235，252，261，276

Poldering，波德林 40，see also Hollandries

Polisensky，J. V.，波里森斯基 4，23-24，64，206，232

Polish War of 1655，1655年波兰战争 213，217

Politicians，政客 130，285，see also State

Pollnitz，Charles Louis，波尼兹 2

Poltava，波尔塔瓦 219

Pomerania，波美拉尼亚 211，225-228，230-231

Pommern，波莫恩 see Pomerania

Ponant，大西洋区 see France, western

Pondicherry，本地治理 250

Poni，Carlo，波尼 200

Ponsot, Pierre, 彭萨特 145

Poor, 贫民 8, 28-29, 49, 63, 84, 89, 92, 94, 125, 135, 140-141, 161, 194, 196, 204, 259, 276, 285, see also Classes, lower

Poor Laws, 济贫法 92, 121

Population, 人口 13-15, 18, 30, 33, 39-41, 45, 48, 63, 68, 75-76, 80-81, 88, 92, 102, 106, 115, 130-131, 140-141, 143-144, 146, 151-153, 158, 168, 172, 194, 207, 213, 219, 228, 232-233, 246, 258, 260, 268, 271

  decline of (depopulation), 人口缩减 15, 18, 25, 30, 42, 75-76, 130, 146, 149, 153-154, 181-182, 196, see also Epidemics

  expansion of, 人口膨胀 9, 15, 18, 25, 41, 75-76, 129, 145, 245, 258-259, 262, 277

Porcelain, 瓷器 273

Porchnev, Boris, 波尔什涅夫 182

Port, 港口 187

Port-Royal 皇家港 159

Portugal, 葡萄牙 19-21, 45-47, 49, 52, 78, 97, 112, 146, 157, 160, 167, 179-182, 184-191, 193, 217, 235, 239, 255, 261, 268-270, 276, 282, 284, 288, see also Iberia

Portuguese East India Company, 葡萄牙东印度公司 183

Postlethwayte, Matachi, 波斯特尔思韦特 271

Postel-Vinay, Gilles, 波斯特尔维内 4

Potash, 波塔许 100, 218, 239, 274

Potatoes, 马铃薯 83, 259

Potosi, 波托西 149, 152

Poverty, 贫穷 see Poor

Poznań, 波兹南 138

Precious metals, 贵金属 see Bullion

Predikants, 荷兰新教教会之牧师 68-69, 287, see also Christianity, clergy

Price, Jacob M., 普莱斯 105-106, 166, 169-170

Prices, 价格 3, 14-16, 19, 21, 25, 28-30, 33, 56, 76, 83, 110, 131, 133-134, 136-137, 150, 155, 160, 166, 168-169, 193, 205, 216, 262-263, 267, 272, 285

  agricultural, 农业 30, 40, 56, 75, 77, 82, 87-88, 131, 154-155, 164-165, 222, 224, 258-260, 262, 276

  bullion, 16-17, 21-22, see also Bullion

  decline of, 价格缩减 3, 13, 16, 19, 21-22, 40-41, 86, 88, 97-98, 131, 138, 145, 155, 169-170, 193, 196-197, 214, 220, 234, 245, 260-261, 264, 277

  nominal, 形式价格 16, 21, 25, 276

  rise of, 价格提升 4, 13, 19, 21-22, 30, 33, 47, 75, 110, 129-132, 134, 137, 142, 150, 154, 165-166, 173, 182, 184, 186-187, 205, 214, 220, 260-261, 270, 274, 276

  silver-gold ration, 金银比率 13, 17

Prickler, Harald, 普里克勒 133

Priestly, Margaret, 普利斯特利 95

Printers, 印刷工 44, 66

Printmaking, 印制 12

Prisons, 囚徒 93, 226

Procaeei, Giulio, 普罗卡西 197
Producers, agricultural, 生产者 see Farmers; Peasants
Production, 生产 5, 13, 24, 30, 38-39, 42, 44, 56, 86, 92, 119, 140, 155, 173, 194-196, 238, 259, 273-274
  forces of, 强制生产 6, 24
  mode of, 生产模式 5-8, 29, 32, 54, 115, 173, 195-196, see also Capitalism; Feudalism
  relations of, 生产关系 6, 24, 146, 175, 196, 226, 273
Profits, 利润 19, 26, 38, 41-43, 46-49, 51-52, 56-57, 63, 67, 69-70, 87, 89-90, 97, 108, 113, 116, 129-130, 132, 137-138, 140-142, 148-150, 152-157, 161-164, 167, 169, 171, 179, 184, 187, 191-194, 196, 198, 201-202, 204, 211, 218, 221-222, 255, 259-261, 263, 270-272, 274, 276, 279
Proletarianization, 无产阶级化 8, 15, 135
Proletariat, 劳动阶级 see Workers
Protectionism, 保护主义 see Mercantilism
Protestant ethic, 新教伦理 57
Protestantism, 新教主义 23, 68-69, 77, 124, 249, 251, 254, 286-287, see also Christianity; Reformation
Provence, 普罗旺斯 125
Prussia, 普鲁士 66, 71, 135, 152, 179, 195, 201, 204, 214, 217, 219, 222, 225-236, 241, 256-257, 270, 273
  Ducal, 公爵的 145
  East, 东普鲁士 225
Prussian licences, 普鲁士执照 207-208, 214
  West, 西普鲁士 140, 225
Public service, 公共服务 see State, bureaucracy
Pueblo, 普埃布罗 152
Puerto Rico, 波多黎各 157
Puritans, 清教徒 67, 70, 77
Putting-out system, 加工包销制 see Industries, putting-out system
Pyrenees, Treaty of (1659), 比利牛斯条约 189

Q

Quarrying, 采石 263
Quencez, G., 康塞兹 88
Quicksilver, 水银 see Mercury

R

Rabb, Theodore K., 拉布 22-23, 34, 120-121
Rabe, Hannah, 拉伯 46
Rachel, Hugo, 雷切尔 230
Ragusa, 拉古萨 21
Rákoczi, Ferenc, II (of Hungary), 弗兰茨·拉科齐二世 134, 142, 145
Raleigh, Sir Walter, 雷利爵士 159
Rambert, Gaston, 兰伯特 185, 188, 190, 258
Ramillies, 拉米伊 198
Ranches, 大农场 158
Rapeseed, 油菜粒 14
Rapp, Richard Tilden, 拉普 50, 97, 197, 199-200, 202
Rastatt, Treaty of (1714), 拉施塔特条约 234
Ravensburg, 拉文斯堡 225, 228

索引

Raychoudhuri, Tapan, 雷乔杜里 107
Renles de ocho, 八里亚尔银币 59, 108, see also Money
Recession, 萧条 see Cycles, economic, B-phases
Recife, 勒西菲 163
Red Sea, 红海 47
Reddaway, W. E., 雷达威 223
Reddich, O., 雷地希 234
Redlich, Fritz, 雷德利希 196
Redukion, 归还 213-217
Reed, Clyde G., 里德 59, 104
Rees, J. F., 里斯 240
Reformation, 复兴 4, 6, 33, 76, 287, see also Protestantism
Refugees, 难民 42, 199
Regents (of Amsterdam), 摄政 45, 65, 67-68, 115
Régime anjouin, 旧政体 198
Regionalism, 区域主义 144-145, 181
Reims, 兰斯 90
Reinhard, Marcel R., 莱茵哈德 18, 75-76, 258-259
Religion, 65-68, 76, 102, 123, 145, 252, 288, 宗教 see also Christianity; Islam; Jews
Rembrandt van jn, 伦勃朗 36
Renaissance, 文艺复兴 4, 156
Renier, G. J., 雷尼尔 62-63, 68
Rentes constituées, 指定年金制 86
Rentes foncières, 地产年金制 86
Rentier, 出租者 57, 215, 276, 280
Rents, 租金 4, 13, 27, 30, 76, 85, 87-88, 90, 116, 138, 212, 222, 225, 263
Repartimiento, 分配 153-155, 162, 174

Republicans, 共和主义者 69, 288
Resin, 雷辛 240
Resnick, Stephen, 瑞斯尼克 44
Revah, I. S., 雷瓦 183
Revolts, 反叛 119-120, 122, 125, 173, 182, 263, 280, see also Peasantry, peasant revolts; Revolution; Slavery, slaverebellions
Revolution, 革命
　agricultural, 农业革命 see Agriculture, agricultural revolution
　American, 美国革命 241, 257
　bourgeois, 中产阶级革命 see Bourgeoisie, bourgeoisrevolution
　Dutch revolution, 荷兰革命 see Netherlands, Revolt of the
　English, 英国革命 see Great Britain, England, Civil War
　financial, 经济革命 105, 118
　French, 法国革命 see France, French Revolution
　Glorious Revolution, 光荣革命 see Great Britain, England, Glorious Revolution
industrial, 工业革命 see Industrial Revolution
　Revolution of 1688, 1688革命 see Great Britain, England, Glorious Revolution
　Russian, 俄国革命 see Russia, Russian Revolution
Rhine (river), 莱茵河 41, 133, 227
Rhineland, 莱茵兰 195, 197-198, 201, 227, 233, 250
Ricardo, David, 李嘉图 187
Rice, 米 145, 202, 259
Rich, E. E., 里奇 47, 49, 52, 236, 271, 274
Richelieu, Cardinal Armand, 黎塞留 75,

90，95，250

Richet Denis，李希特 96，276

Richmond, Vice-Admiral Sir H., 里奇蒙 257

Riemersma, Jelle C., 里默斯马 63

Riga，里加 100，211-212

Rijswijk, Peace of (1697), 赖斯韦克和约 188，246，250，272

Riley, P. W. J., 赖里 253-254

Ringrose, D. R., 林格罗斯 59

Rio de la Plata，里约德拉普拉塔 183，189

Roberts, Lewes, 罗伯茨 106

Roberts, Michael, 罗伯茨 64-65，77，203-217，222

Roehl, Richard, 罗尔 83，267

Roessingh, H. K., 罗辛 165，268

Rokkan, Stein, 罗坎 64

Romano, Ruggiero, 罗曼诺 14-16，19-20，24，26，40，42，49，91，150，152，154，173-174，196-197，200，203，270

Romerode Solis, Pedro, 索利斯 190

Romein, Jan S., 罗曼 92

Roorda, D. J., 罗尔达 63，68-69，118

Roos, Hans-Edvard, 罗斯 203，210

Rosén, Jerker, 罗森 214-216，223-224

Rosenberg, Hans, 罗森堡 225，227，230-231，235

Roseveare, Henry, 罗斯维尔 118，247，279

Roskilde, Treaty of (1658), 罗斯凯尔德条约 211，223

Rostow, W. W., 罗斯托 19

Rostworowski, Emanuel, 罗斯特沃罗夫斯基 141，144-145

Rothschilds, 罗斯柴尔德 6

Rotterdam，鹿特丹 67，275

Roussillon, 鲁西荣平原 182

Royal African Company (R. A. C.), 皇家非洲公司 52，245

Royal Bank，皇家银行 281

Royalists, 67, 288, 保王党 see also Great Britain

Rubens, Peter Paul, 鲁本斯 37

Rubini, Dennis, 卢比尼 279

Ruiz Martin, Felipe, 吕兹马丁 180，205

Rule, John C., 鲁尔 80，117

Rum，朗姆酒 168，237，241

Rusche, G., 鲁许 93

Rusiński, Wladyslaw, 鲁辛斯基 135，140

Russia, 俄罗斯 7-8, 58, 100-101, 106-109, 132, 139, 195, 214, 218-220, 229, 233, 235, 239, 263, 274

Russian Revolution, 俄国大革命 6

Ruthenia, 卢塞尼亚 144-145

Rutkowski, Jan, 鲁特科斯基 135，138，140，143 226-227

Ruwet, Joseph, 鲁维特 56，201

Rye，裸麦 14，180

Rye-grass，牧草 259

S

Saaremaa，沙阿雷马 215

Sainfoin，圣伏因 259

St. Dominique, 圣多米尼克 159，164

St. Lawrence (river), 圣劳伦斯 100

Saint-Léon, Martin, 圣里昂 93

Saint-Malo，圣马罗 188

St. Paul's Church, 圣保罗教堂 244

St. Petersburg, 圣彼得堡 218

Salaman, Redcliffe N., 撒拉曼 259

Salamanca, 萨拉曼卡 14

Salerno, 萨莱诺 147

Salt, 盐 39-40, 43, 56, 93, 160-161, 187, 199, 204, 254

"Salt Mutiny"（1632），182

Saltillo, 萨尔蒂略 152

Saltus, 丛林 see Land, cultivated

Samsonowicz, Henryk, 萨姆索诺维茨 21

Samuelsson, Kurt, 萨缪尔森 208-209, 211-212, 217, 219-221, 234

Sardinia, 撒丁尼亚 234

Sarmatians, 萨尔马提亚 144-145

Säteri, 萨特里 216

Savoy, 萨伏依 14, 234

Saxony, 萨克森 16, 133, 138, 141, 144, 201, 219, 225, 252

Scandinavia, 斯堪的纳维亚 see Baltic (region)

Scania, 斯堪尼亚 211, 213, 218, 223, 229

Scheldt (river), 斯凯尔特河 53-54, 69, 198

Schlesinger, Walter, 施莱辛格 226

Schlote, Werner, 许洛特-加龙省 239

Schlumbohm, Jürgen, 施吕勃姆 196

Schmoller, Gustav, 施莫勒 61, 78, 197, 233

Schöffer, Ivo, 舍费尔 4, 13, 20, 25, 33, 38-39, 48, 62, 107

Schumpeter, Joseph A., 熊彼得 125

Schwartz, Stuart B., 施瓦茨 163, 173-175

Schwerin, 施沃林 14

Scotland, 苏格兰 see Great Britain, Scotland

Scoville, Warren C., 斯科维尔 102, 249, 287

Securities, 安全 278

Sedan, 色当 95

Seeley, J. A., 西利 246, 256

Segovia, 塞哥维亚 180-181

Seigniors, 领主 23, 86, 117, 134-135, 137-141, 143, 147, 190, 226, 276, 280, see also Aristocracy; Classes, upper; Junker; Landowners; Nobility

seigniorial dues, 领主税 86, 138, 140

seigniorial reaction, 领主反动 30-31

seigniorial revenue, 领主岁收 89, 103, 140, 212

Sella, Domenico, 塞拉 13, 15-16, 20, 43, 56, 194, 196-197

Semeyns, Meynert, 西米恩 39

Semiperiphery, 半边缘 8-9, 26, 65, 84, 101, 129-130, 138, 151, 158, 170, 179, 190, 192, 195-196, 199, 201, 208, 218, 221-222, 225, 231, 233, 236, 239, 241

Semo, Enrique, 西莫 153

Serbia, 塞比亚 234

Sereni, Emilio, 塞雷尼 147, 200

Serfs, 农奴 134, 140, 143, 145, 147, 154, 200, 225-226, 229, 231-232, 235

collier serfdom, 煤矿工 93

emancipation, 农奴解放 30, 145

"second serfdom", 二次农奴制 see Coercedlabor, cash-crop

Servants, 仆人 15, 102, 140, 168, 173, see also Laborers

Settlers, see Colonies, settlers 安置民

Seven Years' War, 七年战争 70, 191, 221, 257

Seymour, Charles, Duke of Somerset, 西摩 122

Sharecropping, 200-201, see also Metayers, Mezzadria 分成租制

Sheridan, Richard B., 谢里登 160, 163-164, 168-169, 171, 246, 270

Shetlands, 设得兰 39

Shipbuilding, see Industries, shipbuilding 造船业

Shipping, see Transport, maritime 航运

Shipwrights, 造船者 55, 238, 268

Shrewsbury, Charles Talbot, Duke of, 什鲁斯伯里公爵 122

Scily, 西西里 145-146, 167, 234

Sick man of Europe, see Empire, Ottoman 欧洲的病人

Sideri, S., 赛德里 186, 192-193

Siena, 西恩那 21

Silbert, Albert, 西尔伯特 186

Silesia, 西里西亚 16, 133, 138-139, 145, 226, 234-236, 256

Silk, 丝 42, 91, 98-99, 103, 145, 181, 197, 200, 203, 273
mills, 磨坊 91, 197, 200

Silver, 白银 16-17, 20-22, 33, 51-52, 59, 61, 106-112, 148-154, 156, 161-162, 186, 190, 192, 204-205, 215, 276-277, 282, see also Bullion; Money, metallic; Prices, bullion

Simiand, Francois, 西米安 3-4, 6, 8

Sixty Years' Captivity, 六十年囚禁 182

Skattebonder, 自有农 212, see also Freeholders

Slavery, 奴隶 51, 93-94, 102, 146, 154, 162, 164, 167, 169-170, 172-175, 189, 213, 237, 246, 255-256, 266, 270, see also Coerced labor manumission, 奴隶解放 174

slave rebellions, 奴隶反叛 163, 173

slave-trade, 贩奴 see Trade, slave-trade

Slicher van Bath, B. H., 斯里舍·范·巴特 3, 5, 13-16, 18, 21-22, 29, 40-41, 76, 83, 132-133, 141, 144, 226, 232, 237, 260-262

Slovakia, 斯洛伐克 132, 138, see also Czechoslovakia

Sluiter, Engel, 斯鲁易特 52

Slums, 贫民窟 260

Smelser, Neil J., 斯梅尔瑟 264

Smit, J. W., 斯密特 53, 91, 115

Smith, Adam, 亚当·斯密 6, 78, 87, 167

Smout, T. C., 斯穆特 83, 251-253, 265

Social Democrats, 社会民主 231

Social groups, 社会团体 69, 152, 231

Social security, see Charity 社会安全

Social structure, 社会结构 9, 25, 29, 32, 182, 201, 247

Social struggle, 社会斗争 see Struggles, social

Social system, 社会系统 6-8, 32, 64

Social welfare legislation, see Poor Laws 社会福利制度

Soil conditions, 土壤状况 41, 75, 84, 133, 146, 150, 161-165, 180, 201, 207, 222, 230

Solon, 梭伦 236

Sombart, Werner, 桑巴特 46, 195, 280

Somme (river), 索姆河 83

Soom, Arnold, 速姆 211

Sossons, 88-89, see also Farmers, small 拥有一群牛或马的农民

Sound, the, 松德海峡 24, 64, 77, 211, 222-223, 229

索 引

South Sea Bubble, 南海泡沫 282-283, 285

South Sea Company, 南海公司 191, 255-257, 271-272, 278, 283

Spain, 西班牙 14, 19-21, 23-24, 31, 42, 46-47, 49, 52-53, 58, 61, 64, 69, 75-77, 91, 97, 101, 106-107, 110, 130, 142, 145-147, 153, 156-158, 160-161, 164, 167, 169, 179-187, 189-191, 198-199, 202, 204-206, 211, 214, 217, 221, 234-235, 239, 246-247, 253, 255-257, 262, 268-273, 276, 280, 282, 288, see also Iberia

  Hispanic America, see America, Hispanic 西属美洲

  southern, 南西班牙 146

Spanish Bourbons, 西班牙波旁 see Bourbons, Spanish

Spannish Netherlands, 西属荷兰 see Netherlands, southern

Spanish Succession, War of, 西班牙继承战争 188-190, 198, 219, 221, 234, 239, 249, 251, 271

Speculators, speculation, 投机者 45-46, 48, 132, 147, 278, 282, 285

Spelt, 一种小麦 262

Sperling, J., 斯珀林 106-109, 276

Spice Islands, 香料群岛 47

Spices, 香料 47, 49, 51, 107-108, 273, see also Pepper

Spiesz, Anton, 施皮茨 135, 137-138, 226-227, 232

Spinoza, Benedict, 斯宾诺莎 6-7, 34, 66-67, 70

Spitzbergen, 斯皮茨柏根 39

Spooner, Frank C., 斯普纳 3, 17, 21, 27-29, 51, 112, 276

Squirearchy, 乡绅 87, 137, 143, see also Gentry

Stadholder, 荷兰一省之行政长官 62-63, 69, 76, see also Netherlands (northern)

Standard of living, 生活标准 28-31, 168

Staples, 土产 50, 56, 61, 96, 164, 186, 202, 206, 238, 240, 275

Starvation, 饥饿 see Food, shortage of

State, 国家 6, 9, 20, 25, 27, 32-33, 37-39, 44, 62-63, 65, 67-68, 70, 77-78, 95, 103, 108, 111, 113, 115, 117-118, 121-122, 124-125, 142-145, 150-151, 179, 182, 184, 188, 191, 198-199, 201, 203-204, 209-210, 216, 224-225, 228-232, 235-236, 245, 247, 249, 258, 261, 263, 275, 277-278, 281-284, 286-287

  absolutism, 绝对主义 32-33, 68, 102, 114, 118-119, 121, 124-125, 190, 201, 214-215, 220-221, 224-225, 228, 232, 286

  aristocratic, 贵族 26

  banks, see Banking, state 银行

  bureaucracy, 官僚体系 9, 32, 38, 89, 113-114, 118-120, 124, 143, 153, 155, 157, 179, 183, 195-196, 210-221, 223-224, 228-232, 235, 247, 279, 281, 284, 288, see also Tax-farming

  sale of offices, 卖官鬻爵 86, 95, 142, 151, 195, 208, 231

  "capitalist", 资本家 7, 32, 60

  feudal, 封建 6, 119, 122

  finances, 财政 30, 54, 57, 77, 86-

89，91-92，103，105，113-118，121，137，141-142，147，150-151，153-154，156，165-166，180-182，184，188，191，202-205，207-208，212-220，223-224，226，228-232，237，246，249，265，268，276-283，285-287

interstate system，国内体系 70-71，179，225，232

liberalism，自由主义 61，65-66，68，70，94，114，141，245，268，277

mercantilism，see Mercantilism 重商主义

monopolies，独占 203-204，283

state banditry，国家劫掠 285

state-machinery，see State, bureaucracy 国家机器

strength of，国家强化 9，26，32-33，38，76，112-114，116-119，123，142-144，188，190，203-204，212，217-218，220-221，227，268227-278，284-288

taxation，税制 see State, finances

univer-sal monarchy，普遍专利 32，see also，Empire，world-empire States-General，see Netherlands

States-General 等级会议

Steel，钢铁 95，206，209

Stefanescu, S，史蒂芬尼斯库 139

Stewards，斯图亚特 86

Stock-exchange，股票交易 49，57

Stockholm，斯德哥尔摩 7，100，203，210，212，214

Treaty of (1719)，234

Stockholm Tar Company，斯德哥尔摩焦油公司 239

Stocks，股票 282-283，see also Companie

Stoianovich, Traian，斯托亚诺维奇 272

Stols, E.，斯托尔斯 61，198

Stone, Lawrence，斯通 87，111，122

Stork-Penning, J. G.，斯托克-潘宁 251

Stoye, J. W.，斯托伊 234

Strading, R. A.，斯特拉德林 180

Straits，海峡 270

Strasbourg，史特拉斯堡 28，250

Stratification, modes of，21，62-63，66，68-69，119-125，131，141，143-145，172-173，241，286，288

Strict settlement，严限移民 86

Strikes，罢工 93

Strong, Frank，斯特朗 159

Struggles，斗争—社会斗争 3，8，32，76，145，238

social，121，see also Classes, classstruggle 阶级斗争

Stuarts，斯图亚特 121，236-237，248，278，285，see also Great Britain

Stuhmsdorf, Treaty of 斯图姆斯多夫条约（1635），143，208

Sublime Porte，土耳其政府 see Empire, Ottoman

Sugar，糖 44，51-52，102-103，152，157，160-175，183，186-187，236，246，257，259，267，270-271，274，277

beets，甜菜 83

mills，磨坊 173

refineries，精制厂 147-148，267

Sully, Duke of，苏利 87

Supple, Barry E.，萨普勒 4，43-44，52，92，103，106，109，122，125

Surinam，苏里南 79

Surplus，剩余 9，30-32，39，139-140，

148，152-153，161，173，246，259-260，262，278，285

Surplus-value，剩余价值 167-168，195，208，241

Sutherland, Lucy S.，萨瑟兰 256，273，286

Swabia，斯瓦比亚 197

Swart, K. W.，史沃特 118，268

Sweden，瑞典 58-59，71，79，100，106，108，134，138，143-145，178-179，203-206，208-215，217-225，228-230，233-234，236，239-241，263，270，274，see also Baltic（region）

Estates（Stand），203，212-213

Swedish Trading Company，瑞士贸易公司 206

Sweezy, Paul，斯威奇 6

Switzerlánd，瑞士 24，195，199-200，207，239，279

Symcox, Geoffrey，西姆考克斯 248-250

Synod of the Desert，沙漠宗教会议 287

Syria，叙利亚 49

Szatmar, Peace of 萨特马和约（1711），143

Szczygielski, Wojciech，施茨捷尔斯基 132-133，141

T

Tallow，牛羊脂 274

Tangiers，丹吉尔 185

Tapie，塔皮 Victor-Lucien，86，115，226，235

Tar，焦油 100，210，218，220，239-240，274

Taverns，酒店 260，see also Alcoholic beverages

Tawney，托尼 R.H.，120

Taxes，税赋 see State, finances

Tax-farming，包税 86，117，165，204，212，278，see also State, Bureaucracy

Taylor，泰勒 A.J.P.，226-230，234

Taylor，泰勒 George V.，285

Taylor，泰勒 Harland，77

Tazbir, Janusz，塔兹比尔 144-145

Tea，茶 49-51，164，259，273

Technology，技术 8，27，42-47，54，59，65-66，105，150，163，174，199，208，248，280，288

Temperley, Harold W.V.，坦普尔利 188，256-257，284

Temple, Sir William，坦普尔 45

Tenant 佃农 Farmers, see Farmers, tenant

Tenure, allodial，自主佃农 86，88-89，121，147，263，213

Ternate，三个一组的 49

Terraferma，泰拉菲马 183，197，200

Teuteberg, H.J.，图特伯格 29

Textiles，纤维 13 16，39，42-43，46，49-50，53，90-91，95-100，111，141，181，185-187，192，196，198，200，203，210，220，264，266，268-269，272-274，279，see also Calico；Camelots；Chintz；Cotton；Industries, textile；Lakens；Linen；Muslin；Obrajes；Trade, textiles；Wool

new draperies，新织物 42，66，91

woollen，羊毛织品 95，156，192，198，200，234，264

Thierarche，蒂埃阿什 14

Thirsk, Joan，瑟斯克 82，87，122，165，194

Thirty Years' War，三十年战争 22-24，

28，44，53，70，75-76，78，99，115，133，138-139，150，181，184，199，204-205，207，214，222-113，226-228，230，232-233，235

Thomas，托马斯 P.J.，97，105，264

Thomas，托马斯 bert Paul，44，59，273

Thompson，汤普森 E.P.，93，285

Thompson，汤普森 F.M.L.，85

Thuringia，图林吉亚 138，205

Tiepolo, Giovanni Battista，泰波罗 6

Tierras baldias，采矿者 154

Timber, see Wood 木材

Titolipubblici, see State, Finances

Tobacco，烟草 13，51，102-103，157，162-167，169-174，186-187，236-237，268

Toledo，托莱多 157，181

Tomkiewicz, Wadysaw，汤姆基维兹 144

Tonnesson, Kare D.，汤尼森 139，212-213

Tools，工具 27，200，263

Topolski, Jerzy，托波尔斯基 19-20，131-132，134-135

Tories，托利党人 80，122，248，283，285, see also Great Britain, England

Torr，托尔 Dona，5-6

Tortuga，托尔图加 157

Totalitarianism，极权主义 277

Toulon，土伦 248

Tourists，观光客 143，200

Tournay，图尔内 255

Towns，城市 21-22，30，41，45，51，68，91-92，104，114-115，121，123，125，133，140-141，144-145，151，154-155，182-183，194，196-198，200，203，206，211，221，227，230，234，236，248，268，279

Trade（world）贸易（世界），6，8，15，17-18，22，25，29，37-41，44-54，57，59，61，63-64，66-67，75，80，85，91-92，96-99，101，104-108，117，121，125，133，138，147-149，151，153，156，158，160，163-165，167，171，181，183，185-189，191，193，195，199，202-203，206，210，222，234，237-240，246-247，249-252，256，261-263，267，269-270，272，274-275，284-285, see also Bourgeoisie; Merchants; world-economy
"administered"，47-48

  Africa，非洲 46，186，238，252，273-274

  Arab，阿拉伯 48-49

  Asian，亚洲 see Trade, Indian Ocean

  Atlantic，大西洋贸易 46，50，78，101-102，104，133，148，151-152，156，161，184，198，238，252，274，282, see also Carrera; Trade, triangular

  Baltic，波罗的海贸易 24，0，42，46，48-50，52-53，55，58，63，77，96-98，105-107，132，206，214，217，240，250，252，274，276

  bullion，金银条块贸易 76，105，278

  Caribbean，加勒比海 see Trade, Atlantic

  cattle，牛 131，133，155，157，265-266

  China，中国 48-49，273，282

  copper，铜 143，204

  Dutch，荷兰 39，41，48-50，53，55，56-57，66，69，78，134，189，200，203，267

  Eastland，东土 see Trade, Baltic

索 引

entrepot, 54-57, 59, 77-78, 102, 197, 211, 253, 275

external arena, 外部竞争场 85, 98, 103, 108-109, 158, 219, 246, 267, 269, 273

free, 自由贸易 38, 48, 53, 61, 84, 188, 220, 245, 253, 269, 271

fur, 47, 273-274

grain, 谷类 13, 41, 134, 204, 211, 222, 261-262, 268, see also Cereals

herring, 鲱鱼 40

Indian Ocean, 印度洋 46, 48-49, 97, 107, 269, 273-274, 282

inland, 内地 252, 276

interregional, 地区间 84, 103, 138, 146, 183, 197, 212

intra-Asian, 跨亚洲贸易 49

intra-European, 跨欧洲贸易 137-138, 188, 214, 238, 273

Levant, 利凡特 107, 273, see also Trade, Mediterranean

luxury, 奢侈品 8, 47-48, 50, 103, 107, 131, see also Luxury goods

Mediterranean, 地中海区贸易 46, 50, 53, 63, 98, 262, 272, see also Trade, Levant

monopolies, 专利 61, 63, 156, 159-160, 193, 206, 219-220, 235, 239-240, 245, 252-253, 255, 270-272, 274-276, 282 "Mother trade", see Trade, Baltic

national markets, 国际市场 183

plan tation, 大规模农场 254

re-exports, 再出口 60, 102, 104, 165-166, 206, 266, 269

Russian, 俄罗斯 106, 274

salt, 盐 40, 237

slave, 奴隶 52, 102, 146, 158, 161, 166, 186, 191, 255, 268, 271, 273

spice, 香料 47, 59, 103, 158, 273

sugar, 糖 103, 158, 166, 270

terms 贸易项目 of, 9, 13, 19, 25, 37, 49, 97, 111, 131, 136, 193, 217, 267

textile, 织品 42-43, 111, 192, 235

timber, 木材 44

trade war, 贸易战争 see War, economic aspects of trading companies, see Companies

transcontinental, 横贯大陆的 183, 199, 214

triangular, 三角 51, 104, 185, 237-238, see also Trade, Atlantic

White Sea, 白海 274

wine, 酒 193, 237

Trading-posts, 贸易站 273

"Train oil", 鲸 39

Traitants, 包税商 278, see also Financiers

Transport, 转运 27, 38, 102, 104, 136, 141, 163, 165, 193, 261, 263, 274-275

canals, 转运运河 45, 54, 262

land, 转运地 104

maritime, 滨海转运 39-40, 44, 46, 49-50, 53, 56-57, 66, 96-97, 100, 104, 116, 118-119, 132, 150, 152, 160, 193, 210, 212, 217, 221, 236, 238, 250, 252, 257, 272, see also Buss, Ventjagers

Transylvania, 特兰西瓦尼亚 234

Treasury, 资金 59, 118, see also Great Britain, England

— 467 —

Trefoil, 三叶草 259

Tremel, Ferdinand, 特瑞梅尔 233, 235

Treue, Wilhelm, 特罗伊厄 195, 205 - 206, 226, 231, 233

Trevelyan, George Macauley, 特里维廉 122

Trevor-Roper, Hugh R., 特雷弗-罗珀 123, 141, 251

Tribute, 贡金 149

Triage, 挑选 15

Trieste, 的里雅斯特 234

Trinidad, 特立尼达 157

Trinkets, 小饰物 237

Trip, Elias, 特利普 206

Triple Aliance, 三国同盟 79

Tripoli, 的黎波里 272

Trondheim, 特伦海姆 223

Tropica leconomy, 热带经济 238, 246

Truce of 1609, 1609 年休战 45, 58, 64, 69, see also Netherlands, Revolt of the

Tucker, G. S. L., 塔克 258

Tulips, 郁金香 282

Tunisia, 突尼西亚 98

Turenne, Henri Vicomte de, Marshal-General, 图伦尼 287

Turkey, see, Empire, Ottoman 土耳其

Turpentine, 松脂 240

Turnips, 突尼斯 82, 259

Tuscany, 托斯坎尼 14, 199, 203

Twente, 特文特 16, 200

Tyrol, 蒂罗尔 138, 205

U

Ukraine, 乌克兰 139, 143, 145, 219

Ulm, 乌尔姆 197

Ulster, 阿尔斯特 239

Unequal exchange, 不平等交换 50

Unger, Richard W., 昂格尔 39, 43, 48, 60, 91

Unger, W, S., 昂格尔 52, 274

Union of Arms, 武装联盟 181

United East India Company, 联合东印度公司 see Great Britain, England, East India Company

United Provinces, 联合省 see Netherlands (northern)

United States of America, 美利坚合众国 38, 281

Untertan, 农奴 227, see also Serfs

Unwin, George, 昂温 76

Urban industry, 都市工业 see Industries, urban

Urban phenomena, 都市现象 see Towns

Urbich, Johann Christian, 乌尔比希 219

Utarbetningstratt, 下发制 210, see also Industries, putting-out system

Utrecht, 乌得勒支 41, 189-190, 234, 246, 250, 253, 255, 271, 275, 278, 281, 283-284

Utrecht, Union of (1579), 62, see also Netherlands (northern) 乌得勒支联盟

V

Vagrants, 流浪者 196

Vajnshtejn, O. L., 瓦因什泰因 24

Valencia, 巴伦西亚 145-146, 183, 185, 189

Valenciennes, 范伦西叶尼 95

Valerio, Nuno, 瓦莱里奥 17

Vandenbrocke, Chr., 范登布洛克 259

Van der Wee, H., 范德维 41, 58-59, 198, 202, 205, 277-279

索 引

Van Dijk, H., 范狄克 63

Van Dillen, J. G., 范迪伦 58-59, 60, 63, 281

Van Hoboken, W. J., 范霍伯肯 51, 62

Van Houtte, Jean A., 范胡特 45

Van Klaveren, Jacob, 范克列维伦 43, 233

Van Oldenbarnevelt, Johan, 范奥登巴尼维尔特 69

Van Riebeeck, Jan, 范里别克 77

Van Veen, Joh., 范维 38, 40, 66, 269

Van Wijck, Willem, 范韦克 204, 206, 209

Varkomyi. Agnes R., 瓦尔康尼耶 134, 142-143, 145

Varmland, 韦姆兰 209

Vassal, see Feudalism 家臣

Vaud, 沃州 14

Veenendaal, A. J., 维农达尔 189

Vegetables, 蔬菜 14

Vellon, 维农铜币 151, 185, 190, 204-205, see also Copper, copper coins; Money, metallic

Venality of office, see State, burearcracy, sale of offices 买卖官职

Venezuela, 委内瑞拉 160

Venice, 威尼斯 50, 70, 194, 196-197, 199, 200, 202, 234, 273

Ventjagers, 包买者 39

Ventura, Angelo, 文突拉 203

Verlagssystem, see Industries, putting-out system 城市中间商制度

Verlinden, Charles, 韦林登 45, 146-147

Vermuyden, Cornelius, 韦尔穆登 59

Verviers, 韦维尔 42

Viana, Luis Fiho. 维亚纳 173

Viborg, 维堡 100

Vicens Vives, Jaime, 维韦斯 181-182, 184, 189-190

Vienna, 维也纳 28, 42, 131, 219, 232

Vignols, Leon, 维格诺 185

Vigo, Giovanni 维戈 16

Vilar, Pierre 维拉尔 M., 4, 17, 19, 21, 57-58, 67, 111-112, 166, 181-182, 186, 188-189, 270, 277, 283

Villani, Pasquale, 维拉尼 202

Villari, Rosario, 维拉里 147

Viner, Jacob, 维纳 257

Virginia, 弗吉尼亚 164-166, 169-174

Visconti, Alessandro, 维斯康提 70

Vittorio Amadeo II (of Savoy), 维多利奥 201

Vivanti, Corrado, 维凡提 147

Vizcaya, 182, see also Basque country 维兹卡亚

Vlachovic, Jozef, 弗拉索维茨 134

VOC, see Dutch East India Company 东印度公司

Vodka, 伏特加 141

Voltaire, Francois-Marie Arouetde, 伏尔泰 289

von Braun, Joachim Freiherr, 布劳恩 225-226, 233, 235

Voralberg, 福拉尔堡 14

W

Waddell, David A. G., 韦德尔 271

Wages, 薪资 13, 54, 67, 76, 92, 100, 137, 202, 205, 209

decline in, 薪资减少 15, 25, 28-29, 63, 93, 129, 146, 196

real, 实际薪资 9, 15, 16, 25, 28-

29，63，129，140，260，262

rise in，薪资提升 16，28-29，42，63，92-94，116，200，240，260，268，280

stickiness of，16

wages in kind，93，154，166，168，170，174，225

wage-workers, see Laborers 薪资劳工

Wallachia，瓦拉西亚 234

Wallerstein, Immanuel，沃勒斯坦 16，18，24，29-32，47-49，52，104，123，161，167，180，204，226

Walloons，瓦隆 45，209，see also Brabant; Flanders

Walpole, Horace，沃尔波尔 166，220，238，246，257，283，285-286

Walton, Gary M.，沃尔顿 238，240

Wangermann, Ernst，旺格曼 232

War，战争 3，14，22-16，33，44，65，69，78-80，91，99-100，111，116，121，123，130，134-135，138，140-141，143，145，158，162，164，182，184，188，189-191，207，213-219，222-223，227，230，232，246-247，250-251，254-257，262-263，269-273，275-276，278，280-281，284-285，see also Armaments

civil wars，内战 5，63，77，124，144，163，213，236，288，see also Great Britain, England, Civil War

cold war，冷战 76

economic aspects of，战争的经济观点 24，77，80，115，158，166，181，185，207，208，230，247

military tactics，军事策略 150

war materials，战时物资 44

warships，战舰 43，99，166

War of the Roses，玫瑰战争 5

Ward, A.W.，沃德 170，189，255

Ward, J.r.，沃德 170

Warden, Alexander J.，沃登 181，264-265

Warneton，瓦尔纳通 255

Watt, James，瓦特 6

Wax，腊 274

Weapons, see Armaments 武器

Weavers，织工 194，197，199，236，264，see also Clothiers

Weaver's riots (1719)，织工暴动 264

Weaving，纺织 49

Weber, Max，马克斯·韦伯 120，282

Weis, Eberhard，韦思 201

Weisser, Michael，韦斯尔 180-181

West, the, see Europe, western 西方

West India Company, see Dutch West India Company 西印度公司

Western Hemisphere，西半球 see America

Westminster，威斯敏斯特 95

Westphalia，威斯特伐利亚 16，45，197，231

Peace of (1648)，228，250 威斯特伐利亚和平

Whales，鲸 39

Wheat，小麦 13，15，22，28，30，40，46，52，56，77，87，111，131-134，138-139，145，151-152，161-162，180，182，186-187，231，237，254，261-262，267

Whigs，辉格党人 67，80，94，114，122，187，246-248，283，285-286，see also Great Britain

Whiskey，威士忌 141

索 引

White Mountain, Battle of 白山战役 (1620), 139, 231

White Sea, 白海 274

Wiese, Heinz, 维泽 133

Wiles, Richard C., 韦尔斯 94

William II (of Orange), Stad-holder, 威廉二世 24, 61, 246, 248

William III (of England, Scotland and Ireland), 威廉三世 115, 246, 250

Williamson, J. A., 威廉森 79

Wilson, Charles Henry, 威尔逊 27, 39-46, 50-51, 56, 63, 66-67, 78-80, 82, 84, 91-92, 94-97, 99-100, 102-107, 109, 111, 115-116, 119, 122, 151, 246, 251, 258, 260, 263-264, 268, 274-277, 279-281

Windmills, 风车磨坊 40, 163

Wine (growing), 酒 13-14, 25, 82, 84-85, 139, 141, 145, 152, 161, 187, 18, 262, 276

Wittman, T., 魏特曼 145

Wittrock, G., 威特罗克 213

Withers, John, 威瑟斯 275

Wadysaw IV (of Poland), 瓦迪索夫四世 143

Wolanski, Marian, 沃兰斯基 235

Wolf, Siegmund A., 沃尔夫 152, 226

Wood, 木材 15, 40, 43, 99-100, 133, 162, 210, 237, 240-241, 259, 263, 272, 274

Wool, 羊毛 13, 42-43, 91, 199-200, 202, 235, 254, 264-266, 268, 273, see also Textiles

Woolf, Stuart J., 伍尔夫 82, 201-202

Woollens Act of 1699, 1699年羊毛法令 241

Workers, (wage-), 工人 16, 28-29, 45, 63-64, 92-94, 114, 116, 138-140, 149, 151-152, 154-156, 162, 167, 172, 174-175, 182, 193-195, 199, 202, 210, 235, 260, 289, see also Clases, lower; Laborers

skilled, 技术工人 66, 93-94, 194, 241

World-economy, 世界经济 7-9, 17-19, 21, 23, 25-29, 31, 34, 45-49, 52, 54, 57, 64-65, 67, 70-71, 75, 82, 84, 90-92, 96-97, 99, 101, 103-104, 108-110, 112-114, 119, 122-123, 129-131, 134-135, 137, 139-143, 147-148, 150, 152, 156-158, 167-168, 175, 179-180, 182, 185, 188, 190, 193, 196, 199, 204, 208, 210, 218-219, 221, 231-232, 234, 236, 239-240, 244, 249, 251, 260, 262, 267, 269, 272, 274, 280, 284, 289, see also Capitalism; Core; Labor, division of; Payments, system of; Periphery; Semiperiphery

World-empire, see Empire, worldempire 世界帝国

World marker, see Trade (world) 世界市场

World-system (modern), 世界体系 7-8, 19, 25, 29, 31-33, 69, 218

Wrede, Karl Theodor, Prince, 215

Wright, William E., 赖特 231, 235

Wrigley, E. A., 里格利 76, 83.104

Wurttemberg, 符腾堡 199

Wyckoff, V. J., 维科夫 165

Wyczanski, Andrzej, 维赞斯基 131

Y

Yarmouth, 雅茅斯 39

Yates, Frances A., 叶芝 32
Year of Disaster, 79, see also Netherlands (northern) 灾难之年
Year of the Miracle, 奇迹之年 80, see also Netherlands (northern)
Yeomen, see Farmers, yeoman 自耕农
Yernaux, Jean, 耶诺克斯 209
Yorkshire, 约克郡 39
Young, G., 杨 193
York, Frederick, Duke of, 约克公爵 251
Ypres, 伊普雷 255

Z

Zacatecas, 札卡特卡 152, 174
Zagorin, Perez, 萨戈林 121
Zavala, Silvio, 萨维拉 154
Zeeland, 37, 51, 62, see also Netherlands (northern) 泽兰
Zhukov, E. M., 祖科夫 7
Zientara, Benedykt, 锡安塔拉 138
Zimanyi, Vera, 齐曼尼 131, 134
Zollner, Erich, 索尔那 232-233
Zones, economic, see Labor, division of 经济区
Zrinyi, Miklos, 锡林尼 142-143
Zurich, 苏黎世 14, 200
Zytkowicz, Leonid, 祖特科维茨 132, 134-135, 141

社科文献精品译库书目

阿玛蒂亚·森/让·德雷兹
  《印度：经济发展与社会机会》   35.00 元
阿玛蒂亚·森/让·德雷兹
  《饥饿与公共行为》   35.00 元
阿玛蒂亚·森
  《论经济不平等/不平等之再考察》   48.00 元
阿玛蒂亚·森/玛莎·努斯鲍姆
  《生活质量》   68.00 元
曼纽尔·卡斯特
  《网络社会的崛起》   59.00 元
曼纽尔·卡斯特
  《认同的力量》（第二版）   59.00 元
曼纽尔·卡斯特
  《千年终结》   45.00 元
孙伟平 选编
  《罗蒂文选》   53.00 元
涂纪亮 编
  《皮尔斯文选》   49.00 元
涂纪亮 编
  《杜威文选》   49.00 元
万俊人 陈亚军 编
  《詹姆斯文选》   59.00 元
李国山 编
  《刘易斯文选》   45.00 元
伊曼纽尔·沃勒斯坦

《转型中的世界体系——沃勒斯坦评论集》　　　　49.00 元
费尔南·布罗代尔
　　《地中海考古》　　　　　　　　　　　　　　　49.00 元
山口重克
　　《市场经济：历史·思想·现在》　　　　　　　35.00 元
莱斯特·M.萨拉蒙等
　　《全球公民社会——非营利部门视界》　　　　　59.00 元
雷蒙·阿隆/丹尼尔·贝尔
　　《托克维尔与民主精神》　　　　　　　　　　　49.00 元
詹姆斯·M.布坎南/罗杰·D.康格尔顿
　　《原则政治，而非利益政治》　　　　　　　　　39.00 元
詹姆斯·S.科尔曼
　　《社会理论的基础》（上、下）　　　　　　　　125.00 元
速水佑次郎/神门善久
　　《发展经济学》（第三版）　　　　　　　　　　59.00 元
理安·艾斯勒
　　《国家的真正财富：创建关怀经济学》　　　　　39.00 元
理安·艾斯勒
　　《圣杯与剑：我们的历史，我们的未来》　　　　49.00 元
理安·艾斯勒
　　《神圣的欢爱：性、神话与女性肉体的政治学》　68.00 元
安东尼·吉登斯
　　《超越左与右——激进政治的未来》　　　　　　39.00 元
露丝·本尼迪克特
　　《文化模式》　　　　　　　　　　　　　　　　29.00 元
涂纪亮　编
　　《莫里斯文选》　　　　　　　　　　　　　　　58.00 元
杜丽燕　余灵灵　编
　　《布里奇曼文选》　　　　　　　　　　　　　　49.00 元
李真　编
　　《普特南文选》　　　　　　　　　　　　　　　69.00 元
丁东红　编
　　《米德文选》　　　　　　　　　　　　　　　　68.00 元
约翰·H.杰克逊

《国家主权与WTO——变化中的国际法基础》　　　　59.00元
卡尔·雅斯贝尔斯
　　《大哲学家》　　　　　　　　　　　　　　　　　98.00元
H. 孟德拉斯
　　《农民的终结》　　　　　　　　　　　　　　　　35.00元
齐格蒙特·鲍曼/蒂姆·梅
　　《社会学之思》（第二版）　　　　　　　　　　　29.00元
汤姆·R. 伯恩斯等
　　《经济与社会变迁的结构化》　　　　　　　　　　59.00元
尤尔根·哈贝马斯
　　《理论与实践》　　　　　　　　　　　　　　　　49.00元
马克斯·韦伯
　　《新教伦理与资本主义精神》（罗克斯伯里第三版）　45.00元
克里斯托弗·戴尔
　　《转型的时代——中世纪晚期英国的经济与社会》　49.00元
吉尔贝·李斯特
　　《发展的迷思——一个西方信仰的历史》　　　　　59.00元
佩里·安德森
　　《思想的谱系——西方思潮左与右》　　　　　　　59.00元
尤尔根·哈贝马斯
　　《重建历史唯物主义》　　　　　　　　　　　　　59.00元
何伟亚
　　《英国的课业：19世纪中国的帝国主义教程》　　　69.00元
唐纳德·萨松
　　《欧洲社会主义百年史——二十世纪的西欧左翼》
　　（上、下册）　　　　　　　　　　　　　　　　189.00元
伊曼纽尔·沃勒斯坦
　　现代世界体系（第一卷）　　　　　　　　　　　　98.00元
伊曼纽尔·沃勒斯坦
　　现代世界体系（第二卷）　　　　　　　　　　　　98.00元
伊曼纽尔·沃勒斯坦
　　现代世界体系（第三卷）　　　　　　　　　　　　98.00元
伊曼纽尔·沃勒斯坦
　　现代世界体系（第四卷）　　　　　　　　　　　　98.00元

图书在版编目(CIP)数据

现代世界体系：四卷本/(美)沃勒斯坦(Wallerstein, I.)著；郭方等译.—北京：社会科学文献出版社，2013.11(2024.12重印)
ISBN 978-7-5097-4929-6

Ⅰ.①现… Ⅱ.①沃… ②郭… Ⅲ.①资本主义经济-经济史-世界 Ⅳ.①F119

中国版本图书馆 CIP 数据核字(2013)第 180068 号

现代世界体系（第二卷）
—— 重商主义与欧洲世界经济体的巩固：1600~1750

著　　者 / 〔美〕伊曼纽尔·沃勒斯坦
译　　者 / 郭　方　吴必康　钟伟云
校　　者 / 郭　方

出 版 人 / 冀祥德
项目统筹 / 祝得彬
责任编辑 / 赵怀英　段其刚
责任印制 / 王京美

出　　版 / 社会科学文献出版社·文化传媒分社（010）59367004
　　　　　 地址：北京市北三环中路甲29号院华龙大厦　邮编：100029
　　　　　 网址：www.ssap.com.cn
发　　行 / 社会科学文献出版社（010）59367028
印　　装 / 三河市东方印刷有限公司

规　　格 / 开　本：787mm×1092mm　1/16
　　　　　 本卷印张：31.75　本卷字数：579千字
版　　次 / 2013年11月第1版　2024年12月第10次印刷
书　　号 / ISBN 978-7-5097-4929-6
著作权合同
登 记 号 / 图字01-2012-1282号
定　　价 / 489.00元(四卷本)

读者服务电话：4008918866

▲ 版权所有 翻印必究